본업경소本業經疏

화쟁연구소
원효전서 번역총서 07

본업경소本業經疏

-

초판 인쇄 2023년 3월 22일
초판 발행 2023년 3월 30일

-

주저자 박태원
발행인 이방원
책임편집 조성규 책임디자인 박혜옥
마케팅 최성수 · 김 준 경영지원 이병은 · 이석원

-

발행처 세창출판사
신고번호 제1990-000013호
주소 03736 서울시 서대문구 경기대로 58 경기빌딩 602호
전화 02-723-8660 팩스 02-720-4579
이메일 edit@sechangpub.co.kr 홈페이지 www.sechangpub.co.kr
블로그 blog.naver.com/scpc1992 페이스북 fb.me/Sechangofficial 인스타그램 @sechang_official

-

ISBN 979-11-6684-186-6 94150
978-89-8411-815-7 (세트)

_ 이 저서는 2015년 정부(교육부)의 재원으로 한국연구재단의 지원을 받아 수행된 연구임.
(NRF-2015S1A5B4A01036232)

화쟁연구소

원효전서 번역총서 07

본업경소本業經疏

화쟁연구소 번역

주저자 박태원

세창출판사

원효전서를 번역하면서

박태원
(영산대 화쟁연구소 소장, 울산대학교 명예교수)

대학생 때 『기신론소』를 읽으면서 처음 원효(617-686)와 만났다. 대학원 시절에는 원효전서 전체를 원전으로 일람一覽하였다. 박사학위 논문에도 원효를 담았다. 그러고 보니 원효와의 인연이 거의 35년이다.

인간과 세상의 향상진화에 기여할 수 있는 '보편 성찰에 관한 탐구'를 '보편학'이라 불러 본다면, 원효는 한국학 · 한국철학을 보편인문학으로 승격시키는 데 결정적 가교가 될 수 있는 인물이다. 이런 인물을 탐구한 성취에 기대어 새로운 한국철학 · 인문학을 수립해 보는 것이 언제부턴가 품게 된 학문적 의지이다. 그리고 이 의지를 구현하기 위해 지성공동체의 협업을 펼쳐 보고 싶은 의욕이 나날이 뜨거워진다.

원효 관련 글을 쓸수록 숙제 하나가 뚜렷해졌다. 원효 저서들을 다시 정밀하게 음미하는 동시에 전체를 번역해 보아야겠다는 생각이 간절하였지만 차일피일 미루고 있었다. 더 이상 미루지 못하게 자신을 압박하는 어떤 계기가 필요했다. 2015년에 한국연구재단 토대연구사업으로 '원효전서 번역'을 수행키로 함으로써 그 계기가 마련되었다. 전체는 아닐지라도 이미 원효 저술의 상당 부분이 번역되어 있고, 『기신론소 · 별기』 같은 저술은 다수의 번역이 나와 있다. 저술 일부는 영역英

譯도 되어 있다. 그래서 〈이런 상황에서 굳이 원효전서를 다시 번역할 필요가 있는가?〉라는 질문을 자주 접하였다. 나의 대답은 〈반드시 다시 번역해야 한다〉는 것이었다. 학인의 길을 걷는 내내, 기존 번역들의 번역양식과 내용에 대해 비판의식을 갖고 새로운 대안적 번역양식에 대해 지속적으로 궁리해 왔기 때문이었다. 원효전서 번역을 통해 원효학 수립의 든든한 초석을 놓고 싶은 의욕도 소신의 근거였다.

어떤 인물과 그의 사상에 대한 탐구가 '학學(Science)'의 자격을 갖추려면 다층적이고 다원적인 탐구와 독법이 결합되어 하나의 학적 체계를 구성할 수 있어야 한다. 그리고 한반도 지성사에서 '학學'의 대상이 될 수 있는 인물들 가운데서도 원효는 단연 돋보인다. 그런데 '원효학'이라 부를 만한 내용은 아직 그 토대나 내용이 많이 취약하다. 무엇보다 원효 저술 전체가 제대로 번역되지 않고 있다는 점이 결정적 원인이다.

새로운 번역양식의 시도

가. 현토형 번역과 해석학적 번역

한문으로 저술한 원효의 글을 읽으면서 번역과 관련하여 품게 된 생각 두 가지가 있다. 하나는, 원문에 대한 자신의 이해를 분명하게 확인하려면 무엇보다도 번역을 해보는 것이 최고라는 생각이다. 다른 하나는, 현재 통용되고 있는 '한문고전 번역양식'에 대한 방법론적 회의이다.

한문 저술을 원문대로 읽을 때는 원문 특유의 감각을 생생하게 직접 대면할 수 있다는 점이 가장 큰 장점이다. 그러나 원효 저술처럼 고도의 철학적 내용을 담은 글을 읽을 때는 심각한 난제에 봉착한다. 한문이 지니는 어문학적 특징은 철학적 사유의 표현과 전달에 심각한 문제를 발생시키기 때문이다. 한자어는 같은 용어라도 개념의 범주가 넓고 중층적 의미를 담아낸다. 또 한문 문장은 단어와 단어, 구절과 구절, 문장과 문장의 관계를 확인시키는 접속어가 풍부하지도 않고 정밀하지도 않다. 그래서 작자의 의중을 문장에 정밀하게 담아내는 일에, 또한 독자가 필자의 의중에 명확하게 접근하는 일에, 많은 장애를 겪게 한다. 무릇 철학적 사유를 글에 담고 또 읽어 내려면, 가급적 개념을 명확히 제한할 수 있는 언어, 문장의 의미를 정확하게 표현할 수 있는 규칙을 정밀하게 구사할 수 있는 언어가 요구된다. 그런 점에서 고전한문은 철학적 사유의 그릇으로 사용하기에는 매우 불편하다.

문장을 구성하는 요소들 상호 간의 관계나 문장 안에서의 역할을 결정해 주는 격변화 법칙이 문장에 정밀하게 적용되는 문어文語, 단어의 개념범주가 분명한 언어는 번역작업을 용이하게 해 준다. 독일어처럼 격변화 법칙이 정밀하고 일관성 있게 반영되는 언어는 철학적 사유를 표현하거나 읽고 이해하는 데 매우 편리하다. 빨리어나 산스크리트어도 격변화 법칙이 분명하고 개념의 범주가 분명하기 때문에 문장 번역이나 이해에서 편차가 줄어든다. 이에 비해 고전한문에는 단어의 격변화 법칙이 없다. 한자어 하나가 어미변화 없이 다양한 품사로 구사된다. 그나마 문장 구성요소들의 관계를 파악하는 데 도움이 되는 허사虛辭들도 소략하다. 정밀하지도 않고 풍부하지도 않다. 그래서 단어들 사이의 관계나 단어의 문장 내에서의 역할을 결정하는 일에서 감당해야 할 독자讀者나 번역자의 몫이 너무 크다. 게다가 단어의 개념범주는 넓고도 다층적이다. 사정이 이렇다 보니 한문 해독력이나 문장 구사력을 확보하기 위해서는 다양한 문형들을 거듭 익히는 것이 전통 학습법이 되었다. '백 번 읽다 보면 뜻이 저절로 드러난다(讀書百遍義自見)'는 말도 고전한문의 특성과 무관하지 않다.

원효 시대의 한국어, 특히 구어의 내용이 어떤 것이었는지 정확하게 확인하기는 어렵지만, 현재를 기준 삼아 볼 때 한국어는 관계사나 수사법의 정밀성과 풍부함이 어디에 내놓아도 손색이 없는 수준이다. 한자어를 포섭하면서 구사되는 현재의 한국어는, 기록과 수사修辭는 물론

철학적 사유의 그릇으로 정말 탁월하다. 그래서 나는 한국어의 주체로 살아가는 것을 크나큰 행복으로 여긴다. 원효 시절의 한국어가 지금처럼 정밀하고 풍요로웠는지는 알 수 없으나, 한문이 한국어의 구어적 정밀성과 풍요로움을 담아내기에는 턱없이 부족했을 것이다. 원효는 자신의 정교하고 다층적인 사유를 한자와 한문에 담아내는 데 매우 불편했을 것이다. 그러나 어쩔 수 없이 한문을 문어文語로 사용해야만 하는 시절이었다.

원효의 입장에서 볼 때, 다양한 의미일지라도 어쩔 수 없이 동일한 한자어를 쓸 수밖에 없는 경우가 허다했을 것이다. '불변의 본질', '본연', '특성', '면모' 등의 상이한 의미를 '성性'이라는 한 용어에 담아야 했고, '불변 · 독자의 실체 없음'과 '헛됨'도 모두 '공空'에 담아야 했으며, '실체 관념', '특징', '양상', '능력', '모습', '차이'라는 다양한 의미도 '상相'이라는 한 용어에 담아야 했다. 또 '가르침', '진리', '방법', '객관세계', '도리', '대상', '바탕', '존재', '온갖 것', '현상' 등의 의미도 모두 '법法'이라는 말에 담아야 했다. 이런 사례가 부지기수이다. 문장이 전하는 뜻을 결정짓는 핵심 개념의 거의 전부가 이런 사정에 노출되어 있다. 게다가 단어와 단어, 구절과 구절, 문장과 문장의 관계를 이어 주는 접속어가 정교하지 않은 탓에, 순접과 역접뿐 아니라 미세하고 중요한 관계의 차이들을 한문 문장으로는 명확히 구현할 수가 없었다. 그의 사유가 보여 주는 극미세한 분석적 정밀성과 다층 · 다면적 입체성으로 볼 때, 그의 사유와 한문의 관계에는 심각한 불화가 있었을 것이지만, 불화를 해소할 다른 방법도 없었다.

원효 저술뿐 아니라 한문으로 저술된 고전들, 특히 철학적 내용을 담은 고전들에 대한 번역은, 이런 난제들을 얼마나 잘 해결했는가에 따라 번역물의 수준이 결정된다. 그런데 한문고전에 대한 기존의 한글번역본은 과연 이런 난제들을 얼마나 해결하고 있을까? 아니, 번역자나 학인들은 이러한 문제를 해결과제로 인식하고는 있는 것일까? 필자의 생각으로는 회의적이다. 문제의식 자체가 결여되어 있는 것으로 보인다. 그래서 해결의지도 약하고, 해결하려는 시도도 만나기 어렵다.

기존의 원효저서 한글번역본들은 일종의 '현토懸吐형 번역'이다. 원전의 한문용어를 대부분 그대로 채택하면서 최소한의 관계사를 부가하여 한글문장으로 전환시키고 있다. 현토가 전통한문에 결핍되어 있는 관계사들을 최소한의 방식으로 보완하여 의미파악의 보조수단으로 삼는 형태였다면, 근대 이후의 한글번역은 현토의 역할을 한글로 계승한 형태라 할 수 있다. 그런 점에서 선행 번역들은 '현토형 번역' 혹은 '전통형 번역'이라 부를 수 있다.

현토형 번역은, 원전의 어문적 구성요소들을 가급적 원형 그대로 번역문에 반영한다는 점에서, 의미의 변형이나 훼손을 최소화할 수 있는 번역양식으로 간주되곤 한다. 그래서 원효저술 번역의 경우, 예컨대 성性·상相·체體·법法 및 이런 개념들과 결합한 복합어를 모두 원전의 표현 그대로 사용하는 것이 의미 훼손을 막을 수 있다고 주장하면서, 원전 용어들을 그대로 번역어로 채택한다. 그러나 한자는 다의적이고 한문은 다양한 해석이 가능하기에, 원전 용어와 문장의 의미에 대한 번역자의 이해에 따라, 의미단락 구분과 관계사 선정 등 번역문 구성을 위한 선택이 결정된다. 같은 용어라도 맥락에 따라서는 상반되거나 다른 의미로 사용되는 경우가 허다하기 때문에, 번역자는 자신의 관점에 따라 그 의미를 결정하여 번역어에 반영해야 한다. 특히 철학적 문헌의 경우에는 반드시 그렇게 해야 한다. 번역자의 관점에 따라 의미를 선택하고 내용을 명확하게 하는 방식으로 번역해 보면, 원문에 대한 번역자의 이해가 타인뿐 아니라 자신에게도 분명해진다.

'모든 번역은 해석이다'라는 말은 한문으로 된 철학적 문헌, 특히 원효 저술의 경우에도 고스란히 유효하다. 고전은 번역을 통해 '독자와의 대화 자리'로 초대된다. 그러기에 번역은 '대화를 이어 주는 통역'의 역할을 해야 한다. 그러나 한문고전 번역의 현실 풍경은 많이 다르다.

〈풍부한 원어의 의미를 번역으로 제한하면 안 된다〉〈의미를 제한하는 번역으로 심오한 뜻을 훼손시키지 않아야 한다〉는 등의 논리를 앞세워, 가급적 원전의 표현을 그대로 사용하려는 태도가 일반화되어 있다. 단순개념이든 복합개념이든 원문용어 그대로 가져와 한글문장을 만들고 있다. 그런 번역에서는 문장을 구성하는 '용어들의 맥락적 의미'와 '문장의 의미'를 읽어 내는 역자의 관점 및 이해가 드러나기 어렵다. 번역자나 독자 모두 문장의 의미에 접근하기 어렵다. 특히 독자는, '읽을 수는 있으나 뜻을 알기 어려운 현토형 한글문장' 앞에서 고개를 젓는다. 아무리 심오한 뜻을 품은 용어나 문장이라 해도 뜻을 제한적으로 선택하여 번역해야 한다. 뜻을 제한할 수 없는 용어나 문구는 글의 구성요소가 될 수 없다. 글이란 것은 원래 의미의 제한이다. 그 의미를 선택하여 전달하는 것이 번역이다.

문장의 의미 파악을 현토懸吐적 번역으로 처리하는 현토형 번역양식을 채택하는 것은, 번역자에게는 매우 유리하고 독자에게는 극히 불리하다. 원전 용어의 현토형 배열에는 역자의 이해 내용과 수준을 숨길 공간이 넉넉하여, 역자에게는 편할지 몰라도 독자에게는 불편하고, 학문적 기여도는 취약해진다. 현토형 번역물들 사이의 비교평가는 그저 한문해석의 어문학적 타당성이나 현토의 차이를 기준 삼아 행할 수 있을 뿐인데, 그런 평가는 너무 엉성하다. 번역자만 유리한 일방적 언어게임이 관행이라는 방패를 앞세워 답습되고 있다.

한문고전의 현토형 번역물을 영어번역과 비교해 보면 현토형 번역의 문제점이 분명히 드러난다. 영어번역은 아무리 단순한 개념을 담은 용어라도 원전 표현을 그대로 사용할 수가 없다. 영어에는 한자어가 없기 때문이다. 그래서 해당 용어에 대해 번역자가 선택한 의미를 일일이 영어로 기술해야 한다. 한문을 영어로 옮기려면 모든 용어와 문장에 대한 번역자의 이해를 고스란히 번역문에 반영해야 한다. 따라서 영역본을 읽으면 뜻이 분명하고 이해하기가 쉽다. 원문에 대한 의미 파악이 얼마나 정확한지, 얼마나 좋은 번역인지는, 여러 번역본을 비교하고 평가하는 담론과정에서 결정하면 된다. 달리 말해, 영역은 번역자의 이해가 분명히 드러나므로 차이의 확인과 평가가 용이하다. 그리하여 다른 이해를 반영한 다른 번역이나 더 좋은 번역이 등장하기 쉽다. 영역을 비롯한 외국어 번역본에서는 동일 고전에 대한 새로운 번역이 계속 이어지고, 또 그런 현상을 당연하게 여기는 이유가 여기에 있다. 동일 문헌에 대한 다양한 번역을 통해 번역의 자기 진화가 가능하다. 현토형 한글번역과 영역은 모든 점에서 극명하게 대비된다. 이 차이가 무엇을 의미하는지 주목해야 한다.

전통/현토형 번역의 유용성은 제한된 소수자들만의 협소한 공간에 유폐된다. 전문가를 자처하는 소수자들 사이에서만 유통되고 재생산되는 번역은 폐쇄적 공간에 머물기 마련이다. 학문적 기여가 제한되고, 현재어와의 소통성 부재로 인해 다양한 언어지형들과 상호작용 하기가 어려우며, 의미 가독성이 떨어져 연구자들과 대중 지성들의 갈증을 채워 줄 수가 없기 때문이다. 그럼에도 불구하고 한국에서의 동아시아 한문고전 번역, 특히 철학/사상 관련 고전들의 번역에서는 아직도 이러한 폐쇄적 방식이 일반형으로 유통되고 있다.

고전한문으로 기술된 철학적 문헌은 번역자의 관점과 이해한 내용에 따라 번역물 수준의 편차가 특히 심하다. 원효저서의 번역에는 이런 문제가 고스란히 노출된다. 원효는 거의 모든 유형의 불교교학을 통섭通攝적으로 다루고 있기에, 그의 언어를 번역하기 위해서는 다채로운 역량을 준비해야 한다. 어문학적 한문해독력은 물론, 모든 불교교학과 원효사상에 대한 심도 있는 탐구, 연관되는 철학적 성찰에 대한 견실한 소양을 확보해야 한다. 아울러 불교언어의 특수성이 요구하는 근원적 역량도 유념해야 한다. 불교언어는 경험에 의한 검증가능성을 원칙으로 삼는 진리관 위에 수립된 것이기에, 사변적 방식만으로 접근하는 것에는 한계가 있다. 언어에 반영된 그 언어주체의 경험지평에 접근하려는 실존적 노력마저 요구된다. 이 근원적 역량의 향상은 결코 단기간에 가능한 것도 아니고 쉬운 것도 아니지만, 용어와 문장의 의미 파악에서 결정적 역할을 하는 경우가 많기 때문에 간과할 수가 없다. 번역자는 이런 다채로운 역량에 의거하여 최종적으로 자신의 해석학적 관점을 선택한 후, 그 관점에 따라 포착한 문장의 의미를 명확한 형태로 현재어에 담아내야 한다.

원효저서에 대한 기존의 한글번역들은 현토형 번역양식이 안고 있는 문제점들을 그대로 노출하고 있다. 이런 문제점들을 극복할 수 있는 대안은 '해석학적 번역양식'이다. 원전 내용에 대한 번역자의 이해를 명확히 드러내면서 그 이해를 현재어에 담아내는 것을 '해석학적 번역'이라 불러 보자. 해석학적 번역은 통상의 의역이 아니라 '해석학적 직역'이다. 해석학적 번역은, 번역자의 이해를 명확히 드러냄으로써 '의미 가독성'을 높이고 '번역내용에 대한 평가'를 용이하게 하여 더 좋은 번역들이 이어지게 한다. 또한 번역이 현재어와 접속되어 다양한 지식 지형의 현재언어들과 상호작용할 수 있는 '소통성'을 높여 준다.

예를 들어 보자. 원효가 즐겨 구사하는 '一心'이라는 기호는 마음의 역동적 국면을 지시한다. 그런데 '一心'을 '일심'이나 '한마음'으로 번역하면, 원효가 이 기호를 통해 알리려는 역동적 사태가 정태적 존재로 둔갑한다. '一心'을 가변적 현상 이면에 있는 '불변의 본체나 궁극실재'를 지시하는 명사적 의미로 읽으면, 원효의 일심철학은 '모든 현상을 지어내고 자신은 불변의 자리를 지키는 궁극실재에 관한 철학'이 된다. 원효의 의도를 엉뚱하게 굴절시키는 이해이다. 원효철학에 대한 이런 관점이 논리의 옷을 걸치고 이론의 집을 짓는 경우가 허다한데, 현토형 번역의 부작용과 무관하지 않다. '一心'을 해석학적으로 번역하려면, '一心'이라는 기호가 채택되는 철학적 의미맥락을 성찰하고 선택한 의미를 반영하는 번역어를 채택해야 한다. 그래서 필자는 '一心'을 '하나처럼 통하는/통하게 하는 마음'이라 번역한다. 『금강삼매경론』의 '경의 핵심 내용을 밝힘'(辨經宗)이라는 대목에 나오는 문장 일부를 해석학적 번역양식에 따라 번역하면 다음과 같다.

> **원문**: "開說十門爲其宗者, 謂從一門, 增至十門. 一門云何? 一心中, 一念動, 順一實, 修一行, 入一乘, 住一道, 用一覺, 覺一味."
>
> **해석학적 번역**: "〈'펼치는 방식'(開)으로 말하면 '열 가지 [진리 전개] 방식'(十門)이 근본(宗)이 된다〉라는 것은, '일一로써 펼치는 방식'(一門)으로부터 [숫자를 하나씩] 더하여 '십十으로써 펼치는 방식'(十門)에까지 이르는 것을 말한다. 〈'일一'로써 펼치는 방식〉(一門)이란 무엇인가? '하나처럼 통하는 마음'(一心) 가운데 '하나처럼 통하는 생각'(一念)이 움직여, '하나처럼 통하는 진실'(一實)을 따라 '하나처럼 통하는 수행'(一行)을 닦고, '하나처럼 통하게 하는 가르침'(一乘)으로 들어가 '하나처럼 통하는 길'(一道)에 머무르며, '하나처럼 통하게 하는 깨달음'(一覺)으로써 '한 맛[처럼 서로 통함]'(一味)을 깨닫는 것이다."

해석학적 번역을 구현하기 위해서는, '모든 한자어의 의미 풀어쓰기'와 더불어, 문장 의미에 대한 번역자의 이해를 번역문에 명확하게 반영하는 작업이 이루어져야 한다. 이러한 작업을 위해서는 파악한 뜻을 부연하여 설명하고 단어와 문장들의 관계를 정밀하게 연결시켜 주는 보조문의 삽입이 필수적이다. 원문에는 없어도 의미 전달에 필요한 내용을 원문과 차별 가능한 형태로 적절하게 추가해야 한다. 이를 위해 이 '원효전서 번역' 작업에서는 글자 크기를 달리하는 '[ ]' 기호를 사용하여 그 안에 보조 문구를 기입하는 방식을 적극 활용했다.

기존의 현토형 내지 전통형 번역을 통틀어 '1세대 번역양식'이라 부른다면, 이제는 기존 번역양식의 문제점을 보완한 '2세대 번역양식'이

요청된다. 그리고 이 2세대 번역양식은 '해석학적 번역'이어야 한다. 이번에 시도한 원효전서 번역은 이러한 해석학적 번역양식을 원효저술을 대상으로 구현해 본 것이다. 해석학적 번역본은 원효저서의 외국어 번역을 위한 저본으로 사용하기에도 용이하다. 현행 현토형 번역은 외국어 번역의 저본으로 채택하기가 어렵다. 현재 부분적으로 영역되어 있는 것들은 영어권 학자 스스로 원전의 의미를 파악하여 영어로 옮긴 것이다. 원효저서 전체에 대한 신뢰할만한 영어번역본의 확보는 원효학 수립의 세계적 협업을 위해 시급한 과제인데, 이번의 번역이 그 가교가 될 수 있기를 기대하고 있다. 아울러 한문 불전佛典뿐 아니라 동아시아 한문고전의 한글번역에 있어서도, 양식 전환의 계기가 되는 한 전범典範을 마련해 보려는 전망까지 품고 있다.

나. 협업적 공동번역시스템에 의한 번역

번역자의 역량이 아무리 출중해도 단독번역 작업은 여러 한계를 수반한다. 아무리 꼼꼼히 챙겨도 놓치는 것이 있다. 관련자료 탐색, 의미파악, 번역문 구성 등 번역의 모든 면에서 혼자서는 해결하기 어려운 문제점들이 발생하기 마련이다. 이런 문제를 해결하려면 다양한 역량을 지닌 사람들이 팀을 이루어 협업하는 방식이 이상적이다.

통상적으로 대형 공동번역은 번역물을 연구자들에게 배분한 후 각 연구자들이 번역한 것을 종합하는 형식이다. 번역어 통일이나 내용의 정합성을 위한 조정과정을 거치기는 해도, 기본적으로는 단독번역들의 종합이 된다. 그러다 보니 문헌마다 담당 번역자의 이해가 단독적으로 반영될 뿐, 의미 파악의 타당성을 공동으로 면밀하게 검토할 수 있는 기회가 결여된다. 무엇보다도 다수의 연구자들이 꾸준히 머리를 맞대고 함께 작업할 수 있는 환경을 확보하기가 어렵기 때문이다. 이번 원효전서 번역은 한국연구재단의 재정지원으로 인해 이런 문제점을 극복할 수 있는 협업적 공동번역 시스템을 구성하여 가동할 수가 있었다.

한역漢譯대장경을 산출했던 번역시스템은 탁월했다. 국가적 지원 아래 구성한 번역시스템은 가히 이상적이었던 것으로 보인다. 산스크리트어에 대한 어문학적 해석력, 한문 번역문의 구성력, 불교언어의 뜻을 읽어 내는 의미파악력 등, 번역에 필요한 최고 수준의 전문가들이 모여 각자의 역량을 결합시킬 수 있는 시스템이었다. 그런 시스템을 현재에 그대로 재현하기는 어려울 것으로 보인다. 그러나 이번 원효전서 번역에서는 그런 시스템의 장점을 조금이라도 닮아 보려고 했다. 그래서 불교학 각 분야 전문연구자들의 역량을 결합할 수 있는 팀을 최소한의 규모로라도 구성하고, 모든 번역문을 독회 세미나를 거쳐 결정했다. 매주 1회 개최되는 '원효전서 독회 세미나'에서 연구자들의 역량을 상승적으로 결합시키면서 모든 번역문을 확정했다. 이 팀 번역시스템은 언제나 다음과 같은 3단계의 작업으로 진행하였다.

1단계: 참여연구자들은 각자 맡은 번역내용과 관련된 교학이론 및 기존의 연구를 소화하는 동시에, 문장 내용, 인용문 원전 내용, 전문 교학용어 등 관련 사항들을 꼼꼼히 분석하고 자료들을 종합한다. 또한 기존의 번역이 있는 경우에는 그 번역들과 대비시키면서 해석학적 번역양식에 맞추어 새로운 번역문을 준비하여 책임연구자에게 전달한다.

2단계: 책임연구자는 참여연구자들이 작성한 번역문 및 관련 자료의 모든 내용을 원문과 대조하여 수정/보완한 새로운 번역문을 작성한다.

3단계: 참여연구자들이 준비한 관련 자료 및 번역과 책임연구자의 번역을 종합하여, 매주 1회 연구자들이 모두 모인 '원효전서 독회 세미나'에서 함께 검토하면서 최종 번역문을 확정한다. 한 용어, 한 구절의 의미나 번역을 둘러싼 다양한 문제와 이견이 제기되고 토론되는 과정에서, 참여자들은 원효사상과 불교철학에 대한 이해 및 번역 역량을 향상시켜 간다.

이 모든 과정에서 번역의 일관성과 정합성을 위해 원문의 의미 파악과 번역문의 최종결정은 책임연구자가 맡았다. 따라서 의미 파악의 오류나 번역문의 문제점이 있다면 전적으로 책임연구자의 허물이다. 책임연구자가 꾸준히 원효연구를 진행했기에 그런 역할을 하긴 했지만, 잘못 이해하거나 놓쳐 버린 뜻을 일깨워 주는 참여연구자들의 혜안과 역량이 있었기에 역할 수행이 가능했다. 이러한 협업적 공동번역은 참여연구자들 각자의 공부 향상에도 크게 기여했지만, 무엇보다 나 자신에게 매우 유익했다. 한 단어 한 구절씩 해석학적 양식으로 꼼꼼히 번역하다 보니, 원문으로 읽을 때는 놓치거나 대충 넘어갔던 내용과 의미들을 새롭게 만날 수 있었다. 그동안 원효와 너무 건성으로 만났다는 것을 확인해야 하는 것은 부끄러움이었지만, 새로운 원효를 만난다는 것은 설레는 기쁨이었다. 거듭 새 모습으로 서 있는 원효를 만나고, 그를 통해 불교철학에 대한 새로운 독법을 전망해 보는 희열 때문에, 나와 참여연구자들 모두 장기간의 혹독한 과정을 기꺼운 마음으로 감내할 수 있었다. 원효와 대화하면서, 비단 불교학이나 종교학뿐만 아니라, 인문학과 철학 자체의 새로운 전망까지 품을 수 있었던 것은 행복을 넘어선 행운이었다.

원효사상의 포괄적 성격 때문에, 원효저서를 번역하려면 원효가 탐구했던 모든 유형의 교학과 불교철학을 소화해야 한다. 따라서 번역과정에서 연구자들은 자연스럽게 넓고 깊고 유기적인 불교 이해와 견실한 학문 역량을 다져가게 된다. 이러한 성취는 고된 작업과정을 감내해낸 참여연구자들에게 주어지는 최고의 보상이다.

이번에는 『본업경소本業經疏』를 내놓는다. 이미 출간한 『중변분별론소』 이후의 원효전서 번역 출간은 영산대 화쟁연구소가 주관한다. 그간 원효전서의 번역과 출간을 주관하였던 울산대 원효학토대연구소가 2021년 9월부터 영산대학교 화쟁연구소로 새롭게 출발하였기 때문이다. 원효학토대연구소를 운영하던 필자의 정년퇴임을 계기로, 원효학 연구를 화쟁인문학의 수립에 초점을 맞추어 집중해 보기 위한 선택이다. 원효전서 번역에서 확보한 인문학의 새로운 전망을 구현해 보고자 하는 의욕이 동기가 되었다. 새 출발을 축하하듯 경사도 있었다. 한국연구재단 토대연구사업(2015-2020)으로 수행한 본 '원효전집 번역'이 '교육부 주관 학술연구지원사업 우수성과'로 선정되었다. 멈추지 말고 더 나아가 보라는 학문공동체의 격려이기에 다시 마음을 다잡는다.

2023년 3월 1일

박 태 원

본업경소 일러두기

❶ 본서는 『한국불교전서韓國佛敎全書』 제1권(pp.498a~523c)에 실린 『본업경소本業經疏』를 번역한 것이다. 한불전의 주석에는 이 책이 『속장경續藏經』 제1편 61투套 3책冊을 저본底本으로 한다고 밝혀 놓았다. 본서에서는 『보살영락본업경菩薩瓔珞本業經』의 본문 가운데 원효가 해설한 제3 「현성학관품賢聖學觀品」(일부), 제4 「석의품釋義品」, 제5 「불모품佛母品」, 「인과품因果品」, 제7 「대중수학품大衆受學品」, 제8 「집산품集散品」의 해당 경문(T24, 1015b13~1020 b4)도 수록하여 번역하였다.

❷ 『보살영락본업경菩薩瓔珞本業經』의 경문과 이에 대한 원효의 해설을 구분하기 쉽도록 『본업경』의 본문은 글상자 안에 넣었다.

❸ 『본업경소本業經疏』의 '내용별 단락 구분'(科文)은 설명이 필요한 경우에만 각주로 처리하고 별도의 전체 과문표는 만들지 않았다. 『본업경소本業經疏』는 하권만 현존하기 때문이다.

❹ 모든 원문 교감은 해당 원문의 각주에서 교감의 내용 및 그 근거와 이유를 밝히는 것을 기본방식으로 하였다. 문맥에 따른 교감의 경우에는 해당 번역문의 각주에서 그 근거와 이유를 밝히기도 했다. 또한 교감할 필요는 있어도 원효의 의도를 고려하거나 당시 문헌의 판본을 보존하는 의미가 있다고 판단되는 경우라면, 문맥에 저촉되지 않는 사례에 한하여 교감하지 않은 경우도 있다.

❺ 학인들의 연구를 돕기 위해 각 문단마다 해당 원문의 출처를 밝혀 두었다.

❻ 원전 개념어의 뜻을 풀어 번역하는 경우, 번역문은 작은 따옴표(' ')로 표시

했고 해당하는 한문 개념어는 괄호 안에 제시했다. 또한 번역문에서 '[ ]'로 표시된 보조문의 내용은 단어와 문장 및 문맥에 대한 번역자의 이해를 나타낸 것이다.

❼ 원전의 개념어나 문맥의 해석을 위해 역주가 필요한 경우에는 관련된 경론經論의 문구를 제시함으로써 해석의 근거를 밝히는 것을 역주 작성의 원칙으로 삼았다. 참고한 사전과 연구서들에 관해서도 출처를 밝혔다.

❽ 『한국불교전서韓國佛敎全書』는 H, 『대정신수대장경大正新修大藏經』은 T, 『만자속장경卍字續藏經』은 X로 약칭했다.

❾ 원효가 인용하고 있는 경론들의 산스크리트본이 현존하는 경우, 해당하는 산스크리트 문구들을 찾아 번역하여 역주에 반영시킴으로써 한역漢譯 내용과 대조해 볼 수 있게 하였다. 원효가 인용하고 있는 경론들의 내용과 현존하는 산스크리트본의 해당 내용을 대조할 때 사용한 참고문헌과 약호는 다음과 같다.

〈약호〉

BoBh. *Bodhisattvabhūmi*, ed., by U. Wogihara, Tokyo, 1930-1936(repr. Tokyo, 1971).

LAS. *The Laṅkāvatāra Sūtra*, ed. by Bunyiu Nanjio, Kyoto: Otani University Press, 1923.

〈참고문헌〉

안성두, 『보살지』, 서울: 세창출판사, 2015.

차례

『본업경소本業經疏』 해제

『본업경本業經』은 『보살영락본업경菩薩瓔珞本業經』, 『보살영락경菩薩瓔珞經』, 『영락본업경瓔珞本業經』, 『영락경瓔珞經』이라 칭하기도 한다. 이 경전은 전2권으로서 축불념竺佛念이 요진姚秦 시대인 376년에서 378년 사이에 번역했다고 전해지는데, 학계에서는 5-6세기경 중국에서 찬술된 문헌으로 추정하기도 한다. 보살의 단계(階位)와 삼취정계三聚淨戒 등 '깨달음의 원인이 되는 수행'(因行)을 설하고 있다. 특히 십주十住・십행十行・십회향十迴向・십지十地・무구지無垢地(등각等覺)・묘각妙覺이라는 42가지 보살행 단계의 구분으로 유명하다. 대승보살의 수행단계를 52가지로 나눈 것을 52위(五十二位)라고 하는데, 십신十信・십주十住・십행十行・십회향十廻向・십지十地・등각等覺・묘각妙覺이 그것이다. 이 52위에서 십심十心 즉 십신十信을 제외한 나머지 42위를 42현성(四十二賢聖)・본업영락本業瓔珞・영락본업瓔珞本業 또는 줄여서 본업本業이라 한다. 『본업경』에서는 보살의 본업本業인 십주十住・십행十行・십회향十廻向・십지十地・등각等覺・묘각妙覺 42현성의 수행과 그에 따라 증득되는 수행의 과보를 설하고 있다. 본업영락本業瓔珞・영락본업瓔珞本業・본업本業은 『화엄경』 계통의 용어로 60권 『화엄경』에서 설하는 십주十住・십행十行・십회향十廻向・십지十地・등각等覺의 41위位를 기반으로 한 것이다. 『보살영락본업경』은 상권인 ① 집중품・② 현성명자품・③ 현성학관품의 3품과 하권인 ④ 석의품・⑤ 불모품・⑥ 인과품・⑦ 대중수학품・⑧ 집산품의 5품으로 구성된다.

원효의 『본업경소本業經疏』는 『본업경本業經』에 대한 주석 형식의 해

설서이다. 고려 의천義天(1055~1101)의 『신편제종교장총록新編諸宗教藏總錄』(1090)에서는 "『영락본업경소』 3권 원효 술"이라 하였고, 일본 영초永超(1014~1096)의 『동역전등목록東域傳燈目錄』(1094)에서는 "『본업영락경소』 2권 원효"라고 기록하고 있다. 현존하는 『본업경소』는 서문과 하권만 남아 있어 정확한 권수는 알 수 없다. 현존하는 『본업경소』 하권의 필사본은 일본 교토대학 도서관이 소장하고 있고, 『대일본속장경大日本續藏經』(1905~1912)은 이를 저본으로 하여 활자화하고 있다. 『한국불교전서』 제1책(동국대학교출판부, 1979)에 수록된 『본업경소』는 『대일본속장경』 수록본을 저본으로 하였고, 「본업경소서本業經疏序」는 『동문선東文選』 권83에 수록된 것이다.

현존하는 『본업경소本業經疏』 하권은 『보살영락본업경』 「현성학관품賢聖學觀品」 후반부터 주석한 부분이다. 『본업경』에서는 보살의 본업本業인 십주十住·십행十行·십회향十廻向·십지十地·등각等覺·묘각妙覺 42현성賢聖의 수행과 그에 따라 증득되는 수행의 과보를 설하고 있다. 그리하여 「현성학관품賢聖學觀品」(T24, 1013a15~)에서는 십주十住·십행十行·십회향十廻向·십지十地 각 단계의 '이해하는 마음'(觀心)의 특징을 반영한 40가지 마음과 등각等覺·묘각妙覺의 두 가지 마음을 합하여 총 42가지 '이해하는 마음'(觀心)을 설하고 있다. 그리고 이 42가지 '이해하는 마음'(觀心)에 의해 '이해되는 내용'(所觀法)도 각각의 마음에 배당시켜 설한다. 이때 십지十地의 열 가지 '이해하는 마음'(觀心)은 사무량심四無量心·십선심十善心·명광심明光心·염혜심焰慧心·대승심大勝心·현전심現前心·무생심無生心·불사의심不思議心·혜광심慧光心·수위심受位心이고, 이 중 아홉 번째인 혜광심慧光心은 입법제지入法際智, 열 번째인 수위심受位心은 무애지관無礙智觀을 그 이해 내용으로 한다. 현존하는 원효의 『본업경소』 하권은 『본업경』 「현성학관품」에서 십지十地의 아홉 번째 마음인 혜광심慧光心의 이해 내용인 '입법제지入法際智'를 설하는 대목(T24, 1015b13)에 대한 주석에서부터 시작한다.

원효는 보살수행 단계 가운데 특히 십지十地가 갖는 중추적 의미를 주목한다. 원효의 관점에 따르면, 보살수행의 52단계(52位)에서 십지十地 이전인 십신十信·십주十住·십행十行·십회향十迴向 단계에서의 이해수행(觀行)은 모두 '수단과 방법을 통한 이해'(方便觀)에 속하고, 십지 초지初地부터의 관행은 '곧바로 사실대로 이해함'(正觀)에 해당한다. 그에 의하면, 자리행과 이타행이 하나로 결합되는 분기점은 십지의 초지이며, 십지부터는 자리행과 이타행이 근원에서 하나로 결합하는 경지가 펼쳐지게 되고, 등각等覺과 묘각妙覺에 이르러 그 완벽한 경지가 된다. 또 십지의 초지初地 이상의 지평을 여는 정관正觀의 핵심을 원효는 유식관唯識觀으로 본다. 정관이 작동하는 초지 이상의 경지에서 현상과 존재의 사실 그대로인 진여공성眞如空性에 직접 접속하게 되고, 그때 '['사실 그대로'를] 비로소 깨달은' 시각始覺을 증득하여 본각本覺[인 '사실 그대로 앎']과 상통하게 되어 '시각이 곧 본각'이라는 일각一覺의 지평에 올라선다. 이후의 과제는 본각과의 상통 정도를 확장해 가는 것이다. 초지에서 위로 올라갈수록 상통의 원만성이 확대되다가, 등각等覺 경지에서 성취하게 되는 금강삼매에 의거하여 마침내 묘각妙覺 지평이 열려 시각과 본각이 완전하게 하나가 된다.

보살의 구도행은 십지 단계에서부터 '사실 그대로'(如實)인 진리와 접속하는 본격적 국면에 접어든다고 보아, 원효는 십지 수행의 각별한 의미와 위상을 그의 철학 체계 구성에 주요한 요소로 반영한다. 따라서 보살 수행의 단계를 십주十住·십행十行·십회향十迴向·십지十地·무구지無垢地(등각等覺)·묘각妙覺이라는 42단계로 구분하면서 이 42단계를 42현성賢聖·본업영락本業瓔珞·영락본업瓔珞本業·본업本業이라 부르며 그 수행 내용과 수행 결과를 자세히 설하고 있는 『본업경』은 원효의 주요 탐구 대상이었을 것이다. 『대승기신론소』·『이장의』·『금강삼매경론』에서는 모두 『본업경』을 인용하면서 주요 개념이나 이론을 설명하고 있는데, 십지 수행에 관한 그의 각별한 시선을 고려하면 자연스럽다. 『본업경소』의 저술 시기를 확정할 수는 없지만, 『이장의』의 저술과 그 성과를 반영하고 있는 『대승기신론소』의 저술에 『본업경』이 인용되고 있는 것으로 볼 때, 원효는 본격적인 저술 활동에 착수하기 이전에 『본업경』을 숙지하고 그 의미를 성찰하였던 것으로 추정된다. 원효가 『이장의』 저술에서 『본업경』 내용을 인용하고 있는 사례를 두 가지 소개하면 다음과 같다.

> "만약 '[이승二乘의 수행을 거치지 않고] 한꺼번에 깨닫는 보살'(頓悟菩薩)이라면, '[십주十住·십행十行·십회향十廻向에 속하는] 세 가지 보살의 경지'(三賢位)에서는 단지 〈'[번뇌장과 소지장, 이] 두 가지 장애'(二障)의 '현재 작용'(現行)〉을 점차 억제할 수 있을 뿐이고 또한 '[진리다운] 이해를 밝혀 가는 수행에서 끊어지는 [번뇌장과 소지장, 이] 두 가지 장애의 거칠고 무거운 잠재적 번뇌'(見道所斷二障麁重)를 점차 버릴 수 있을 뿐, 아직 [이장二障의] 종자種子를 끊지는 못한다. [이것은] 『본업경本業經』에서 〈앞의 '[십주十住·십행十行·십회향十廻向에 속하는] 세 가지 보살의 경지'(三賢位)에서 '[욕망세계·유형세계·무형세계, 이] 세 종류의 세계'(三界)의 근본무지(無明)를 억제했지만 [여전히] '[근본무지에 매인] 거칠고 [무거운 잠재적 번뇌의] 행위'(麤業)를 일으키는 것은 무엇 때문인가? 태어날 때 [전생의] '이로운 [행위]'(善[業])가 '인연의 종자'(緣子)가 되고 [전생의] '[삼계三界에 대한] 애착'(愛)이 '[근본무지에 매인 거칠고 무거운 잠재적 번뇌의] 행위에 생명력을 부여하는 것'(潤業)이 되기 때문이다.〉[1]라고 말한 것과 같다.

---

1 『보살영락본업경』 권1(T24, 1016c14~15). "前三賢伏三界無明, 而用麁業. 何以故? 當受生時, 善爲緣子愛爲潤業故."

『화엄경』에서는 〈[십주十住 중] 네 번째인 '고귀한 불교 가문에 태어나는 [단계]'(生貴[住])에 있는 참된 '부처님의 제자'(佛子)는, 모든 현자와 성인의 '올바른 진리'(正法)로부터 태어나 있음(有)과 없음(無)의 모든 현상에 집착하는 것이 없어서 '[근본무지에 매여] 태어나고 죽은 [윤회하는] 삶'(生死)을 떠나 '[욕망세계 · 유형세계 · 무형세계, 이] 세 종류의 세계'(三界)를 벗어나는 자이다.〉라고 말하는데, 이 [『화엄경』의 말]은 [삼현위三賢位의 돈오보살頓悟菩薩이] '[근본무지에 따르는] 행위에 얽매인 [욕망세계 · 유형세계 · 무형세계, 이] 세 종류의 세계'(繫業三界)를 받지 않는 것에 의거하기 때문에 [삼계三界를] 〈벗어난다.〉(出)고 한 것이지, 종자種子를 끊었기 때문에 〈벗어난다.〉(出)고 한 것은 아니다."[2]

"네 번째는, '[보살수행의] 열 가지 [본격적인] 단계'(十地) 가운데 '일곱 번째 단계의 보살'(七地菩薩)[인 원행지보살遠行地菩薩]이 수행의 힘으로 인해 [번뇌의] 종자種子를 억눌러 끊어 이 [삼계三界의] 몸을 버리고 나서 '뜻으로 태어나는 몸'(意生身)을 얻는 것이다. 예컨대 '[예류預流와 일래一來의] 단계를 뛰어넘어 [욕계에] 다시는 태어나지 않고 열반할 수 있는 경지를 증득한 자'(超越那含, 超越不還)가 '번뇌가 흘러들어오지 않게 하는 힘'(無漏力)으로 인해 [번뇌의] 종자種子를 억눌러 끊어 욕망세계(欲界)에 태어나지 않는 것과 같으니, [칠지七地를 성취한 보살도] 이와 같[이 삼계三界에 태어나지 않는]다. 경전(『본업경』)에서 〈[십지十地의] '첫 번째 단계'(初地, 歡喜地)에서부터 '일곱 번째 단계'(七地, 遠行地)에 이르기까지 [욕망세계 · 유형세계 · 무형세계, 이] 세 가지 세계의 '행위의 과보'(業果)를 모두 다 남김없이 억누르다가, '여덟 번째 단계'(八地, 不動地)에서는 ['[윤회하는] 행위의 과보'(業果)가] 다 없어진다.〉[3]라고 말한 것과 같다."[4]

---

2 『이장의』(H1, 809c22~810a6). "若其頓悟菩薩, 三賢位中, 但能漸伏二障現行, 亦能漸捨見道所斷二障麁重, 未斷種子. 如『本經』言, 〈前三賢位伏三界無明, 而用麁業, 何以故? 當受生時, 善爲緣子, 受爲閏業故.〉『花嚴經』言, 〈第四生貴眞佛子, 從諸賢聖正法生, 有無諸法無所着, 捨離生死出三界者,〉是就不受繫業三界故, 爲出, 非斷種故, 名爲出也."

『본업경소』는 적어도 『이장의』 이후의 저술로 추정된다. 『본업경소』에서는 『이장의』의 주요 개념인 〈선천적으로 갖추어진 하나의 '토대가 되는 번뇌'〉(生得一住地) · '선천적으로 갖추어진 번뇌'(生得惑) · '후천적으로 만든 근본무지'(作得無明) · '후천적으로 만들어 낸 것'(作得) · 〈후천적으로 만들어진 '토대가 되는 번뇌'〉(作得住地) · 〈후천적으로 만들어진 세 가지 '토대가 되는 번뇌'〉(作得三住地) · '후천적으로 만든 이로운 것'(作得善) 등의 개념과 내용이 원숙한 형태로 거론되고 있기 때문이다.

원효는 『금강삼매경론』 저술에서도 『본업경』의 탐구 내용을 적극적으로 활용하고 있는 것으로 보인다. 『본업경』에서는 『금강삼매경론』의 핵심 개념들인 '무상無相'과 '무생無生' 관련 용어들이 중요하게 거론되고 있기 때문이다. 예컨대 '무상無相'과 관련해서는 무상리無相理 · 무상무생지無相無生智 · 무상신無相信 · 무상심無相心 · 무상지無相智 · 무상지화無相智火 · 무상혜無相慧가, '무생無生'과 관련해서는 무생관無生觀 · 무생심無生心 · 무생인無生忍 · 무생인도無生忍道 · 무생인제법관無生忍諸法觀 · 무생중도無生中道 등의 개념이 거론되고 있다. 『금강삼매경론』 저술에 『본업경』의 탐구가 반영된 사례를 들면 다음과 같다.

"이것은 '[차이들을] 평등하게 볼 수 있는 깨달음의 경지'(等覺位)[를 밝힌 것]이다. 여기에도 두 구절이 있으니, 먼저는 '[이] 단계의 특징'(位狀)을 밝힌 것이고, 나중은 그 [단계의] 내용(行)을 드러낸 것이다. 처음에 〈[십지十地의] 모든 수

---

3 『보살영락본업경』 권1(T24, 1016c16~19). "又十一人亦伏法界中三界業果故, 初地乃至七地, 三界業果俱伏盡無餘, 八地乃盡故, 從此以上示現作佛."

4 『이장의』(H1, 812a3~8). "四者, 於十地中七地菩薩, 由行勢力故, 伏斷種子, 捨此身已, 受意生身. 例如超越那含, 無漏力故, 伏斷種子, 不生欲界, 此亦如是. 如『經』言, 〈初地乃至七地, 三界業果俱伏盡無餘, 八地乃盡故.〉"

행경지에서 벗어난다.〉(離諸行地)라고 말한 것은 수행이 '[보살수행의] 열 가지 [본격적인] 단계'(十地)를 넘어섰기 때문이다. 〈마음에 취함과 버림이 없다.〉(心無取捨)라는 것은 [차이들에 대한] 이해(解)가 부처[의 것]과 동등하기 때문이니, 따라서 이 단계를 '[차이들을] 평등하게 볼 수 있는 깨달음의 경지'(等覺行)라고 부른다. 다음으로 총괄적으로 결론지어 〈최고로 온전하고 능력이 고도화된다.〉(極淨根利)라고 말한 것은 '깨달음의 본연[인 '사실 그대로 앎'을 일으키는] 마음'(本覺心)이 드러난 것이니, '[깨달음의] 원인'(因)을 '완전하게 이루었기'(成滿) 때문이다. 다음으로 [이 단계의] 내용(行)을 밝히는 가운데 〈'동요하지 않는 마음'은 한결같고 '본래 그러한 참된 면모'이다.〉(不動心如, 決定實性)라고 말한 것은 이 단계에서 '금강[석과 같이 단단한] 삼매'(金剛三昧)에 들어갔기 때문이고, 〈'크나큰 완전한 열반'이고, 오로지 본연[인 지평]이어서 불변·독자의 본질/실체가 없이 광대하게 열려 있다.〉(大般涅槃, 唯性空大)라는 것은 〈'[분별의 왜곡과 동요가] 그쳐 고요하여'(寂滅) '[본질/실체관념에 의거한] 행함이 없고'(無爲)〉(寂滅無爲) 〈'하나처럼 통하는 양상'(一相)이어서 '[불변·독자의 본질/실체로서 나뉘는] 양상이 없기'(無相)〉(一相無相) 때문이다. [이것은] 『본업경』에서 [다음과 같이] 말한 것과 같다. 〈'금강[석처럼 굳건한] 삼매'(金剛三昧)에 들어가 〈'하나처럼 통하는 양상'(一相)이어서 '[불변·독자의 본질/실체로서 나뉘는] 양상이 없고'(無相)〉(一相無相) 〈'[분별의 왜곡과 동요가] 그쳐 고요하여'(寂滅) '[본질/실체관념에 의거한] 행함이 없으니'(無爲)〉(寂滅無爲), 그러므로 '번뇌가 없어진 경지'(無垢地)라고 부른다.〉[5][6]

---

5 『보살영락본업경』「석의품釋義品」(T24, 1018b9~10). "入金剛三昧, 一相無相, 寂滅無爲, 故名無垢地."

6 『금강삼매경론』(H1, 655b10~19). "是等覺位. 亦有二句, 先明位狀, 後顯其行. 初中言〈離諸行地〉者, 行過十地故. 〈心無取捨〉者, 解與佛同故, 故說此位, 名等覺行. 次摠結言〈極淨根利〉者, 謂本覺心顯, 成滿因故. 次明行中言〈不動心如, 決定實性〉者, 此位得入金剛三昧故, 〈大般涅槃, 唯性空大〉者, 寂滅無爲, 一相無相故. 如『本業經』言, 〈入金剛三昧, 一相無相, 寂滅無爲, 名無垢地故.〉"

십지 이외에 『본업경』의 내용 가운데 원효가 주목하는 불교철학 개념과 이론의 대표적 사례는 '이제二諦'이다. 예컨대 『본업경소』에서 원효는 이제二諦에 관해 다음과 같이 해설한다.

"['네 가지 능력'(四德) 가운데] 네 번째 능력(德)에서 〈['세간적 관점'(俗諦)과 '진리적 관점'(眞諦), 이] '두 가지 관점'의 영역을 넘어 '두 가지로 나누는 것이 없는 경지'에 홀로 있다.〉(二諦之外, 獨在無二)라고 말한 것은 [다음과 같은 뜻이다.] 『인왕[반야바라밀]경仁王[般若波羅蜜]經』에서는 〈'세간적 관점'(世諦)과 '궁극적 관점'(第一義諦)을 뛰어넘으면 '열한 번째 경지'(第十一地)[인 '[차이들을] 평등하게 볼 수 있는 깨달음'(等覺)의 경지]가 되어 '모든 [것을 사실 그대로 만나게 하는] 지혜'(薩云若)로 '있음도 아니고'(非有)이 '없음도 아님'(非無)이 아님을 깨달아 '맑게 온전해진다'(湛然淸淨).〉[7]라고 말한다. [여기서] 〈세간적 관점〉(世諦)이라고 말한 것은 '다른 것에 의존하는 면모'(依他性)와 '[근본무지의 망상에 의해] 분별된 면모'(分別性)를 말한다. '항상 있다는 관점'(有諦)과 '아무것도 없다는 관점'(無諦)를 여기서는 합하여 [모두] '세간적 관점'(世諦)으로 삼는다. '다른 것에 의존하는 면모'(依他性) 중에 '[근본무지의 망상에 의해] 분별된 면모'가 나타나지 않은 '참 그대로'(眞如)를 '궁극적 관점'(第一義諦)이라 부른다. 여래는 '하나처럼 통하는 마음'(一心)으로 돌아갔기에, '있는 것도 아니고'(非有) '없는 것도 아니며'(非無), '텅 빈 것도 아니고'(非虛) '가득 찬 것도 아니며'(非實), '행함이 있는 것도 아니고'(非有爲), '행함이 없는 것도 아니며'(非無爲), '차별인 것도 아니고 평등한 것도 아니니'(非差別非平等), 그렇기 때문에 〈['세간적 관점'(俗諦)과 '진리적 관점'(眞諦), 이] '두 가지 관점'(二諦)의 영역을 넘어〉(二諦之外)라고 한

---

7 『불설인왕반야바라밀경佛說仁王般若波羅蜜經』 권1(T8, 826c22~28). "下忍中行名爲菩薩, 上忍中行名爲薩婆若, 共觀第一義諦, 斷三界心習, 無明盡相爲金剛, 盡相無相爲薩婆若, <u>超度世諦第一義諦之外, 爲第十一地, 薩婆若覺非有非無, 湛然淸淨</u>. 常住不變, 同眞際等法性, 無緣大悲敎化一切衆生, 乘薩婆若乘來化三界." 밑줄 친 부분이 인용한 내용이다.

것이다. ['세간적 관점'(俗諦)과 '진리적 관점'(眞諦)을 넘어선] 이 '세 번째 관점'(三諦)은 견줄 것도 없고 상대될 것도 없어 '두 가지가 없는 관점'(無二諦)이라 부르기도 하고 '무한한 관점'(無盡諦)이라 부르기도 하니, 이 때문에 〈오직 두 가지로 나누는 것이 없는 경지에 있다.〉(獨在無二)라고 한 것이다. 예를 들어 『화엄경』에서 〈'믿고 이해하는 힘'(信解力) 때문에 ['여래의 지혜'(如來智)를] 알고 [또한] '무한한 관점의 지혜'(無盡諦智)를 얻은 것이 아님을 안다.〉[8]라고 말한 것과 같다."[9]

이제중도二諦中道·이제계二諦界·이제문二諦門·이제일체법二諦一切法·일제一諦·일제일도一諦一道·제일의제第一義諦·제일의제관第一義諦觀·제일의제인第一義諦忍·중도제일의제中道第一義諦 등은 『본업경』의 이제二諦사상 및 그에 관한 원효의 해설에서 등장하는 주요 개념들이다.

『본업경』「불모품佛母品」에서는 '이제二諦와 제일의제第一義諦'의 의미를 '적조寂照와 조적照寂'의 의미와 함께 설명하는 대목이 나온다.

"이때 경수敬首보살이 부처님께 아뢰었다. 〈부처와 보살, 두 분의 처음 '이해하는 지혜'(初照智)는 어디서부터 생겨납니까? '[분별의 왜곡과 동요를] 그쳐 [사

8 『화엄경』 권25「십지품」(T9, 556a2~6). "知集諦畢竟滅一切惱故, 知滅諦至不二法故, 知道諦以一切種智, 知一切法, 次第成一切菩薩地故, 知如來智諦以信解力故, 知非得無盡諦智. 菩薩如是以此諸諦智, 如實知一切有爲法."

9 『본업경소』(H1, 500c11~21). "第四德中, 言〈二諦之外獨在無二〉者, 『人王經』言, 〈超度世諦第一義之外, 爲第十一地, 薩云若覺有非無, 法然淸淨.〉 言〈世諦〉者, 謂依他性及分別性. 有無二諦, 此中合爲世諦. 依他性中, 分別性無所顯眞如, 名第一義諦. 如來歸於一心之原, 非有非無, 非虛非實, 非有爲非無爲, 非差別非平等, 故言〈二諦之外〉. 是第三諦, 無比無對, 名無二諦, 名無盡諦, 故言〈獨在無二.〉 如『華嚴』言, 〈由信解力故知, 非得無盡諦智〉故."

실 그대로] 이해하는 것'(寂照)과 '[사실 그대로] 이해하여 [분별의 왜곡과 동요를] 그치는 것'(照寂)[10]의 뜻은 또 어떤 것입니까? ['있다는 관점'(有諦)과 '없다는 관점'(無諦), 이] 두 가지 관점'(二諦)의 본연(法性)은 같은 것입니까, 다른 것입니까? [현상이] 있다는 것입니까, 없다는 것입니까? '궁극적 관점'(第一義諦)은 또 어떤 것에 해당합니까?〉 부처님께서 말씀하셨다. 〈부처의 제자들이여, '있다는 관점'(有諦)과 '없다는 관점'(無諦) 그리고 '중도인 궁극적 관점'(中道第一義諦)은 모든 부처님과 보살들의 '지혜의 어머니'(智母)이다. 나아가 '모든 현상'(一切法)이 또한 모든 부처님과 보살들의 '지혜의 어머니'(智母)이다. 어째서인가? 모든 부처님과 보살들은 '현상'(法)으로부터 생겨나기 때문이다. 부처의 제자들이여, ['있다는 관점'(有諦)과 '없다는 관점'(無諦), 이] '두 가지 관점'(二諦)이라는 것은, '세간적 관점'(世諦)에서는 [현상이] '있는 것'(有)이기 때문에 '없지 않으며'(不空), '없다는 관점'(無諦)에서는 [현상이] '불변·독자의 본질/실체가 없기'(空) 때문에 '있지 않다'(不有)[는 것이다]. [또] '두 가지 관점'(二諦)[으로 본 모든 현상]은 항상 그러하기 때문에 '같은 것이 아니고'(不一), [부처와 보살 같은] 성스러운 이들은 [이제二諦로 본 모든 현상이] '불변·독자의 본질/실체가 없음'(空)을 이해(照)하므로 [모든 현상이] '다른 것도 아니며'(不二), 부처가 있거나 부처가 없거나 현상세계(法界)는 변하지 않기 때문에 [현상이] '없는 것이 아니고'(不空),

10 '적조寂照'와 '조적照寂'; '조照'는 불교철학과 수행론에서 중요한 개념이다. 통상 한자의 우리말 의미를 그대로 반영하여 '비추다'라고 번역하는데, 이 개념이 지니는 철학적, 수행론적 의미를 반영한 번역어로 보기는 어렵다. '조照'의 중요성은 선종에 그대로 계승되어 '반조返照' 수행으로 강조되며, 선종에서 부각되는 '공적영지空寂靈知'는 여기서 거론되는 '적조寂照'와 밀접한 연관이 있어 보인다. '조照'와 '적寂'은 상호 결합적으로 채택되어야 의미가 제대로 드러나게 되는데, 이 두 개념의 철학적, 수행론적 의미에 접근하기 위해서는 광범위하고도 정밀한 논의가 필요하다는 점만 지적해 둔다. 이 문장의 의미맥락에서는 '조照'를 '[사실 그대로] 이해함'으로, '적寂'을 '[분별의 왜곡과 동요를] 그침'으로 번역해 본다. 그리고 '적조寂照'와 '조적照寂'은, 다른 한자어 개념들도 그러하지만, 채택되는 문장의 의미맥락에 따라서는 다른 번역어를 선택하는 것이 더 적절할 수도 있다. 『이장의二障義』에서도 동일한 개념들이 등장한다.

'궁극적 관점'(第一[義諦])에는 '[본질/실체로서의] 둘로 나뉨이 없으므로'(無二) [현상이] '있는 것도 아니다'(不有). [그리고] 부처가 없거나 부처가 있거나 [이제二諦로 본 모든 현상은] 현상세계(法界)의 '두 가지 양상'(二相)이므로 '같은 것이 아니고'(不一), '모든 현상'(諸法)[의 '사실 그대로'(如實, 如如)]는 항상 온전(淸淨)하므로 [모든 현상이] '다른 것도 아니다'(不二). [또] 모든 부처님은 도리어 범부凡夫를 위하기 때문에 [범부라는 현상이] '없는 것이 아니고'(不空), [범부가] '없다는 것'(無)마저도 [인정함이] 없기(無) 때문에 [범부라는 현상이] 있는 것도 아니다. [그리고] '실체가 없는 것'(空)은 [현상의] 진실(實)이기 때문에 ['모든 현상'(諸法)이] '같은 것이 아니고'(不一), '['사실 그대로'의] 본래 지평'(本際)은 생겨나는 것이 아니기 때문에 ['모든 현상'(諸法)이] '다른 것도 아니며'(不二), '임시방편으로 세운 명칭인 모든 현상의 양상'(假名諸法相)을 파괴하지 않으므로 ['모든 현상'(諸法)이] '없는 것이 아니고'(不空), '모든 현상'(諸法)은 곧 [실체로서의] 모든 현상이 아니므로 '있는 것도 아니며'(不有), 현상(法)은 '[실체로서의] 현상이 아닌 것'(非法)이므로 ['모든 현상'(諸法)이] '다른 것이 아니고'(不二), [현상은] [나름의 차이/특징을 지닌] '현상이 아닌 것도 아니기'(非非法) 때문에 ['모든 현상'(諸法)이] '같은 것도 아니다'(不一).〉"[11]

이 이제二諦와 '적조寂照와 조적照寂'의 문제는 『이장의』(H1, 805a17~b13)와 『금강삼매경론』(H1, 621c2~16, 646b24~647a15, 657b12~c2)에서 인

11 『보살영락본업경』「불모품佛母品」(T24, 1018b18~c2). "爾時敬首菩薩白佛言, 〈佛及菩薩, 二初照智, 從何而生? 寂照寂照之義, 復云何? 二諦法性爲一爲二? 爲有爲無? 第一義諦, 復當云何?〉 佛言, 〈佛子, 所謂有諦無諦中道第一義諦, 是一切諸佛菩薩智母. 乃至一切法亦是諸佛菩薩智母. 所以者何? 諸佛菩薩從法生故. 佛子, 二諦者, 世諦有故不空, 無諦空故不有. 二諦常爾故不一, 聖照空故不二, 有佛無佛法界不變故不空, 第一無二故不有. 無佛有佛法界二相故不一, 諸法常淸淨故不二. 諸佛還爲凡夫故不空, 無無故不有. 空實故不一, 本際不生故不二, 不壞假名諸法相故不空, 諸法即非諸法故不有, 法非法故不二, 非非法故不一.〉"

용 및 거론되고 있고, 『기신론소』(1-717c20~718a12)에서는 '조적혜照寂慧'가 언급되고 있다. 원효의 이제二諦사상 및 원효 저술과 『본업경』의 관계를 보여 주는 사례이다. '적조寂照와 조적照寂'의 문제는 『본업경』「석의품釋義品」에서도 다음과 같이 거론되고 있다.

"부처의 제자들이여, ['묘각의 경지'(妙覺地)에서는] '[분별의 왜곡과 동요가] 그쳐 사라짐을 확고하게 간직하는 경지'(大寂[忍])[인 십지十地 · 등각지等覺地 · 묘각지妙覺地] 가운데 '최고단계의 확고하게 간직하는 경지'(上[品]忍)의 '[불변 · 독자의 본질/실체로서의] 차이/특징이 없음'(無相)을 '사실 그대로 이해하니'(妙觀), 오직 모든 중생과의 인연(緣)으로써 '이로운 것'(善法)을 생겨나게 하고 또한 스스로 온갖 '이로운 능력'(功德)을 지니기 때문에 '부처가 지닌 것'(佛藏)이라고 부른다. 그리고 '모든 현상'(一切法)을 '[분별의 왜곡과 동요를] 그쳐 [사실 그대로] 이해하니'(寂照), 부처 이하의 모든 보살은 '[사실 그대로] 이해하여 [분별의 왜곡과 동요를] 그친다'(照寂). 부처의 제자들이여, 이런 까닭에 나는 옛날에 ['네 가지 선정'(四禪)의] '네 번째 선정'(第四禪)에서 8억의 범천왕梵天王을 위하여 '[분별의 왜곡과 동요를] 그쳐 [사실 그대로] 이해함'(寂照)을 설하였으니, 여래는 '[분별하는] 마음도 없고 [분별 대상인] 형상도 없어'(無心無色) 모든 현상을 '[분별의 왜곡과 동요를] 그친 채 [사실 그대로] 이해한다'(寂照). 부처의 제자들이여, 내 이제까지 [이러한] 뜻을 담은 구절들을 간략히 설하여 이 대중들을 위하여 '이로움을 주는 행위'(善法行)를 펼쳤노라."[12]

'적조寂照와 조적照寂'은 보살의 지위에서 체득하는 '여섯 가지 지혜'

---

12 『보살영락본업경』「석의품釋義品」(T24, 1018b10~b16). "佛子, 妙觀上忍大寂無相, 唯以一切衆生緣生善法, 亦自持一切功德, 故名佛藏. 而寂照一切法, 自佛以下一切菩薩照寂. 是故佛子, 吾昔第四禪中, 爲八億梵天王說寂照, 如來無心無色而寂照一切法. 佛子, 吾今略說義句, 爲此大衆開善法行."

(六慧: 聞慧, 思慧, 修慧, 無相慧, 照寂慧, 寂照慧)에서 지혜(慧) 유형으로 등장하는 개념들이다. 육혜六慧라는 용어는 대소승의 경론에서 폭넓게 나타나지만 조적혜照寂慧와 적조혜寂照慧가 포함되는 지혜로 나타나는 것은 『본업경』에서만 확인할 수 있다.[13] 이는 원측圓測의 『인왕경소仁王經疏』와 천태天台의 『인왕호국반야경소仁王護國般若經疏』, 법장法藏의 『화엄경탐현기華嚴經探玄記』 등의 몇몇 주석서에서만 거론되고 있을 뿐이어서 매우 제한적으로 다뤄지고 있음을 확인할 수 있다. 원효는 이 육혜六慧에 주목하여 『대승기신론소』와 『금강삼매경론』 등에서 경전의 본문을 해석하는 데 적극적으로 활용하고 있다. '여섯 가지 지혜'(六慧)의 내용은 '들어서 얻는 지혜'(聞慧), '사유하여 얻는 지혜'(思慧), '닦아서 얻는 지혜'(修慧), '[불변 · 독자의 본질/실체로 차별된] 차이가 없음을 아는 지혜'(無相慧), '[사실 그대로] 이해하여 [분별의 왜곡과 동요를] 그치게 하는 지혜'(照寂慧), '[분별의 왜곡과 동요를] 그쳐 [사실 그대로] 이해할 수 있는 지혜'(寂照慧)로 구성되어 있다. 『본업경소』에서 원효는, 『보살영락본업경』의 경문에 나오는 적조照寂와 조적照寂의 뜻에 대해 "〈'[분별의 왜곡과 동요를] 그쳐 [사실 그대로] 이해하는 것'(寂照)과 '[사실 그대로] 이해하여 [분별의 왜곡과 동요를] 그치는 것'(照寂)의 뜻은 또 어떤 것입니까?〉(寂照照寂之義, 復云何?)라는 것은, '[분별의 왜곡과 동요를] 그쳐 [사실 그대로] 이해할 수 있는 지혜'(寂照慧)는 무엇에 의거해 일어나고 '[사실 그대로] 이해하여 [분별의 왜곡과 동요를] 그치게 하는 지혜'(照寂慧)는 무엇에 의거해 일어나는가 하는 것이니, 이것은 '처음 [지혜]와 나중 [지혜]의 두 가지 지혜'(初後二智)를 통틀어 물은 것이다."[14]라고 주석한다. 또 『금강삼

13 『보살영락본업경』(T24, 1012b29~c1). "復名六慧, 聞慧, 思慧, 修慧, 無相慧, 照寂慧, 寂照慧."

14 『본업경소』(H1, 508c4~5). "〈寂照照寂之義, 復云何?〉者, 寂照慧依何起, 照寂慧依何起, 此是通問初後二智."

매경론』에서는 "또한 이 지혜의 작용은, '[차이들을] 평등하게 볼 수 있는 깨달음의 경지'(等覺位)에 있을 때는 '[사실 그대로] 이해하여 [분별의 왜곡과 동요를] 그치게 하는 지혜'(照寂慧)라고 부르니 '[근본무지에 따라] 생겨나고 사라지는 동요 양상'(生滅之動相)에서 아직 벗어나지 못했기 때문이고, '[차이들을] 사실대로 함께 만날 수 있는 깨달음의 경지'(妙覺位)에 이를 때는 '[분별의 왜곡과 동요를] 그쳐 [사실 그대로] 이해할 수 있는 지혜'(寂照慧)라고 부르니 이미 제9식識의 '궁극적인 평온'(究竟靜)으로 돌아갔기 때문이다."[15]라고 하여 등각等覺과 묘각妙覺의 경지에 조적혜照寂慧와 적조혜寂照慧를 각각 배속하고 있다.

『본업경』에 등장하는 '한꺼번에 깨달음'(頓覺)·'한꺼번에 이해함'(頓解)·'한꺼번에 끊어짐'(頓斷)·'한꺼번에 끊어져 남는 것이 없음'(頓斷無餘) 등 '돈頓'과 연관된 개념들과 그에 대한 원효의 해석도 주목된다. 깨달음과 수행의 돈점頓漸 문제와 관련된 내용이고 선종 선불교의 돈오점수 문제와도 연관시켜 성찰할 수 있는 내용이므로 관련 내용을 그대로 소개한다.

(『본업경』) "부처의 제자들이여! 수정水晶으로 만든 영락瓔珞[과 같은 보배 구슬]이 안과 밖이 환하게 밝은 것처럼 '[차이들을] 사실대로 함께 만날 수 있는 깨달음'(妙覺)에 늘 머물러 밝고 온전한 것을 '모든 것을 사실 그대로 만나게 하는 지혜의 경지'(一切智地)라고 부른다. [이 경지에서는] 항상 중도中道에 머물러 '모든 현상'(一切法)에서 '[번뇌마煩惱魔·음마陰魔·천마天魔·사마死魔, 이] 네 가지 [수행의] 방해물'(四魔)을 뛰어넘으니, [모든 현상이] '[불변·독자의 본질/실체로서] 있는 것도 아니고 [아무것도] 없는 것도 아니어서'(非有非無) '[불변·

15 『금강삼매경론』(H1, 657b18~21). "又此智用, 在等覺位, 名照寂慧, 未離生滅之動相故, 至妙覺位, 名寂照慧, 已歸第九識究竟靜故."

독자의 본질/실체로서의] 모든 양상'(一切相)이 다 없어진다. [그리하여] '크나큰 깨달음'(大覺)을 '한꺼번에 이해하여'(頓解) '변화[할 수 있는 능력]을 다 성취하고'(窮化) '작용[할 수 있는 능력]을 체득하여'(體神) '[법성신法性身과 응화법신應化法身, 이] 두 가지 부처 몸'(二身)에 머물면서 인연이 있는 이를 교화한다."[16]

(『본업경』) "부처의 제자들이여, '[십주十住 · 십행十行 · 십회향十廻向 단계에 속하는] 세 가지 보살'(三賢菩薩)은 '[욕망세계 · 유형세계 · 무형세계, 이] 세 가지 세계의 번뇌'(三界煩惱) 가운데 '거친 행위의 길'(麁業道)[에서 펼쳐지는] '거친 것'(麁)을 억제하니, '이어지는 과보'(相續果)도 [그] '거친 양상'(麁)을 일으키지 않는다. [그리고] 이 '[진리다운] 이해를 밝혀 가는 수행'(見道)인 [십지十地의 '첫 번째 단계'(初地)인] '환희하는 단계'(喜忍, 歡喜地)에서는 '[지옥 · 아귀 · 축생, 이] 세 가지 나쁜 세계의 행위들'(三惡道業道)을 제압하고, [십지十地의 '두 번째 단계'(二地)인] '[본질/실체관념의] 오염에서 벗어나는 단계'(離垢忍, 離垢地)에서는 '인간에서의 [잘못된] 행위들'(人中業道)을 제압하며, [십지十地의 '세 번째 단계'(三地)인] '지혜의 빛이 밝아지는 단계'(明忍, 發光地)에서는 '여섯 천상세계의 행위들'(六天業道)을 제압하고, [십지十地의 '네 번째 단계'(四地)인] '지혜가 불타오르는 단계'(焰忍, 焰慧地)에서는 '갖가지 [잘못된] 견해들'(諸見業道)을 제압하며, [십지十地의 '다섯 번째 단계'(五地)인] '이기기 어려운 단계'(勝忍, 難勝地)에서는 '의심하는 견해들'(疑見業道)을 제압하고, [십지十地의 '여섯 번째 단계'(六地)인] '[현상의 '참 그대로'가] 드러나는 단계'(現忍, 現前地)에서는 '[윤회 과보의] 원인이 되는 행위들'(因業道)을 제압하며, [십지十地의 '일곱 번째 단계'(七地)인] '[불변 · 독자의 본질/실체로서] 생겨난 것이 없다는 이해를 확고하게 간직하여 [중

16 『보살영락본업경』「현성학관품」(T24, 1013a9~13). "佛子! 水晶瓔珞, 內外明徹, 妙覺常住, 湛然明淨, 名一切智地. 常處中道, 一切法上, 越過四魔, 非有非無, 一切相盡. 頓解大覺, 窮化體神, 二身常住, 爲化有緣." 일실된 원효의 『본업경소』 상권이 주석 대상으로 삼는 경문이어서 현존하는 『본업경소』 하권에서는 이에 관한 원효의 해설을 확인할 수 없다.

생구제를 위해] 멀리 나아갈 수 있는 단계'(無生忍, 遠行地)에서는 '[윤회 과보의] 결과가 되는 행위들'(果業道)을 제압하고, [십지十地의 '여덟 번째 단계'(八地)인] '동요하지 않는 단계'(不動忍, 不動地)에서는 '몸이 원인이 되는 행위들'(色因業道)을 제압하며, [십지十地의 '아홉 번째 단계'(九地)인] '[마음에 걸림이 없어] 탁월한 지혜로 보는 단계'(光忍, 善慧地)에서는 '마음이 원인이 되는 행위들'(心因業道)을 제압하고, [십지十地의 '열 번째 단계'(十地)인] '가르침이 [모든 대지에 비를 내리는] 구름과도 같은 단계'(寂滅忍, 法雲地)에서는 '마음과 몸의 두 가지 누적된 경향으로 인한 행위들'(心色二習業道)을 제압하며, '번뇌가 없어져 [차이들을] 평등하게 볼 수 있는 깨달음의 경지'(無垢忍, 等覺位)에서는 '누적된 경향성의 과보들'(習果道)을 제압하니 '누적된 경향성'(習)은 앞에서 이미 제거하였지만 과보는 없어지지 않았기 때문이다. 그러므로 부처의 제자들이여, '[십주十住·십행十行·십회향十廻向 단계에 속하는] 세 가지 보살'(三賢[菩薩])을 '억제하여 끊음'(伏斷)이라 부르고, [십지十地의 '첫 번째 단계'(初地)인] '환희하는 단계'(喜忍, 歡喜地) 이상에서는 억제(伏)하기도 하고 끊기도(斷) 하며, [묘각지妙覺地에서] '모든 번뇌를 깨닫는 경지'(一切煩惱覺忍)가 나타날 때는 '모든 세계'(法界)의 모든 근본무지(無明)가 '한꺼번에 끊어져'(頓斷) 남는 것이 없게 된다."[17]

(『본업경소』) "또 '거칠고 무거운 잠재적 번뇌'(麤重)에는 두 가지가 있으니, '[나타난] 번뇌 유형의 거칠고 무거운 잠재적 번뇌'(煩惱品麤重)일 경우에는 종자가 끊어질 때에 그에 따라 [이 번뇌도] 끊어져 소멸하며, '다르게 무르익어 가는 [아뢰야식에 속하는] 유형의 거칠고 무거운 잠재적 번뇌'(異熟品麤重)일 경우에

---

17 『보살영락본업경』「현성학관품賢聖學觀品」(T24, 1016b16~25). "佛子, 三賢菩薩, 伏三界煩惱麁業道麁, 相續果, 亦不起麁. 是見道喜忍伏三道業道, 離忍伏人中業道, 明忍伏六天業道, 焰忍伏諸見業道, 勝忍伏疑見業道, 現忍伏因業道, 無生忍伏果業道, 不動忍伏色因業道, 光忍伏心因業道, 寂滅忍伏心色二習業道, 無垢忍伏習果道, 習前已除而果不敗亡. 是故佛子, 三賢名爲伏斷, 喜忍以上, 亦伏亦斷, 一切煩惱覺忍現時, 法界中一切無明, 頓斷無餘."

는 그 유형이면서도 미세하고 희박한 것은 종자가 소멸한 후에도 서로 이어져 끊어지지 않으니, 그러므로 〈'누적된 경향성'(習)은 앞에서 이미 제거하였지만 과보는 없어지지 않았다.〉(習先已滅而果不敗亡)라고 하였고 지금은 이 [습과習果인 이숙품추중異熟品麤重]을 버렸기 때문에 〈['번뇌가 없어져 [차이들을] 평등하게 볼 수 있는 깨달음의 경지'(無垢忍, 等覺位)에서는] '누적된 경향성의 과보들'(習果道)을 제압한다.〉(伏習果)라고 하였다. 〈그러므로〉(是故) 이하는 두 번째인 '총괄적으로 밝힌 것'(總明)이니, 총괄적으로 '세 가지 경지'(三位)를 세워 억제함(伏)과 끊음(斷)을 밝혔다. '[십주十住·십행十行·십회향十廻向 단계에 속하는] 세 가지 보살'(三賢[菩薩])은 오직 억제(伏)할 뿐이니, 아직 '[진리다운] 이해를 밝혀 가는 수행'(見[道])은 하지 못하기 때문이다. [십지十地의 초지初地부터 등각지等覺地까지의] '열한 가지 단계'(十一地)에서는 억제하기도(伏) 하고 끊기도(斷) 하니, 아직 근본을 뽑아내지는 않았기 때문[에 '억제(伏)'라 하는 것]이고, 이미 종자를 끊었기 때문[에 '끊음(斷)'이라 하는 것]이다. '[차이들을] 사실대로 함께 만날 수 있는 깨달음의 경지'(妙覺忍, 妙覺地)에서는 '오직 끊을 뿐 억제하는 것은 아니니'(唯斷非伏), 근본무지(根本無明)가 이미 완전히 소멸했기 때문이다. 〈모든 세계의 모든 근본무지〉(法界中一切無明)라는 것은 [제8식인] '다르게 무르익어 가는 식'(異熟識)에서 일어난 근본무지인데, 이 [제8식인 이숙식異熟識] 가운데서 '부처 경지'(佛地)의 '한꺼번에 끊어짐'(頓斷)이 생겨나므로 〈한꺼번에 끊어진다.〉(頓斷)고 말하였다. 이에 대한 자세한 것은 뒤의 글에서 설명할 것이다."[18]

18 『본업경소』(H1, 502a21~b7). "又麤重有二種, 若煩惱品麤重, 種子斷時亦隨斷滅, 若異熟品麤重, 是彼種類而微薄者, 種子滅後相續不絶, 故言〈習先已滅而果不敗亡〉, 今捨此故爲〈伏習果〉也. 〈是故〉以下, 第二總明, 總作三位, 以明伏斷. 三賢唯伏, 未能見故. 十一地中, 亦伏亦斷, 未拔根本故, 已斷種子故. 妙覺忍中, 唯斷非伏, 根本無明已永盡故. 〈法界中一切無明〉者, 異熟識中所起無明, 於中生得佛地頓斷, 故言〈頓斷.〉 於中委悉, 後文當說."

(『본업경』) “그때 경수敬首보살이 부처님께 아뢰었다. 〈모든 부처와 보살은 ‘크나큰 수단과 방법’(大方便)인 ‘평등하게 보는 지혜’(平等慧)로써 모든 ‘현상 세계’(法界)를 비추니, 한꺼번에 ‘[차이들을] 평등하게 볼 수 있는 깨달음’(等覺)[의 경지]가 된 것입니까, 점차적으로 ‘[차이들을] 평등하게 볼 수 있는 깨달음’(等覺)[의 경지]가 된 것입니까? [또] 어떻게 ‘근본무지의 세계’(無明藏)와 마음(心)이 같은 것이기도 하고 다른 것이기도 합니까? [부처가 되기까지 수행하는] ‘오랜 시간’(劫量)이 멀기도 하고 가깝기도 한 것은 또한 어째서입니까?〉 부처님께서 말씀하셨다. 〈부처의 제자들이여, 그대는 과거 ‘일곱 부처님’(七佛)의 가르침(法)을 들으면서 이미 하나하나 물었으니 모르는 것은 아닐 것이다. 다만 이 14억 대중을 위하여 [지금의] 이 가르침에서 [대중들로 하여금] 분명히 알게 해 주려고 [이와 같이] 물은 것이다. 부처의 제자들이여, 나는 이제 [이] 14억 대중을 위하여 ‘금강[석 같은 보배로운] 가르침’(金剛口說)으로 ‘완전한 뜻’(了義)을 분명히 해 주겠다. 부처의 제자들이여, 옛날 나의 법회에 1억 8천 명의 ‘번뇌에 더럽혀짐이 없는 위대한 공부인’(無垢大士)들이 있었는데, 앉은 자리에서 바로 ‘현상의 본연과 근원’(法性原)을 통달하여 [모든 현상의] ‘다르지 않은 지평’(無二)을 ‘한꺼번에 깨달으니’(頓覺), [그들에게는] ‘모든 현상’(一切法)이 ‘하나처럼 통하여 합해지는 양상’(一合相)이었다. [그들이] 법회로부터 나와서 각자 ‘모든 세상’(十方界)을 향해 앉아 〈보살의 ‘보배구슬과도 같은 위대한 가르침’〉(菩薩瓔珞大藏)을 설하였다. 그때 앉아 있던 대중들은 1억 8천 명의 ‘세상에서 가장 존귀한 분’(世尊)을 보았으니, [그 세존들을] ‘한꺼번에 깨달은 여래’(頓覺如來)라고 불렀다. [그 여래들은] 각자 〈백 가지 보배로 장식한 ‘진리를 설파하는 자리’〉(百寶獅子吼座)에 앉았으니, 그때 수많은 대중도 한자리에 앉아서 ‘[차이들을] 평등하게 볼 수 있는 깨달음[경지]의 여래’(等覺如來)께서 설하는 ‘보배구슬과도 같은 진리의 가르침’(瓔珞法藏)을 들었다.”[19]

---

19 『보살영락본업경』「불모품佛母品」(T24, 1018c8~19). “爾時敬首菩薩白佛言, 〈諸佛菩薩大方便平等慧照諸法界, 爲頓等覺爲漸漸? 云何無明藏與心爲一爲異? 劫量久近, 復

(『본업경소』) “이 아래는 두 번째인 ‘여러 가지 측면(門)으로 구분하는 것’(諸門分別)이다. 여기에는 두 가지가 있으니, 먼저는 질문이고 나중은 답변이다. 처음 질문에서는 세 가지 질문을 했으니, 먼저는 ‘깨닫는 것’(能覺)이 ‘한꺼번에 되는 것’(頓)인가 ‘점차적으로 되는 것’(漸)인가를 물었고, 다음은 ‘끊어지는 것’(所斷)은 [‘근본무지의 세계’(無明藏)와 마음(心)이] ‘같은 것’(一)인가 ‘다른 것’(異)인가를 물었다. [그리고] 그 뒤에는 ‘수행할 때의 오랜 시간’(修時劫數)이 먼 것과 가까운 것을 물었다. 답변에는 두 가지가 있으니, 첫 번째는 ‘질문을 칭찬하면서 가르침을 허락한 것’(讚問許說)이고, 두 번째는 ‘질문에 대해 곧바로 답한 것’(對問正答)이니 여기에서 차례로 앞의 세 가지 질문에 답을 했다. 처음 질문에 먼저 답하는 것에는 두 가지가 있으니, ‘곧바로 대답하는 것’(正答)과 ‘대답을 맺은 것’(結答)이다. 처음에는 [등각等覺이] ‘한꺼번에 되는 것’(頓)이지 ‘점차 되는 것’(漸)이 아니라는 것을 곧바로 밝혔다. 그러나 이 ‘점차 되는 것과 한꺼번에 되는 것’(漸頓)에는 두 가지 의미(義)가 있으니, 첫 번째는 ‘사람에 의해 점차 되는 것과 한꺼번에 되는 것’(依人漸頓)이고 두 번째는 ‘경지에 따라 점차 되는 것과 한꺼번에 되는 것’(對境漸頓)이다. ‘사람에 의해 점차 되는 것과 한꺼번에 되는 것’(依人漸頓)이란, 만약 ‘한 사람이 처음과 끝을 이어 가는 것’(一人相續始終)에 의거한다면 ‘온갖 번뇌’(諸漏)를 ‘점차 맑혀’(漸淨) 그 지혜가 점차 증가하는 것이고, 만약 ‘모든 사람이 다 함께 이어 가는 것’(諸人衆多相續)에 의거한다면 온갖 번뇌를 ‘한꺼번에 맑혀’(頓淨) ‘완전한 깨달음’(正覺)을 한꺼번에 이루는 것이다. [이것은] 『능가경』에서 [다음과 같이] 말한 것과 같다. 〈비유하자면 ‘암마라 열매’(菴摩羅菓)처럼 점차 익는 것이지 한 번에 되는 것이 아니다. 대혜大慧여, 중생이 자기 마음의 흐름을 맑히는 것도 이와 마찬가지니, 점차 맑히는 것이지 한

當云何?〉 佛言, 〈佛子, 汝於過去七佛法中, 一一已問, 非爲不知. 直爲此大衆十四億人, 於此法中, 便欲令得決了故問. 佛子, 吾今爲十四億大衆, 以金剛口說, 決定了義. 佛子, 我昔會有一億八千無垢大士, 即坐達法性原, 頓覺無二, 一切法一合相. 從法會出, 各各坐十方界, 說菩薩瓔珞大藏. 時坐大衆見一億八千世尊, 名頓覺如來. 各坐百寶獅子吼座, 時無量大衆亦坐一處, 聽等覺如來說瓔珞法藏.〉”

번에 되는 것이 아니다.〉[20] 또 말하길, "대혜여, 비유하자면 [제8]아리야식阿梨耶識이 분별해 낸 '나타난 대상세계'(現境)와도 같이, '자신이 의지해 살아가는 세계'(自身資生器世間) 등은 한 번에 아는 것이지 전후로 아는 것이 아니다. 〈'[진리성취의] 결실인 부처 몸'(報佛. 報身)으로서의 여래〉(報佛如來)도 이와 마찬가지여서, 모든 중생세계를 '가장 높은 하늘 세계의 청정하고 묘한 궁전의 청정하게 수행하는 곳'(究竟天淨妙宮殿修行淸淨之處)에 두는 것을 한 번에 이루노라. …〉[21] 등으로 자세히 설하고 있다.

두 번째인 '경지에 따라 점차 되는 것과 한꺼번에 되는 것을 밝히는 것'(對境明漸頓)이란, 만약 '열 겹으로 얽힌 현상세계'(十重法界)에 따라 '열 가지 장애'(十種鄣) 등을 '억제해 없앤다면'(伏除) 반드시 [번뇌들은] 점차 없어지며 그 지혜도 점차 증가한다. 만약 '하나처럼 통하는 [차이들의] 현상세계 측면'(一法界門)에 따른다면 '선천적으로 갖추어진 근본무지'(生得無明)를 완전히 끊으니, 이것이 바로 '한꺼번에 깨닫는 것'(頓覺)이며 또 '한꺼번에 끊는 것'(頓斷)인데, [이 경지는] 금강金剛[삼매] 이전은 오직 우러러 믿는 것일 뿐 아직 볼 수는 없는 것이다.

---

20 『입능가경入楞伽經』 권2(T16, 525a20~22). "大慧! 譬如菴摩羅果, 漸次成熟非爲一時. 大慧! 衆生淸淨自心現流, 亦復如是, 漸次淸淨非爲一時." 〈산스크리트본의 해당 내용: LAS., p.55; tadyathā mahāmate āmraphalāni kramaśaḥ pacyante na yugapat, evam eva mahāmate svacittadṛśyadhārā sattvānāṃ kramaśo viśudhyati na yugapat /; 곧 대혜여, 망고가 순차적으로 익지 일시에 [익지] 않듯이, 꼭 그와 같이 대혜여, 중생에게 자신의 마음이 드러나고 유지되는 것은 순차적으로 청정해지지 일시에 [청정해지지] 않는다.〉

21 『입능가경入楞伽經』 권2(T16, 525b9~12). "大慧! 譬如阿梨耶識分別現境, 自身資生器世間等, 一時而知非是前後. 大慧! 報佛如來亦復如是, 一時成熟諸衆生界, 置究竟天淨妙宮殿修行淸淨之處." 〈산스크리트본의 해당 내용: LAS., p.56; tadyathā mahāmate ālayavijñānaṃ svacittadṛśyadehapratiṣṭhābhogaviṣayaṃ yugapad vibhāvayati, evam eva mahāmate niṣyandabuddho yugapat sattvagocaraṃ paripācyākaniṣṭhabhavanavimānālayayogaṃ yoginām arpayati /; 곧 대혜여, 알라야식이 자신의 마음이 드러난 신체와 기세간이라는 경험대상을 [순차적이 아니라] 일시에 변별하듯이, 꼭 그와 같이 대혜여, 보불은 일시에 중생의 영역을 성숙시키고, 수행자를 색구경천에 머물게 하는 방식으로 [색구경천에] 보낸다.〉

[이것은] 『인왕경』에서 [다음과 같이] 말한 것과 같다. 〈'[번뇌를 억누르는 것을] 거듭 익히는 수행'(習忍)(십주十住 수행)으로부터 '최고의 삼매'(頂三昧, 金剛三昧)에 이르기까지 모두 '일체 번뇌를 억제한다'(伏一切煩惱)고 말한다. 그런데 '[불변 · 독자의 본질/실체로 차별된] 차이가 없다는 믿음'(無相信)으로 모든 번뇌를 없애고 '[번뇌에서] 풀려나는 지혜'(解脫智)를 내어서 '궁극적인 진리'(第一義諦)를 이해(照)하지만 '[있는 그대로] 봄'(見)[의 경지]라고 하지는 않는다. 이른바 '[있는 그대로] 봄'(見)[의 경지]라는 것은 [부처 경지에서] '모든 [것을 사실 그대로 만나게 하는] 지혜'(薩婆若, 薩般若)이기 때문이다. 이런 까닭에 나는 옛날부터 항상 〈오직 '부처가 안 것'(佛所知)이라야 '깨달음을 본 것'(見覺)이다.〉라고 말하였다. '최고의 삼매'(頂三昧, 金剛三昧) 이하부터 '[번뇌를 억누르는 것을] 거듭 익히는 수행'(習忍)까지는 알지 못하고 보지 못하고 깨닫지 못하는 것을, 오직 부처만이 '한꺼번에 깨닫는 것'(頓解)은, 믿음(信)이라 부르지는 않는다. '점차 억제한다'(漸漸伏)는 것은, '[취사 선택하는] 마음 작용'(慧)이 비록 일어났다가 사라지더라도 [번뇌가] 생겨남도 없고 사라짐도 없는 것이니, 이 [번뇌에 매인] 마음이 만약 사라지면 곧 '매여 있던 번뇌'(累)도 사라지지 않음이 없기에 [번뇌가] 생겨남도 없고 사라짐도 없는 것이다.〉[22] 등으로 자세히 말하고 있다. 지금 [『본업경』의] 이 글에서는 ['사람에 의해 점차 되는 것과 한꺼번에 되는 것'(依人漸頓)과 '경지에 따라 점차 되는 것과 한꺼번에 되는 것'(對境漸頓), 이] 두 가지 측면(門) 모두에 의거하여 [등각等覺이] '한꺼번에 되는 것이라는 뜻'(頓義)을 나타내었다. 처음에 말한 〈1억 8천 명의 '번뇌에 더럽혀짐이 없는 위대한 공부인'(無垢大士)들이 앉은 자리에서 바로 '현상의 본연과 근원'(法性原)을 통달했다.〉(一億八十無垢大士, 卽坐達法性原)라는 것은, ['사람에 의해 점차 되는 것과

22 『인왕경』 권2(T8, 832b6~13). "善男子, 從習忍至頂三昧, 皆名爲伏一切煩惱. 而無相信, 滅一切煩惱, 生解脫智, 照第一義諦, 不名爲見. 所謂見者是薩婆若, 是故我從昔以來, 常說唯佛所知見覺. 頂三昧以下至於習忍, 所不知不見不覺, 唯佛頓解, 不名爲信. 漸漸伏者, 慧雖起滅, 以能無生無滅, 此心若滅則累無不滅, 無生無滅."

한꺼번에 되는 것'(依人漸頓)의 측면에서] 여러 사람에 의거하여 '하나처럼 통하는 마음'(一心)의 근원을 일시에 통달하여 '[차이들을] 사실대로 함께 만날 수 있는 깨달음'(妙覺)을 이루는 것을 나타낸 것이다. 다음에 말한 〈[모든 현상의] '다르지 않은 지평'(無二)을 '한꺼번에 깨달으니'(頓覺), [그들에게는] '모든 현상'(一切法)이 '하나처럼 통하여 합해지는 양상'(一合相)이었다.〉(頓覺無二, 一切法一合相)라는 것은, ['경지에 따라 점차 되는 것과 한꺼번에 되는 것'(對境漸頓)의 측면에서] 경지(境界)에 따라 '한꺼번에 깨닫는 것'(頓覺)을 밝힌 것이니, '하나처럼 통하여 합해지는 양상'(一合相)이라는 것은 '하나처럼 통하는 [차이들의] 현상세계'(一法界)이기 때문이다. 앞의 이 두 구절은 '자신이 깨닫는 면모'(自覺義)를 밝힌 것이고, 〈법회로부터 [나와서]〉(從法會) 이하는 '남을 깨닫게 해 주는 면모'(覺他義)를 나타낸 것이다."[23]

(『본업경』) "그러므로 '점차 깨달은 세존'(漸覺世尊)은 없고 오직 '한꺼번에 깨

23 『본업경소』(H1, 510b6~510c17). "此下, 第二諸門分別. 於中有二, 先問後答. 初問之中, 卽發三問, 先問能覺之頓漸, 次問所斷之一異. 後問修時劫數久近. 答中有二, 一者讚問許說, 二者對問正答, 此中次第答前三問. 先答初問, 於中有二, 正答結答. 初中正明是頓非漸. 然此漸頓有二義, 一者依人漸頓, 二者對境漸頓. 依人漸頓者, 若依一人相續始終, 卽漸淨諸漏, 其智漸增, 若依諸人衆多相續, 卽頓淨諸漏, 頓成正覺. 如『楞伽經』言, 〈譬如奄摩羅菓, 漸次成就, 非爲一時. 大慧, 衆生淸淨自心現流亦復如是, 漸次淸淨, 非爲一時.〉 又言, 〈大慧, 譬如阿梨耶識分別現境, 自身資生器世間等, 一時而知, 非是前後. 報佛如來亦復如是, 一時成就諸衆生界, 置竟天淨妙宮殿修行淸淨之處.〉 乃至廣說故. 第二對境明漸頓者, 若對十重法界, 伏除十種鄣等, 卽須漸除, 其智漸增. 若對一法界門, 永斷生得無明, 直是頓覺亦爲頓斷, 以金剛以還, 唯是仰信未能見故. 如『仁王經』言, 〈從習忍至頂三昧, 皆名爲伏一切煩惱. 而無相信, 滅一切煩惱, 生解脫智, 照第一義諦, 不名爲見. 所謂見者, 是薩婆若. 是故我昔以來, 常說唯佛所知見覺. 頂三昧以下至於信忍, 所不知不見不覺, 唯佛頓解, 不名爲信. 漸漸伏者, 慧雖滅, 以能無生無滅, 此心若滅卽累無不滅, 無生無滅.〉 乃至廣說故. 今此文中, 通就二門, 以顯頓義. 初言〈一億八千無垢大士, 卽坐達法性原〉者, 是依諸人顯一時達一心原而成妙覺也. 次言〈頓覺無二, 一切法一合相〉者, 是對境界以明頓覺, 一合相者, 一法界故. 是前二句, 明自覺義, 〈從法會〉下, 顯覺他義."

달은 여래'(頓覺如來)만 있나니, [이에 대해] '과거 · 현재 · 미래의 모든 부처'(三世諸佛)가 설하는 것에 차이가 없고 지금 나[의 가르침]도 그러하노라."[24]

(『본업경소』) "〈그러므로〉(是故) 이하는 두 번째로 '대답을 마무리하는 것'(就答)이다. 여기에는 두 가지가 있으니, '한꺼번[에 깨닫는 것]이라고 맺는 것'(結頓)과 '[가르침들이] 같다고 맺는 것'(結同)이다. 먼저 '한꺼번[에 깨닫는 것]이라고 맺는 것'(結頓)에는 두 구절이 있으니, 〈'점차 깨달은 세존'은 없다.〉(無漸覺世尊)라는 것은 '많은 사람이 일시에 깨닫는 면모'(衆一時達義)를 맺는 것이고, 〈오직 '한꺼번에 깨달은 여래'만 있다.〉(唯有頓覺如來)라는 것은 '한꺼번에 깨달아 하나처럼 통하여 합해지는 양상의 면모'(頓覺一合相義)를 맺는 것이다. 〈과거 · 현재 · 미래의〉(三世) 이하는 '같은 가르침'(同說)이라는 것을 맺는 것이다."[25]

『본업경소』에 등장하는 '신해神解'와 '일해심一解心'이라는 개념도 원효의 마음철학과 관련하여 주목된다. '[사실대로] 탁월하게 이해함'을 의미하는 것으로 보이는 『본업경소』의 '신해신解'(H1, 510c22~511a23)는 『기신론소』에 등장하는 '일심一心에 관한 원효의 정의定義적 해설'(H1, 705a11~16)에서도 언급된다. 『본업경소』에 나타나는 '일해심一解心'(H1, 510c22~511a23)은 '하나처럼 통하게 이해하는 마음'을 지시하는 용어로 보여 '이해와 마음의 관계' 탐구에 중요한 단서를 제공한다.

---

24 『보살영락본업경』 「불모품佛母品」(T24, 1018c19~c21). "是故無漸覺世尊, 唯有頓覺如來, 三世諸佛所說無異, 今我亦然."

25 『본업경소』(H1, 510c17~21). "〈是故〉以下, 第二就答. 於中有二, 結頓結同. 先結頓中, 卽有二句, 〈無漸覺世尊〉者, 是結衆一時達義, 〈唯有頓覺如來〉者, 是結頓覺一合相義. 〈三世〉以下, 結同說也."

『본업경소本業經疏』*

본업경소 서문**

本業經疏序

석원효釋元曉

* 「본업경소서本業經疏序」: 저본底本은 『한국불교전서』 제1책(동국대학교출판부, 1979)에 수록(p.498a1~b9)된 「본업경소서本業經疏序」이다. 이 서문은 『동문선東文選』 권83에 수록된 것으로서 일종의 '대의문大意文'에 해당한다.

原夫二諦中道, 乃無可道之津, 重玄法門, 逾無可門之理. 無可道故, 不可以有心行, 無可門故, 不可以有行入. 然以大海無津, 汎舟楫而能渡, 虛空無梯, 翩羽翼而高翔.

[H1, 498a5~9]

무릇 ['항상 있다는 관점'(有諦)과 '아무것도 없다는 관점'(無諦), 이] '두 가지 관점'(二諦)[1][의 허물을 넘어서는] '진리다운 길'(中道)은 길(道)이라고 할 수 있는 나루터[처럼 한정된 의지처]가 없고, '겹겹이 얽힌 채 서로 통하는 진리의 문'(重玄法門)[2]이기에 더더욱 [어느 하나만의] 문으로 들어갈 수 있는

---

1 이제二諦: 통상 이제二諦는 진제眞諦와 속제俗諦를 지칭하는데, '궁극적 진리'인 진제眞諦를 '세간적으로 통용되는 진리'인 속제俗諦에 대비시켜 궁극적 진리를 드러낸다. 이때 궁극적 진리인 진제眞諦를 승의제勝義諦 또는 제일의제第一義諦, 세간적 진리인 속제俗諦를 세속제世俗諦 또는 세제世諦라고도 한다. 그런데 『보살영락본업경』에서는 '유제有諦·무제無諦의 이제二諦'와 '중도제일의제中道第一義諦'를 대비시켜 말하기도 하고(T24, 1018b21~22. 有諦無諦中道第一義諦, 是一切諸佛菩薩智母), 이제二諦를 팔불중도八不中道로 설명하기도 한다(T24, 1018c2~5. 二諦義者, 不一亦不二, 不常亦不斷, 不來亦不去, 不生亦不滅. 而二相卽聖智無二, 無二故是諸佛菩薩智母). 여기서의 중도中道는 '유제有諦·무제無諦의 이제二諦'와 대비되는 중도제일의제中道第一義諦를 지칭하고 있다. 그렇다면 '유제有諦와 무제無諦'의 제諦를 '진리'로 번역하기보다 '관점'이나 '견해'로 번역하는 것이 적절하기에 '항상 있다는 관점'(有諦)과 '아무것도 없다는 관점'(無諦)으로 번역하였다. 원효는 무제無諦를 진제眞諦의 의미로 사용하기도 한다(H1, 514c6~8. 然四諦之中滅諦, 二諦之內無諦, 相待假中無爲, 此三雖非有爲, 從多通名有爲). '제諦'는 이제二諦와 관련한 용어에서는 '관점'이나 '견해'로, 사성제四聖諦와 관련한 용어에서는 '진리'로 번역한다. 또한 중도中道는 '진리다운 길'로 번역한다.

2 중현重玄: 『본업경』의 내용은 화엄경과 밀접한 관계를 보여 주는데, '중현重玄'은 화엄적 사유를 반영하는 개념이다. 화엄적 사유에서 '중重'은 겹겹이 얽힌 관계를, '현玄'은 막힘이 없이 서로 통하는 국면을 담아내는 개념이다. 『본업경』「현성학관품賢聖學觀品」(T24, 1015b21~1015c1)에서는 무구지無垢地인 등각等覺의 '입법계심入法界心'에 이르기 위해 법광삼매法光三昧에 들어 행하는 열 가지 일을 설하는데, 이 가운데 여섯 번째가 '입중현문入重玄門'이다. 원효는 『본업경소』(H1, 499c18~19)에서 '입중현문入重玄門'에 대해 이렇게 주석한다. "여섯 번째인 〈'겹

진리가 없다. 길이라 할 수 있는 것이 없기 때문에 [특정한] '마음 수행'(心行)이 있을 수 없고, [진리로 들어가는] 문이라 할 수 있는 것이 없기 때문에 '수행으로 들어감'(行入)이 있을 수가 없다. 그러나 큰 바다에는 나루터가 없어도 배를 띄워 노를 저어 건널 수 있고, 허공에는 사다리가 없어도 날개를 퍼덕거려 높이 날 수 있다.

是知. 無道之道, 斯無不道, 無門之門, 則無非門. 無非門故, 事事皆爲入玄之門, 無不道故, 處處咸是歸源之路. 歸源之路甚夷, 而無人能行, 入玄之門泰然, 而無人能入, 良由世間學者, 着有滯無故也.

[H1, 498a9~14]

그러므로 알아야 한다. 길(道)이 없는 길이기에 길 아닌 것이 없고, 문이 없는 문이기에 문 아닌 것이 없다. 문 아닌 것이 없기 때문에 일마다 모두 '서로 통하는 경지'(玄)로 들어가는 문이 되고, 길 아닌 것이 없기 때문에 곳곳마다 모두 근원으로 돌아가는 길이다. 근원으로 돌아가는 길은 아주 평탄한데도 가는 사람이 없고, '서로 통하는 경지'(玄)로 들어가는 문은 드넓은데도 들어가는 사람이 없으니, 진실로 세간의 배우는 자들이 '있음'(有)에 집착하고 '없음'(無)에 빠져 있기 때문이다.

着有相者, 將有待之危身, 趣無限之法相, 數數而無已, 逐名而長流. 滯空無者, 恃莫知之盲意, 背生解之教門, 惛醉而無醒, 搖首而不學.

겹이 얽혀 현묘한 문'에 들어간다.〉(入重玄門)는 것은, '불변 · 독자의 본질/실체가 없다는 개념에도 불변 · 독자의 본질/실체가 없다고 아는 측면'(空空門)을 〈겹겹히 얽혀 현묘함〉(重玄)이라 부르며, 이 '불변 · 독자의 본질/실체가 없다는 개념에도 불변 · 독자의 본질/실체가 없다고 아는 측면'(空空門)은 오직 부처라야 완전히 아는데 지금 약간은 알았기 때문에 〈들어간다.〉(入)고 하였다."(六入重玄門者, 謂空空門名爲重玄, 此空空門, 唯佛所窮, 今得少分, 故名爲入.)

[H1, 498a14~17]

'항상 있다는 생각'(有相)에 집착하는 자는, '한시적인 위태로운 몸'(有待之危身)[3]을 가지고 '현상의 무한함'(無限之法相)을 구하기를 늘 그만두지 않아 [헛되이 '무한함'이라는] 명칭만을 쫓으며 오래도록 흘러간다. [또한] '아무것도 없다'(空無)[는 생각]에 빠져 있는 자는, [현상에 대해] '이해가 없게 하는 눈먼 생각'(莫知之盲意)에 기대어 '이해를 생겨나게 하는 가르침의 문'(生解之敎門)을 등지고 몽롱하게 취하여 깨어나지 못한 채 머리만 꾸벅거리면서 배우지 않는다.

是故如來, 無緣大悲, 爲彼二類, 令入佛道, 說此兩卷瓔珞法門. 欲使長流者止, 遊八不之坦路, 摧七慢之高心, 惛醉者悟, 學六入之明門, 伏五住之闇陣. 於是備架福智兩檝, 能渡乎佛法大海, 雙運止觀二翼, 高翔乎法性虛空, 斯爲本業之大意也.

[H1, 498a18~24]

그러므로 여래께서는 '차별 없이 펼치는 크나큰 연민'(無緣大悲)[4]으로

3 유대有待: '유대有待'는 여기서 '기약이 있다'는 뜻으로 '한시적'이라는 의미이다. '유대有待'는 일반적으로 '조건들에 기대어 있다'는 뜻으로 쓰이지만, 이 문장에선 조건의 범위를 더 좁혀서 '기약이 있는 것', 즉 한시적이라는 뜻으로 쓰인 것으로 보인다. '조건들에 기대어 있다'는 뜻과 '한시적'이라는 뜻을 결합하면, '有待之危身'은 〈영속적이거나 독자적이지 않은 '위태로운 몸'(危身)〉이라는 의미가 될 것이다. 이러한 이해를 담아 '한시적인 위태로운 몸'이라 번역하였다.

4 『대반열반경大般涅槃經』에서는 자비를 세 가지로 구분하고 있는데, 중생 몸을 대상으로 일으키는 '중생연衆生緣 자비', 중생이 따르는 사물을 대상으로 일으키는 '법연法緣 자비', 차별 없는 여래의 '무연無緣 자비'가 그것이다. 『대반열반경』(T12, 452c4~7), "衆生緣者, 緣於五陰願與其樂, 是名衆生緣. 法緣者, 緣諸衆生所須之物而施與之, 是名法緣. 無緣者, 緣於如來, 是名無緣."

저 두 부류가 '깨달음의 길'(佛道)에 들어가게 하기 위해 이 두 권의 '보배구슬과도 같은 [보살수행의 단계에 관한] 가르침'(瓔珞法門)[5]을 말씀하신 것이다. [그들이 무지와 분별에 매여] 오래도록 흘러가는 것을 그치게 하고, [실체 관념을 해체하는] '여덟 가지 부정'(八不)[6][이 밝히는] 평탄한 [중도中道의] 길에 노닐게 하며, '일곱 가지 교만'(七慢)[7]의 우쭐거리는 마음을 꺾게 하고, [무지와 분별에] 몽롱하게 취한 자는 깨어나게 하며, '[십주 · 십행 · 십회향 · 십지 · 등각 · 묘각의] 여섯 가지 단계에 들어가는 밝은 문'(六

---

5 영락瓔珞은 구슬을 꿰어 몸에 달아 장엄하는 기구이다. 불/보살상을 모시는 전각을 장엄할 적에 꽃모양으로 만든 금붙이와 주옥珠玉을 섞어 쓰는 것을 영락이라 한다.

6 팔불八不: 불생不生 · 불멸不滅 · 부단不斷 · 불상不常 · 불일不一 · 불이不異 · 불래不來 · 불거不去를 팔불八不이라 하는데, 용수가 일체의 실체 관념을 비판하고 해체하여 '실체가 없는 지평'(空性)을 드러내는 방법론이다. 용수는 팔불八不을 통해 중도中道인 연기緣起의 핵심을 공空으로 파악하고 있다. 그래서 팔불중도八不中道라고도 한다.

7 칠만七慢(sapta-māna): 타인과의 비교를 통해 자기를 규정하는 마음작용(心所)을 교만(慢, māna)이라고 하는데, 흔히 타인을 경멸하여 자기를 높이는 유형으로 나타난다. 『대비바사론大毘婆沙論』 권43과 『구사론俱舍論』 권19에서는 만慢 · 과만過慢 · 만과만慢過慢 · 아만我慢 · 증상만增上慢 · 비만卑慢 · 사만邪慢의 7가지를 열거하고 있다. ① 만慢은 자기보다 못한 사람에 대해 자기를 비교하여 지니는 우월감이나 자기와 동등한 사람에 대해 자기와 동등하다고 하면서 일으키는 우월감이다. ② 과만過慢은 자기와 동등한 사람에 대해 자기가 그보다 낫다고 하거나, 자기보다 뛰어난 사람에 대해 자기와 동등하다고 하는 것이다. ③ 만과만慢過慢은 자기보다 나은 사람에 대해 상대의 우월함을 인정하지 않고 자기가 상대보다 낫다고 하는 것이다. ④ 아만我慢은 7가지 교만의 근본이 되는 것인데, 오온의 인연화합인 몸에 대해 '나' '나의 것'이라 집착하면서 교만을 일으키는 것이다. 즉 타인들은 '나'만 못하고 타인이 지닌 것은 '나의 것'만 못하다고 하면서 자기를 높이는 것이다. ⑤ 증상만增上慢은 아직 증득하지 못한 경지나 뛰어난 능력에 대해 자기는 이미 증득했다고 여기는 것이다. ⑥ 비만卑慢은 자기보다 매우 탁월한 사람에 대해 자기는 그보다 조금 못하다고 하거나, 상대가 자기보다 낫다는 것을 인정하면서도 그를 배워야 한다는 것을 인정하지 않는 것이다. ⑦ 사만邪慢은 덕이 없으면서도 덕이 있다고 하는 것이다. 『불광대사전』, p.5812 참조.

入之明門)[8]을 배워 '토대가 되는 다섯 가지 번뇌'(五住)[9]의 어두운 진영을

8 육입명문六入明門: 십주十住 · 십행十行 · 십회향十廻向 · 십지十地 · 무구지無垢地 · 묘각지妙覺地에 들어가는 여섯 단계의 수행이다. 『보살영락본업경』 「대중수학품大衆受學品」(T24, 1021b23~1022b1)에서는 육입법문六入法門(육입명문六入明門)을 설한다. 이에 따르면, 보살이 십주에 들어가서 백법관문百法觀門을 수행하고, 십행에서는 천법명문千法明門을 수행하며, 십회향에서는 만법명문萬法明門을 수행하고, 십지에서 일조지一照智를 관하는 가운데 백만아승기의 공덕문에 들어가며, 무구지에서는 오주지五住地를 극복하고 제일의제第一義諦에 머물면서 묘각지妙覺地로 들어간다.

9 오주五住: 오주지번뇌五住地煩惱를 말하는데, 『승만경勝鬘經』에서는 '견일처주지見一處住地 · 욕애주지欲愛住地 · 색애주지色愛住地 · 유애주지有愛住地 · 무명주지無明住地'로, 『보살영락본업경』 「대중수학품」(T24, 1021c24~1022a10)에서는 '생득주지生得住地 · 욕계주지欲界住地 · 색계주지色界住地 · 무색계주지無色界住地 · 무명주지無明住地'로 표현되고 있다. '주지住地'란 의지처나 토대라는 의미이다. 따라서 '주지번뇌住地煩惱'란 '토대가 되는 번뇌'이다. 이 토대 번뇌를 그 특징에 따라 다시 다섯 종류로 구분한 것이 5주지번뇌(五住地煩惱)이다. 5주지혹(五住地惑)이나 5주지번뇌(五住地煩惱), 또는 줄여서 5주지(五住地)라고도 한다. 견일처주지見一處住地 · 욕애주지欲愛住地 · 색애주지色愛住地 · 유애주지有愛住地 · 무명주지無明住地의 다섯 가지가 모든 번뇌의 의지처가 되고 또한 번뇌를 일으킬 수 있기 때문에 '주지住地'라고 부른다. 『대승의장大乘義章』권5에서는 다음과 같이 해석한다. ① 견일처주지見一處住地는 신견身見 등 삼계三界의 견혹見惑이며 견도見道에 들어갈 때 일처一處에서 함께 끊어진다. ② 욕애주지欲愛住地는 욕계의 번뇌 가운데 견見과 무명無明을 제외하고, 외부대상에 대한 다섯 가지 욕망(色 · 聲 · 香 · 味 · 觸의 욕망)에 집착하는 번뇌이다. ③ 색애주지色愛住地는 색계의 번뇌 가운데 견見과 무명無明을 제외하고, 외부대상에 대한 다섯 가지 욕망은 버렸지만 자기 색신色身에 탐착하는 번뇌이다. ④ 유애주지有愛住地는 무색계의 번뇌 가운데 견見과 무명無明을 제외하고, '색신에 대한 탐착'(色貪)에서는 벗어났지만 자기에 애착하는 번뇌이다. ⑤ 무명주지無明住地는 삼계의 모든 무명이다. 무명은 '무지로 어두운 마음'(癡闇之心)이어서 그 바탕에 '지혜의 밝음'(慧明)이 없으니, 이것이 모든 번뇌의 근본이 된다. 유식종에서는 오주지혹五住地惑 가운데 앞의 사종주지혹四種住地惑은 번뇌장의 종자가 되고 뒤의 한 가지(무명주지)는 소지장의 종자가 된다고 주장한다.(『불광대사전』, p.1091 참조.) 『대승의장』의 해석에 의거하여 본 원효전서 번역에서는, 견일처주지見一處住地는 '견도見道의 일처一處에서 함께 끊어지는 삼계의 견혹見惑', 욕애주지欲愛住地는 '욕망세계(欲界)에서 오욕五欲에 집착하는 번뇌', 색애주지色愛住地는 '유형세계(色界)에서 자

굴복시키게 하려는 것이다. 이리하여 복福과 지혜의 두 노를 갖추어 '[부처님이 설한] 깨달음의 진리'(佛法)라는 큰 바다를 잘 건너고, '그치는 수행'(止)과 '이해하는 수행'(觀)[10]이라는 두 날개를 함께 움직여 '진리 지평'(法性)의 허공에 높이 날아오르니, 이것이 [『본업경』이 설하는] '보살의 [42단계(位)] 수행'(本業)[에 관한 가르침]의 '핵심 취지'(大意)이다.

其爲教也, 文理俱精, 旨極妙而辭逸, 文甚括而語詳. 行階階而德備, 事洋洋而理窮. 窮因果之源流, 究凡聖之始終, 照千條之森羅, 明一味之洪通.

[H1, 498a24~b4]

그 [『본업경』이 설하는 본업本業의] 가르침은 글과 이치가 모두 정밀하니, 뜻은 지극히 묘하고 문체는 뛰어나며, 글은 매우 포괄적이고 말은 상세하다. [본업本業의] 수행은 단계별로 펼쳐져 [이로운] 능력을 [두루] 갖추고, [본업本業의] 일들은 넓고도 넓어 [온갖] 이치를 다 드러낸다. [그리하여] 원인과 결과의 원류源流를 끝까지 드러내고, '평범한 사람과 성

기 색신色身에 탐착하는 번뇌', 유애주지有愛住地는 '무형세계(無色界)에서 자기에 애착하는 번뇌', 무명주지無明住地는 '삼계의 근본무명'으로 번역한다. 또 주지住地는 '[번뇌들의] 토대' 혹은 '토대가 되는 번뇌', 주지번뇌住地煩惱는 '토대가 되는 번뇌'로 번역한다. 견일처주지見一處住地의 의미에 대해 원효는 『이장의』에서 "言生得者, 不覺一如, 忽然而生, 其前無始, 故言生得. 其所迷處, 旣是一如, 不同作得迷三有處, 故言一處. 一處一相, 平等平等, 無有能見所見差別, 於此不覺, 故名爲見. 如其覺者, 卽無見故. 是故名見一處住地."(H1, 801a15~20)라고 하여 '見'과 '一處'의 의미를 해석하고 있다.

10 관觀의 번역: 경론에서 '관觀'은 '관찰' 혹은 '이해'의 의미로 사용된다. '관찰'은 '이해'를 겨냥하는 것이므로 '관찰'과 '이해'는 호환할 수 있는 용어라 할 수 있다. 그러나 문장의 맥락에 따라서는 '관찰'이 적절하기도 하고 '이해'가 적절하기도 한다. 본 번역에서는 '관觀'을 문장 맥락에 따라 '관찰'이나 '이해'로 번역한다.

인'(凡聖) [수준]의 처음과 끝을 다 드러내며, 무수한 현상들을 비추어 [그들이] '한 맛'(一味)으로 널리 통하고 있음을 밝힌다.

> 尒乃六性六忍, 綜八會之廣要, 三觀三諦, 貫六百之玄宗, 二土二身, 帶十方而普現, 一道一果, 含萬德而都融. 然後乘薩云之寶乘, 還三界之故宅, 開菩薩之本行, 示六重之瓔珞, 故言菩薩瓔珞本業經也.
>
> [H1, 498b4~9]

이에 '여섯 단계의 수행내용'(六性)[11]과 '여섯 단계의 인증'(六忍)[12]으로

11 육성六性: 6종성(六種性)의 약칭이다. 『보살영락본업경』 등에서 보살이 불과佛果에 이르는 과정에서의 계위를 여섯 가지로 구분한 것이다. 『보살영락본업경』 「현성학관품賢聖學觀品」(T24, 1012b21~26)에 따르면 육종성六種性은 ① 습종성習種性, ② 성종성性種性, ③ 도종성道種性, ④ 성종성聖種性, ⑤ 등각성等覺性, ⑥ 묘각성妙覺性의 여섯 가지이다. ① 습종성習種性은 십주위十住位로서 공관空觀을 수습하고 견혹見惑과 사혹思惑을 무너뜨리고 없애는 지위이고, ② 성종성性種性은 십행위十行位로서 공空에 머물지 않고 중생을 교화하고 일체의 법성法性을 분별하는 지위이며, ③ 도종성道種性은 십회향위十迴向位로서 보살이 중도中道의 묘관妙觀을 닦고 익혀서 일체의 불법佛法에 통달하는 지위이고, ④ 성종성聖種性은 십지위十地位로서 중도의 묘관妙觀에 의거하여 일분一分의 무명無明을 깨트리고 성위聖位를 증득하여 들어가는 지위이며, ⑤ 등각성等覺性은 등각위等覺位로서 묘각에는 한 단계 미치지 못할지라도 앞의 40위보다는 뛰어난 지위이고, ⑥ 묘각성妙覺性은 묘각위妙覺位로서 불과佛果의 지위에 도달하여 일체의 번뇌를 끊고 지혜가 원만하고 미묘해져서 열반의 이치를 깨닫는 지위이다. 한편 『대승입능가경大乘入楞伽經』 권2에서는 ① 성문승종성聲聞乘種性, ② 연각승종성緣覺乘種性, ③ 여래승종성如來乘種性, ④ 부정종성不定種性, ⑤ 무종성無種性의 5종성五種性으로 나누기도 한다. "大慧! 有五種種性. 何等爲五? 謂聲聞乘種性, 緣覺乘種性, 如來乘種性, 不定種性, 無種性."(T16, 597a29~b2)

12 육인六忍: '여섯 단계의 수행내용'(六種性)을 여섯 가지의 인증(忍)으로 설명한 것이다. 『보살영락본업경』 「현성학관품」(T24, 1012b28~29)에 따르면, 신인信忍 · 법인法忍 · 수인修忍 · 정인正忍 · 무구인無垢忍 · 일체지인一切智忍이 그것이다. 여기서 인忍은 성취한 것을 명료하게 이해하고 확인하는 것이다. 신인信忍 · 법인法忍 · 수인修忍 · 정인正忍 · 무구인無垢忍 · 일체지인一切智忍은 각각 습종성習種

‘여덟 번 모임’(八會)[13][에서 설한 『화엄경華嚴經』]의 넓은 요지를 모으고, ‘세 가지 이해’(三觀)[14]와 ‘세 가지 관점’(三諦)[15]으로 ‘육백 권’(六百)[16][으로

性(십주위十住位)・성종성性種性(십행위十行位)・도종성道種性(십회향위十迴向位)・성종성聖種性(십지위十地位)・등각성等覺性(등각위等覺位)・묘각성妙覺性(묘각위妙覺位)의 성취를 인증하는 것이다.

13 팔회八會: 60권본 『대방광불화엄경』은 칠처팔회七處八會의 설법으로 구성되어 있다. 칠처七處는 설법한 일곱 곳의 처소이고, 팔회八會는 여덟 번의 설법 모임 횟수이다. 제1회 보리장회菩提揚會에서는「세간정안품世間淨眼品」이하 2품을, 제2회 보광법당회普光法堂會에서는「여래명호품如來名號品」이하 6품을, 제3회 도리천忉利天에서는「승수미품昇須彌品」이하 6품을, 제4회 야마천夜摩天에서는「승야마천궁품昇夜摩天宮品」이하 4품을, 제5회 도솔천에서는「승도솔천궁품昇兜率天宮品」이하 3품을, 제6회 타화천他化天에서는「십지품十地品」이하 11품을, 다시 제7회 보광법당普光法堂에서는「이세간품離世間品」을, 제8회 중각강당重閣講堂에서는「입법계품入法界品」을 설하였다.

14 삼관三觀: 『보살영락본업경』「현성학관품」에서는 ‘세 가지 관법’(三觀)을 설하고 있는데, 이제관二諦觀・평등관平等觀・중도제일의제관中道第一義諦觀이 그것이다. ‘가명假名으로부터 공空에 들어가는 것’(從假名入空)은 이제관이고, ‘공으로부터 가명假名에 들어가는 것’(從空入假名)은 평등관인데, 이제관과 평등관은 방편도이다. 이 두 가지 공관空觀으로 중도제일의제관에 들어간다. “其正觀者, 初地已上有三觀心入一切地. 三觀者, 從假名入空二諦觀, 從空入假名平等觀, 是二觀方便道. 因是二空觀, 得入中道第一義諦觀.”(T24, 1014b18~21)

15 삼제三諦: 『보살영락본업경』「불모품佛母品」(T24, 1018b21)에서는 유제有諦・무제無諦・중도제일의제中道第一義諦의 삼제三諦를 설하면서 이제二諦와 제일의제第一義諦의 의미를 설하고 있다.

16 육백六百: 현장玄奘이 660~663년에 걸쳐 한역한 『대반야바라밀다경大般若波羅密多經』 600권(T5~7)을 가리킨다. 원효는 저술에서 구마라집鳩摩羅什 역(404년 역출) 『마하반야바라밀경摩訶般若波羅蜜經』 27권(T8, 『대품반야경大品般若經』 또는 『대품경大品經』이라고도 불림)과 현장玄奘이 660~663년에 걸쳐 한역한 『대반야바라밀다경大般若波羅密多經』 600권(T5~7)을 모두 거론하고 있는데, 특히 『대혜도경종요大慧度經宗要』에서는 대부분 구마라집 역 『마하반야바라밀경』을 인용하여 논의한다. 현장 역 『대반야바라밀경』의 역출 시기(660~663)를 고려할 때, 원효(617~686) 당대까지 가장 유행했던 경전인 구마라집 역본이 『대혜도경종요』에서 주로 다루어지는 것은 자연스럽다. 『대혜도경종요』에서 현장 역 『대반야바라밀다경』에 관해 직접 언급하는 곳은 ‘술대의述大意’ 단락의 말미인데, “此經

이루어진 『대반야경大般若經』의 현묘한 '핵심 뜻'(宗旨)을 꿰며, '두 가지 거주처'(二土)[17]와 '두 가지 부처 몸'(二身)[18]으로 '모든 세계'(十方)를 껴안

六百, 有十六分"(H1, 480b16~17)이라고 하면서 총 600권 및 설법을 위한 16차의 모임으로 이루어져 있는 현장 역본의 체제를 설명해 간다.

17 이토二土: 행위의 과보로 거주하게 되는 곳을 두 가지로 구분하는 것인데, '정토淨土와 예토穢土', '보토報土와 화토化土', '보토報土와 응토應土' 등의 구분이 있다. 『보살영락본업경』 「현성학관품」(T24, 1015c29~1016a7)에서는 '정보토正報土와 의보토依報土' 및 '실지토實智土와 변화정예토變化淨穢土'의 두 가지를 설하고 있다. "세계(土)란 모든 현인과 성인이 머무는 처소를 가리킨다. 그러므로 일체중생과 현인 및 성인은 각자 '과보의 세계'(果報之土)에 머문다. 만약 범부중생이라면 '자아를 이루고 있는 요소들의 다섯 가지 더미'(五陰) 가운데 머무르는 것이 '[행위로 인해] 직접 받은 세계'(正報土)가 되고, 산림과 대지를 공유하는 것은 '[행위의] 과보가 의지하는 세계'(依報之土)라고 한다. ['열 가지 본격적인 수행경지'(十地)의] 첫 번째 경지'(初地)의 성인聖人에게도 '두 가지 세계'(二土)가 있다. 첫째는 '사실대로 보는 지혜의 세계'(實智土)이니, ['근본적인 지혜'(根本智)인] 앞의 지혜가 ['[깨달음을 성취한] 후에 얻어지는 ['사실 그대로' 이해하는] 지혜'(後得智)인] 뒤의 지혜에 머무르며 [펼치는] 것이 세계(土)가 된다. 둘째는 '변화하는 정토와 예토'(變化淨穢[土])이니, 헤아릴 수 없이 오랜 세월을 거치면서 '[과보에] 응하여 나타나는 세계'(應現之土)이며, [등각等覺의 경지인] '[분별에] 더럽혀짐이 없어진 경지'(無垢地)의 세계에 이르기까지 마찬가지이다. 모든 중생에서부터 '[분별에] 더럽혀짐이 없어진 경지'(無垢地)까지는 모두 '[분별하는 번뇌가 없는] 온전한 세상'(淨土)이 아니니, [아직 분별에 매인] 과보에 머무르기 때문이다. 오직 부처님만이 중도제일법성中道第一法性의 세계에 계신다."(土名一切賢聖所居之處. 是故一切衆生賢聖, 各自居果報之土. 若凡夫衆生住五陰中, 爲正報之土, 山林大地共有名依報之土. 初地聖人亦有二土. 一實智土, 前智住後智爲土. 二變化淨穢, 經劫數量應現之土, 乃至無垢地土亦如是. 一切衆生乃至無垢地, 盡非淨土, 住果報故. 唯佛居中道第一法性之土.)

18 이신二身: 법성신法性身과 응화법신應化法身의 '두 가지 법신'(二種法身)을 가리킨다. 『보살영락본업경』 「현성학관품」(T24, 1015c19~23)에서는 "敬首菩薩白佛言. 世尊, 從初地至後一地, 有果報神變二種法身, 一法性身, 二應化法身. 爲何色相爲何心相? 佛言. 佛子, 出世間果者, 從初地至佛地, 各有二種法身."이라 하여, 초지初地에서 불지佛地에 이르기까지의 출세간과出世間果를 법성신法性身과 응화법신應化法身의 두 가지 법신法身으로 구분한 후 이에 관한 설법이 이어지고 있다. 또 같은 「현성학관품」(T24, 1013a9~13)에서는 이신二身에 관하여 이렇게 설한다. "부처의 제자들이여! 수정水晶으로 만든 영락瓔珞[과 같은 보배 구슬]이 안과 밖이 환하게 밝

아 두루 나타내고, '하나처럼 통하는 길'(一道)[19]과 '하나처럼 통하는 결

은 것처럼 '[차이들을] 사실대로 함께 만날 수 있는 깨달음'(妙覺)에 늘 머물러 밝고 온전한 것을 '모든 것을 사실 그대로 만나게 하는 지혜의 경지'(一切智地)라고 부른다. [이 경지에서는] 항상 중도中道에 머물러 '모든 현상'(一切法)에서 '[번뇌마煩惱魔·음마陰魔·천마天魔·사마死魔, 이] 네 가지 [수행의] 방해물'(四魔)을 뛰어넘으니, [모든 현상이] '[불변·독자의 본질/실체로서] 있는 것도 아니고 [아무것도] 없는 것도 아니어서'(非有非無) '[불변·독자의 본질/실체로서의] 모든 양상'(一切相)이 다 없어진다. [그리하여] '크나큰 깨달음'(大覺)을 '한꺼번에 이해하여'(頓解) '변화[할 수 있는 능력]을 다 성취하고'(窮化) '작용[할 수 있는 능력]을 체득하여'(體神) '[법성신法性身과 응화법신應化法身, 이] 두 가지 부처 몸'(二身)에 머물면서 인연이 있는 이를 교화한다."(佛子! 水晶瓔珞, 內外明徹, 妙覺常住, 湛然明淨, 名一切智地. 常處中道, 一切法上, 越過四魔, 非有非無, 一切相盡. 頓解大覺, 窮化體神, 二身常住, 爲化有緣.)

19 일도一道: 『보살영락본업경』「인과품因果品」(T24, 1020a20)에서는 "佛子, 一切聖果無量功德藏中, 不可說不可說果, 是果一道."라 하여 모든 성과聖果를 일도一道와 연관시키고 있다. 원효는 『본업경소』(H1, 519c18~23)에서 이 일도一道에 대해 다음과 같이 주해한다. "다음으로 '하나처럼 통하는 진리'와 '하나처럼 통하는 길'"(一諦一道)이라는 것은 [다음과 같은 뜻이다.] 〈[생사와 열반을 나누어] 짓는 바가 없는 네 가지 고귀한 진리의 측면〉(無作四諦門)에서는 '괴로움의 소멸로 나아가는 길에 관한 진리'(道諦)[수행]에서의 '금강[석과 같은 선정의] 마음'(金剛心)[경지]일 때 '[근본무지에 따라 일어나는] 모든 것은 괴로움이라는 진리'(苦諦)와 '괴로움의 원인에 관한 진리'(集諦)를 함께 갖추기 때문에 '[고제苦諦·집제集諦·도제道諦의] 세 가지 진리'(三諦)가 있다. 지금 '부처의 경지'(佛地)에 이르러서는 '[세 가지 진리를] 다른 것[으로 보는 것]에서 벗어나 오직 하나[로 봄]'(離二唯一) 뿐이니, [이] 하나[로 보는 멸제滅諦]를 '하나처럼 통하는 길'(一道)이라 부른다. 이와 같은 '하나처럼 통하는 진리'(一諦)에서는 [모든 것이] 크게 통하여 막힘이 없고, 모든 '부처가 되는 길'(佛道)이 같[은 곳에서 만나]게 되니, 그러므로 '하나처럼 통하는 길'(一道)이라 부른다. [이것은] 경전(『화엄경』)의 게송에서 [다음과 같이] 말한 것과 같다. "문수[지혜]의 가르침은 언제나 그와 같아서, 가르침의 왕은 오직 '하나처럼 통하는 진리'(一法)[를 설할] 뿐이니, 모든 것에 걸림 없는 사람은, '하나처럼 통하는 길'(一道)에서 생사[의 속박]으로부터 벗어난다네."(次"一諦一道"者, 無作四諦門中, 道諦金剛心時, 與苦集俱故有三諦. 今至佛地離二唯一, 一謂一道. 如是一諦通泰無閡, 諸佛道同, 故名一道. 如經頌言, "文殊法常爾, 法王唯一法, 一切無礙人, 一道出生死也.) 원효는 '一'이라는 용어를 수사로서의 '하나'라는 의미보다는 '하나처럼 통함'이라는 동사적 사태를 지시하는 경우가 많다. '一心'은 그 대표적 사례인데,

실'(一果)[20]로 온갖 [이로운] 능력들을 품어 [그것들을 하나로] 융합시킨다. 그런 후에 '모든 것을 사실 그대로 보는 지혜'(薩云)[21]의 보배 수레를 타고 '[욕망세계(欲界)·유형세계(色界)·무형세계(無色界), 이] 세 가지 세계'(三界)의 본래 집으로 돌아가 보살의 '[42단계(位)] 수행'(本行)[22]을 펼쳐 '여섯 겹의 보배구슬'(六重瓔珞)[23]을 보이니, 그러므로 『보살영락본업경菩薩瓔珞本業經』이라 말한다.

일심에 관한 원효의 해설을 반영하면 '하나처럼 통하는 마음' 혹은 '하나처럼 통하게 하는 마음'이라 번역해야 적절하다. '일각一覺' '일여一如' 등의 용어도 마찬가지 맥락에 있다. 원효의 사유를 관통하는 것은 '서로 통하고 서로 포섭함'(通攝)이라는 통찰인데, 원효가 구사하는 '一'이라는 기호의 상당수는 이 통섭의 맥락에서 채택되고 있다는 점을 유의해야 할 것이다. 여기서의 '一道' 역시 이에 관한 원효의 해석을 반영하여 '하나처럼 통하는 길'로, '一果'는 '하나처럼 통하는 결실'로 번역하였다.

20 일과一果: 궁극적 과보인 불과佛果를 의미한다. 마찬가지로 『보살영락본업경』에서는 '一地'를 '佛地'의 의미로 사용하고 있다. "敬首菩薩白佛言. 世尊, 從初地至後一地, 有果報神變二種法身, 一法性身, 二應化法身. 爲何色相爲何心相? 佛言. 佛子, 出世間果者, 從初地至佛地, 各有二種法身."(T24, 1015c19~23)

21 살운薩云: 산스크리트어 sarva-jña의 음사. 살바야薩婆若, 살운연薩云然이라고도 한다. 일체지一切智라고 번역하는데, '모든 것을 사실 그대로 보는 지혜'를 뜻한다.

22 본행本行: 본업本業인 십주十住·십행十行·십회향十廻向·십지十地·등각等覺·묘각妙覺을 가리킨다.

23 육중영락六重瓔珞: 『보살영락본업경』「현성학관품」(T24, 1012c6~1013a14)에서는 보살의 본업영락本業瓔珞인 십주十住·십행十行·십회향十廻向·십지十地·등각지等覺地·묘각지妙覺地를 각각 동보영락銅寶瓔珞·은보영락銀寶瓔珞·금보영락金寶瓔珞·유리보영락琉璃寶瓔珞·마니보영락摩尼寶瓔珞·수정영락水精瓔珞에 대비시키고 있다.

『본업경소』 하권*

本業經疏 下卷

석원효釋元曉 지음**

* 한불전 교감주에는 『續藏經』 제1편 61투套 3책册에 수록된 것을 저본으로 한다고 되어 있다.

** 한불전 교감주에는 저본에 찬자撰者의 명칭이 없어서 써넣었다고 하였다.

제3「현인賢人과 성인聖人의 배움과 이해에 관한 단원」(賢聖學觀品)

『보살영락본업경菩薩瓔珞本業經』 상권 제3「현성학관품賢聖學觀品」

佛子, 九入法際智,[1] 所謂四十辯才, 一切功德行皆成就, 心習已滅, 無明亦除. 一切佛藏一切變通藏, 已一心中一時行, 無量大千[2]世界中, 作佛形作衆生形, 敎化無量衆生法故.

[T24, 1015b13~17]

부처의 제자들이여, 아홉 번째는 '현상의 [차별된] 세계에 들어가는 지혜'(入法際智)[3]이니, 이른바 '40가지 언어능력'(四十辨才)[4]으로 '모든

---

1 대정장『본업경』교감주에서는 '智' 뒤에 '觀'을 추가하고 있다. 원효의『본업경소』에 따라 '入法際智'로 번역한다.

2 대정장『본업경』교감주에 따르면, 【宋】【元】【明】본에는 '大千' 앞에 '三千'이 추가되어 있다고 하였다.

3 『본업경』에서는 보살의 본업本業인 십주十住·십행十行·십회향十廻向·십지十地·등각等覺·묘각妙覺 42현성賢聖의 수행과 그에 따라 증득되는 수행의 과보를 설하고 있다. 그리하여「현성학관품賢聖學觀品」(T24, 1013a15~)에서는 십주十住·십행十行·십회향十廻向·십지十地 각 단계의 '이해하는 마음'(觀心)의 특징을 반영한 40가지 마음과 등각等覺·묘각妙覺의 두 가지 마음을 합하여 총 42가지 '이해하는 마음'(觀心)을 설하고 있다. 그리고 이 42가지 '이해하는 마음'(觀心)에 의해 '이해되는 내용'(所觀法)도 각각의 마음에 배당시켜 설한다. 이때 십지十地의 열 가지 '이해하는 마음'(觀心)은 사무량심四無量心·십선심十善心·명광심

이로운 능력의 행함'(一切功德行)을 다 성취하면 [근본무지와 분별로 생긴] 마음의 습관이 없어지고 근본무지(無明)도 없어지노라. [그리하여] 모든 '부처의 세계'(佛藏)[5]와 [중생교화를 위한] 모든 '변화와 신통의 세계'(變通藏)[6]가 이미 '하나처럼 통하는 마음'(一心)[7] [8] 속에서 일시에 나

明光心 · 염혜심焰慧心 · 대승심大勝心 · 현전심現前心 · 무생심無生心 · 불사의심不思議心 · 혜광심慧光心 · 수위심受位心이고, 이 중 아홉 번째인 혜광심慧光心은 입법제지入法際智, 열 번째인 수위심受位心은 무애지관無礙智觀을 그 이해 내용으로 한다. 현존하는 원효의 『본업경소』 하권은 『본업경』 「현성학관품賢聖學觀品」에서 십지十地의 아홉 번째 마음인 혜광심慧光心의 이해 내용인 '입법제지入法際智'를 설하는 대목(T24, 1015b13)에 대한 주석에서부터 시작한다.

4 변재辨才와 사십변재四十辨才: 불보살들이 막힘없이 가르침을 설하는 언어능력을 '변재辯才(辨才)'라 하는데, 법무애法無礙 · 의무애義無礙 · 사무애辭無礙 · 요설무애樂說無礙를 사무애변四無碍辯 혹은 사무애지四無碍智라고 한다. 『화엄경』 권26에서는 "是菩薩常隨四無礙智而不可壞. 何等爲四? 一法無礙, 二義無礙, 三辭無礙, 四樂說無礙"(T9, 568c16~18)라고 하여 보살이 항상 따르는 4무애지四無礙智로서 법무애法無礙 · 의무애義無礙 · 사무애辭無礙 · 요설무애樂說無礙를 제시한다. 그리고 "是菩薩以法無礙智, 知諸法自相, 以義無礙智, 知差別法, 以辭無礙智, 知說諸法不可壞, 以樂說無礙智, 知說諸法次第不斷"(T9, 568c18~21)이라고 하여, 법무애지法無礙智로써 제법諸法의 자상自相을 알고, 의무애지義無礙智로써 차별법差別法을 알며, 사무애지辭無礙智로써 제법諸法을 파괴하지 않고 설하는 것을 알고, 요설무애지樂說無礙智로써 제법諸法의 순서가 끊어지지 않게 설할 줄 아는 것이라 한다. 『십지경론』 권11(T26, 190b5~26)에 따르면, 이 사무애변四無礙辯(사무애지四無碍智)에 각각 자상自相 · 동상同相 · 행상行相 · 설상說相 · 지상智相 · 무아만상無我慢相 · 소승대승상小乘大乘相 · 보살지상菩薩地相 · 여래지상如來地相 · 작주지상作住持相의 열 가지 양상을 적용한 것이 사십변재四十辨才이다.

5 '佛藏'을 '부처의 경지가 모여 있는 곳'으로 보아 '부처의 세계'로 번역하였다.

6 '變通藏'을 '중생교화를 위해 불/보살이 펼치는 모든 변화와 신통들'로 보아 이렇게 번역하였다.

7 일심一心의 번역어: '一心'은 원효사상의 근원적이고도 궁극적인 개념인데 '하나처럼 통하는 마음'이라고 번역해 보았다. 비록 『본업경』 본문의 용어이지만 '一心'에 대한 원효의 시선을 반영한 번역이다. 원효가 채택하는 '一心'이라는 기호는 '모든 현상을 산출해 내는 실체나 본체' 혹은 '현상의 이면에 있는 불변의 어떤 기체基體'를 지시하는 것이 아니다. 그 어떤 '불변 · 독자의 본질/실체가 있다는 생각'에

도 막히거나 갇히지 않는 인지지평, 그리하여 '실체나 본질의 차이로 나누는 분별'에서 풀려난 채 차이들을 만날 수 있는 마음수준을 지시하는 기호로 보는 것이 적절하다고 생각한다. 이런 이해를 기본으로 삼아 '一心'을 '하나처럼 통하는 마음'이라 번역한 것이다. 참고로 『기신론소』(H1, 705a11~16)에 나오는 '一心'에 관한 원효의 정의定義적 해설은 다음과 같다. "'두 측면'(二門)이 [나뉘는 것이] 이와 같은데, 어째서 '하나처럼 통하는 마음'(一心)이라 하는가? 말하자면, 오염되었거나 청정하거나 그 모든 것의 '본연적 면모'(性)는 [본질로서] 다른 것이 아니기에(無二), 참됨(眞)과 허구(妄)의 두 국면은 [본질적] 차이가 있을 수 없으니, 그러므로 '하나'(一)라고 부른다. 이 '다르지 않은'(無二) 자리에서 모든 것을 실재대로이게 하는 것은 [이해하는 작용이 없는] 허공과는 같지 않아 '본연적 면모'(性)가 스스로 신묘하게 이해하니, 그러므로 '마음'(心)이라 부른다. 그런데 이미 '둘'(二)이 있지 않다면 어떻게 '하나'(一)라는 것이 있을 수 있으며, '하나'(一)가 있지 않다면 무엇에 입각하여 '마음'(心)이라 하겠는가? 이와 같은 도리는 언어적 규정에서 벗어나고 [불변·독자의 본질/실체로] 분별하는 생각을 끊은 것이니, 무엇으로써 지칭해야 할지 알 수가 없지만 억지로나마 '하나처럼 통하는 마음'(一心)이라 부른다." (二門如是, 何爲一心? 謂染淨諸法其性無二, 眞妄二門不得有異, 故名爲一. 此無二處, 諸法中實, 不同虛空, 性自神解, 故名爲心. 然旣無有二, 何得有一, 一無所有, 就誰曰心? 如是道理, 離言絶慮, 不知何以目之, 强號爲一心也.)

8 일심一心의 경전적 근거와 원효의 일심철학: 원효는 일심의 경전적 근거로 『입능가경入楞伽經』 권1(T16, 519a1~2)의 "寂滅者名爲一心, 一心者名爲如來藏."이라는 구절을 자주 거론한다. 그런데 이 구절의 현존 산스크리트본의 해당 내용은 "ekāgrasyaitad adhivacanaṃ tathāgatagarbhasvapratyātmāryajñānagocarasyaitat praveśo yat samādhiḥ paramā jāyata iti."(Laṅkāvatārasūtra, p.21.)〈[적멸은] 하나로 집중된 [상태]의 동의어이다. '최고의 삼매가 생겨난다'고 하는 이것은 '여래장'이라고 하는 성인들의 내적인 지혜의 경계(인식대상)에 들어가는 것이다.〉이다. 보리류지가 '일심一心'으로 번역한 산스크리트어 원 단어는 마음 그 자체가 아니라 '삼매'의 정의인 '심일경성心一境性(citta_eka_agratā)'을 지시하는 것이다. (김성철, 「원효의 불성관」, 원효학토대연구소 『열반종요』 번역출간 기념학술대회, 2019.) '심일경성心一境性'의 의미를 '대상에 대해 집중하고 있는 마음 상태'로 보아 선정 수행을 '대상에 대한 마음 집중'으로 이해하는 것이 일반적이지만, 니까야/아함이 전하는 '심일경성心一境性'이 과연 그런 의미인지에 대해서는 재고의 여지가 있다. 정학定學 내지 선정 수행의 핵심을 '대상 집중'으로 파악하는 시선에 대한 근원적 비판도 있다.(박태원, 『원효의 통섭철학』, 세창출판사, 2021, pp.263-308.) 그러나 한역漢譯 『입능가경』의 일심을 경증經證으로 제시하면서

펼치는 원효의 일심철학이 산스크리트본 『입능가경』의 해당 내용과는 맥락이 다르다는 것은 분명하다. 이 문제를 어떻게 보느냐에 따라 원효 일심철학에 대한 평가도 크게 엇갈리게 된다. 인도에서 찬술된 문헌만을 진경眞經으로 간주하려는 원전 지상주의에 입각한다면, 산스크리트어 원문의 내용과는 다른 한역漢譯은 오역이거나 오해로 간주된다. 그리고 한역에서 목격되는 다양하고도 무수한 '번역에 의한 의미의 변이들', 그리고 그 변이된 의미에 의거한 사유와 이론의 전개들을, 모두 오역과 오해의 오류 현상으로 간주하여 평가 절하한다. 원전 지상주의자들의 이러한 태도는, '번역에 의한 의미의 변이'가 단순한 언어학적 오류가 아닌 해석학적 선택과 연루되어 있으며, 새로운 통찰과 이론의 발전은 이러한 '새로운 해석학적 선택'에 기대어 있다는 사실에 너무 인색하다. 인도에서 찬술된 문헌들 역시 붓다의 언어에 대한 새로운 해석학적 선택의 산물이었으며, 그것은 곧 기존 해석으로부터의 일탈이고 새로운 번역이다. 모든 번역은 일종의 해석학적 선택이고 그로 인한 의미의 변이는 새로운 통찰과 이론의 계기이다. 사유와 통찰의 발전과 풍요는 이런 과정에서 등장한다. 그런 점에서 '번역을 통한 해석학적 선택'을 단순한 오류 현상으로 치부하여 그 의미를 평가 절하하는 인도원전 지상주의자들은 일종의 해석학적 폐문閉門에 갇히는 우를 범할 수 있다. 인도 불전佛典의 한역漢譯 과정에서 발생한 해석학적 선택과, 언어의 치환에 수반하는 의미의 변이 및 해석학적 개방성은 인문학적 창발성과 발전 및 풍요의 강력한 계기가 된다. 원효의 일심一心철학은 그 대표적 사례이다. 원효가 만약 산스크리트어를 익혀 원전으로 사유했다면, 원효 일심철학의 창발적 개성과 새로운 통찰은 제한되었을 것이다. 번역 및 번역어에서 비롯된 해석학적 개방성으로 인해 원효의 일심철학은, 번역 오류로 인한 무지나 오해가 아니라, 마음에 대한 새로운 통찰의 체계가 될 수 있었다. 그리고 흥미롭게도 이 새로운 마음 통찰은 붓다의 통찰을 새롭게 읽으며 붓다 언어의 의미에 접근하는 새롭고 유익한 길을 열고 있다. 원효의 사유와 대화할 때 놓치지 말아야 할 대목이다. 박태원의 견해(「무아는 1인칭의 삭제인가, 새로운 1인칭의 등장인가? ―화쟁과 무아 그리고 원효」, 화쟁연구소 학술대회 자료집, 2022)에 따르면, 원효는 『대승기신론』과 『입능가경』에 등장하는 '一心'이라는 기호가 〈'중관적 통찰을 품은 유식학적 시선'에서 해탈 · 열반의 핵심 내용과 불교철학의 체계를 압축적으로 반영할 수 있다.〉고 여긴 것으로 보인다. 그리하여 '一'과 '心'에 각각 그에 상응하는 압축적 의미를 배정한다. 원효는 '중관을 품은 유식학'의 핵심과 목표를 '一心'이라는 기호에 압축시키면서 이를 통해 불교 이론 전체를 통섭적通攝的으로 재구성하는 새로운 체계 이론을 구축할 수 있다고 여겼고, 그 기획을 성공적으로 구현한다. 일심에 관한 정의적定義的 해설, 일심으로 심진여문心眞如門과 심생멸문心生滅門을 통섭시키는 것, 일심으로 유식기 때문이다.

〈소〉

"九入法際智, 所謂四十辨才"者, 以諸辨才, 巧入諸法差別邊際, 故言"入法際智", "四十辨才"者, 四無礙智, 有十種故.

[H1, 498c3~5]

"아홉 번째는 '현상의 [차별된] 세계에 들어가는 지혜'(入法際智)이니 이른바 40가지 언어능력으로"(九入法際智, 所謂四十辨才)라는 것은, 갖가지 언어능력으로 '모든 현상의 차별된 세계'(諸法差別邊際)에 교묘하게 들어가므로 "현상의 [차별된] 세계에 들어가는 지혜"(入法際智)라 하였고, "40가지 언어능력"(四十辨才)이라는 것은 '걸림이 없는 네 가지 지혜'(四無礙智)에 [각각] 열 가지가 있기 때문이다.

如『十地論』云, "是四無礙智, 十種差別. 一依自相, 二依同相, 三行相, 四說相, 五智相, 六無我慢相, 七小乘大乘相, 八菩薩地相, 九如來地相, 十作住[9]地相. 自相者有四, 一生法自相, 二差別自相, 三想堅固自相, 四彼想差別自相. 如經, 〈是菩薩用[10]法無礙智, 知諸法自相故,[11] 以義無礙智, 知諸法差別相故,[12] 以辭無礙智, 知不壞說諸法故,[13] 以樂

학의 전식득지轉識得智를 해설하는 것 등, 일심에 관한 원효의 논의와 해설은 이러한 추정을 뒷받침한다.

9 『속장경』의 교감주에는 '住' 앞에 '十'자가 있다고 하였다.

10 『화엄경』 권26 「십지품」(T9, 568c18) 원문에는 '用'이 아니라 '以'이다.

11 『화엄경』 권26 「십지품」(T9, 568c19) 원문에는 '故'가 없다.

12 『화엄경』 권26 「십지품」(T9, 568c19) 원문에는 '知差別法'으로 되어 있다.

說無礙智, 知諸法次第不斷故.[14]〉 同相者有四種, 一者一切法同相, 二者一切有爲同相, 三者一切法假名同相, 四者假名假名同相. 如經, 〈復次以法無礙智, 知諸法無體性故,[15] 以義無礙智, 知諸法生義[16]相故,[17] 以辭無礙智, 知諸法假名而不斷假名法說故,[18] 以隨[19]說無礙智, 隨[20]假名不壞無邊法說故.[21]〉" 乃至廣說.

[H1, 498c5~499a2]

[이것은] 『십지경론十地經論』에서 [다음과 같이] 말한 것과 같다. "이 '걸림이 없는 네 가지 지혜'(四無礙智)에는 10가지의 구분이 있다. 첫 번째는 '개별적 양상'(自相)에 의거하는 것이고, 두 번째는 '동일한 양상'(同相)에 의거하는 것이며, 세 번째는 '작용하는 양상'(行相)이고, 네 번째는 '말하는 양상'(說相)이며, 다섯 번째는 '지혜의 양상'(智相)이고, 여섯 번째는 '자아의 교만이 없는 양상'(無我慢相)이며, 일곱 번째는 '소승과 대승의 양상'(小乘大乘相)이고, 여덟 번째는 '보살 경지의 양상'(菩薩地相)이며, 아홉 번째는 '여래 경지의 양상'(如來地相)이고, 열 번째는 '확고히 자리잡는 경지를 만드는 양상'(作住地相)이다. '개별적 양상'(自相)이라는

13 『화엄경』 권26 「십지품」(T9, 568c20) 원문에는 '知說諸法不可壞'로 되어 있다.
14 『화엄경』 권26 「십지품」(T9, 568c21) 원문에는 '知說諸法次第不斷'으로 되어 있다.
15 『화엄경』 권26 「십지품」(T9, 568c22) 원문에는 '故'가 없다.
16 『십지경론』 권11(T26, 190c2)과 『화엄경』 권26 「십지품」(T9, 568c23) 원문에는 '義'가 아니라 '滅'이다. '滅'로 교감한다.
17 『화엄경』 권26 「십지품」(T9, 568c23) 원문에는 '故'가 없다.
18 『화엄경』 권26 「십지품」(T9, 568c24) 원문에는 '故'가 없다.
19 『십지경론』 권11(T26, 190c3)과 『화엄경』 권26 「십지품」(T9, 568c24) 원문에는 '隨'가 아니라 '樂'이다. '樂'으로 교감한다.
20 『화엄경』 권26 「십지품」(T9, 568c24) 원문에는 '隨' 앞에 '知'가 있다. '知'를 넣어 번역한다.
21 『화엄경』 권26 「십지품」(T9, 568c24) 원문에는 '故'가 없다.

것에는 4가지가 있으니, 첫 번째는 '생겨난 현상의 개별적 양상'(生法自相)이고, 두 번째는 '구분하는 개별적 양상'(差別自相)이며, 세 번째는 '판단이 견고한 개별적 양상'(想堅固自相)이고, 네 번째는 '다른 판단을 구분하는 개별적 양상'(彼想差別自相)이다. [이것은] 경전(『화엄경』「십지품十地品」)에서 〈이 보살은 '현상의 특징을 걸림 없이 아는 지혜'(法無礙智)로써 '모든 현상[22]의 고유한 특징'(諸法自相)을 알고, '뜻에 걸림이 없는 지혜'(義無礙智)로써 '모든 가르침의 차이'(諸法差別相)를 알며, '표현에 걸림이 없는 지혜'(辭無礙智)로써 '[뜻을] 훼손시키지 않고 모든 가르침을 말하는 것'(不壞說諸法)을 알고, '적절하게 설함에 걸림이 없는 지혜'(樂說無礙智)로써 '모든 가르침의 순서가 끊어지지 않게 하는 것'(諸法次第不斷)을 안다.〉[23]라고 한 것과 같다.

'동일한 양상'(同相)에는 4가지가 있으니, 첫 번째는 '모든 현상은 동일하다는 것'(一切法同相)이고, 두 번째는 '모든 지어낸 것은 동일하다는 것'(一切有爲同相)이며, 세 번째는 '모든 가르침은 언어적 임시방편이라는 점에서 동일하다는 것'(一切法假名同相)이고, 네 번째는 '언어적 임시방편도 언어적 임시방편으로 동일하다는 것'(假名假名同相)이다. [이것은] 경전(『화엄경』「십지품十地品」)에서 〈다시 '현상의 특징을 걸림 없이 아는 지혜'(法無礙智)로써 '모든 현상에 [각자의] 본질이 없음'(諸法無體性)을 알고, '뜻에 걸림이 없는 지혜'(義無礙智)로써 '[지어낸] 모든 것의 생겨나고 사라지는 양상'(諸法生滅相)을 알며, '표현에 걸림이 없는 지혜'(辭無礙智)로써 '모든 가르침이 언어적 임시방편이지만 언어적 임시방편을 끊지 않고 가르침을 설하는 것'(諸法假名而不斷假名法說)을 알고, '적절하게

22 '法'은 '법칙' '가르침' '존재' '현상' 등의 의미를 지니고 있으며, 문장의 맥락에 따라 적절한 번역어를 선택한다.

23 『화엄경』26권 「십지품」(T9, 568c18~21) "是菩薩以法無礙智, 知諸法自相, 以義無礙智, 知差別法, 以辭無礙智, 知說諸法不可壞, 以樂說無礙智, 知說諸法次第不斷."

설함에 걸림이 없는 지혜'(樂說無礙智)로써 '언어적 임시방편을 따르면서 끝없는 가르침을 훼손하지 않고 설하는 것'(隨假名不壞無邊法說)을 안다.〉[24]"[25] 등으로 자세히 말한 것과 같다.

次言"一切功德行皆成就"者, 此四十辨才門中, 一切德行無不攝故. "心習已滅, 無明亦除"者, 此地名爲心自在地, 著心重習已斷滅故, 作得住地無明之內, 迷心空者亦已除故. "一切佛藏"者, 以諸多羅尼, 得諸佛法藏, 如彼經言, "第九菩薩地, 名爲得諸佛法藏, 能作大法師,[26] 得衆義多羅尼, 衆法多羅尼, 乃至滿足十阿僧祇, 百千多羅尼門故."

[H1, 499a3~16]

다음으로 "모든 이로운 능력의 행함'을 다 성취하면"(一切功德行皆成就)이라고 말한 것은, 이 '40가지 언어능력'(四十辨才)의 범주(門) 안에

---

24 『화엄경』26권 「십지품」(T9, 568c21~24) "復次以法無礙智, 知諸法無體性, 以義無礙智, 知諸法生滅相, 以辭無礙智, 知諸法假名不斷假名說, 以樂說無礙智, 知隨假名不壞無邊說."

25 『십지경론』 권11(T26, 190b5~c4). "是四無礙智, 十種差別. 一依自相, 二依同相, 三行相, 四說相, 五智相, 六無我慢相, 七小乘大乘相, 八菩薩地相, 九如來地相, 十作住持相. 後五是淨相, 云何自相? 經曰, 是菩薩用法無礙智, 知諸法自相, 以義無礙智, 知諸法差別相, 以辭無礙智知, 不壞說諸法, 以樂說無礙智, 知諸法次第不斷說. 論曰, 是中自相者, 有四種. 一生法自相, 二差別自相, 三想堅固自相, 四彼想差別自相. 如經, 是菩薩用法無礙智, 知諸法自相故, 以義無礙智, 知諸法差別相故, 以辭無礙智, 知不壞說諸法故, 以樂說無礙智, 知諸法次第不斷故. 是中不壞說者, 隨所覺諸相隨彼彼衆生種種說法故. 次第不斷說者, 次第不息無量衆多異名爲堅固彼義故. 云何同相? 經曰, 復次以法無礙智, 知諸法無體性, 以義無礙智, 知諸法生滅相, 以辭無礙智知, 諸法假名而不斷假名法說, 以樂說無礙智, 隨假名不壞無邊法說. 論曰, 是中同相有四種. 一者一切法同相, 二者一切有爲法同相, 三者一切法假名同相, 四者假名假名同相. 如經, 復次以法無礙智, 知諸法無體性故, 以義無礙智, 知諸法生滅相故, 以辭無礙智, 知諸法假名而不斷假名法說故, 以樂說無礙智, 隨假名不壞無邊法說故." 밑줄 부분만 인용한 것이다.

26 『화엄경』 권26 「십지품」(T9, 569a29) 원문에는 '爲大法師'로 되어 있다.

'모든 이로운 능력의 행함'(一切[功]德行)이 포함되지 않음이 없기 때문이다. "[근본무지와 분별로 생긴] 마음의 습관이 없어지고 근본무지도 없어진다."(心習已滅, 無明亦除)라는 것은, 이 경지(地)를 '마음이 자유로운 경지'(心自在地)라고 하니 '집착하는 마음의 두터운 버릇'(著心重習)이 이미 끊어져 사라졌기 때문[에 "마음의 습관이 없어진다."(心習已滅)라고 말한 것]이고, 〈후천적으로 만들어진 '토대가 되는 번뇌'〉(作得住地)[27]로서의 근본무지(無明) 범위에서 '마음에는 불변·독자의 본질/실체가 없다는 것에 미혹한 것'(迷心空者)도 이미 사라졌기 때문[에 "근본무지도 없어진다."(無明亦除)라고 말한 것]이다. "모든 부처의 세계"(一切佛藏)란 모든 '진리의 언어'(多羅尼)로써 '부처님의 진리세계'(佛法藏)를 얻은 것이니, [이것은] 저『십지경론』에서 "'아홉 번째 보살 경지'(第九菩薩地)[에 확고하게 자

27 작득주지作得住地: 원효는『이장의』에서 2종번뇌(二種煩惱, 住地煩惱와 起煩惱)와 관련하여 '토대가 되는 번뇌'인 주지번뇌住地煩惱의 내용을 설명하기 위해『승만경』의 다음과 같은 문장을 경증으로 삼는다. "住地有四種, 何等爲四? 一見一處住地, 二欲愛住地, 三色愛住地, 四有愛住地. 此四種住地, 生一切起煩惱."(H1, 801c2~6; T12, 220a3~5) '['토대가 되는 번뇌'(住地煩惱)를] 따라 일어나는 번뇌'인 기번뇌起煩惱를 생겨나게 하는 '삼계의 근본무명'(無明住地)에는 네 종류가 있는데, 견일처주지見一處住地(生得住地)·욕애주지欲愛住地(欲界住地)·색애주지色愛住地(色界住地)·유애주지有愛住地(無色界住地)가 그것이라는 내용이다. 이에 따라 원효는 무명주지의 내용에 관해 "論其差別, 略開爲二. 一者生得住地, 或名見一處住地 二者作得住地, 或名有愛數住地."(H1, 801a13~15)라고 하여 생득주지生得住地(見一處住地)와 작득주지作得住地(有愛數住地)로 구분하고, 작득주지에 대해서는 "作得住地者, 謂依生得住地, 起三有心"(H1, 801a21~22)이라고 하여 생득주지에 의거하여 일으킨 삼유심三有心에 따라 작득주지作得住地(有愛數住地)를 다시 욕계주지欲界住地·색계주지色界住地·무색계주지無色界住地로 삼분한다. 그런데 원효는 무명주지를 다시 통상通相과 별상別相으로 나누어 "四種住地通名無明, 是爲通相無明住地, … 其有愛數三所不攝, 直迷一處生得住地, 還受無明住地名者, 是爲別相無明住地"(H1, 801c14~18)라고 한다. 통상무명通相無明은 생득주지와 작득의 삼주지三住地를 합한 사주지四住地를 통틀어 부르는 것이고, 별상무명別相無明은 작득의 삼주지와 구분하여 생득주지(見一處住地)만을 특칭하는 것이다.

리잡는 것[28]을 '모든 부처님의 진리세계를 얻어 가르침을 설하는 위대한 스승이 된다'(得諸佛法藏, 能作大法師)라고 하니, '많은 뜻을 가진 진리의 언어'(衆義多羅尼)와 '많은 가르침을 담은 진리의 언어'(衆法多羅尼)를 얻고 또는 10아승기阿僧祇[29] 동안 '수백 수천의 [무수한] 진리의 언어들'(百千多羅尼門)을 얻는다."[30]라고 말한 것과 같다.

"一切變通藏"者, 以得法明自在力故, 遍於十方, 作變作故. 如彼經言, "是菩薩於不可說不可說世界, 遍滿其中, 隨心隨根隨信說法,[31] 得法明故, 求如來力, 滿足佛事, 與一切衆生, 而作依止"故.

"[중생교화를 위한] 모든 '변화와 신통의 세계'"(一切變通藏)라는 것은, '진리에 밝아져 [중생교화를 위해] 마음대로 할 수 있는 힘'(法明自在力)을 얻기 때문이며, 시방[의 모든] 세계에 두루 다니며 [중생교화를 위한] 변화를 짓기 때문이다. [이것은] 저 『십지경론』에서 "이 보살이 이루 말할 수 없이 수많은 세계에서 그 가운데를 두루 다니며 [중생의] 마음과 이해능력(根)과 믿음에 따라 중생을 위하여 가르침을 설하니, '진리에 밝아짐'(法明)을 얻었기 때문이며, 여래의 힘을 구하고 '중생교화의 일'(佛事)을 완성하여 모든 중생에게 의지처가 되어 주기 때문이다."[32]라고 말한 것과 같다.

---

28 『십지경론』의 원문은 '安住第九菩薩地'이다.

29 아승기阿僧祇: 산스크리트어 asaṃkhya의 음역으로 인도 숫자 유형의 하나이다. '한량없이 많은 수'(無量數) 혹은 '가장 큰 수'(極大數)라는 뜻이다. 아승가阿僧伽 · 아승기야阿僧企耶 · 승아僧 · 승기僧祇라고도 한다. 『불광대사전』, p.3666.

30 『십지경론』 권11(T26, 192a21~27). "經曰, 佛子! 菩薩如是善知無礙智, 安住第九菩薩地, 名爲得諸佛法藏能作大法師, 得衆義陀羅尼, 衆法陀羅尼, 起智陀羅尼, 光明陀羅尼, 善意陀羅尼, 衆財陀羅尼, 威德陀羅尼, 無障礙門陀羅尼, 無量陀羅尼, 得種種義陀羅尼. 得如是等陀羅尼門, 滿足十阿僧祇百千陀羅尼門." 밑줄 부분을 생략하여 인용하고 있다.

31 『십지경론』 권11(T26, 192c22~192c23) 원문에는 '隨信爲衆生說法'으로 되어 있다. 교감하여 번역한다.

『보살영락본업경菩薩瓔珞本業經』 상권 제3 「현성학관품賢聖學觀品」

佛子, 十無礙智觀, 所謂無量法雲雨澍, 及一切衆生. 二習無明, 今已盡滅, 受大職位, 神變無量, 不可具說, 現同如佛, 無相用故.

[T24, 1015b18~20]

부처의 제자들이여, 열 번째는 '걸림이 없는 지혜로 관찰하는 것'(無礙智觀)이니, 이른바 '한량없는 진리의 구름에서 내리는 비'(無量法雲雨)를 뿌려 모든 중생에게 미치게 하는 것이다. [이 열 번째 경지에서는] '[몸과 마음에 배인] 근본무지의 두 가지 누적된 경향성'(二習無明)이 이제 다 사라져 '크나큰 경지'(大職位)를 얻어 한량없는 '[중생 구제를 위한] 신통과 변화'(神變)를 이루 말로 다 설명할 수가 없으니, [신통과 변화를] 나타내는 것이 마치 부처님처럼 '[특정하게 제한된] 모습과 작용이 없기'(無相用) 때문이다.

〈소〉

"無量"以下, 重顯上句"十無礙智觀". "所謂無量法雲雨澍, 及一切衆生"者, 法雲之義, 略有二種, 一能受諸佛無量法雨, 二能注衆生無量法雨, 今約後義, 以顯法雲.

[H1, 499a17~21]

"한량없는"(無量) 아래는 앞 구절인 "열 번째는 '걸림이 없는 지혜로

32 『십지경론』 권11(T26, 192c22~24). "是菩薩於不可說, 不可說世界, 遍滿其中, 隨心隨根隨信爲衆生說法, 得法明故, 求如來力, 滿足佛事, 與一切衆生, 而作依止."

관찰하는 것'(十無礙智觀)이니"를 거듭 나타낸 것이다. "이른바 '한량없는 진리의 구름에서 내리는 비'를 뿌려 모든 중생에게 미치게 하는 것이다."(所謂無量法雲雨澍, 及一切衆生)라는 것에서 '진리의 구름'(法雲)이 지니는 뜻에는 대략 두 가지가 있으니, 첫 번째는 모든 부처님의 한량없는 '진리의 비'(法雨)를 받을 수 있는 것이고, 두 번째는 중생에게 한량없는 '진리의 비'를 쏟아 부을 수 있는 것인데, 지금은 뒤의 뜻에 의거하여 '진리의 구름'[이 지닌 뜻]을 드러낸 것이다.

如彼經言, "佛子, 是菩薩住此法雲地, 自從願力, 起大慈雲,[33] 震大法雷音, 通明無畏以爲電光, 大智慧光以爲疾風, 大福德善根以爲原密[34]雲, 現種種色身爲障[35]色雲, 說正法雨, 破諸魔怨於一念間, 無量無邊百千萬億那由他世界, 皆亦遍覆, 注大法甘露[36]善根法雨, 滅除衆生隨心所樂, 無明所起煩惱塵炎.[37] 是故此地, 名爲法雲故.[38]"

[H1, 499a21~b5]

[이것은] 『십지경론』에서, "부처의 제자들이여, 이 보살은 이 [십지十地의 마지막 단계인] '가르침이 [모든 대지에 비를 내리는] 구름과도 같은 단

33 『십지경론』 권11(T26, 197c14~15) 원문에는 '慈悲雲'으로 되어 있다. '慈悲雲'으로 교감한다.

34 한불전에는 '原密'을 '一作厚察'로 교감하고 있지만 『십지경론』 원문에 따라 '原密'은 '厚密'로 교감한다.

35 『십지경론』 원문에 따라 '障'을 '雜'으로 교감한다.

36 『십지경론』 권11(T26, 197c21) 원문에는 '注大法甘露'가 '澍大甘露'로 되어 있다. 이에 따라 교감한다.

37 『십지경론』 권11(T26, 197c22) 원문에는 '炎'이 '焰'으로 되어 있다. 이에 따라 교감한다.

38 『십지경론』 권11(T26, 197c22~23) 원문에는 '名爲法雲地'로 되어 있다. 이에 따라 교감한다.

계'(法雲地)[39]에 머물면서 스스로 [중생 구제를] '바라는 힘'(願力)에 따라 크나큰 자비의 구름을 일으켜 크나큰 진리의 천둥소리를 울리니, '환하게 밝아 두려움 없음'(通明無畏)을 번갯불로 삼고, '크나큰 지혜 광명'(大智慧光)을 빠르게 부는 바람으로 삼으며, '크나큰 복과 이로운 능력을 지닌 훌륭한 자질'(大福德善根)을 '두텁고 빽빽한 구름'(厚密雲)으로 삼고, [중생 구제를 위해] 갖가지 몸을 나타내는 것을 '온갖 모양을 갖추고 있는 구름'(雜色雲)으로 삼으며, '비처럼 뿌리는 바른 진리'(正法雨)를 설하여 모든 마귀와 원수를 한 생각 사이에 깨트리고 한량없고 끝없는 백천 만억의 '헤아릴 수 없이 많은 세계'(那由他世界)[40]를 모두 뒤덮기도 하고, '위대한 감로수'(大甘露)[41] 같은 '수승한 진리의 비'(善根法雨)를 쏟아부어

---

39 법운지法雲地: 보살 수행의 본격적 단계인 십지十地의 마지막 열 번째 단계이다. 십지十地 가운데 처음인 환희지歡喜地부터 마지막 열 번째 단계인 법운지法雲地까지의 수행과정에 있는 보살들을 법신보살이라 부른다. 이 보살들의 발심은 '진리 몸'(法身)을 증득하고 진심眞心을 드러내는데, '진리 몸을 증득한 발심'이라는 뜻에서 증발심證發心이라 한다. 법신보살이란 개념은 『대보적경大寶積經』에 나오지만 명칭으로서만 등장할 뿐, 그 의미를 살펴볼 수 있는 내용은 나타나지 않는다. 『대지도론大智度論』 권38에서는 "釋曰, 菩薩有二種. 一者, 生身菩薩, 二者, 法身菩薩. 一者, 斷結使. 二者, 不斷結使. 法身菩薩斷結使, 得六神通, 生身菩薩不斷結]使, 或離欲得五神通"(T25, 342a22~25)이라고 하여 생신보살生身菩薩과 대비되는 서술이 나타나지만, 십지보살十地菩薩을 가리키는 내용과는 거리가 있다. 따라서 법신보살은 『기신론』에서 중시하는 독특한 개념으로 볼 수 있다. 원효는 "세 번째 지위 중에서 '진리의 몸을 얻은 보살 등'(法身菩薩等)이라는 것은 [십지十地의] '첫 번째 단계'(初地) 이상부터 '열 번째 단계'(十地)의 보살을 [모두 말하는 것]이니, 이것은 '깨닫는 사람'(能覺人)이다."(第三位中法身菩薩等者, 初地以上十地菩薩, 是能覺人也. H1, 709c11~12)라고 하여, 법신보살은 초지初地 이상의 십지보살을 가리킨다고 말한다.

40 나유타那由他: 산스크리트어 'nayuta(niyuta)'의 음역으로서 '나유타那由佗', '나유다那由多', '나유차那遊哆', '나술那術(那述)', '나유那維' 등으로도 부른다. 『번역명의집翻譯名義集』 권3에서 "那由他, 或阿庾多, 或術那, 或那術. 此云萬億"(T54, 1106c27~28)이라고 하는 것에 따르면 나유타는 만억萬億으로서 조兆 단위의 많은 수를 가리키는 수사數詞이다.

중생이 마음 따라 즐기는 것들과 근본무지(無明)가 일으킨 번뇌들의 불길을 없애 버린다. 그러므로 이 경지(地)를 '가르침이 [모든 대지에 비를 내리는] 구름과도 같은 단계'(法雲地)라 부른다."[42]라고 말한 것과 같다.

"二習無明, 今已盡滅"者, 色心自在, 此地轉增, 微細二習已盡故, 其本無明亦得滅故. "受大職位"者, 如彼經言, "菩薩隨順行如是智, 得入受位地, 卽得菩薩名, 離垢三昧而現在前, 乃至十阿僧祇百千三昧. 最後三昧, 名一切智智受勝位三昧,[43] 而現在前, 卽有大寶蓮華王出, 周圓如十阿僧祇百千三千大千世界." 乃至廣說故.

[H1, 499b5~13]

"'[몸과 마음에 배인] 근본무지의 두 가지 누적된 경향성'이 이제 다 사라져"(二習無明, 今已盡滅)라는 것은, '몸과 마음의 자유'(色心自在)가 이 단계에서 더욱 증가하여 [몸과 마음을 구속하던] 미세한 두 가지 '누적된 경향성'(習)이 다 사라졌기 때문이며, 그것의 근본인 근본무지(無明)도 사라졌기 때문이다.

---

41 감로甘露: 불사不死, 불사액不死液, 천주天酒라고도 한다. 불사不死의 신약神藥, 천상天上의 영주靈酒를 말한다. 인도 베다 경전에서는, 소마주蘇摩酒는 제신諸神들이 늘 마시는 술로서 마시면 불로불사不老不死하고 그 단맛이 꿀과 같기 때문에 감로甘露라 칭한다고 한다. 또한 감로甘露는 불법佛法의 법미法味와 묘미妙味가 중생의 신심身心을 길러 주는 것에 비유된다. 『불광대사전』, p.2052 참조.

42 『십지경론』 권11(T26, 197c14~23). "佛子! 是菩薩住此法雲地, 自從願力, 起大慈悲雲, 震大法雷音, 通明無畏以爲電光, 大智慧光, 以爲疾風, 大福德善根, 爲厚密雲, 現種種色身, 爲雜色雲, 說正法雨, 破諸魔怨. 於一念間, 如前所說, 諸世界中所有微塵, 如是百千萬億那由他世界, 皆悉遍覆, 復過此數, 無量無邊, 百千萬億那由他世界, 亦皆遍覆, 澍大甘露, 善根法雨, 滅除衆生隨心所樂, 無明所起煩惱塵焰, 是故此地, 名爲法雲地." 밑줄친 부분은 원효가 인용한 경문에서 생략한 내용이다.

43 『십지경론』 권11 (T26, 194a15) 원문에는 '三昧' 앞에 '菩薩'이 있다. 이에 따라 교감하여 번역한다.

"'크나큰 경지'를 얻어"(受大職位)라는 것은, 저 『십지경론』에서 "보살이 이와 같은 지혜를 행하는 것에 따르게 되면 '지위를 얻게 되는 경지'(受位地)에 들어가 곧 [그 지위를] 보살의 이름으로 얻어 '번뇌를 떨쳐내는 삼매'(離垢三昧)가 앞에 나타나게 되고 '헤아릴 수 없이 많은 종류의 삼매'(十阿僧祇百千三昧)에까지 도달한다. [그] 최후의 삼매를 '모든 것을 [사실 그대로] 아는 지혜로 수승한 지위를 얻는 보살의 삼매'(一切智智受勝位菩薩三昧)라고 부르는데, [이 삼매가] 앞에 나타나면 곧 '크나큰 보배인 연꽃들의 왕'(大寶蓮華王)[과 같은 최고의 진리]가 나타나 무수한 모든 세계를 두루 원만히 채운다."[44] 등으로 자세히 설하는 것과 같은 것이다.

"神變無量, 不可具說, 現同如佛, 無相用故"者, 如彼經言, "住此菩薩法雲地, 於一切界中, 從兜率天退, 入胎住胎, 乃至[45]大般涅槃,[46] 一切佛事隨所, 度衆生得智自在, 乃至[47]百千阿僧祇世界.[48]" 乃至廣說故.
[H1, 499b13~19]

"한량없는 '[중생 구제를 위한] 신통과 변화'를 이루 말로 다 설명할 수가 없으니, [신통과 변화를] 나타내는 것이 마치 부처님처럼 [특정하게 제한된] 모습과 작용이 없기 때문이다."(神變無量, 不可具說, 現同如佛, 無相用

---

44 『십지경론』 권11(T26, 194a5~b8). "菩薩隨順行如是智, 得入受位地, 卽得菩薩名離垢三昧而現在前 … 如是等上首十阿僧祇, 百千諸三昧門皆現在前, 是此菩薩 … 乃至十阿僧祇百千三昧, 最後三昧名一切智智受勝位菩薩三昧而現在前 … 卽有大寶蓮華王出, 周圓如十阿僧祇百千三千大千世界."

45 '乃至'로 생략된 『십지경론』 원문(T26, 197c24~25)은 "初生, 出家, 得佛道, 請轉法輪"이다.

46 '大般涅槃'의 원문은 '示大涅槃'이다. 이에 따라 교감한다.

47 『십지경론』 권11에서 생략된 원문(T26, 197c26~27)은 "若三千大千世界, 乃至如前微塵數等世界, 復過此數"이다.

48 '百千阿僧祇世界'의 원문은 '百千萬億阿僧祇世界'이다. 이에 따라 교감한다.

故)라는 것은, 저 『십지경론』에서 "이 보살의 '가르침이 [모든 대지에 비를 내리는] 구름과도 같은 단계'(法雲地)에 머무르면, 모든 세계 가운데서 [석가모니 부처님처럼] 도솔천에서 내려와 모태에 들고 모태에 머물며 나아가 위대한 열반을 보이는 등 모든 '중생 구제의 일'(佛事)을 곳에 따라 행하니, [이처럼] 중생을 제도하여 지혜를 얻어 자유롭게 하는 것을 헤아릴 수 없이 무수한 세계만큼 한다."[49] 등으로 자세히 설하는 것과 같은 것이다.

『보살영락본업경菩薩瓔珞本業經』 상권 제3 「현성학관품賢聖學觀品」

佛子, 如是一切賢人, 同入此門, 修行成覺. 佛子, 吾先第六[50]天說十地導化天人. 故今略開, 汝等受行. 佛子, 第四十一地心者, 名入法界心. 復次心所行法者, 所謂勇伏定, 入法光三昧, 入此定中修行十法. 一學佛不思議變通, 二集菩薩眷屬, 三重修先所行法門, 四順[51]一切佛國問訊一切佛, 五與無明父母別, 六入重玄門, 七現同如佛, 現一切形相, 八二種法身具足, 九無有二習, 十登中道第一義諦山頂.

[T24, 1015b21~1015c1]

부처의 제자들이여, 이와 같이 모든 현명한 사람들은 다 이 문門에 들어가 수행하여 깨달음을 성취한다. 부처의 제자들이여, 나는 앞서 '6번째 하늘세계'(第六天)[52]에서 '[보살수행의] 열 가지 [본격적인]

49 『십지경론』 권11(T26, 197c23~28). "是菩薩住此菩薩法雲地, 於一世界中從兜率天退, 入胎住胎, 初生, 出家, 得佛道, 請轉法輪, 示大涅槃. 一切佛事隨所, 度衆生得智自在, 若三千大千世界乃至如前微塵數等世界, 復過此數百千萬億阿僧祇世界."

50 대정장 『본업경』 교감주에서는 '第六=他化自在'로 교감하고 있다.

51 대정장 『본업경』 교감주에서는 '順=巡'으로 교감하고 있다.

단계'(十地)[53]를 설해서 '하늘 사람들'(天人)을 이끌어 교화하였다. 그

52 제육천第六天과 욕계육천欲界六天: 욕망세계(欲界, kāma-dhātu)는 욕계 · 색계 · 무색계 삼계三界에서 가장 아래에 위치한 세계로서 여섯 가지의 하늘세계로 구성되므로 '욕계육천欲界六天' 혹은 '육욕천六欲天'이라고 부른다. 제육천第六天은 욕계육천欲界六天 가운데 가장 높은 데 있으므로 제육천이라 하며 타화자재천他化自在天이라고도 한다. 육천六天을 아래부터 열거하면, 사왕천四王天(사천왕천四天王天) · 도리천忉利天(삼십삼천三十三天) · 야마천夜摩天(염마천焰摩天) · 도솔천兜率天(희족천喜足天) · 화락천化樂天(화자재천化自在天) · 타화자재천他化自在天이다. 사왕천四王天(Cāturmahārājakāyika-deva)은 수미산 허리의 4면에 있는 지국천持國天(동) · 증장천增長天(남) · 광목천廣目天(서) · 다문천多聞天(북)의 4왕과 그에 딸린 천중들이다. 도리천忉利天(Trayastriṃśa)은 수미산 꼭대기 제석천을 중심으로 4방에 각 팔천八天이 있어 총 33천이다. 야마천夜摩天(Yāma)은 수야마천須夜摩天(Suyāma_devarāja)을 중심으로 하며 염마천焰摩天 · 시분천時分天이라고도 하는데, 인간 200년을 1일로 삼고 수명이 2천 년이라 한다. 도솔천兜率天(Tuṣita)은 희족천喜足天이라고도 하는데, 인간 400년을 1일로 삼고 수명이 4천 년이라 한다. 화락천化樂天((Nirmāṇa-rati)은 화자재천化自在天이라고도 하는데, 신통력으로 다섯 가지 묘한 욕망대상을 마음대로 변작變作하여 즐기며 인간 800년을 1일로 삼고 수명이 8천 년이라 한다. 타화자재천他化自在天(Paranirmita-vaśa-vartin)은 다른 이로 하여금 자유롭게 변작케 한 욕망대상을 즐기며 인간 1600년을 1일로 삼고 수명이 1만6천 년이라 한다. 『불광대사전』, p.1291 참조.

53 십지十地: 보살 수행의 단계를 구분하는 52위位 중, 제41위로부터 제50위까지의 계위階位이다. 환희지歡喜地 · 이구지離垢地 · 발광지發光地 · 염혜지焰慧地 · 난승지難勝地 · 현전지現前智 · 원행지遠行智 · 부동지不動地 · 선혜지善慧地 · 법운지法雲地가 그것이다. 『대승기신론』(T32, 577c7~15)은 육종염심六種染心을 이 십지와 연관시켜 설명하고 있다. "'오염된 마음'(染心)에는 여섯 가지가 있으니, 무엇이 여섯 가지인가? 첫 번째는 '집착에 서로 응하는 오염[된 마음]'(執相應染)이니, [이 오염된 마음은] '[가르침을] 들어서 [혼자] 부처가 되려는 수행자'(聲聞)와 '연기의 이치를 깨달아 [혼자] 부처가 되려는 수행자'(緣覺)의 해탈 및 [대승의] '[진리에 대한] 믿음과 서로 응하는 경지'(信相應地)에 의거하여 멀리 벗어나는 것이다. 두 번째는 '[집착이] 끊어지지 않는 것에 서로 응하는 오염[된 마음]'(不斷相應染)이니, '[진리에 대한] 믿음과 서로 응하는 경지'(信相應地)에 의거하여 '수행의 수단과 방법'(方便)을 익히고 배워서 [이 오염된 마음을] 점점 버려 나가다가 ['[보살수행의] 열 가지 [본격적인] 단계'(十地) 가운데 '첫 번째 단계'(初地, 歡喜地)인] '온전한 마음의 경지'(淨心地)를 성취하여 궁극적으로 벗어날 수 있는 것이다. 세 번째는 '[근본무지에 따라] 분별하는 이해에 서로 응하는 오염[된 마음]'(分別智相應染)이니,

['[보살수행의] 열 가지 [본격적인] 단계'(十地)의 '두 번째 단계'(第二地, 離垢地)인] '윤리적 행위능력을 두루 갖춘 경지'(具戒地)에 의거하여 [이 오염된 마음에서] 점점 벗어나다가 [십지의 '일곱 번째 단계'(第七地, 遠行地)인] '[불변·독자의 본질/실체로 차별된] 차이가 없이 방편을 쓸 수 있는 경지'(無相方便地)에 이르러 궁극적으로 벗어나는 것이다. 네 번째는 '[식識이] 나타낸 유형적인 대상에 [의식 차원에서는] 서로 응하지 않는 오염[된 마음]'(現色不相應染)이니, [십지의 '여덟 번째 단계'(第八地, 不動地)인] '유형적인 것으로부터 자유로운 경지'(色自在地)에 의거하여 [이 오염된 마음에서] 벗어날 수 있는 것이다. 다섯 번째는 '주관이 된 마음에 [의식 차원에서는] 서로 응하지 않는 오염[된 마음]'(能見心不相應染)이니, [십지의 '아홉 번째 단계'(第九地, 善彗地)인] '마음에서 자유로운 경지'(心自在地)에 의거하여 [이 오염된 마음에서] 벗어날 수 있는 것이다. 여섯 번째는 '[근본무지에 의한] 애초의 움직임에 [의식 차원에서는] 서로 응하지 않는 오염[된 마음]'(根本業不相應染)이니, [십지의 '열 번째 단계'(第十地, 法雲地)인] '보살의 수행단계를 모두 마친 경지'(菩薩盡地)에 의거하여 '여래의 경지'(如來地)에 들어가면 [이 오염된 마음에서] 벗어날 수 있는 것이다."(染心者有六種, 云何爲六? 一者, 執相應染, 依二乘解脫及信相應地遠離故. 二者, 不斷相應染. 依信相應地修學方便, 漸漸能捨, 得淨心地究竟離故. 三者, 分別智相應染. 依具戒地漸離, 乃至無相方便地究竟離故. 四者, 現色不相應染. 依色自在地能離故. 五者, 能見心不相應染. 依心自在地能離故. 六者, 根本業不相應染. 依菩薩盡地, 得入如來地能離故.) 원효의 관점에 따르면, 보살 수행의 52단계(52位)에서 십지十地 이전인 십신十信·십주十住·십행十行·십회향十廻向 단계에서의 관행觀行은 모두 방편관方便觀에 속하고, 십지 초지初地부터의 관행은 정관正觀에 해당한다. 그에 의하면, 자리행과 이타행이 하나로 결합되는 분기점은 십지의 초지이며, 십지부터는 자리행과 이타행이 근원에서 하나로 결합하는 경지가 펼쳐지게 되고, 등각等覺과 묘각妙覺에 이르러 그 완벽한 경지가 된다. 또 십지의 초지初地 이상의 지평을 여는 정관正觀의 핵심을 원효는 유식관唯識觀으로 본다. 정관이 작동하는 초지 이상의 경지에서 현상과 존재의 사실 그대로인 진여공성眞如空性에 직접 접속하게 되고, 그때 '['사실 그대로'를] 비로소 깨달은' 시각始覺을 증득하여 본각本覺[인 '사실 그대로 앎']과 상통하게 되어 '시각이 곧 본각'이라는 일각一覺의 지평에 올라선다. 이후의 과제는 본각과의 상통 정도를 확장해 가는 것이다. 초지에서 위로 올라갈수록 상통의 원만성이 확대되다가, 등각等覺 경지에서 성취하게 되는 금강삼매에 의거하여 마침내 묘각妙覺 지평이 열려 시각과 본각이 완전하게 하나가 된다. 이러한 이해를 반영하여 본 번역에서는 '십지十地'를 '[보살수행의] 열 가지 [본격적인] 단계'로 번역한다.

게 펼치니, 그대들은 받아 수행하여라.

부처의 제자들이여, '41번째 지위[인 등각等覺]의 마음'(第四十一地心)[54]을 '[사실 그대로의] 현상세계에 들어가는 마음'(入法界心)이라 부른다. 또 [이 입법계심入法界心의] 마음이 행하는 것은 [다음과 같다.] 이른바 '용맹으로 굴복시키는 선정'(勇伏定)[55]으로 '[사실 그대로의] 현상이 빛처럼 드러나는 삼매'(法光三昧)에 들어가고, 이 선정禪定에 들어서 '열 가지 일'(十法)을 닦는 것이니, 첫 번째는 '부처님의 불가사의한 변화와 신통'(佛不思議變通)을 배우는 것이고, 두 번째는 보살에 속하는 사람들을 모으는 것이며, 세 번째는 앞서 [부처님이] 행한 가르침을 거듭 닦는 것이고, 네 번째는 모든 부처님 나라들을 돌아다니며 모든 부처님께 질문하는 것이며, 다섯 번째는 '근본무지의 부모'(無明父母)와 헤어지는 것이고, 여섯 번째는 〈'겹겹이 얽혀 현묘한 문'(重玄門)에 들어가는 것〉[56]이며, 일곱 번째는 부처님이 나타내는

54 41지地: 대승보살의 수행 단계를 52가지로 나눈 것을 52위(五十二位)라고 하는데, 십신十信·십주十住·십행十行·십회향十廻向·십지十地·등각等覺·묘각妙覺이 그것이다. 『본업경』에서는 이 52위에서 10심心 즉 10신信을 제외한 나머지 42위를 42현성(四十二賢聖)·본업영락本業瓔珞·영락본업瓔珞本業 또는 줄여서 본업本業이라 한다. 『본업경』에서는 보살의 수행단계를 십주十住·십행十行·십회향十廻向·십지十地·무구지無垢地(등각等覺)·묘각妙覺의 42위位로 구분하는 것이다. 따라서 여기서 말하는 '41지地'는 무구지無垢地인 등각等覺의 경지를 말한다. 본업영락本業瓔珞·영락본업瓔珞本業·본업本業은 『화엄경』 계통의 용어로 60권 『화엄경』에서 설하는 십주十住·십행十行·십회향十廻向·십지十地·등각等覺의 41위를 기반으로 한 것이다.

55 용복정勇伏定: 『현겁경賢劫經』(T14, 9a15~21)에 따르면, 마치 사방의 물이 바다로 들어가면 한가지 맛이 되어 아무 차이가 없는 것처럼, 삼승三乘도 궁극에 이르면 하나됨을 통달하여 십주十住에 이르는데, 이것을 '용복勇伏'이라 하고 그 선정을 용복정勇伏定이라 한다. '용복勇伏'이라 하는 까닭은, 마치 대군을 거느린 용맹한 장수가 많은 적군을 항복시켜서 꺾어 복종하게 하는 것과 같기 때문이다.

56 입중현문入重玄門: 등각위等覺位의 보살이 인간으로서 범부 이래 지어 온 일들을 돌이켜 보며 그것들을 하나씩 진리에 합치시켜 묘각妙覺을 성취하여 묘각위에 들

것과 같이 모든 형상을 똑같이 나타내는 것이고, 여덟 번째는 '두 가지 진리의 몸'(二種法身)[57]을 모두 갖추는 것이며, 아홉 번째는 [법집法執과 인집人執, 이] '두 가지 누적된 경향성'(二習)을 없애는 것이고, 열 번째는 '중도인 궁극적 관점'(中道第一義諦)[58]의 산 정상에 오르는 것이다.

어가는 것을 '입중현문入重玄門'이라 한다. 『불광대사전』, p.262 참조.

57 이종법신二種法身: 일반적으로는 부처와 보살의 법신이 수립한 이법신理法身과 지법신智法身을 말하는데, 경론에 따라 내용과 명칭이 다르다. ① 『화엄경소華嚴經疏』·『금광명경金光明經』의 이법신理法身과 지법신智法身, ② 『금강반야론金剛般若論』의 언설법신言說法身과 증득법신證得法身, ③ 증득법신證得法身을 다시 구분한 지상법신智相法身과 복상법신福相法身, ④ 『왕생론주往生論註』의 법성법신法性法身과 방편법신方便法身. ⑤ 『보살영락본업경』(권상)의 법성신法性身과 응화법신應化法身, ⑥ 『보살영락본업경』(권하)의 과극법신果極法身(법성법신法性法身에 해당)과 응화법신應化法身, ⑦ 『보성론寶性論』의 적정법신寂靜法身과 그 인신因身, ⑧ 『사분율행사초자지기四分律行事鈔資持記』의 이법신理法身과 사법신事法身 등이다. 『불광대사전』, p.227 참조. 그런데 『보살영락본업경』(권상) 「현성학관품」에서는 법신法身과 지신智身을 이종법신二種法身이라 하기도 한다. 기타 관련 내용은 앞서의 '이신二身' 역주 참조.

58 중도제일의제中道第一義諦와 삼제三諦: 삼제三諦란 모든 현상을 사실 그대로 보기 위한 '세 가지 관점/진리'를 말한다. 천태종天台宗에서는 모든 현상의 '사실 그대로의 모습'을 제법실상諸法實相이라고 부르는데, 이것을 제대로 이해하기 위해서 거쳐야 될 단계적인 과정을 세 가지 관점으로 설정하고 있다. 첫 번째는 공제空諦이니, 현상에 불변·독자의 본질/실체가 없음을 이해하는 관점을 확보하는 단계이다. '없다'는 측면을 이해하는 것이므로 무제無諦라고도 한다. 두 번째는 가제假諦이니, 모든 현상들에는 불변·독자의 본질/실체가 없지만 그 현상은 여러 조건(因緣)들이 결합되어 일정한 기간 동안 존속하는 현상이기도 하다는 것이다. 이것은 '있다'는 측면을 이해하는 것이므로 유제有諦라고도 한다. 세 번째는 중제中諦이니, 본연적 측면에 치우쳐 불변·독자의 본질/실체가 없다고 보는 관점에만 빠지거나, 눈에 보이는 현상적 측면에 치우쳐 조건에 따라 있다고 보는 관점에만 빠지는 경우가 없도록, 균형 잡힌 관점을 유지하는 단계를 의미한다. 이것은 상대적 측면에 치우치지 않는다는 점에서 중中이지만, 사실을 사실 그대로 이해할 수 있는 궁극적인 단계라는 점에서 제일의제第一義諦라고도 부른다. 중도제일의제中道第一義諦는 이 제일의제第一義諦의 중도中道로서의 위상을 분명히 하는 용어이다. 이 '세 가지 관점'(三諦)은 '세 가지 이해'(三觀)와 밀접한 연관성을 띠게

〈소〉

"如是"以下, 第二總結, 指華嚴經十地品也. 無垢地中, 文有三分, 先心, 次行, 後卽總結. 初"名入法界心"者, 入一法界之初門故, 爲究竟道之方便故. 次明行中有二, 先顯所依定, 後明能依行. 初中言"勇伏定"者, 能伏佛地所斷障故, 從此定入法光三昧, 登法界山頂, 照諸法界故.

[H1, 499b20~c3]

되므로 천태종에서는 이를 합쳐 '삼제삼관三諦三觀'이라 부른다. 그런데 삼제의 제일의제第一義諦는 중도中道적 관점을 그 본연으로 하기 때문에 치우치지 않아야 될 '상대'에 해당하는 것은 매우 많다. 곧, 유무有無뿐만 아니라, 같음(一)과 다름(異)의 문제, 헛됨(虛)과 참됨(實) 등 다양한 상대적 관점을 다룰 수 있다. 원효의 주석에 나오는 것처럼, 유무有無뿐만 아니라 '신체와 마음현상'(色心)에 대해서도 삼제의 논법을 적용시킬 수 있는 것이다. 원효는 『본업경소本業經疏』에서는 삼제三諦를 이렇게 해석하고 있다. "〈세간적 관점〉(世諦)이라고 말한 것은 '다른 것에 의존하는 면모'(依他性)와 '[근본무지의 망상에 의해] 분별된 면모'(分別性)를 말한다. '항상 있다는 관점'(有諦)과 '아무것도 없다는 관점'(無諦)을 여기서는 합하여 [모두] '세간적 관점'(世諦)으로 삼는다. '다른 것에 의존하는 면모'(依他性) 중에 '[근본무지의 망상에 의해] 분별된 면모'가 나타나지 않은 '참 그대로'(眞如)를 '궁극적 관점'(第一義諦)이라 부른다. 여래는 '하나처럼 통하는 마음'(一心)으로 돌아갔기에, '있는 것도 아니고'(非有) '없는 것도 아니며'(非無), '텅 빈 것도 아니고'(非虛) '가득 찬 것도 아니며'(非實), '행함이 있는 것도 아니고'(非有爲), '행함이 없는 것도 아니며'(非無爲), '차별인 것도 아니고 평등한 것도 아니니'(非差別非平等), 그렇기 때문에 〈['세간적 관점'(俗諦)과 '진리적 관점'(眞諦), 이] '두 가지 관점'(二諦)을 넘어〉(二諦之外)라고 한 것이다. ['세간적 관점'(俗諦)과 '진리적 관점'(眞諦)을 넘어선] 이 '세 번째 관점'(三諦)은 견줄 것도 없고 상대될 것도 없어 '두 가지가 없는 관점'(無二諦)이라 부르기도 하고 '무한한 관점'(無盡諦)이라 부르기도 하니, 이 때문에 〈오직 두 가지로 나누는 것이 없는 경지에 있다.〉(獨在無二)라고 한 것이다. 예를 들어 『화엄경』에서 〈'믿고 이해하는 힘'(信解力) 때문에 ['여래의 지혜'(如來智)를] 알고 [또한] '무한한 관점의 지혜'(無盡諦智)를 얻은 것이 아님을 안다.〉라고 말한 것과 같다."(H1, 500c14~21)

"이와 같이"(如是) 이하는 두 번째 총괄적으로 맺는 말'(第二總結)이니 『화엄경』「십지품」[의 내용]을 가리킨다. ['[차이들을] 평등하게 볼 수 있는 깨달음'(等覺)의 경지인] '번뇌가 없어진 경지'(無垢地)[59]에 대한 글에는 세 부분이 있는데, 먼저는 [그 경지의] 마음[에 관한 것]이고, 다음은 [그 마음으로] 행하는 것이며, 마지막은 '총괄적으로 맺는 말'(總結)이다.

먼저 "'[사실 그대로의] 현상세계에 들어가는 마음'이라 부른다."(名入法界心)라고 한 것은, '하나처럼 통하는 [차이들의] 현상세계'(一法界)[60]에 들

---

59 무구지無垢地: 『보살영락본업경』에서는 등각을 무구지無垢地라고 한다. 따라서 무구지無垢地는 제십지第十地와 묘각지妙覺地 사이의 등각지等覺地를 가리킨다.

60 일법계一法界: 『대승기신론』의 "心眞如者, 卽是一法界大總相法門體"(T32, 576a8)라는 구절에서도 등장하는 '一法界'는, '참 그대로의 지평과 만나는 마음국면'(心眞如)에서 대하는 현상세계(法界)를 지시하려는 용어로 보인다. 그리고 일상 인식이 마주하는 현상세계와 다른 점을 나타내는 기호가 '一'이다. '참 그대로의 지평과 만나는 마음국면'(心眞如)에서는 모든 존재와 현상을 본질적으로 격리시키는 '불변의 독자적 본질이나 실체'를 설정하는 환각이 사라진 인식적 지평이다. 따라서 '一'은 수량으로서의 '하나'를 지시하는 것이 아니라, '본질/실체 환각으로 인한 격리'가 해체되어 모든 현상들이 마치 '하나처럼 서로 통하고 만나는 지평에 대한 인지적 경험'을 지시하는 것으로 보인다. 이런 이해를 반영하여 '一法界'를 '하나처럼 통하는 [차이들의] 현상세계'라고 번역하였다. '법계法界'는 산스크리트어인 'dharma-dhatū'(팔리어 dhamma-dhatū)의 번역어이다. 『불교어대사전』의 설명에 따르면, 'dhatū'는 동사어근 √dhā(두다)에서 유래한 남성명사로서 원래는 요소의 뜻이었지만 불교에서는 계界 또는 성性의 의미가 추가되었다고 한다. 니까야/아함에서 법계는 18계界의 하나로서 '의意-법法'의 관계에 의해 형성되는 현상세계의 영역을 가리키는 개념이다. 인간의 감관능력을 조건으로 경험되는 현상세계가 법계인 것이다. 『불광대사전』의 설명에 따르면, 『구사론』 권1(T29, 3c28~4a1)에서는 "受領納隨觸, 想取像爲體, 四餘名行蘊, 如是受等三及無表無爲, 名法處法界"라고 하여 수상행受想行 등 3온과 무표색無表色, 무위법無爲法을 법계라 하였다. 대승불교에서는 법계의 뜻이 확대되어 사물의 근원, 법의 근원, 우주의 존재, 진리 그 자체 등을 의미하는 말로도 쓰이게 되었다. 특히 화엄종에서는 '현실의 있는 그대로의 세계'(事)와 '그 세계가 그렇게 있도록 해 주는 것'(理)의 두 가지가 하나로 연결되어 있는 본연을 표현하는 말로 쓰인다. 『불교어대사전』(p.1249)의 설명에 따르면, 법法은 성性의 뜻으로서 법성法性과 같은 뜻이고, 계界는 분分의

어가는 첫 문이기 때문이고 '궁극적인 수행'(究竟道)에서의 '수단과 방법[이 되는 수행]'(方便[道])[61]이기 때문이다.

뜻으로서 법성의 발로인 세계 자체이기 때문에, 법계는 한편으로는 세계・우주와 같은 뜻이고 다른 한편으로는 진여眞如・법성과 동의어가 되는 것이다. 그런데 법계를 '진리'라는 의미의 '법성法性'으로 간주하는 시선에는 '현상세계와 진리를 하나로 결합시켜 이해하려는 관점'이 반영되고 있는 것으로 보인다. 붓다의 법설은 인간의 감관능력으로 경험 가능한 현상들(法)을 벗어나지 않는다. 처음부터 끝까지 그 현상들에서 '궁극적 자유와 평안'(해탈, 열반)을 성취하는 길을 말한다. 그런 점에서 붓다의 법설은 '사실 그대로의 진리에 상응하는 현상세계'의 구현을 목표로 한다고 말할 수 있다. 따라서 근본무지에 의한 왜곡과 오염에서 벗어난 세계를 '진리가 드러난 온전한 현상세계'로 설명하려는 관점은 붓다의 법설과 맞닿아 있다. 흥미롭게도 원효의 저술에서 목격되는 '법계法界'의 용법에도 '현상세계'와 '진리세계'의 두 의미가 결합되어 있다. 문장 맥락에 따라 '현상세계'와 '진리세계'라는 번역어를 선택할 수 있는데, 어떤 경우에도 그 이면에는 '사실 그대로의 진리에 상응하는 현상세계' '현상세계와 진리가 하나로 만나는 지평'을 겨냥하는 원효의 안목이 작동하고 있다.

61 구경도究竟道와 방편도方便道: 해탈하는 수행과정을 가행도加行道・무간도無間道・해탈도解脫道・승진도勝進道의 네 단계로 구분하는데, 첫 번째인 가행도가 방편도이다. 이승二乘의 견도見道 수행에서 방편도는 '사성제에 대한 이해를 발생시키는 이로운 능력'(順決擇分善根)인 난煖・정頂・인忍・세제일世第一의 사선근四善根 수행에 해당하고, 무간도는 사선근四善根 중에서 견도의 해탈도解脫道에 들어가기 직전인 세제일법무간정위世第一法無間定位에 해당한다. 이승 견도의 방편도에 견주에 보면, 대승 견도의 방편도는 십주十住・십행十行・십회향十廻向이라는 지전地前의 삼현위三賢位가 될 것이며, 무간도는 이 삼현위 중에서 견도의 해탈도에 들어가기 직전인 십회향무간정위十廻向無間定位가 될 것으로 보인다. 『아비달마구사론』 권25에서는 "加行道者, 謂從此後無間道生. 無間道者, 謂此能斷所應斷障. 解脫道者, 謂已解脫所應斷障最初所生. 勝進道者, 謂三餘道"(T29, 132a8~11)라고 설명한다. 이에 따르면 가행도는 무간도가 생겨나기 전에 아직 번뇌를 끊지 못한 상태에서 번뇌의 장애를 끊기 위해 수행하는 과정이고, 무간도는 가행도가 완성되어 끊어야 할 번뇌의 장애를 끊은 것이며, 해탈도는 끊어야 할 번뇌의 장애에서 이미 해탈한 것이 처음으로 생겨난 것이고, 승진도는 여타의 세 가지 도道인 가행도・무간도・해탈도가 다시 펼쳐지는 것이다. 원효는 『이장의』에서 이 수행과정의 구분 방식을 자량도資糧道・가행도・무간도・해탈도・승진도의 5도五道로 세분하여 견도見道의 과정에 적용하는데, 다음과 같다. "資糧道者, 謂諸凡夫所

다음으로 '행하는 것'(行)을 밝히는 것에는 두 가지가 있으니, 먼저 '의거하는 선정'을 드러내었고 뒤에는 [그 선정으로] 행하는 것을 밝혔다. 처음에 "용맹으로 굴복시키는 선정"(勇伏定)이라고 말한 것은 '부처의 경지'(佛地)에서 끊어지는 장애를 억누를 수 있기 때문이고, 이 선정에 따라 '[사실 그대로의] 현상이 빛처럼 드러나는 삼매'(法光三昧)에 들어가 '[사실 그대로의] 현상세계의 산 정상'(法界山頂)에 올라 '모든 [사실 그대로의] 현상세계'(諸法界)를 비추기 때문이다.

次能依行, 總標, 別顯. 若依前說三地相配者, 此中明所依定, 在百

有尸羅守護根門等, 乃至勤修止觀, 正知而住, 諸如是等解脫分善根, 爲資糧道. 方便道者, 所有資糧, 皆是方便. 復有方便, 非資糧道, 所謂順決擇分善根. 無間道者, 謂方便道最後刹那, 世第一法無間定位, 由此道力, 從此無間, 必能永斷惑種子故. 解脫道者, 謂正通達見道自性, 以此見道自性解脫, 證斷煩惱之解脫. 勝進道者, 謂後得智具知名義, 勝前智故, 爲進後位, 起加行故."(H1, 802c7~17) 이에 따르면 자량도資糧道는 4선근四善根 이전의 해탈분선근解脫分善根을 닦는 것이고, 방편도는 난煖·정頂·인忍·세제일법世第一法의 4선근 수행을 가리키는 순결택분선근順決擇分善根을 닦는 것이며, 무간도는 방편도의 최후 찰나인 세제일법世第一法을 닦는 것이고, 해탈도는 견도見道의 본연(自性)에 통달한 것이며, 승진도는 다음 단계인 수도修道로 나아가기 위해 가행도를 일으킨 것이다. 견도를 기준으로 삼을 때의 무간도가 지전地前 수행의 최후찰나인 세제일법이 되는 것과 같이 구경도究竟道를 기준으로 삼을 때의 무간도는 수도의 최후찰나인 금강유정金剛喩定이 되는데, 같은 책에서는 이 금강유정에 관해 다음과 같이 다각도로 설명하기도 한다. "當知最後金剛喩定, 若望修道所斷, 一向是解脫道, 若望非二所斷, 一向爲無間道. 又復金剛以還, 乃至初地, 皆爲究竟道之方便道."(H1, 805a8~12) 이에 따르면 초지初地 이후 수도위修道位의 관점에서 보면 금강유정은 보살 십지十地의 과정이 완성된 단계이므로 한결같이 해탈도이지만, 견소단見所斷과 수소단修所斷의 과정이 아닌 구경도의 관점에서 보면 금강유정은 아래 단계인 수도위의 최후찰나에 해당하므로 한결같이 무간도이고, 금강유정金剛喩定 이전에서 십지의 초지까지는 자연히 무간도보다 더 아래 단계인 방편도가 된다. 4도四道 또는 5도五道라는 수행 과정의 분류 방식에서는 구체적인 수행 단계들 중에서 어느 단계를 기준으로 삼느냐에 따라 각각의 수행 과정에 해당하는 실제 항목들이 유동적으로 바뀔 수 있음을 알 수 있다.

劫位, 彼言"住壽百劫, 修千三昧"故. 別明十中, 前之四法, 在千劫位, 彼言"住壽千劫, 學佛威儀, 乃至[62]神通化導之法"故.

[H1, 499c3~7]

다음으로 [밝히는] '[그 선정으로] 행하는 것'(能依行)에는 '총괄적으로 드러내는 것'(總標)과 '하나하나 드러내는 것'(別顯)이 있다. 만약 앞서 말한 '세 가지 경지'(三地)[63]에 서로 짝지어 보는 것에 의거한다면, 여기에서 밝히는 '의거하는 선정'(所依定)은 '백 겁 동안 지속되는 경지'(百劫位)에 해당하니, 저 [『보살영락본업경』]에서 "백 겁을 머물러 살면서 천 가지 삼매를 닦는다."[64]라고 말하기 때문이다. 열 가지를 하나씩 밝히는 것에서 앞의 네 가지 일은 '천 겁 동안 지속되는 경지'(千劫位)에 해당하니, 저 [『보살영락본업경』]에서 "천 겁을 머물러 살면서 '부처님의 행동'(佛威儀)을 배우고 나아가 [부처님의 무한하고 불가사의한] '특별한 능력으로 중생을 교화하는 방법'(神通化導之法)을 익힌다."[65]라고 말하기 때문이다.

---

62 『보살영락본업경』 상권(T24, 1013a1~3) 원문에서 이 부분에 생략된 내용은 '象王視觀師子遊步, 復修佛無量不可思議'이다.

63 삼지三地: 백겁위百劫位, 천겁위千劫位, 만겁위萬劫位를 말한다. '앞서 말한'(前說)이라고 하는 것으로 보아 지금은 일실逸失되어 전하지 않는 『본업경소』 상권에서 거론한 것으로 보인다. 등각等覺의 '세 가지 경지'(三地)에 대해서는 『금강삼매경론』에서도 거론하고 있다. 『금강삼매경론』 하권 「진성공품眞性空品」4(T34, 994c4~6). "初中卽顯等覺三地, 何等名爲等覺三地? 一者, 百劫位, 二者, 千劫位, 三者, 萬劫位."

64 『보살영락본업경』 상권(T24, 1012c27~1013a1). "佛子! 摩尼寶瓔珞菩薩字者, 等覺性中一人, 其名金剛慧幢菩薩. 住頂寂定, 以大願力, 住壽百劫, 修千三昧已, 入金剛三昧, 同一切法性, 二諦一諦一合相."

65 『보살영락본업경』 상권(T24, 1013a1~3). "復住壽千劫, 學佛威儀, 象王視觀師子遊步, 復修佛無量不可思議, 神通化導之法." 밑줄 친 부분은 생략되었다.

後之六法, 在萬劫位, 彼言"住壽萬劫, 化現成佛, 入大寂定, 等覺諸佛二諦界外, 非有非無, 無心無色, 因果二習無習,[66] 無有遺餘. 現同古佛, 但有應名, 現諸色心, 敎化衆生, 常行中道,[67] 大樂無爲而生滅爲異"故.

[H1, 499c8~13]

뒤의 여섯 가지 일은 '만 겁 동안 지속되는 경지'(萬劫位)에 해당하니, 저 [『보살영락본업경』]에서 "만겁을 머물러 살면서 '부처를 이루는 것'(成佛)을 보여 주고(化現) '완전한 열반'(大寂定)에 들어가니, '[차이들을] 평등하게 볼 수 있는 깨달음'(等覺)[68]에 이른 모든 부처는 '두 가지 관점의 세

66 한불전의 교감주에서 "無習은 剩字로 의심된다."고 하였다. 『속장경』에도 '無習'은 없으므로 이에 따라 '無習'을 빼고 번역하였다.

67 『보살영락본업경』 상권(T24, 1013a7~8) 원문에는 '敎化衆生, 現同古昔, 諸佛常行中道'로 되어 있다.

68 등각等覺: 등각等覺을 "行過十地, 解與佛同"이라고 설명하는 『보살영락본업경』의 이해(T24, 1018b2)에 따른다면, '등각等覺'의 한글 번역은 '이해가 부처와 같아진 깨달음[의 경지]' 정도가 무난할 것이다. 그러나 이러한 번역어는 등각等覺의 구체적 특징에 관한 정보를 제공하지 못한다. '부처와 같은 이해'가 구체적으로 어떤 특징적 내용을 염두에 두고 있는 것인지 알려 주지 않는다. 번역자의 이해를 명확하게 반영하려는 해석학적 번역을 추구할 때는 이런 모호한 번역어에 그칠 수가 없다. 십지의 초지初地 이상에서 직접 접속하게 된 '진여공성眞如空性'이라는 지평은 무지가 차이 현상들에 덧씌우던 불변·독자의 본질/실체/본질 관념이 해체된 '사실 그대로의 지평'이다. 이러한 의미를 고려할 때 '등각等覺'은, '차이들의 실체적/본질적 차별화를 만들어 내던 무지'에 매이지 않고 '차이들을 무실체/무본질의 지평 위에서 실체적/본질적 차별 없이 만날 수 있는 능력이 고도화된 경지'로 풀이해 볼 수 있다. 이런 이해를 반영하여 '등각等覺'을 '[차이들을] 평등하게 볼 수 있는 깨달음'이라고 번역하였다. '등각等覺'의 의미를 이렇게 이해한다면, 등각等覺 이후에 등장하는 묘각妙覺은 '[차이들을] 사실대로 함께 만날 수 있는 깨달음'이라고 번역할 수 있을 것이다. 불교문헌에서 '묘妙'라는 개념을 사용할 때는 '실체적/본질적 구분이 해체되어 차이들이 동거/동행하는 지평'을 지시하기 때문이다. '묘妙'라는 한자어 자체도 '경계가 확정되지 않는 상태'를 지시하는 것이다. 『금강

계'(二諦界) 밖에 [따로] '있는 것'(有)도 아니고 '없는 것'(無)도 아니며, 마

삼매경론』에서는 등각과 묘각에 관련된 내용이 자주 등장하는데, '등각等覺'과 '묘각妙覺'을 각각 '[차이들을] 평등하게 볼 수 있는 깨달음' 및 '[차이들을] 사실대로 함께 만날 수 있는 깨달음'으로 번역하는 것을 지지해 줄 수 있는 『금강삼매경론』의 내용을 몇 가지 소개하면 다음과 같다. "〈[분별하는] 생각'(念)을 그쳐 일어나지 않게 한다〉(靜念無起)라는 것은, '[차이들을] 평등하게 볼 수 있는 깨달음의 경지'(等覺位)에서는 그 '동요하는 생각'(動念)이 '본래부터 [불변 · 독자의 본질/실체로 보는 분별의 동요가] 그쳐 평온한 것임'(本來寂靜)을 깨달아 일어나지 않게 하는 것이다. 〈마음이 늘 편안하고 평안하다〉(心常安泰)라는 것은, '[차이들을] 사실대로 함께 만날 수 있는 깨달음의 경지'(妙覺位)에 이르러 〈'[하나처럼 통하게 하는] 마음의 근원'(心源)에는 '[분별하는 생각이] 일어남도 없고 사라짐도 없고'(無起無滅) '본래 [분별에 따라] 동요하는 생각도 없으며'(本無動念) '[분별의] 시작됨도 없고 끝남도 없음'(無始無終)〉을 증득하여 본[다는 뜻이]다. '[마음의 본원에는 분별하는 생각이] 일어남도 없고 사라짐도 없기'(無起滅) 때문에 '늘'(常)이고, [본래부터] '[분별에 따라] 동요하는 생각'(動念)이 없기 때문에 '편안하고'(安), '[분별하는 생각이] 시작됨도 없고 끝남도 없기'(無始終) 때문에 '평안'(泰)하지 않음이 없다. 이와 같이 수행하여 '궁극적인 깨달음'(究竟覺)을 얻으면 곧 '[근본무지에 매여] 생겼다가 사라지면서 [불변 · 독자의 본질/실체로 보아 분별하는] 한 생각이 일으킨 [분별망상의] [생기고(生) 머무르며(住) 변이되고(異) 사라지는(滅)] 네 가지 양상'(生死一念四相)이 없으니, 그러므로 〈곧 '[불변 · 독자의 본질/실체로 보아 분별하는] 한 생각'이 생겨나지 않을 것이다.〉(卽無[生]一念)라고 말하였다."(〈靜念無起〉者, 等覺位中, 覺其動念本來寂靜, 令不起故. 〈心常安泰〉者, 至妙覺位, 得見心源無起無滅, 本無動念無始無終. 無起滅故常, 無動念故安, 無始終故無不泰然. 如是修行, 得究竟覺, 卽無生死一念四相, 以之故言〈卽無一念〉. 『금강삼매경론』, H1, 636b23~c5); "처음[인 '총괄적으로 밝힘'(摠明)]에는 두 가지가 있으니, 먼저는 질문이고 나중은 대답이다. 질문에서 말한 〈이 마음이 온전해질 때에는 '[욕망세계 · 유형세계 · 무형세계, 이] 세 가지 세계'(三界)도 없겠습니다.〉(此心淨時, 應無三界)라는 것은 [다음과 같은 뜻이다.] '['[보살수행의] 열 가지 [본격적인] 단계'(十地)의] 첫 번째 단계'(初地) 이상에서는 '본연의 온전함'(本淨)을 증득하여 보기 때문에, ['본연의 온전함'(本淨)에] 응하여 증득하는 것에 따라 '세 가지 세계'(三界)가 없어진다. [구체적으로는] '세 가지 세계에서의 [분별하는] 현상'(三界事相)은 '['[보살수행의] 열 가지 [본격적인] 단계'(十地)의] 첫 번째 단계'(初地)에서, 혹은 '['[보살수행의] 열 가지 [본격적인] 단계'(十地)의] 여덟 번째 단계'(八地)에 이르러 없어진다. [또] '세 가지 세계의 속성'(三界自性)은 '[차이들을] 평등하게 볼 수 있는 깨달음의 경지'(等覺位)에서 없어지고, '세 가지 세계의 누적된 경향성'(三界習氣)은 '[차이들을] 사실

음도 없고 물질(色)도 없으며, 원인과 결과의 '두 가지 누적된 경향성'(二習)도 남은 것이 없다. [몸을] 나타내는 것은 '옛날의 부처'(古佛)와 같지만, 다만 '[중생의 바람에] 응하여 나타내는 몸'(應身)[69]의 이름은 [다르게] 지니면서 온갖 몸(色)과 마음을 나타내어 중생을 교화하되 늘 중도中道

대로 함께 만날 수 있는 깨달음의 경지'(妙覺位)에 이르러서야 없어진다."(初中有二, 先問後答. 問中言〈此心淨時, 應無三界〉者, 初地已上, 證見本淨故, 隨所應得, 三界滅無. 三界事相者, 或於初地, 或第八地, 而得滅無. 三界自性者, 等覺位中, 而得滅無, 三界習氣, 至妙覺位, 方得滅無. 『금강삼매경론』, H1, 641b10~ 16); "또한 이 지혜의 작용은, '[차이들을] 평등하게 볼 수 있는 깨달음의 경지'(等覺位)에 있을 때는 '[사실 그대로] 이해하여 [분별의 왜곡과 동요를] 그치게 하는 지혜'(照寂慧)라고 부르니 '[근본무지에 따라] 생겨나고 사라지는 동요 양상'(生滅之動相)에서 아직 벗어나지 못했기 때문이고, '[차이들을] 사실대로 함께 만날 수 있는 깨달음의 경지'(妙覺位)에 이를 때는 '[분별의 왜곡과 동요를] 그쳐 [사실 그대로] 이해하게 하는 지혜'(寂照慧)라고 부르니 이미 제9식識의 '궁극적인 평온'(究竟靜)으로 돌아갔기 때문이다."(又此智用, 在等覺位, 名照寂慧, 未離生滅之動相故, 至妙覺位, 名寂照慧, 已歸第九識究竟靜故. 『금강삼매경론』, H1, 657b18~21.)

69 응신應身(nirmāa-kāya): 부처의 몸을 세 가지 측면에서 이해하는 개념인 삼신三身(법신法身 · 보신報身 · 응신應身)의 하나로서 부처님이 중생을 교화하기 위해 중생과 같은 몸으로 나타난 것이다. '응화신應化身'과 관련한 『대승기신론』에서의 설명은 다음과 같다. "此用有二種, 云何爲二? 一者依分別事識, 凡夫二乘心所見者, 名爲應身. 以不知轉識現故, 見從外來, 取色分齊, 不能盡知故. 二者依於業識, 謂諸菩薩從初發意乃至菩薩究竟地心所見者, 名爲報身."(T32, 579b20~25) 여기에 따르면 보신報身은 보살의 마음에서 보이는 부처 몸으로서 팔식 차원인 '[근본무지에 따라 처음] 움직이는 식'(業識)에 의거한 것인 데 비해, 보신보다 낮은 단계를 가리키는 응신應身의 개념은 범부와 이승의 마음에서 보이는 부처 몸으로서 육식 차원인 '[불변 · 독자의 실체로 간주된] 현상을 분별하는 식'(分別事識)에 의거한 것이다. 응신과 화신이 응화이신應化二身으로 묶여 법신法身에 상대하는 뜻으로 쓰일 때는 양자 모두 여래如來가 중생에 응하여 세상에 나타나는 몸의 뜻이 된다. 양자가 산스크리트어에서 똑같이 nirmāṇa-kāya로 쓰이는 것도 이러한 이유로 보인다. 응신과 화신의 차이를 일반적 용법에 따라 구분한다면, 응신은 32상相 80종호種好를 갖추어 중생을 교화하는 석가모니 부처님의 몸을 가리키고, 화신은 응신의 분신화불分身化佛로서 중생을 교화하기 위해 천룡天龍, 귀신鬼神 등 불형佛形이 아닌 모습으로 나타나는 몸을 가리킨다.

를 행하니, '[근본무지를 조건으로 하는] 형성이 없음'(無爲)을 크게 즐겨 '[근본무지에 따라] 생겨나고 사라지는 행위'(生滅爲)와는 다르다."[70]라고 말하기 때문이다.

> 今前四中第三"重習[71]先所行法門"者, 謂前二門, 仰修佛德, 率成爲難, 所以重習. 第四"問訊", 亦爲學佛威儀所攝. 五"與無明父母別"者, 不生[72]佛地故今先別, 此位猶與無明俱故. 六"入重玄門"者, 謂空空門名爲重玄, 此空空門, 唯佛所窮, 今得少分, 故名爲"入".
>
> [H1, 499c13~19]

지금 앞의 네 가지 일 중에서 세 번째인 "앞서 [부처님이] 행한 가르침을 거듭 닦는다."(重修先所行法門)라는 것은, 앞의 ['부처님의 불가사의한 변화와 신통을 배우는 것'(學佛不思議變通)과 '보살에 속한 사람들을 모으는 것'(集菩薩眷屬), 이] 두 가지(門)에서 '부처님의 능력'(佛德)을 우러러 닦는 것이 그대로 따라 성취하기가 어렵기 때문에 '거듭하여 닦는 것'이다. 네 번째인 "[모든 부처님께] 질문하는 것"(問訊)도 부처님의 행동에 포함된 것들을 배우려는 것이다. 다섯 번째인 "근본무지의 부모와 헤어진다."(與無明父母別)는 것은, [근본무지라는 부모 때문에 아직] '부처 경지'에 나지 못했기 때문에 지금은 먼저 [근본무지라는 부모와] 헤어지는 것이니, 이 지위는 아직 '근본무지'(無明)와 함께하기 때문이다. 여섯 번째인 "'겹겹이 얽혀 현묘한 문'에 들어간다."(入重玄門)는 것은, '불변·독자의 본질/실

---

70 『보살영락본업경』 상권(T24, 1013a4~8). "復住壽萬劫, 化現成佛, 入大寂定, 等覺諸佛二諦界外, 非有非無, 無心無色, 因果二習, 無有遺餘, 現同古佛, 但有應名, 現諸色心, 敎化衆生, 現同古昔, 諸佛常行中道, 大樂無爲而生滅爲異."

71 한불전에는 "重習先所行法門"으로 되어 있으나 『본업경』 원문에는 '重修先所行法門'으로 나오므로 '習'을 '修'로 교감하여 번역한다.

72 한불전에는 『속장경』에 의거하여 '至'로 나오는 판본이 있다고 교감하였다.

체가 없다는 개념에도 불변·독자의 본질/실체가 없다고 아는 측면'(空空門)을 '겹겹히 얽혀 현묘함'(重玄)이라 부르며, 이 '불변·독자의 본질/실체가 없다는 개념에도 불변·독자의 본질/실체가 없다고 아는 측면'(空空門)은 오직 부처라야 완전히 아는데 지금 약간은 알았기 때문에 "들어간다."(入)고 하였다.

七"現同如佛, 現一切形相"者, 現同古佛, 現諸色心故. 八"二種法身具足"者, 於因行中得具足故. 九"無有二習"者, 因果二習, 無有餘故. 法執爲因, 人執爲果, 此二熏習皆斷故. 是約最後一念而說, 從此已前猶有餘故. 十"登中道第一義諦山頂"者, 謂前四門所顯中道, 於此位中, 得到頂故.

[H1, 499c20~500a6]

일곱 번째인 "부처님이 나타내는 것과 같이 모든 형상을 똑같이 나타낸다."(現同如佛, 現一切形相)는 것은, 나타나는 것이 옛 부처님과 똑같아서 온갖 형태(色)와 마음을 나타내기 때문이다. 여덟 번째인 "두 가지 진리의 몸'을 모두 갖추는 것"(二種法身具足)이라는 것은, '[성취의] 원인이 되는 수행'(因行) 가운데서 ['두 가지 진리의 몸'을] 모두 갖추기 때문이다. 아홉 번째인 "'두 가지 누적된 경향성'을 없앤다."(無有二習)는 것은, 원인과 결과의 두 가지 누적된 경향성이 남지 않았기 때문이다. '모든 현상에 불변·독자의 본질/실체가 있다고 하는 집착'(法執)은 원인이 되고 '자아에 불변·독자의 본질/실체가 있다고 하는 집착'(人執)은 결과가 되는데, 이 [법집法執과 인집人執] 두 가지의 '누적된 경향성'(熏習)이 모두 끊어졌기 때문이다. 이것은 '[근본무지를 조건으로 삼는] 마지막 한 생각'(最後一念)에 의거하여 말한 것이니, 이 [마지막 한 생각] 이전에는 아직 [법집法執과 인집人執 두 가지의 '누적된 경향성'(熏習)이] 남아 있기 때문이다. 열 번째인 "'중도인 궁극적 관점'의 산 정상에 오르는 것이다."(登

中道第一義諦山頂)라는 것은, 앞의 '네 가지 문'(四門)[73]이 드러낸 중도中道가 이 경지(位)에서 정점에 이르기 때문이다.

『보살영락본업경菩薩瓔珞本業經』 상권 제3 「현성학관품賢聖學觀品」

是故無垢菩薩, 從發心住來, 至此一地, 經無量劫, 修四十心無量功德法門. 復從喜地, 修行二種法身無量功德, 經百千劫, 法藏始滿, 入相盡三昧, 成就一切智位, 常行佛行故. 佛子, 吾先於第三禪中, 集八禪衆, 說一生補處菩薩入佛華三昧定,[74] 百萬億偈, 今以略說一偈之義, 開衆生心, 汝等受持.

[T24, 1015c1~8]

그러므로 [등각等覺인 무구지無垢地에 이른] '번뇌가 없어진 보살'(無垢菩薩)은, '최고의 깨달음을 구하려는 마음을 일으키는 것에 자리 잡는 단계'(發心住)로부터 이 ['[보살수행의] 열 가지 [본격적인] 단계'(十地)의] '첫 번째 단계'(一地)에 이르기까지, 무한히 오랜 시간을 거치면서 '40가지 수행'(四十心)[75]의 '한량없는 이로운 능력에 관한 가르침'(無量功德法門)을 닦는다. [그리고] 다시 ['[보살수행의] 열 가지 [본격적인] 단계'(十

73 '네 가지 문門'이 지시하는 것은 두 가지로 생각할 수 있다. 하나는 현재 거론하고 있는 '열 가지 일' 가운데 제6, 제7, 제8, 제9의 네 가지일 수 있다. 다른 하나는 십주十住·십행十行·십회향十廻向·십지十地의 네 가지 수행단계를 가리키는 것으로 볼 수도 있다. 두 가지 가능성을 모두 열어 놓아야 할 것으로 보인다.

74 대정장『본업경』교감주에 따르면 【宋】【元】【明】에는 '定'이 빠져 있다고 교감하였다. 이에 따라 번역한다.

75 40심心: 십신十信·십주十住·십행十行·십회향十廻向의 수행을 일컫는다. 초발심부터 십회향까지의 수행과정이다.

地)의 '첫 번째 단계'(初地)인] '환희하는 단계'([歡]喜地)에서부터 '두 가지 진리 몸'(二種法身)의 무량한 '이로운 능력'(功德)을 수행하여 백천 겁을 지나 '진리의 창고'(法藏)가 비로소 가득 차면 '[현상에 대한] 본질/실체관념이 사라지는 삼매'(相盡三昧)에 들어가 '모든 것을 사실 그대로 보는 지혜가 밝아지는 경지'(一切智位)를 성취하여 늘 '부처로서의 행위'(佛行)를 실천하는 것이다.

부처의 제자들이여, 내가 앞서 ['네 가지 선정'(四禪)의] '세 번째 선정'(第三禪) 가운데서 '여덟 가지 선정'(八禪)에 든 무리를 모아 놓고 '한 생애만 더 지나면 부처의 자리를 대신할 수 있는 보살'(一生補處菩薩)[76]이 '깨달음의 꽃이 만발하는 삼매'(佛華三昧)에 들어가는 것을 설하였는데, [그때 설한] 백만억 개의 게송 가운데 지금은 간략하게 한 게송의 뜻을 설하여 중생의 마음을 열게 하리니, 그대들은 받아 지니도록 하여라.

〈소〉

"是故"以下, 第二[77]總結, 於中四句. 一擧先行, 二顯今德, 三示前廣說, 四結今略說. 初中有二, 先通擧四十心, 後別擧十地身. 四十心內之第四十, 此是聖位, 有二身故. "經百千劫"以下, 今德亦經萬劫, 但略擧耳. 第三示廣說中'第三禪'者, 『華嚴經』中不現此會, 應在彼經大本文也. 第四略說, 文相可知.

[H1, 500a7~14]

76 일생보처보살一生補處菩薩: 한 생애만 더 지내면 부처의 지위를 대신할 수 있는 경지의 보살. 등각等覺의 지위. 예컨대 미륵보살이 그에 해당한다.

77 한불전 교감주에는 "'二'는 '三'인 듯하다."라고 하였는데, 앞에서 '두 번째 총괄적으로 맺는 말'(第二總結)이 있었기 때문에 여기는 '第三'으로 보는 것이 타당할 것이다.

“그러므로”(是故) 이하는 ‘세 번째 총괄적으로 맺는 말’(第三總結)인데, 여기에는 네 가지 구절이 있다. 첫 번째는 ‘앞서의 수행을 거론한 것’(擧先行)이고, 두 번째는 ‘지금의 공덕을 나타낸 것’(顯今德)이며, 세 번째는 ‘앞서 수많은 [게송을] 설한 것을 나타낸 것’(示前廣說)이고, 네 번째는 ‘지금 간략히 [한 게송을] 설하여 마무리하는 것’(結今略說)이다.

[‘앞서의 수행을 거론한 것’(擧先行)인] 첫 번째에는 두 가지가 있으니, 먼저 ‘40가지 수행’(四十心)을 통틀어 거론하고, 뒤에는 ‘[보살수행의] 열 가지 [본격적인] 단계의 몸’(十地身)를 하나씩 거론하였다. ‘40가지 수행’(四十心)에서 [마지막인] 40번째[인 십회향十廻向의 경지]는 ‘성인의 지위’(聖位)이니, ‘두 가지 [진리의] 몸’(二身)이 있기 때문이다. [두 번째에서의] “백천겁을 지나” 이하는, 지금의 공덕도 만겁을 거쳐 [성취한] 것이지만 간략히 [줄여서] 거론한 것일 뿐이다. 세 번째인 ‘수많은 [게송을] 설한 것을 나타낸 것’(示廣說) 가운데 “세 번째 선정 [가운데서 ‘여덟 가지 선정’에 든 무리를 모아 놓고]”(第三禪)라는 것은, [지금의] 『화엄경』에서는 이런 모임이 보이지 않으니 그 경전(『화엄경』)의 ‘많은 분량의 화엄경’(大本) 본문에는 마땅히 있어야 하는 것이다.[78] 네 번째인 ‘간략히 [한 게송을] 설하는 것’(略說)은 [그] ‘글의 뜻’(文相)을 [읽어 보면] 알 수 있을 것이다.

『보살영락본업경菩薩瓔珞本業經』 상권 제3 「현성학관품賢聖學觀品」

佛子, 第四十二地名寂滅心, 妙覺地. 常住一相, 第一無極, 湛若虛空. 一切種智照達, 無生有諦始終, 唯佛窮盡, 衆生根本有始有終, 佛

78 원효가 읽는 것은 60권으로 된 『화엄경』이고 60화엄경본에는 이 내용이 나오지 않으므로, 80권으로 된 『화엄경』인 80화엄경본에는 있어야 할 것이라는 말로 보인다.

亦照盡, 乃至一切煩惱一切衆生果報, 佛一心念[79]稱量盡原, 一切佛國一切佛[80]因果, 一切佛[81]菩薩神變, 亦一念一時[82]知,[83] 住不可思議, 二諦之[84]外, 獨在無二.

[T24, 1015c9~15]

부처의 제자들이여, '42번째 경지'(第四十二地)는 '[근본무지와 분별에 의한 왜곡과 동요가] 그쳐진 마음'(寂滅心)이라 부르니, '[차이들을] 사실대로 함께 만날 수 있는 깨달음의 경지'(妙覺地)이다. '늘 하나처럼 통하는 양상에 머물고'(常住一相), '가장 으뜸이어서 한계가 없으며'(第一無極), '맑은 것이 마치 [텅 빈] 허공과도 같다'(湛若虛空). '모든 것을 사실 그대로 보는 지혜'(一切種智)로써 비추어 통달하니, '[불변·독자의 본질/실체로서] 생겨난 것이 없음'(無生)과 '항상 있다는 관점의 처음과 끝'(有諦始終)을 오직 부처라야 끝까지 다 알고, 중생의 근본이 시작이 있고 끝이 있음을 부처는 또한 다 이해하며, 모든 번뇌와 모든 중생의 과보까지를 부처는 한 찰나 마음의 생각에 근원까지 다 헤아리고, 모든 '깨달음의 나라'(佛國)와 모든 '깨달음의 원인과 결과'(佛因果) 및 모든 '부처와 보살의 신통변화'(佛菩薩神變)를 [부처는] 또한 한 생각에 동시에 일며, '생각으로 헤아릴 수 없는 경지'(不可思議)에 머무르고, ['세간적 관점'(俗諦)과 '진리적 관점'(眞諦), 이] '두 가지 관점'(二諦)의 영역을 넘어 '오직 두 가지로 나누는 것이 없는 경지에 있다'(獨在無二).

---

79 대정장 『본업경』 교감주에서는 '心念'을 '念心'으로 교감하고 있다.
80 대정장 『본업경』 교감주에서는 '佛+(定)'이라 교감하고 있다.
81 대정장 『본업경』 교감주에서는 '佛'을 삭제하여 교감하고 있다.
82 대정장 『본업경』 교감주에서는 '時=照'로 교감하고 있다.
83 대정장 『본업경』 교감주에서는 '知=智'로 교감하고 있다.
84 대정장 『본업경』 교감주에서는 '之'를 '界'로 교감하고 있다.

〈소〉

妙覺地中, 亦有三分. 先心, 次德, 第三結明. 初中言"寂滅心"者, 寂照慧故. "妙覺地"下, 第二顯德, 略擧四德. 一常德, 二智德, 三不可思議德, 四獨在無二德. 初中言"妙覺地"者, 遠離一切雜染之麤,[85] 亦離一切無明亦[86]眠故. "常住一相"者, 離諸生滅, 無前後異故. "第一無極"者, 無始無終, 無中無邊, 若縱若橫, 無窮際故. 即由是義, "湛若虛空".

[H1, 500a15~23]

'[차이들을] 사실대로 함께 만날 수 있는 깨달음의 경지'(妙覺地)[에 관한 설명]에도 세 부분이 있다. 첫 번째는 [그 경지의] 마음[에 관한 설명]이고, 두 번째는 [그 경지의] 능력(德)[에 관한 설명]이며, 세 번째는 '맺는 말을 밝히는 것'(結明)이다.

첫 번째[인 그 경지의 마음에 관한 설명]에서 "[근본무지와 분별에 의한 왜곡과 동요가] 그쳐진 마음"(寂滅心)이라 말한 것은, '[분별의 왜곡과 동요가] 그쳐서 [사실 그대로] 이해할 수 있는 지혜'(寂照慧)이기 때문이다.

"[차이들을] 사실대로 함께 만날 수 있는 깨달음의 경지"(妙覺地) 이하는 두 번째인 '능력을 드러낸 것'(顯德)인데, 간략히 네 가지 능력(德)을 거론하였다. 첫 번째는 '늘 그러한 능력'(常德)이고, 두 번째는 '지혜의 능력'(智德)이며, 세 번째는 '생각으로 헤아리기 어려운 능력'(不可思議德)이고, 네 번째는 '두 가지로 나누는 것이 없는 경지에 홀로 있는 능력'(獨在無二德)이다.

첫 번째에서 "[차이들을] 사실대로 함께 만날 수 있는 깨달음의 경지"

85 한불전과 속장경에서는 '麤'가 '塵'으로 된 판본도 있다고 했다. '塵'으로 보고 번역한다.

86 한불전과 속장경에서는 '亦'이 '睡'로 의심된다고 하였다. '睡'로 보고 번역한다.

(妙覺地)라고 말한 것은, 모든 티끌처럼 많은 오염된 번뇌들을 멀리 떠났으며 또한 모든 '근본무지의 잠'(無明睡眠)에서도 떠났기 때문이다. "늘 하나처럼 통하는 양상에 머문다."(常住一相)라는 것은, 모든 '[근본무지와 분별에 의한] 생겨남과 사라짐'(生滅)을 떠나 전후의 차이가 없기 때문이다. "가장 으뜸이어서 한계가 없다."(第一無極)라는 것은, 시작도 없고 끝도 없으며 가운데도 없고 가장자리도 없으며 세로 같기도 하고 가로 같기도 하여 한계가 없기 때문이다. 바로 이런 뜻 때문에 "맑은 것이 마치 [텅 빈] 허공과도 같다."(湛若虛空)[라고 말하였다.]

第二中言"一切種智"者, 總擧如來能照智故. 下即別顯, 於中有四. 一二諦門, 二始終門, 三雜染因果門, 四清淨因果門. 初中"無生"者, 達無諦故. "有諦始終"者, 照有諦故. 無始爲始, 無終爲終, 欲顯照窮, 假說始終故. 第二中言"衆生根本"者, 謂四住地. "有始"者, 以如來藏爲其本故, "有終"者, 二種生死爲其末故, 至後文處, 當更分別. 第三第四中言"一念知"者, 如來實無前後念異, 但此[87]菩薩無常之智, 如彼一念頃, 佛能遍知故.

[H1, 500a23~b10]

두 번째에서 "모든 것을 사실 그대로 보는 지혜"(一切種智)라고 말한 것은, 여래의 '비추어 내는 지혜'(能照智)를 총괄하여 말한 것이다. 그 아래는 [지혜를] 하나씩 밝혔는데, 거기에는 네 가지가 있다. 첫 번째는 '['항상 있다는 관점'(有諦)과 '전혀 없다는 관점'(無諦), 이] 두 가지 관점의 측면'(二諦門)[에 관한 지혜]이고, 두 번째는 '처음과 끝의 측면'(始終門)[에 관한 지혜]이며, 세 번째는 '[번뇌에] 섞이고 물드는 원인과 결과의 측면'(雜

87 한불전과 대정장에서는 "'此'는 '比'로 쓴 곳도 있다."고 교감하였다. '比'로 보고 번역한다.

染因果門)[에 관한 지혜]이고, 네 번째는 '온전해지는 원인과 결과의 측면'(清淨因果門)[에 관한 지혜]이다.

첫 번째에서 말한 "[불변 · 독자의 본질/실체로서] 생겨난 것이 없다."(無生)라는 것은 '전혀 없다는 관점'(無諦)을 [제대로] 통달한 것이다. "항상 있다는 관점의 처음과 끝"(有諦始終)이라는 것은 '항상 있다는 관점'(有諦)을 [지혜로써] 비추는 것이다. 처음이 없는 것이 처음이 되고 끝남이 없는 것이 끝남이 되는 것이지만, '[지혜로써] 궁극을 비추어 냄'(照窮)을 나타내고자 방편으로 '처음과 끝'(始終)을 말한 것이다.

두 번째에서 "중생의 근본"(衆生根本)이라고 말한 것은 〈네 가지 '토대가 되는 번뇌'〉(四住地)[88]를 말한다. "시작이 있다."(有始)는 것은 '여래의 면모가 간직된 창고'(如來藏)를 그 근본으로 삼기 때문이고, "끝이 있다."(有終)는 것은 '두 가지 삶과 죽음'(二種生死)[89]을 그 지말(末)로 삼기 때문이니, 뒤에 나올 문장에서 다시 설명할 것이다.

세 번째와 네 번째에서 "한 생각에 안다."(一念知)라고 말한 것은, 여

88 사주지四住地: 견일처주지見一處住地(生得住地) · 욕애주지欲愛住地(欲界住地) · 색애주지色愛住地(色界住地) · 유애주지有愛住地(無色界住地)를 가리킨다. 상세한 내용은 앞서의 '오주五住' 및 '작득주지作得住地' 역주 참조.

89 이종생사二種生死: 생사生死는 분단생사分段生死와 변역생사變易生死로 나뉜다. 선업善業과 악업惡業을 인因으로 하고, '번뇌로 인한 장애'(煩惱障)를 연緣으로 하여, 삼계에 거친 과보果報를 받아 태어나는 몸이 크고 적거나, 길고 짧거나, 아름답고 추한 모습을 가지는 것을 분단신分段身이라고 하는데, 이 분단신을 받으면서 윤회하는 것을 분단생사라고 한다. 아라한 · 벽지불 · 대력보살大力菩薩 등은, 분단생사를 받는 일은 없으나, '번뇌가 없는 인식과 행위'(무루無漏의 유분별有分別의 업業)을 인因으로 하고 '대상에 대한 이해를 가로막는 장애'(所知障)를 연緣으로 하여, 삼계에 매이지 않는 수승하고 미세한 과보果報의 몸, 즉 '뜻에 따라 나는 몸'(意生身)을 받아 삼계 내에 들어와서 보살행을 닦아 불과佛果에 이르는 변역신變易身인데, 이 변역신으로 생사를 거듭하는 것을 변역생사變易生死라고 한다. 그 몸은 보살의 원력에 의해 자유로이 변화하므로 변화신이라고 하며, 보살의 원력에 따라 생사를 거듭하므로 원력생사願力生死 또는 불사의변역생사不思議變易生死라고도 한다.

래에게는 실로 '앞뒤로 생각이 [근본무지에 매여 분별하면서] 바뀌어 감'(前後念異)이 없어서 단지 보살의 '변하는 지혜'에 비교하면 저 [보살의] '한 생각' 동안에 부처는 두루 다 알 수 있기 때문이다.

第三德中言"住不可思議"者, 佛住無上菩提, 有五不思議故. 如『無上依經』言, "一切如來住無上菩提處, 有五種因緣不可思議, 何等[90]爲五? 一者自性, 二者處, 三者住, 四者爲一異, 五者爲利益. 云何如來爲菩提自性不可思議? 即色是如來不可得, 離色是如來不可得, 受想行識亦如是, 四大六根[91]亦如是, 即有法是如來不可得, 無法亦如是, 是名菩提自性[92]不可思議. 云何如來爲菩提處不可思議? 如來在欲界不可思議, 離欲界[93]不可思議, 色無色界亦如是, 六道十方亦如是,[94] 是名處[95]不可思議. 何者住不可思議?[96] 安樂住, 如來住不可思議, 寂靜住, 如來住不可思議, 如是有心住, 無心住, 梵住, 如來住不可思議.[97] 云

90 『무상의경無上依經』 상권 「교량공덕품校量功德品」1(T16, 473b10) 원문에는 '等'이 '者'로 되어 있다. '者'로 교감한다.

91 『무상의경』 상권 「교량공덕품」1(T16, 473b14~17) 원문에는 '四大六根'을 풀어 설명하고 있는데, 그 원문은 "即地界是如來不可得, 離地界是如來不可得, 水火風界亦如是. 即眼入是如來不可得, 離眼入是如來不可得, 耳鼻舌身意亦如是."이다.

92 『무상의경』 상권 「교량공덕품」1(T16, 473b18) 원문에는 '自性'을 '性'이라고만 하였다.

93 『무상의경』 상권 「교량공덕품」1(T16, 473b20) 원문에는 '亦'을 넣어 '亦不可思議'라고 하였다.

94 『무상의경』 상권 「교량공덕품」1(T16, 473b20~23) 원문에는 '六道十方亦如是'를 '如來在人中不可思議, 離人中亦不可思議, 六道亦如是, 如來在東方不可思議, 離東方亦不可思議, 十方亦如是.'로 풀어 설명하고 있다.

95 『무상의경』 상권 「교량공덕품」1(T16, 473b23) 원문에는 '爲處'라고 하였다.

96 『무상의경』 상권 「교량공덕품」1(T16, 473b23~24) 원문에는 '何者住不可思議'를 '何者是如來爲菩提住不可思議'라고 하였다.

97 『무상의경』 상권 「교량공덕품」1(T16, 473b26~27) 원문에는 '如是有心住, 無心住, 梵住, 如來住不可思議'를 '有心住如來住不可思議, 無心住如來住不可思議'라 하였다.

何[98]爲一異不可思議? 三世如來在一處住, 何者一處? 自性清淨無漏法界是諸如來, 若一若異不可思議. 云何[99]爲利益事不可思議? 如來[100]等一法界, 智慧神力皆悉平等,[101] 住於無漏清淨法界, 能爲衆生無量利益, 是名利益不可思議. 復次不可思議有二種. 一者不可言說, 過語言境界故, 二者出一切世, 於世間中無譬類故. 是名不可思議故.[102]"

[H1, 500b10~c11]

['네 가지 능력'(四德) 가운데] 세 번째 능력(德)에서 "생각으로 헤아릴 수 없는 경지에 머무른다."(住不可思議)라고 말한 것은, 부처가 '가장 높은 깨달음'(無上菩提)에 머무르는 데에는 '생각으로 헤아릴 수 없는 다섯 가지'가 있기 때문이다. [이것은] 『무상의경無上依經』에서 [다음과 같이] 말한 것과 같다. "모든 여래가 머무르는 '가장 높은 깨달음'(無上菩提)의 경지에는 다섯 가지 인연이 있어서 생각으로 헤아릴 수 없는 것이니, 무엇이 다섯 가지인가? 첫 번째는 본연(自性)이고, 두 번째는 경지(處)이며, 세 번째는 머무름(住)이고, 네 번째는 '같기도 하고 다르기도 한 것'(爲一異)이며, 다섯 번째는 '이로움이 되는 것'(爲利益)이다. 여래가 '깨달음의 본연'(菩提自性)인 것을 생각으로 헤아릴 수 없다고 하는 것은 무엇인가? '색깔이나 모양 있는 것'(色)에 나아가서도 여래를 얻을 수 없고, '색

98 『무상의경』 상권 「교량공덕품」1(T16, 473b28) 원문에는 '云何如來'라고 하였다. '如來'를 넣어 번역한다.

99 『한불전』과 『대장정』에는 다른 본에는 '云何' 다음에 '如來'가 있다고 했다. '如來'를 넣어 번역한다.

100 『무상의경』 상권 「교량공덕품」1(T16, 473c3) 원문에는 '如是如來'라고 하였다. '如是如來'로 교감하여 번역한다.

101 『무상의경』 상권 「교량공덕품」1(T16, 473c3~4) 원문에는 '智慧神力正勤威德悉皆平等'이라고 하였다.

102 『무상의경』 상권 「교량공덕품」1(T16, 473c8) 원문에는 '故'가 없다. '故'를 삭제하여 번역한다.

깔이나 모양 있는 것'(色)을 떠나서도 여래를 얻을 수 없으며, 느낌(受), '특징/차이의 지각'(想), 의도(行), 의식(識)에서도 그와 같고, '[지地·수水·화火·풍風, 이] 네 가지 물질적 속성'(四大)과 '여섯 가지 감관능력'(六根)에서도 그와 같으며, '현상이 있음'(有法)에 나아가서도 여래를 얻을 수 없고, '현상이 없음'(無法)에서도 그와 같으니, 이것을 '깨달음의 본연은 생각으로 헤아릴 수 없다'(菩提自性不可思議)고 부른다.

여래가 '깨달음의 경지'(菩提處)인 것을 생각으로 헤아릴 수 없다고 하는 것은 무엇인가? 여래는 욕망세계(欲界)에서도 생각으로 헤아릴 수 없고, 욕망세계를 떠나서도 생각으로 헤아릴 수 없으며, 유형세계(色界)와 무형세계(無色界)에서도 그와 같고, [시간적인] '[업에 따라 윤회하는] 여섯 가지 세계'(六道)와 [공간적인] '모든 세계'(十方)에서도 그와 같으니, 이것을 '[여래가 깨달음의] 경지인 것을 생각으로 헤아릴 수 없다'(爲處不可思議)고 부른다.

[여래가 깨달음인 것은] '생각으로 헤아릴 수 없는 경지에 머무른다'(住不可思議)고 하는 것은 무엇인가? '안락하게 머무름'(安樂住)에서도 여래는 생각으로 헤아릴 수 없는 경지에 머무르고, '고요하게 머무름'(寂靜住)에서도 여래는 생각으로 헤아릴 수 없는 경지에 머무르며, 이와 같이 '마음을 내어 머무름'(有心住), '마음을 내지 않고 머무름'(無心住), '성스러운 경지에 머무름'(梵住)에서도 여래는 생각으로 헤아릴 수 없는 경지에 머무른다.

여래의 '같기도 하고 다르기도 한 것'(爲一異)을 생각으로 헤아릴 수 없다고 하는 것은 무엇인가? 과거·현재·미래의 [모든] 여래는 '한 경지'(一處)에 머무르니, 무엇이 '한 경지'(一處)인가? '['있는 그대로'로서의] 본연이 온전하고 번뇌가 스며들지 않는 현상세계'(自性清淨無漏法界)가 모든 여래이니, [이 경지의 현상세계가] '같기도 하고 다르기도 한 것'(若一若異)은 생각으로 헤아릴 수 없는 것이다.

여래의 '이로움이 되는 것'(爲利益)은 그 일을 생각으로 헤아릴 수 없다고 하는 것은 무엇인가? 이와 같은 여래의 '평등하게 하나처럼 통하는 [차이들의] 현상세계'(等一法界)에서는 지혜와 신통력이 모두 평등하여 '번뇌가 스며듦이 없는 온전한 현상세계'(無漏清淨法界)에 머무르면서 중생의 한량없는 이로움이 될 수 있으니, 이것을 '이로움[이 되는 것]을 생각으로 헤아릴 수 없다'(利益不可思議)고 부른다.

'생각으로 헤아릴 수 없음'(不可思議)[의 뜻]에는 다시 두 가지가 있다. 첫 번째는 '말로 할 수 없음'(不可言說)이니 '언어로 확정하는 범주'(語言境界)를 넘어서기 때문이고, 두 번째는 '모든 세계를 벗어남'(出一切世)이니 세간에서는 견줄 것이 없기 때문이다. 이것을 '생각으로 헤아릴 수 없다'고 부른다."103

第四德中, 言"二諦之外, 獨在無二"者,『人[104]王經』言, "超度世諦第一義[105]之外, 爲第十一地, 薩云若覺有[106]非無, 法然清淨.[107]" 言"世諦"

103 무상의경』 상권 「교량공덕품」1(T16, 473b8~c10). "阿難! 云何如來爲無上菩提不可思議? 阿難! 一切如來住無上菩提處, 有五種因緣不可思議. 何者爲五? 一者自性, 二者處, 三者住, 四者爲一異, 五者爲利益. 阿難! 云何如來爲菩提自性不可思議? 即色是如來不可得, 離色是如來不可得, 受想行識亦如是. 即地界是如來不可得, 離地界是如來不可得, 水火風界亦如是. 即眼入是如來不可得, 離眼入是如來不可得, 耳鼻舌身意亦如是. 即有法是如來不可得, 無法亦如是, 是名菩提性不可思議. 阿難! 云何如來爲菩提處不可思議? 如來在欲界不可思議, 離欲界亦不可思議, 色無色界亦如是. 如來在人中不可思議, 離人中亦不可思議, 六道亦如是. 如來在東方不可思議, 離東方亦不可思議, 十方亦如是, 是名爲處不可思議. 阿難! 何者是如來爲菩提住不可思議? 阿難! 安樂住如來住不可思議, 寂靜住如來住不可思議, 有心住如來住不可思議, 無心住如來住不可思議, 如是梵住聖住如來住不可思議, 是名爲住不可思議. 阿難! 云何如來爲一異不可思議? 三世如來在一處住. 何者一處? 自性清淨無漏法界是諸如來, 若一若異不可思議, 是名一異不可思議. 阿難! 云何如來爲利益事不可思議? 如是如來等一法界, 智慧神力正勤威德悉皆平等, 住於無漏清淨法界, 諸如來等因此轉依, 能爲衆生無量利益, 是名利益不可思議. 復次不可思議有二種, 一者不可言說, 過語言境界故, 二者出一切世, 於世間中無譬類故. 是名不可思議. 復次眞如, 本不被染, 末無垢汚不可思議. 阿難! 是名菩提不可思議."

104 한불전 교감주에서 '人'은 '仁'과 통용된다고 하였다. 이하에서도 동일하다.

105 『인왕[반야바라밀]경』 2권(T33, 330c13) 원문에는 '第一義諦'로 되어 있다. 이에

者, 謂依他性及分別性. 有無二諦, 此中合爲世諦. 依他性中, 分別性無所顯眞如, 名第一義諦.[108] 如來歸於一心之原, 非有非無, 非虛非實, 非有爲非無爲, 非差別非平等, 故言"二諦之外". 是第三諦, 無比無對, 名無二諦, 名無盡諦, 故言"獨在無二." 如『華嚴』言, "由信解力故知, 非得無盡諦智"故.

[H1, 500c11~21]

['네 가지 능력'(四德) 가운데] 네 번째 능력(德)에서 "['세간적 관점'(俗諦)과 '진리적 관점'(眞諦), 이] '두 가지 관점'의 영역을 넘어 '두 가지로 나누는 것이 없는 경지'에 홀로 있다."(二諦之外, 獨在無二)라고 말한 것은 [다음과 같은 뜻이다.]

『인왕[반야바라밀]경仁王[般若波羅蜜]經』에서는 "'세간적 관점'(世諦)과 '궁극적 관점'(第一義諦)을 뛰어넘으면 '열한 번째 경지'(第十一地)[인 '[차이들을] 평등하게 볼 수 있는 깨달음'(等覺)의 경지]가 되어 '모든 [것을 사실 그대로 만나게 하는] 지혜'(薩云若)[109]로 '있음도 아니고'(非有)이 '없음도 아

따라 교감한다.

106 『인왕경』 원문에는 '非有'로 되어 있다. '非有'로 교감하여 번역한다.

107 『인왕[반야바라밀]경』 2권(T33, 330c14) 원문에는 '湛然清淨'으로 되어 있다. 이에 따라 교감한다.

108 한불전에는 『속장경』에 의거하여 어떤 판본에는 '諦'가 빠져 있다고 교감하였다.

109 살운야薩云若: 산스크리트어 'sarva-jñā'(팔리어: 'sabba-nāṇa')의 소리를 옮긴 '살반야薩般若/살바야薩婆若'의 이칭異稱으로 뜻으로 풀면 '모든 [것을 사실 그대로 만나게 하는] 지혜'(一切智)이다. 살바야薩婆若는 줄여서 살운薩雲, 살운薩云, 살운薩芸이라고도 한다. 원효는 『대승기신론소』(H1, 710b20~c12)에서 『인왕반야경』의 구절(始從伏忍至頂三昧, 照第一義諦不名爲見, 所謂見者, 是薩婆若故.)을 인용하여 이 '모든 [것을 사실 그대로 만나게 하는] 지혜'(薩婆若)를 거론하고 있다. 즉 『대승기신론』(T32, 576b27~c4)의 "또 '마음이 일어난다'(心起)는 것에는 알 수 있는 '첫 양상'(初相)이 없지만 '첫 양상을 안다'(知初相)고 말한 것은, 바로 '분별하는 생각이 없어짐'(無念)을 일컫는 것이다. 이런 까닭에 모든 중생을 '깨달았다'(覺)고

님'(非無)이 아님을 깨달아 '맑게 온전해진다'(湛然淸淨)."[110]라고 말한다. [여기서] "세간적 관점"(世諦)이라고 말한 것은 '다른 것에 의존하는 면모'(依他性)와 '[근본무지의 망상에 의해] 분별된 면모'(分別性)를 말한다. '항상 있다는 관점'(有諦)과 '아무것도 없다는 관점'(無諦)을 여기서는 합하여 [모두] '세간적 관점'(世諦)으로 삼는다. '다른 것에 의존하는 면모'(依他性) 중에 '[근본무지의 망상에 의해] 분별된 면모'가 나타나지 않은 '참 그대로'(眞如)를 '궁극적 관점'(第一義諦)이라 부른다. 여래는 '하나처럼 통하는 마음'(一心)으로 돌아갔기에, '있는 것도 아니고'(非有) '없는 것도 아니며'(非無), '텅 빈 것도 아니고'(非虛) '가득 찬 것도 아니며'(非實), '행함이 있는 것도 아니고'(非有爲), '행함이 없는 것도 아니며'(非無爲), '차별인 것도 아니고 평등한 것도 아니니'(非差別非平等), 그렇기 때문에 "['세간적 관점'(俗諦)과 '진리적 관점'(眞諦), 이] '두 가지 관점'(二諦)의 영역을 넘어"(二諦之外)라고 한 것이다. ['세간적 관점'(俗諦)과 '진리적 관점'(眞諦)을 넘어선] 이 '세 번째 관점'(三諦)은 견줄 것도 없고 상대될 것도 없어

부르지 못하니, 본래부터 '[근본무지에 따라 분별하는] 생각'(念)들이 서로 꼬리를 물고 이어져 아직 그 생각에서 떠난 적이 없기 때문에 '시작을 말할 수 없는 근본무지'(無始無明)라 말한다. 만일 '분별하는 생각이 없어짐'(無念)을 체득한 자라면 곧 '[근본무지에 따라 분별하는] 마음양상'(心相)의 '생겨나고 머무르며 달라지고 사라짐'(生住異滅)을 안다. '분별하는 생각이 없는 경지'(無念)와 같아졌기 때문에 [이럴 때] 실제로는 '비로소 깨달아 감'(始覺)의 [내용들에] 차이가 없으니, '[분별망상의] 네 가지 양상'(四相)이 동시에 있어도 모두 스스로 존립할 수 없으며 본래 평등하고 동일한 깨달음(覺)이기 때문이다."(是故一切衆生不名爲覺, 以從本來念念相續, 未曾離念故說無始無明. 若得無念者, 則知心相生住異滅. 以無念等故, 而實無有始覺之異, 以四相俱時而有, 皆無自立, 本來平等, 同一覺故.)라는 구절을 주석하면서 『인왕반야경』의 이 구절을 인용하고 있다.

110 『불설인왕반야바라밀경佛說仁王般若波羅蜜經』 권1(T8, 826c22~28). "下忍中行名爲菩薩, 上忍中行名爲薩婆若, 共觀第一義諦, 斷三界心習, 無明盡相爲金剛, 盡相無相爲薩婆若, 超度世諦第一義諦之外, 爲第十一地, 薩婆若覺非有非無, 湛然淸淨. 常住不變, 同眞際等法性, 無緣大悲敎化一切衆生, 乘薩婆若乘來化三界." 밑줄 친 부분이 인용한 내용이다.

'두 가지가 없는 관점'(無二諦)이라 부르기도 하고 '무한한 관점'(無盡諦)이라 부르기도 하니, 이 때문에 "오직 두 가지로 나누는 것이 없는 경지에 있다."(獨在無二)라고 한 것이다. 예를 들어 『화엄경』에서 "'믿고 이해하는 힘'(信解力) 때문에 ['여래의 지혜'(如來智)를] 알고 [또한] '무한한 관점의 지혜'(無盡諦智)를 얻은 것이 아님을 안다."[111]라고 말한 것과 같다.

『보살영락본업경菩薩瓔珞本業經』 상권 제3 「현성학관품賢聖學觀品」

佛子, 吾先在此樹下, 說法界海時, 有八萬無垢菩薩, 現身得佛. 今爲此大衆, 略開佛果行處, 汝應頂受. 敬首[112]菩薩白佛言, "世尊, 從初地至後一地, 有果報神變二種法身. 一法性身, 二應化法身, 爲何色相, 爲何心相?"

[T24, 1015c16~21]

부처의 제자들이여, 내가 앞서 이 나무 아래에서 '바다처럼 넓은 진리의 세계'(法界海)를 설할 때 팔만의 '번뇌가 없어진 보살'(無垢菩薩)이 있었는데, [그들은 모두] '그때의 몸'(現身)으로 부처의 경지를 얻었다. 지금 이 대중들을 위하여 '부처가 된 결실'(佛果)의 작용(行處)을 간략하게 펼치노니, 그대들은 마땅히 받들어 지니도록 하라.

경수보살이 부처님께 아뢰었다. "세상에서 가장 존귀한 분이시여, '첫 번째 단계'(初地, 歡喜地)에서부터 '마지막 한 단계'(後一地, 如來地)

111 『화엄경』 권25「십지품」(T9, 556a2~6). "知集諦畢竟滅一切惱故, 知滅諦至不二法故, 知道諦以一切種智, 知一切法, 次第成一切菩薩地故, 知如來智諦以<u>信解力故, 知非得無盡諦智</u>. 菩薩如是以此諸諦智, 如實知一切有爲法."

112 대정장 『본업경』에서는 '(爾時)+敬首'로 교감하였다.

에 이르기까지 [성취하게 된] '결실'(果報)과 '[중생 구제를 위한] 신통과 변화[의 능력]'(神變)으로서 '두 가지 진리의 몸'(二種法身)이 있습니다. 첫 번째는 '진리 본연의 몸'(法性身)이고, 두 번째는 '[중생의 바람에] 응하여 나타내는 진리 몸'(應化法身)인데, [이들은] 어떤 '특징을 지닌 모양'(色相)이며 어떤 '특징을 지닌 마음'(心相)입니까?"

〈소〉

"吾先"以下, 第三結明, 先指廣說, 後結略說. 上來第一正明行德. 此下, 第二諸門分別, 於中有二, 先問後答. 問中言"後一地"者, 謂如來地. "法性身"者, 以依法性, 而生實智故, 從所依名爲法性,[113] 下文言實智法身, 卽此身也. 答中有六. 一出世界門, 二世間果門, 三能治門, 四所治門, 五二生門, 六二業門.

[H1, 500c21~501a9]

"내가 앞서"(吾先) 이하는 ['[차이들을] 사실대로 함께 만날 수 있는 깨달음의 경지'(妙覺地)에 관한 설명의] 세 번째인 '맺는 말을 밝히는 것'(結明)이니, 먼저는 '많이 설한 것'(廣說)을 일컬었고 나중에는 '간략하게 설하는 것'(略說)으로 끝을 맺었다. 여기까지는 첫 번째로 '행하는 것'(行)과 [그 경지의] 능력(德)을 곧바로 밝힌 것이다. 이 아래는 두 번째로 '여러 가지 측면(門)으로 구분하는 것'(諸門分別)인데, 여기에는 두 가지가 있으니 앞은 질문이고 뒤는 대답이다.

질문 가운데 "마지막 한 단계"(後一地)란 '여래의 경지'(如來地)를 말한다. "진리 면모의 몸"(法性身)이란, '진리 면모'(法性)에 의거해 '사실대로

113 '法性'은 '法性身'이어야 할 것으로 보인다. 교감하여 번역한다.

보는 지혜'(實智)를 일으키기 때문에 [그] 의거한 것에 따라 '진리 면모의 몸'(法性身)이라 이름 지은 것이니, 아래의 글에서 '사실대로 보는 지혜를 일으키는 진리의 몸'(實智法身)이라 한 것이 바로 이 '[진리 면모의] 몸'([法性]身)이다.

대답 가운데에는 여섯 가지가 있다. 첫 번째는 '[세속적] 세계에서 벗어나는 측면'(出世界門)[에서의 대답]이고, 두 번째는 '세속적 과보의 측면'(世間果門)[에서의 대답]이며, 세 번째는 '[번뇌를] 다스리는 측면'(能治門)[에서의 대답]이고, 네 번째는 '다스려지는 측면'(所治門)[에서의 대답]이며, 다섯 번째는 '['행위로 인해 태어남'(業生)과 '변화하여 태어남'(變生), 이] 두 가지 태어남의 측면'(二生門)[114][에서의 대답]이고, 여섯 번째는 '['지혜의 행위'(慧業)와 '이로운 능력의 행위'(功德業), 이] 두 가지 행위의 측면'(二業門)[에서의 대답]이다.

初中有三, 先顯二身, 次顯二土, 第三重顯身土. 初中有二, 總標別解. 義如前說, 文相可知. 二土中文有三, 謂標釋結. 釋中有二, 先兼顯凡夫土, 後正明聖人土. 此中有二, 先菩薩土, 後如來土. "是故"以下, 第三結也.

[H1, 501a9~14]

첫 번째[인 '[세속적] 세계에서 벗어나는 측면'(出世界門)[에서의 대답]]에는 세 가지가 있으니, 먼저 '['진리의 몸'(法身)과 '지혜의 몸'(智身), 이] 두 가지 [진리의] 몸'(二[種法]身)[115]을 밝혔고, 다음에는 '두 가지 땅'(二土)[116]을 밝혔으며,

114 이생二生: '행위로 인해 태어남'(業生)과 '변화하여 태어남'(變生)을 말한다.

115 앞서의 '이종법신二種法身' 역주에서 밝혔듯이 『보살영락본업경』에서는 이종법신二種法身에 관한 세 가지 표현이 등장한다. '법성신法性身과 응화법신應化法身' '과극법신果極法身(법성법신法性法身에 해당)과 응화법신應化法身' 그리고 이하에서 말하는 '법신法身과 지신智身'이 그것이다.

세 번째로는 '몸과 땅'을 거듭 밝혔다(重顯身土). 첫 번째[인 '두 가지 진리의 몸을 밝히는 것'(顯二身)]에도 두 가지가 있으니, '총괄적인 설명'(總標)과 '하나씩 해설함'(別解)이 [그것이]다. [그] 뜻은 앞서 설명한 것과 같으니 '글의 내용'(文相)은 [읽어 보면] 알 수 있을 것이다. [두 번째인] '두 가지 땅'(二土)[에 관한 설명] 가운데는 문장에 세 가지가 있으니, '총괄적 설명'(標)과 '상세한 풀이'(解)와 '맺는 말'(結)이 그것이다. '상세한 풀이'(解)에는 두 가지가 있으니, 먼저는 '중생의 땅'(凡夫土)을 아울러 밝혔고, 나중에는 '성인의 땅'(聖人土)을 곧바로 밝혔다. 이 ['성인의 땅'(聖人土)을 곧바로 밝히는 것]에도 두 가지가 있으니, 앞은 '보살의 땅'(菩薩土)[에 관한 설명]이고, 뒤는 '여래의 땅'(如來土)[에 관한 설명]이다. "그러므로" 이하는 세 번째인 '맺는 말'(結)이다.

『보살영락본업경菩薩瓔珞本業經』 상권 제3 「현성학관품賢聖學觀品」[117]

佛子, 初地一念, 無相法身智身,[118] 成就百萬阿僧祇功德法, 雙照二

116 『본업경』 권상(T24, 1015c29~1016a8). "佛子! 土名一切賢聖所居之處, 是故一切衆生賢聖, 各自居果報之土. 若凡夫衆生住五陰中爲正報之土, 山林大地共有名依報之土. 初地聖人亦有二土. 一實智土, 前智住後智爲土, 二變化淨穢經劫數量應現之土, 乃至無垢地土亦如是. 一切衆生乃至無垢地, 盡非淨土住果報故. 唯佛居中道第一法性之土, 是故我昔於普光堂上, 廣爲一切衆生說淨土之門."

117 원효가 주석하지 않는 『본업경』 부분(T24, 1015c21~1016a8)이 생략되어 있다. 앞에서 원효가 과문科文한 여섯 가지 대답 가운데 첫 번째인 '출세계문出世界門'에 해당하는 내용이다.("答中有六. 一出世界門, 二世間果門, 三能治門, 四所治門, 五二生門, 六二業門." 생략된 『본업경』 내용은 다음과 같다: "佛言. 佛子, 出世間果者, 從初地至佛地, 各有二種法身. 於第一義諦法流水中, 從實性生智故, 實智爲法身, 法名自體集藏爲身. 一切衆生善根, 感此實智法身故, 法身能現應無量法身, 所謂一切界國土身, 一切衆生身, 一切佛身, 一切菩薩身, 皆悉能現不可思議身, 國土亦然. 佛子, 土名一切賢聖所居之處. 是故一切衆生賢聖, 各自居果報之土. 若凡夫衆生住五陰中爲正報之土. 山林大地共有名依報之土. 初地聖人亦有二土, 一實智土, 前智住後智爲土. 二變化淨穢, 經劫數量應現之土. 乃至無垢地土亦如是. 一切衆生乃至無垢地, 盡非淨土住果報故. 唯佛居中道第一法性之土. 是故我昔於普光堂上, 廣爲一切衆生說淨土之門."

諦, 心心寂滅, 法流水中, 不可以凡夫心識思量二種法身, 何況二地三地,[119] 乃至妙覺地? 但就應化道中, 可以初地有百身千身萬身, 乃至無量身, 有縛有解. 其法身處, 心心寂滅, 法流水中, 上不見一切佛法一切果報可求,[120] 下不見無明諸見可斷衆生可化. 但以世諦應化法中, 見佛可求諸見可斷衆生可化. 佛子, 亦可得言修三堅[121]法入聖人位. 但法流水中, 心心寂滅, 自然流入妙覺大海. 佛子, 乃至三賢十地之名, 亦無名無相, 但以應化故. 古佛道法, 有十地之名, 佛子, 汝應受持一切佛法等無有異.

[T24, 1016a9~21]

부처의 제자들이여, ['[보살수행의] 열 가지 [본격적인] 단계'(十地) 가운데] '첫 번째 단계'(初地, 歡喜地)[를 여는] '한 생각'(一念)인 '[불변 · 독자의 본질/실체로서의] 차이/특징이 없는'(無相) '진리의 몸'(法身)과 '지혜의 몸'(智身)은, '헤아릴 수 없이 많은 이로운 능력'(百萬阿僧祇功德法)을 성취하고, ['세간적 관점'(俗諦)과 '진리적 관점'(眞諦), 이] '두 가지 관점'(二諦)을 '함께 비추며'(雙照), 마음마다 '[분별의 왜곡과 동요가 잦아들어] 고요'(寂滅)하여, '진리가 흐르는 물'(法流水) 속에 있으니, 범부凡夫의 '[분별하는] 마음'(心識)으로는 [이] '두 가지 진리의 몸'(二種法身)을 헤아릴 수 없거늘, 하물며 어떻게 '두 번째 단계'(二地, 離垢地) · '세 번째 단계'(三地, 發光地) 나아가 '[차이들을] 사실대로 함께 만날 수 있는 깨달음의 경지'(妙覺地)까지를 헤아릴 수 있겠는가? 다만 '[중생을 구제하기 위해] 응하여 나타내는 길'(應化道)에 나아가서는 '첫 번째 단계'(初

118 대정장『본업경』에서는【宋】【元】【明】에는 '身'이 빠져 있다고 교감하였다.

119 대정장『본업경』교감주에서는 '三地'를 연자衍字로 보아 '二地乃至妙覺地'로 교감하고 있다.

120 대정장『본업경』에서는【宋】【元】【明】에는 '可求'가 빠져 있다고 교감하였다.

121 대정장『본업경』교감주에서는 '堅=賢'이라고 하는데, 원효도 그렇게 보고 있다.

地)에서 백 가지 몸, ['두 번째 단계'(二地)에서] 천 가지 몸, ['세 번째 단계'(三地)에서] 만 가지 몸. 나아가 ['[차이들을] 사실대로 함께 만날 수 있는 깨달음의 경지'(妙覺地)에서] '한량없는 몸'(無量身)까지 있고 [그 몸들은] 묶임도 있고 풀려남도 있다. 그 '진리 몸의 경지'(法身處)는 마음마다 '[분별의 왜곡과 동요가 잦아들어] 고요'(寂滅)하여 '진리가 흐르는 물'(法流水) 속에 있으니, [이 '진리 몸의 경지'(法身處)에서는] 위로는 〈구할 수 있는 모든 '깨달음의 진리'(佛法)와 모든 과보果報〉[가 있다고도] 보지 않고, 아래로는 〈끊을 수 있는 '근본무지(無明)에 매인 모든 견해'와 교화할 수 있는 중생〉[이 있다고도] 보지 않는다. 다만 '세간적 관점'(世諦)으로써 '[중생을 구제하기 위해] 응하여 나타내는 도리'(應化法) 중에서는, '구할 수 있는 부처'와 '끊을 수 있는 [근본무지에 매인] 모든 견해'와 '교화할 수 있는 중생'을 [있다고] 본다.

부처의 제자들이여, 또한 '세 가지 견고한 수행'(三堅法, 三賢法)[122]을 닦아야 '성인의 지위'(聖人位)에 들어간다고 말할 수 있다. [그리고]

---

122 원효는 삼견법三堅法을 '삼현위三賢位의 수행'으로 파악하고 있다. 경전 내용으로 보아 적절한 이해로 보인다. 삼현위三賢位는 십지十地 이전 '십주十住·십행十行·십회향十廻向의 세 단계'를 지칭한다. 원효는 『중변분별론소中邊分別論疏』 권3에서 "凡夫位, 若約二乘, 從停心觀, 至世第一法, 若就菩薩, 十信以上, 盡十廻向. 隨順見道故, 隨不倒, 未離見惑故, 言有倒"(H1, 832b14~17)라고 하여, 이승二乘에 의거하면 ① 오정심관五停心觀부터 ② 별상념처別相念處·③ 총상념처總相念處·④ 난법煖法·⑤ 정법頂法·⑥ 인법忍法 및 ⑦ 세제일법世第一法까지의 칠방편도七方便道가, 대승大乘 보살에 의거하면 십신十信부터 십주十住·십행十行·십회향十廻向의 삼현위三賢位까지가 범부위凡夫位에 속한다고 한다. 이 범부위는 견도 이전의 수행 단계로 견도를 지향하여 따르기 때문에 '뒤바뀌지 않음에 따르는'(隨不倒) 단계이지만 아직 견혹見惑에서 벗어나지는 못했기 때문에 '뒤바뀜이 있는'(有倒) 단계이기도 하다. 대승 보살수행의 52계위 가운데 견도見道인 십지十地의 초지初地에 들어가기 이전까지의 수행은 제11~제40위에 해당하고, 이 단계에 속하는 보살을 뭉뚱그려 지전보살地前菩薩이라고도 부른다. '십주十住·십행十行·십회향十廻向의 세 가지 보살의 경지'(三賢位)에 해당하는 서른 가지 마음 수준을 30심(三十心)이라 한다.

단지 '진리가 흐르는 물'(法流水) 속에서는 마음마다 '[분별의 왜곡과 동요가 잦아들어] 고요'(寂滅)하여 자연히 '[차이들을] 사실대로 함께 만날 수 있는 깨달음'(妙覺)의 큰 바다에 흘러 들어간다.

부처의 제자들이여, 나아가 '[십주十住 · 십행十行 · 십회향十迴向 단계에 속하는] 세 가지 보살[의 경지]'(三賢[位])와 '[초지初地부터 십지十地까지의] 열 가지 [본격적인] 단계'(十地)의 이름 또한 [실제로는] '[불변의 정해진] 이름도 없고 [불변의 정해진] 특징도 없는 것'(無名無相)이니, 단지 '[중생을 구제하기 위해] 응하여 나타낸 것'(應化)이기 때문이다. 옛 부처님의 가르침에도 '[보살수행의] 열 가지 [본격적인] 단계'(十地)에 대한 이름이 있으니, 부처의 제자들이여, 너희들은 마땅히 모든 '깨달음의 가르침'(佛法)은 평등하여 다름이 없다는 것을 받아들여 지녀야 할 것이다.

〈소〉

"初地一念" 以下, 第三重顯甚深, 於中有三. 一者二身甚深, 二者法身甚深, 三者因果甚深. 初中有二, 先明難量, 後顯假說. 假說中言"初地百身千身萬身"等者, 二地千身三地萬身等. "有縛有解"者, 其攝報果, 限在百數, 故言"有縛", 其願智果, 出數量外, 故言"有解." 又望未斷, 故言"有縛", 望其已斷, 故言"有解." "其法身處"以下, 第二法身甚深, 於中有二. 先明理智無見, 後顯量智有見. "亦可得言"以下, 第三因果甚深, 於中有三. 先明假說, 有因有果, 三賢爲因, 妙覺爲果故. 次明因果絶, 言化道假說. "汝應"以下, 第三結勸.

[H1, 501a14~b3]

"'첫 번째 단계'(初地, 歡喜地)[를 여는] '한 생각'(一念)"(初地一念) 이하는

세 번째로 '매우 심오함을 거듭 나타낸 것'(重顯甚深)인데, 여기에는 세 가지가 있다. 첫 번째는 '두 가지 몸'(二身)의 매우 심오함이고, 두 번째는 '진리의 몸'(法身)의 매우 심오함이며, 세 번째는 '원인과 결과'(因果)의 매우 심오함이다. 첫 번째에도 두 가지가 있으니, 먼저 헤아리기 어렵다는 것을 밝히고, 나중에는 '방편으로 세운 말'(假說)을 드러내었다. '방편으로 세운 말'(假說)에서 "'첫 번째 단계'(初地)에서 백 가지 몸, ['두 번째 단계'(二地)에서] 천 가지 몸, ['세 번째 단계'(三地)에서] 만 가지 몸[이 있고]"(初地百身千身萬身) 등으로 말한 것은, '두 번째 단계'(二地)에서는 천 가지 몸, '세 번째 단계'(三地)에서는 만 가지 몸 등[이 있다는 것을 말한 것이다.] "묶임도 있고 풀려남도 있다."(有縛有解)라는 것은, 그 거두어들이는 과보는 ['첫 번째 단계'(初地)의 경우] 100개[의 몸]에 한정되기 때문에 "묶임도 있다."고 말한 것이며, 그 원하는 '지혜의 결실'(智果)은 [한정된] 수량을 벗어나기 때문에 "풀려남도 있다."고 말한 것이다. 또 아직 끊지 못한 것을 바라보기 때문에 "묶임도 있다."고 말하고, 이미 끊은 것을 바라보기 때문에 "풀려남도 있다."고 말한 것이다.

"그 '진리 몸의 경지'는"(其法身處) 이하는 두 번째인 '진리의 몸이 매우 심오한 것'(法身甚深)인데, 여기에 두 가지가 있다. 먼저는 [법신法身의] '[현상의] 본연에 대한 지혜'(理智)[123]는 [구할 수 있는 모든 '깨달음의 진

123 이지理智와 양지量智: 이지理智는 여리지如理智, 양지量智는 여량지如量智의 줄임말이다. 여리지如理智는 이지理智 · 근본지根本智 · 정체지正體智 · 근본무분별지根本無分別智 · 무분별지無分別智 · 정체무분별지正體無分別智 · 승의지勝義智 등으로 불리는데, 인공人空과 법공法空에 의해 드러나는 진여眞如의 이치를 직증直證하여 번뇌를 끊은 지혜이며 무차별無差別의 이치를 비추는 지혜이다. 여량지如量智는 여리지如理智의 작용이자 결과로서 양지量智 · 후득지後得智 · 후득차별지後得差別智 · 분별지分別智 · 속지俗智 · 세속지世俗智 등으로 불리는데, 여리지如理智를 깨달은 후 세간의 통속사通俗事에 대해 차별差別의 이치를 비추는 지혜이다. 『불광대사전』, pp.215, 5012 참조. 『불성론佛性論』 권3(T31, 802a29~b15)에서는 여리지如理智와 여량지如量智에 대해 다음과 같이 자세히 설명하고 있다.

리'(佛法)와 모든 과보果報, 끊을 수 있는 '근본무지(無明)에 매인 모든 견해'와 교화할 수 있는 중생을] '봄이 없음'(無見)을 밝혔고, 나중에는 '[현상의 특징과 관계 등을] 사실 그대로 아는 지혜'(量智)는 ['구할 수 있는 부처'와 '끊을 수 있는 [근본무지에 매인] 모든 견해'와 '교화할 수 있는 중생'을] '봄이 있음'(有見)을 드러내었다. "또한 ['세 가지 견고한 수행'(三堅法)을 닦아야 '성인의 지위'(聖人位)에 들어간다고] 말할 수 있다."(亦可得言) 이하는 세 번째인 '원인과 결과의 매우 심오함'인데, 여기에는 세 가지가 있다. 먼저 '방편으로 세운 말'(假說)을 밝혔으니, 원인도 있고 결과도 있어 '[십주十住 · 십행十行 · 십회향十迴向 단계에 속하는] 세 가지 보살[의 경지]'(三賢[位])[124]가 원인

"如量智者, 究竟窮知一切境名如量智. 若見一切衆生乖如境智, 則成生死, 若扶從境智, 則得涅槃. 一切如來法, 以是義故, 名爲如量. 至初地菩薩得此二智, 以通達遍滿法界理故, 生死涅槃二法俱知. 又此兩智是自證智見, 由自得解, 不從他得, 但自得證知, 不令他知故, 名自證知見. 又此二智有二種相, 一者, 無著, 二者, 無礙. 言無著者, 見衆生界自性淸淨, 名爲無著, 是如理智相. 無礙者, 能通達觀無量無邊界故, 是名無礙, 是如量智相. 又此二智有二義, 如理智爲因, 如量智爲果. 言如理爲因者, 能作生死及涅槃因, 如量爲果者, 由此理故, 知於如來眞俗等法具足成就. 又如理智者, 是淸淨因, 如量智者, 是圓滿因. 淸淨因者, 由如理, 智三惑滅盡, 圓滿因者, 由如量智三德圓滿故." 이에 따르면, 여리지는 깨달음을 이루는 원인으로, 여량지는 깨달음의 결과로 얻어지는 능력으로 설명되고 있다. 여리지와 여량지가 거론되는 맥락과 용법들을 종합할 때, 여리지는 현상의 본연적 면모를 보는 지혜이고, 여량지는 현상들의 양상과 특징을 '사실 그대로 아는 지혜'를 의미한다. 다시 말해 현상의 〈'참 그대로인 본연'인 '불변 · 독자의 실체나 본질이 없음'〉(空, 空眞如)에 대한 이해는 여리지이고, '현상의 차이들이 지닌 특징'이나 '현상들의 관계'에 관한 이해는 여량지라고 하겠다. 『이장의二障義』에서 원효는 이 두 가지 지혜에 대해 "若人若法, 非有非無. 非無故, 說人法皆有量智所照, 非有故, 說人法二空理智所證"(H1, 814a22~24)이라고 설명한다. 이에 따르면 인법人法은 비유비무非有非無로서, 비무非無이기 때문에 인법人法의 유有가 양지量智로 이해되고 비유非有이기 때문에 인법人法의 공空이 이지理智로 증득된다.

124 삼현위三賢位: 십주十住 · 십행十行 · 십회향十廻向 단계에 속하는 세 가지 보살의 경지를 말한다. 대승 보살수행의 52계위 중 십지十地의 견도見道 초지初地에 들어가기 이전까지의 수행인 제11~제40위에 해당하고, 이 단계에 속하는 보살을 뭉뚱그려 지전보살地前菩薩이라고도 부른다. 각 단계의 명칭은 출전에 따라 다소 차

이 되고 '[차이들을] 사실대로 함께 만날 수 있는 깨달음'(妙覺)이 결과가 되기 때문이다. 다음은 '원인과 결과를 끊음'(因果絶)을 밝혔으니, '[중생을 구제하기 위해] 응하여 나타내는 길'([應]化道)은 '방편으로 세운 말'(假說)이라고 하였다. "너희들은 마땅히"(汝應) 이하는 세 번째인 '권하면서 맺는말'(結勸)이다.

『보살영락본업경菩薩瓔珞本業經』 상권 제3「현성학관품賢聖學觀品」

佛子, 世間果報者, 所謂十住銅寶瓔珞銅輪王, 百[125]福子爲眷屬, 生一佛土, 受佛學行, 教[126]二天下. 銀寶瓔珞銀輪王, 五百福子爲眷屬, 生二佛國中,[127] 受佛教行, 化三天下. 金剛[128]寶瓔珞金輪王, 千福子爲

이가 있는데, 원효가 즐겨 인용하는『보살영락본업경菩薩瓔珞本業經』(권2, T24, 1017a16~c18)에 의거하여 각 단계의 명칭을 표로 나타내면 다음과 같다. 표에는 30심 이전 단계인 십신十信도 포함했다.

	열 가지 명칭
십신	신심信心, 염심念心, 진심進心(精進心), 정심定心, 혜심慧心, 계심戒心, 회향심迴向心, 호법심護法心, 사심捨心, 원심願心
십주	발심주發心住, 치지주治地住, 수행주修行住, 생귀주生貴住, 방편구족주方便具足住, 정심주正心住, 불퇴주不退住, 동진주童眞住, 법왕자주法王子住, 관정주灌頂住
십행	환희행歡喜行, 요익행饒益行, 무진한행無瞋恨行, 무진행無盡行, 이치란행離癡亂行, 선현행善現行, 무착행無著行, 존중행尊重行, 선법행善法行, 진실행眞實行
십회향	구호일체중생리중생상회향救護一切衆生離衆生相迴向, 불괴회향不壞迴向, 등일체불회향等一切佛迴向, 지일체처회향至一切處迴向, 무진공덕장회향無盡功德藏迴向, 수순평등선근회향隨順平等善根迴向, 수순등관일체중생회향隨順等觀一切衆生迴向, 여상회향如相迴向, 무박해탈회향無縛解脫迴向, 법계무량회향法界無量迴向

125 대정장『본업경』교감주에서는 '(一)+百'으로 교감하고 있다.
126 대정장『본업경』교감주에서는 '學行教=教行化'로 교감하고 있다. 이에 따른다.

眷屬, 入十方佛國中,[129] 化一切衆生, 處四天下. 歡喜地百寶瓔珞七寶相輪四天王, 萬[130]子爲眷屬, 百[131]法身爲[132]百佛國中, 化十方天下. 千寶瓔珞八寶相輪忉利王,[133] 二萬子爲眷屬. 萬寶瓔珞九寶相輪焰天王,[134] 眷屬亦然, 不可稱數. 億寶瓔珞十寶相輪兜率陀天王, 眷屬亦然, 不可稱數, 天光寶瓔珞十一寶相輪化樂天王, 眷屬亦然, 摩尼寶光瓔珞十二寶相輪他化天王,[135] 眷屬亦然, 千色龍寶光慧瓔珞十三寶相輪梵天王, 眷屬亦然, 梵師子寶光瓔珞大應寶相輪光音天王, 眷屬亦然, 不可思議寶光瓔珞白雲光[136]寶相輪淨天王, 眷屬亦然, 百萬神通寶光瓔珞無畏珠寶相輪靜[137]居天王, 眷屬亦然. 千萬天色寶光瓔珞覺德寶光相輪三界王, 一切菩薩爲眷屬, 無量功德藏寶光瓔珞千福相輪法界王, 一生補處菩薩爲眷屬. 佛子, 是上瓔珞相輪, 一切佛及菩薩, 動止俱遊, 常隨其身, 亦化一切衆生. 故有如是果報之名數法.

[T24, 1016a22~b16]

부처의 제자들이여, '세속적 과보'(世間果報)라는 것은 [다음과 같은 것이다.] 이른바 '[믿음이 이해로] 안착하는 열 가지 단계'(十住, 十解)[138]

127 대정장『본업경』교감주에서는 '國中=土'로 교감하고 있다. 이에 따른다.
128 대정장『본업경』교감주에서는 '剛'을 '寶'로 고쳐 '金寶'로 교감하고 있다. 이에 따른다.
129 대정장『본업경』교감주에서는 '國中=土教'로 교감하고 있다. 이에 따른다.
130 대정장『본업경』교감주에서는 '(一)+萬'으로 교감하고 있다.
131 대정장『본업경』교감주에서는 '(現)+百'으로 교감하고 있다. 이에 따른다.
132 대정장『본업경』교감주에서는 '爲=入'으로 교감하고 있다. 이에 따른다.
133 대정장『본업경』교감주에서는 '利+(天)'으로 교감하고 있다. 이에 따른다.
134 대정장『본업경』교감주에서는 '焰+(摩)'로 교감하고 있다. 이에 따른다.
135 대정장『본업경』교감주에서는 '(自在)+天'으로 교감하고 있다. 이에 따른다.
136 대정장『본업경』교감주에서는 '光'을 연자衍字로 보고 있다. 이에 따른다.
137 대정장『본업경』교감주에서는 '靜=淨'으로 교감하고 있다. 이에 따른다.
138 십주十住: 보살 수행의 52단계 가운데 제11위에서 제20위까지의 계위階位이다.

에서는 '구리로 만든 보배구슬 장신구를 걸치고 구리바퀴 수레를 타는 왕'(銅寶瓔珞銅輪王)[139]이 백 명의 복 있는 자식들을 가족으로 삼고, 한 부처님의 나라에 태어나 부처님의 가르침(敎)과 실천(行)을 받아들여 '두 세상'(二天下)을 교화한다.[140] [또] '은으로 만든 보배구슬 장신구를 걸치고 은바퀴 수레를 타는 왕'(銀寶瓔珞銀輪王)은 오백 명의 복 있는 자식들을 가족으로 삼고, 두 부처님의 나라에 태어나 부처님의 가르침(敎)과 실천(行)을 받아들여 '세 세상'(三天下)를 교화한다. [또] '금으로 만든 보배구슬 장신구를 걸치고 금바퀴 수레를 타는 왕'(金寶瓔珞金輪王)은 천 명의 복 있는 자식들을 가족으로 삼고, 시방十方의 부처님 나라에 들어가 모든 중생을 교화하며 '네 세상'(四天下)에 머문다.

[그리고] [십지十地의 '첫 번째 단계'(初地)인] '환희하는 단계'(歡喜地)에서는 '[몸에는] 백 가지 보배구슬로 만든 장신구를 하고 [머리에는] 일곱 가지 보배로 만든 관을 쓴 사천왕'(百寶瓔珞七寶相輪四天王)이 만 명의 자식들을 가족으로 삼고, 백 개의 '진리 몸'(法身)이 백 개의 부처님 나라에 들어가 온 세상을 교화한다. [또 십지十地의 '두 번째 단계'(二地)인 이구지離垢地에서는] '[몸에는] 천 가지 보배구슬로 만든 장신구를 하고 [머리에는] 여덟 가지 보배로 만든 관을 쓴 도리천[141]의 왕'(千

발심주發心住 · 치지주治地住 · 수행주修行住 · 생귀주生貴住 · 방편구족주方便具足住 · 정심주正心住 · 불퇴주不退住 · 동진주童眞住 · 법왕자주法王子住 · 관정주灌頂住가 그것이다.

139 동륜왕銅輪王: 사륜왕四輪王(금륜왕金輪王, 은륜왕銀輪王, 동륜왕銅輪王, 철륜왕鐵輪王) 가운데 하나로 구리바퀴의 수레를 가지고 있으며, 수미산須彌山을 둘러싼 사대주四大州 가운데 이대주二大洲를 다스린다고 한다.

140 이 내용은 다음의 경문에서도 유사한 서술이 보인다. 『인왕호국반야바라밀다경』 상권, 제3 「보살행품」(T8, 827b14~17). "十善菩薩發大心, 長別三界苦輪海, 中下品善粟散王, 上品十善鐵輪王, 習種銅輪二天下, 銀輪三天性種性, 道種堅德轉輪王, 七寶金輪四天下."

寶瓔珞八寶相輪忉利王)이 이만 명의 자식들을 가족으로 삼는다. [십지十地의 '세 번째 단계'(三地)인 발광지發光地에서는] '[몸에는] 만 가지 보배구슬로 만든 장신구를 하고 [머리에는] 아홉 가지 보배로 만든 관을 쓴 염마천[142]의 왕'(萬寶瓔珞九寶相輪焰天王)도 가족이 그러하여 그 수를 헤아릴 수가 없다.

[십지十地의 '네 번째 단계'(四地) 이상에서는] '[몸에는] 억 가지 보배구슬로 만든 장신구를 하고 [머리에는] 열 가지 보배로 만든 관을 쓴 도솔천[143]의 왕(億寶瓔珞十寶相輪兜率陀天王)도 가족이 그러하여 그 수를 헤아릴 수 없고, '[몸에는] 하늘처럼 빛나는 보배구슬로 만든 장신구를 하고 [머리에는] 열한 가지 보배로 만든 관을 쓴 화락천[144]의 왕(天光寶瓔珞十一寶相輪化樂天王)도 가족이 그러하며, '[몸에는] 마니주처럼 빛나는 보배구슬로 만든 장신구를 걸치고 [머리에는] 열두 가지 보배로 만든 관을 쓴 타화자재천[145]의 왕'(摩尼寶光瓔珞十二寶相輪他化自天王)도 가족이 그러하며, '[몸에는] 천 가지 색을 지닌 용과 같고 지혜처럼 빛나는 보배구슬로 만든 장신구를 걸치고 [머리에는] 열세 가지 보배로 만든 장신구를 한 범천[146]의 왕(千色龍寶光慧瓔珞十三寶相輪梵天

---

141 도리천忉利天: 앞서의 '제육천第六天과 욕계육천欲界六天' 역주 참조.

142 염마천焰摩天: 야마천夜摩天(Yāma)을 말한다. '제육천第六天과 욕계육천欲界六天' 역주 참조.

143 도솔천都率天: '제육천第六天과 욕계육천欲界六天' 역주 참조.

144 화락천化樂天: '제육천第六天과 욕계육천欲界六天' 역주 참조.

145 타화천他化天: 타화자재천他化自在天을 말한다. '제육천第六天과 욕계육천欲界六天' 역주 참조.

146 범천梵天: 범천梵天은 산스크리트어로는 Brahmā이다. 음역은 婆羅賀摩·梵摩이며, 의역은 清淨·離欲이다. 인도사상에서 모든 것의 근원을 '범梵'이라고 하며, 이를 신격화한 것이 바라문교이다. 범천은 인도의 창조신으로서 파괴신인 濕婆Śiva, 유지신인 毘濕奴Viṣṇu와 더불어 바라문교의 삼대신三大神으로 불린다. 불교 내에서는 제석천과 함께 불교의 호법신이다. 석가세존이 도리천에 올라 어머니를 위해 설법하고 현세에 내려올 때에 범천왕이 부처님의 우측에서 시봉하였다

王)도 가족이 그러하며, '[몸에는] 고귀한 수행자의 스승과 제자들과도 같이 빛나는 보배구슬 장신구를 걸치고 [머리에는] 서로 크게 비추는 보배 관을 쓴 광음천[147]의 왕(梵師子寶光瓔珞大應寶相輪光音天王)도 가족이 그러하며, '[몸에는] 생각으로 헤아리기 어려운 빛나는 보배구슬 장신구를 걸치고 [머리에는] 흰 구름 같은 보배 관을 쓴 청정한 하늘 세계의 왕'(不可思議寶光瓔珞白雲寶相輪淨天王)도 가족이 그러하며, '[몸에는] 백만 가지 신통하게 빛나는 보배구슬 장신구를 걸치고 [머리에는] 두려움이 없는 것처럼 빛나는 보배구슬 관을 쓴 정거천[148]의 왕(百萬神通寶光瓔珞無畏珠寶相輪靜居天王)도 가족이 그러하다.

고 한다. 『불광대사전』, p.5828. 사선四禪을 수행한 사람은 그가 성취한 결과에 따라 색계色界의 여러 하늘세계 가운데 한 곳에 태어난다는 믿음의 체계가 교학 형성과정에서 성립한다. 즉, 색계천色界天은 사선四禪 각 단계의 성취에 따라 모두 4개의 사선천四禪天으로서 구성되어 있는 것이다. 그러나 이 사선천四禪天의 각각에 속하는 천天의 명칭과 숫자에 대해서는 경론에 따라 16천天, 17천天, 18천天 등으로 차이를 보이고 있다. 『아비달마구사론』 권8(T.29, 41a15~22)의 해석을 채택할 경우, 색계천은 초선(第一靜慮處)에 셋, 제2선(第二靜慮處)에 셋, 제3선(第三靜慮處)에 셋, 제4선(第四靜慮處)에 여덟 천天이 있어 모두 17천으로 이루어져 있다고 한다. 이를 모두 제시하면 다음과 같다: (1) 초선初禪에 속하는 하늘세계 셋은 ① 범중천(梵衆天, Brahma-pāriṣadya), ② 범보천(梵輔天 Brahma-purohita), ③ 대범천(大梵天, Mahā-brahman)이다. (2) 제2선에 속하는 하늘세계 셋은 ① 소광천(少光天, Parīttābha), ② 무량광천(無量光天, Apramāṇābhā), ③ 극광정천(極光淨天, Ābhāsvara)이다. (3) 제3선에 속하는 하늘세계 셋은 ① 소정천(少淨天, Parītta-śubha), ② 무량정천(無量淨天, Apramāṇa-śubha), ③ 변정천(遍淨天, Śubha-kṛtsna)이다. (4) 제4선에 속하는 하늘세계 여덟은 ① 무운천(無雲天, Anabhraka), ② 복생천(福生天, Puṇya-prasava), ③ 광과천(廣果天, Bṛhat-phala), ④ 무번천(無煩天, Avṛha), ⑤ 무열천(無熱天, Atapa), ⑥ 선현천(善現天, Sudṛśa), ⑦ 선견천(善見天, Sudarśana), ⑧ 색구경천(色究竟天, Akaniṣṭha)이다. 통상적으로 범천이라 할 때는 초선천의 주主인 범천왕을 가리킨다.

147 광음천光音天: 색계 제2선천(第二禪天) 중의 세 번째인 극광정천(極光淨天, Ābhāsvara)을 가리킨다.

148 정거천淨居天: 색계 제4선천(第四禪天)을 통칭한다.

[등각等覺에서는] '[몸에는] 천만 가지 하늘처럼 빛나는 보배구슬 장신구를 걸치고 [머리에는] 깨달음의 능력처럼 빛나는 보배로 만든 관을 쓴 [욕망세계 · 유형세계 · 무형세계, 이] 세 가지 세계의 왕'(千萬天色寶光瓔珞覺德寶光相輪三界王)이 모든 보살을 가족으로 삼으며, [묘각妙覺에서는] '[몸에는] 한량없는 이로운 능력이 가득한 창고처럼 빛나는 보배구슬 장신구를 걸치고 [머리에는] 천 가지 복으로 만든 관을 쓴 모든 세계의 왕'(無量功德藏寶光瓔珞千福相輪法界王)이 '한 생애만 더 지나면 부처의 자리를 대신할 수 있는 보살'(一生補處菩薩)들을 자신의 가족으로 삼는다.

부처의 제자들이여, 이상의 [몸에 지니는] '보배구슬 장식'(瓔珞)과 [머리에 쓰는] 구슬관(相輪)은, 모든 부처와 보살이 움직일 때나 머물 때나 모두 갖추어 노닐고, 항상 그 몸에 지니며, 또한 [그것으로써] 모든 중생을 교화한다. 그러므로 이와 같은 [세속적] 과보果報에 대한 명칭과 숫자가 있는 것이다.

〈소〉

第二世間果中有二,[149] 謂牒釋結. 第二釋中, 有十五階, 前四階中, 皆有五句. 一莊嚴, 二王位, 三眷屬, 四受教處, 五教化處. 後十一中, 唯有四句. 初階中"銅寶瓔珞"者, 喩十住行莊嚴其身故, "銅輪王"者, 受王位時銅輪來應故. "有[150]福子"者, 王有百子, 皆有福德故, "生一佛土, 受佛教行"者, 一時得生一佛世界故. "教二天下"者, 於二天下而作王

149 『한불전』의 교감주에는 "'二'는 '三'으로 의심된다."고 하였다. 내용상 '三'이 맞으므로 교감한다.

150 『한불전』에는 '有'로 되어 있으나 다른 판본에는 '百'으로 되어 있다고 하였다. 대정장 『본업경』에도 '百'으로 되어 있으므로 '百'으로 교감하여 번역한다.

故. 下下五句, 准此應知.

[H1, 501b4~13]

두 번째로 "세속적 과보[의 측면]'(世間果[門])[에서의 대답]에는 세 가지가 있으니, '[설명할 것을] 세움'(牒)과 해석(釋)과 맺음말(結)이 그것이다. 두 번째인 해석에는 열다섯 개의 층위(階)가 있는데, 앞의 네 개의 층위에는 모두 다섯 구절이 있다. 첫 번째는 '특징에 대한 수식'(莊嚴)이고, 두 번째는 '왕의 지위'(王位)이며, 세 번째는 가족(眷屬)이고, 네 번째는 '가르침을 받는 곳'(受敎處)이며, 다섯 번째는 '중생을 교화하는 곳'(敎化處)이다. 뒤의 열한 개[의 층위]에는 오직 네 구절만 있을 뿐이다. '첫 번째 층위'(初階)에서 "구리로 만든 보배구슬 장신구"(銅寶瓔珞)라는 것은 '[믿음이 이해로] 안착하는 열 가지 단계'(十住)의 수행으로 그 몸을 수승하게 장식했음을 비유했기 때문이고, "구리바퀴 수레를 타는 왕"(銅輪王)이란 왕의 지위를 받을 때 구리바퀴를 단 수레가 와서 응했기 때문이다. "백 명의 복 있는 자식들"(百福子)이란 왕에게 백 명의 자식들이 있는데 모두 복덕福德이 있기 때문이며, "한 부처님의 나라에 태어나 부처님의 가르침(敎)과 실천(行)을 받아들인다."(生一佛土, 受佛敎行)라는 것은 한 부처님 세계에 한 번 태어나기 때문이다. "두 세상을 교화한다."(敎二天下)라는 것은 두 세상에서 왕 노릇 하기 때문이다. 그다음에 나오는 다섯 구절은 이것을 기준으로 해서 보면 알 수 있을 것이다.

第三中言"入十方佛國中"者, 一時得生十佛世界故. 歡喜地中, "四天王"者, 『華嚴經』說"多作閻浮王"者, 此是佛成道處, 爲欲建立佛法故生. 今此中言四天王者, 上下階降, 當此處故. 是故二文, 皆有道理. 諸餘異說, 准此應知.

[H1, 501b13~18]

세 번째에서 "시방의 부처님 나라에 들어가"(入十方佛國中)라고 말한 것은, '열 가지 부처세계'(十佛世界)에 한 번 태어나기 때문이다. '환희하는 단계'(歡喜地) 중 사천왕四天王[151]은 『화엄경』에서 말한 "인간이 사는 세상의 왕 노릇을 많이 하는"(多作閻浮王)[152] 자인데, ['인간이 사는 세상'(閻浮)] 여기는 부처님이 '진리를 성취한 곳'(成道處)이기에 [이곳에] '부처님 가르침'(佛法)을 세우고자 하여 태어난다. 지금 [십지十地의 초지初地인 '환희하는 단계'(歡喜地)] 이곳에서 사천왕을 말한 것은 [열다섯 개의 층위(階)의] 위아래 층위에서 이곳이 적당하기 때문이다. 그러므로 [『화엄경』과 『본업경』의] 두 가지 문장이 모두 타당하다. 그 밖의 여러 상이한 설명은 이것을 기준으로 해서 보면 알 수 있을 것이다.

"千寶瓔珞"以下, 二地, "萬寶瓔珞"以下, 三地, 乃至等覺"三界王"者, 亦化無色界衆生故, 生在非想非非想處故. 如『十住斷結經』言, "佛言, 與汝說無色定.[153] 四大造色所謂爲色,[154] 彼無此色乃謂無色. 夫色有五乃成四大, 唯無形色故謂無色. 痛色[155]行色識色, 非是凡夫五通所覩,

---

151 사천왕四天王: 수미산 허리의 4면에 있는 지국천持國天(동)·증장천增長天(남)·광목천廣目天(서)·다문천多聞天(북)의 4왕이다. 관련 내용은 앞서의 '제육천第六天과 욕계육천欲界六天' 역주 참조.

152 『대방광불화엄경大方廣佛華嚴經』(60화엄) 권23(T9, 548b7~16). "… 菩薩住是地, 能了知十住, 展轉修行時, 無有諸障礙. 譬如賈客主, 欲利諸商人, 先問道路中, 諸險艱難事. 菩薩住初地, 善知諸地行, 而無有障礙, 能至於佛地. 住是初地中, 多作閻浮王, 善知於諸法, 常行慈悲心. 如法而化導, 一切皆信敬. … ."

153 『최승문보살십주제구단결경最勝問菩薩十住除垢斷結經』 권10(T10, 1043a19~20) 원문에는 '吾當與汝說無色定'으로 되어 있다.

154 『최승문보살십주제구단결경最勝問菩薩十住除垢斷結經』 권10(T10, 1043a20~21) 원문에는 '四大造色乃謂爲色'으로 되어 있다.

155 『한불전』에 의하면, 다른 판본에는 '痛色' 밑에 '想色'이 있다. 통색痛色은 수색受色을 지시하는 것으로 보이며, 그래야 오온 가운데 색온色蘊을 제외한 네 가지가 모두 거론되게 된다. 따라서 "痛色行色識色"을 "受色想色行色識色"으로 교감하여

唯有如來阿維顔菩薩乃見彼色. 不退菩薩執權方便,[156] 往遊有想天上,[157] 與彼微識說微妙法." 妙覺中言"法界王"者, 通化無邊法界衆生故. "佛子"以下, 第三總結. "動止俱遊"者, 外相寶輪隨王俱行故, "常隨其身"者, 內行瓔珞, 常隨二身故.

[H1, 501b18~c7]

"[몸에는] 천 가지 보배 구슬로 만든 장신구를 하고"(千寶瓔珞) 이하는 [십지十地의] '두 번째 단계'(二地, 離垢地)이고 "[몸에는] 만 가지 보배 구슬로 만든 장신구를 하고"(萬寶瓔珞) 이하는 [십지十地의] '세 번째 단계'(三地, 發光地)이며, 나아가 '[차이들을] 평등하게 볼 수 있는 깨달음[의 경지]'(等覺[地])를 "[욕망세계 · 유형세계 · 무형세계, 이] 세 가지 세계의 왕"(三界王)이라고 한 것은 무형세계(無色界)의 중생도 교화하기 때문이며, '[무색계無色界의 '네 경지'(四處) 중 네 번째인] 개념적 지각도 아니고 개념적 지각이 아닌 것도 아닌 경지'(非想非非想處)[인 유정천有頂天][158]에 태어나기

번역한다.

156 『최승문보살십주제구단결경最勝問菩薩十住除垢斷結經』 권10(T10, 1043a24~25) 원문에는 '不退轉菩薩執權方便入寂靜定意三昧正受'로 되어 있다. 이에 따라 번역한다.

157 『최승문보살십주제구단결경最勝問菩薩十住除垢斷結經』 권10(T10, 1043a25~26) 원문에는 '往遊有想無想天上'으로 되어 있다. 이에 따라 번역한다.

158 비상비비상처非想非非想處: 초기불교에서 아비달마 시대를 거치면서 갖가지 선정법의 체계적 분류가 시도되는데, 욕망세계 · 유형세계 · 무형세계의 각 영역에 갖가지 선정법을 배당하는 것도 그 하나이다. 특히 사선四禪은 유형세계(色界) 선정법으로, 사무색정四無色定은 무형세계(無色界) 선정법으로 배속시킨다. 이때 사무색정은 '허공처럼 한계가 없어지는 세계[에 태어나는 선정]'(空無邊處[定]), '[허공에 한계가 없는 것처럼] 의식의 면모에도 한계가 없어지는 세계[에 태어나는 선정]'(識無邊處[定]), '[허공이나 의식 등 존재하는] 그 어떤 것에 의거하지도 않고 제한되지도 않는 세계[에 태어나는 선정]'(無所有處[定]), '지각도 아니고 지각 아닌 것도 아닌 세계[에 태어나는 선정]'(非想非非想處[定])의 넷을 가리킨다. 다시 말해 사무색정의 각 단계를 성취한 사람이 태어나게 되는 곳을 각각 공무변처空無邊處, 식무변처識無邊處, 무소유처無所有處, 비상비비상처非想非非想處라 한다. 비상비

때문이다. [이것은]『십주단결경十住斷結經』[159]에서 [다음과 같이] 말한 것과 같다. "부처님께서 말씀하셨다. 너에게 '무형세계 선정'(無色定)[160]에 대해 설명해 주겠다. '[지地·수水·화火·풍風, 이] 네 가지 물질적 속성'(四大)으로 만들어진 '유형적 물질'(色)을 색色이라 말하는데, 저기에는 이런 '유형적 물질'(色)이 없으므로 곧 '유형적 물질이 없다'(無色)라고 말한다. 무릇 '특정한 모습'(色)[161]에는 다섯 가지가 있어야 비로소 '[지

비상처非想非非想處를 유정천有頂天 혹은 색구경천色究竟天이라고도 하는데, 유정천有頂天의 산스크리트어 'akaniṣṭha'는 '가장 높은 곳'이라는 뜻으로서 무형세계(無色界)를 구성하는 네 가지 세계 가운데 최상위에 있는 세계라는 의미이다. 다시 말해 유정천有頂天은 무색계천 가운데 가장 위에 있는 비상비비상처非想非非想處를 가리킨다.『구사론』권8에서는 "無色界中都無有處, 以無色法無有方所, 過去未來無表無色不住方所, 理決然故. 但異熟生差別有四, 一空無邊處, 二識無邊處, 三無所有處, 四非想非非想處. 如是四種名無色界."(T29, 41a25~29)라고 하여, 무색계無色界의 사정지四定地인 제1 공무변처空無邊處, 제2 식무변처識無邊處, 제3 무소유처無所有處, 제4 비상비비상처非想非非想處 가운데 마지막 경지를 가리킨다고 한다. 권오민은 "비상비비상처정은, 그 아래 7지地에서와 같은 관념은 존재하지 않지만, 그렇다고 무상정無想定처럼 어떠한 관념도 존재하지 않는 것은 아니기 때문에 그렇게 일컬은 것으로, 여기서는 다만 어둡고 저열한 관념(昧劣想)만이 존재할 따름이다."(『아비달마불교』, 민족사, 2003, p.306)라고 비상비비상처정非想非非想處定을 설명한다. 관련된 출전은 다음과 같다. "立第四名至是立名正因者, 釋後無色, 立第四名由想昧劣, 謂無下七地明勝想故, 得非想名, 有昧劣想故不同二無心定名非非想."(보광普光,『구사론기俱舍論記』권28, T41, 420b3~6.)

159 온전한 칭호는『최승문보살십주제구단결경最勝問菩薩十住除垢斷结經』이다. 대승불전이며 요진姚秦의 축불념竺佛念이 번역했다. 석가모니불이 기원정사에 계실 때 최승最勝보살이 법의 요체를 묻자 십주十住의 법상法相으로 답변하고 있다.

160 무색정無色定: 앞의 '비상비비상처非想非非想處' 역주 참조.

161 여기서 '색色'은 구별해야 할 두 가지 의미로 사용되는 것으로 보인다. 통상 오온五蘊에서 말하는 색色은 '유형적이며 물질적인 현상'을 가리키지만, 여기서는 '무형세계의 선정'(無色定)을 설명하면서 수상행식의 네 가지에도 모두 '色'을 붙여 '受色想色行色識色'으로 표현한다. 따라서 이때의 색色은 '유형적인 물질적 현상'이 아니라 '무형적인 현상이 지닌 특정한 내용'을 지시하는 것으로 보인다. 이런 점을 반영하여 오온에서의 색色은 '유형적 물질', '受色想色行色識色'에서의 색色은 '특정한 모습'이라 번역한다.

地·수水·화火·풍風, 이] 네 가지 물질적 속성'(四大)을 이루되,[162] 오직 '물질적 형태가 지닌 모습'(形色)이 없기 때문에 '유형적 물질이 없다'(無色)고 말하는 것이다. '느낌이 지닌 특정한 모습'(受色), '개념적 지각이 지닌 특정한 모습'(想色)과 '의도가 지닌 특정한 모습'(行色)과 '의식이 지닌 특정한 모습'(識色)은 중생의 '다섯 가지 [감관적] 신비능력'(五通)[163]으로 볼 수 있는 것이 아니고 오직 여래와 '이전으로 퇴행하지 않는 보살'(阿維顔菩薩)[164]이라야 그들의 모습을 볼 수 있다. '이전으로 퇴행하지 않는 보살'(不退轉菩薩)[165]은 '수단과 방법'(權方便)을 가지고서

162 사대四大는 통상 색온色蘊을 구성하는 요소들로 간주되지만, 여기서는 오온五蘊의 전 범주가 또한 사대四大의 구성조건이라는 관점이 제시되고 있다. 사대四大의 성격, 사대四大와 오온五蘊의 관계에 대한 주목할 만한 관점이다.

163 오통五通: 부처는 '여섯 가지 신비능력'(六通, 六神通)을 지녔다고 하는데, 신족통神足通·천안통天眼通·천이통天耳通·타심통他心通·숙명통宿命通·누진통漏盡通이 그것이다. 이 가운데 누진통을 제외한 '다섯 가지 신비능력'(五通)은 중생도 성취할 수 있다고 한다. 다시 말해, '번뇌를 다 없앨 수 있는 능력'인 누진통이 부처만의 신비능력이다.

164 아유안보살阿維顔菩薩; 산스크리트어 avaivartya의 음역. 불퇴전 보살을 말한다. 아비발치보살阿毘跋致菩薩, 아유월치보살阿惟越致菩薩, 무퇴無退, 필정必定이라고도 한다. 아래 '불퇴전보살不退轉菩薩'에 대한 역주 참조.

165 불퇴전보살不退轉菩薩: 산스크리트어 'avinivartika'를 음사하여 아비발치阿毗跋致 혹은 아유월치阿惟越致라고 하는데, 불퇴不退·불퇴전不退轉·불퇴위不退位라고 한역된다. 이미 도달한 수행 경지에서 다시는 퇴보하는 일이 없어 언젠가 반드시 부처가 되는 경지를 말한다. 아비달마 유부有部에서는 사선근위四善根位 중에서 다시는 악취惡趣에 떨어지지 않는 인위忍位, 대승에서는 십주十住의 제7주(第七住)나 십지十地의 초지初地 또는 팔지八地가 이에 해당한다. 그리고 『불지경론佛地經論』 권6에서는 "初地已上菩薩復有三種. 一初發心, 謂在初地, 已入見道正性離生, 眞無漏心創現行故. 二已修行, 謂上六地, 已得修道, 進修行故. 三不退轉, 謂上三地, 修道已滿, 離諸功用無加行道, 任運現前一切煩惱畢竟不起, 念念勝進無退轉故."(T26, 321b29~c1)라고 하여, 대승의 10지十地 수행을 초발심初發心(초지)·이수행已修行(제2~7지)·불퇴전不退轉(제8~10지)의 세 가지로 나누고 있는데, 이에 의하면 십지十地 가운데 제8지부터 10지까지의 보살이 불퇴전보살이 된다. 『불설아미타경』에 의하면, 아미타불의 극락세계 중생으로 태어나는 사람들은 모두 불퇴전의

'지각/생각이 있는 세계와 지각/생각이 멎은 세계'(有想無想天)[166]로 가서 다니면서 저 '미세한 의식[으로 사는 존재들]'(微識)에게 '미묘한 가르침'(微妙法)을 설한다."[167]

'[차이들을] 사실대로 함께 만날 수 있는 깨달음'(妙覺)[의 경지에 대한 설명] 가운데 "모든 세계의 왕"(法界王)이라 말한 것은, 무한한 세계의 중생들을 모두 교화하기 때문이다. [그 아래] "부처의 제자들이여"(佛子) 이

경지에 있는 아비발치阿鞞跋致이며, 그중 대부분이 한 생애만 더 지나면 부처의 자리를 대신할 수 있는 일생보처一生補處이다.

166 유상천有想天과 무상천無想天: 『유가사지론』(T30, 320c10~11)에서는 "又色界中有三種勝生, 一者異生無想天生, 二者有想天生, 三者淨居天生."이라 하는데, 이에 따르면 유상천有想天은 유형세계(色界)에서 수승하게 몸을 받는 세 가지 가운데 두 번째의 것이다. 그리고 무상천無想天은 무상유정천無想有情天(asaṃjñisattva), 무상계無想界, 무상처無想處라고도 하는데, 설일체유부와 경량부의 색계17천(色界十七天) 체계에서는 12번째인 광과천廣果天 안에 존재하는 경지이고 광과천은 색계 사선천四禪天 중의 세 번째 하늘세계이다. 또한 상좌부와 대승불교의 색계18천(色界十八天) 체계에서는 광과천 위에 있는 13번째 하늘세계이다. 설일체유부와 유가행파에 의하면 이번 생에 무상정無想定을 수행함으로써 다음 생에 태어나는 경지를 말한다. 『현양성교론顯揚聖教論』 권1(T31, 484b09~11)에 의하면 〈'지각/생각이 없는 세계'(無想天)란 먼저 이 세상에서 '지각/생각을 없애는 선정'(無想定)을 닦아 완성하면 이로 인해 후에 '지각/생각이 없는 세계'(無想有情天處)에 태어나 항상 있는 것이 아닌 모든 마음과 그로 인해 발생하는 마음작용이 소멸하는 것〉을 말한다.("無想天者, 謂先於此間得無想定, 由此後生無想有情天處, 不恒現行諸心心法滅性.") 또 〈'지각/생각을 없애는 선정'(無想定)이란 색계의 삼선천三禪天 중 세 번째인 '두루 청정한 세계'(遍淨天)까지의 탐욕은 버렸지만 그보다 위에 있는 세계의 탐욕은 아직 버리지 못한 자가 마음을 집중해서 '항상 있는 것이 아닌 마음과 그로 인해 발생하는 마음작용을 소멸하는 것'을 말한다.〉고도 한다.(Abhidharmasamuccaya ed. by Gokhale, 1947, 18, 23~25 참조.)

167 『최승문보살십주제구단결경最勝問菩薩十住除垢斷結經』 권10(T10, 1043a19~27). "佛告(最勝, 善哉族姓子, 諦聽善思念之.), 吾當與汝說無色定. 所謂無色者非有色也, 四大造色乃謂爲色, 彼無此色乃謂無色. 夫色有五乃成四大, 唯無形色故謂無色. 痛色想色行色識色, 非是凡夫五通所覩, 唯有如來·阿維顏菩薩乃見彼色. 佛復告族姓子. '不退轉菩薩執權方便, (入寂靜定意三昧正受,) 往遊有想無想天上, 與彼微識說微妙法(空無相願 …)'." 괄호 안은 원효가 경문을 인용하면서 생략한 부분이다.

하는 세 번째인 '총괄적으로 맺는 말'(總結)이다. "움직일 때나 머물 때나 모두 갖추어 노닐고"(動止俱遊)라는 것은 머리에 쓴 보배 관이 왕을 따라 함께 움직이기 때문이고, "항상 그 몸에 지니며"(常隨其身)라는 것은 몸에 지닌 보배구슬 장신구가 언제나 '두 가지 [진리의] 몸'(二身)을 따르기 때문이다.

『보살영락본업경菩薩瓔珞本業經』 상권 제3「현성학관품賢聖學觀品」

佛子, 三賢菩薩, 伏三界煩惱麁業道麁, 相續果, 亦不起麁. 是見道[168]喜忍伏三道[169]業道, 離忍伏人中業道, 明忍伏六天業道, 焰忍伏諸見業道, 勝忍伏疑見業道, 現忍伏因業道, 無生忍伏果業道, 不動忍伏色因業道, 光忍伏心因業道, 寂滅忍伏心色[170]二習業道, 無垢忍伏習果道,[171] 習前已除而果不敗亡. 是故佛子, 三賢名爲伏斷, 喜忍以上, 亦伏亦斷, 一切煩惱覺忍現時, 法界[172]中一切無明, 頓斷無餘.

[T24, 1016b16~25]

부처의 제자들이여, '[십주十住·십행十行·십회향十廻向 단계에 속하는] 세 가지 보살'(三賢菩薩)은 '[욕망세계·유형세계·무형세계, 이] 세 가지 세계의 번뇌'(三界煩惱) 가운데 '거친 행위의 길'(麁業道)[에서 펼쳐지는] '거친 것'(麁)을 억제하니, '이어지는 과보'(相續果)도 [그] '거친 양상'(麁)을 일으키지 않는다. [그리고] 이 '[진리다운] 이해를 밝혀 가는

168 대정장『본업경』교감주에서는 '(一)+道'로 교감하고 있다.
169 대정장『본업경』교감주에서는 '三+(惡)'으로 교감하고 있다.
170 대정장『본업경』교감주에서는 '心色=色心'이라 교감하고 있다.
171 대정장『본업경』교감주에서는 '果+(業)道'로 교감하고 있다.
172 대정장『본업경』교감주에서는 '(於)+法界'로 교감하고 있다.

| 수행'(見道)[173][174]인 [십지十地의 '첫 번째 단계'(初地)인] '환희하는 단계' |

173 견도見道(darśanamārga): 붓다의 법설을 조직화하는 교학체계에서는 해탈을 성취하는 수행과정을 크게 견도見道와 수도修道로 구분한다. 『아비달마대비바사론阿毘達磨大毗婆沙論』 권51에서는 견도見道와 수도修道의 특징을 구분하면서 "見道是猛利道, 暫現在前一時能斷九品煩惱, 修道是不猛利道, 數數修習久時方斷九品煩惱."(T27, p.267a28~b1)라고 하여, 견도見道의 수행은 4념주四念住와 4선근四善根의 수행을 통해 벼려진 맹리도猛利道이어서 갑자기 나타나 일시에 9품번뇌九品煩惱를 끊는 반면, 수도修道의 수행은 불맹리도不猛利道이어서 자주 수습하여 오랜 시간이 지나야 9품번뇌九品煩惱를 끊게 된다고 설명한다. 이러한 견·수도 수행의 특징과 관련하여 권오민은 "견도에 의해 이지적 번뇌가 모두 끊어졌으므로 이제 남은 것은 정의적인 번뇌 즉 탐·진·만과 이와 상응하는 무명이다. 그런데 정의적인 번뇌는 선천적이고도 본능적인 것이기 때문에 그 성질이 무디면서도 무거워 이지적인 관찰이나 판단에 의해 즉각적으로 끊어지지 않는다. 그것은 선정을 통해 4제의 진리성을 반복적으로 관찰함으로써 점진적으로 끊어진다."(같은 책, p.254)라고 설명한다. 『불지경론佛地經論』 권6에서는 "初地已上菩薩復有三種. 一初發心, 謂在初地, 已入見道正性離生, 眞無漏心創現行故. 二已修行, 謂上六地, 已得修道, 進修行故. 三不退轉, 謂上三地, 修道已滿, 離諸功用無加行道, 任運現前一切煩惱畢竟不起, 念念勝進無退轉故."(T26, 321b29~c1)라고 하는데, 대승의 10지十地 수행을 초발심初發心(초지)·이수행已修行(제2~7지)·불퇴전不退轉(제8~10지)의 세 가지로 나누면서 초지初地는 견도정성리생見道正性離生에 들어가 진무루심眞無漏心을 비로소 현행시키는 것이라고 한다. 『유가사지론』 권29의 아래 내용에서는 "彼於爾時, 最初獲得七覺支, 故名初有學. 見聖諦迹已永斷滅, 見道所斷一切煩惱, 唯餘修道所斷煩惱, 爲斷彼故, 修習三蘊所攝八支聖道."(T30, 445a7~10)라고 하여 7각지와 견도見道의 관계뿐 아니라 8정도와 수도修道의 관계에 관해서도 논의하는데, 수행자가 최초로 7각지를 획득한 것을 '최초의 유학'(初有學)이라 부르고, 이 초유학初有學이 견도에서 4성제四聖諦의 자취까지 이해하여 견도소단見道所斷의 모든 번뇌를 끊으며, 나머지 수도소단修道所斷의 번뇌를 끊기 위해서는 8정도를 닦는다고 설명한다. 이러한 견도는 대승 보살수행의 52계위 가운데 십지十地의 초지初地에 해당한다.

174 견도見道와 수도修道의 번역: 현상의 인과적 연속에 대한 불교적 통찰에 따르면, '무지에 의한 사유'(분별)과 그에 따른 번뇌는 선천적인 것과 후천적인 것이 모두 결합되어 있다. 이러한 통찰은 수행론과 직결된다. 선천적 유형과 후천적 유형의 결합이라는 사실을 이해해야 무지와 번뇌의 치유 방법이 제대로 마련되기 때문이다. 『유가사지론』이 설하는 분별기分別起와 임운기任運起의 구분은 이러한 통찰의 산물이다. 후천적으로 생겨난 '사실대로 이해하지 못하는 분별에 따른 발생'을

(喜忍, 歡喜地)에서는 '[지옥 · 아귀 · 축생, 이] 세 가지 나쁜 세계의 행위

분별기分別起라 하고, 선천적으로 지닌 근본무지의 경향성에 의해 생겨나는 분별과 번뇌를 임운기任運起 혹은 구생기俱生起라 부른다. '자아에 대한 잘못된 견해'(我見)의 발생도 후천적인 분별기와 선천적인 임운기(구생기)의 두 가지로 구분된다. 후천적인 분별과 번뇌는 그 양상과 정도가 뚜렷하고 강하지만 '사실대로의 이해'(正見)를 수립하면 치유되기에, 분별기分別起의 치유를 견소단見所斷(이해에 의한 제거) 혹은 견도소단見道所斷(사실에 맞는 이해를 수립하는 수행방법에 의한 제거)라 부른다. 이에 비해 선천적인 분별과 번뇌는 그 양상과 정도가 미세하고 은밀하지만 잠재적 경향성이기 때문에 '이해의 수립'만으로는 온전한 치유가 어렵다. 따라서 임운기任運起 혹은 구생기俱生起는 '사실대로 보는 이해에 의거한 지속적 수행'(修道)으로 치유해야 한다. 이것을 수소단修所斷(사실대로의 이해에 의거한 수행에 의한 제거) 혹은 수도소단修道所斷(사실대로의 이해에 의거하여 지속하는 수행방법에 의한 제거)이라 부른다. 지적知的 이해의 힘이 무지의 분별 · 번뇌를 제거하는 측면을 중시하는 것이 견도見道인데, '언어능력에 의한 이해'라는 인간 특유의 면모를 반영한 수행론이다. 그러나 선천적이고 잠재적인 무지의 분별과 번뇌는 단지 지적 이해능력의 확보만으로 치유되지 않는다. 붓다가 설한 정학定學은 무지의 분별 · 번뇌가 지닌 이 심층적 측면에 대한 수행론적 대응으로 보인다. 이런 관점에 의거하여 견도見道를 '[진리다운] 이해를 밝히는 수행'으로, 수도修道를 '[선정을 토대로 이해를] 거듭 익혀 가는 수행'으로 번역하였다. 한편 견도와 수도의 문제는 교학의 발달사에서 견수이혹見修二惑, 즉 견도와 수도에서 끊어지는 번뇌의 문제로 거론된다. 견혹은 견도소단번뇌見道所斷煩惱 · 미리혹迷理惑이라고도 한다. 『아비달마구사론』 권19에 따르면 번뇌는 탐貪 · 진瞋 · 만慢 · 무명無明(치癡) · 의疑 · 견見의 육수면六隨眠, 또는 육수면六隨眠 중에서 견見의 작용이 다섯 가지로 달라진 것인 유신견有身見 · 변집견邊執見 · 사견邪見 · 견취見取 · 계금취戒禁取를 합한 십수면十隨眠으로 나눌 수 있다. 이 중 진瞋과 의疑 및 견見의 다섯 가지 작용인 유신견有身見 · 변집견邊執見 · 사견邪見 · 견취見取 · 계금취戒禁取의 일곱 가지가 견도見道에서 완전히 끊어지는 번뇌이다. 수혹修惑은 수소단번뇌修所斷煩惱로서 『아비달마구사론』에서는 탐貪 · 진瞋 · 만慢 · 무명無明의 네 가지(욕계 기준)를 꼽는 반면, 『유가사지론』에서는 이 네 가지 번뇌에 유신견有身見 · 변집견邊執見을 추가한다. 이 점과 관련하여 『성유식론成唯識論』 권6의 번뇌에 관련된 다음과 같은 대목이 주목된다. "十煩惱中, 六通俱生及分別起, 任運思察俱得生故. 疑後三見唯分別起, 要由惡友或邪教力, 自審思察方得生故."(T31, 32a5~7) 이에 따르면 탐貪 · 진瞋 · 만慢 · 무명無明 · 유신견有身見 · 변집견邊執見의 여섯 가지 번뇌는 구생기俱生起와 분별기分別起 번뇌에 모두 통하지만, 의疑 · 사견邪見 · 견취見取 · 계금취戒禁取의 네 가지 번뇌는 오직 분별기分

들'(三惡道業道)을 제압하고, [십지十地의 '두 번째 단계'(二地)인] '[본질/실체관념의] 오염에서 벗어나는 단계'(離垢忍, 離垢地)에서는 '인간에서의 [잘못된] 행위들'(人中業道)을 제압하며, [십지十地의 '세 번째 단계'(三地)인] '지혜의 빛이 밝아지는 단계'(明忍, 發光地)에서는 '여섯 천상세계의 행위들'(六天業道)을 제압하고, [십지十地의 '네 번째 단계'(四地)인] '지혜가 불타오르는 단계'(焰忍, 焰慧地)에서는 '갖가지 [잘못된] 견해들'(諸見業道)을 제압하며, [십지十地의 '다섯 번째 단계'(五地)인] '이기기 어려운 단계'(勝忍, 難勝地)에서는 '의심하는 견해들'(疑見業道)을 제압하고, [십지十地의 '여섯 번째 단계'(六地)인] '[현상의 '참 그대로'가] 드러나는 단계'(現忍, 現前地)에서는 '[윤회 과보의] 원인이 되는 행위들'(因業道)을 제압하며, [십지十地의 '일곱 번째 단계'(七地)인] '[불변·독자의 본질/실체로서] 생겨난 것이 없다는 이해를 확고하게 간직하여 [중생구제를 위해] 멀리 나아갈 수 있는 단계'(無生忍, 遠行地)에서는 '[윤회 과보의] 결과가 되는 행위들'(果業道)을 제압하고, [십지十地의 '여덟 번째 단계'(八地)인] '동요하지 않는 단계'(不動忍, 不動地)에서는 '몸이 원인이 되는 행위들'(色因業道)을 제압하며, [십지十地의 '아홉 번째 단계'(九地)인] '[마음에 걸림이 없어] 탁월한 지혜로 보는 단계'(光忍, 善慧地)에서는 '마음이 원인이 되는 행위들'(心因業道)을 제압하고, [십지十地의 '열 번째 단계'(十地)인] '가르침이 [모든 대지에 비를 내리는] 구름과도 같은 단계'(寂滅忍, 法雲地)에서는 '마음과 몸의 두 가지 누적된 경향으로 인한 행위

別起 번뇌이다. 여섯 가지 번뇌는 구생기俱生起와 분별기分別起 번뇌에 모두 통하기 때문에 『유가사지론』에서는 이 여섯 가지 번뇌를 견혹見惑과 수혹修惑에 모두 포함시키고, 네 가지 번뇌는 오직 분별기分別起 번뇌이기 때문에 견혹見惑에만 포함시키는 것으로 볼 수 있다. 견도見道에서는 분별기分別起 번뇌에만 속하는 의疑·사견邪見·견취見取·계금취戒禁取의 네 가지 번뇌가 모두 끊기고, 수도修道에서는 구생기俱生起 번뇌에도 통하는 탐貪·진瞋·만慢·무명無明·유신견有身見·변집견邊執見이 끊어진다는 것이다.

들’(心色二習業道)을 제압하며, ‘번뇌가 없어져 [차이들을] 평등하게 볼 수 있는 깨달음의 경지’(無垢忍, 等覺位)에서는 ‘누적된 경향성의 과보들’(習果道)을 제압하니 ‘누적된 경향성’(習)은 앞에서 이미 제거하였지만 과보는 없어지지 않았기 때문이다. 그러므로 부처의 제자들이여, ‘[십주十住 · 십행十行 · 십회향十廻向 단계에 속하는] 세 가지 보살’(三賢[菩薩])을 ‘억제하여 끊음’(伏斷)이라 부르고, [십지十地의 ‘첫 번째 단계’(初地)인] ‘환희하는 단계’(喜忍, 歡喜地) 이상에서는 억제(伏)하기도 하고 끊기도(斷) 하며, [묘각지妙覺地에서] ‘모든 번뇌를 깨닫는 경지’(一切煩惱覺忍)가 나타날 때는 ‘모든 세계’(法界)의 모든 근본무지(無明)가 ‘한꺼번에 끊어져’(頓斷) 남는 것이 없게 된다.

〈소〉

第三能治門中有二, 別明總顯. 言“三賢菩薩, 伏三界煩惱麤業道麤”者, 已伏三界分別起惑, 亦伏惡道不善業故. “相續果亦起麤”[175]者, 八難之果亦不起故. “是見道喜忍伏三道業道”者, 斷三惡道業種子故. 而未能離根本無明故名爲“伏”, 上地諸伏皆作是說也. 初地障有二無明中第二, 惡道業無明也.

[H1, 501c8~15]

세 번째인 ‘[번뇌를] 다스리는 측면’(能治門)[에서의 대답]에는 두 가지가 있으니, ‘하나씩 밝히는 것’(別明)과 ‘총괄적으로 드러내는 것’(總顯)이다.

“‘[십주十住 · 십행十行 · 십회향十廻向 단계에 속하는] 세 가지 보살’(三賢菩

175 『한불전』에는 ‘起麤’ 앞에 ‘不’이 있다 하였고, 『본업경』에도 ‘不’이 있다. 이에 따라 ‘亦不起麤’로 보고 번역한다.

薩)은 '[욕망세계 · 유형세계 · 무형세계, 이] 세 가지 세계의 번뇌'(三界煩惱) 가운데 '거친 행위의 길'(麁業道)[에서 펼쳐지는] '거친 것'(麁)을 억제한다."(三賢菩薩, 伏三界煩惱麤業道麤)라는 것은, 이미 [욕망세계 · 유형세계 · 무형세계, 이] 세 가지 세계의 '후천적으로 분별에 의해 일어나는 번뇌'(分別起惑)[176]를 억제하고 또한 '해로운 세상'(惡道)의 '이롭지 않은 행위'

---

176 분별기分別起와 임운기任運起: 현상의 인과적 연속에 대한 불교적 통찰에 따르면, '무지에 의한 사유'(분별)와 그에 따른 번뇌는 선천적인 것과 후천적인 것이 모두 결합되어 있다. 이러한 통찰은 수행론과 직결된다. 선천적 유형과 후천적 유형의 결합이라는 사실을 이해해야 무지와 번뇌의 치유 방법이 제대로 마련되기 때문이다. 『유가사지론』이 설하는 분별기分別起와 임운기任運起의 구분은 이러한 통찰의 산물이다. 후천적으로 생겨난 '사실대로 이해하지 못하는 분별에 따른 발생'을 분별기分別起라 하고, 선천적으로 지닌 근본무지의 경향성에 의해 생겨나는 분별과 번뇌를 임운기任運起 혹은 구생기俱生起라 부른다. 따라서 '자아에 대한 잘못된 견해'(我見)의 발생은 후천적인 분별기와 선천적인 임운기(구생기)의 두 가지로 구분된다. 후천적인 분별과 번뇌는 그 양상과 정도가 뚜렷하고 강하지만 '사실대로의 이해'(正見)를 수립하면 치유되기에, 분별기分別起의 치유를 견소단見所斷(이해에 의한 제거) 혹은 견도소단見道所斷(사실에 맞는 이해를 수립하는 수행방법에 의한 제거)이라 부른다. 이에 비해 선천적인 분별과 번뇌는 그 양상과 정도가 미세하고 은밀하지만 잠재적 경향성이기 때문에 '이해의 수립'만으로는 온전한 치유가 어렵다. 따라서 임운기任運起 혹은 구생기俱生起는 '사실대로 보는 이해에 의거한 지속적 수행'(修道)으로 치유해야 한다. 이것을 수소단修所斷(사실대로의 이해에 의거한 수행에 의한 제거) 혹은 수도소단修道所斷(사실대로의 이해에 의거하여 지속하는 수행방법에 의한 제거)이라 부른다. 이것은 교학의 발달사에서 견수이혹見修二惑, 즉 견도와 수도에서 끊어지는 번뇌의 문제로 거론된다. 견혹은 견도소단번뇌見道所斷煩惱 · 미리혹迷理惑이라고도 한다. 『아비달마구사론』 권19에 따르면 번뇌는 탐貪 · 진瞋 · 만慢 · 무명無明(치癡) · 의疑 · 견見의 육수면六隨眠, 또는 육수면六隨眠 중에서 견見의 작용이 다섯 가지로 달라진 것인 유신견有身見 · 변집견邊執見 · 사견邪見 · 견취見取 · 계금취戒禁取를 합한 십수면十隨眠으로 나눌 수 있다. 이 중 진瞋과 의疑 및 견見의 다섯 가지 작용인 유신견有身見 · 변집견邊執見 · 사견邪見 · 견취見取 · 계금취戒禁取의 일곱 가지가 견도見道에서 완전히 끊어지는 번뇌이다. 수혹修惑은 수소단번뇌修所斷煩惱로서 『아비달마구사론』에서는 탐貪 · 진瞋 · 만慢 · 무명無明의 네 가지(욕계 기준)를 꼽는 반면, 『유가사지론』에서는 이 네 가지 번뇌에 유신견有身見 · 변집견邊執見을 추가

(不善業)를 억제하기 때문이다. "'이어지는 과보'(相續果)도 [그] '거친 양상'(麁)을 일으키지 않는다."(相續果亦不起麤)라는 것은 '여덟 가지 난관'(八難)[177]에 해당하는 과보도 일어나지 않기 때문이다. "'[진리다운] 이해를 밝혀 가는 수행'(見道)인 [십지十地의 '첫 번째 단계'(初地)인] '환희하는 단계'(喜忍, 歡喜地)에서는 '[지옥 · 아귀 · 축생, 이] 세 가지 나쁜 세계의 행위들'(三惡道業道)을 제압한다."(是見道喜忍伏三道業道)라는 것은, '[지옥 · 아귀 · 축생, 이] 세 가지 나쁜 세계'(三惡道)의 '행위의 종자'(業種子)를 끊

한다. 이 점과 관련하여 『성유식론成唯識論』 권6의 번뇌에 관련된 다음과 같은 대목이 주목된다. "十煩惱中, 六通俱生及分別起, 任運思察俱得生故. 疑後三見唯分別起, 要由惡友或邪教力, 自審思察方得生故."(T31, 32a5~7) 이에 따르면 탐貪 · 진瞋 · 만慢 · 무명無明 · 유신견有身見 · 변집견邊執見의 여섯 가지 번뇌는 구생기俱生起와 분별기分別起 번뇌에 모두 통하지만, 의疑 · 사견邪見 · 견취見取 · 계금취戒禁取의 네 가지 번뇌는 오직 분별기分別起 번뇌이다. 여섯 가지 번뇌는 구생기俱生起와 분별기分別起 번뇌에 모두 통하기 때문에 『유가사지론』에서는 이 여섯 가지 번뇌를 견혹見惑과 수혹修惑에 모두 포함시키고, 네 가지 번뇌는 오직 분별기分別起 번뇌이기 때문에 견혹見惑에만 포함시키는 것으로 볼 수 있다. 견도見道에서는 분별기分別起 번뇌에만 속하는 의疑 · 사견邪見 · 견취見取 · 계금취戒禁取의 네 가지 번뇌가 모두 끊기고, 수도修道에서는 구생기俱生起 번뇌에도 통하는 탐貪 · 진瞋 · 만慢 · 무명無明 · 유신견有身見 · 변집견邊執見이 끊어진다는 것이다. 원효의 『이장의』에 따르면 견도見道에서는 이장二障의 분별기번뇌分別起煩惱가 끊어지고, 수도修道에서는 제팔식第八識 차원의 번뇌를 제외한 이장二障의 임운기번뇌任運起煩惱가 끊어진다. "若就菩薩明三種者, 此二障中諸分別起, 是見所斷, 任運起中除第八識, 是修所斷."(H1, 800c23~801a2)

177 팔난八難: 부처를 만나지 못하고 바른 가르침을 듣지 못하게 하는 여덟 가지 장애가 되는 난관을 말한다. 『장아함』 권9 「십상경十上經」, 『중아함』 권29 「팔난경八難經」 등에 기재되어 있다. 팔난은 구체적으로 ① '지옥에 있는 난관'(在地獄難), ② '아귀가 된 난관'(在餓鬼難), ③ '축생이 되어 생기는 난관'(在畜生難), ④ '오랜 수명을 누리는 하늘세계에서 사는 난관'(在長壽天難), ⑤ '수명이 길고 향락을 누리는 수미산 북면인 북구로주北俱盧洲에 사는 난관'(在邊地之鬱單越難), ⑥ '눈이 멀거나 귀가 먹거나 말을 못하는 난관'(盲聾瘖瘂難), ⑦ '세속적 총명의 난관'(世智辯聰難), ⑧ '부처님을 만나지 못하여 가르침을 듣지 못하는 난관'(生在佛前佛後難)이다. 『불광대사전』, p.318.

기 때문이다. 그러나 아직 근본무지(根本無明)를 떠나지 못했기 때문에 "제압"(伏)이라 한 것이니, 이 이상의 단계(地)에서 말한 모든 '제압'(伏)[이라는 말]도 다 이런 뜻으로 말한 것이다. [이] [십지十地의] '첫 번째 단계'(初地)의 장애에 있는 '두 가지 근본무지'[178] 가운데 두 번째가 '[지옥·

178 [보살 수행의] '11가지 단계'(十一地)에서 끊는 11가지 '장애의 유형'(障門)과 22종 우치愚癡 및 11종 추중麤重: 보살수행의 11단계(초지初地에서 십지十地까지의 열 단계와 여래지如來地/등각지等覺地) 각각에서 하나씩 모두 11가지의 '장애의 유형'(障門)을 끊는다. 그리고 보살수행 11단계의 각 단계에 두 가지의 우치愚癡가 있어 총 22종 우치가 되고, 각 단계마다 그 우치의 추중麤重을 대치하므로 총 11종 추중이 된다. 초지에서는 '자아(補特伽羅) 및 현상(法)에 집착하는 우치'(執著補特伽羅及法愚癡/執著我法愚)와 '나쁜 세상에서 오염시키는 우치'(惡趣雜染愚癡) 및 그 추중을 대치한다. 제2지에서는 '미세한 잘못을 범하는 우치'(微細悞犯愚癡)와 '갖가지 행위의 인과적 전개에 대한 우치'(種種業趣愚癡) 및 그 추중을 대치한다. 제3지에서는 '욕탐의 우치'(欲貪愚癡)와 '다라니를 제대로 듣고 지니는 것에 대한 우치'(圓滿聞持陀羅尼愚癡) 및 그 추중을 대치한다. 제4지에서는 '선정수행의 한결같은 상태에 대한 애착의 우치'(等至愛愚癡)와 '현상에 대한 애착의 우치'(法愛愚癡) 및 그 추중을 대치한다. 제5지에서는 '오로지 생사를 버리려고만 생각하는 우치'(一向作意棄背生起愚癡/純作意背生死愚)와 '오로지 열반으로만 나아가려고 생각하는 우치'(一向作意趣向涅槃愚癡/純作意向涅槃愚) 및 그 추중을 대치한다. 제6지에서는 '의도에 따라 일어난 현재 현상들의 전개를 잘못 이해하는 우치'(現前觀察諸行流轉愚癡/現觀察行流轉愚)와 '차이 관념이 자주 현행하는 우치'(相多現行愚癡) 및 그 추중을 대치한다. 제7지에서는 '차이에 대한 미세한 관념이 현행하는 우치'(微細相現行愚癡/細相現行愚)와 '오로지 차이가 없다는 생각만을 지어 방편으로 하는 우치'(一向無相作意方便愚癡/純作意求無相愚) 및 그 추중을 대치한다. 제8지에서는 '차이가 없다는 생각에서 작용을 일으키는 우치'(於無相作功用愚癡)와 '차이 관념에서의 자유에 대한 우치'(於相自在愚癡) 및 그 추중을 대치한다. 제9지에서는 '무량한 설법과 무량한 명칭과 문구 및 그에 따르는 지혜와 언설능력에서의 다라니의 자재함에 대한 우치'(於無量所說法無量名句字後後慧辯陀羅尼自在愚癡)와 '언설능력의 자재함에 대한 우치'(辯才自在愚癡) 및 그 추중을 대치한다. 제10에서는 '위대한 신통에 대한 우치'(大神通愚癡)와 '미세한 비밀에 깨달아 들어감에 대한 우치'(悟入微細祕密愚癡) 및 그 추중을 대치한다. 제11지인 여래지에서는 '알게 된 모든 경지에 대해 극히 미세하게 집착하는 우치'(於一切所知境界極微細著愚癡/於一切所知境極微細著愚)와 '극히 미세하게 장애하는 우치'(極微細礙愚癡) 및 그 추중

아귀 · 축생, 이 세 가지] 나쁜 세계에 태어나는 행위를 초래하는 근본무지'(惡道業無明)이다.

"離忍伏人中業道"者, 微細犯戒種種業行, 人道多起故, 名人中業, 第二地障有二之中第二, 種種業行無明也. "明忍伏六天業道"者, 六欲天中五欲分別, 障第三地勝定行故, 此下諸障思數相應通名"業"故. 第三地障有二之中第一, 欲貪愚癡也. "炎[179]忍伏諸見業道"者, 於諸教法

을 대치한다. 이 가운데 '자아(補特伽羅) 및 현상(法)에 집착하는 우치'(執著補特伽羅及法愚癡/執著我法愚)와 '나쁜 세상에서 오염되는 우치'(惡趣雜染愚癡)의 계열은 초지에서 끊어지는 '장애의 유형'(障門)이고, '미세한 잘못을 범하는 우치'(微細悞犯愚癡)와 '갖가지 행위의 인과적 전개에 대한 우치'(種種業趣愚癡)의 계열은 제2지에서 끊어지는 '장애의 유형'(障門)이다. 마찬가지로 '욕탐의 우치'(欲貪愚癡)와 '다라니를 제대로 듣고 지니는 것에 대한 우치'(圓滿聞持陀羅尼愚癡)의 계열, '선정수행의 한결같은 상태에 대한 애착의 우치'(等至愛愚癡)와 '현상에 대한 애착의 우치'(法愛愚癡)의 계열, '오로지 생사를 버리려고만 생각하는 우치'(一向作意棄背生起愚癡/純作意背生死愚)와 '오로지 열반으로만 나아가려고 생각하는 우치'(一向作意趣向涅槃愚癡/純作意向涅槃愚)의 계열, '의도에 따라 일어난 현재 현상들의 전개를 잘못 이해하는 우치'(現前觀察諸行流轉愚癡/現觀察行流轉愚)와 '차이 관념이 자주 현행하는 우치'(相多現行愚癡)의 계열, '차이에 대한 미세한 관념이 현행하는 우치'(微細相現行愚癡/細相現行愚)와 '오로지 차이가 없다는 생각만을 지어 방편으로 하는 우치'(一向無相作意方便愚癡/純作意求無相愚)의 계열, '차이가 없다는 생각에서 작용을 일으키는 우치'(於無相作功用愚癡)와 '차이 관념에서의 자유에 대한 우치'(於相自在愚癡)의 계열, '무량한 설법과 무량한 명칭과 문구 및 그에 따르는 지혜와 언설능력에서의 다라니의 자재함에 대한 우치'(於無量所說法無量名句字後後慧辯陀羅尼自在愚癡)와 '언설능력의 자재함에 대한 우치'(辯才自在愚癡)의 계열, '위대한 신통에 대한 우치'(大神通愚癡)와 '미세한 비밀에 깨달아 들어감에 대한 우치'(悟入微細祕密愚癡)의 계열은 각각 제3지부터 제10지에서 끊어지는 '장애의 유형'(障門)이다. 그리고 '알게 된 모든 경지에 대해 극히 미세하게 집착하는 우치'(於一切所知境界極微細著愚癡/於一切所知境極微細著愚)와 '극히 미세하게 장애하는 우치'(極微細礙愚癡)의 계열은 제10지가 완성되는 금강유정金剛喩定의 현전 이전 단계에서 끊어지는 '장애의 유형'(障門)이다. 관련 내용은 『해심밀경』, 『성유식론』 권9, 『유가사지론』 권78 등에 나온다. 『불광대사전』, p.171 참조.

如言取義，障第四地道品行故．第四地障有二之中第二，微妙淨法愛因無明也．“勝忍伏疑見業道”者，爲入生死，爲入涅槃，如是猶預，故名“疑見.” 第五地障有二之中第一，一意欲入涅槃一意欲入生死思惟無明也．

[H1, 501c15~502a6]

“[십지十地의 '두 번째 단계'(二地)인] '[본질/실체관념의] 오염에서 벗어나는 단계'(離垢忍, 離垢地)에서는 '인간에서의 [잘못된] 행위들'(人中業道)을 제압한다.”(離忍伏人中業道)라는 것은, 세세하게 계율을 범하는 갖가지 행위들(業行)이 인간세상(人道)에서 많이 일어나기 때문에 '인간에서의 행위'(人中業)라 말했으니, [이] '[십지十地의] 두 번째 단계'(二地)의 장애에 있는 두 가지 [근본무지] 가운데 두 번째가 '[세세하게 계율을 범하는] 갖가지 행위들을 짓는 근본무지'(種種業行無明)이다. “[십지十地의 '세 번째 단계'(三地)인] '지혜의 빛이 밝아지는 단계'(明忍, 發光地)에서는 '여섯 천상세계의 행위들'(六天業道)을 제압한다.”(明忍伏六天業道)라는 것은, '욕망세계의 여섯 가지 천상세계'(六欲天)[180]에서는 '다섯 가지 욕망에 의한 분별'(五欲分別)이 [십지十地] '세 번째 단계'(第三地)의 '뛰어난 선정 작용'(勝定行)을 장애하기 때문이고, 이 ['다섯 가지 욕망에 의한 분별'(五欲分別)] 아래의 '갖가지 장애의 마음작용'(諸障思數)에 상응하는 것을 통틀어 행위(業)라고 부르기 때문이다. [이] [십지十地의] '세 번째 단계'(三地)의 장애에 있는 두 가지 [근본무지] 가운데 첫 번째가 탐욕(欲貪)과 어리석음(愚癡)이다.

“[십지十地의 '네 번째 단계'(四地)인] '지혜가 불타오르는 단계'(焰忍, 焰慧地)에서는 '갖가지 [잘못된] 견해들'(諸見業道)을 제압한다.”(焰忍伏諸見業

179 『본업경』 원문에는 '焰'이다.

180 육욕천六欲天: '제육천第六天과 욕계육천欲界六天' 역주 참조.

道)라는 것은, 갖가지 '부처의 가르침'(敎法)에 대해 '말 그대로 뜻을 취하는 것'(如言取義)이 [십지十地] '네 번째 단계'(四地)의 수행실천(道品行)을 장애하기 때문이다. [십지十地의] '네 번째 단계'(四地)의 장애에 있는 두 가지 [근본무지] 가운데 두 번째가 '미묘하고 청정한 현상에 대한 애착의 원인이 되는 근본무지'(微妙淨法愛因無明)이다.

"[십지十地의 '다섯 번째 단계'(五地)인] '이기기 어려운 단계'(勝忍, 難勝地)에서는 '의심하는 견해들'(疑見業道)을 제압한다."(勝忍伏疑見業道)라는 것은, '[근본무지에 매인] 삶과 죽음'(生死)[의 윤회]에 들어갈지 [윤회에서 벗어난] 열반涅槃에 들어갈지 이처럼 망설이기 때문에 '의심하는 견해'(疑見)라 말했다. [십지十地의] '다섯 번째 단계'(第五地)의 장애에 있는 두 가지 [근본무지] 가운데 첫 번째가, 〈한편으로는 '[윤회에서 벗어난] 열반'에 들고자 하기도 하고 다른 한편으로는 '[근본무지에 매인] 삶과 죽음'(生死)[의 윤회]에 들고자 하기도 하면서 [이리저리] 생각하는 근본무지'〉(一意欲入涅槃一意欲入生死思惟無明)이다.

"現忍伏因果[181]道"者, 分別十二因緣行相, 第六地障有二之中第一, 行法相續顯現無明也. "無生忍伏果業道"者, 分別果法刹那三相, 七地二中第一, 微細諸相或現不現無明也. "不動忍伏色因業道", "光忍伏心因業道"者, 著色著心現行分別, 望可[182]熏種, 說名因故, 永不現行, 故名爲伏. 八九二地有二之中, 皆取第二無明障也. "寂滅忍伏心色二習業道", "無垢忍伏道果習"[183]者, 第十地中, 能斷二著之熏習故, 無垢地中, 能捨二著之麤重故. 依彼現因及與熏習所生麤重, 相續不斷故, 說

181 한불전에는 '因果道'로 되어 있으나, 대정장 『본업경』에는 '因業道'로 되어 있다. 경문에 따라 '現忍伏因業道'로 교감한다.

182 한불전에 따르면 다른 판본에는 '可'가 '所'라고 한다. '可'로 보고 번역한다.

183 『본업경』 원문은 '道果習'이 아니라 '習果道'이다. 『본업경』에 따른다.

麤重名爲彼"果." 就實而言, 一一地中, 皆斷三種, 但爲顯其能治轉深故, 說先因次習後果.

[H1, 502a6~21]

"[십지十地의 '여섯 번째 단계'(六地)인] '[현상의 '참 그대로'가] 드러나는 단계(現忍, 現前地)에서는 '[윤회 과보의] 원인이 되는 행위들'(因業道)을 제압한다."(現忍伏因業道)라는 것은, '12가지 조건들의 인과관계'(十二因緣)의 '작용 양상'(行相)을 [제대로] 구분(分別)[하여 이해]하는 것이니, [십지十地의] '여섯 번째 단계'(第六地)의 장애에 있는 두 가지 [근본무지] 가운데 첫 번째가 '[12인연의] 작용이 이어져 가면서 나타나게 하는 근본무지'(行法相續顯現無明)이다.

"[십지十地의 '일곱 번째 단계'(七地)인] '[불변 · 독자의 본질/실체로서] 생겨난 것이 없다는 이해를 확고하게 간직하여 멀리 나아갈 수 있는 단계'(無生忍, 遠行地)에서는 '[윤회 과보의] 결과가 되는 행위들'(果業道)을 제압한다."(無生忍伏果業道)라는 것은, '결과로 나타난 현상'(果法)을 한 찰나[에 있는] [생상生相 · 주상住相 · 멸상滅相의] '세 가지 양상'(三相)으로 구분(分別)[하여 이해]하는 것이니, [십지十地의] '일곱 번째 단계'(第七地)[의 장애에 있는] 두 가지 [근본무지] 가운데 첫 번째가 '미세한 갖가지 차이 관념들을 나타내기도 하고 나타내지 않기도 하는 근본무지'(微細諸相或現不現無明)이다.

"[십지十地의 '여덟 번째 단계'(八地)인] '동요하지 않는 단계'(不動忍, 不動地)에서는 '몸이 원인이 되는 행위들'(色因業道)을 제압한다."(不動忍伏色因業道)라는 것과 "[십지十地의 '아홉 번째 단계'(九地)인] '[마음에 걸림이 없어] 탁월한 지혜로 보는 단계'(光忍, 善慧地)에서는 '마음이 원인이 되는 행위들'(心因業道)을 제압한다."(光忍伏心因業道)라는 것은, 몸(色)에 집착하고 마음(心)에 집착하는 작용을 [제대로] 구분(分別)[하여 이해]하는 것이니, [이러한 몸과 마음에 대한 집착이] [제8아뢰야식의] 종자에 거듭 영향을 끼친다는 점에 의거하여 '원인(因)'이라 한 것이고, [몸과 마음에 대한 집착을] 영원히 나타나지 않게 하기 때문에 '제압(伏)'이라 하였다. [십지十地의] '여덟 번째'(第八)와 '아홉 번째'(第九) [이] 두 가지의 단계[의 장애에 있는] 두 가지 [근본무지]에서는 모두 두 번째 근본무지의 장애를 취한다.

"[십지十地의 '열 번째 단계'(十地)인] '가르침이 [모든 대지에 비를 내리는] 구름과도 같은 단계'(寂滅忍, 法雲地)에서는 '마음과 몸의 두 가지 누적된 경향으로 인한 행위들'(心色二習業道)을 제압한다."(寂滅忍伏心色二習業道)라는 것과 "'번뇌가 없어져 [차이들을] 평등하게 볼 수 있는 깨달음의 경지'(無垢忍, 等覺位)에서는 '누적된 경향성의 과보들'(習果道)을 제압한다."(無垢忍伏習果道)라는 것은, [십지十地의] '열 번째 단계'(第十地)에서는 [몸에 대한 집착과 마음에 대한 집착, 이] 두 가지 집착의 '누적된 경향성'(熏習)을 끊을 수 있기 때문이며, '번뇌가 없어진 경지[인 '[차이들을] 평등하게 볼 수 있는 깨달음'의 경지]'(無垢地, 等覺位)에서는 [몸에 대한 집착과 마음에 대한 집착, 이] 두 가지 집착의 '거칠고 무거운 잠재적 번뇌'(麤重)[184]

184 추중麤重: 원효는 『이장의』에서 이장二障의 현행現行이 '현재 작용하고 있는 번뇌'인 전纏이고, '추중麤重'과 '종자種子'가 '잠재적인 번뇌'인 수면隨眠이라고 하여, '현재 작용하는 번뇌'(纏)와 '잠재적인 번뇌'(隨眠)를 구분한다. 또한 수면隨眠의 두 종류인 추중麤重과 종자種子에 대해 "隨眠之內, 亦有二種, 一卽種子, 二是麤重"(H1, 793a17~18)이라고 하여, 잠재적인 번뇌인 수면隨眠에 동일하게 속하는 두 가지 부류라 한다. 그리고 그 차이에 대해서는 "染所熏發, 不發調柔性, 無堪能性, 在異熟識, 而非能生現纒之能, 此謂麤重, 不名種子. 又彼識中, 染所熏發, 成自類性故, 能生現行, 說名種子, 卽不調柔, 亦名麤重"(H1, 793a19~23)이라고 하여, 이숙식異熟識에 저장되어 있더라도 조유성調柔性과 감능성堪能性이 없어 현재 작용하는 전纏을 일으킬 수 없는 것이 추중麤重이고, 종자種子는 자류성自類性이 있어 현행現行을 일으킬 수 있는 것이라고 한다. '추중麤重'을 '거칠고 무거운 잠재적 번뇌'로 번역해 본다. 원효의 설명과 이에 관련된 『유가사지론』의 내용을 고려하면, 번뇌로 나타나려면 구체적 특징이 세밀해져야 하는데 아직 그런 상태가 아니라는 의미에서 '거칠다'(麤)는 것이고, 또 번뇌로 나타나려면 유연하게 변할 수 있어야 하는데 그렇지 못하여 '무겁다'(重)는 것이다. 『유가사지론』 관련 내용: "云何麤重相? 謂若略說無所堪能不調柔相. 是麤重相, 此無堪能不調柔相. 復有五相, 一現重相,

를 버릴 수 있기 때문이다. 저 '나타내는 원인'(現因)과 '누적된 경향성'(熏習)이 일으킨 '거칠고 무거운 잠재적 번뇌'(麤重)가 서로 이어져 끊어지지 않는다는 점에 의거하기 때문에 '거칠고 무거운 잠재적 번뇌'(麤重)를 저 [원인(因)과 '누적된 경향성'(熏習)의] "결과(果)"라 부른 것이다. 실제에 입각해 말한다면, [십지十地의] 각각의 단계(地)에서 모두 [원인(因)·'누적된 경향성'(習)·결과(果), 이] 세 가지를 끊지만, 단지 그 '번뇌를 다스리는 것'(能治)이 [갈수록] 더욱 깊어짐을 드러내고자 하였기 때문에 먼저는 원인(因)을, 다음에는 '누적된 경향성'(習)을, 마지막에는 결과(果)를 말한 것이다.

又麤重有二種, 若煩惱品麤重, 種子斷時亦隨斷滅, 若異熟品麤重, 是彼種類而微薄者, 種子滅後相續不絶, 故言"習先已滅而果不敗亡",[185] 今捨此故爲"伏習果"也. "是故"以下, 第二總明, 總作三位, 以明伏斷. 三賢唯伏, 未能見故. 十一地中, 亦伏亦斷, 未拔根本故, 已斷種子故. 妙覺忍中, 唯斷非伏, 根本無明已永盡故. "法界中一切無明"者, 異熟識中所起無明, 於中生得佛地頓斷, 故言"頓斷."[186] 於中委悉, 後文當說.

[H1, 502a21~b7]

또 '거칠고 무거운 잠재적 번뇌'(麤重)에는 두 가지가 있으니, '[나타난] 번뇌 유형의 거칠고 무거운 잠재적 번뇌'(煩惱品麤重)일 경우에는 종자가 끊어질 때에 그에 따라 [이 번뇌도] 끊어져 소멸하며, '다르게 무르익

二剛强相, 三障礙相, 四怯劣相, 五不自在轉無堪能相. 由有此相順雜染品, 違淸淨品."(T30, 657a19~23)

185 『본업경』 원문에는 '習前已除而果不敗亡'으로 되어 있다.

186 한불전과 속장경의 교감주에서는 '故言頓斷' 이 네 글자가 없는 판본이 있다고 하였다.

어 가는 [아뢰야식에 속하는] 유형의 거칠고 무거운 잠재적 번뇌'(異熟品麤重)일 경우에는 그 유형이면서도 미세하고 희박한 것은 종자가 소멸한 후에도 서로 이어져 끊어지지 않으니, 그러므로 "'누적된 경향성'(習)은 앞에서 이미 제거하였지만 과보는 없어지지 않았다."(習先已滅而果不敗亡)라고 하였고 지금은 이 [습과習果인 이숙품추중異熟品麤重]을 버렸기 때문에 "['번뇌가 없어져 [차이들을] 평등하게 볼 수 있는 깨달음의 경지'(無垢忍, 等覺位)에서는] '누적된 경향성의 과보들'(習果道)을 제압한다."(伏習果)라고 하였다.

"그러므로"(是故) 이하는 두 번째인 '총괄적으로 밝힌 것'(總明)이니, 총괄적으로 '세 가지 경지'(三位)를 세워 억제함(伏)과 끊음(斷)을 밝혔다. '[십주十住 · 십행十行 · 십회향十廻向 단계에 속하는] 세 가지 보살'(三賢[菩薩])은 오직 억제(伏)할 뿐이니, 아직 '[진리다운] 이해를 밝혀 가는 수행'(見[道])은 하지 못하기 때문이다. [십지十地의 초지初地부터 등각지等覺地까지의] '열한 가지 단계'(十一地)에서는 억제하기도(伏) 하고 끊기도(斷) 하니, 아직 근본을 뽑아내지는 않았기 때문[에 '억제(伏)'라 하는 것]이고, 이미 종자를 끊었기 때문[에 '끊음(斷)'이라 하는 것]이다. '[차이들을] 사실대로 함께 만날 수 있는 깨달음의 경지'(妙覺忍, 妙覺地)에서는 '오직 끊을 뿐 억제하는 것은 아니니'(唯斷非伏), 근본무지(根本無明)가 이미 완전히 소멸했기 때문이다. "모든 세계의 모든 근본무지"(法界中一切無明)라는 것은 [제8식인] '다르게 무르익어 가는 식'(異熟識)에서 일어난 근본무지인데, 이 [제8식인 이숙식異熟識] 가운데서 '부처 경지'(佛地)의 '한꺼번에 끊어짐'(頓斷)이 생겨나므로 "한꺼번에 끊어진다."(頓斷)고 말하였다. 이에 대한 자세한 것은 뒤의 글에서 설명할 것이다.

『보살영락본업경菩薩瓔珞本業經』 상권 제3 「현성학관품賢聖學觀品」

佛子, 無明者, 名不了一切法, 迷法界而起三界業果. 是故我言, 從無明藏起十三煩惱, 所謂邪見·我見·常見·斷見·戒盜見·果盜見·疑見, 七見, 見一切處求故說見. 從見復起六著心, 貪·愛·瞋·癡·欲·慢, 於法界中一切時起. 佛子, 一切煩惱, 以十三爲本, 無明與十三作本.

[T24, 1016b26~c3]

부처의 제자들이여, '근본무지'(無明)라는 것은 '모든 현상을 제대로 이해하지 못하는 것'이라 부르니, 현상세계(法界)[187]에 미혹하여 '[욕망세계·유형세계·무형세계, 이] 세 가지 세계'(三界)의 행위(業)와 과보(果)를 일으킨다. 그래서 나는 〈'근본무지의 세계'(無明藏)로부터 열세 가지 번뇌가 일어난다.〉고 말하는 것이니, 이른바 '그릇된 견해'(邪見)·'나에 관한 [잘못된] 견해'(我見)·'항상 있다는 견해'(常見)·'아무것도 없다는 견해'(斷見)·'지키거나 피해야 할 것에 대한 그릇된 견해'(戒盜見)[188]·'그릇된 결과를 구하는 견해'(果盜見)·'[진리를] 의심하는 견해'(疑見)가 그것인데, [이들] '일곱 가지 견해'(七見)는 견해로써 모든 곳에서 [그러한 것들을] 구하기 때문에 '견해(見)'라고 말한다. [이러한 일곱 가지] 견해로부터 다시 '여섯 가지 집착하는 마음'(六著心)을 일으키니, 탐욕(貪)·애착(愛)·분노(瞋)·어리석음(癡)·욕정(欲)·교만(慢)이 세계(法界) 가운데 모든 때에 일어나는 것이다. 부처의 제자들이여, 모든 번뇌는 [이] 열세 가지를 근본으로 하는 것

187 '法界'는 크게 두 가지 의미로 사용되는데, 하나는 '현상세계'이고 다른 하나는 '진리세계'이다. 본 번역에서는 맥락에 따라 두 가지 중 하나를 선택하고 있다.

188 계도견戒盜見: 계금취견戒禁取見을 말한다.

이니, 근본무지(無明)는 [이] 열세 가지와 함께 [모든 번뇌의] 근본을 만든다.

〈소〉

此下, 第四所治愚門. 在文有二, 先因後果. 因愚之中, 別明總結, 別中先明根本無明. "不了一切法, 迷法界而起三界業果"者, 不了一切法卽是一法界, 如『起信論』云, "不達一法界故, 心不相應, 忽然念起, 名爲無明"故. 次顯技末. 於中言"戒盜見"者, 卽是戒取, 計邪因故. "果盜見"者, 卽是見取, 計邪果故. 謂於生死計樂淨等, 又有足上, 故名果見. 如是二種名"盜見"者, 邪取之義名爲盜故. "疑見"者, 推求道理猶預分別, 是慧分別故名爲見, 猶預之慧以爲疑故. 爲顯是義, 故言"七見, 見一切處求故[189]見".

[H1, 502b8~20]

이 아래는 네 번째인 '다스려지는 어리석음의 측면'(所治愚門)[에서의 대답]이다. 글 [내용]에는 두 가지가 있으니, 앞은 원인(因)[을 밝힌 것]이고 뒤는 결과(果)[를 밝힌 것]이다. '원인인 어리석음'(因愚)[을 밝힌 것]에는 '하나씩 밝힌 것'(別明)과 '총괄적으로 맺는 말'(總結)이 있는데, '하나씩 [밝힌 것]'(別[明])에서는 먼저 근본무지(根本無明)를 밝혔다. "'모든 현상을 제대로 이해하지 못하는 것'[이라 부르니], 현상세계(法界)에 미혹하여 '[욕망세계 · 유형세계 · 무형세계, 이] 세 가지 세계'(三界)의 행위(業)와 과보(果)를 일으킨다."(不了一切法, 迷法界而起三界業果)라는 것은, 모든 현상이 바로 '하나처럼 통하는 [차이들의] 현상세계'(一法界)라는 것을 제대로

189 『본업경』 원문에는 '故說見'으로 되어 있다.

이해하지 못하는 것이니, 『대승기신론』에서 [다음과 같이] 말하는 것과 같다. "'하나처럼 통하는 [차이들의] 현상세계'(一法界)를 통달하지 못하기 때문에 마음이 ['하나처럼 통하는 [차이들의] 현상세계'(一法界)와] 서로 응하지 못하여 홀연히 '['하나처럼 통하는 [차이들의] 현상세계'(一法界)를 제대로 이해하지 못하는] 생각'(念)이 일어나는 것을 근본무지(無明)라고 부른다."[190]

다음은 지말枝末을 드러낸 것이다. 그 가운데 "지키거나 피해야 할 것에 대한 그릇된 견해"(戒盜見)라는 것은 바로 '지키거나 피해야 할 것에 대한 [그릇된] 집착'(戒取)이니, '그릇된 원인'(邪因)을 꾀하는 것이다. "그릇된 결과를 구하는 견해"(果盜見)라는 것은 바로 [그릇된 결과를 구하는] '견해에 대한 집착'(見取)이니, '그릇된 결과'(邪果)를 꾀하는 것이다. 말하자면 '[근본무지에 매여] 태어나고 죽는 [윤회의 삶]'(生死)에서 즐거움과 청정함 등을 꾀하거나 더 좋은 것에 만족하려는 것이 있기 때문에 '그릇된 결과를 구하는 견해'(果[盜]見)라 부르는 것이다. 이와 같은 [계도견戒盜見 · 과도견果盜見] 두 가지를 "도둑질하는 견해"(盜見)라 부른 것은, '잘못 취한다'(邪取)는 뜻을 도둑질(盜)이라 부르기 때문이다. "[진리를] 의심하는 견해"(疑見)라는 것은 진리를 추구하면서도 망설이고 따지는 것인데, 생각으로 따지기 때문에 견해(見)라 하며 망설이는 생각이기 때문에 의심(疑)이라 한 것이다. 이러한 뜻을 드러내고자 하였기 때문에 "[이들] '일곱 가지 견해'(七見)는 견해로써 모든 곳에서 [그러한 것들을] 구하기 때문에 '견해(見)'라고 말한다."(七見, 見一切處求故[說]見)라고 하였다.

言"六著"者, 開貪爲三, 障出離道最勝因故. 淫欲名欲, 餘名貪愛, 著

190 『대승기신론』(T32, 577c5~7). "以不達一法界故, 心不相應, 忽然念起, 名爲無明."

現前境名貪, 顧戀過去, 希求未來, 總名爲愛. 又於欲界外門所起名貪, 色無色界內門所起名愛. "於法界中一切時起"者, 謂如說十三熏習, 異熟識中恒流不絶故. 所以是識名法界者, 能持三界諸法種子故, 界是持義及因義故. "佛子"以下, 第二總結. "一切煩惱, 以十三爲本"者, 隨煩惱中大中及小, 皆以十三爲根本故, 無明住地, 與此十三而作本故.

[H1, H1, 502b20~c7]

"여섯 가지 집착[하는 마음]"(六著[心])이라는 것은, [이 여섯 가지 중에서 탐욕(貪)·애착(愛)·욕정(欲)은] 탐욕(貪)을 세 가지로 '펼쳐 놓은 것'(開)이니, [탐욕이] '[번뇌에서] 벗어나는 길'(出離道)을 장애하는 '가장 강력한 원인'(最勝因)이기 때문이다. '음탕한 것에 대한 욕망'(淫欲)을 욕정(欲)이라 부르고 나머지 [두 가지를] '탐욕과 애착'(貪愛)이라 부르는데, 현재 앞에 있는 대상에 집착하는 것을 탐욕(貪)이라 하고, 과거를 돌아보며 연연하고 미래를 희구希求하는 것을 총괄하여 애착(愛)이라 한다. 또 욕망세계의 '외부 대상'(外門)에 대하여 일으킨 것을 탐욕(貪)이라 하고, 유형세계(色界)와 무형세계(無色界)의 '내부 대상'(內門)에 대하여 일으킨 것을 애착(愛)이라고 한다. "세계(法界) 가운데 모든 때에 일어나는 것이다."(於法界中一切時起)라는 것은, 열세 가지[191]로 설한 것의 '누적된 경향성'(熏習)이 [제8식인] '다르게 무르익어 가는 식'(異熟識) 안에서 항상 흘러가면서 단절되지 않기 때문이다. 이 식識을 세계(法界)라 부르는 까닭은 [제8식인 이숙식異熟識이] '[욕망세계·유형세계·무형세계, 이] 세 가지 세계'(三界)의 모든 현상의 종자를 능히 지니기 때문이며, [또] '계界'는 '지닌다는 뜻'(持義)과 '원인이라는 뜻'(因義)[을 가지고 있기] 때문이다.

---

191 열세 가지: 칠견七見의 일곱 가지(사견·아견·상견·단견·계금취견·과도견·의견)와 육착六著의 여섯 가지(탐냄·애착·성냄·어리석음·욕정·교만)을 합친 것이다.

"부처의 제자들이여"(佛子) 이하는 두 번째인 '총괄적으로 맺는 말'(總結)이다. "모든 번뇌는 [이] 열세 가지를 근본으로 하는 것이다."(一切煩惱以十三爲本)라는 것은, '[근본이 되는 번뇌를] 따라 일어나는 번뇌'(隨煩惱) 가운데 '큰 것'(大), '중간 것'(中), '작은 것'(小)이 모두 [이들] 열세 가지를 근본으로 삼기 때문이며, '삼계의 근본무명'(無明住地)[192]도 이 열세 가지와 더불어 [모든 번뇌의] 근본이 되기 때문이다.

『보살영락본업경菩薩瓔珞本業經』 상권 제3 「현성학관품賢聖學觀品」

是以就法界中, 別爲三界報. 佛子, 見著二業, 迷法界中一切色欲心,[193] 所起報故, 分爲欲界報. 佛子, 見著二業, 迷法界中一切色心故,[194] 色心所起報,[195] 分爲色界報. 佛子, 見著二業, 迷法界中一切定心故,[196] 定心所起報,[197] 分爲無色界報. 是故於一法界中, 有三界報. 一切有爲法, 若凡 · 若聖 · 若見著 · 若因果法, 不出法界. 唯佛一人在法界外, 然後爲復來入法界藏中, 爲無明衆生, 示一切善惡道果報差別無量.

[T24, 1016c3~13]

이 때문에 현상세계(法界)에서 구분하여 '[욕망세계 · 유형세계 · 무형세계, 이] '세 가지 세계의 과보'(三界報)가 된다.

192 무명주지無明住地: 앞서의 '오주五住' 및 '작득주지作得住地' 역주 참조.
193 대정장 『본업경』 교감주에서는 '心+色欲心'으로 교감하고 있다. 이에 따른다.
194 대정장 『본업경』 교감주에서는 '故'를 연자衍字로 보고 있다. 이에 따른다.
195 대정장 『본업경』 교감주에서는 '報+(故)'로 교감하고 있다. 이에 따른다.
196 대정장 『본업경』 교감주에서는 '故'를 연자衍字로 보고 있다. 이에 따른다.
197 '故'가 빠진 것으로 보인다. '定心所起報故'로 교감한다. 이에 따른다.

부처의 제자들이여, '[일곱 가지] 견해'([七]見)와 '[여섯 가지] 집착'([六]著)의 두 가지 행위(業)가 현상세계(法界) 가운데의 모든 '색깔이나 모양 있는 것을 탐하는 마음'(色欲心)에 미혹되니, '색깔이나 모양 있는 것을 탐하는 마음'(色欲心)이 일으키는 과보이기 때문에 구분하여 '욕망세계의 과보'(欲界報)라고 한다.

부처의 제자들이여, '[일곱 가지]견해'([七]見)와 '[여섯 가지] 집착'([六]著)의 두 가지 행위(業)가 현상세계(法界) 가운데의 모든 '유형의 것에 대한 마음'(色心)에 미혹되니, '유형의 것에 대한 마음'(色心)이 일으키는 과보이기 때문에 구분하여 '유형세계의 과보'(色界報)라고 한다.

부처의 제자들이여, '[일곱 가지] 견해'([七]見)와 '[여섯 가지] 집착'([六]著)의 두 가지 행위(業)가 현상세계(法界) 가운데의 모든 '선정에 든 마음'(定心)에 미혹되니, '선정에 든 마음'(定心)이 일으키는 과보이기 때문에 구분하여 '무형세계의 과보'(無色界報)라고 한다.

그러므로 '하나처럼 통하는 [차이들의] 현상세계'(一法界)에 '[욕망세계 · 유형세계 · 무형세계, 이] 세 가지 세계의 과보'(三界報)가 있다. 모든 '[조건들에 의존하여] 만들어진 것'(有爲法)은 범부凡夫이거나 성인聖人이거나 '견해와 집착'(見著)이거나 '원인과 결과의 현상'(因果法)이거나 현상세계(法界)를 벗어나지 않는다. 오직 부처 한 사람만이 현상세계(法界)[의 속박] 밖에 있으며, 그런 뒤에 다시 현상세계 속으로 들어와, 근본무지[에 매인] 중생들을 위해서 모든 '이롭거나 해로운 길'(善惡道)의 과보의 차이들이 무한하다는 것을 보여 준다.

〈소〉

"是以"已下, 次明果愚. 於中有三, 總標別釋, 後明相攝. 別釋中言"見著二業"者, 見著二惑所發業故. 如是惑業, 迷異熟識之所攝, 持諸色欲心所起之報, 分爲欲界. 若離淫欲, 但迷色心所起之報, 分爲色界. 若離色愛, 但迷定心所起之報, 爲無色界故.

[H1, 502c7~13]

"이 때문에"(是以) 이하는 다음으로 '결과인 어리석음'(果愚)을 밝힌 것이다. 그 가운데 세 가지가 있으니, [먼저는] '총괄적으로 드러내는 것'(總標)이고 [다음은] '하나씩 해석하는 것'(別釋)이며 나중에는 '서로 포섭되는 것'(相攝)을 밝혔다. '하나씩 해석하는 것'(別釋) 중에서 "[일곱 가지] 견해'([七]見)와 '[여섯 가지] 집착'([六]著)의 두 가지 행위(業)"라고 말한 것은, 견해(見)와 집착(著)의 두 가지 번뇌(惑)가 일으킨 행위(業)이기 때문이다. 이와 같은 '번뇌의 행위'(惑業)가 [제8식인] '다르게 무르익어 가는 식'(異熟識)이 포섭하고 있는 것[인 현상세계(法界)]에 미혹하여 갖가지 '색깔이나 모양 있는 것을 탐내는 마음'(色欲心)이 일으킨 과보를 지니는 것을 구분하여 욕망세계(欲界)라 한다. 만약 '음탕한 것에 대한 욕망'(淫欲)에서는 벗어나고 단지 '유형의 것에 대한 마음'(色心)에 미혹하여 일으킨 과보라면 구분하여 유형세계(色界)라고 한다. [그리고] 만약 '유형의 것에 대한 [마음의] 애착'(色愛)에서는 벗어나고 단지 '선정에 든 마음'(定心)에 미혹하여 일으킨 과보라면 무형세계(無色界)가 된다.

"是故"以下, 相攝分齊. 於中有二, 先明相攝, 後顯不攝. 初中言"不出法界"者, 皆爲異熟識所攝故, 第二中言"唯佛一人出法界外"[198]者, 唯佛能離異熟識故. "來入法界藏"者, 以應化身入於三界故. 『人王經』中, 名三界藏, 彼言, "一切衆生煩惱, 不生[199]出三界藏, 一切衆生果報, 二

198 『본업경』 원문은 "唯佛一人在法界外"이다.

199 『한불전』에서는 '不生'이 경전에 없다고 하였으나, (대정장) 『인왕경』에는 '不出'로 되어 있다. 『인왕경』 본문을 따른다.

十二根, 不出三界, 諸佛應化法身, 亦不出三界, 三界外無衆生, 佛何所化? 是故我言, '三界外別有一衆生界藏'者, 外道『大有經』中說, 非七佛之所說." 此義具如『一道章』說.

[H1, 502c13~503a3]

"그러므로"(是故) 이하는 '서로 포섭하는 부분'(相攝分齊)이다. 여기에는 두 가지가 있는데, 먼저는 '서로 포섭되는 것'(相攝)을 밝혔고 나중에는 '포섭되지 않는 것'(不攝)을 나타내었다. 처음에 "현상세계를 벗어나지 않는다."(不出法界)라고 말한 것은 모두 [제8식인] '다르게 무르익어 가는 식'(異熟識)에 포섭되는 것이기 때문이고, 두 번째에서 "오직 부처 한 사람만이 현상세계(法界)[의 속박] 밖에 있다."(唯佛一人出法界外)라고 말한 것은 오직 부처님만이 [제8식인] '다르게 무르익어 가는 식'(異熟識)에서 벗어날 수 있기 때문이다. "현상세계 속으로 들어온다."(來入法界藏)라는 것은, '[중생의 바람에] 응하여 나타내는 몸'(應身)과 '[중생구제를 위해 갖가지 모습으로] 나타내는 몸'(化身)으로 '[욕망세계 · 유형세계 · 무형세계, 이] 세 가지 세계'(三界)에 들어오기 때문이다. 『인왕경』에서는 '[욕망세계 · 유형세계 · 무형세계, 이] 세 가지 세계의 영역'(三界藏)이라 부르면서 [다음과 같이] 말한다.

"모든 중생의 번뇌는 '[욕망세계 · 유형세계 · 무형세계, 이] 세 가지 세계의 영역'(三界藏)에서 벗어나지 않고, 모든 중생의 과보와 '22가지 능력'(二十二根)[200]도 '[욕망세계 · 유형세계 · 무형세계, 이] 세 가지 세계를 벗어나지 않으며, 모든 부처의 '[중생의 바람에] 응하여 나타내는 몸'(應身)과 '[중

200 22根: 안근眼根 · 이근耳根 · 비근鼻根 · 설근舌根 · 신근身根 · 여근女根 · 남근男根 · 명근命根 · 의근意根 · 낙근樂根 · 고근苦根 · 희근喜根 · 우근憂根 · 사근捨根 · 신근信根 · 정진근精進根 · 염근念根 · 정근定根 · 혜근慧根 · 미지당지근未知當知根 · 이지근已知根 · 구지근具知根을 말한다.

생구제를 위해 갖가지 모습으로] 나타내는 몸'(化身) 및 '진리의 몸'(法身) 역시 '[욕망세계 · 유형세계 · 무형세계, 이] 세 가지 세계'를 벗어나지 않으니, 세 가지 세계를 떠나서는 중생이 없는데 부처가 어디에서 교화를 하겠는가? 그러므로 나는 말하노니, 〈[욕망세계 · 유형세계 · 무형세계, 이] 세 가지 세계 밖에 따로 하나의 '중생세계 영역'(衆生界藏)이 있다.〉는 것은 '[불교와는] 다른 가르침'(外道)인 『대유경大有經』에서 말한 것이지 '일곱 부처'(七佛)[201]가 한 말이 아니다."[202] 이 뜻은 『일도장一道章』[203]에서 자세히 설명한 것과 같다.

『보살영락본업경菩薩瓔珞本業經』 상권 제3 「현성학관품賢聖學觀品」

佛子, 前三賢伏三界無明, 而用麁業, 何以故? 當受生時, 善爲緣子, 愛爲潤業故. 受未來果, 故名息用而不斷愛用. 又十一人亦伏法界中三界業果故, 初地乃至七地, 三界業果俱伏盡[204]無餘, 八地乃盡. 故從此以上, 示現作佛, 王宮受生, 出家得道, 轉法輪, 滅度, 亦[205]現一切

201 칠불七佛: 석가모니불과 그 이전에 출현하였다는 여섯 부처를 말한다. 석가모니불 이전의 여섯 부처는 비파시불毘婆尸佛(vipaśyin-buddha의 음사) · 시기불尸棄佛(śikhin-buddha의 음사) · 비사부불毘舍浮佛(viśvabhū-buddha의 음사) · 구루손불拘樓孫佛(krakucchanda-buddha의 음사) · 구나함불拘那含佛(kanakamuni-buddha의 음사) · 가섭불迦葉佛(kāśyapa-buddha의 음사)이다.

202 『불설인왕반야바라밀경』 권1 제3「보살교화품菩薩教化品」(T8, 826c28~827a4). "善男子! 一切衆生煩惱不出三界藏, 一切衆生果報二十二根不出三界, 諸佛應化法身亦不出三界, 三界外無衆生, 佛何所化? 是故我言, 三界外別有一衆生界藏者, 外道大有經中說, 非七佛之所說."

203 원효의 저술인데 일실되어 전하지 않는다.

204 대정장 『본업경』 교감주에서는 '(未)+盡'으로 교감하고 있다. 그러나 원효는 '盡無餘'로 보고 주석하고 있으므로 원효의 관점에 따른다.

205 대정장 『본업경』 교감주에서는 '亦=示'로 교감하고 있다.

佛界. 故無子愛三界之報, 唯有無明習在, 以大願力故變化生. 是以我昔天中, 說生不生義業生變生.

[T24, 1016c14~22]

부처의 제자들이여, 앞의 '[십주十住 · 십행十行 · 십회향十廻向 단계에 속하는] 세 가지 보살의 경지'(三賢位)에서 '[욕망세계 · 유형세계 · 무형세계, 이] 세 가지 세계'(三界)의 근본무지(無明)를 억제했지만 [여전히] '[근본무지에 매인] 거친 행위'(麤業)를 일으키는 것은 무엇 때문인가? 태어날 때 [전생의] '이로운 [행위]'(善[業])가 '인연의 종자'(緣子)가 되고 '[삼계三界에 대한] 애착'(愛)[206]이 '[근본무지에 매인 거친] 행위에 생명력을 부여하는 것'(潤業)이 되기 때문이다. [그러므로] 미래의 과보를 받으니, 따라서 ['행위에 얽매이는'(繫業)] 작용을 그친다고 말하지만 '애착의 작용'(愛用)을 끊지는 못한다. 또한 [십지十地의 각 단계와 등각지等覺地를 합한] '열한 가지 단계에 있는 사람'(十一人) 역시 현상세계(法界) 가운데 '[욕망세계 · 유형세계 · 무형세계, 이] 세 가지 세계'(三界)의 '행위의 과보'(業果)를 억제하기 때문이니, [십지十地의] '첫 번째 단계'(初地, 歡喜地)에서부터 '일곱 번째 단계'(七地, 遠行地)에 이르기까지 [욕망세계 · 유형세계 · 무형세계, 이] 세 가지 세계의 '행위의 과보'(業果)를 모두 다 남김없이 억누르다가, '여덟 번째 단계'(八地, 不動地)에서는 ['[윤회하는] 행위의 과보'(業果)가] 다 없어진다. 그러므로 이 위부터는 [석가모니] 부처가 되는 것을 나타낸 것이니, 왕궁에서 태어나고 출가하여

---

206 애愛: 『아비달마대비바사론』 권50에 따르면 "有九結, 謂愛結 · 恚結 · 慢結 · 無明結 · 見結 · 取結 · 疑結 · 嫉結 · 慳結."(T27, 258a3~4)이라고 하여 애愛 · 에恚 · 만慢 · 무명無明 · 견見 · 취取 · 의疑 · 질嫉 · 간慳의 아홉 가지 번뇌(九結) 중 하나라 하고, 같은 책에서 "云何愛結? 謂三界貪. 然三界貪於九結中總立愛結."(T27, 258a16~17)이라고 하여 욕계탐欲界貪 · 색계탐色界貪 · 무색계탐無色界貪의 삼계탐三界貪을 총칭하여 애愛라 한다고 설명한다.

진리를 깨달으며, '진리를 펼치다가'(轉法輪) 열반에 들고 모든 '부처세계'(佛界)를 나타낸다. 그러므로 [팔지八地 이상에서는] '[행위의] 종자와 애착'(子愛)으로 인한 '[욕망세계 · 유형세계 · 무형세계, 이] 세 가지 세계'의 과보는 없고 오직 '근본무지의 누적된 경향성'(無明習)만 있으며, '[중생을 구제하려는] 크나큰 바람의 힘'(大願力) 때문에 [인간의 몸으로] 변화하여 태어난다. 그래서 내가 옛날에 [타화자재천他化自在天의] 하늘 세계에서 '태어나거나 태어나지 않는 뜻'(生不生義)과 '행위로 인해 태어남'(業生) · '변화하여 태어남'(變生)을 설한 것이다.

〈소〉

此下, 第五明二生門. 於中有二, 別明總結. 別中有二, 先明業生, 後顯變生. 業生之內亦有二別. 三賢位中, 伏麤無明, 離於繫業, 而有細愛用, 不繫業故. "善爲緣子"者, 報因種子爲增上緣故. "愛爲潤業"者, 以現行愛潤業種子故. "故名息用而不斷愛用"者, 息繫業用故, 異前凡夫, 愛用潤業故, 異後聖人也.

[H1, 503a4~11]

다음은 다섯 번째인 '['행위로 인해 태어남'(業生)과 '변화하여 태어남'(變生), 이] 두 가지 태어남의 측면'(二生門)[에서의 대답]을 밝힌 것이다. 여기에는 두 가지가 있으니, '하나씩 밝히는 것'(別明)과 '총괄적으로 맺는 말'(總結)이다. 하나씩 밝힌 것에는 두 가지가 있으니, 먼저 '행위로 인해 태어남'(業生)을 밝혔고 나중에는 '변화하여 태어남'(變生)을 드러내었다. '행위로 인해 태어남'(業生) 안에도 두 가지 구별이 있다.

'[십주十住 · 십행十行 · 십회향十廻向 단계에 속하는] 세 가지 보살의 경지'(三賢位)에서는 '거친 근본무지'(麤無明)를 제압하여 '행위에 얽매이는 것'(繫業)에서 벗어나니, 미세한 애착의 작용이 있지만 행위에 얽어매지는 않기 때문이다. "[전생의] '이로운 [행위]'(善[業])가 '인연의 종자'(緣子)가 된다."(善[業]爲緣子)라는 것은, ['선한 행위'(善業)와 같은] '과보의 원인'(報因) 종자가 '증폭시키는 조건'(增上緣)[207]이 되기 때문이다. "'[삼계三界에 대한] 애착'(愛)이 '[근본무지에 매인 거친] 행위에 생명력을 부여하는 것'(潤業)이 된다."(愛爲潤業)라는 것은, '현재 작용하는 애착'(現行愛)이 '행위의 종자'(業種子)에 생명력을 부여하기 때문이다. "따라서 ['행위에 얽매이는'(繫業)] 작용을 그친다고 말하지만 '애착의 작용'(愛用)을 끊지는 못한다."(故名息用而不斷愛用)라는 것은, '행위에 얽매이는 작용'(繫業用)을 그쳤기 때문에 앞의 [경지에 있는] 범부와 다르고, 애착의 작용이 [근본무지에 매인 거친] 행위에 생명력을 부여하기 때문에 뒤의 [경지에 있는] 성인聖人과 다른 것이다.

次言"十一人亦伏法界中三界業果"者, 總擧聖位. "初地乃至七地, 三

207 증상연增上緣(adhipati-pratyaya): 증상增上의 산스크리트어인 aupacayika 또는 adhipati 중에서 aupacayika는 upacaya의 형용사형인데, upacaya는 축적·다량·향상시킴·증진·번영(accumulation, quantity, elevation, increase, prosperity) 등의 뜻이다.(Sanskrit English Dictionary, p.197 참조.) 증상연增上緣은 소승 아비달마阿毘達磨에서 제시하는 4연四緣 중 하나이기도 하다. 다른 존재가 발생하는 데 간접적인 원인으로서 조력하거나 장애가 되지 않는 조건이다. 다른 존재의 발생을 돕는 조건은 여력증상연與力增上緣, 다른 존재의 발생을 적어도 방해하지 않는 조건은 부장증상연不障增上緣으로 불린다. 이처럼 모든 존재는 어느 하나의 존재가 발생하는 것과 관련할 때 증상연增上緣이 된다. 나머지 세 가지 조건 중에서 ① '원인이 되는 조건'(因緣, hetu-pratyaya)이란 것은 모든 유위법有爲法들이 만들어지는 직접적인 원인을 가리키고, ② '틈새 없이 앞의 마음이 뒤의 마음을 발생시키는 것'(等無間緣, 次第緣, samanantara-pratyaya)이란 앞 순간의 마음이 다른 것의 개입이 없이 뒤 순간의 마음을 발생시키는 조건이 되는 것을 가리키며, ③ '반연하는 대상'(所緣緣, 緣緣, ālambana-pratyaya)이란 것은 마음이 생겨나는 데 조건이 되는 대상을 가리킨다. 이 세 가지 조건 이외의 모든 간접적인 원인이 증상연增上緣이다.

界果俱伏盡無餘，八地乃盡”者，明此位中理以業生，用願智力自在生故. 故不起愛以爲潤業，乃至七地，愛最後身復不更受，故言“無餘”，八地不受，故言“乃盡”也. “後[208]此以上，示現作佛”，此下第二顯變化生，謂從八地以上四地，不受三界業種子報，故言“無子愛三界之報”，以三界煩惱皆伏盡故,[209] 法執無明未能伏盡，故言“唯有無明習在.” 以是法執無明力故，發無漏業受變易報，而其三界熏習種子，乃至金剛相續不絶，是故說爲不出三界.

[H1, 503a11~24]

다음으로 “[십지十地의 각 단계와 등각지等覺地를 합한] ‘열한 가지 단계에 있는 사람’(十一人) 역시 현상세계(法界) 가운데 ‘[욕망세계 · 유형세계 · 무형세계, 이] 세 가지 세계’(三界)의 ‘행위의 과보’(業果)를 억제한다.”(十一人亦伏法界中三界業果)라고 말한 것은, ‘성인의 단계’(聖位)를 총괄적으로 거론한 것이다. “[십지十地의] ‘첫 번째 단계’(初地, 歡喜地)에서부터 ‘일곱 번째 단계’(七地, 遠行地)에 이르기까지 [욕망세계 · 유형세계 · 무형세계, 이] 세 가지 세계의 ‘행위의 과보’(業果)를 모두 다 남김없이 억누르다가, ‘여덟 번째 단계’(八地, 不動地)에서는 [‘[윤회하는] 행위의 과보’(業果)가] 다 없어진다.”(初地乃至七地, 三界果俱伏盡無餘, 八地乃盡)라는 것은, 이 단계에서는 ‘지혜의 도리’(理)에 의거하여 ‘행위로 인해 태어나고’(業生) ‘[중생을 구제하려는] 바람과 지혜의 힘’(願智力)으로써 자유자재로 ‘[변화하여] 태어남’([變]生)을 밝히는 것이다. 그러므로 애착을 일으키지 않으면서 행위에 생명력을 부여하며, 나아가 ‘일곱 번째 단계’(七地, 遠行地)에 이르러서는 ‘애욕에 의한 마지막 몸’(愛最後身)이라서 더 이상 [애욕에 매인 몸을] 받지 않으므로 “남김없이”(無餘)라고 말했으며, ‘여덟 번째 단계’(八地,

208 『본업경』 원문은 ‘後’가 아니라 ‘從’이다. 교감하여 번역한다.
209 ‘故’는 연자衍字로 보인다.

不動地)에서는 [애욕에 매인 몸을] 받지 않기 때문에 "['[윤회하는] 행위의 과보'(業果)가] 다 없어진다."(乃盡)라고 말한 것이다.

"이 위부터는 [석가모니] 부처가 되는 것을 나타낸 것이다."(從此以上, 示現作佛) 이 아래는 두 번째로 '변화하여 태어남'(變化生, 變生)을 드러낸 것이니 [그 뜻은 다음과 같다.] '여덟 번째 단계'(八地, 不動地) 이상의 네 가지 단계(地)[210]에서는 '[욕망세계 · 유형세계 · 무형세계, 이] 세 가지 세계'(三界)의 '행위의 종자'(業種子)와 과보(報)를 받지 않으니 그러므로 "'[행위의] 종자와 애착'으로 인한 '[욕망세계 · 유형세계 · 무형세계, 이] 세 가지 세계'의 과보는 없다."(無子愛三界之報)라고 말하였고, '[욕망세계 · 유형세계 · 무형세계, 이] 세 가지 세계의 번뇌'는 모두 제압하였지만 '모든 현상에 불변 · 독자의 본질/실체가 있다고 하는 집착을 일으키는 근본무지'(法執無明)는 아직 모두 제압하지 못하였기 때문에 "오직 '근본무지의 누적된 경향성'만 있다."(唯有無明習在)라고 말한 것이다. 이 '모든 현상에 불변 · 독자의 본질/실체가 있다고 하는 집착을 일으키는 근본무지의 힘'(法執無明力) 때문에 '번뇌가 스며듦이 없는 행위'(無漏業)를 일으켜서 '[모습과 수명에 제한이 없는] 변하는 [삶과 죽음]'(變易[生死])[211]의 과보를

210 팔지八地 이상의 '네 가지 단계'(四地): 팔지(八地, 不動地) · 구지(九地, 善慧地) · 십지(十地, 法雲地) · 십일지(十一地, 等覺地)를 말한다.

211 변역생사變易生死와 분단생사分段生死: 근본무지(無明)에 매여 삶과 죽음의 인과적 전개를 지속하는 현상인 '생사生死'를 두 가지로 구분한다. 분단생사分段生死(유위생사有爲生死)와 변역생사變易生死(무위생사無爲生死)가 그것인데, 이종생사二種生死라고도 한다. 분단생사分段生死(유위생사有爲生死)는 삼계三界 내의 생사生死로서 육도六道에 윤회하는 중생의 과보가 달라 모습과 수명에 각각 다른 분한이 있는 생사生死이다. 중생이 일정한 수명과 형상을 가지고 다양한 세계에 태어나고 죽는 윤회이다. 이에 비해 변역생사變易生死(무위생사無爲生死)는 아라한 등 삼승의 성인이, '번뇌가 스며듦이 없는 행위'(無漏業)를 원인(因)으로 하고, '삼계의 근본무명'(無明住地)을 조건(緣)으로 삼아, '세 종류의 모든 세계'(三界)에 속하는 것이 아닌 수승하고 미묘한 과보신果報身을 얻는 생사生死를 말한다. '중생을 향해 번뇌가 없이 일으키는 연민의 원력'(無漏의 비원력悲願力)에 따라 원래의

받는데, 그 '[욕망세계 · 유형세계 · 무형세계] 세 가지 세계'의 '거듭 영향을 주는 종자'(熏習種子)는 '금강[석처럼 굳건한] 삼매'(金剛[三昧])[212]에 이르기까지 서로 이어져 단절되지 않으니, 그래서 [등각지等覺地까지는] '[욕망세계 · 유형세계 · 무형세계, 이] 세 가지의 세계'를 벗어나지 못한다고 말하는 것이다.

又其淨土依止妙色, 雖是無漏法處所攝, 而皆依止於異熟識, 是故不名爲淨土也. "以大願力故變化生"者, 謂於穢土王官受生, 及與六道受

분단신分段身을 바꾸어 모습과 수명에 제한이 없는 변역신變易身을 얻은 생사生死이기 때문에 변역생사變易生死라고 한다. 『본업경』에서는 "唯有無明習在, 以大願力故變化生"(T24, p.1016c20~21)이라고 하여 8지地 보살 이상에서는 무명습無明習이 있지만 대원력大願力 때문에 변화생變化生(變易生死)을 받는다고 하고, 원효는 이 대목에 대해 "以是法執無明力故, 發無漏業, 受變易報"(H1, p.503a22~23)라고 하여 법집무명력法執無明力 때문에 무루업無漏業을 일으켜 변역생사變易生死의 과보를 받는다고 설명하고 있다.

212 금강삼매金剛三昧: 금강유정金剛喩定, 금강정金剛定, 금강심金剛心이라고도 한다. 성문승에서 금강유정은 번뇌를 끊는 수행 중 마지막 단계인 무간도無間道에서 발생하는 선정으로서, 금강유정으로 인해 발생하는 지혜가 '진지盡智'이며 이 진지로 인해 무학의 아라한과가 이루어진다. 『아비달마구사론』 권24(T29, 126c23~26). "金剛喩定是斷惑中最後無間道所生. 盡智是斷惑中最後解脫道. 由此解脫道與諸漏盡得最初俱生故名盡智. 如是盡智至已生時便成無學阿羅漢果." 삼승의 수행에서는 최후의 선정으로서 일반적으로 52위 중 묘각위妙覺位 이전의 등각위等覺位에 해당하는데, 이 선정으로 인해 가장 미세한 번뇌가 끊어져 가장 높은 지위인 불과佛果를 얻는다. 『성유식론』 권10(T31, 54c13~15). "由三大劫阿僧企耶修習無邊難行勝行, 金剛喩定現在前時永斷本來一切麤重, 頓證佛果, 圓滿轉依." 원효는 『금강삼매경론』에서 "若對生得無明住地, 即金剛心爲無間道, 妙覺初心爲解脫道. 無間道時與無明俱, 解脫道起方能正斷."(H1, pp.632c24~633a2)이라고 하여, 가장 미세한 번뇌인 생득무명주지生得無明住地에 대해서는 이 금강심金剛心(금강유정金剛喩定)이 해탈도解脫道 직전의 무간도無間道이어서 무명無明과 함께 있기 때문에 아직 생득무명주지生得無明住地를 끊어야 하는 수행의 과정에 해당하고, 해탈도解脫道인 묘각지妙覺地에 이르러서야 생득무명주지生得無明住地를 완전히 끊는다고 설명한다.

種種生, 皆是變化不由業生故. “以是故我昔”以下, 總結. “天中說”者, 第六天中說是義故. “業生”者, 七地已還故, “變生”者, 八地已上故.

[H1, 503a24~b7]

또 그 [팔지八地(不動地)·구지九地(善慧地)·십지十地(法雲地)·십일지十一地(等覺)에서 경험하는] ‘청정한 세상’(淨土)이 의지하는 ‘빼어난 모양이나 색깔’(妙色)은 비록 ‘번뇌가 스며듦이 없는 영역’(無漏法處)에 속하지만 모두 [제8식인] ‘다르게 무르익어 가는 식’(異熟識)에 의지하는 것이니, 그러므로 [완전한] ‘온전한 세상’(淨土)이라고는 말하지 않는다. “‘[중생을 구제하려는] 크나큰 바람의 힘’(大願力) 때문에 [인간의 몸으로] 변화하여 태어난다.”(以大願力故變化生)라는 것은, ‘오염된 세상’(穢土)의 왕궁에서 태어나는 것 및 ‘[업에 따라 윤회하는] 여섯 가지 세계’(六道)와 더불어 갖가지 생을 받는 것이 모두 [중생을 구제하려는] 변화이지 [번뇌에 매인] 행위(業)로 말미암아 태어난 것이 아니기 때문이다.

“그래서 내가 옛날에”(以是故我昔) 이하는 ‘총괄적으로 맺는 말’(總結)이다. “하늘 세계에서 … 설한 것이다.”(天中說)라는 것은 ‘여섯 번째 하늘세계’(第六天)[213][인 타화자재천他化自在天]에서 이러한 뜻을 설했기 때문이다. “행위로 인해 태어남”(業生)은 ‘일곱 번째 단계’(七地, 遠行地) 이전이기 때문이며, “변화하여 태어남”(變生)은 ‘여덟 번째 단계’(八地, 不動地) 이상이기 때문이다.

---

213 제육천第六天: 타화자재천他化自在天을 말한다. 상세한 내용은 ‘제육천第六天과 욕계육천欲界六天’ 역주 참조.

『보살영락본업경菩薩瓔珞本業經』 상권 제3 「현성학관품賢聖學觀品」

佛子, 聖位中[214]二種業. 一慧業. 無相無生[215]智, 心心緣法性而生無照, 是名慧業. 二功德業. 實智出有諦中, 有爲無漏, 集百萬阿僧祇功德, 故名爲[216]功德業. 從初聖以上而現受生, 以變易故, 畢故不造新, 以願力故, 住壽百劫[217]千[218]劫, 變化生一切.

[T24, 1016c22~27]

부처의 제자들이여, [십지十地의 '여덟 번째 단계'(八地) 이상의] 성인의 단계에서는 두 가지 행위(業)가 있다. 첫 번째는 '지혜의 행위'(慧業)이다. '[불변 · 독자의 본질/실체로 차별된] 차이가 없고 [불변 · 독자의 본질/실체로서] 생겨난 것이 없다고 보는 지혜'(無相無生智)가 마음마다 ['사실 그대로'(如實)인 현상의] 본연(法性)에 의거하여 생겨나지만 [지혜로써] 비춘다는 것도 없으니, 이것을 '지혜의 행위'(慧業)라 부른다. 두 번째는 '이로운 능력의 행위'(功德業)이다. '사실 그대로 보는 지혜'(實智)는 '존재에 관한 진리'(有諦)에서 나오는데, '행위가 있어도 번뇌가 스며듦이 없기에'(有爲無漏) '헤아릴 수 없이 많은 이로운 능력'(百萬阿僧祇功德)을 갖추니, 이것을 '이로운 능력의 행위'(功德業)라 한다. [십지十地의 '여덟 번째 단계'(八地)인] '첫 번째 성인'(初聖)부터 그 이상이라야 [중생구제의 원력으로] '세상에 태어남'(受生)을 나타내니, '[모습과 수명에 제한이 없는] 변하는 [삶과 죽음]'(變易[生死])이기 때문에 ['생사에 번

214 대정장 『본업경』 교감주에서는 '中+(有)'로 교감하고 있다.
215 대정장 『본업경』 교감주에서는 '無相無生=無生無相'으로 교감하고 있다.
216 대정장 『본업경』 교감주에서는 '故名爲=是名'으로 교감하고 있다. 이에 따른다.
217 대정장 『본업경』 교감주에서는 '劫'을 연자衍字로 보고 있다.
218 대정장 『본업경』 교감주에서는 '千+(萬)'으로 교감하고 있다.

뇌가 스며듦이 있는 행위'(生死有漏業)를] 끝내는 것이기에 ['생사에 번뇌가 스며듦이 있는 행위'(生死有漏業)에 따른] 새로운 삶(生)을 만들지 않으며, '[중생을 구제하려는] 바람의 힘'(願力) 때문에 백겁 천겁 동안이라도 살아가면서 [모습과 수명에 제한이 없이] 온갖 것으로 변화하여 태어난다.

〈소〉

此下，第六明二業門．於中有二，別明總結．初慧業中言"無相無生智"者，忘分別相及依他生故，"心心緣法性"者，證實性故，"而生無照"者，以離能取所取分別故．伏斷等業亦是慧業，但前已顯，故今不說耳．"智出有諦中，有爲無漏"等者，依正體智出後得智．於中俱有慈悲等德，上弘佛道，下化衆生，所以通名爲"功德業"．"從初聖"以下，重顯功德業．"以變易故，畢故不造新"者，功德轉增，前變後易故，於生死有漏之業，但能畢故，而不造新也．"變化生一切"者，七地以下，雖有業生，而亦兼有變化生故．

[H1, 503b8~20]

이 아래는 여섯 번째인 '[지혜의 행위'(慧業)와 '이로운 능력의 행위'(功德業), 이] 두 가지 행위의 측면'(二業門)[에서의 대답]을 밝힌 것이다. 여기에는 두 가지가 있으니, '하나씩 밝힌 것'(別明)과 '총괄적으로 맺는 말'(總結)이다. 첫 번째인 '지혜의 행위'(慧業) 중에서 "[불변 · 독자의 본질/실체로 차별된] 차이가 없고 [불변 · 독자의 본질/실체로서] 생겨난 것이 없다고 보는 지혜"(無相無生智)라고 말한 것은 '[불변 · 독자의 본질/실체로 보는 생각으로] 분별하는 양상'(分別相)과 '[불변 · 독자의 본질/실체로서] 다른 것에 의존하여 생겨난 것'(依他生)이 없기 때문이고, "마음마다 ['사실 그대로'(如

實)인 현상의] 본연(法性)에 의거한다."(心心緣法性)라는 것은 ['사실 그대로'(如實)인 현상의] '참된 본연'(實性)을 증득했기 때문이며, "생겨나지만 [지혜로써] 비춘다는 것도 없다."(而生無照)라는 것은 주관(能取)과 객관(所取)[을 실체로 보는] 분별에서 떠났기 때문이다. [분별이나 번뇌를] '억제하여 끊는'(伏斷) 등의 행위도 '지혜의 행위'(慧業)이지만, 단지 앞에서 이미 나타냈기 때문에 지금은 설하지 않았을 뿐이다.

"'사실 그대로 보는 지혜'(實智)는 '존재에 관한 진리'(有諦)에서 나오는데, 행위가 있어도 번뇌가 스며듦이 없다."(智出有諦中, 有爲無漏) 등으로 말한 것은, '본연의 온전한 지혜'(正體智)에 의거하여 ['근본적인 지혜'(根本智)에 의거하여 대상에 대해] 뒤이어 얻어지는 지혜'(後得智)[219]를 일으키는 것이다. 여기에는 자비 등의 능력(德)이 갖추어져 있어 '위로는 깨달음의 길을 넓히고'(上弘佛道) '아래로는 중생을 교화하니'(下化衆生), 그러므로 총괄하여 "이로운 능력의 행위"(功德業)라 불렀다.

"[십지十地의 '여덟 번째 단계'(八地)인] '첫 번째 성인'(初聖)부터"(從初聖)[이라는 말] 이하는 '이로운 능력의 행위'(功德業)를 거듭 드러낸 것이다. "'[모습과 수명에 제한이 없는] 변하는 [삶과 죽음]'(變易[生死])이기 때문에 ['생사에 번뇌가 스며듦이 있는 행위'(生死有漏業)를] 끝내는 것이기에 ['생사에 번뇌가 스며듦이 있는 행위'(生死有漏業)에 따른] 새로운 삶(生)을 만들지 않는다."(以變易故, 畢故不造新)라는 것은, '이로운 능력'(功德)이 더욱 늘어나 [중생구제를 위해 모습과 수명을] 전후로 변화하기 때문이며, 다만 '생사에 번뇌가 스며듦이 있는 행위'(生死有漏業)를 끝낼 수 있기 때문에 ['생사에 번뇌가 스며듦이 있는 행위'(生死有漏業)에 따른] 새로운 삶을 만들지 않는다는 것이다.

"[모습과 수명에 제한이 없이] 온갖 것으로 변화하여 태어난다."(變化生一

219 정체지正體智와 후득지後得智: '이지理智와 양지量智' 역주 참조.

切)라는 것은, [십지十地의] '일곱 번째 단계'(七地, 遠行地) 아래로는 비록 '행위로 인해 태어남'(業生)이 있지만 또한 [십지十地의 '여덟 번째 단계'(八地) 이상에서는] '변화하여 태어남'(變化生)이 겸하여 있기 때문이다.

제4 「[명칭이 지닌] 면모를 풀이하는 단원」(釋義品)

『보살영락본업경菩薩瓔珞本業經』 하권 제4 「석의품釋義品」

佛[220]告敬首菩薩. "汝先言義相云何[221]者, 所謂十住, 十行, 十向,[222] 十地, 無垢地, 妙覺地義相, 今當說. 佛子, 是金剛海藏『瓔珞經』[223]中, 釋賢聖相義. 義出體, 體者, 菩薩體, 義名功德. 如是二法, 一切菩薩爲體爲義, 故名體義. 佛子, 發心住者, 是人從始具縛凡夫, 未識三寶聖人, 未識好惡因之以果, 一切不識不解不知. 佛子, 從不識始凡夫地, 值佛菩薩教[224]法, 中起一念信, 便發菩提心, 是人爾時住前, 名信想菩薩, 亦名假名菩薩, 亦名名字菩薩. 其人略行十心, 所謂信心·進[225]心·念[226]心·慧心·定心[227]·戒心·迴向心·護法心·捨心·願心. 復行[228]十心, 所謂十善法·五戒·八戒·十戒·六波羅蜜戒. 是人復行十善, 若一劫二劫三劫修十信, 受六天果報. 上善有三品, 上

220 대정장『본업경』 교감주에서는 '(爾時)+佛'로 교감하고 있다.
221 대정장『본업경』 교감주에서는 '義相云何=云何義相'으로 교감하고 있다.
222 대정장『본업경』 교감주에서는 '(廻)+向'으로 교감하고 있다.
223 대정장『본업경』 교감주에서는 '經'을 연자衍字로 보고 있다.
224 대정장『본업경』 교감주에서는 '(於)+教'로 교감하고 있다.
225 대정장『본업경』 교감주에서는 '(念心)+進'으로 교감하고 있다.
226 대정장『본업경』 교감주에서는 '念=定'으로 교감하고 있다.
227 대정장『본업경』 교감주에서는 '定心'을 연자衍字로 보고 있다.
228 대정장『본업경』 교감주에서는 '行=有'로 교감하고 있다.

品鐵輪王化一天下, 中品粟散王, 下品人中王. 具足一切煩惱, 集無量善業, 亦退亦出. 若值善知識學佛法, 若一劫二劫, 方入住位. 若不爾者, 常沒不出. 住退分善根, 如上說.

[T24, 1017a6~25]

부처님께서 경수보살敬首菩薩에게 말씀하셨다. "그대가 앞에서 〈[명칭이 지닌] 면모(義)와 특징(相)은 어떤 것입니까?〉라고 말한 것은, 이른바 '[믿음이 이해로] 안착하는 열 가지 단계'(十住, 十解) · '이타적 실천의 열 가지 단계'(十行) · '[수행으로 성취한 모든 것을 중생들에게] 돌리는 행위의 열 가지 단계'(十[迴]向) · '본격적인 수행의 열 가지 단계'(十地) · '번뇌가 없어진 경지'(無垢地, 等覺地) · '[차이들을] 사실대로 함께 만날 수 있는 깨달음의 경지'(妙覺地)의 면모(義)와 특징(相)이니, 이제 설하겠노라.

부처의 제자들이여, 이 '바닷물처럼 많은 금강석을 품은 것 같은'(金剛海藏) 『영락경瓔珞經』에서 '현인賢人과 성인聖人의 특징과 면모'(賢聖相義)를 해석하면 다음과 같다. [현인賢人과 성인聖人의] 면모(義)는 '[본연인] 바탕'(體)에서 나오나니, '[본연인] 바탕'(體)이라는 것은 '보살의 [본연으로서의] 바탕'(菩薩體)이고 면모(義)는 '이로운 능력'(功德)이라 부른다. 이와 같은 ['[본연인] 바탕'(體)과 '이로운 능력'(功德), 이] 두 가지를 모든 보살이 '[본연으로서의] 바탕'(體)으로 삼고 면모(義)로 삼으니, 따라서 '[본연인] 바탕'(體)과 면모(義)라고 말한다.

부처의 제자들이여, [십주十住의 첫 단계인] '최고의 깨달음을 구하려는 마음을 일으키는 것에 자리 잡는 단계'(發心住)라는 것은 [다음과 같은 것이다.] [발심주發心住에 들어가려는] 이 사람은 '[견혹見惑과 수혹修惑에] 모두 묶인 범부'(具縛凡夫)[229][의 상태]로부터 시작하는 것이기에, 아직 '[부처(佛) · 가르침(法) · 수행공동체(僧), 이] 세 가지 보배'(三寶)와 성인을 알아보지 못하며, 아직 좋고 나쁜 원인(因)과 그 결과(果)도 알지 못하니, 모든 것을 알아보지도 이해하지도 알지도 못한다.

부처의 제자들이여, [이렇게 모든 것을] 알아보지 못하는 상태에서부터 시작하는 '범부의 단계'(凡夫地)가 부처와 보살과 가르침을 만나 [그] 가운데서 '한 생각의 믿음'(一念信)을 일으키고 곧 '깨달음을 구하는 마음'(菩提心)을 일으키면, 이 사람은 그때가 '[최고의 깨달음을 구하려는 마음을 일으키는 것에] 자리 잡는 단계'([發心]住) 이전이니, '믿음에 생각이 열린 보살'(信想菩薩)이라 부르고 '이름만 갖춘 보살'(假名菩薩)이라고도 부르며 '이름뿐인 보살'(名字菩薩)이라고도 부른다.

그 사람은 대략 '열 가지 마음'(十心)을 닦으니, 이른바 '믿는 마음'(信心)·'나아가는 마음'(進心)·'잊지 않으려는 마음'(念心)·'지혜로운 마음'(慧心)·'선정에 드는 마음'(定心)·'계율을 지키는 마음'(戒心)·'[수행으로 성취한 모든 것을 중생들에게] 되돌리려는 마음'(迴向心)·'진리를 수호하려는 마음'(護法心)·'평온한 마음'(捨心)·'[중생을 구제하려는] 바람을 세우는 마음'(願心)이 그것이다.

[그는] 다시 열 가지 마음을 수행하[기 위해 다음과 같은 것을 실천하]니, 이른바 '열 가지 이로운 행위'(十善法)[230]·'다섯 가지 계율'(五

---

229 구박具縛: 산스크리트어 sakala-bandhana의 역어로 '번뇌의 구족'이라는 뜻인데, '[진리다운] 이해를 밝히는 수행'(見道)에서 끊는 번뇌인 견혹見惑과 '[선정을 토대로 이해를] 거듭 익혀 가는 수행'(修道)에서 끊어지는 번뇌인 수혹修惑을 모두 갖춘 것을 말한다. '박縛'은 번뇌의 이명異名이다.

230 십선법十善法: 십선업十善業 또는 십선업도十善業道를 가리키는 말로, 십악十惡 또는 십악업十惡業의 반대가 되는 말이다. 이 십선十善과 십악十惡의 개념은 『아함경』으로부터 대승의 경론에 이르기까지 폭넓게 나타나고 있다. 십악十惡은 살생殺生, 투도偸盜, 사음邪淫, 망어妄語, 양설兩舌, 악구惡口, 기어綺語, 탐욕貪欲, 진에瞋恚, 사견邪見을 가리킨다. 따라서 십선十善은 이 10가지 악을 행하지 않는 것으로 제시되는데, 경론에 따라서는 이들 십악十惡 앞에 '不'자를 붙여서 십선十善을 나타내는가 하면 '離'자 또는 '斷'자 등을 첨가하기도 한다. 이것은 그 원류가 되는 『중아함경』의 경우처럼 이 세 글자가 혼용되고 있는 사례에서 잘 나타나고 있다. 『중아함경中阿含經』 권3 제17 「가미니경伽彌尼經」(T1, 440b3~5). "離殺, 斷

戒)[231] · '여덟 가지 계율'(八戒)[232] · '열 가지 계율'(十戒)[233] · '여섯 가지 보살수행의 계율'(六波羅蜜戒)[234]이 그것이다. 이 사람이 다시 '열 가

殺, 不與取, 邪婬, 妄言, 乃至離邪見, 斷邪見, 得正見." 한편 당唐나라 때 실차난타實叉難陀가 번역한 『십선업도경十善業道經』이라는 문헌도 나타나고 있어서 흥미롭다. 여기서 제시하고 있는 10가지 항목은 다음과 같다. 『십선업도경十善業道經』 권1(T15, 158a2~6). "言善法者, 謂人天身, 聲聞菩提, 獨覺菩提, 無上菩提, 皆依此法以爲根本而得成就, 故名善法. 此法即是十善業道. 何等爲十? 謂能永離殺生, 偷盜, 邪行, 妄語, 兩舌, 惡口, 綺語, 貪欲, 瞋恚, 邪見." 다시 말해 불살생不殺生 · 불투도不偸盜 · 불사음不邪婬 · 불망어不妄語 · 불양설不兩舌 · 불악구不惡口 · 불기어不綺語 · 불탐욕不貪欲 · 불진에不瞋恚 · 불사견不邪見의 열 가지가 십선十善이다.

231 오계五戒: 재가在家 수행자가 지켜야 할 다섯 가지 행위규범이다. 그 내용은 다음과 같다. 〈① 불살생계不殺生戒 — 살아 있는 것을 의도적으로 죽이지 말라. ② 불투도계不偸盜戒 — 정당하게 주어진 것이 아닌 것을 차지하여 타인에게 해를 끼치지 말라. ③ 불사음계不邪婬戒 — 음란한 짓으로 성욕의 노예가 되어 자신과 타인을 해롭게 하지 말라. ④ 불망어계不妄語戒 — 거짓말로 사실을 왜곡하여 자신과 타인을 해롭게 하지 말라. ⑤ 불음주계不飮酒戒 — 음주로 몸과 마음을 훼손하여 자신과 타인을 해롭게 하지 말라.〉

232 팔계八戒: 재가在家 수행자가 육재일六齋日(매월 8, 14, 15, 23, 29, 30일)에 지켜야 하는 여덟 가지 계율이다. 팔지재계八支齋戒 · 팔분재계八分齋戒 · 팔계재八戒齋 · 팔재계八齋戒라고도 한다. ① 살아 있는 것을 의도적으로 죽이지 말 것(不殺生), ② 훔치지 말 것(不偸盜), ③ 음행하지 말 것(不婬), ④ 거짓말하지 말 것(不妄語), ⑤ 술 마시지 말 것(不飮酒), ⑥ 꽃다발 등으로 꾸미지 말고 노래하고 춤추거나 그것을 구경하지 말 것(不以華鬘裝飾自身, 不歌舞觀聽), ⑦ 높고 넓고 큰 잘 꾸민 평상에 앉지 말 것(不坐臥高廣華麗床座), ⑧ 때아닐 적에 먹지 말 것(不非時食)을 내용으로 한다.

233 십계十戒: 소승과 대승 각각에서 다양한 유형이 있다. 대승의 『범망경梵網經』 등에서 설하는 '범하면 교단에서 추방되는 열 가지 무거운 계율'(十重戒)은 다음과 같다. 〈① 살생殺生, ② 도둑질(偸盜), ③ 간음姦淫, ④ 거짓말(妄語), ⑤ 술 매매(販酒), ⑥ 재가와 출가의 보살과 비구, 비구니의 허물을 말하는 것, ⑦ 자신을 찬탄하고 남을 헐뜯는 것(自讚毁他), ⑧ 베푸는 데 인색한 것(吝施), ⑨ 타인의 사과를 받아들이지 않는 것(不允他人謝罪), ⑩ 삼보를 훼방하는 것.〉 십선계十善戒는 대소승 공통의 십계十戒이다.

234 육바라밀계六波羅蜜戒: 육바라밀의 산스크리트어는 'ṣaḍ-pāramitā'로서 대승보살이 불도를 이루고자 실천하는 여섯 가지 수행덕목이다. 전칭은 육바라밀다六波羅

지 이로운 행위'(十善)를 실천하면서 일겁一劫이나 이겁二劫이나 삼겁三劫 동안 '열 가지 믿는 마음'(十信)을 닦으면 [욕계의] 여섯 하늘세계'(六天)[에 태어나는] 과보를 받게 된다. ['열 가지 이로운 행위'(十善) 가운데] '가장 이로운 행위'(上善)에는 세 층(品)이 있으니, '가장 높은 층'(上品)은 '철 바퀴 수레를 타는 왕'(鐵輪王)이 되어 한 세상을 교화하고, '중간 층'(中品)은 '여러 작은 나라의 왕'(粟散王)이 되어 [그 나라를 교화하며], '가장 낮은 층'(下品)은 '사람 가운데의 왕'(人中王)이 되어 [사람들을 교화한다.] [이 사람은] 모든 번뇌를 가지고 있으면서도 한량없는 '이로운 행위'(善業)를 모아 가는데, 물러나기도 하고 나아가기도 한다.

[그가] 만약 '일깨워 주는 사람'(善知識)을 만나 '깨달음의 진리'(佛法)를 배우되 일겁一劫이나 이겁二劫 동안 하게 되면, 비로소 [십주十住의 첫 단계인] '깨달음을 구하려는 마음을 일으키는 것에 자리 잡는 단계'([發心]住位)에 들어가게 된다. 만약 그러지 못하는 사람이라면 언제나 [구박범부具縛凡夫 상태에] 잠겨 빠져나올 수가 없다. '[발심주發心住에서] 물러나는 범주의 이로운 능력'(住退分善根)은 위에서 설한 것과 같다.

〈소〉

正明六入有三分中, 初列名字, 次辨觀相. 如是二分, 竟在於前, 此

蜜多이고 육도六度, 육도무극六度無極, 육도피안六到彼岸 등으로 의역된다. 보시바라밀布施波羅蜜, 지계바라밀持戒波羅蜜, 인욕바라밀忍辱波羅蜜, 정진바라밀精進波羅蜜, 선정바라밀禪定波羅蜜, 지혜바라밀智慧波羅蜜을 가리킨다. 『불광대사전』, p.1273 참조. 육바라밀계六波羅密戒는 '육바라밀을 수행할 때 지키는 계율'을 가리키는 것으로 보인다.

第三依觀行相，釋前名義．訓釋諸名義，故名「釋義品」也．在文有四，牒問，許說，總標，別釋．初牒問者，「學觀品」初問言，"云何菩薩學觀名字義相? 及心所行法，復當云何?" 此二問中，後問已答，前義相問，彼品略答而未廣釋，故今重牒言"汝先言義相云何者"也．"所謂"以下，第二許說六位義相，"佛子"以下，第三總標所釋體義．"菩薩體"者，謂種性體義．"名功德"者，依種性起一切功[235]德，有大義利故，有深所以故．"佛[236]"以下，第二[237]別釋．釋六位義卽爲二分，前三後三爲二分故．

[H1, 503b22~c11]

[십주十住 · 십행十行 · 십회향十廻向 · 십지十地 · 무구지無垢地 · 묘각지妙覺地의] '여섯 가지 단계에 들어가는 것'(六入)을 곧바로 밝히는 것에 세 부분이 있는데, 처음에는 [각 단계의] 명칭(名字)을 나열했고 다음은 [각 단계가 설하는] '관찰의 특징'(觀相)을 밝혔다. 이 두 가지 부분은 [이 품品] 앞에서 이미 끝냈고, 이것은 세 번째로 [각 단계가 설하는] '관찰하는 수행의 특징'(觀行相)에 의거하여 앞에서 거론한 '명칭이 지닌 면모'(名義)를 해석한 것이다. 모든 '명칭이 지닌 면모'(名義)를 가르치고 풀이하기 때문에 '[명칭이 지닌] 면모를 풀이하는 단원'(釋義品)이라 한 것이다. 글에는 네 가지가 있으니, '질문을 끌어온 것'(牒問), '가르침을 허락하신 것'(許說), '총괄적으로 제시하는 것'(總標), '하나씩 해석하는 것'(別釋)이다.

첫 번째인 '질문을 끌어온 것'(牒問)이란 [다음과 같은 것이다.] 「[현인賢人과 성인聖人이] [이해를 위한] 관찰 수행을 배우는 단원」([賢聖]學觀品) 첫 부분에서 "어떻게 해야 보살이 '명칭이 지닌 면모와 특징'(名字義相)을

235 한불전에서는 다른 판본에 '功'이 '行'으로 되어 있다고 했으나 '一切功德'으로 보고 번역한다.

236 '佛'은 '佛子'의 오기로 보인다.

237 한불전에서는 '二'가 '四'로 의심된다고 했다. 내용상 '四'가 맞기 때문에 바로잡아 번역한다.

배우고(學) 관찰(觀)합니까? 또 '마음으로 행하는 것'(心所行法)은 다시 어떻게 해야 합니까?"라고 질문했는데, 이 두 가지 질문 중에 나중 질문에 대해서는 이미 대답하였지만, 앞의 '면모와 특징'(義相)에 관한 질문에 대해서는 그 단원(品)에서 간략히 답하고 아직 자세히 해석하지는 않았으니, 그러므로 지금 거듭 [그 질문을] 끌어와 "그대가 앞에서 〈[명칭이 지닌] 면모(義)와 특징(相)은 어떤 것입니까?〉라고 말한 것은"이라고 한 것이다.

"이른바"(所謂) 이하는 두 번째인 '[십주十住 · 십행十行 · 십회향十廻向 · 십지十地 · 무구지無垢地 · 묘각지妙覺地, 이] 여섯 가지 경지'(六位)의 '면모와 특징'(義相)을 설하길 허락한 것이며, "부처의 제자들이여"(佛子) 이하는 세 번째인 해석하는 '[본연으로서의] 바탕'(體)과 면모(義)를 총괄적으로 제시한 것이다. "보살의 [본연으로서의] 바탕"(菩薩體)이라는 것은 '타고난 특성'(種性)[238]의 '[본연으로서의] 바탕'(體)과 면모(義)를 가리키는 것이다. "'이로운 능력'이라 부른다."(名功德)라는 것은 '타고난 특성'(種性)에 의거하여 모든 이로운 능력을 일으켜 '크나큰 면모의 이로움'(大義利)이 있기 때문이고, 깊은 까닭이 있기 때문이다. "부처의 제자들이여"(佛子) 이하는 네 번째인 '하나씩 해석한 것'(別釋)이다. '[십주十住 · 십행十行 · 십회향十廻向 · 십지十地 · 무구지無垢地 · 묘각지妙覺地, 이] 여섯 가지 경지의 면모'(六位義)를 해석하는 것은 곧 두 부분으로 나뉘니, 앞의 세 가지와 뒤의 세 가지로서 두 부분이 되기 때문이다.

釋三賢中, 別明總結. 初十住內, 釋初有二, 先明入住方便, 後釋正

238 종성種性: 산스크리트어 gotra의 한역漢譯인데, gotra에는 '소 우리'(cow-shed), '울타리 치는 것'(enclosure), '장애물로 울타리 쳐진 가족'(family enclosed by the hurdle), '가족의 이름'(family name), 종족(tribe) 등의 뜻이 있다. 산스크리트어 gotra가 종성種姓이라고도 한역되는 까닭을 살펴볼 수 있다. Monier Williams Dictionary, p.364 참조.

入住相. 初方便中, 八句示現, 一牒所入住, 二擧能入人, 三者發心, 四者立名, 五者修行, 六者受報, 七者得失, 八者進退. "發心住"者, 是牒所入, "是人"以下, 擧能入人, 言"具縛"者, 在外凡位, "不識"者, 不識三寶故, "不解"者, 不解望[239]人故, "不智"[240]者, 以迷好惡因故, "不知"者, 不了苦樂果故.

[H1, 503c12~20]

'[십주十住 · 십행十行 · 십회향十廻向 단계에 속하는] 세 가지 보살'(三賢)을 해석하는 중에는 '하나씩 밝히고'(別明) '총괄적으로 결론'(總結)지었다. 처음인 '[믿음이 이해로] 안착하는 열 가지 단계'(十住, 十解) 안에서 첫 부분[인 발심주發心住]를 해석하는 것에는 두 가지가 있으니, 먼저는 〈'최고의 깨달음을 구하려는 마음을 일으키는 것에 자리 잡는 단계'(發心住)에 들어가는 수단과 방법〉(入[發心]住方便)을 밝힌 것이고, 나중은 〈'최고의 깨달음을 구하려는 마음을 일으키는 것에 자리 잡는 단계'(發心住)에 올바르게 들어가는 모습〉(正入[發心]住相)을 해석한 것이다.

처음의 '수단과 방법'(方便) 중에는 여덟 구절(句)을 나타내 보였는데, 첫 번째는 '들어가게 되는 단계'(所入住)를 제시하였고, 두 번째는 '들어가는 사람'(能入人)을 거론하였으며, 세 번째는 '최고의 깨달음을 구하려는 마음을 일으키는 것'(發心)에 [대해 설했고], 네 번째는 '이름을 세웠고'(立名), 다섯 번째는 '수행[에 대해 설했으며], 여섯 번째는 '과보를 받는 것'(受報)에 [대해 설했고], 일곱 번째는 '얻는 것과 잃는 것'(得失)에 [대해 설했고], 여덟 번째는 '나아가는 것과 물러나는 것'(進退)[에 대해 설했다.]

---

239 『한불전』에서 望은 聖으로 의심된다고 했다. 『본업경』의 내용으로 볼 때 '聖'이 적절하므로 여기서는 '聖'으로 해석하였다.

240 '不智'에 해당하는 본업경 원문내용은 '未識'이다. 원효는 본업경의 "未識好惡因之以果"를, 원인에 관해서는 '不智', 과보에 관해서는 '不知'라는 말로 나누어 내용을 구분하고 있다.

"최고의 깨달음을 구하려는 마음을 일으키는 것에 자리 잡는 단계"(發心住)라는 것은 '들어가는 곳'(所入)을 밝힌 것이고, "이 사람"(是人) 이하는 '들어가는 사람'(能入人)을 거론한 것이며, "[견혹見惑과 수혹修惑에] 모두 묶인 [범부]"(具縛[凡夫])라는 것은 '[부처님 가르침] 밖에 있는 범부의 단계'(外凡[夫]位)이고, "알아보지 못한다."(不識)라는 것은 '[부처(佛) · 가르침(法) · 수행공동체(僧), 이] 세 가지 보배'(三寶)를 알아보지 못하는 것이며, "이해하지 못한다."(不解)라는 것은 성인聖人을 이해하지 못하는 것이고, "지혜롭지 못하다."(不智)는 것은 좋고 나쁜 원인을 제대로 모르는 것이며, "알지 못한다."(不知)는 것은 괴로운 과보와 즐거운 과보를 알지 못하는 것이다.

"從不識"以下, 第三明發心. "值佛菩薩教法"者, 謂或值佛, 或值菩薩, 或值佛及菩薩教法故. "中起一念信"者, 於三境起決定信, 信有佛道修行可得故. 發是信已名入內凡. "發菩提心"者, 於大菩提發決定願, 願我當成無上菩提, 作諸衆生一切義利故. "此人"以下, 第四立名. 言"爾時"者, 發心已後, 言"住前"者, 初住已前. 是時名爲"信想菩薩", 以能修行十信心故. "假名菩薩"者, 心未堅實故, 猶如輕毛故. "名字菩薩"者, 行不稱名故, 未得義相故.

[H1, 503c21~504a10]

"알아보지 못하는 상태에서부터"(從不識) 이하는 세 번째인 '최고의 깨달음을 구하려는 마음을 일으키는 것'(發心)을 밝힌 것이다. "부처와 보살과 가르침을 만난다."(值佛菩薩教法)라는 것은 부처를 만나거나 보살을 만나거나 혹은 부처님과 보살의 가르침을 만나는 것이다. "[그] 가운데서 '한 생각의 믿음'(一念信)을 일으킨다."(中起一念信)라는 것은, [부처 · 보살 · '부처와 보살의 가르침', 이] '세 가지'(三境)에서 '확고한 믿음'(決定信)을 일으켜 부처님 가르침의 수행을 성취할 수 있다는 데에 믿음을 가지는 것이다. 이러한 믿음을 일으켜 마친 것을 '[부처님 가르침] 안으로 들어온 범부'(入內凡)라 부른다. "깨달음을 구하는 마음을 일으킨다."(發菩提心)라는 것은, '크나큰 깨달음'(大菩提)에 대해 '확고한 바람(決定願)을 일으켜 〈내가 반드시 '가장 높은 깨달음'(無上菩提)을 이루어 모든 중생에게 갖가지 '[부처님 가르침] 뜻의 이로움'(義利)을 짓겠노라.〉고 바라는 것이다.

"이 사람"(此人)[241] 이하는 네 번째인 '이름을 세우는'(立名) 것이다. "그때"(爾時)라는 것은 '최고의 깨달음을 구하려고 마음을 일으킨 이후'(發心已後)이며, "'[최고의 깨달음을 구하려는 마음을 일으키는 것에] 자리 잡는 단계'([發心]住) 이전"(住前)이라는 것은 [십주十住의] '처음[인 '최고의 깨달음을 구하려는 마음을 일으키는 것']에 자리 잡는 단계'(初住, 發心住) 이전이다. 이때를 '믿음에 생각이 열린 보살'(信想菩薩)이라 부르는 것은 '열 가지 믿는 마음'(十信心)을 닦을 수 있기 때문이다. "이름만 갖춘 보살"(假名菩薩)이라는 것은, 마음이 아직 견고(堅實)하지 못하기에 마치 가벼운 털과 같기 때문이다. "이름뿐인 보살"(名字菩薩)이라는 것은 실천(行)이 이름에 들어맞지 못하기 때문이고 아직 [이름이 지닌] 면모(義)와 특징(相)을 얻지 못했기 때문이다.

"其人"以下, 第五修行. 於中有二, 先明十信, 後顯十戒. 言"十善"者, 謂遮十惡, "五八十戒"者, 是攝律儀戒 "六波羅密戒"者, 是攝善法戒也. "復行"以下, 第六受報. 於中亦二, 先牒十善及十信因, 後顯天報及人王報. "鐵輪王"者, 統領一州, 如色蘊門總攝諸色, "粟散王"者, 別領諸國, 如界門中, 十色界別等故. 如粟別故曰散, 若依是義, 自餘諸王各領別國, 皆名粟散. 如『仁王經』言, "上品十善鐵輪王, 中下品十善粟散

---

241 『본업경』에는 '是人'으로 되어 있다.

王.” 故今此經中, 分粟散王以別二品, 其中品者仍受本名, 下品王者, 別名人王. 由發大心故得爲王, 善根差別故, 有三別也. “具足”以下, 第七得失, 雖具諸惑, 而集諸善根. “亦退”以下, 第八進退, 先標後釋, 文相可知.

[H1, 504a10~b2]

“그 사람은”(其人) 이하는 다섯 번째인 수행[에 대한 것]이다. 여기에 두 가지가 있으니, 먼저는 ‘열 가지 믿는 마음’(十信)을 밝혔고 나중에는 ‘열 가지 계율’(十戒)을 나타내었다. “열 가지 이로운 행위”(十善)라는 것은 ‘열 가지 악행’(十惡)을 차단하는 것을 말하고, “다섯 가지 계율 · 여덟 가지 계율 · 열 가지 계율”(五八十戒)이라는 것은 ‘규범을 끌어안는 계율’(攝律儀戒)[242]이며, “여섯 가지 보살 수행의 계율”(六波羅密戒)이라는 것은 ‘이로운 것들을 끌어안는 계율’(攝善法戒)이다.

“다시 [열 가지 마음을] 수행하[기 위해 다음과 같은 것을 실천한]다.”(復行) 이하는 여섯째인 ‘과보를 받는 것’(受報)이다. 여기에도 두 가지가 있으니, 먼저는 ‘열 가지 이로운 행위’(十善)와 ‘열 가지 믿는 마음’(十信)이라는 원인(因)을 제시하였고 나중에는 ‘하늘세계의 과보’(天報)와 ‘사람의 왕이 되는 과보’(人王報)를 나타내었다. “철 바퀴 수레를 타는 왕”(鐵輪王)이라는 것은 한 ‘큰 나라’(州)를 통치하는 것이 마치 [오온五蘊 가운데]

242 섭률의계攝律儀戒와 삼취정계三聚淨戒: 대승의 보살 수행자가 지켜야 할 세 가지 부류의 계율을 총칭하여 삼취정계三聚淨戒라 하는데, 섭률의계攝律儀戒는 그 가운데 하나이다. 삼취정계는 특정한 계율의 내용을 규정하는 것이 아니라, 대승이 지향하는 가치를 드러내는 계율 정신을 가리키는 개념으로 볼 수 있다. 섭률의계攝律儀戒 · 섭선법계攝善法戒 · 섭중생계攝衆生戒가 그 내용이다. ① 섭률의계攝律儀戒: 기존의 계율의 체계와 내용을 망라하는 계율. ② 섭선법계攝善法戒: 유익한 가르침을 모조리 포괄하는 계율. ③ 섭중생계攝衆生戒: 중생들에게 이로운 것을 모조리 포괄하는 계율. 『범망경梵網經』의 보살계본菩薩戒本을 비롯해서 『해심밀경』, 『유가사지론』 등에서 부각되고 있다.

'물질 무더기의 측면'(色蘊門)이 모든 물질(色)을 총괄적으로 포섭하는 것과 같은 것이며, "여러 작은 나라의 왕"(粟散王)이라는 것은 여러 작은 나라를 각각 다스리는 것이 마치 '현상세계의 범주'(界門)에서 '열 가지 유형세계'(十色界)가 나뉘는 것과 같은 것이다. 마치 좁쌀(粟)이 나누어진 것과 같기 때문에 '흩어졌다'(散)라고 말하니, 만약 이 뜻에 근거한다면 나머지 여러 왕은 스스로 각자 별도의 나라를 다스리는 것이라서 모두 '여러 작은 나라'(粟散)라고 부른 것이다. [이것은] 『인왕경』에서 "'가장 높은 수준의 이로운 행위'(上品十善)를 한 보살은 '철 바퀴 수레를 타는 왕'(鐵輪王)이 되고, '중간 수준과 낮은 수준의 이로운 행위'(中下品十善)를 한 보살은 '여러 작은 나라의 왕'(粟散王)이 된다."[243]라고 말하는 것과 같다. 그러므로 지금 이 경전(『본업경』)에서는 '여러 작은 나라의 왕'(粟散王)을 나누어 ['중간층'(中品)과 '가장 낮은 층'(下品)] 두 층위로 구별하였으니, 그 '중간층[의 왕]'은 '본래의 이름'(本名)을 그대로 이어받았고 '가장 낮은 층'(下品)의 왕은 구별하여 '사람의 왕'(人王)이라 불렀다. '큰 마음'(大心)을 일으켰기 때문에 왕이라 하였고, '이로운 능력'(善根)이 차이가 나기 때문에 세 가지로 구별하였다.

"[모든 번뇌를] 가지고 있으면서도"(具足) 이하는 일곱째인 '얻는 것과 잃는 것'(得失)이니, 비록 〈온갖 번뇌를 가지고 있으면서도〉(失) 〈온갖 '이로운 능력'(善根)을 모으는 것이다.〉(得)

"물러가기도 하고"(亦退) 이하는 여덟째인 '나아가는 것과 물러나는 것'(進退)이니, 먼저 [요점을] 제시하고 나중에 [그 내용을] 풀이하였는데,

---

243 이 경문은 『인왕반야경』과 『인왕호국반야경』에서 모두 동일한 내용이 나타난다. 『불설인왕반야바라밀경佛說仁王般若波羅蜜經』 권1(T8, 827b14~16). "十善菩薩發大心, 長別三界苦輪海, 中下品善粟散王, 上品十善鐵輪王, 習種銅輪二天下, 銀輪三天性種性."; 『인왕호국반야바라밀다경仁王護國般若波羅蜜多經』 권1(T8, 837b13~15). "十善菩薩發大心, 長別三界苦輪海, 中下品善粟散王, 上品十善鐵輪王, 習種銅輪二天下, 銀輪三天性種性."

'글의 뜻'(文相)은 [읽어 보면] 알 수 있을 것이다.

『보살영락본업경菩薩瓔珞本業經』 하권 제4 「석의품釋義品」

佛子, 發心住者, 是上進分善根人. 若一劫二劫一恒二恒三恒佛所, 行十信心, 信三寶, 常住八萬四千般若波羅蜜, 一切行一切法門, 皆習受行, 常起信心, 不作邪見, 十重, 五逆, 八倒, 不生難處, 常值佛法, 廣多聞慧, 多求方便, 始入空界, 住空性位, 故名爲住. 空理智心習古佛法一切功德, 不自造心, 生一切功德, 故不名爲地, 但得名住.

[T24, 1017a25~b3]

부처의 제자들이여, [십주十住의 첫 단계인] '최고의 깨달음을 구하려는 마음을 일으키는 것에 자리 잡는 단계'(發心住)의 사람은 '윗 단계 경지로 나아가는 이로운 능력이 있는 사람'(上進分善根人)이다. 만약 일겁一劫·이겁二劫·'길고 긴 세월'(一恒二恒三恒) 동안 부처님이 계신 곳에서 '열 가지 믿는 마음'(十信心)을 닦아 '[부처(佛)·가르침(法)·수행공동체(僧), 이] 세 가지 보배'(三寶)를 믿으며, 항상 8만 4천의 '지혜를 밝히는 수행'(般若波羅蜜)에 머물러 '모든 수행'(一切行)과 '모든 가르침'(一切法門)을 다 익혀 수용하여 실천하고, 항상 믿는 마음을 일으켜 '그릇된 견해'(邪見)·'[범하면 교단에서 추방되는] 열 가지 무거운 계율'(十重)[244]·'다섯 가지 나쁜 죄'(五逆[罪])[245]·'여덟 가지 뒤바뀐

244 십중계十重戒: 범하면 교단에서 추방되는 '열 가지 무거운 계율'을 말한다. 『범망경梵網經』에서는 〈① '살생하지 말 것'(不殺戒), ② '훔치지 말 것'(不盜戒), ③ '음행하지 말 것'(不婬戒), ④ '거짓말하지 말 것'(不妄語戒), ⑤ '술을 마시거나 팔지 말 것'(不酤酒戒), ⑥ '재가·출가의 보살 및 비구·비구니의 죄과를 말하지 말 것'(不說過罪戒), ⑦ '자기를 찬탄하면서 타인을 헐뜯지 말 것'(不自讚毁他戒), ⑧ '인색

견해'(八倒)[246]를 짓지 않으면, [부처님 가르침을 만나기] 어려운 곳에 태어나지 않고 언제나 '부처님의 진리'(佛法)를 만나 넓고도 많이 '지혜를 들어'(聞慧) '수단과 방법'(方便)을 많이 구하여 비로소 '불변 · 독자의 본질/실체가 없는 세계'(空界)에 들어가 '불변 · 독자의 본질/실체가 없는 본연의 경지'(空性位)에 자리 잡으니, 그러므로 [최고의 깨달음을 구하려는 마음을 일으키는 것에] '자리 잡는다'(住)고 하는 것이다. '불변 · 독자의 본질/실체가 없다는 이치'(空理)[를 아는] '지혜로운 마음'(智心)으로 옛 부처 가르침의 모든 '이로운 능력'(功德)을 익히면 스스

하지 말 것'(不慳戒), ⑨ '화내지 말 것'(不瞋戒), ⑩ '삼보를 비방하지 말 것'(不謗三寶戒)〉을 설하고 있다.

245 오역五逆: 오역죄五逆罪, 오역중죄五逆重罪라고도 한다. 결과가 특히 해로운 5가지 행위로서 소승에서는 '부친 살해'(殺父), '모친 살해'(殺母), '성자 살해'(殺阿羅漢), '수행공동체의 화합을 파괴'(破和合僧), '부처님 몸에 피를 내게 함'(出佛身血)을 거론하고, 대승에서는 여기에 '탑이나 절의 파괴'(塔寺破壞), '삼보 비방'(誹謗三寶), '승려를 욕보임'(辱使僧侶), '인과법을 믿지 않고 열 가지 해로운 행위를 함'(不信因果犯十惡業) 등을 추가한다. 『법원주림法苑珠林』 권7에서는 "有五逆罪爲最極惡, 何者爲五故? 心殺父母阿羅漢, 破壞聲聞和合僧事, 乃至惡心出佛身血, 諸如是等名爲五逆"(T53, p.328a4~6)이라고 하여 ① 마음으로 아버지를 죽이는 것, ② 마음으로 어머니를 죽이는 것, ③ 마음으로 아라한阿羅漢을 죽이는 것, ④ 성문화합승사聲聞和合僧事를 망치는 것, ⑤ 악심惡心으로 부처님의 몸에서 피를 흘리게 하는 것의 다섯 가지라고 설명한다. 『열반경』 권17에서는 "身心動者即五逆因. 五逆因故必墮地獄, 後見佛時身心俱動復欲生害, 身心動者即五逆因. 五逆因故當入地獄, 是人得遇如來大師, 即時得滅地獄因緣, 發阿耨多羅三藐三菩提心, 是故稱佛爲無上醫"(T12, p.721c16~20)라고 하여 5역인五逆因은 신심동身心動이고 이 5역인五逆因 때문에 지옥에 떨어지며 부처님을 만났을 때에도 신심身心이 동요하여 해치고자 하지만 무상의無上醫인 부처님의 교화로 즉시 지옥인연地獄因緣이 사라져 보리심菩提心을 일으킨다고 설명한다.

246 팔도八倒: 팔전도八顚倒라고도 한다. 범부와 이승二乘이 미혹으로 집착하는 '여덟 가지 뒤바뀜'(八顚倒)을 가리킨다. 범부는 '생멸하는 현상'(生滅法)을 항상됨(常) · 즐거움(樂) · '불변의 나'(我) · 온전함(淨)이라 집착하고, 이승二乘 수행자는 '열반 현상'(涅槃法)을 '항상됨이 아님'(非常) · '즐거움이 아님'(非樂) · '자기가 아님'(非我) · '온전함도 아님'(非淨)이라 집착한다. 『불광대사전』, p.319.

로 마음을 [일부러] 짓지 않고서도 모든 이로운 능력을 일으키니, 그러므로 경지(地)라고는 하지 않고 단지 '자리 잡는다'(住)라고 한다.

〈소〉

"佛子"以下, 明初住相. 於中有二, 先牒方便, "始入"以下, 正明住相. 依人空盡門, 得顯種性, 故言"始入空界, 住空性位". "始入空界"是發心義, 依人空門, 初發心故. 依人空智發有中行, 依佛教法作意, 修習一切功德, 是爲住義. 離諸分別, 不自造心, 任運生起一切功德, 是爲地義而今未得. 是故不名爲地, 但得名住. 此是簡別住與地別也.

[H1, 504b3~11]

"부처의 제자들이여"(佛子) 이하는 [십주十住의] '첫 번째 [단계]에 자리 잡는 모습'(初住相)을 밝힌 것이다. 여기에 두 가지가 있으니, 먼저는 '수단과 방법'(方便)을 제시하였고, "비로소 … 들어가서"(始入) 이하는 '자리 잡는 모습'(住相)을 '곧바로 [그 내용에 대해] 밝힌 것'(正明)이다.

'자아에 불변 · 독자의 본질/실체가 있다는 관념이 없어져 사라지는 측면'(人空盡門)에 의거하여 '[여래의] 면모'(種性)가 나타날 수 있으니, 그러므로 "비로소 '불변 · 독자의 본질/실체가 없는 세계'(空界)에 들어가 '불변 · 독자의 본질/실체가 없는 본연의 경지'(空性位)에 자리 잡는다."(始入空界, 住空性位)라고 말하였다. "비로소 '불변 · 독자의 본질/실체가 없는 세계'(空界)에 들어간다."(始入空界)[라는 말]은 '[최고의 깨달음을 구하려는] 마음을 일으킨다는 뜻'(發心義)이니, '자아에 불변 · 독자의 본질/실체가 없다는 측면'(人空門)에 의거하여 처음으로 [최고의 깨달음을 구하려는] 마음을 일으키는 것이다.

'자아에 불변 · 독자의 본질/실체가 없다고 하는 지혜'(人空智)를 일으키는 것에 의거하여 '[그 지혜에] 맞는 수행'(中行)이 있게 되고, '부처님의 가르침'(佛教法)에 의거하여 마음을 일으켜 모든 '이로운 능력'(功德)을 닦아 익히니, 이것이 '자리 잡는다'(住)는 [말의] 뜻이다. 온갖 분별에서 벗어나면 스스로 마음을 [일부러] 짓지 않고서도 모든 이로운 능력을 저절로 일으키니, 이것이 '경지'(地)의 뜻이지만 지금은 아직 얻지 못하였다. 그러므로 경지(地)라고 말하지 않고 다만 '자리 잡는다'(住)라고 하는 것이다. 이것은 '자리 잡음'(住)과 경지(地)의 차이를 간략하게 구별한 것이다.

『보살영락본업경菩薩瓔珞本業經』 하권 제4 「석의품釋義品」

佛子, 治地住者, 常隨[247]空心, 淨八萬四千法門, 清淨白[248]故, 名治地住. 佛子, 長養一切行故, 名修行住. 佛子, 生在佛家, 種性清淨故, 名生貴住. 佛子, 多習無量善根故, 名方便具足住. 佛子,[249] 成就第六般若故, 名正心住. 佛子, 入無生畢竟空界, 心心常行空無相願[250]故, 名不退住. 佛子, 從發心[251]不生倒, 不起邪魔破[252]菩提心, 名童眞住. 佛子, 從佛王教中生解, 當紹佛位故, 名法王子住. 佛子, 從上九觀空, 得無生心最上故, 名灌頂住.

[T24, 1017b4~13]

247 대정장 『본업경』 교감주에서는 '隨=修'로 교감하고 있다. 원문대로 번역한다.

248 대정장 『본업경』 교감주에서는 '(鮮)+白'으로 교감하고 있다. 원효도 '鮮白'으로 인용하고 있다.

249 대정장 『본업경』 교감주에서는 【宋】본에 '子=手'라고 했지만, '佛子'로 그대로 둔다.

250 '願'은 '無願'의 오기로 보인다. 대정장 『본업경』 교감주에서도 '(無)+願'으로 교감하고 있다.

251 대정장 『본업경』 교감주에서는 '心+(住)'로 교감하고 있다.

252 대정장 『본업경』 교감주에서는 '(不)+破'로 교감하고 있다. 원문대로 번역한다.

부처의 제자들이여, '다스리는 것에 자리 잡는 단계'(治地住)라는 것은, 항상 '불변 · 독자의 본질/실체가 없다[고 아]는 마음'(空心)을 따라 8만 4천의 [모든] 가르침(法門)을 온전케 하여 흠결이 없게 하므로 [십주十住의 두 번째 단계를] '다스리는 것에 자리 잡는 단계'(治地住)라고 한다.

부처의 제자들이여, 모든 수행(行)을 오래도록 가꾸어 가기 때문에 [십주十住의 세 번째 단계를] '수행에 자리 잡는 단계'(修行住)라고 한다.

부처의 제자들이여, 부처님 가문에 태어나서 '[여래의] 면모'(種性)가 온전해지기 때문에 [십주十住의 네 번째 단계를] '고귀한 가문에 태어나는 것에 자리 잡는 단계'(生貴住)라고 한다.

부처의 제자들이여, 한량없는 '이로운 능력'(善根)을 많이 익히기 때문에 [십주十住의 다섯 번째 단계를] '수단과 방법을 두루 갖추는 것에 자리 잡는 단계'(方便具足住)라고 한다.

부처의 제자들이여, [육바라밀六波羅密의] 여섯 번째인 '이해로 지혜를 밝히는 [대승 보살의] 수행'(般若[波羅蜜])을 성취하기 때문에 [십주十住의 여섯 번째 단계를] '온전한 마음에 자리 잡는 단계'(正心住)라고 한다.

부처의 제자들이여, '[불변 · 독자의 본질/실체로서] 생겨난 것이 없어 끝내 불변 · 독자의 본질/실체가 없는 세계'(無生畢竟空界)에 들어가 마음마다 언제나 '불변 · 독자의 본질/실체가 없음'(空) · '[불변 · 독자의 본질/실체로서의] 차이/특징이 없음'(無相) · '[불변 · 독자의 본질/실체적인 것들을] 바라는 것이 없음'(無願)을 실천하기 때문에 [십주十住의 일곱 번째 단계를] '이전 수준으로 퇴행하지 않는 것에 자리 잡는 단계'(不退住)라고 한다.

부처의 제자들이여, '[최고의 깨달음을 구하려는] 마음을 일으킨 것'(發心)을 따라가면서 [그 마음을] 뒤집지 않고, '수행을 방해하는 삿된 장애'(邪魔)를 일으켜 '깨달으려는 마음'(菩提心)을 무너뜨리지 않기 때문에, [십주十住의 여덟 번째 단계를] '어린아이와 같은 순수함에 자리 잡는 단계'(童眞住)라고 한다.

부처의 제자들이여, '왕과도 같이 위대한 부처의 가르침'(佛王教)을 따르면서 깨달음(解)을 내어 반드시 부처의 지위를 이을 것이기 때문에 [십주十住의 아홉 번째 단계를] '진리의 왕자 자리에 자리 잡는 단계'(法王子住)라고 한다.

부처의 제자들이여, 위의 아홉 가지 단계를 거치면서 '불변 · 독자의 본질/실체가 없음'(空)을 이해(觀)하여 '[불변 · 독자의 본질/실체로서] 생겨난 것이 없는 마음'(無生心)을 얻어 최상에 이르기 때문에 [십주十住의 열 번째 단계를] '정수리에 물을 부어 증명하는 것에 자리 잡는 단계'(灌頂住)[253]이라고 하는 것이다.

〈소〉

治地中言"常隨空心, 淨八萬四千法門"者, 依六度法, 淨爾許門, 是義廣說, 如『賢劫經』, "彼有菩薩, 名曰喜王. 晏坐七日, 作是思惟. 〈菩薩行何三昧, 便速逮致八萬四千諸度法門, 陀羅尼門等?[254]〉 過七日已, 往詣[255]佛所, 請前所念.[256] 佛時對曰. 〈快問是義. 有三昧門, 名了諸法

253 관정灌頂: 고대 인도에서는 왕이 즉위하거나 태자를 세울 때 사해四海의 물을 그 정수리에 붓는 의식을 통해 자격을 증명하고 번영을 축복했다. 이 전통을 계승하여 불교에서는 정수리에 물을 붓는 것을 자격이나 경지를 증명하는 것으로 간주한다.

254 『승만보굴勝鬘寶窟』 권2(T37, 30b9~10)에서 『현겁경』을 인용하는 원문에는 '諸三昧門, 諸陀羅尼解脫門等'으로 되어 있다. 이에 따라 번역한다.

255 『승만보굴勝鬘寶窟』 권2(T37, 30b10)에서 『현겁경』을 인용하는 원문에는 '詣'가 '諸'로 되어 있다. 그러나 원효의 인용대로 '詣'로 보는 것이 적절하므로 그대로 번

本. 行是三昧, 便速逮致八萬四千諸度門等.〉 何者是其八萬四千? 彼經中[257]說, 〈諸佛功德, 凡有三百五十種門. 於彼三百五十種德, 各修六度以之爲因, 便有二千一百諸度,[258] 對治四大六衰之患, 便有二萬一千[259]諸度. 言四大者, 謂內四大,[260] 言六衰者, 謂外六塵. 六塵之賊, 衰耗善法, 故名爲衰.[261] 彼前二萬一千諸度, 各對衆生四種心患, 便有八萬四千諸度. 言四患者, 多貪瞋癡及等分行.[262] 是謂八萬四千法門.〉"

[H1, 504b11~c4]

[십주十住의 두 번째 단계인] '다스리는 것[에 자리 잡는 단계]'(治地[住])에서 "항상 '불변·독자의 본질/실체가 없다[고 아]는 마음'(空心)을 따라 8만 4천의 [모든] 가르침(法門)을 온전케 한다."(常隨空心, 淨八萬四千法門)라는 것은, '[보시布施·지계持戒·인욕忍辱·정진精進·선정禪定·지혜智慧, 이] 여섯 가지 보살수행'(六度, 六波羅蜜)의 가르침(法)에 의거해 수많은 가르침을 온전하게 하는 것이니, 이 뜻의 자세한 설명은 『현겁경賢劫經』에

역한다.

256 『승만보굴勝鬘寶窟』 권2(T37, 30b10~11)에서 『현겁경』을 인용하는 원문에는 '頂禮佛足, 請前所念'으로 되어 있다.

257 『승만보굴勝鬘寶窟』 권2(T37, 30b13)에서 『현겁경』을 인용하는 원문에는 '中'이 '宣'으로 되어 있다.

258 『승만보굴勝鬘寶窟』 권2(T37, 30b15~16)에서 『현겁경』을 인용하는 원문에는 '便有二千諸度用此諸度'로 되어 있다.

259 『승만보굴勝鬘寶窟』 권2(T37, 30b17)에서 『현겁경』을 인용하는 원문에는 '千'이 '百'으로 되어 있다. 계산상 '千'이 적절하므로 원효의 인용대로 번역한다.

260 『승만보굴勝鬘寶窟』 권2(T37, 30b17~18)에서 『현겁경』을 인용하는 원문에는 '所謂成身地水火風, 由前諸度得淨法身, 故能捨之'로 되어 있다.

261 『승만보굴勝鬘寶窟』 권2(T37, 30b19~20)에서 『현겁경』을 인용하는 원문에는 이 문구 뒤에 '由前諸度, 證諸法空, 故能治之.'가 이어진다.

262 『승만보굴勝鬘寶窟』 권2(T37, 30b22~23)에서 『현겁경』을 인용하는 원문에는 '多貪爲一, 多瞋爲二, 多癡爲三, 三毒等分爲四'로 되어 있다.

서 [다음과 같이] 말한 것과 같다.

"한 보살이 있었으니, 이름은 희왕喜王이었다. [그는] 7일 동안 고요히 좌선하면서 이렇게 생각하였다. 〈보살은 어떤 삼매를 수행해야 8만 4천의 온갖 구제의 가르침과 모든 삼매와 모든 '진리에 의한 해탈'(陀羅尼解脫門)에 빨리 이르는가?〉라고. 7일이 지나자 부처님이 계신 곳으로 나아가서 앞서 생각한 것을 여쭈었다. 부처님께서 그때 대답하셨다. 〈이 뜻에 대해 잘 물었다. 여기 한 삼매가 있으니, '모든 현상의 근본을 깨닫는 [삼매]'(了諸法本)라 부른다. 이 삼매를 수행하면 곧 8만 4천의 온갖 구제의 가르침들에 이를 것이다.〉 무엇이 8만 4천[의 온갖 구제의 가르침]인가? 저 경(『현겁경』)에서는 [이렇게] 설한다. 〈모든 부처의 '이로운 능력'(功德)에는 대체로 350가지가 있다. 그 350가지 능력(德)에서 각각 '[보시布施 · 지계持戒 · 인욕忍辱 · 정진精進 · 선정禪定 · 지혜智慧, 이] 여섯 가지 보살수행'(六度)을 닦아 그것으로 원인(因)을 삼으면 곧 2천 1백 가지의 갖가지 구제가 있게 되며, [이것으로써] '[지地 · 수水 · 화火 · 풍風, 이] 네 가지 물질적 속성'(四大)과 '여섯 가지 대상들의 쇠퇴'(六衰)[263]에 대한 어리석음을 대치對治하면 2만 1천 가지의 구제가 있게 된다. '[지地 · 수水 · 화火 · 풍風, 이] 네 가지 물질적 속성'(四大)이라는 것은 '[몸] 안의 네 가지 물질적 속성'(內四大)을 말하는 것이고, '여섯 가지 대상들의 쇠퇴'(六衰)라는 것은 '[몸] 밖의 여섯 가지 감관대상'(外六塵)을 말한다. '여섯 가지 감관대상'(六塵)이라는 도적이 '이로운 것들'(善法)을 '점점 약화시켜 줄어들게'(衰耗) 하기 때문에 쇠퇴(衰)라고 하였다. 저 앞에서 말한 2만 1천 가지 구제에 각각 중생의 네 가지 마음의 우환을 대응시키면 8만 4천 가지 구제가 있게 된다. '네 가지 우환'(四患)이라는 것은, 수많은 탐욕(貪) · 분노(瞋) · 어리석음(癡)과 그것들에서 분기된 것들이다. 이

263 육쇠六衰: '여섯 가지 감관능력'(六根)에 상응하는 '여섯 가지 대상'(六境)이 쇠퇴하는 현상을 지칭한다.

것을 8만 4천의 [온갖 구제의] 가르침이라 한다.〉"[264]

次言"淸淨鮮白故, 名治地[265]"者, 依前八萬四千法門, 能治四大六衰四患, 所以心地淸白, 故名'治地住'也. 修行[266]中言"長養一切行"者, 依前所治淸白心地, 長養諸行, 故名'修行'[267]也. 生貴[268]中言"生在佛家, 種子性淸淨"[269]者, 依所修行, 得生佛家, 由佛敎力, 空解轉增, 故名'生貴'[270]也. "多習無量善根"者, 巧便修習衆多善根, 以之故名'方便具足'[271]也. "成就第六般若"者, 對治邪執, 故名'正心'[272]也.

[H1, 504c4~14]

---

264 이 인용문은 『현겁경』에는 나오지 않고, 『승만보굴勝鬘寶窟』 중권에서 다음과 같이 『현겁경』의 내용이 인용되고 있다. 『승만보굴勝鬘寶窟』 권2(T37, 30b7~24), "如『賢劫經』說, 彼有菩薩, 名曰喜王. 晏坐七日, 作是思惟. 菩薩行何三昧, 便速逮致八萬四千諸度法門, 諸三昧門, 諸陀羅尼解脫門等, 過七日已, 往諸佛所, 頂禮佛足, 請前所念. 佛時對曰. '快問是義. 有三昧門, 名了諸法本. 行是三昧, 便速逮致八萬四千諸度門等.' 何者是其八萬四千? 彼經宣說. 諸佛功德, 凡有三百五十種門. 於彼三百五十種德, 各修六度以之爲因, 便有二千一百諸度用此諸度, 對治四大六衰之患, 便有二萬一百諸度. 言四大者, 所謂成身地水火風, 由前諸度得淨法身, 故能捨之. 言六衰者, 外六塵. 六塵之賊, 衰耗善法, 故名爲衰, 由前諸度, 證諸法空, 故能治之. 彼前二萬一千諸度, 各對衆生四種心患, 便有八萬四千諸度. 言四患者, 多貪爲一, 多瞋爲二, 多癡爲三, 三毒等分爲四. 又解, 取身見爲等分, 以身見能生三毒故也."

265 『본업경』 원문에 따라 '治地住'로 교감한다.

266 '修行'은 '修行住'여야 경 본문과 상응한다. '修行住'로 교감한다.

267 '修行'을 '修行住'로 교감한다. 이하에서도 '住'가 모두 생략되어 있지만 앞서 '治地住'라고 표기한 것으로 보아 '治地住' 이후에는 '住'를 생략한 채 각 단계를 표기한 것으로 보인다. 따라서 생략된 '住'를 모두 붙이는 것으로 교감한다.

268 '生貴住'로 교감한다.

269 『본업경』 원문에는 '生在佛家, 種性淸淨'이다. 『본업경소』에서는 '種性淸淨'을 '種子性淸淨'이라 하고 있다.

270 '生貴住'로 교감한다.

271 '方便具足住'로 교감한다.

272 '正心住'로 교감한다.

다음으로 "[8만 4천의 가르침을 온전케 하여] 흠결이 없게 하므로 [십주十住의 두 번째 단계를] '다스리는 것에 자리 잡는 단계'(治地住)라고 한다." (清淨鮮白故, 名治地住)라고 말하는 것은, 앞에서 말한 8만 4천의 가르침에 의거해서 '[지地 · 수水 · 화火 · 풍風, 이] 네 가지 물질적 속성'(四大) 및 '여섯 가지 대상들의 쇠퇴'(六衰, 色 · 聲 · 香 · 味 · 觸 · 法)[에 대한 어리석음]과 '[탐貪 · 진瞋 · 치癡와 그것들에서 분기된] 네 가지 우환'(四患)을 다스릴 수 있고 그리하여 '마음 상태'(心地)가 흠결이 없어지니, 그러므로 '다스리는 것에 자리 잡는 단계'(治地住)라고 하는 것이다.

[십주十住의 세 번째 단계인] '수행에 자리 잡는 단계'(修行住)에서 "모든 수행(行)을 오래도록 가꾸어 간다."(長養一切行)라고 말한 것은, 앞서 다스려져서 흠결이 없어진 '마음 상태'(心地)에 의거해 모든 수행을 오래도록 가꾸어 가니 그러므로 '수행에 자리 잡는 단계'(修行住)라고 하는 것이다.

[십주十住의 네 번째 단계인] '고귀한 가문에 태어나는 것에 자리 잡는 단계'(生貴住)에서 "부처님 가문에 태어나서 '[여래의] 면모'(種性)가 온전해진다."(生在佛家, 種性清淨)라는 말한 것은, 수행한 것에 의거하여 부처님 가문에 태어나게 되고 부처의 가르침의 영향력으로 말미암아 '불변 · 독자의 본질/실체가 없다는 이해'(空解)가 더욱 증가하니, 그러므로 '고귀한 가문에 태어나는 것에 자리 잡는 단계'(生貴住)라고 하는 것이다.

"한량없는 '이로운 능력'(善根)을 많이 익힌다."(多習無量善根)라는 것은, 교묘한 '수단과 방법'(方便)으로 수많은 이로운 능력을 닦아 익히니 그러므로 [십주十住의 다섯 번째 단계를] '수단과 방법을 두루 갖추는 것에 자리 잡는 단계'(方便具足住)라고 하는 것이다.

"[육바라밀六波羅密의] 여섯 번째인 '이해로 지혜를 밝히는 [대승 보살의] 수행'(般若[波羅蜜])을 성취한다."(成就第六般若)라는 것은, [육바라밀六波羅密의 여섯 번째인 '이해로 지혜를 밝히는 [대승 보살의] 수행'(般若波羅蜜)으로]

잘못된 집착을 다스리니 그러므로 [십주十住의 여섯 번째 단계를] '온전한 마음에 자리 잡는 단계'(正心住)라고 하는 것이다.

"入無生畢竟空界"者, 依般若力轉入三空, 有進無退, 名'不退'[273]也. "從發心不生倒"者, 從發心來, 遠離顚倒, 不起煩惱邪魔可以破菩提心, 以是義故名爲'童眞'.[274] 猶如年少沙彌生來不犯色欲, 如『央掘魔羅經』言, "爾時世尊, 告央掘魔. 汝當受持童眞淨戒." 子注中言, "童眞是沙彌別名. 胡本云式叉, 宋言學亦言隨順無違."[275] 今此位中名童眞者, 從發心來隨順理敎, 而無違義也. "當紹佛位"者, 由前童眞隨順力故, 從敎生解, 名'法王子'[276]也. "得無生心最上"者, 生空解中, 此最勝故, 故名'灌頂'[277]也.

[H1, 504c14~505a2]

"'[불변 · 독자의 본질/실체로서] 생겨난 것이 없어 끝내 불변 · 독자의 본질/실체가 없는 세계'(無生畢竟空界)에 들어간다."(入無生畢竟空界)라는 것은, 지혜의 힘에 의거해 '['불변 · 독자의 본질/실체가 없음'(空) · '[불변 · 독자의 본질/실체로서의] 차이/특징이 없음'(無相) · '[불변 · 독자의 본질/실체적인 것들을] 바라는 것이 없음'(無願), 이] 불변 · 독자의 본질/실체가 없는 세 가지 경지'(三空)에 들어가서(轉入) 나아감은 있어도 물러남은 없으므로

---

273 '不退住'로 교감한다.

274 '童眞住'로 교감한다.

275 원효가 인용하고 있는 『앙굴마라경央掘魔羅經』 권2(T2, 530a22)의 해당 구절 뒤에는 '童眞是沙彌別名. 戒, 梵本云式叉, 式叉, 宋言學亦言隨順無違.'라는 해설이 붙어 있는데, 원효의 인용문에서는 밑줄 친 戒와 式叉가 빠져 있고 '梵本'이 '胡本'으로 바뀌어 있다. 본 번역에서는 경전 구절에 따라 번역한다.

276 '法王子住'로 교감한다.

277 '灌頂住'로 교감한다.

[십주十住의 일곱 번째 단계를] '이전 수준으로 퇴행하지 않는 것에 자리 잡는 단계'(不退住)라고 하는 것이다.

"'[최고의 깨달음을 구하려는] 마음을 일으킨 것'(發心)을 따라가면서 [그 마음을] 뒤집지 않는다."(從發心不生倒)라는 것은, '[최고의 깨달음을 구하려는] 마음을 일으킨'(發心) 이래로 [깨달음을 등지는] 뒤집힘(顚倒)에서 멀리 벗어나 '수행을 방해하는 번뇌의 삿된 장애'(煩惱邪魔)를 일으켜 '깨달으려는 마음'(菩提心)을 무너뜨리지 않으니, 이런 뜻 때문에 [십주十住의 여덟 번째 단계를] '어린아이와 같은 순수함에 자리 잡는 단계'(童眞住)라고 하는 것이다. 마치 나이 어린 사미(沙彌)가 태어난 이후로 성욕(色欲)에 빠져들지 않은 것과 같으니 『앙굴마라경央掘魔羅經』에서 [다음과 같이] 말한 것과 같다. "이때 '세상에서 가장 존귀한 분'(世尊)께서 앙굴마라에게 말씀하셨다. 〈너는 반드시 어린 사미승과 같은 순수한 청정한 계율을 지녀야 한다.〉"[278] [이 구절에 대한] '용어 해설'(子注)[279]에서는 "동진童眞은 사미沙彌의 '다른 이름'(別名)이다. [계戒는] 산스크리트어 경전에서 식차式叉라고 하는데, 유송劉宋에서는 배움(學)이라 말하고 '따르며 어김이 없음'(隨順無違)이라고도 한다."[280]라고 말한다. 지금 이 [십주十住의 여덟 번째] 단계에서 '어린이와 같은 순수함'(童眞)이라 말한 것은, '[최고의 깨달음을 구하려는] 마음을 일으킨'(發心) 이래 '진리의 가르침'(理教)을 따르면서 어긴 적이 없다는 뜻이다.

"반드시 부처의 지위를 이을 것이다."(當紹佛位)라는 것은, 앞서의 '어린아이와 같은 순수함'(童眞)에서 비롯하는 '따르는 힘'(隨順力) 때문에

---

278 유송劉宋 구나발타라求那跋陀羅 역譯 『앙굴마라경央掘魔羅經』 권2(T2, 530a21~22), "爾時, 世尊告央掘魔羅. '汝當受持童眞淨戒.'(童眞是沙彌別名. 戒, 梵本云式叉, 式叉, 宋言學亦言隨順無違.)"

279 원효가 인용하고 있는 『앙굴마라경央掘魔羅經』의 해당 구절 뒤에는 '童眞是沙彌別名. 戒, 梵本云式叉, 式叉, 宋言學亦言隨順無違.'라는 해설이 붙어 있다.

280 "童眞是沙彌別名. 戒, 梵本云式叉, 式叉, 宋言學亦言隨順無違."

가르침에 따라 깨달음(解)을 일으키니 [그러므로] [십주十住의 아홉 번째 단계를] '진리의 왕자 자리에 자리 잡는 단계'(法王子住)라고 하는 것이다.

"'[불변 · 독자의 본질/실체로서] 생겨난 것이 없는 마음'(無生心)을 얻어 최상에 이른다."(得無生心最上)라는 것은, '불변 · 독자의 본질/실체가 없다는 이해'(空解)를 일으키는 것에서 이것이 가장 뛰어나기 때문이니, 그러므로 [십주十住의 열 번째 단계를] '정수리에 물을 부어 증명하는 것에 자리 잡는 단계'(灌頂住)라고 하는 것이다.

「보살영락본업경菩薩瓔珞本業經」 하권 제4 「석의품釋義品」

是故佛子, 從灌頂心, 進入五陰法性空位, 亦行八萬四千般若波羅蜜故, 名中十行. 佛子, 就中始入法空, 不爲外道邪論所倒, 入正位故, 名歡喜行. 佛子, 得常[281]化一切衆生, 皆[282]法利衆生故, 名饒益行. 佛子, 法[283]實得法忍心, 無我無我所故, 名無瞋恨行. 佛子, 常住功德, 現化衆生故, 名無盡行. 佛子, 命終之時, 無明鬼不亂不濁, 不失正念故, 名離癡亂行. 佛子, 生生, 常在佛國中生故, 名善現行. 佛子, 於我無我, 乃至一切法空故, 名無著行. 佛子, 三世佛法中, 常敬順故, 名尊重行. 佛子, 說法授人, 動成物則故, 名善法行. 佛子, 二諦非如, 非相非非相故, 名眞實行.

[T24, 1017b14~26]

281 대정장 『본업경』 교감주에서는 '常+(住法)'으로 교감하고 있다.
282 대정장 『본업경』 교감주에서는 '皆+(得)'으로 교감하고 있다.
283 대정장 『본업경』에는 '法 = 於 【宋】【元】【明】'이라고 주가 달려 있다. 원효도 "於實得法忍心"으로 보아 주석하고 있다. "於實得法忍心"으로 번역한다.

그러므로 부처의 제자들이여, '정수리에 물을 부어 증명하는 [단계의] 마음'(灌頂心)으로부터 〈'[자아를 이루고 있는 요소들의] 다섯 가지 더미'(五陰)와 '모든 현상'(法)의 본연(性)은 '불변 · 독자의 본질/실체가 없음'(空)을 아는 지위〉(五陰法性空位)에 들어가고, 또한 8만 4천의 '이해로 지혜를 밝히는 [대승 보살의] 수행'(般若波羅蜜)을 실천하기 때문에, '이타적 실천의 열 가지 단계'(十行) 안으로 들어간다고 한다.

부처의 제자들이여, [십행十行] 가운데에서 비로소 '모든 현상에 불변 · 독자의 본질/실체가 없음'(法空)[에 대한 이해]에 들어가 '[불교와는] 다른 가르침'(外道)의 삿된 이론에 걸려 넘어지지 않고 '바른 경지'(正位)에 들어가므로 [십행十行의 첫 번째 단계를] '환희하는 실천'(歡喜行)이라고 한다.

부처의 제자들이여, 항상 모든 중생을 교화하고 모든 것으로 중생을 이롭게 하기 때문에 [십행十行의 두 번째 단계를] '[중생을] 두루 이롭게 하는 실천'(饒益行)이라고 한다.

부처의 제자들이여, '현상의 온전한 면모'(實)에서 '[불변 · 독자의 본질/실체로서] 생겨난 것이 없다는 이해를 확고하게 간직하는 경지의 마음'(法忍心)을 증득하여 '[불변 · 독자의] 자아가 없고'(無我) '[불변 · 독자의] 나의 것이 없기'(無我所) 때문에 [십행十行의 세 번째 단계를] '분노가 없는 실천'(無瞋恨行)이라고 한다.

부처의 제자들이여, 항상 '이롭게 하는 능력'(功德)에 자리 잡아 중생을 교화하는 것을 나타내므로 [십행十行의 네 번째 단계를] '끝이 없는 실천'(無盡行)이라고 한다.

부처의 제자들이여, 목숨을 마칠 때에 '근본무지의 귀신'(無明鬼)이 어지럽히거나 혼탁하게 하지 않으며 '[분별망상에 빠져들지 않는] 알아차림의 올바른 간직'(正念)을 잃어버리지 않으므로 [십행十行의 다섯 번째 단계를] '어리석음의 혼란에서 벗어난 실천'(離癡亂行)이라고 한다.

부처의 제자들이여, 태어날 때마다 항상 '부처님 나라'(佛國)에 태어나므로 [십행十行의 여섯 번째 단계를] '좋은 과보를 나타내는 실천'(善現行)이라고 한다.

부처의 제자들이여, 나(我)에 대해 '[불변 · 독자의] 자아가 없고'(無我) 나아가 '모든 현상에 불변 · 독자의 본질/실체가 없으므로'(一切法空) [십행十行의 일곱 번째 단계를] '집착이 없는 실천'(無著行)이라고 한다.

부처의 제자들이여, '과거 · 현재 · 미래'(三世)의 '[부처님이 설한] 깨달음의 진리'(佛法) 가운데 항상 공경하며 따르므로 [십행十行의 여덟 번째 단계를] '[부처님 가르침을] 존중하는 실천'(尊重行)이라고 한다.

부처의 제자들이여, 다른 사람에게 진리를 설하여 주고 변화시켜 사물의 법도를 성취하게 하므로 [십행十行의 아홉 번째 단계를] '이롭게 하는 진리의 실천'(善法行)이라고 한다.

부처의 제자들이여, '['세간적 진리'(俗諦)와 '궁극적 진리'(眞諦), 이] 두 가지 진리'(二諦)는 '같은 것이 아니지만'(非如), '[본질이 다른] 차이[가 있는 것]도 아니며'(非相) '[내용의] 차이가 없는 것도 아니므로(非非相) [십행十行의 열 번째 단계를] '진리다운 실천'(眞實行)이라고 한다.

〈소〉

十行中, 先總明, "進入五陰法性空"者, 前十住中得內人空, 此十行位得內法空, 依法空解亦行八萬四千法門, 是故通名爲"中十行". 次別明中, "始入法空"者, 前得人空而猶存法, 今得法空, 於內無遺, 是故始生歡喜心也. 第二中言"常化衆生"者, 內持戒行, 外導衆生, 故名"饒益"也. "於實得法忍心"者, 於法實性得法忍心, 依法忍故得衆生忍, 無我我所, 名"無瞋恨"也. "常住功德"者, 精進無息, 所以常住, 常住不廢, 故名"無盡"也. "不失正念"者, 依禪定力, 深伏癡亂, 所以臨終不濁, 是故名爲"離癡亂"也.

[H1, 505a3~15]

'이타적 실천의 열 가지 단계'(十行)[에 관한 설법] 가운데 먼저 '총괄적으로 밝힌 것'(總明)이다. "〈'[자아를 이루고 있는 요소들의] 다섯 가지 더미'(五陰)와 '모든 현상'(法)의 본연(性)은 '불변·독자의 본질/실체가 없음'(空)을 아는 지위〉(五陰法性空位)에 들어간다."(進入五陰法性空)라는 것은, 앞의 '[믿음이 이해로] 안착하는 열 가지 단계'(十住)에서는 안으로 '자아에 불변·독자의 본질/실체가 없음'(人空)[에 대한 이해]를 증득하고 이 '이타적 실천의 열 가지 단계의 지위'(十行位)에서는 안으로 '모든 현상에 불변·독자의 본질/실체가 없음'(法空)[에 대한 이해]를 증득하는데, [이] '모든 현상에 불변·독자의 본질/실체가 없다고 하는 이해'(法空解)에 의거해서도 8만 4천의 가르침(法門)을 실천하니, 이 때문에 통틀어 "'이타적 실천의 열 가지 단계'(十行) 안으로 들어간다."(中十行)라고 한 것이다.

다음으로 '하나씩 밝힌 것'(別明) 중에서 "비로소 '모든 현상에 불변·독자의 본질/실체가 없음'(法空)[에 대한 이해]에 들어간다."(始入法空)라는 것은, 앞[의 십주十住]에서 '자아에 불변·독자의 본질/실체가 없음'(人空)[에 대한 이해]를 증득하였지만 여전히 현상(法)[을 실체로 보는 생각]을 지니고 있다가 지금 '모든 현상에 불변·독자의 본질/실체가 없음'[에 대한 이해](法空)를 증득하여 안으로 [현상(法)을 실체로 보는 생각을] 남기지 않으니, 이 때문에 [십행十行의 첫 번째 단계에서] 비로소 '환희의 마음'(歡喜心)을 일으킨다.

두 번째에서 "항상 모든 중생을 교화한다."(常化衆生)라고 말한 것은, 안으로는 '계율 수행'(戒行)을 지니고 밖으로는 중생을 인도하니, 그러므로 [십행十行의 두 번째 단계를] '[중생을] 두루 이롭게 한다'(饒益)라고 하였다.

"'현상의 온전한 면모'(實)에서 '[불변 · 독자의 본질/실체로서] 생겨난 것이 없다는 이해를 확고하게 간직하는 경지의 마음'(法忍心)을 증득한다."(於實得法忍心)라는 것은, '현상의 온전한 면모'(法實性)에서 '[불변 · 독자의 본질/실체로서] 생겨난 것이 없다는 이해를 확고하게 간직하는 경지의 마음'(法忍心)을 증득하고 [이] '[불변 · 독자의 본질/실체로서] 생겨난 것이 없다는 이해를 확고하게 간직하는 경지[의 마음]'(法忍[心])에 의거하기 때문에 '중생[의 모욕이나 해코지]를 잘 참아내는 경지'(衆生忍)를 얻어 '[불변 · 독자의] 자아가 없고'(無我) '[불변 · 독자의] 나의 것이 없는'(無我所) [경지가] 되니, 따라서 [십행十行의 세 번째 단계를] "분노가 없다."(無瞋恨)라고 하였다.

"항상 '이롭게 하는 능력'(功德)에 자리 잡는다."(常住功德)라는 것은, '향상의 노력'(精進)을 하면서 멈추지 않고 그리하여 '항상 자리 잡게 되며'(常住) [또] '항상 자리 잡음'(常住)을 없애지 않으니, 따라서 [십행十行의 네 번째 단계를] "끝이 없다."(無盡)라고 하였다.

"'[분별망상에 빠져들지 않는] 알아차림의 올바른 간직'(正念)을 잃어버리지 않는다."(不失正念)라는 것은, 선정禪定의 힘에 의거해 '어리석음의 혼란'(癡亂)을 깊이 제압하고 그리하여 목숨을 마칠 때에도 [마음이] 어지럽지 않으니, 이 때문에 [십행十行의 다섯 번째 단계를] "어리석음의 혼란에서 벗어난다."(離癡亂)라고 하였다.

"生生, 常在"者, 由般若力隨順覺者, 所以常在佛土現生, 故名"善現"也. "於我無我"者, 依方便力, 巧離二邊, 乃至諸法無所染著, 故名"無著"也. "常順敬"者, 依願度力, 常能隨順三世佛法, 故名"尊重"也. "說法度[284]人"者, 依力度動成物軌, 離惡行善, 故名"善法"也. "二諦非如"

284 경의 본문에서는 '授'로 되어 있다. '授'로 고쳐 번역한다.

者, 非二言下, 如言有二, 故曰"非如". 所以然者, 以非相非非相故, 以非相故, 非如有諦之言, 非非相故, 非如無諦之稱. 作如是解, 離虛妄言, 以是義故名"眞實行". 是依智度以立其名, 與前慧度有何異者? 彼明遣相入空以順佛法身義, 此顯亦遣非相涉俗離虛妄義, 由是道理, 二度差別也.

[H1, 505a15~b6]

"태어날 때마다 항상 ['부처님 나라'(佛國)에] 태어난다."(生生, 常在)라는 것은, 지혜의 힘으로 '깨달은 분'[인 부처님]을 따르기 때문에 항상 '부처님 나라'(佛土)에 태어나니 그러므로 [십행十行의 여섯 번째 단계를] "좋은 과보를 나타낸다."(善現)라고 하였다.

"나에 대해 [불변·독자의] 자아가 없다."(於我無我)라는 것은, '수단과 방법'(方便)의 힘에 의거해 '['항상 있다는 견해'(常見)와 '아무것도 없다는 견해'(斷見), 이] 두 가지 치우친 견해'(二邊)에서 교묘히 벗어나서 모든 현상에 오염되고 집착하는 것이 없는 [경지에] 이르니 그러므로 [십행十行의 일곱 번째 단계를] "집착이 없다."(無著)라고 하였다.

"항상 공경하며 따른다."(常順敬)라는 것은, '중생구제를 바라는 [마음의] 힘'(願度力)에 의거하여 항상 '과거·현재·미래'(三世)의 '[부처님이 설한] 깨달음의 진리'(佛法)를 따를 수 있으니 그러므로 [십행十行의 여덟 번째 단계를] "[부처님 가르침을] 존중한다."(尊重)라고 하였다.

"다른 사람에게 진리를 설하여 준다."(說法授人)라는 것은, [중생구제를 바라는 마음의] 힘(力)에 의거하여 [중생들을] 구제하고(度) 변화시켜(動) 사물의 법도를 성취하게 하여 악惡에서 벗어나고 선善을 행하게 하니 그러므로 [십행十行의 아홉 번째 단계를] '이롭게 하는 진리'(善法)라고 하였다.

"['세간적 진리'(俗諦)와 '궁극적 진리'(眞諦), 이] 두 가지 진리'(二諦)는 같은 것이 아니다."(二諦非如)라는 것은, [뒤이어 나오는] '아니다'(非)라는 두 가지 말에 비추어 보면 '같다'(如)라는 말에 두 가지 [의미]가 있기 때문에 "같은 것이 아니다."(非如)라고 하였다. 왜 그런가 하면, '[본질이 다른] 차이[가 있는 것]도 아니며'(非相) '[내용의] 차이가 없는 것도 아니기'(非非相) 때문이니, '[본질이 다른] 차이[가 있는 것]이 아니므로'(非相) '항상 있다는 관점의 말'(有諦之言)과 '같은 것이 아니고'(非如), '[내용의] 차이가 없는 것도 아니므로'(非非相) '아무것도 없다는 관점의 말'(無諦之稱)과 '같은 것이 아니다'(非如). 이와 같이 이해하여 '사실에 맞지 않는 말'(虛妄言)에서 벗어나는 것이니, 이런 뜻 때문에 [십행十行의 열 번째 단계를] "진리다운 실천"(眞實行)이라 하였다. 이것은 '지혜에 의한 중생구제'(智度)에 의거하여 그 ['진리다운 실천'(眞實行)이라는] 명칭을 세운 것이니, 앞[의 아홉 번째 단계의 선법행善法行]에서 [말한] '지혜에 의한 중생구제'(慧度)와는 어떤 차이가 있는가? 저 [아홉 번째 단계의 선법행善法行]은 〈'[본질이 다른] 차이'(相)[가 있다는 생각]을 버리고 '불변 · 독자의 본질/실체가 없음'(空)[에 대한 이해]에 들어가 '부처님의 진리 몸'(佛法身)을 따르는 뜻〉(遺相入空以順佛法身義)을 밝혔고, 이 [열 번째 단계의 '진리다운 실천'(眞實行)]은 〈'[본질이 다른] 차이[가 있는 것]이 아니다'(非相)[라는 생각]도 버리고 세속에 [다시] 돌아와 허망[하다는 생각]에서 벗어나는 뜻〉(亦遣非相涉俗離虛妄義)을 밝혔으니, 이러한 이치 때문에 [지도智度와 혜도慧度, 이] '두 가지 [지혜에 의한] 중생구제'(二度)가 차이 나는 것이다.

『보살영락본업경菩薩瓔珞本業經』 하권 제4 「석의품釋義品」

是故佛子, 從眞實心入衆生空無我空, 二空平等無別. 一觀相一合相, 學習百[285]萬億般若波羅蜜空觀故, 迴易前後, 心心觀唯, 明明寂滅. 長養上地明觀法故, 迴因向果. 復以無量心, 不捨不受故, 十向法如是.

[T24, 1017b27~c2]

그러므로 부처의 제자들이여, [십행十行의 마지막인 '진리다운 실천'(眞實行)의] '진리다운 마음'(眞實心)으로부터 '중생에 불변·독자의 본질/실체가 없음'(衆生空)[에 대한 이해]와 '[불변·독자의] 자아가 없다는 불변·독자의 본질/실체가 없음'(無我空)[에 대한 이해]에 들어가는데, '[중생공衆生空과 무아공無我空, 이] 두 가지 불변·독자의 본질/실체가 없음'(二空)은 평등하여 차이가 없다. '하나처럼 통합을 이해하는 양상'(一觀相)과 '하나처럼 통하여 합해지는 양상'(一合相)으로써 백만 억의 '이해로 지혜를 밝히는 [대승 보살의] 수행'(般若波羅蜜)에 의한 '불변·독자의 본질/실체가 없음에 대한 이해'(空觀)를 배우고 익히기 때문에, '앞을 뒤로 돌려 바꾸며'(迴易前後), '마음과 마음이 오직 [대상세계가 마음의 구성임을] 이해하여'(心心觀唯) '[분별의 왜곡과 동요가] 그쳐 고요함을 밝게 밝힌다'(明明寂滅). [그리고] 위의 '[보살 수행의 열 가지] 본격적인 단계'([十]地)에서의 '이해를 밝히는 수행'(明觀法)을 오래도록 가꾸기 때문에, 원인(因)을 돌려 결과(果)로 향한다. 또한 '한계가 없는 마음'(無量心)으로써 [삼계三界를] 버리지도 않고 [삼계三界에 대한 집착을] 받지도 않는 것이니, '[수행으로 성취한 모든 것을 중생들에게] 돌리는 행위의 열 가지 단계의 수행'(十[迴]向法)은 이와 같은 것이다.

〈소〉

十迴向中, 亦先總明. "衆生空"者, 假名人空, "無我空"者, 五陰法空, 無我之法亦性空故. "二空平等無別"者, 其人空觀通遣自他親疎之性, 故言"平等", 其法空觀遍遣內外差別之相, 故言"無別". "一觀相"者, 平等觀故, "一合相"者, 無別見故. 上言"入"者, 一時頓入內外人法二空觀

285 대정장『본업경』교감주에서는 '百+(千)'으로 교감하고 있다.

故，是名第三平等空觀，卽爲見道三心方便．謂‘內遣有情假緣智’者，十住人空爲方便故．‘內遣諸法假緣智’者，十行法空爲方便故．‘遍遣一切有情諸法假緣智’者，以十迴向平等空觀爲方便故．從此方便立彼三心故，“學習百萬億乃至空觀”故．

[H1, 505b7~19]

‘[수행으로 성취한 모든 것을 중생들에게] 돌리는 행위의 열 가지 단계’(十迴向)[에 관한 설법] 가운데 먼저 ‘총괄적으로 밝힌 것’(總明)이다. “중생에 불변 · 독자의 본질/실체가 없음”(衆生空)이라는 것은 ‘사람에 불변 · 독자의 본질/실체가 없음’(人空)을 방편으로 말하는 것이며, “[불변 · 독자의] 자아가 없다는 불변 · 독자의 본질/실체가 없음”(無我空)이라는 것은 ‘[자아를 이루고 있는 요소들의] 다섯 가지 더미 현상들이 불변 · 독자의 본질/실체가 없음’(五陰法空)이니 ‘불변의 독자적 자아가 없는 현상들’(無我之法) 역시 [그] 본연(性)이 ‘불변 · 독자의 본질/실체가 없기’(空) 때문이다. “‘[중생공衆生空과 무아공無我空, 이] 두 가지 불변 · 독자의 본질/실체가 없음’(二空)은 평등하여 차이가 없다.”(二空平等無別)라는 것은, 그 ‘사람에 변하지 않는 독자적 실체가 없다는 이해’(人空觀)가 ‘나와 남의 가까움과 멂’(自他親疏)에 대한 본질/실체관념(性)을 모두 없애기 때문에 “평등하다.”(平等)고 말하고, 그 ‘모든 현상에 불변 · 독자의 본질/실체가 없다고 하는 이해’(法空觀)가 ‘[자기] 안과 밖의 차이’(內外差別)에 대한 본질/실체관념(相)을 두루 사라지게 하기 때문에 “차이가 없다.”(無別)고 한 것이다.

“하나처럼 통합을 이해하는 양상”(一觀相)이라는 것은 ‘평등하게 보는 이해’(平等觀)이며, “하나처럼 통하여 합해지는 양상”(一合相)이라는 것은 ‘차이가 없다는 견해’(無別見)이다. 앞에서 “[중생공衆生空과 무아공無我空에] 들어간다.”(入)고 말한 것은, ‘안과 밖의 사람과 현상 두 가지에 모두 불변 · 독자의 본질/실체가 없다는 이해’(內外人法二空觀)에 ‘일시에 한꺼번에 들어가기'(一時頓入) 때문이니, 이것을 세 번째인 '평등하게 불변 · 독자의 본질/실체가 없다는 이해'(平等空觀)라고 부르는데, [이 세 가지 공관空觀이] 바로 〈'[진리다운] 이해를 밝혀 가는 수행'(見道)에서의 '세 가지 [지혜의] 마음'(三心)〉(見道三心)[286]을 얻는 '수단과 방법'(方便)이 된다. 말하자면, [견도삼심見道三心의 첫 번째 마음인] '임시적 조건들로 이루어진 실체 없는 중생에 대한 잠재적 번뇌를 안으로 없애는 지혜'(內遣有情假緣智)는 '[믿음이 이해로] 안착하는 열 가지 단계'(十住)에서 성취하는 '사람에 불변 · 독자의 본질/실체가 없음'(人空)[에 대한 이해]를 수단과 방법으로 삼는 것이다. [또] [견도삼심見道三心의 두 번째 마음인] '임시적 조건들로 이루어진 실체 없는 모든 현상에 대한 잠재적 번뇌를 안으로 없애는 지혜'(內遣諸法假緣智)는 '이타적 실천의 열 가지 단계'(十行)에서 성취하는 '모든 현상에 불변 · 독자의 본질/실체가 없음'(法空)[에 대한 이해]를 수단과 방법으로 삼는 것이다. [그리고] [견도삼심見道三心의 세 번째 마음인] '임시적 조건들로 이루어진 실체 없는 중생과 모든 현상에 대한 잠재적 번뇌를 모두 없애는 지혜'(遍遣一切有情諸法假緣智)는 '[수행으로 성취한 모든 것을 중생들에게] 돌리는 행위의 열 가지 단계'(十廻向)에서 성취하는 '평등하게 불변 · 독자의 본질/실체가 없다는 이해'(平等空觀)를 수단과 방법으로 삼는 것이다. 이러한 수단과 방법으로부터 저 [견도見道에서의] '세 가지 [지혜의] 마음'(三心)을 세우기 때문에 "백만억의 '이해로

286 견도삼심見道三心: 내견유정가연지內遣有情假緣智 · 내견제법가연지內遣諸法假緣智 · 편견일체유정제법가연지遍遣一切有情諸法假緣智의 세 가지 지혜를 말한다. 관련된 출전 두 가지만 소개하면 다음과 같다. 『현양성교론顯揚聖教論』 권17(T31, 562a27). "論曰. 從此無間無有加行, 解脫見道所斷隨眠三心智生. 一內遣有情假緣智, 二內遣諸法假緣智, 三遍遣一切有情諸法假緣智. 此中前二是法智, 第三是種類智. 如是三智能斷一百一十二煩惱."; 『주성유식론註成唯識論』 권17(X50, 25c23~26a3). "二相見道, 此復有二, 一觀非安立諦, 有三品心, 一內遣有情假緣智, 能除耎品分別隨眠. 二內遣諸法假緣智, 能除中品分別隨眠. 三遍遣一切有情諸法假緣智, 能除一切分別隨眠. 前二名法智, 各別緣故, 第三名類智總合緣故."

지혜를 밝히는 [대승 보살의] 수행'(般若波羅蜜)에 의한 '불변 · 독자의 본질/실체가 없음에 대한 이해'(空觀)를 배우고 익힌다."(學習百萬億般若波羅蜜空觀)라고 한 것이다.

"迴易前後"者, 增前八萬四千法門, 以至百萬億諸法門故, 迴前空觀, 易後空觀, 展轉增進不相離故. "心心觀唯"者, 前心觀其諸境唯心, 後心亦觀諸境唯心故. "明明寂滅"者, 前明不取生起之相, 後明亦遣喧動相故. 如是心明長養地上眞明觀法, 故言"長養上地明觀法故, 迴因向果". 此中'因'者, 地前方便, '果'者, 卽指地上正觀乃至佛地一切功德, 卽以是義名爲"迴向". "復以無量心"者, 以四無量心, 受生三界, 故言"不捨", 而無取著, 故言"不受"故. "十向法如是"者, 是總結也.

[H1, 505b20~c7]

"앞을 뒤로 돌려 바꾼다."(迴易前後)라는 것은 앞서의 8만 4천의 가르침(法門)을 더욱 늘려 백만억의 온갖 가르침까지 되는 것이니, 앞서의 '불변 · 독자의 본질/실체가 없다는 이해'(空觀)를 되돌려 이후의 '불변 · 독자의 본질/실체가 없다는 이해'(空觀)로 바꾸어 가며 더욱 [그 수준을] 향상시키면서 [이전의 이해와 이후의 이해가] 서로 떨어지지 않는 것이다.

"'마음과 마음이 오직 [대상세계가 마음의 구성임을] 이해한다."(心心觀唯)라는 것은, 앞의 마음이 저 온갖 대상세계(境)가 오직 마음[에 의한 구성]임을 이해하고 뒤의 마음도 온갖 대상세계(境)가 오직 마음[에 의한 구성]임을 이해하는 것이다.

"[분별의 왜곡과 동요가] 그쳐 고요함을 밝게 밝힌다."(明明寂滅)라는 것은, 앞의 밝힘은 '[실체로서] 생겨난다는 관념'(生起相)을 취하지 않는 것이고, 뒤의 밝힘은 ['[실체로서] 생겨난다는 관념'(生起相)에 의거한] 요란한 동요도 버리는 것이다. 이와 같은 '마음의 밝음'(心明)이 '[보살 수행의 열 가지] 본격적인 단계'([十]地)에서의 '참되게 이해를 밝히는 수행'(眞明觀法)을 오래도록 가꾸니, 그러므로 "위의 '[보살 수행의 열 가지] 본격적인 단계'([十]地)에서의 '이해를 밝히는 수행'(明觀法)을 오래도록 가꾸기 때문에, 원인(因)을 돌려 결과(果)로 향한다."(長養上地明觀法故, 迴因向果)라고 말한 것이다. 여기서 '원인'(因)이라는 것은 '[보살 수행의 열 가지] 본격적인 단계'([十]地) 이전의 수단과 방법이고, '결과'(果)라는 것은 바로 '[보살 수행의 열 가지] 본격적인 단계'([十]地)에서의 '곧바로 사실대로 이해함'(正觀)[287]과 '부처 경지의 온갖 [중생을 구제하는] 이로운 능력'(佛地一切功德)까지를 가리키니, 이러한 뜻에 입각하여 '[수행으로 성취한 모든 것을 중생들에게] 돌려줌'(迴向)이라 부르는 것이다.

"또한 '한계가 없는 마음'으로써"(復以無量心)라는 것은, '한계가 없는 네 가지 마음'(四無量心)[288]으로써 '[욕망세계(欲界)·유형세계(色界)·무형세

---

287 정관正觀: 앞서 '십지十地'에 관한 역주에서 밝혔듯이, 원효의 관점에 따르면 보살 수행의 52단계(52位)에서 십지十地 이전인 십신十信·십주十住·십행十行·십회향十迴向 단계에서의 관행은 모두 방편관에 속하고, 십지 초지初地부터의 관행은 정관에 해당한다. 그에 의하면, 자리행과 이타행이 하나로 결합되는 분기점은 십지의 초지이며, 십지부터는 자리행과 이타행이 근원에서 하나로 결합하는 경지가 펼쳐지게 되고, 등각等覺과 묘각妙覺에 이르러 그 완벽한 경지가 된다. 또 십지의 초지初地 이상의 지평을 여는 정관正觀의 핵심을 원효는 유식관唯識觀으로 본다. 정관이 작동하는 초지 이상의 경지에서 현상과 존재의 사실 그대로인 진여공성眞如空性에 직접 접속하게 되고, 그때 '['사실 그대로'를] 비로소 깨달은' 시각始覺을 증득하여 본각本覺[인 '사실 그대로 앎']과 상통하게 되어 '시각이 곧 본각'이라는 일각一覺의 지평에 올라선다. 이후의 과제는 본각과의 상통 정도를 확장해 가는 것이다. 초지에서 위로 올라갈수록 상통의 원만성이 확대되다가, 등각等覺 경지에서 성취하게 되는 금강삼매에 의거하여 마침내 묘각妙覺 지평이 열려 시각과 본각이 완전하게 하나가 된다. 이러한 위상을 지닌 '正觀'을 본 번역에서는 '곧바로 사실대로 이해함'이라 번역한다. 또한 문장의 의미맥락에 따라서는 그저 '사실대로 이해함'으로 번역하기도 한다.

288 사무량심四無量心: 『아비달마구사론』 권29에서는 "無量有四, 一慈二悲三喜四捨. 言無量者, 無量有情爲所緣故, 引無量福故, 感無量果故"(T29, 150b20~22)라고 하여

계(無色界), 이] 세 가지 세계'(三界)에 태어나기 때문에 "[삼계三界를] 버리지 않는다."(不捨)라고 말하였고, 그러나 [삼계三界를] '붙잡고 달라붙지'(取著) 않기 때문에 "[삼계三界에 대한 집착을] 받지도 않는다."(不受)라고 말하였다.

"'[수행으로 성취한 모든 것을 중생들에게] 돌리는 행위의 열 가지 단계의 수행'(十[廻]向法)은 이와 같은 것이다."(十[廻]向法如是)라는 것은 총괄적인 결론이다.

『보살영락본업경菩薩瓔珞本業經』 하권 제4 「석의품釋義品」

佛子, 常以無相心中, 常行六道而入果報, 不受而受諸受, 迴易轉化, 故名救護一切衆生離衆生相迴向. 佛子, 觀一切法, 但有受但有用但有名, 念念不住, 故名不壞迴向. 佛子, 三世諸佛法一切時行, 故名

자慈 · 비悲 · 희喜 · 사捨의 4무량심을 제시하고, 여기서 무량無量이라는 것은 무량유정無量有情을 대상으로 삼아 무량복無量福과 무량과無量果를 초래하기 때문이라고 설명한다. 『대지도론』 권20에서는 4무량심 각각에 대해 "四無量心者, 慈悲喜捨. 慈名愛念衆生, 常求安隱樂事, 以饒益之. 悲名愍念衆生, 受五道中種種身苦心苦. 喜名欲令衆生, 從樂得歡喜. 捨名捨三種心, 但念衆生不憎不愛"(T25, 208c9~13)라고 하여, 자慈는 중생을 사랑(愛念)하는 것으로서 늘 '평안하고 즐거운 일'(安隱樂事)을 추구하여 중생을 이롭게 하는 마음이라 하고, 비悲는 중생이 윤회의 과정에서 갖가지 몸과 마음의 괴로움을 받는 것을 연민하는 마음이며, 희喜는 '즐거운 일'(樂事)로부터 환희歡喜를 얻게 하려는 마음이고, 사捨는 자慈 · 비悲 · 희喜의 세 가지 마음을 버려 중생을 미워하지도 애착하지도 않는 평등의 마음이라고 설명한다. 네 번째인 사심捨心에 대해 『아비달마구사론』 권29에서는 "修捨最初, 從處中起漸次, 乃至能於上親起平等心, 與處中等"(T29, 151a19~20)이라고 하여, 사심捨心을 닦는 최초에는 '평등한 마음에 있는 상태'(處中)에서 점차 일어나 마침내 가장 친한 사람인 상친上親에 대해서도 평등심平等心을 일으켜 '평등한 마음에 있는 상태'(處中)와 같게 되기에 이르는 것이라고 설명한다.

等一切佛迴向. 佛子, 以大願力, 入一切佛國中, 供養一切佛, 故名至一切處迴向. 佛子, 以常住三寶, 授與前人, 故名無盡功德藏迴向. 佛子, 習行相善無漏善, 而不二, 故名隨順平等善根迴向. 佛子, 以觀善惡父母無二, 一相一合相, 故名隨順等觀一切衆生迴向. 佛子, 常照有無二諦, 一切法一合相, 故名如相迴向. 佛子, 以諸法無二, 般若無生, 二諦平等, 過去一合相, 現在一合相, 未來一合相, 故名無縛解脫迴向. 佛子, 覺一切法第一義諦, 中道無相, 一切法皆一照相, 故名法界無量迴向. 佛子, 是三十心, 義釋無量無邊, 非一切凡智[289]所能思量, 十方諸佛一切菩薩之所遊路.

[T24, 1017c2~c20]

부처의 제자들이여, 언제나 '[불변 · 독자의 본질/실체로 차별하는] 차이가 없는 마음'(無相心)으로 항상 '[업에 따라 윤회하는] 여섯 가지 세계'(六道)를 다니며 과보果報 속으로 들어가니, [과보를 집착으로] 수용하지 않으면서도 온갖 [과보를] 수용하면서 [그 과보들을] 돌려 바꾸어 [중생을] 교화해 가니, 그러므로 [십회향十廻向의 첫 번째 단계를] '모든 중생을 구제하고 보살피면서도 '중생에 대한 본질/실체관념'(衆生相)에서 벗어나 [수행으로 성취한 모든 것을 중생들에게] 돌리는 실천'(救護一切衆生離衆生相廻向)이라고 부른다.

부처의 제자들이여, '모든 현상'(一切法)을 보더라도(觀) [불변 · 독자의 본질/실체라는 관념이 없이] 단지 수용(受)만 있고 단지 작용(用)만 있으며 단지 이름(名)만 있을 뿐이어서 생각마다 [그것들에] 머무르지 않으니, 그러므로 [십회향十廻向의 두 번째 단계를] '[분별로] 훼손시키지 않고 [수행으로 성취한 모든 것을 중생들에게] 돌리는 실천'(不壞廻向)이라

289 대정장『본업경』교감주에서는 '智=夫'로 교감하고 있다.

고 부른다.

부처의 제자들이여, '과거 · 현재 · 미래 모든 부처님의 가르침'(三世諸佛法)은 모든 때에 펼쳐지니, 그러므로 [십회향十廻向의 세 번째 단계를] '모든 부처[의 가르침]을 평등하게 펼쳐 [수행으로 성취한 모든 것을 중생들에게] 돌리는 실천'(等一切佛廻向)이라고 부른다.

부처의 제자들이여, '[중생을 구제하려는] 크나큰 바람의 힘'(大願力)으로 모든 '부처님 나라'(佛國)에 들어가서 [중생을 위해] 모든 부처에게 공양하니, 그러므로 [십회향十廻向의 네 번째 단계를] '[부처님이 계신] 모든 곳에 이르러 [수행으로 성취한 모든 것을 중생들에게] 돌리는 실천'(至一切處廻向)이라고 부른다.

부처의 제자들이여, '[부처(佛) · 가르침(法) · 수행공동체(僧), 이] 세 가지 보배'(三寶)에 늘 머물며 [그 공덕을] 앞에 있는 사람에게 주니, 그러므로 [십회향十廻向의 다섯 번째 단계를] '끝없는 이로운 능력이 가득한 창고[인 삼보三寶]로써 [수행으로 성취한 모든 것을 중생들에게] 돌리는 실천'(無盡功德藏廻向)이라고 부른다.

부처의 제자들이여, '서로 이롭게 하는 행위'(相善)와 '번뇌가 스며듦이 없는 이로운 행위'(無漏善)를 익히고 실천하되 [이 두 가지를] '서로 다른 것이 아니게 하니'(不二), 그러므로 [십회향十廻向의 여섯 번째 단계를] '[상선相善과 무루선無漏善을] 평등케 하는 이로운 능력에 따라 [수행으로 성취한 모든 것을 중생들에게] 돌리는 실천'(隨順平等善根廻向)이라고 부른다.

부처의 제자들이여, '이로운 부모와 해로운 부모'(善惡父母)를 '서로 다른 것이 아니라고'(無二) 보아 ['이로운 부모와 해로운 부모'(善惡父母)가] '하나처럼 통하는 양상'(一相)이 되고 '하나처럼 통하여 합해지는 양상'(一合相)이 되니, 그러므로 [십회향十廻向의 일곱 번째 단계를] '모든 중생을 평등하게 보는 것에 따라 [수행으로 성취한 모든 것을 중생들에게] 돌리는 실천'(隨順等觀一切衆生廻向)이라고 부른다.

부처의 제자들이여, 〈있음(有)과 없음(無)에 관한 ['세간적 관점'(俗諦)과 '진리적 관점'(眞諦), 이] '두 가지 관점'(二諦)〉(有無二諦)을 '언제나 사실 그대로 이해하여'(常照) '모든 현상'(一切法)이 '하나처럼 통하여 합해지는 양상'(一合相)이 되니, 그러므로 [십회향十廻向의 여덟 번째 단계를] '사실 그대로의 양상으로 [수행으로 성취한 모든 것을 중생들에게] 돌리는 실천'(如相廻向)이라고 부른다.

부처의 제자들이여, '모든 현상'(諸法)은 '서로 다른 것이 아니고'(無二) 지혜(般若)는 [불변·독자의 본질/실체로서] 생겨난 것이 없으며 '['세간적 관점'(俗諦)과 '진리적 관점'(眞諦), 이] 두 가지 관점'(二諦)은 평등하기 때문에, 과거過去도 '하나처럼 통하여 합해지는 양상'(一合相)이고 현재現在도 '하나처럼 통하여 합해지는 양상'(一合相)이며 미래未來도 '하나처럼 통하여 합해지는 양상'(一合相)이니, 그러므로 [십회향十廻向의 아홉 번째 단계를] '[차이에] 묶이지 않는 해탈로 [수행으로 성취한 모든 것을 중생들에게] 돌리는 실천'(無縛解脫廻向)이라고 부른다.

부처의 제자들이여, '모든 현상'(一切法)에 대한 '궁극적 관점'(第一義諦)을 깨달아 '중도中道인 [불변·독자의 본질/실체로서의] 차이/특징이 없음'(中道無相)이어서 모든 현상이 다 '하나처럼 통함을 드러내는 양상'(一照相)이니, 그러므로 [십회향十廻向의 열 번째 단계를] '현상세계가 [분리되는] 한계가 없어 [수행으로 성취한 모든 것을 중생들에게] 돌리는 실천'(法界無量廻向)이라고 부른다.

부처의 제자들이여, 이러한 '[십주十住·십행十行·십회향十廻向의] 서른 가지 마음'(三十心)[단계]는 [그] 뜻과 해석이 '한량없고 끝이 없으니'(無量無邊), 모든 범부의 지혜로 헤아릴 수 있는 것이 아니고 온 세계 모든 부처님과 보살들이 노니는 길이다.

〈소〉

"常以"已下, 第二別明. "常以無相心"者, 離衆生相義, "常行六道"者, 救護衆生義也. "觀一切法但有受"等者, 釋不壞義, 不增[290]假名而不住故. "但有受"者, 是觀受假, "但有用"者, 是觀法假, "但有名",[291] 是觀名假. 是三假義, 後文當說也. "三世諸佛法一切時行"者, 依教遍起故言等行, 是釋"等一切佛"義也. "入一切佛國土"者, 卽是"至一切處"義也. "以常住三實, 授與前人"者, 於一心內蘊三寶德, 恒授與人而無窮盡, 卽是"無盡功德藏"義也.

[H1, 505c8~18]

"언제나 …"(常以) 이하는 두 번째로 '하나씩 밝힌 것'(別明)이다. [십회향十廻向의 첫 번째 단계에 관한 설명에서] "언제나 '[불변 · 독자의 본질/실체로 차별하는] 차이가 없는 마음'(無相心)으로"(常以無相心)라는 것은 '중생에 대한 본질/실체관념'(衆生相)에서 벗어났다는 뜻이고, "항상 '[업에 따라 윤회하는] 여섯 가지 세계'(六道)를 다닌다."(常行六道)라는 것은 중생을 구제하며 보살핀다는 뜻이다.

[십회향十廻向의 두 번째 단계에 관한 설명에서] "'모든 현상'(一切法)을 보더라도(觀) [불변 · 독자의 본질/실체라는 관념이 없이] 단지 수용(受)만 있다."(觀一切法但有受) 등으로 말한 것은 '[분별로] 훼손시키지 않음'(不壞)의 뜻을 해석한 것이니, '임시방편으로 세운 명칭'(假名)을 [분별로 왜곡하여 그 뜻을] 늘리지 않고 [그것에 집착하여] 머물지도 않기 때문이다. "단지 수용만 있다."(但有受)라는 것은 '받은 [과보]가 불변 · 독자의 본질/실체

290 한불전 교감에서는 "'增'은 '憎'인 듯하다."라고 한다. 그러나 해당 경전 본문은 실체 관념을 추가하지 않는다는 것을 말하는 것이므로 '增'이 적절하다.

291 '者'가 빠진 것으로 보인다.

가 아닌 것'(受假)이라고 이해(觀)하는 것이고, "단지 작용만 있다."(但有用)라는 것은 '현상이 불변 · 독자의 본질/실체가 아닌 것'(法假)이라고 이해(觀)하는 것이며, "단지 이름만 있다."(但有名)라는 것은 '이름이 불변 · 독자의 본질/실체가 아닌 것'(名假)이라고 이해(觀)하는 것이다. [수受, 법法, 명名] 이 '불변 · 독자의 본질/실체가 아닌 세 가지'(三假)의 뜻에 대해서는 뒤의 문장에서 설명하겠다.

[십회향十廻向의 세 번째 단계에 관한 설명에서] "'과거 · 현재 · 미래 모든 부처님의 가르침'(三世諸佛法)은 모든 때에 펼쳐진다."(三世諸佛法一切時行)라는 것은, 가르침이 두루 일어나는 것에 의거하기 때문에 '평등하게 펼친다'(等行)고 말하니, 이것은 "모든 부처[의 가르침]을 평등하게 펼친다."(等一切佛)[라는 말]의 뜻을 해석한 것이다.

[십회향十廻向의 네 번째 단계에 관한 설명에서] "모든 부처님 나라에 들어간다."(入一切佛國土)라는 것은 바로 "[부처님이 계신] 모든 곳에 이른다."(至一切處)의 뜻이다.

[십회향十廻向의 다섯 번째 단계에 관한 설명에서] "'[부처(佛) · 가르침(法) · 수행공동체(僧), 이] 세 가지 보배'(三寶)에 늘 머물며 [그 공덕을] 앞에 있는 사람에게 준다."(以常住三實, 授與前人)라는 것은, '하나처럼 통하는 마음'(一心) 안에 '[부처(佛) · 가르침(法) · 수행공동체(僧), 이] 세 가지 보배'(三寶)의 '이로운 능력'(德)을 쌓아 항상 사람들에게 주면서 끝이 없으니, 이것이 바로 "끝없는 이로운 능력이 가득한 창고"(無盡功德藏)의 뜻이다.

言"相善"者, 涉事化物之行, "無漏善"者, 忘相觀空之解, 解時不壞假名, 行時不失空解. 如是習行不相違背故, 言"隨順平等善根"也. "一切法"者, 有諦差別, "一合相"者, 無相平等, 平等是如, 故曰"如相"也. "諸法無二"者, 不著所取之境, "般若無生"者, 不著能取之智. 不著能所是"無縛"義, 有無平等三世一合是"解脫"義也. "覺一切法第一義諦"者,是釋"法界"義, "中道無相, 一切法皆一照相"者, 釋"無量"義. "是三十心"以下, 第二總結三賢位也.

[H1, 505c18~506a6]

[십회향十廻向의 여섯 번째 단계에 관한 설명에서] "서로 이롭게 하는 행위"(相善)라는 것은 사물과 교섭하며 중생을 교화하는 행위이고, "번뇌가 스며듦이 없는 이로운 행위"(無漏善)라는 것은 '본질/실체관념을 잊어 불변 · 독자의 본질/실체가 없음을 보는 이해'(忘相觀空之解)이니, 이해할 때는 '임시방편으로 세운 명칭'(假名)을 [분별로 왜곡하여 그 뜻을] 훼손하지 않고 행동할 때는 '불변 · 독자의 본질/실체가 없다는 이해'(空解)를 잃지 않는다. 이처럼 [이해를] 익힘(習)과 행동(行)이 서로 어긋나지 않기 때문에 "평등케 하는 이로운 능력에 따른다."(隨順平等善根)라고 말하는 것이다.

[십회향十廻向의 여덟 번째 단계에 관한 설명에서] "모든 현상이"(一切法)라는 것은 '있음에 관한 관점'(有諦)의 차이를 구분하는 것이고, "하나처럼 통하여 합해지는 양상"(一合相)이라는 것은 '[불변 · 독자의 본질/실체로서의] 차이/특징이 없어'(無相) 평등하다는 것이니, 평등은 '[사실 그대로와] 같아짐'(如)이기 때문에 "사실 그대로의 양상"(如相)이라 말하였다.

[십회향十廻向의 아홉 번째 단계에 관한 설명에서] "모든 현상은 서로 다른 것이 아니다."(諸法無二)라는 것은 '취한 대상'(所取之境)에 집착하지 않는 것이며, "지혜는 [불변 · 독자의 본질/실체로서] 생겨난 것이 없다."(般若無生)라는 것은 '[대상을] 취하는 지혜'(能取之智)에 집착하지 않는 것이다. '주관과 객관'(能所)에 집착하지 않음이 "묶이지 않음"(無縛)의 뜻이고, 있음(有)과 없음(無)이 평등하고 '과거 · 현재 · 미래'(三世)가 하나로 합해진 것이 "해탈"(解脫)의 뜻이다.

[십회향十廻向의 열 번째 단계에 관한 설명에서] "모든 현상에 대한 '궁극적 관점'(第一義諦)을 깨닫는다."(覺一切法第一義諦)라는 것은 "현상세계"

(法界)의 뜻을 해석한 것이며, "'중도인 [불변 · 독자의 본질/실체로서의] 차이/특징이 없음'(中道無相)이어서 모든 현상이 다 '하나처럼 통합을 드러내는 양상'(一照相)이다."(中道無相, 一切法皆一照相)라는 것은 "한계가 없음"(無量)의 뜻을 해석한 것이다.

"이러한 [십주十住 · 십행十行 · 십회향十廻向의] 서른 가지 마음"(是三十心) 이하는 두 번째로 '[십주十住 · 십행十行 · 십회향十廻向 단계에 속하는] 세 가지 보살의 경지'(三賢位)를 총괄하여 맺은 것이다.

『보살영락본업경菩薩瓔珞本業經』 하권 제4 「석의품釋義品」

佛子, 汝先言"云何名地?" 佛子,[292] 地名持, 持一切百萬阿僧祇功德, 亦名[293]生成一切因果, 故名地. 佛子, 捨凡夫行, 生在佛家, 紹菩薩位, 入聖衆中, 四魔不到,[294] 有無二邊平等雙照. 大信始滿, 習學無生中道第一義諦觀, 上至二地三地乃至十[295]一地. 明觀法門, 心心寂滅, 法流水中, 一相無相, 二身無方, 通同佛土, 故名歡喜地.

[T24, 1017c21~28]

부처의 제자들이여, 그대들은 앞에서 "무엇을 ['십지十地'에서 말하는] '[땅과 같은] 경지'(地)[296]라고 합니까?"라고 물었다. 부처의 제자들

292 대정장 『본업경』 교감주에서는 '子=言'으로 교감하고 있다.

293 '名'은 잘못 추가된 연자衍字로 보인다.

294 대정장 『본업경』 교감주에서는 '到=倒'로 교감하고 있다.

295 대정장 『본업경』 교감주에서는 '(第)+十'으로 교감하고 있다.

296 여기서는 '십지十地'의 '地'를 땅에 비유하여 '단단한 경지'로 풀이하고 있다. 다만 십지 수행의 전체 구조와 맥락을 고려하면 '地'는 '단계'로 번역하는 것이 적절한 경우가 많다. 그런 경우 본 번역에서는 '十地'를 '[보살수행의] 열 가지 [본격적인]

이여, ['십지十地'에서 말하는] '[땅과 같은] 경지'(地)란 지닌다(持)는 말이니, 온갖 '헤아릴 수 없이 많은 이로운 능력'(百萬阿僧祇功德)을 지니며 또한 모든 [이로운] 원인과 결과를 생성시키기 때문에 '[땅과 같은] 경지'(地)라고 하는 것이다.

부처의 제자들이여, [십지十地의 초지初地에서는] 범부의 행위를 버리니, 부처님의 가문에 태어나고, '보살의 지위'(菩薩位)를 이어받으며, '성인의 무리'(聖衆) 속으로 들어가고, '[번뇌마煩惱魔 · 음마陰魔 · 천마天魔 · 사마死魔, 이] 네 가지 [수행의] 방해물'(四魔)[297]이 미치지 못하며, 있음(有)과 없음(無)의 '두 상반된 것'(二邊)을 평등하게 함께 [사실 그대로] 비춘다. [이에] 큰 믿음이 비로소 완전해져 '[불변 · 독자의 본질/실체로서] 생겨난 것이 없다는 중도'(無生中道)인 '궁극적 관점에 대한 이해'(第一義諦觀)를 배우고 익혀, 위로 '두 번째 단계'(二地, 離垢地) · '세 번째 단계'(三地, 發光地)에 이르고 나아가 '열한 번째 단계'(十一地, 等覺地)에 이른다. '진리로 들어가는 문'(法門)을 '훤히 이해하여'(明觀) 마음 마음마다 '[분별의 왜곡과 동요가] 그쳐'(寂滅) '[사실 그대로의] 현상이 흐르는 물'(法流水) 가운데서 〈'하나처럼 통하는 양상'(一相)이어서 '[불변 · 독자의 본질/실체로서 나뉘는] 양상이 없고'(無相)〉(一相無相), [법성신法性身과 응화법신應化法身, 이] '두 가지 [진리의] 몸'(二[法]身)은 '특정한 곳에 머물지 않으며'(無方), '부처의 세상'(佛土)에 통하여 [그것

단계'로 번역하고 있다.

297 사마四魔: 수행의 방해하는 네 가지 방해물로 ① 번뇌마煩惱魔(몸과 마음을 괴롭히는 탐욕 등의 번뇌), ② 음마陰魔(갖가지 괴로움을 발생시키는 원인이 되는 오온五蘊), ③ 사마死魔(죽음), ④ 천마天魔(하늘세계의 신적 존재들 중에서 욕계의 제6천 타화자재천왕이 방해하는 것)를 가리킨다. 『유가사지론』 권29(T30, 447c17~23)에 자세한 설명이 나온다. "云何四魔? 一蘊魔, 二煩惱魔, 三死魔, 四天魔. 蘊魔者, 謂五取蘊. 煩惱魔者, 謂三界中一切煩惱. 死魔者, 謂彼彼有情從彼彼有情衆夭喪殞歿. 天魔者, 謂於勤修勝善品者求欲超越蘊煩惱死三種魔時, 有生欲界最上天子得大自在, 爲作障礙發起種種擾亂事業, 是名天魔."

과] 같아지니, 그러므로 [십지十地의 초지初地를] '환희하는 단계'(歡喜地)라고 부른다.

〈소〉

此下, 第二釋十二地. 於中有二, 總明別釋. 初中言"汝先言〈云何名地?〉"者, 先總問名字義相, 今於其中, 別牒地耳. "持一切功德"[298]者, 謂法界體周遍攝持一切功德, 猶如大地持山海等. "生成一切因果"者, 能生一切善因, 成熟一切善果, 猶如大地能生牙等, 成花果等. 以是二義, 名爲地故.

[H1, 506a7~14]

이 아래는 두 번째로 '열두 가지 단계'(十二地)[299]를 해석한 것이다. 여기에 두 가지가 있으니, '총괄적으로 밝히는 것'(總明)과 '하나씩 해석하는 것'(別釋)이다. 처음에 "그대들은 앞에서 〈무엇을 ['십지十地'에서 말하는] '[땅과 같은] 경지'(地)라고 합니까?〉라고 물었다."(汝先言云何名地)라고 말한 것은, 앞에서 ['경지'(地)라는] 명칭(名字)의 '의미와 내용'(義相)을 '총괄하여 물었는데'(總問), 지금 그 [총괄적 의미와 내용] 중에서 경지(地)[의 뜻만]을 '하나씩 밝히고 있다'(別牒).

"온갖 ['헤아릴 수 없이 많은'] 이로운 능력을 지닌다."(持一切功德)라는 것은, '현상세계의 본연'(法界體)이 모든 이로운 능력을 두루 지니고 있다는 것을 일컫는 것이니, 마치 대지大地가 산과 바다 등을 지니는 것과 같다. "모든 [이로운] 원인과 결과를 생성시킨다."(生成一切因果)라는 것

298 『본업경』 원문은 "持一切百萬阿僧祇功德"이다.

299 10지에 등각지와 묘각지를 더한 것이다.

은, 모든 '이로운 원인'(善因)을 생겨나게 하여 모든 '이로운 결과'(善果)를 성숙시키는 것이니, 마치 대지가 싹 등을 틔워서 꽃이나 열매 등을 이루는 것과 같다. 이러한 두 가지 뜻 때문에 '[땅과 같은] 경지'(地)라고 하는 것이다.

此下, 别明. 初地中言"捨凡夫行"者, 得聖法故, 捨凡夫性. "捨"者, 卽是過凡夫義. 下以十句, 顯是過義. 一者家過, 如經"生在佛家"故, 淸淨法界爲佛家故. 二者位過, 如經"紹菩薩位"故, 無所得心爲菩薩位故. 三者聖衆過, 如經"入聖衆中"故, 已入諸大菩薩數故. 四者離邪過, 如經"四魔不到"[300]故, 諸魔邪障不能壞故. 五者正觀過, 如經"無[301]二邊平等雙照"故, 俱融有無而雙照故. 六者勝進過, 如經"大信始滿, 習學無生中道第一義諦觀"故, 信學佛地中道觀故. 七者兼照過, 如經"常[302]至二地三地乃至十一地"故, 兼照最勝等餘門法界故. 八者當分過, 如經"心心寂滅, 法流水中, 一相無相"故, 遍滿法中界,[303] 心心恒流故. 九者法身過, 如經"二身無方"故. 十者佛土過, 如經"通同佛土"故. 依十種殊勝功德, 無不歡喜, 故名歡喜地也.

[H1, 506a15~b9]

이 아래는 '하나씩 밝힌 것'(別明)이다. [십지十地 가운데] '첫 번째 단

300 한불전 교감에 의하면, "경전에는 '到'가 '倒'로 되어 있다."라고 했으나, 대정장 『본업경』에는 '到=倒'로 되어 있다.

301 한불전 교감에 의하면, "'無'는 경전에 '有'로 되어 있다."라고 하였고, 속장경 『본업경소』(X39, 246) 교감주에서도 '無經作有'로만 되어 있어 어느 판본과 대조했는지는 알 수 없다. 그러나 대정장 『본업경』 원문에는 '有無二邊'으로 되어 있으므로 원문을 따라 번역한다.

302 『본업경』 원문에 따라 '常'을 '上'으로 교감한다.

303 '法中界'는 '法界中'의 오기誤記로 보인다. '法界中'으로 번역한다.

계'(初地, 歡喜地)[에 대한 설명]에서 "범부의 행위를 버린다."(捨凡夫行)라고 말한 것은, '성인의 가르침'(聖法)을 얻었기 때문에 '범부 면모'(凡夫性)를 버리는 것이다. "버린다."(捨)라는 것은 바로 '범부[의 수준]을 넘는다'(過凡夫)는 뜻이다. 이하에서는 열 가지 구절로써 이 '넘는다'(過)는 뜻을 밝혔다.

첫 번째는 '가문을 넘는 것'(家過)이니, 경(『본업경』)에서 "부처님의 가문에 태어난다."(生在佛家)라고 말한 것과 같은 것이고, '온전한 진리세계'(清淨法界)를 부처님의 가문으로 삼기 때문이다.

두 번째는 '지위를 넘는 것'(位過)이니, 경(『본업경』)에서 "보살의 지위를 이어받는다."(紹菩薩位)라고 말한 것과 같은 것이고, '[실체로서] 얻은 것이 없는 마음'(無所得心)을 보살의 지위로 삼기 때문이다.

세 번째는 '성인의 무리를 넘는 것'(聖衆過)이니, 경(『본업경』)에서 "성인의 무리 속으로 들어간다."(入聖衆中)라고 말한 것과 같은 것이고, 이미 모든 위대한 보살의 수數 안으로 들어갔기 때문이다.

네 번째는 '삿된 것에서 벗어남을 넘는 것'(離邪過)이니, 경(『본업경』)에서 "[번뇌마煩惱魔·음마陰魔·천마天魔·사마死魔, 이] 네 가지 [수행의] 방해물이 미치지 못한다."(四魔不到)라고 말한 것과 같은 것이고, '수행의 온갖 방해물'(諸魔)의 삿된 장애들이 훼손할 수 없기 때문이다.

다섯 번째는 '바른 이해를 넘는 것'(正觀過)이니, 경(『본업경』)에서 "있음(有)과 없음(無)의 '두 상반된 것'(二邊)을 평등하게 함께 [사실 그대로] 비춘다."(有無二邊平等雙照)라고 말한 것과 같은 것이고, 있음(有)과 없음(無)[에 대한 무지의 분별]을 '모두 녹여'(俱融) 함께 [사실 그대로] 비추기 때문이다.[304]

---

304 원효가 구사하는 '融'이라는 용어는, 상이한 것들을 합하여 하나로 만드는 것이 아니라, 각각의 현상들을 실체나 본질로 간주하여 서로를 격리시키는 분리의 벽을 해체하여 모든 현상이 '서로 통하고 서로 끌어안는' 통섭通攝 관계를 드러내는 것

여섯 번째는 '[이전보다 뛰어난 경지로] 나아감을 넘는 것'(勝進過)이니, 경(『본업경』)에서 "큰 믿음이 비로소 완전해져 '[불변 · 독자의 본질/실체로서] 생겨난 것이 없다는 중도'(無生中道)인 '궁극적 관점에 대한 이해'(第一義諦觀)를 배우고 익힌다."(大信始滿, 習學無生中道第一義諦觀)라고 말한 것과 같은 것이고, '부처 경지'(佛地)와 '중도에 대한 이해'(中道觀)를 믿고 배우기 때문이다.

일곱 번째는 '아울러 비추면서 넘는 것'(兼照過)이니, 경(『본업경』)에서 "위로 '두 번째 단계'(二地, 離垢地) · '세 번째 단계'(三地, 發光地)에 이르고 나아가 '열한 번째 단계'(十一地, 等覺地)에 이른다."(上至二地三地乃至十一地)라고 말한 것과 같은 것이고, '가장 뛰어난 [진리세계]'(最勝[法界]) 등 '여러 진리세계'(餘門法界)를 아울러 비추기 때문이다.

여덟 번째는 '개별 현상들에서 넘는 것'(當分過)이니, 경(『본업경』)에서 "마음 마음마다 '[분별의 왜곡과 동요가] 그치니'(寂滅), '[사실 그대로의] 현상이 흐르는 물'(法流水) 가운데서 '하나처럼 통하는 양상'(一相)이어서 '[불변 · 독자의 본질/실체로서 나뉘는] 양상이 없다'(無相)"(心心寂滅, 法流水中, 一相無相)라고 말한 것과 같은 것이고, '두루 가득한 [사실 그대로의] 현상세계'(遍滿法界)에서 마음 마음마다 항상 [그 속에서] 흐르기 때문이다.

아홉 번째는 '진리의 몸을 넘는 것'(法身過)이니, 경(『본업경』)에서 "[법성신法性身과 응화법신應化法身, 이] '두 가지 [진리의] 몸'(二[法]身)은 특정한 곳에 머물지 않는다."(二身無方)라고 말한 것과 같은 것이다.

열 번째는 '부처의 세상을 넘는 것'(佛土過)이니, 경(『본업경』)에서 "'부처의 세상'(佛土)에 통하여 [그것과] 같아진다."(通同佛土)라고 말한 것과 같은 것이다.

이다. 또 '雙'이라는 용어는 별개의 본질이나 실체로 왜곡되어 차별되던 것을 '사실 그대로'의 지평에 올려놓는 것이다. 이런 이해를 반영하여 '俱融'과 '雙照'를 번역하였다.

[이러한] 열 가지 '뛰어난 이로운 능력'(殊勝功德)에 의거하기에 기뻐하지 않음이 없으니, 그러므로 [십지十地의 초지初地를] '환희하는 단계'(歡喜地)라 하는 것이다.

『보살영락본업경菩薩瓔珞本業經』 하권 제4 「석의품釋義品」

佛子, 以正無相, 善入衆生空, 現萬佛世界, 六通變化空, 同無爲, 故名離垢地.

[T24, 1017c28~29]

부처의 제자들이여, [십지十地의 두 번째 단계에서는] '[계율을] 온전히 갖추지만 [계율에는] 불변 · 독자의 본질/실체가 없다'(正無相)[는 이해]로써 '중생에 불변 · 독자의 본질/실체가 없음'(衆生空)[을 아는 경지]에 잘 들어가 '만 가지 부처의 세계'(萬佛世界)를 나타내는데, '여섯 가지 특별한 능력'(六通)[305]으로 나타내는 변화는 '불변 · 독자의 본질/실체

305 육통六通: 부처가 갖추었다고 하는 '여섯 가지 특별한 능력'으로 육신통六神通이라고도 한다. 여기서 '통通'으로 번역된 산스크리트어 원어는 '뛰어난 앎[의 능력](abhijñā/abhijñāna)' 또는 '수승한 존재(prabhāva)'이다. 여섯 가지를 간략히 설명하면 다음과 같다. ① 신족통神足通 — 어느 곳이든 원하는 대로 도달할 수 있는 능력. ② 천안통天眼通 — [중생의 생사生死에 대한] 미래의 인과를 아는 능력. ③ 천이통天耳通 — 무엇이든 들을 수 있는 능력. ④ 타심통他心通 — 다른 이들의 마음을 알 수 있는 능력. ⑤ 숙명통宿命通 — 과거생의 개별화된 삶들을 관심 가는 대로 추급하여 확인할 수 있는 능력. ⑥ 누진통漏盡通 — 번뇌(漏)를 다 없애 버리는 능력. 앞의 다섯 가지 능력을 별도로 오신통五神通이라 부르면서 부처 특유의 신통은 누진통이라는 점을 강조하기도 한다. 또 숙명통 · 천안통 · 누진통 셋을 별도로 묶어 '세 가지 밝은 능력'(三明)이라 부르기도 하는데, 부처가 되기 직전 숙명통 · 천안통 · 누진통의 삼명三明을 차례대로 성취하였다고 전해진다. 초기경전에서는 이때의 천안통을 '삶의 연속적 전개 사이에 인과적 연관이 있음

가 없는 것'(空)이어서 '[근본무지를 조건으로 하는] 형성이 없음'(無爲)과 같으니, 그러므로 [십지十地의 두 번째 단계를] '[본질/실체관념의] 오염에서 벗어나는 단계'(離垢地)라고 부른다.

〈소〉

"以正無相"者, 具足正戒, 遠離邪非, 而不取戒及持犯相故. "善入衆生界,[306] 現萬[307]佛世界"者, 隨順衆生性, 現諸佛土故. "六通變化空, 同無爲"者, 雖無[308]所爲而無所爲故. 內捨三輪之濁, 外離二邊之垢, 以是義故, 名離垢地也.

[H1, 506b10~15]

"[계율을] 온전히 갖추지만 [계율에는] 불변·독자의 본질/실체가 없다'(正無相)[는 이해]로써"(以正無相)라는 것은, 올바른 계율을 모두 갖추어 '그릇되고 나쁜 것'(邪非)에서 멀리 떠나지만 계율과 [그 계율의] '지킴과 범함'(持犯)에 대한 본질/실체관념(相)을 취하지 않는 것이다. "'중생에 불변·독자의 본질/실체가 없음'(衆生空)[을 아는 경지]에 잘 들어가 만가지 부처의 세계를 나타낸다."(善入衆生空, 現萬佛世界)라는 것은, 중생의 특성에 따라 갖가지 '부처의 세상'(佛土)을 나타내는 것이다. "여섯 가지 특별한 능력으로 나타내는 변화는 '불변·독자의 본질/실체가 없

을 확인할 수 있는 능력'으로 기술하고 있다.

306 『본업경』 원문에는 '衆生空'이다. '衆生空'으로 교감한다.

307 한불전과 속장경의 교감에 따르면 "경에는 萬이 千으로 되어 있다."고 하였지만, 대정장 『본업경』 원문에는 '萬'으로 나온다.

308 '無'는 '有'의 오기誤記로 보인다. 『한불전』 교감에도 "'無'는 '有'로 의심된다."라고 하였다.

는 것'(空)이어서 '[근본무지를 조건으로 하는] 형성이 없음'(無爲)과 같다." (六通變化空, 同無爲)라는 것은, 비록 [중생구제를 위해] 행하는 것이 있어도 [본질/실체관념에 의거한] 행함은 없다는 것이다. 안으로는 '['몸으로 짓는 행위'(身業)·'말로 짓는 행위'(口業)·'생각으로 짓는 행위'(意業), 이] 세 가지 수레바퀴'(三輪)[309]의 [본질/실체관념에 의한] 혼탁함을 버리고, 밖으로는 '['항상 있다는 견해'(常見)와 '아무것도 없다는 견해'(斷見), 이] 두 가지 치우친 견해'(二邊)의 오염에서 벗어나니, 이런 뜻 때문에 '[본질/실체관념의] 오염에서 벗어나는 단계'(離垢地)라고 부르는 것이다.

『보살영락본업경菩薩瓔珞本業經』 하권 제4 「석의품釋義品」

佛子, 光慧信忍, 修習古佛道, 所謂十二部經, 修多羅·祇夜·毘伽羅那·伽陀·憂陀那[310]·尼陀那·阿波陀那·伊帝目多伽·闍陀伽·毘佛略·阿浮陀達摩·憂波提舍. 以此法度衆生, 光光變通, 故名明地.

[T24, 1017c29~1018a5]

부처의 제자들이여, [십지十地의 세 번째 단계에서는] '밝은 지혜에 대한 신뢰가 확고해져서'(光慧信忍)[311] 옛 부처님의 가르침(道)을 '배우

309 삼륜三輪: '몸으로 짓는 행위'(身業)·'말로 짓는 행위'(口業)·'생각으로 짓는 행위'(意業)를 전륜성왕轉輪聖王이 타는 바퀴에 비유한 것이다.

310 대정장 『본업경』 교감주에서는 '陀那=那陀'로 교감하고 있다. 그러나 원어가 'udāna'이므로 '憂陀那'가 맞을 것이다.

311 신인信忍: 복인伏忍·신인信忍·순인順忍·무생인無生忍·적멸인寂滅忍의 5인忍 가운데 하나이다. 지의智顗, 『인왕호국반야경소仁王護國般若經疏』 권3에서는 "地前三賢未得無漏未能證, 但能伏不能斷, 故爲伏忍智也. 以有智故能伏煩惱, 初地二地三

며 익히니'(修習), 이른바 '12가지로 분류한 부처님의 가르침'(十二部經)[312]인 계경契經(修多羅, sūtra)[313] · 중송重頌(祇夜, geya: 應頌)[314] · 수

地得無漏信名信忍, 四五六地趣向無生名順忍, 七八九地諸念不生名無生忍, 十一二地得菩提果名寂滅忍."(T33, p.269b11~16)이라고 하는데, 간단히 정리하면 지전삼현地前三賢이 복인伏忍, 초지 · 2지 · 3지가 신인信忍, 4지 · 5지 · 6지가 순인順忍, 7지 · 8지 · 9지가 무생인無生忍, 10지 · 등각지等覺地 · 묘각지妙覺地가 적멸인寂滅忍이라고 말한다.

312 12부경十二部經: 부처님의 설법을 서술방식이나 내용에 따라 분류한 것으로서 12분교十二分教, 12분경十二分經이라고도 한다. ① 계경契經, ② 시詩, ③ 기記, ④ 게偈, ⑤ 인연因緣, ⑥ 탄歎, ⑦ 본말本末, ⑧ 비유譬喩, ⑨ 생生, ⑩ 방광方廣, ⑪ 미증유未曾有, ⑫ 법의法義의 12가지를 말한다. ① 계경契經(음역: 수다라修多羅)은 장행長行이라고도 하는데, 산문 형식의 기술이다. ② 시詩(음역: 기야祇夜)는 응송應頌이라고도 하는데, 계경契經에 해당하는 내용을 반복한 시 형식의 기술이다. ③ 기記(음역: 화가라나和伽羅那)는 기별記別 · 수기授記라고도 하는데, 설법 후 제자에게 미래에 있을 일을 말해 주는 형식의 기술이다. ④ 게偈(음역: 가타伽陀)는 풍송諷頌 · 고기송孤起頌이라고도 하는데, 응송應頌에서 계경契經의 내용을 반복하는 것과 달리 새로운 설법 내용을 시 형식으로만 기술하는 것이다. ⑤ 인연因緣(음역: 니다나尼陀那)은 설법하게 된 인연에 대한 기술로서 경전의 서품序品과 같은 것이다. ⑥ 탄歎은 찬탄하는 형식의 기술로 보이는데, 자설自說이라는 형식을 12부十二部의 하나로 꼽는 것이 일반적이다. 자설自說(음역: 우다나優陀那)은 대론자의 질문 없이 부처님 스스로 진행하는 설법이다. ⑦ 본말本末(음역: 이제왈다가伊帝曰多伽)은 본사本事라고도 하는데, 본생담本生譚 이외에 부처님과 제자들의 전생에 관한 기술이다. ⑧ 비유譬喩(음역: 아바다나阿波陀那)는 비유로 설법하는 것이다. ⑨ 생生(음역: 사다가闍多伽)은 본생本生이라고도 하는데, 부처님 전생의 대비행大悲行에 관한 기술이다. ⑩ 방광方廣(음역: 비불략毗佛略)은 광대하고 심오한 교의를 널리 설법하는 것이다. ⑪ 미증유未曾有(음역: 아부타달마阿浮陀達磨)는 희법希法이라고도 하는데, 부처님과 제자들의 초세간적 사건들에 관한 기술이다. ⑫ 법의法義(음역: 우바제사優婆提舍)는 논의論議라고도 하는데, 諸法의 체성體性을 논의하여 그 뜻을 결택決擇하는 내용에 관한 기술이다. 『불광대사전』, p.344 참조.

313 계경契經: 부처님의 가르침을 간결하게 정리한 산문 형태를 말한다. 『대비바사론大毘婆娑論』에 보면 계경은 모든 경전 중에서 산설散說되는 문구라 하여, 자연스럽게 내려쓰는 줄글임을 말하고 있다.

314 중송重頌: 경전에서 산문으로 서술했던 부분을 요약하거나 부연하기 위해서 다시

기授記(毘伽羅那, vyākaraṇa)[315] · 고기송孤起頌(伽陀, gāthā: 諷頌)[316] · 자설自說(憂陀那, udāna)[317] · 인연因緣(尼陀那, nidāna)[318] · 비유譬喩(阿波陀那, avadāna)[319] · 본사本事(伊帝目多伽, itivṛttaka)[320] · 본생本生(闍陀伽, jātaka)[321] · 방광方廣(毘佛略, vaipulya)[322] · 미증유未曾有(阿浮陀達摩, adbhuta-

---

운문으로 나타낸 부분이다. 『아비달마집론阿鼻達磨集論』에 의하면 모든 경의 중간, 또는 뒤에 송頌으로 거듭 설하는 말이 나오는데 이것이 바로 중송重頌을 말하는 것이다. 대부분의 경전은 이런 중송重頌의 형태를 갖추고 있다.

315 수기授記: 서로 묻고 대답하는 가운데 부처가 제자에게 미래에 성불成佛할 것이라고 말해 주는 부분이다.

316 고기송孤起頌: 운문이라는 점에서는 중송重頌과 같으나 이것은 산문의 뒤에 따르는 중송重頌이 아니고, 단독의 운문으로 나타난다. 따라서 고기송孤起頌이라고 한다. 초기의 경전들은 다 이러한 형태로 되어 있다. 『십만송화엄경十萬頌華嚴經』, 『유식삼십송唯識三十頌』 등도 이에 해당한다. 『법구경』이나 『숫타니파아타』 같은 원시경전 초기의 것은 물론, 『금강경』과 같은 대승경전 초기의 것도 그 원전은 운문체로 되어 있다.

317 자설自說: 부처님이 누가 묻지도 않았는데 어떤 기연奇緣에 의해서 크게 감동된 나머지 스스로 설한 경전을 말한다. 형식은 운문 또는 산문이 모두 있다. 대개의 경설經說이 상대방의 물음에 의해서 설해지고 있는 데 비해, 이 형식은 누구의 물음도 없이 혼자 감동해서 설한 것이다.

318 인연因緣: 교법敎法이나 계율 등이 성립하게 된 인연에 대한 이야기이다. 『지도론智度論』에서는 이 연기가 잘 설명되어 있는데, 경經 중에는 사람이 묻기 때문에, 계戒 중에는 범한 사람이 있어 설하게 된다는 식으로, 동기와 까닭 등의 연기를 설하고 있다. 모든 설화성說話性은 다 이 연기로부터 생성된다.

319 비유譬喩: 교리를 설명하는 데 있어 전생의 이야기를 교훈적이며 비유적으로 말한 것이다. 한 경 전체가 비유와 우화로 성립된 경전도 있다. 『지도론智度論』에서는 일반 세간의 것과 비슷한 부드러운 천어淺語라는 말이 나오는데, 이것이 이에 해당한다. 부드럽고 쉽게 이해되는 서민적인 말이라는 뜻이다.

320 본사本事: 불 · 보살의 전생前生에 있었던 여러 가지 일을 설한 경문으로 중송重頌이 발달한 것이며 주로 정형 문구로 이루어졌다. 『유가론瑜伽論』에서도 본생本生이 아닌 과거 전생의 일을 본사本事라 하고 있다.

321 본생本生: 부처님 자신의 전생담이나 보살행을 말한 부분이다. 『유가론瑜伽論』에서도 세존이 과거세에 난행難行 · 고행苦行을 했다고 설한 것들이 있는데 본생은 이것을 말한다.

dharma)[323] · 논의論議(憂波提舍, upadeśa)[324]가 그것이다. 이러한 가르침(法)으로써 중생을 제도하면서 [중생 구제를 위한] '변화와 신통'(變通)을 환히 빛나게 하니, 그러므로 [십지十地의 세 번째 단계를] '지혜의 빛이 밝아지는 단계'(明地, 發光地)라고 부른다.

〈소〉

"光慧信忍"者, 此第三地忍, 度增上. 信忍三中, 居上品故, 仰依如來十二部光, 照諸衆生十二支根, 光光變通, 故名明地也.

[H1, 506b16~19]

"밝은 지혜에 대한 신뢰가 확고해진다."(光慧信忍)라는 것은 [십지十地 가운데] '세 번째 단계'(第三地, 發光地)가 '확고해진 것'(忍)으로서 '남보다 우월하다는 교만'(增上[慢])[325]을 제도한다. '신뢰가 확고해지는 세 가지 경지'(信忍三)[326] 가운데 '가장 높은 단계'(上品)에 머무르기 때문에 '12가

---

322 방광方廣: 심층적인 교리를 문답의 형식으로 말한 부분이다. 도리를 바르게 하고 문의文義를 널리 갖추는 대승법문大乘法門을 가리킨다. 가상嘉祥의 『승만보굴勝鬘寶窟』에서는 '방광이란 대승경의 통명通名으로, 이치를 바르게 하는 것이 방方이요, 문장을 풍부하게 하는 것이 광廣'이라고 한다.

323 미증유未曾有: 부처님의 출생 설화 같은 신비한 일과, 부처님이 위신력으로 신비하고 불가사의한 미증유의 일을 나타내 보인 것을 기록한 부분을 말한다.

324 논의論議: 교리에 대해 설명이나 해석을 가해 법문法門의 뜻을 밝히는 것이다. 『남본열반경南本涅槃經』에서는 이것이 다만 부처님에 한한 것으로 되어 있으나, 『대비바사론大毘婆娑論』, 『순정이론順正理論』 등에서는 반드시 부처님에게 한하는 것이 아니고 현성賢聖이나 지자智者 등의 설에도 해당한다고 했다.

325 증상만增上慢(abhi-māna): 자신을 남과 비교하면서 항상 자신이 최고라는 교만으로 남을 얕보는 사람이다. 예컨대 실제로는 덕이 없으면서도 있다고 착각하고, 깨닫지 못하고도 깨달았다고 생각해 오만하게 행동한다.

지로 분류한 부처님의 가르침'(十二部經)의 광명에 우러러 의거하여 모든 중생의 '감관과 그 대상'(十二支根)[327]을 [사실 그대로] 비추어 [중생 구제를 위한] '변화와 신통'(變通)을 환히 빛나게 하니, 그러므로 [십지十地의 세 번째 단계를] '지혜의 빛이 밝아지는 단계'(明地, 發光地)라 부르는 것이다.

『보살영락본업경菩薩瓔珞本業經』 하권 제4 「석의품釋義品」

佛子, 大順無生起忍, 觀一切法二諦相, 上觀佛功德, 下觀六道衆生. 大慈觀故[328]說法授樂, 大悲觀救三苦衆生, 大喜觀喜前人受樂, 大捨觀一切衆生皆入平等. 入七觀法, 故名焰地.

[T24, 1018a5~9]

부처의 제자들이여, [십지十地의 네 번째 단계에서는] '[불변 · 독자의 본질/실체로서] 생겨난 것이 없음[에 대한 이해]를 일으키는 것에 온전히 따름을 확고하게 하여'(大順無生起忍) 〈모든 현상에 대한 '['항상 있다는 관점'(有諦)과 '아무것도 없다는 관점'(無諦), 이] 두 가지 관점의 특징〉(一切法二諦相)을 관찰(觀)하고, 위로는 '부처님의 이로운 능력'(佛功德)을 관찰(觀)하며, 아래로는 '[업에 따라 윤회하는] 여섯 가지 세계에 사는 중생'(六道衆生)을 관찰(觀)한다. [또] '크나큰 자애로 행하는 관찰'(大慈觀)로 [중생에게] 가르침(法)을 설하여 즐거움을 주고, '크나큰 연민

326 신인信忍의 세 가지 경지: 십지의 초지 · 2지 · 3지를 말한다. 상세한 내용은 앞서의 '신인信忍' 역주 참조.

327 십이지근十二支根: 여섯 가지 감관능력인 육근六根과 그에 상응하는 여섯 가지 감관대상인 육경六境을 합한 것으로 12처處라고 한다.

328 대정장 『본업경』 교감주에서는 '故'를 연자衍字로 보고 있다. 이어지는 문장에 비추어 이에 따라 교감한다.

으로 행하는 관찰'(大悲觀)로 '세 가지 괴로움'(三苦)[329]을 겪는 중생을 구제하며, '크나큰 기쁨으로 행하는 관찰'(大喜觀)로 앞의 사람들이 즐거움을 누리는 것을 기뻐하고, '크나큰 평온으로 행하는 관찰'(大捨觀)로 모든 중생에 평등하게 들어간다. [이와 같은] '일곱 가지로 관찰하는 도리'(七觀法)에 들어가므로 [십지十地의 네 번째 단계를] '지혜가 불타오르는 단계'(焰地, 焰慧地)라고 부른다.

〈소〉

"大順無生起忍"者, 順忍三中, 始入下品故. "觀一切法二諦相"者, 雖復大順無生起忍, 而恒觀察有無相故. "上觀"者, 上弘佛道, "下觀"者, 下化衆生故, 是第三觀. 慈悲喜捨, 加三爲七, 七觀照耀, 故名"炎[330]

---

329 삼고三苦: 니까야의 설명에 따르면, '세 가지 괴로움'(三苦)이란 '환경적 조건으로 인한 괴로움'(苦苦, dukkha dukkhatā), '[근본무지에 매인] 작용 자체의 괴로움'(行苦, saṅkhāra dukkhatā), '소멸로 인한 괴로움'(壞苦, vipariṇāma dukkhatā)을 가리킨다. 『대보적경』, 『대반열반경』의 서술에서 확인할 수 있듯이 '세 가지 괴로움'(三苦)에 대한 인식은 초기경전 및 아비달마 논서뿐만 아니라 대승경전에서도 계승되고 있음을 확인할 수 있다. 예컨대, 『대보적경大寶積經』 권101(T11, 569c21~22) "復次諸天子! 依不放逸住者得離三苦. 何等爲三? 所謂行苦・苦苦・壞苦.": 『대반열반경大般涅槃經』 권12(T12, 439c15~16) "善男子! 苦受者名爲三苦, 所謂苦苦・行苦・壞苦." 원효는 『본업경소』(H1, 512a16~17)에서 '세 가지 괴로움'(三苦)에 대해 다음과 같이 주석하고 있다. "'괴로운 느낌'(苦受)은 '환경적 조건으로 인한 괴로움'(苦苦)이라 부르고, '즐거운 느낌'(樂受)은 '소멸로 인한 괴로움'(壞苦)이라 부르며, 세 번째인 '괴롭지도 즐겁지도 않은 느낌'(捨受)은 '[근본무지에 매인] 작용 자체의 괴로움'(行苦)이라 부르는데, 통틀어서 말하면 '세 가지 느낌'(三受)이 모두 '[근본무지에 매인] 작용 자체의 괴로움'(行苦)이다. 이것은 과보(果)의 차이를 나타낸 것이다."(苦受說名苦苦, 樂受說名壞苦, 第三捨受名爲行苦, 通卽三受皆是行苦. 此是顯果差別.)

330 '炎'은 『본업경』 원문에는 '焰'이다. '焰'으로 고친다.

地"也.

[H1, 506b20~c1]

"'[불변 · 독자의 본질/실체로서] 생겨난 것이 없음[에 대한 이해]를 일으키는 것에 온전히 따름을 확고하게 한다."(大順無生起忍)라는 것은, '따르는 것이 확고한 경지'(順忍)[331][인 십지十地의 '네 번째 단계'(四地) · '다섯 번째 단계'(五地) · '여섯 번째 단계'(六地), 이] 세 가지 중에서 '가장 낮은 단계'(下品)에 비로소 들어가는 것이다. "모든 현상에 대한 '['항상 있다는 관점'(有諦)과 '아무것도 없다는 관점'(無諦), 이] 두 가지 관점의 특징을 관찰한다."(觀一切法二諦相)라는 것은, 비록 '[불변 · 독자의 본질/실체로서] 생겨난 것이 없음[에 대한 이해]를 일으키는 것에 온전히 따름을 확고하게 하면서도'(大順無生起忍) 있음(有)과 없음(無)의 두 가지 특징(相)을 항상 관찰하는 것이다. "위로는 ['부처님의 이로운 능력'(佛功德)을] 관찰한다."(上觀[佛功德])라는 것은 '위로는 깨달음의 길을 넓히는 것'(上弘佛道)이고, "아래로는 ['[업에 따라 윤회하는] 여섯 가지 세계에 사는 중생'(六道衆生)을] 관찰한다."(下觀[六道衆生])라는 것은 '아래로는 중생을 교화하는 것'(下化衆生)이니, 이것은 세 번째 관찰(觀)이다. 자애(慈) · 연민(悲) · 기쁨(喜) · 평온(捨)[으로 행하는 관찰]에 [이] 세 가지 [관찰]을 더하면 일곱이 되니, '일곱 가지 관찰'(七觀)로 밝게 비추기 때문에 [십지十地의 네 번째 단계를] '지혜가 불타오르는 단계'(焰地, 焰慧地)라고 부르는 것이다.

---

331 순인順忍: 복인伏忍 · 신인信忍 · 순인順忍 · 무생인無生忍 · 적멸인寂滅忍의 5인忍 가운데 하나로 십지十地 가운데 4지 · 5지 · 6지가 순인順忍이다.

『보살영락본업경菩薩瓔珞本業經』 하권 제4 「석의품釋義品」

佛子, 順忍修道, 三界無明·疑·見, 一切無不皆空, 八辯[332]功德入五明論. 所謂四辯因果, 內道外道辯. 五論者, 內外方道因果鬼師, 無不通達, 故名難勝地.

[T24, 1018a9~12]

부처의 제자들이여, [십지十地의 다섯 번째 단계에서는] '따르는 것이 확고한 경지'(順忍)로써 수행하여 '[욕망세계·유형세계·무형세계, 이] 세 가지 세계'(三界)의 근본무지(無明)와 의혹(疑)과 견해(見)가 모두 '불변·독자의 본질/실체가 없는 것'(空)이 되고 '여덟 가지 언어능력'(八辯)[333]의 '이로운 능력'(功德)으로 '다섯 가지 학문이론'(五明論)[334]

---

332 대정장『본업경』교감주에서는 '辯=辨'으로 교감하고 있다. '辯'과 '辨'은 같은 의미이므로 그대로 둔다. 원효는 주석에서 '辨'으로 쓰고 있다.

333 팔변八辯: 보살의 여덟 가지 언어능력을 가리킨다. ① 불시할변재不嘶喝辯才 — 대중의 위세에 억눌리지 않아 억지로 소리를 높이지 않는 말. ② 불미란변재不迷亂辯才 — 확고하고 분명히 알아서 겁약하지 않는 말. ③ 불포외변재不怖畏辯才 — 여러 사람 앞에서도 두려워하지 않는 말. ④ 불고만변재不高慢辯才 — 교만을 여읜 말. ⑤ 의구족변재義具足辯才 — 뜻 없는 것을 말하지 않으며 가르침의 특징에 맞는 말. ⑥ 미구족변재味具足辯才 — 경론을 해석할 수 있고 문자를 아는 것. ⑦ 부졸삽변재不拙澁辯才 — 무수한 시간에 걸쳐 교묘하고 훌륭한 방편이 되는 말을 모아 익힌 것. ⑧ 응시절변재應時節辯才 — 춘하추동 4계절과 초·중·후의 구분에 잘 맞추어 어지럽히거나 뒤섞지 않는 언어능력.『불광대사전』, p.320.

334 오명五明: 산스크리트어 pañca vidyā-sthānāni의 역어. 고대 인도의 학술분류법인 다섯 가지 학예學藝를 가리킨다. ① 성명聲明(śabda-vidyā) — 언어학과 문헌학. ② 공교명工巧明(śilpakarma-vidyā) — 공예工藝·기술技術·역산算曆(천문). ③ 의방명醫方明(cikitsā-vidyā) — 의학醫學·약학藥學·주술학(咒法). ④ 인명因明(hetu-vidyā) — 논리학. ⑤ 내명內明(adhyātma-vidyā) — 자기 학파의 종지宗旨를 밝히는 학문.『불광대사전』, p.1112.

에 들어간다. ['여덟 가지 언어능력'(八辯)이라는 것은] 이른바 '걸림이 없는 네 가지 언어능력'(四辯, 四無礙辯)[335]의 원인(因)과 결과(果)이니 [이것으로써] '불교의 진리'(內道)와 '불교와는 다른 가르침'(外道)들을 변별한다. '다섯 종류의 학문이론'(五[明]論)이라는 것은 '[자기 학파의 종지宗旨를 밝히는] 종학宗學'(內[明])·기술학(外[明], 工巧明)·의학(方道, 醫方明)·논리학(因果, 因明)·문법학(鬼師, 聲明)이니, [이 모두를] 통달하지 않음이 없기 때문에 [십지十地의 다섯 번째 단계를] '이기기 어려운 단계'(難勝地)라고 부른다.

〈소〉

"順忍修道"者, 順忍三中, 修中品故. "三界無明疑見, 一切無不皆空"者, 依諸諦觀能勝煩惱故. "八辨功德入五明論"者, 以是八五術勝諸世間故. "所謂四辨因果, 內道外道辨[336]"者, 是顯八辨於因於果各有四故, 以是八辨勝內外故. 因中四者, 依菩薩地有四辨故, 果中四者, 依如來地亦有四故. 如『十地經』言, "復次法[337]無碍智, 知一切菩薩行法行智行隨順[338]入, 以義無碍智, 知分別說十地義差別入, 以辭無碍智, 不壞說與隨順諸地道, 以樂說無碍智, 說一一地無量相. 論曰, 是中菩薩地相者, 有四種, 一智相, 二說相, 三與方便相, 四入無量門相. 是中故[339]

335 사변四辯: 불보살들이 막힘없이 가르침을 설하는 언어능력을 '변재辯才(辨才)'라 하는데, 법무애法無礙·의무애義無礙·사무애辭無礙·요설무애樂說無礙를 사무애변四無碍辯 혹은 사무애지四無碍智라고 한다. 자세한 내용은 앞서의 '변재辨才와 사십변재四十辨才' 역주 참조.

336 『본업경』 원문에는 '辨'이 '辯'으로 되어 있다.

337 『십지경론』 권11(T26, 191b26) 원문에는 '法' 앞에 '以'가 있다.

338 『십지경론』 권11(T26, 191b27) 원문에는 '順'이 '智'로 되어 있다. 이에 따라 교감한다.

'一切菩薩行'者, 法行智行, 示現觀智說故. '十地差別'者, 謂心說者, 口言應知. '不壞說與隨順諸地道'者, 不顚倒教授故. 云何如來地相? 經曰, 復次以法無碍智, 知一切佛於一念間得正覺, 以義無碍智, 知種種時事相差別, 以辭無碍智, 隨正覺差別說, 以樂說無碍智, 於一一句法無量劫說, 而不窮盡. 論曰, 是中'如來地相'者, 有四種, 一法身相, 二色身相, 三正覺相, 四者[340]說相. 是中'時'者, 隨何劫中成何等佛, '事'者, 以[341]何等佛土隨何等佛身, '相'者, 隨名所記可得見聞故. '隨正覺'者, 依十種佛如正覺說, 應知."故. 如是二門各有四辨, 是故名爲八辨功德. "內外"者, 內明外明也, "方便"者, 醫方也, "因果"者, 因明論也, 宗名果故, "鬼師"者, 種種呪咀, 是聲明論. 由是能勝世間諸道. 總而言之, 內卽勝諸煩惱, 外卽勝諸世間, 非彼所勝故, 名難勝也.

[H1, 506c2~507a12]

"'따르는 것이 확고한 경지'(順忍)로써 수행한다."(順忍修道)라는 것은, '따르는 것이 확고한 경지'(順忍)[인 십지十地의 '네 번째 단계'(四地) · '다섯 번째 단계'(五地) · '여섯 번째 단계(六地), 이] 세 가지 중에서 중간단계(中品)를 수행하는 것이다. "'[욕망세계 · 유형세계 · 무형세계, 이] 세 가지 세계'(三界)의 근본무지(無明)와 의혹(疑)과 견해(見)가 모두 '불변 · 독자의 본질/실체가 없는 것'(空)이 된다."(三界無明疑見, 一切無不皆空)라는 것은, 모든 '진리다운 관찰'(諦觀)에 의거해서 번뇌를 이길 수 있는 것이다. "'여덟 가지 언어능력'(八辯)의 '이로운 능력'(功德)으로 '다섯 가지 학문 이론'(五明論)에 들어간다."(八辨功德入五明論)라는 것은, 이 여덟 가지 언

339 '故'는 연자衍字로 보인다. 『십지경론』 본문에는 없는 글자이다.
340 『십지경론』 권11(T26, 191c16) 원문에는 '者'자가 없다. 이에 따라 교감한다.
341 『십지경론』 권11(T26, 191c21) 원문에는 '以' 앞에 '隨'가 있다. 이에 따라 교감한다.

어능력과 다섯 가지 학문이론으로써 모든 세간을 이기는 것이다. "['여덟 가지 언어능력'(八辯)이라는 것은] 이른바 '걸림이 없는 네 가지 언어능력'(四辨, 四無礙辨)의 원인(因)과 결과(果)이니 [이것으로써] '불교의 진리'(內道)와 '불교와는 다른 가르침'(外道)들을 변별한다."(所謂四辨因果, 內道外道辨)라는 것은, '여덟 가지 언어능력'(八辨)은 [그] 원인과 결과에 각각 '네 가지 [걸림이 없는 언어능력]'(四[無礙辨])이 있고 [또] 이 여덟 가지 언어능력으로 '불교의 진리'와 '불교와는 다른 가르침'들을 이긴다는 것을 나타내는 것이다. ['여덟 가지 언어능력'(八辨)의] 원인(因)[이 되는 '걸림이 없는 네 가지 언어능력'(四無礙辨)] 가운데의 네 가지는 '보살의 경지'(菩薩地)에 의거하여 ['여덟 가지 언어능력'(八辨) 가운데] '네 가지 언어능력'이 있는 것이고, ['걸림이 없는 네 가지 언어능력'(四無礙辨)의] 결과(果) 가운데의 네 가지는 '여래의 경지'(如來地)에 의거하여 역시 ['여덟 가지 언어능력'(八辨) 가운데] 네 가지가 있는 것이다.

[이것은] 『십지경론十地經論』[342]에서 [다음과 같이] 말하는 것과 같다. "다시 '현상의 특징을 걸림 없이 아는 지혜'(法無碍智)로써 모든 보살수행의 '가르침의 실천'(法行)과 '지혜의 실천'(智行)에 지혜를 따라 들어가는 것을 알며, '뜻에 걸림이 없는 지혜'(義無礙智)로써 '본격적인 수행의 열 가지 단계'(十地)의 뜻의 차이에 들어가는 것을 구별하여 설할 줄을 알고, '표현에 걸림이 없는 지혜'(辭無礙智)로써 말을 훼손시키지 않고 모든 단계(地)의 가르침(道)에 따르며, '적절하게 설함에 걸림이 없는 지혜'(樂說無礙智)로써 [십지十地] 각 단계(地)의 '한량없는 특징'(無量相)을 설한다.

논論하기를, 이 가운데 '보살 경지의 특징'(菩薩地相)에는 네 가지가 있으니, 첫 번째는 '지혜와 관련한 특징'(智相)이고, 두 번째는 '말과 관

342 『본업경소』 원문에는 『십지경』으로 되어 있지만, 지금 원효가 인용하는 내용은 『십지경론』의 내용이다. 『십지경론』으로 교감한다.

련한 특징'(說相)이며, 세 번째는 '함께하는 수단과 방법과 관련한 특징'(與方便相)이고, 네 번째는 '한량없는 가르침으로 들어가는 것과 관련한 특징'(入無量門相)이다. 이 [『십지경』의 구절] 가운데 〈모든 보살수행〉(一切菩薩行)이라는 것은 '가르침의 실천'(法行)과 '지혜의 실천'(智行)이니, '관찰하는 지혜'(觀智)를 나타내어 설하는 것이다. 〈'본격적인 수행의 열 가지 단계'(十地)의 [뜻의] 차이[에 들어가는 것을 구별하여 설할 줄을 안다.]'〉([知分別說]十地[義]差別[入])라는 것은, 마음으로 말하는 것을 입으로 하는 말이 응하여 아는 것이다. 〈말을 훼손시키지 않고 모든 단계(地)의 가르침(道)에 따른다.〉(不壞說與隨順諸地道)라는 것은, 가르쳐 주는 내용을 왜곡시키지 않는 것이다.

무엇이 '여래 경지'(如來地)의 특징(相)인가? 경전(『십지경』)에서는 [이렇게] 말한다. 〈다시 '현상의 특징을 걸림 없이 아는 지혜'(法無碍智)로써 모든 부처가 '한 생각'(一念) 사이에 '완전한 깨달음'(正覺)을 얻는다는 것을 알고, '뜻에 걸림이 없는 지혜'(義無礙智)로써 모든 때의 '일들의 특징'(事相)의 차이를 알며, '표현에 걸림이 없는 지혜'(辭無礙智)로써 '완전한 깨달음'(正覺)에 따라 다르게 설하고, '적절하게 설함에 걸림이 없는 지혜'(樂說無礙智)로써 하나하나의 구절이 지닌 진리에 대해 '무한히 오랜 시간'(無量劫)을 설해도 다함이 없다.〉

논論하기를, 이 가운데 〈여래 경지의 특징'(如來地相)〉이라는 것에는 네 가지가 있으니, 첫 번째는 '진리 몸과 관련한 특징'(法身相)이고, 두 번째는 '색깔 및 모양 있는 몸과 관련한 특징'(色身相)이며, 세 번째는 '완전한 깨달음과 관련한 특징'(正覺相)이고, 네 번째는 '설법과 관련한 특징'(說相)이다. 이 가운데 〈때(時)〉라는 것은 얼만큼의 '오랜 시간'(劫)에 따라 어떤 부처를 이루는가 하는 것이며, 〈일(事)〉이라는 것은 어떤 '부처의 세상'(佛土)을 따르고 어떤 '부처의 몸'(佛身)을 따르느냐 하는 것이고, 〈특징(相)〉이라는 것은 [받게 된] 이름에 따라 [부처님을] 보고 [법문을] 들을 수 있는 것이다. 〈완전한 깨달음에 따라(隨正覺)〉라는 것은,

'열 가지 부처 [몸]'(十種佛[身])[343]에 의거해 '완전한 깨달음'(正覺)대로 설하고 [중생은 그에] 응하여 안다."[344]

이와 같이 ['보살의 경지'(菩薩地)와 '여래의 경지'(如來地), 이] '두 가지 측면'(二門)에 각각 '네 가지 언어능력'(四辨)이 있으니, 그러므로 '여덟 가지 언어능력의 이로운 능력'(八辨功德)이라 부르는 것이다. "내외內外"라는 것은 종학宗學(內明)과 기술학(外明)이고, "수단과 방법"(方便)이라는 것은 의학(醫方, 醫方明)이며, "인과因果"라는 것은 논리학(因明論)이니 주장(宗)을 결과(果)라 부르기 때문이고, "귀사鬼師"라는 것은 갖가지 '주문을 외우는 것'(呪咀)이니 이는 문법학(聲明論)이다. 이로 말미암아

---

343 십종불十種佛: 경론에 따라 '열 가지 부처'(十種佛, 十佛)의 명칭은 차이가 있는데, 『화엄경』 권57 「이세간품離世間品」에서 설하는 십종불신十種佛身이 대표적이다. 화엄종은 십불十佛을 해경십불解境十佛과 행경십불行境十佛로 구분하고 있다. 해경십불解境十佛은 십지十地의 제8지인 부동지不動地의 보살이 중생의 마음이 즐거워하는 바를 알아 중생신衆生身·국토신國土身·업보신業報身·성문신聲聞身·독각신獨覺身·보살신菩薩身·여래신如來身·지신智身·법신法身·허공신虛空身으로써 자신을 보이는 것이다. 또 행경십불行境十佛은 여래가 얻는 십신十身인데, 보살신菩提身·원신願身·화신化身·주지신住持身·상호장엄신相好莊嚴身·세력신勢力身·여의신如意身·복덕신福德身·지신智身·법신法身을 말한다. 『불광대사전』, p.440.

344 『십지경론』 권11(T26, 191b26~c24). "經曰, 復次以法無礙智, 知一切菩薩行法行智行隨智入, 以義無礙智, 知分別說十地義差別入, 以辭無礙智, 不壞說與隨順諸地道, 以樂說無礙智, 說一一地無量相. 論曰, 是中菩薩地相者, 有四種, 一智相, 二說相, 三與方便相, 四入無量門相. 如經復次以法無礙智, 知一切菩薩行法行智行隨智入故, 以義無礙智, 知分別說十地義差別入故, 以辭無礙智, 知不壞說與隨順諸地道故, 以樂說無礙智, 說一一地無量相故. 是中一切菩薩行者, 法行智行, 示現觀智說故. 十地差別者, 謂心說者, 口言應知. 不壞說與隨順諸地道者, 不顚倒教授故. 云何如來地相? 經曰, 復次以法無礙智, 知一切佛於一念間得正覺, 以義無礙智, 知種種時事相差別, 以辭無礙智, 隨正覺差別說, 以樂說無礙智, 於一一句法無量劫說, 而不窮盡. 論曰, 是中如來地相者, 有四種, 一法身相, 二色身相, 三正覺相, 四說相. 如經復次以法無礙智, 知一切佛於一念間得正覺故, 以義無礙智, 知種種時事相差別故, 以辭無礙智, 隨正覺差別說故, 以樂說無礙智, 於一一句法無量劫說而不窮盡故. 是中時者, 隨何劫中成何等佛, 事者, 隨以何等佛國土隨何等佛身, 相者, 隨名所記可得見聞故. 隨正覺者, 依十種佛如正覺, 應知."

세간의 모든 진리(道)를 이길 수 있는 것이다. 총괄적으로 말하자면, 안으로는 온갖 번뇌를 이기고 밖으로는 온갖 세간[의 진리들]을 이기는 것이니, 그 [번뇌와 세간]이 이기는 것이 아니기 때문에 '이기기 어려운 [단계]'(難勝[地])라 부르는 것이다.

『보살영락본업경菩薩瓔珞本業經』 하권 제4 「석의품釋義品」

佛子, 上順諸法觀. 過去一切法一合相, 現在一切法一合相, 未來一切法一合相, 法界因緣寂滅無二, 故名現前地.

[T24, 1018a12~15]

부처의 제자들이여, [십지十地의 여섯 번째 단계는] [순인順忍인 십지十地의 '네 번째 단계'(四地) · '다섯 번째 단계'(五地) · '여섯 번째 단계'(六地) 가운데] '따르는 것이 확고한 경지의 가장 높은 단계'(上順)에서의 '모든 현상에 대한 관찰'(諸法觀)[경지]이다. [이 경지에서는] 과거의 '모든 현상'(一切法)도 '하나처럼 통하여 합해지는 양상'(一合相)이고, 현재의 모든 현상도 '하나처럼 통하여 합해지는 양상'(一合相)이며, 미래의 모든 현상도 '하나처럼 통하여 합해지는 양상'(一合相)이어서, 현상세계(法界)의 [모든] 원인과 조건이 '[분별의 왜곡과 동요가] 그쳐 사라져 둘로 나뉘지 않는 지평'(寂滅無二)이니, 그러므로 [십지十地의 여섯 번째 단계를] '[현상의 '참 그대로'가] 드러나는 단계'(現前地)라고 부른다.

〈소〉

"上順諸法觀"者, 順忍上品故, 三世一合, 寂照[345]無二, 是觀現行, 故名現前地也.

[H1, 507a13~14]

"'따르는 것이 확고한 경지의 가장 높은 단계'(上順)에서의 '모든 현상에 대한 관찰'(諸法觀)[경지]이다."(上順諸法觀)라는 것은, [십지十地의 여섯 번째 단계에서의 '모든 현상에 대한 관찰'(諸法觀)이] '따르는 것이 확고한 경지'(順忍)의 '가장 높은 단계'(上品)이기 때문에 '과거 · 현재 · 미래가 하나로 합해지고'(三世一合) 〈'[분별의 왜곡과 동요가] 그치는 것'(寂)과 '[사실 그대로] 이해하는 것'(照)이 '둘로 나뉘지 않으니'(無二)〉(寂照無二), 이것은 '현재에 드러나는 것'(現行)을 [사실 그대로] 관찰(觀)하는 것이기 때문에 '[현상의 '참 그대로'가] 드러나는 단계'(現前地)라고 하는 것이다.

『보살영락본업경菩薩瓔珞本業經』 하권 제4 「석의품釋義品」

佛子, 無生忍諸法觀. 非有煩惱非無煩惱, 一生一滅一果, 三界最後一身, 一入一出, 集無量功德, 常向上地, 念念寂滅, 故名遠行地.

[T24, 1018a16~18]

부처의 제자들이여, [십지十地의 일곱 번째 단계는] [십지의 7 · 8 · 9지地가 해당하는] '[불변 · 독자의 본질/실체로서] 생겨난 것이 없다는 이해를 확고하게 간직하는 경지'(無生忍)에서의 '모든 현상에 대한 관찰'(諸法觀)[경지]이다. [이 경지에서는] 번뇌가 있는 것도 아니고 번뇌가 없는 것도 아니며, '한 번[만 더] 태어나고'(一生) '한 번[만 더] 죽고'(一

345 한불전의 교감주에 따르면, 어떤 곳에는 '照'가 '滅'로 되어 있다고 한다.

滅) '한 번[만 더] 과보를 받는'(一果) 〈'[욕망세계 · 유형세계 · 무형세계, 이] 세 가지 세계'(三界)에서의 '최후의 한 몸'(最後一身)[346]〉을 향해 [제법관諸法觀 수행에] '들고 나며'(一入一出) '한량없는 이로운 능력'(無量功德)을 모으면서 언제나 더 위의 경지로 향하며 생각마다 '[분별의 왜곡과 동요가] 그쳐 사라지게 하니'(寂滅), 그러므로 [십지十地의 일곱 번째 단계를] '[불변 · 독자의 본질/실체로서] 생겨난 것이 없다는 이해를 확고하게 간직하여 멀리 나아갈 수 있는 단계'(遠行地)라고 부른다.

〈소〉

"無生忍諸法觀"者, 無生三忍中, 始入下品故. "非有煩惱非無煩惱"者, 『十地經』言, "住此菩薩遠行地中, 不名有煩惱者, 不名無煩惱者. 何以故? 一切煩惱不現行故, 貪求如來智慧, 未滿足故." "一生一滅一果, 三界最後一身"者, 是明遠至分段後邊故. "一入一出, 集無量功德, 乃至寂滅"者, 是明長時入觀修行. 以是二義故, 名遠行也.

[H1, 507a15~23]

"'[불변 · 독자의 본질/실체로서] 생겨난 것이 없다는 이해를 확고하게 간직하는 경지'(無生忍)에서의 '모든 현상에 대한 관찰'(諸法觀)[경지]이다."(無生忍諸法觀)라는 것은, '[불변 · 독자의 본질/실체로서] 생겨난 것이 없다는 이해를 확고하게 간직하는 경지'(無生忍)의 세 가지[인 7 · 8 · 9지地] 가운데 비로소 '가장 낮은 단계'(下品)에 들어가는 것이다. "번뇌가 있는

---

346 최후일신最後一身: 최후신最後身(antima-deha)을 말한다. 무명에 매여 생사 윤회하는 몸인 생사신生死身으로서 마지막 몸이다. 소승에서는 모든 견사번뇌見思煩惱를 끊고 무여열반無餘涅槃을 성취한 아라한을 가리키고, 대승에서는 '부처로서의 과보'(佛果)인 등각보살等覺菩薩의 몸을 가리킨다. 『불광대사전』, p.5043.

것도 아니고 번뇌가 없는 것도 아니다."(非有煩惱非無煩惱)라는 것은, 『십지경十地經』에서 [다음과 같이] 말한 것과 같다. "이 '보살의 멀리 나아가는 단계'(菩薩遠行地)에 있을 때에는 번뇌가 있는 자라고 말하지도 않고 번뇌가 없는 자라고 말하지도 않는다. 어째서인가? 모든 번뇌가 '현재에 작용하지'(現行) 않기 때문이며, 여래의 지혜를 탐내어 추구하지만 아직 완전하지 못하기 때문이다."[347]

"'한 번[만 더] 태어나고'(一生) '한 번[만 더] 죽고'(一滅) '한 번[만 더] 과보를 받는'(一果) 〈'[욕망세계 · 유형세계 · 무형세계, 이] 세 가지 세계'(三界)에서의 '최후의 한 몸'(最後一身)〉을 향해"(一生一滅一果, 三界最後一身)라는 것은, 멀리 '일정한 수명과 형상을 가지고 다양한 세계에 태어나고 죽는 윤회'(分段[生死])[348]의 마지막(後邊)까지 이른다는 것을 밝히는 것이다. "들고 나며 한량없는 이로운 능력을 모으면서 [언제나 더 위의 경지로 향하며 생각마다] '[분별의 왜곡과 동요가] 그쳐 사라지게 한다'(寂滅)"(一入一出, 集無量功德, 乃至寂滅)라는 것은, 오랫동안 ['[불변 · 독자의 본질/실체로서] 생겨난 것이 없다는 이해를 확고하게 간직하는 경지'(無生忍)에서의] '모든 현상에 대한 관찰'(諸法觀)에 들면서 수행함을 밝힌 것이다. 이 두 가지 뜻 때문에 '[불변 · 독자의 본질/실체로서] 생겨난 것이 없다는 이해를 확고하게 간직하여 멀리 나아갈 수 있는 단계'(遠行[地])라고 하는 것이다.

---

347 『십지경』 권3(T10, 518b11~15)의 해당 구절은 "諸佛子, 菩薩住是七地, 多過貪欲等諸煩惱衆, 在此七地, 不名有煩惱者, 不名無煩惱者. 何以故? 一切煩惱不發起故, 不名有煩惱者, 貪求如來智慧, 未滿願故, 不名無煩惱者."인데, 원효는 이 내용을 발췌하고 있다.

348 분단생사分段生死: 앞서의 '이종생사二種生死' 역주 참조.

『보살영락본업경菩薩瓔珞本業經』 하권 제4 「석의품釋義品」

佛子, 是故菩薩, 無生觀捨三界報變易果用, 入中忍無相慧, 出有入無, 化現無常. 自見己身當果, 諸佛摩頂說法, 身心別行不可思議, 故名不動地.

[T24, 1018a19~22]

부처의 제자들이여, 그러므로 보살은 [십지十地의 여덟 번째 단계에서는] '[불변 · 독자의 본질/실체로서] 생겨난 것이 없다는 이해'(無生觀)로써 '[욕망세계 · 유형세계 · 무형세계, 이] 세 가지 세계'(三界)의 과보를 버리고 '[모습과 수명에 제한이 없는] 변하는 삶과 죽음'(變易[生死])[349]의 과보를 운용하면서, 〈중간단계의 '[[불변 · 독자의 본질/실체로서] 생겨난 것이 없다는 이해를] 확고하게 간직하는 경지'〉(中[品無生]忍)[인 8지地]의 '[불변 · 독자의 본질/실체로서의] 차이/특징이 없음을 아는 지혜'(無相慧)에 들어가, '있음과 없음에 들고 날며'(出有入無) [중생 구제를 위해] '변화의 몸을 나타냄'(化現)에 일정함이 없다. [또] '자기 몸이 누리게 되는 과보'(己身當果)를 스스로 보며, 모든 부처님께서 머리를 쓰다듬으며 설법해 주시니, '몸과 마음 각각의 수행'(身心別行)은 '생각으로 헤아리기 어렵기'(不可思議) 때문에 [십지十地의 여덟 번째 단계를] '동요하지 않는 단계'(不動地)라고 부른다.

〈소〉

言"是故"者, 是前已受最後身故, 此第八地捨三界報. 旣捨分段三界

349 변역생사變易生死: 앞서의 '이종생사二種生死' 역주 참조.

故, 言"變易果用", 此是三種意生身中, 大力菩薩意生身也. "入中忍無相慧"者, 無生忍三中, 始居中品故. "出有入無, 化現無常"者, 恒出有諦, 常入無諦, 任運幷觀, 化現自在, 皆非常故, 是依出入無異之義, 以釋不動. 如『人王經』八地中言, "在有常修空, 處空常萬化"故. "自見己身當果, 諸佛摩頂說法"者, 己身相續所成當果, 有二法身之中, 果極法身無二無別, 應化法身隨緣衆多, 菩薩自見應化法身故. 言"諸佛", 今此菩薩以衆多身現諸佛會故, 彼諸佛各爲說法. 此菩薩心遍彼諸身, 隨聞說法, 各別修行, 故言"身心別行". 如是道理, 非思量境故, 言"不可思議". 是依當果決定之義, 以釋不動. 以是二義, 名不動地也.

[H1, 507a24~b17]

"그러므로"(是故)라고 말한 것은, 이 앞[단계]에서 이미 '마지막 몸'(最後身)을 받았기 때문에 [십지十地의] 이 '여덟 번째 단계'(八地)에서는 '[욕망세계 · 유형세계 · 무형세계, 이] 세 가지 세계'(三界)의 과보를 버린다는 것이다. [또] '세 가지 세계'(三界)에서 '일정한 수명과 형상을 가지고 다양한 세계에 태어나고 죽는 윤회'(分段[生死])를 이미 버렸기 때문에 "'[모습과 수명에 제한이 없는] 변하는 삶과 죽음'(變易[生死])의 과보를 운용한다."(變易[生死]果用)라고 말하였으니, 이것은 '뜻으로 태어나는 세 가지 몸'(三種意生身)[350] 가운데 '크나큰 힘을 갖춘 보살'(大力菩薩)의 '뜻으로

350 삼종의생신三種意生身: 의생신意生身은 의성신意性身, 의성신意成身, 의성색신意成色身이라고도 하는데, 부모가 낳은 몸이 아니라 깨달은 보살이 중생을 구제하기 위해 생각(意)에 의거하여 화생化生한 몸이라고 일반적으로 설명된다. 『불광대사전』, p.5445. 『승만경』 권1에서는 "無明住地緣無漏業因. 生阿羅漢辟支佛大力菩薩三種意生身."(T12, 220a16~18)이라고 하여 의생신意生身의 사례로 아라한阿羅漢 · 벽지불辟支佛 · 대력보살大力菩薩의 세 가지를 제시하고, 이 3종 의생신意生身은 무명주지無明住地가 무루업인無漏業因을 조건으로 삼아 태어난다고 설명한다. 『능가아발다라보경楞伽阿跋多羅寶經』 권2에서 "意生身者, 譬如意去, 迅疾無礙, 故名意生. 譬如意去, 石壁無礙, 於彼異方無量由延, 因先所見, 憶念不忘, 自心流注

태어나는 몸'(意生身)이다.

"〈중간단계의 '[[불변·독자의 본질/실체로서] 생겨난 것이 없다는 이해를] 확고하게 간직하는 경지'〉(中[品無生]忍)[인 8지地]의 '[불변·독자의 본질/실체로서의] 차이/특징이 없음을 아는 지혜'(無相慧)에 들어간다."(入中忍無相慧)라는 것은, '[불변·독자의 본질/실체로서] 생겨난 것이 없다는 이해를 확고하게 간직하는 경지'(無生忍)의 세 가지[인 7·8·9지地] 가운데 비로소 중간단계(中品)에 자리 잡는 것이다. "'있음과 없음에 들고 나며'(出有入無) [중생 구제를 위해] '변화의 몸을 나타냄'(化現)에 일정함이 없다."(出有入無, 化現無常)라는 것은, 언제나 '있다는 관점'(有諦)에서 나와 '없다는 관점'(無諦)으로 들어가는 등 '뜻에 따라 자유자재로'(任運) [있다는 관점과 없다는 관점을] '아울러 이해하면서'(幷觀) [중생 구제를 위해] '변화의 몸을 나타냄'(化現)을 자유롭게 하는 것을 모두 일정하게 하지 않는 것이니, 이것은 [있음(有)과 없음(無)에] '나고 드는 것'(出入)이 다르지 않다는 뜻에 의거하여 '동요하지 않음'(不動)[의 뜻]을 해석한 것이다. [이것은] 『인왕경人王經』에서 [십지의] '여덟 번째 단계'(八地)를 설명하면서 "있음(有)에 머물 때는 언제나 '불변·독자의 본질/실체가 없다'(空)[라는 이해]를 익히고, '불변·독자의 본질/실체가 없다'(空)[라는 이해]에 머물 때는 항상 온갖 모습으로 나타낸다."(在有常修空, 處空常萬化)[351]라고 말한 것과 같은

不絕, 於身無障礙生. 大慧! 如是意生身, 得一時俱. 菩薩摩訶薩意生身, 如幻三昧力自在神通, 妙相莊嚴, 聖種類身, 一時俱生. 猶如意生, 無有障礙, 隨所憶念本願境界, 爲成熟衆生, 得自覺聖智善樂."(T16, 489c19~26)이라고 하는 것에 따르면, 몸에서 일어나는 생각(意)이 빠르고 걸림이 없어서 석벽石壁에도 걸림 없이 무량한 거리를 움직이는 것처럼 보살의 의생신意生身은 여환삼매如幻三昧의 자재신통自在神通으로 묘상장엄妙相莊嚴된 성종류신聖種類身으로서 일시에 구생俱生하며, 본원경계本願境界에 대한 억념憶念에 따라 중생을 성숙시키기 위해 성지聖智의 선락善樂을 얻은 것이라고 설명한다. 『대보적경大寶積經』 권87에서는 "隨意生身, 於一切衆生平等示現."(T11, 498c3~4)이라고 하여, 모든 중생에게 평등하게 나타내 보여 주는 것이라고 설명하기도 한다.

것이다.

"자기 몸이 누리게 되는 과보를 스스로 보며, 모든 부처님께서 머리를 쓰다듬으며 설법해 주신다."(自見已身當果, 諸佛魔頂說法)라는 것은, 자기 몸이 [인과因果에 따라] 서로 이어 가면서 만드는 '누리게 되는 과보'(當果)는 '두 가지 진리 몸'(二[種]法身) 가운데 있고 〈과보의 궁극인 '진리 몸'〉(果極法身)[352]은 '둘로 나뉨도 없고'(無二) '[본질적으로] 다른 것도 없지만'(無別) '[중생의 바람에] 응하여 나타내는 진리 몸'(應化法身)은 인연에 따라 수없이 많으니, [이 '여덟 번째 단계'(八地)의] 보살은 스스로 [그] '[중생의 바람에] 응하여 나타내는 진리 몸'(應化法身)을 보는 것이다. [또] "모든 부처님께서"(諸佛)라고 말한 것은, 지금 이 보살은 수많은 몸을 온갖 부처님이 계신 곳에 나타내기 때문에 저 모든 부처님이 각자 [이 보살을] 위하여 가르침을 설하는 것이다. 이 보살의 마음은 저 온갖 몸들에 널리 깃들어 [부처님들의] 설법을 따라가며 들으며 [그 설법에 따라] 각기 달리 수행하니, 그러므로 "몸과 마음 각각의 수행"(身心別行)이라고 말하였다. 이러한 도리는 '생각하여 헤아릴 수 있는 대상'(思量境)이 아니기 때문에 "생각으로 헤아리기 어렵다."(不可思議)고 하였다. 이것은 '누리게 되는 과보'(當果)가 결정되었다는 뜻에 의거하여 '동요하지 않음'(不動)[의 뜻]을 해석한 것이다.

이러한 ['나고 드는 것이 다르지 않다는 뜻'(出入無異之義)과 '누리게 되는 과보가 결정되었다는 뜻'(當果決定之義), 이] 두 가지 뜻으로써 [십지十地의 여덟

---

351 『불설인왕반야바라밀경』 권2(T8, 832a21~27). "復次等覺者, 住無生忍中, 觀心心寂滅而無相相, 無身身, 無知知, 而用心乘於群方之方, 憺怕住於無住之住. <u>在有常修空, 處空常萬化</u>, 雙照一切法故, 知是處非是處, 乃至一切智十力觀故, 而登摩訶羅伽位, 化一切國土衆生, 千阿僧祇劫行十力法, 心心相應, 常入見佛三昧."

352 과극법신果極法身: 응화법신應化法身의 대칭對稱으로 수행으로 인한 과보가 완전하게 이루어진 법신을 가리킨다. '진리로서의 몸'(法性身)을 증득한 것을 가리키기도 하기에 법성신法性身과 같은 뜻이다. 『불광대사전』, p.3324.

번째 단계를] '동요하지 않는 단계'(不動地)라고 하였다.

『보살영락본업경菩薩瓔珞本業經』 하권 제4 「석의품釋義品」

佛子, 復入上觀, 光光佛化. 無生忍道, 現一切佛身, 故名妙慧地.

[T24, 1018a22~23]

부처의 제자들이여, [십지十地의 아홉 번째 단계에서는] 다시 '['[불변 · 독자의 본질/실체로서] 생겨난 것이 없다는 이해를 확고하게 간직하는 경지'(無生忍)의 세 가지 가운데] 가장 높은 단계의 [모든 현상에 대한] 관찰'(上[諸法]觀)[경지]에 들어가 '[중생구제를 위해 갖가지 모습으로] 나타내는 부처 [몸]'(佛化[身])을 환하게 본다. '[불변 · 독자의 본질/실체로서] 생겨난 것이 없다는 이해를 확고하게 간직하는 경지의 지평'(無生忍道)에서 모든 '부처 몸'(佛身)이 나타나니, 그러므로 [십지十地의 아홉 번째 단계를] '[마음에 걸림이 없어] 탁월한 지혜로 보는 단계'(妙慧地, 善慧地)라고 부른다.

〈소〉

"復入上觀, 光光佛化"者, 無生三忍中, 復入上品, 觀智光色光無不妙故, 以是二義, 名妙慧地.

[H1, 507b18~20]

"다시 '['[불변 · 독자의 본질/실체로서] 생겨난 것이 없다는 이해를 확고하게 간직하는 경지'(無生忍)의 세 가지 가운데] 가장 높은 단계의 [모든 현상에 대한]

관찰'(上[諸法]觀)[경지]에 들어가 '[중생구제를 위해 갖가지 모습으로] 나타내는 부처 [몸]'(佛化[身])을 환하게 본다."(復入上觀, 光光佛化)라는 것은, '[불변·독자의 본질/실체로서] 생겨난 것이 없다는 이해를 확고하게 간직하는 경지'(無生忍)의 세 가지 가운데 다시 '가장 높은 단계'(上品)에 들어가 ['부처님 화신'(佛化身)의] '지혜의 광명'(智光)과 '몸의 광명'(色光)이 탁월하지 않음이 없음을 보는 것이니, 이러한 두 가지 뜻 때문에 '[마음에 걸림이 없어] 탁월한 지혜로 보는 단계'(妙慧地)라고 한 것이다.

『보살영락본업경菩薩瓔珞本業經』 하권 제4 「석의품釋義品」

佛子, 菩薩爾時, 入中道第一義諦. 大寂忍下品中行, 行佛行處, 坐千寶相蓮華, 受佛記位, 學佛化功, 二習伏斷, 大信成就. 同眞際等法界, 二諦一相, 具一切功德, 入衆生根, 無量瓔珞功德, 一時等現一切形相, 故名法雲地.

[T24, 1018a24~28]

부처의 제자들이여, 보살은 그때 [십지十地의 열 번째 단계에서] '중도인 궁극적 관점'(中道第一義諦)에 들어간다. '[분별의 왜곡과 동요가] 그쳐 사라짐을 확고하게 간직하는 경지'(大寂忍)[353][인 십지十地·등각지

353 대적인大寂忍: 복인伏忍·신인信忍·순인順忍·무생인無生忍·적멸인寂滅忍의 5인忍 가운데 적멸인寂滅忍을 말한다. 지전삼현地前三賢은 복인伏忍, 초지·2지·3지는 신인信忍, 4지·5지·6지는 순인順忍, 7지·8지·9지는 무생인無生忍, 10지·등각지等覺地·묘각지妙覺地는 적멸인寂滅忍이다. 지의智顗, 『인왕호국반야경소仁王護國般若經疏』 권3(T33, 269b11~16) "地前三賢未得無漏未能證, 但能伏不能斷, 故爲伏忍智也. 以有智故能伏煩惱, 初地二地三地得無漏信名信忍, 四五六地趣向無生名順忍, 七八九地諸念不生名無生忍, 十一二地得菩提果名寂滅忍."

等覺地 · 묘각지妙覺地]의 '가장 낮은 단계'(下品)에서 수행하면서 '부처 행위에 속하는 것'(佛行處)을 수행하고, '천 가지 보배구슬 모양의 연꽃'(千寶相蓮華)에 앉아 부처님으로부터 '부처가 될 것이라는 보장을 받으며'(受佛記位), 부처의 교화능력을 배우고, '마음과 몸에 배인 두 가지 경향성'(二習)을 '억제하여 끊으며'(伏斷), 크나큰 믿음을 성취한다. [또한] '참 그대로의 지평'(眞際)과 같아지고 현상세계(法界)가 동등해지며, ['세간적 관점'(俗諦)과 '진리적 관점'(眞諦), 이] 두 가지 관점'(二諦)이 '하나처럼 통하는 양상'(一相)[이 되는 경지]여서 모든 이로운 능력을 갖추고, '중생의 능력'(衆生根)에 들어가, 무량한 '보배구슬 장식'(瓔珞)과도 같은 이로운 능력으로 갖가지 모습을 일시에 평등하게 나타내니, 그러므로 [십지十地의 열 번째 단계를] '가르침이 [모든 대지에 비를 내리는] 구름과도 같은 단계'(法雲地)라고 부른다.

〈소〉

"菩薩爾時, 入中道第一義諦觀[354]"者, 是明能入第十法界, 此是總句. 下出別義, 十句示現. 一者行入, 如經"大寂忍下品中行, 行佛行處"故. 二者受入, 如經"坐千寶相蓮華, 受佛記位"故. 三者學入, 如經"學佛化功"故. 四者斷入, 如經"二習伏斷"故. 五者信入, 仰信佛智, 如經"大信成"故. 六者證入, 通達自境, 如經"同眞際等法性[355]"故. "同"者, 以離能

354 대정장 『본업경』 원문에는 '中道第一義諦'라고 하였는데, 원효는 '中道第一義諦觀'이라고 하여 '觀'을 삽입시켜 설명하고 있다.

355 『본업경』 원문은 '等法界'이다. 이어지는 "等者, 其三世平等性故"라는 원효의 해설 때문에 필사 과정에서 '等法性'이라는 오기誤記가 생긴 것으로 보인다. 혹은 원효가 해설하면서 인용하고 있는 『인왕경』 내용에 '同眞際等法性'이라는 구절이 있기 때문에 원효 자신이 『인왕경』 구절에 따라 '等法界'를 '等法性'으로 바꾸었을 수도 있다. 여기서는 『본업경』 원문에 따라 '等法界'로 번역한다.

所二分別故, "等"者, 其三世平等性故, 如『仁王經』言, "智慧[356]雖起滅, 以能無生無滅"故. 七者平等入, 依內證智, 成一味德, 如經"二諦一相, 一切功德"[357]故. 八者差別入, 以外化智, 善達機根, 如經"入衆生根"故. 九者內教入, 如經"無量瓔珞功德"故. 十者外形入, 如經"一時等示[358]一切形相"故. 依此十種功德之法, 潤彼六道衆生善根故, 名法雲地也.

[H1, 507b21~c14]

"보살은 그때 [십지十地의 열 번째 단계에서] '중도인 궁극적 관점'(中道第一義諦)에 들어간다."(菩薩爾時入中道第一義諦觀)라는 것은, '열 번째 단계의 진리세계'(第十法界)에 들어갈 수 있다는 것을 밝힌 것이니, 이것은 '총괄적으로 밝히는 구절'(總句)이다. 그 아래에서는 뜻을 나누어 열 개의 구절로 드러내 보였다.

첫 번째는 '수행하여 들어감'(行入)이니, 경전(『본업경』)에서 "'[분별의 왜곡과 동요가] 그쳐 사라짐을 확고하게 간직하는 경지'(大寂忍)[인 십지十地·등각지等覺地·묘각지妙覺地]의 '가장 낮은 단계'(下品)에서 수행하면서 '부처 행위에 속하는 것'(佛行處)을 수행한다."(大寂忍下品中行, 行佛行處)라고 말한 것과 같은 것이다. 두 번째는 '받아서 들어감'(受入)이니, 경전(『본업경』)에서 "'천 가지 보배구슬 모양의 연꽃'(千寶相蓮華)에 앉아 부처님으로부터 부처가 될 것이라는 보장을 받는다."(坐千寶相蓮華, 受佛記位)라고 말한 것과 같은 것이다. 세 번째는 '배워서 들어감'(學入)이니, 경전(『본업경』)에서 "부처의 교화능력을 배운다."(學佛化功)라고 말한 것과 같은 것이다. 네 번째는 '끊어서 들어감'(斷入)이니, 경전(『본업경』)에

356 『인왕경』 권2(T8, 832b12) 원문에는 '慧'라고만 되어 있다. 같은 내용이므로 번역상 차이는 없지만 이에 따라 교감한다.

357 『본업경』 원문에는 '二諦一相, 具一切功德'이다. 오기誤記에 의해 '具'가 빠진 것으로 보인다.

358 『본업경』 원문에 따라 '現'으로 교감한다.

서 "마음과 몸에 배인 두 가지 경향성을 억제하여 끊는다."(二習伏斷)라고 말한 것과 같은 것이다.

다섯 번째는 '믿어 들어감'(信入)이니, 부처님의 지혜를 우러러 믿는 것이며 경전(『본업경』)에서 "크나큰 믿음을 성취한다."(大信成[就])라고 말한 것과 같은 것이다. 여섯 번째는 '증득하여 들어감'(證入)이니, 스스로의 경지에 통달하는 것이며 경전(『본업경』)에서 "'참 그대로의 지평'(眞際)과 같아지고 현상세계(法界)가 동등해진다."(同眞際等法界)라고 말한 것과 같은 것이다. '같아진다'(同)라는 것은 '주관과 객관'(能所)의 두 가지로 분별하는 것에서 벗어났기 때문이며, '동등해진다'(等)라는 것은 그 [현상세계(法界)의] '과거 · 현재 · 미래'(三世)가 '평등한 면모'(平等性)이기 때문이니, 『인왕경』에서 "지혜가 비록 일어났다가 소멸하더라도 능히 생겨남도 없고 소멸함도 없다."라고 한 것과 같은 것이다.[359] 일곱 번째는 '평등함으로써 들어감'(平等入)이니, '안으로 증득하는 지혜'(內證智)에 의거해 '한 맛처럼 통하게 하는 능력'(一味德)을 이루는 것이며, 경전(『본업경』)에서 "'['세간적 관점'(俗諦)과 '진리적 관점'(眞諦), 이] 두 가지 관점'(二諦)이 '하나처럼 통하는 양상'(一相)[이 되는 경지]여서 모든 이로운 능력을 갖춘다."(二諦一相 [具]一切功德)라고 한 것과 같은 것이다. 여덟 번째는 '차별로써 들어감'(差別入)이니, '밖으로 [중생을] 교화하는 지혜'(外化智)에 의거하여 '[중생 각자의] 능력'(機根)[360]에 잘 도달하는 것이니, 경전(『본업경』)에서 "중생의 능력에 들어간다."(入衆生根)라고 한 것과 같은 것이다. 아홉 번째는 '내면의 가르침으로써 들어감'(內教入)이니, 경전(『본업경』)에서 "무량한 '보배구슬 장식'(瓔珞)과도 같은 이로운 능력으로"(無量瓔珞功德)라고 한 것과 같은 것이다. 열 번째는 '외형의 모

---

359 『인왕경』 권2(T8, 832b12~15). "漸漸伏者, 慧雖起滅, 以能無生無滅, 此心若滅則累無不滅, 無生無滅入理盡金剛三昧, 同眞際等法性, 而未能等無等等."

360 기근機根: 교법을 받을 근기와 교법을 듣고 수행할 능력. 근기根機와 같은 말이다.

습으로써 들어감'(外形入)이니, 경전(『본업경』)에서 "갖가지 모습을 일시에 평등하게 나타낸다."(一時等現一切形相)라고 한 것과 같은 것이다. 依此十種功德之法, 潤彼六道衆生善根故, 名法雲地也.

이 열 가지 '이로운 능력'(功德)들에 의거하여 저 '[업에 따라 윤회하는] 여섯 가지 세계에 사는 중생'(六道衆生)의 '좋은 능력'(善根)을 계발시켜 주기 때문에 '가르침이 [모든 대지에 비를 내리는] 구름과도 같은 단계'(法雲地)라고 부른다.

『보살영락본업경菩薩瓔珞本業經』 하권 제4 「석의품釋義品」

佛子, 菩薩爾時, 住大寂門中品忍觀, 功行滿足, 登[361]大山臺, 入百千三昧, 集佛儀用, 唯有累果無常生滅. 心心無爲, 行過十地, 解與佛同, 坐佛坐處. 其智見二常無常一切法境, 當知如佛, 名爲學佛. 下地一切菩薩, 於此菩薩不能別知, 於佛名菩薩, 於下菩薩名佛. 所以者何? 是菩薩以大變力, 住壽百劫[362]萬劫, 現作佛化, 初生得道轉法輪入無餘滅度, 說八法輪, 似佛非佛, 一切佛等故, 威儀進止一切法同. 住是百千三昧中, 如是佛行故, 入金剛三昧, 一相無相, 寂滅無爲, 故名無垢地.

[T24, 1018a29~b10]

부처의 제자들이여, 보살은 그때 [다시 십지十地를 지나] '[분별의 왜곡

361 대정장 『본업경』 교감주에서는 '登=合'으로 교감하고 있다. 그러나 '登'이 적절해 보인다. 원효도 '登'으로 보고 있다.

362 대정장 『본업경』 교감주에서는 '劫=千'으로 교감하고 있다. 이에 따른다. 원효도 '千劫'을 생략한 것이라고 해석하고 있다.

과 동요가] 그쳐 사라짐을 확고하게 간직하는 경지의 영역'(大寂[忍]門)[인 십지十地 · 등각지等覺地 · 묘각지妙覺地]의 '중간단계의 확고하게 간직하는 경지'(中品忍)[인 등각지等覺地]에 자리 잡아 관찰(觀)하니, [성취의 원인이 되는] '능력과 수행'(功行)이 가득 차고, [중도中道의] '높은 산마루'(大山臺)에 오르며, '헤아릴 수 없이 많은 삼매'(百千三昧)에 들어가고, '부처의 모습과 행동'(佛儀用)을 모으며, 오직 '이미 쌓인 과보'(累果)만이 있어 덧없이 생겨났다가 사라진다. [또한] 마음마다 '[근본무지를 조건으로 하는] 형성이 없고'(無爲), 수행이 '[초지初地부터 십지十地까지의] 열 가지 [본격적인] 단계'(十地)를 넘어서며, 이해(解)가 부처와 같아지고, 부처가 앉는 자리에 앉으며, 그 지혜는 '늘 그러함'(常)[인 '진리적 관점'(眞諦)의 현상]과 '늘 그러하지 못함'(無常)[인 '세간적 관점'(俗諦)의 현상] 두 가지 '모든 현상의 대상'(一切法境)을 본다. [그런데 이 등각지等覺地의] '부처와 같음'(如佛)은 '부처를 배움'(學佛)이라고 하는 것임을 알아야 한다. 이 경지 이하의 모든 보살은 이 보살[의 경지]를 구별하여 알 수가 없으니, 부처 [경지]에서는 [이 보살을] 보살이라 부르고, [이 보살] 이하의 보살에서는 [이 보살을] 부처라고 부른다. 그 까닭은 무엇인가? 이 보살은 '[중생구제를 위해] 변화하는 크나큰 힘'(大變力)으로써 수명이 백천만 겁 동안을 머물면서 부처의 교화를 지어 나타내되, '처음에 태어나서'(初生), '진리를 깨우치고'(得道), '진리를 펼치며'(轉法輪), '[신체로 인한 속박이] 남지 않은 열반'(無餘滅度)에 들어가면서 '여덟 가지 가르침'(八法輪)[363]을 설하는 것이 부처를 닮았

363 팔법륜八法輪: 팔상八相을 말한다. 팔상八相은 부처의 일생을 구성하는 여덟 가지 특징인데. 불교에서는 부처 생애의 이 여덟 가지 특징을 설법의 의미로 해석한다. ① 도솔천에서 내려오는 것(降兜率相), ② 모태에 드는 것(託胎相), ③ 태어나는 것(降生相), ④ 출가하는 것(出家相). ⑤ 깨달음의 방해물을 물리치는 것(降魔相), ⑥ 깨달음을 성취하여 부처가 되는 것(成道相), ⑦ 가르침을 펴는 것(說法相), ⑧ 삶을 마감하고 신체의 속박이 없는 열반에 드는 것(涅槃相)이 그것이다. 이 여덟 가

으되 부처는 아니며, 모든 것이 부처답기 때문에 '모습이나 행동'(威儀)의 나아가고 멈추는 모든 것이 진리답다. 이러한 '헤아릴 수 없이 많은 삼매'(百千三昧)에 머물며 이와 같이 부처답게 행동하기 때문에, '금강[석처럼 굳건한] 삼매'(金剛三昧)에 들어가 〈'하나처럼 통하는 양상'(一相)이어서 '[불변 · 독자의 본질/실체로서 나뉘는] 양상이 없고'(無相)〉(一相無相) 〈'[분별의 왜곡과 동요가] 그쳐 고요하여'(寂滅) '[근본무지를 조건으로 하는] 형성이 없으니'(無爲)〉(寂滅無爲), 그러므로 [십지十地 다음의 이 단계를] '번뇌가 없어진 경지'(無垢地, 等覺地)라고 부른다.

〈소〉

無垢地中, 在文有三. 一者顯德, 二立人稱, 三釋地名. 初中言"住大寂門中品忍觀"者, 第五大寂忍有三品之中, 今此位中住中品故. 此是總句, 此住有十種. 一者滿住, 因行圓滿, 如經"功行滿足"故. 二者登住, 登中道頂, 如經"登大山臺"故. 三者心住, 如經"入百千三昧"故. 四者身住, 如經"集佛儀用"故. 五者有爲住, 有異熟識苦諦生滅, 如經"唯有累果無常生滅"故. 六者無爲住, 遠離一切分別造作, 如經"心心無爲"故. 七者過下住, 下十地中, 因行未滿, 如經"行過十地"故. 八者同上住, 照中道頂, 佛智不過, 如經"解與佛同"故. 九坐處住, 恒坐如來座爲衆生說法, 如經"坐佛座處"故. 十境界住, 二諦一切法, 二智無不見, 如

지는 일반적으로 소승小乘의 팔상八相이라 부른다. 한편 『대승기신론』 등에서처럼 항마상降魔相을 '모태에 머무르는 것'인 주태상住胎相으로 대치하는 것을 대승大乘의 팔상八相이라 부른다. 이상은 팔상八相에 대한 북전불교北傳佛敎의 주된 설명이다. 이에 비해 남전불교南傳佛敎는 탄생降誕 · 성도成道 · 초전법륜初轉法輪 · 입열반入涅槃의 사상四相을 말하는데 사대사四大事라고도 한다. 이 사대사四大事가 이루어진 곳을 사대성지四大聖地라고 한다. 『불광대사전』, p.289.

經"其智見二常無常一切法境"故. 言"見二"者, 今猶未出二諦外故.
[H1, 507c15~508a9]

'번뇌가 없어진 경지'(無垢地)를 다룬 글에는 세 가지가 있다. 첫 번째는 '능력을 드러낸 것'(顯德)이고, 두 번째는 [무구지無垢地에 든 보살의] '명칭을 부여하는 것'(立人稱)이며, 세 번째는 '경지의 이름을 해석한 것'(釋地名)이다.

처음에 말한 "'[분별의 왜곡과 동요가] 그쳐 사라짐을 확고하게 간직하는 경지의 영역'(大寂[忍]門)[인 십지十地·등각지等覺地·묘각지妙覺地]의 '중간단계의 확고하게 간직하는 경지'(中品忍)[인 등각지等覺地]에 자리 잡아 관찰(觀)한다."(住大寂門中品忍觀)라는 것은, [복인伏忍·신인信忍·순인順忍·무생인無生忍·적멸인寂滅忍 중] 다섯 번째인 '크나큰 열반의 경지'(大寂忍, 寂滅忍)에 있는 '세 가지 단계'(三品, 法雲地·等覺地·妙覺地) 중에서 지금 이 경지에서는 중간단계(中品, 等覺地)에 자리 잡기 때문이다. 이것은 '총괄적으로 밝히는 구절'(總句)로서 이 [중간단계에] '자리 잡음'(住)에는 열 가지가 있다.

첫 번째는 '가득 참이 자리 잡음'(滿住)이니, '원인이 되는 수행'(因行)이 가득 차는 것이며, 경전(『본업경』)에서 "'능력과 수행'(功行)이 가득 찬다."(功行滿足)라고 말한 것과 같은 것이다. 두 번째는 '오르는 것이 자리 잡음'(登住)이니, 중도(中道)[인 '궁극적 관점'(第一義諦)]의 정상에 오르는 것이며, 경전(『본업경』)에서 "높은 산마루에 오른다."(登大山臺)라고 말한 것과 같은 것이다. 세 번째는 '마음이 자리 잡음'(心住)이니, 경전(『본업경』)에서 "헤아릴 수 없이 많은 삼매에 들어간다."(入百千三昧)라고 말한 것과 같은 것이다. 네 번째는 '몸이 자리 잡음'(身住)이니, 경전(『본업경』)에서 "'부처의 모습과 행동'을 모은다."(集佛儀用)라고 말한 것과 같은 것이다. 다섯 번째는 〈'[본질/실체관념에 의거한] 행함이 있음'(有爲)이 자리 잡음〉(有爲住)이니, 〈'[제8식인] 다르게 무르익어 가는 식'(異熟

識) 차원의 '괴로움이라는 진리'(苦諦)[에 해당하는 것]〉(異熟識苦諦)의 생겨남과 사라짐이 있는 것이며, 경전(『본업경』)에서 "오직 '이미 쌓인 과보'(累果)만이 있어 덧없이 생겨났다가 사라진다."(唯有累果無常生滅)라고 말한 것과 같은 것이다. 여섯 번째는 〈'[근본무지를 조건으로 하는] 형성이 없음'(無爲)에 자리 잡음〉(無爲住)이니, 모든 분별의 조작에서 멀리 벗어나는 것이며, 경전(『본업경』)에서 "마음마다 '[근본무지를 조건으로 하는] 형성'이 없다."(心心無爲)라고 말한 것과 같은 것이다. 일곱 번째는 '이하의 단계를 넘어서는 것이 자리 잡음'(過下住)이니, [그] 아래의 '[보살수행의] 열 가지 [본격적인] 단계'(十地)에서는 [깨달음 성취의] '원인이 되는 수행'(因行)이 아직 가득 차지 않은 것이며, 경전(『본업경』)에서 "수행이 '[초지初地부터 십지十地까지의] 열 가지 [본격적인] 단계'(十地)를 넘어선다."(行過十地)라고 말한 것과 같은 것이다. 여덟 번째는 '위의 경지와 같아지려는 것이 자리 잡음'(同上住)이니, 중도(中道)[인 '궁극적 관점'(第一義諦)]의 정상을 비추지만 부처의 지혜는 넘지 못하는 것이며, 경전(『본업경』)에서 "이해가 부처와 같아진다."(解與佛同)라고 말한 것과 같은 것이다. 아홉 번째는 '앉는 자리가 자리 잡음'(坐處住)이니, 항상 여래의 자리에 앉아서 중생을 위해 설법하는 것이며, 경전(『본업경』)에서 "부처가 앉는 자리에 앉는다."(坐佛座處)라고 말한 것과 같은 것이다. 열 번째는 '대상이 자리 잡음'(境界住)이니, 〈'['세간적 관점'(俗諦)과 '진리적 관점'(眞諦), 이] 두 가지 관점'(二諦)에서의 모든 현상〉(二諦一切法)을 '두 가지 지혜'(二智)[364]로 보지 못함이 없는 것이며, 경전(『본업경』)에서 "그 지혜는 '늘 그러함'(常)[인 '진리적 관점'(眞諦)의 현상]과 '늘 그러하지 못함'(無常)[인 '세간적 관점'(俗諦)의 현상] 두 가지 '모든 현상의 대상'(一切法境)을 본다."(其智見二常無常一切法境)라고 말한 것과 같은 것이다. "두 가지를 본

364 이지二智: 여리지如理智와 여량지如量智를 가리키는 것으로 보인다. 상세한 내용은 앞서의 '이지理智와 양지量智' 역주 참조.

다."(見二)고 말한 것은, 지금은 아직 '['세간적 관점'(俗諦)과 '진리적 관점'(眞諦), 이] 두 가지 관점'(二諦) 밖으로 나가지 못했기 때문이다.

〈소〉

"當知"以下, 相形立名. 於中有二, 先立後釋, "所以"已下, 是第二釋. "大變力"者, 神通力故, "百劫萬劫"者, 略千劫故. "八法輪"者, 爲二乘轉有作四諦法輪, 爲菩薩轉無作四諦法輪故. 乃至"進止一切法同"者, 以是義故, 名爲"學佛"也. "住是"以下, 正釋地名. 所言"是"者, 指前說故, "入金剛三昧"者, 依前所住百千三昧乘, 入最後金剛三昧. 此時不爲諸相所壞, 故言"一相無相", 亦復不爲諸垢所礙, 故言"寂滅無爲". 以是義故, 名"無垢地".

[H1, 508a9~20]

"알아야 한다."(當知) 이하는 '특징과 모습'(相形)으로 '명칭을 세우는 것'(立名)이다. 여기에는 두 가지가 있으니, 먼저는 [명칭을] 세웠고 나중은 [명칭을] 해석했다. "왜냐하면"(所以) 이하는 두 번째인 [명칭에 대한] 해석이다. "[중생구제를 위해] 변화하는 크나큰 힘"(大變力)이라는 것은 '[중생구제를 위한] 특별한 능력'(神通力)인 것이고, "백겁百劫, 만겁萬劫"이라는 것은 천겁千劫을 생략한 것이다. "여덟 가지 가르침"(八法輪)이라는 것은, '[성문聲聞과 연각緣覺, 이] 두 부류'(二乘)를 위해서는 '[생사와 열반을 나누어] 짓는 바가 있는 네 가지 고귀한 진리'(有作四諦)[365]의 가르침을 굴

365 유작사제有作四諦와 무작사제無作四諦: 구역舊譯 경론에서는 유작有作·무작無有, 신역新譯 경론에서는 안립安立·비안립非安立이라는 대칭어를 사용한다. 정영사 혜원은 사제四諦를 유작有作·무작無作·유량有量·무량無量의 네 가지로 구분하면서, 소승의 사제는 유작有作·유량有量이고 대승의 사제는 무작無有·무

리고, 보살을 위해서는 '[생사와 열반을 나누어] 짓는 바가 없는 네 가지 고귀한 진리'(無作四諦))의 가르침을 굴리는 것이다. "나아가고 멈추는 모든 것이 진리답다."(進止一切法同)라고 한 것까지는, 이런 뜻 때문에 "부처를 배움"(學佛)이라고 말한 것이다. "이러한 … 머물며"(住是) 이하는 [무구지無垢地라는] 경지(地)의 명칭을 곧바로 해석한 것이다. "이러한"(是)이라고 말한 것은, 앞에서 설한 것을 가리키는 것이고, "'금강[석처럼 굳건한] 삼매'(金剛三昧)에 들어간다."(入金剛三昧)라는 것은, 앞에서 머물렀던 수많은 종류의 삼매三昧에 의거하여 마지막으로 '금강[석처럼 굳건한] 삼매'(金剛三昧)에 들어가는 것이다. 이때 '모든 모습'(諸相)이 파괴되지 않으니 그러므로 "'하나처럼 통하는 양상'(一相)이어서 '[불변·독자의 본질/실체로서 나뉘는] 양상이 없다'(無相)"(一相無相)라고 하였고, 또한 다시 온갖 번뇌에 장애 되지 않으니 그러므로 "'[분별의 왜곡과 동요가] 그쳐 고요하여'(寂滅) '[근본무지를 조건으로 하는] 형성이 없다'(無爲)."(寂滅無爲)라고 말하였다. 이러한 뜻 때문에 '번뇌가 없어진 경지'(無垢地)라고 하

량無量이라고 한다. 또 천태종 지의智顗는 생멸生滅·무생無生·무량無量·무작無作의 사종사제四種四諦를 구분한다. 『유마경현소維摩經玄疏』 권3(T38, 534b3~5)의 "一明所詮四諦理者, 有四種四諦. 一生滅四諦, 二無生四諦, 三無量四諦, 四無作四諦."라고 한 서술에서 생멸生滅, 무생無生, 무량無量, 무작無作의 네 가지가 사종사제임을 알 수 있다. 『불광대사전』(p.5087)의 설명에 따르면 이 무작사제無作四諦는 원교圓敎에 속하는 설로서 미오迷悟 그 자체가 실상實相이라는 주장을 내세운다는 것이다. 곧 대승의 보살은 제법諸法을 온전하게 관觀하여 현상 그대로가 진리로서 조작되는 경우가 없다는 점을 중시하고 있다는 것이다. 이는 사제四諦가 미혹과 깨달음의 인과관계를 나타내지만, 현상 그 자체가 서로 대립되는 것이 아니라 중도中道의 실상實相을 그대로 드러낸 설명이라는 것이다. 이에 대한 자세한 설명은 『마하지관』에서 살펴볼 수 있다. 『마하지관摩訶止觀』 권3(T46, 28b15~24). "次明四諦離合者, 前三諦二諦一諦皆豎辯, 四諦則橫論, 則有四種四諦, 謂生滅無生滅無量無作等. 生滅四諦即是橫開三藏二諦也. 無生四諦即是橫開通教二諦也. 無量四諦即是橫開別教二諦也. 無作四諦即是橫開圓教一實諦也. 今將中觀論, 合此四番四諦, 論云因緣所生法者, 即生滅四諦也. 我說即是空, 即無生四諦也. 亦爲是假名, 即無量四諦也. 亦名中道義, 即無作四諦也."

는 것이다.

『보살영락본업경菩薩瓔珞本業經』 하권 제4 「석의품釋義品」

佛子, 妙觀上忍大寂無相, 唯以一切衆生緣生善法, 亦自持一切功德, 故名佛藏. 而寂照一切法, 自佛以下一切菩薩照寂. 是故佛子, 吾昔第四禪中, 爲八億梵天王說寂照, 如來無心無色[366]而寂照一切法. 佛子, 吾今略說義句, 爲此大衆開善法行.

[T24, 1018b10~b16]

부처의 제자들이여, [‘묘각의 경지’(妙覺地)에서는] ‘[분별의 왜곡과 동요가] 그쳐 사라짐을 확고하게 간직하는 경지’(大寂[忍])[인 십지十地·등각지等覺地·묘각지妙覺地] 가운데 ‘최고단계의 확고하게 간직하는 경지’(上[品]忍)의 ‘[불변·독자의 본질/실체로서의] 차이/특징이 없음’(無相)을 ‘사실 그대로 이해하니’(妙觀), 오직 모든 중생과의 인연(緣)으로써 ‘이로운 것’(善法)을 생겨나게 하고 또한 스스로 온갖 ‘이로운 능력’(功德)을 지니기 때문에 ‘부처가 지닌 것’(佛藏)이라고 부른다. 그리고 ‘모든 현상’(一切法)을 ‘[분별의 왜곡과 동요를] 그쳐 [사실 그대로] 이해하니’(寂照), 부처 이하의 모든 보살은 ‘[사실 그대로] 이해하여 [분별의 왜곡과 동요를] 그친다’(照寂).[367] 부처의 제자들이여, 이런 까닭에 나는

366 대정장 『본업경』 교감주에서는 ‘無心無色=無色無心’으로 교감하고 있다.

367 ‘적조寂照’와 ‘조적照寂’; ‘조照’는 불교철학과 수행론에서 중요한 개념이다. 통상 한자의 우리말 의미를 그대로 반영하여 ‘비추다’라고 번역하는데, 이 개념이 지니는 철학적, 수행론적 의미를 반영한 번역어로 보기는 어렵다. ‘조照’의 중요성은 선종에 그대로 계승되어 ‘반조返照’ 수행으로 강조되며, 선종에서 부각되는 ‘공적영지空寂靈知’는 여기서 거론되는 ‘적조寂照’와 밀접한 연관이 있어 보인다. ‘조照’

와 '적寂'은 상호 결합적으로 채택되어야 의미가 제대로 드러나게 되는데, 이 두 개념의 철학적, 수행론적 의미에 접근하기 위해서는 광범위하고도 정밀한 논의가 필요하다는 점만 지적해 둔다. 이 문장의 의미맥락에서는 '조照'를 '[사실 그대로] 이해함'으로, '적寂'을 '[분별의 왜곡과 동요를] 그침'으로 번역해 본다. 그리고 '적조寂照'와 '조적照寂'은, 다른 한자어 개념들도 그러하지만, 채택되는 문장의 의미맥락에 따라서는 다른 번역어를 선택하는 것이 더 적절할 수도 있다. 『이장의二障義』에서도 동일한 개념들이 등장한다.

368 사선四禪과 제4선(第四禪): 사선四禪은 '네 가지 단계로 이루어진 선정'(四禪定, cattur-jhāna)을 가리키는 말이다. 이 네 단계의 선정을 각각 제1선(第一禪·初禪, paṭhamaṁ jhānaṁ), 제2선(第二禪, dutiyaṁ-jhānaṁ), 제3선(第三禪, tatiyaṁ-jhānaṁ), 제4선(第四禪, catutthaṁ jhānaṁ)이라고 부른다. 니까야/아함에 나타난 서술을 토대로 각 단계에서 발생하는 특징적 양상을 정리하면 다음과 같다. 〈제1선: 심尋(vitakka), 사伺(vicāra), 희喜(pīti), 낙樂(sukha) / 제2선: 무심무사無尋無伺(avitakka avicāra), 심일경성心一境性(cetasoekodibhāva), 삼매에서 생겨난 희喜(samādhija pīti)· 낙樂(sukha) / 제3선: 사捨(upekha), 정념정지正念正知(sato ca sampajāno), 사념낙주捨念樂住(upekho satīma sukha vihāra) / 제4선: 불고불락不苦不樂(adukkha asukha), 사념청정捨念清淨(upekhā sati pārisudhi).〉 여기서 단계적으로 성취하는 내용으로 거론된 '심사尋伺, 희락喜樂, 심일경성心一境性, 염念, 사捨' 등의 개념은 초기/부파뿐만 아니라 후기 대승불교의 정학定學 및 수행론에서도 지속적으로 중시되었다. 이러한 것들을 '선정의 구성요소'라는 의미인 선지禪支로 부르면서 사선의 목표로 간주하는 전통적 이해에 의문을 표시하는 견해도 있다. 박태원의 견해에 따르면, 〈사선四禪 법설도 붓다의 다른 법설들처럼 예외 없이 연기 법설이며, 따라서 '원인이 되는 조건과 그 조건에 의해 발생한 현상'에 관한 법설로 보아야 한다. 이렇게 볼 때 1선의 경우, '심尋(vitakka)과 사伺(vicāra)'는 원인조건이고 '희喜(pīti)와 낙樂(sukha)'은 발생한 현상으로 볼 수 있다. 마찬가지로 2선의 경우는 '무심무사無尋無伺(avitakka avicāra), 심일경성心一境性(cetasoekodibhāva), 삼매'가 원인조건이고 '희喜(samādhija pīti)와 낙樂(sukha)'은 발생한 현상이다. 또 3선에서는 '정념정지正念正知(sato ca sampajāno)'가 원인조건의 핵심이고 사념낙주捨念樂住(upekho satīma sukha vihāra)는 발생한 현상에 해당한다. 4선의 경우도 '정념정지正念正知(sato ca sampajāno)'가 핵심이 되는 원인조건이고 불고불락不苦不樂(adukkha asukha)이나 사념청정捨念清淨(upekhā sati pārisudhi)은 발생한 현상에 해당하는 것으로 볼 수 있다. 특히 제1선·제2선에서는 '심尋(vitakka)과 사伺(vicāra)'가, 제3선·제4선에서는 '정념정지正念正知(sato ca sampajāno)'가 원인조건의 핵심으

천왕梵天王[369]을 위하여 '[분별의 왜곡과 동요를] 그쳐 [사실 그대로] 이해

로 보인다. 이때 '심尋(vitakka)과 사伺(vicāra)'와 '정념정지正念正知(sato ca sampajāno)'의 내용 및 그것이 원인으로 작용한다는 것의 의미가 무엇인가를 탐구해야 그로 인해 발생하는 현상들을 지칭하는 용어의 의미도 드러나게 되며, 나아가 사선 법설을 연기 법설로 이해하는 길이 열린다. 특히 원인조건들을 주목해야 "사선 현상들도 붙들지 말아야 한다."라고 하는 붓다의 말이나 원효의 관점도 이해할 수 있게 된다.〉라고 한다. 사선四禪은 초기/부파불교의 경론에서부터 '[욕망세계欲界 · 유형세계色界 · 무형세계無色界, 이] 세 가지 세계'(三界)로써 모든 세계의 구성방식을 이해하는 해석과 결합하는 양상을 보인다. 왜냐하면 이러한 해석학이 북전北傳에 속하는 갖가지 논서, 곧 『아비달마대비바사론』, 『아비달마구사론』, 『아비달마순정리론』 등에서 채택되고 있기 때문이다. 이에 따르면, 사선四禪을 수행한 사람은 그가 성취한 결과에 따라 색계色界의 여러 하늘세계 가운데 한 곳에 태어난다는 믿음의 체계가 성립한다. 즉, 색계천色界天은 사선四禪 각 단계의 성취에 따라 모두 4개의 사선천四禪天으로서 구성되어 있다는 것이다. 그러나 이 사선천四禪天의 각각에 속하는 천天의 명칭과 숫자에 대해서는 경론마다 16천天, 17천天, 18천天 등으로 차이를 보이고 있다. 이를테면 『아비달마구사론』 권8(T.29, 41a15~22)의 해석을 채택할 경우, 색계천은 초선(第一靜慮處)에 셋, 제2선(第二靜慮處)에 셋, 제3선(第三靜慮處)에 셋, 제4선(第四靜慮處)에 여덟 천天이 있어 모두 17천으로 이루어져 있다는 것이다. 이를 모두 제시하면 다음과 같다: (1) 초선初禪에 속하는 하늘세계 셋은 ① 범중천(梵衆天, Brahma-pāriṣadya), ② 범보천(梵輔天 Brahma-purohita), ③ 대범천(大梵天, Mahā-brahman)이다. (2) 제2선에 속하는 하늘세계 셋은 ① 소광천(少光天, Parīttābha), ② 무량광천(無量光天, Apramāṇābhā), ③ 극광정천(極光淨天, Ābhāsvara)이다. (3) 제3선에 속하는 하늘세계 셋은 ① 소정천(少淨天, Parītta-śubha), ② 무량정천(無量淨天, Apramāṇa-śubha), ③ 변정천(遍淨天, Śubha-kṛtsna)이다. (4) 제4선에 속하는 하늘세계 여덟은 ① 무운천(無雲天, Anabhraka), ② 복생천(福生天, Puṇya- prasava), ③ 광과천(廣果天, Bṛhat-phala), ④ 무번천(無煩天, Avṛha), ⑤ 무열천(無熱天, Atapa), ⑥ 선현천(善現天, Sudṛśa), ⑦ 선견천(善見天, Sudarśana), ⑧ 색구경천(色究竟天, Akaniṣṭha)이다. 이러한 해석학은 붓다 이전 인도 전통의 세계관과 수행관이 불교 내부에 들어와 자리 잡는 과정을 보여 준다고도 할 수 있다. 사선四禪에 대한 전통 관점이나 해석학이 붓다의 법설과 그대로 상응한다고 볼 수는 없다. 전통 해석학의 의미를 성찰하는 동시에 새로운 해석의 가능성을 열어두어야 붓다와의 대화가 진전될 수 있다.

369 범천왕梵天王: 앞서의 '범천梵天' 역주 참조.

함'(寂照)을 설하였으니, 여래는 '[분별하는] 마음도 없고 [분별 대상인] 형상도 없어'(無心無色) 모든 현상을 '[분별의 왜곡과 동요를] 그친 채 [사실 그대로] 이해한다'(寂照). 부처의 제자들이여, 내 이제까지 [이러한] 뜻을 담은 구절들을 간략히 설하여 이 대중들을 위하여 '이로움을 주는 행위'(善法行)를 펼쳤노라."

〈소〉

妙覺地中, 亦有三分, 總標別釋, 第三總結. 初總標言"妙覺[370]上忍大寂無相觀[371]"者, 大寂忍三品中, 妙覺在上品故. 別釋之中, 有其二句, 初句顯德, 後句釋名. 顯德之內, 有二子句, 初顯利他功德周遍, 後顯自利功德圓滿. "唯以一切衆生緣生善法"者, 如來圓智無功用心, 但由一切衆生機緣, 任運遍生一切善法, 是爲利他功德周遍. "亦自持一切功德"者, 雖恒與他一切善法, 而常不失自內圓德, 是爲自利功德圓滿. 以是二義故, 名佛藏. 此下, 第二釋妙覺名. 於中二句, 正釋簡別. "而寂照一切法"者, 雖無功用而有遍照, "寂"者妙義, 遠離生滅起動之亂故, "照"者覺義, 永斷無明闇昧之眼故. 以是二義故, 名妙覺. 下簡別. 言"自佛以下一切菩薩照寂"者, 但照本來寂滅之理, 故名照寂, 而其內心未離生滅, 其能照智不離無明, 是故未能寂照, 不名妙覺者也. 第三總結之中有二, 先指廣說, 後結略說.

[H1, 508a21~b17]

'[차이들을] 사실대로 함께 만날 수 있는 깨달음의 경지'(妙覺地)[에 관한

370 '覺'은 『본업경』 원문에는 '觀'이다. 『본업경』 원문에 따라 번역한다.
371 '觀'은 『본업경』 원문에는 없는 글자이다. 오기誤記로 추가된 것으로 보인다.

설명]에도 세 가지 구분이 있으니, '총괄적으로 드러내는 것'(總標)과 '하나씩 해석하는 것'(別釋)과 세 번째인 '총괄적으로 맺는 것'(總結)이다.

처음 총괄적으로 드러내는 것에서 "'[분별의 왜곡과 동요가] 그쳐 사라짐을 확고하게 간직하는 경지'(大寂[忍])[인 십지十地·등각지等覺地·묘각지妙覺地] 가운데 '최고단계의 확고하게 간직하는 경지'(上[品]忍)의 '[불변·독자의 본질/실체로서의] 차이/특징이 없음'(無相)을 '사실 그대로 이해한다'(妙觀)"(妙觀上忍大寂無相)라고 말한 것은, '[분별의 왜곡과 동요가] 그쳐 사라짐을 확고하게 간직하는 경지'(大寂忍, 寂滅忍)의 '세 가지 단계'(三品. 法雲地·等覺地·妙覺地) 중에서 '[차이들을] 사실대로 함께 만날 수 있는 깨달음[의 경지]'(妙覺[地])가 '가장 높은 단계'(上品)에 있기 때문이다.

'하나씩 해석하는 것'(別釋)에도 두 구절이 있으니, 첫 구절은 '능력을 드러낸 것'(顯德)이고, 뒷 구절은 '명칭을 해석한 것'(釋名)이다. '능력을 드러낸 것'(顯德) 안에는 두 개의 문장이 있으니, 처음 [문장]은 '남을 이롭게 하는 능력'(利他功德)이 '모든 곳에 미침'(周遍)을 나타낸 것이며, 뒷 [문장]은 '자기를 이롭게 하는 능력'(自利功德)이 완전함(圓滿)함을 나타낸 것이다.

"오직 모든 중생과의 인연으로써 이로운 것을 생겨나게 한다."(唯以一切衆生緣生善法)라는 것은, 여래의 '완전한 지혜'(圓智)에는 '능력을 발휘하려는 마음'(功用心)이 없지만 단지 모든 중생과의 인연(機緣)으로 말미암아 모든 '이로운 것'(善法)들을 그때그때마다 모든 곳에서 생겨나게 하니, 이것이 '남을 이롭게 하는 능력이 모든 곳에 미침'(利他功德周遍)이다. "또한 스스로 온갖 '이로운 능력'(功德)을 지닌다."(亦自持一切功德)라는 것은, 비록 언제나 다른 사람들에게 모든 '이로운 것'(善法)들을 주지만 항상 자기 내면의 '완전한 이로운 능력'(圓德)을 잃지 않으니, 이것이 '자기를 이롭게 하는 능력이 완전함'(自利功德圓滿)이다. 이 두 가지 뜻 때문에 '부처가 지닌 것'(佛藏)이라 부른다.

이 아래는 두 번째로 '[차이들을] 사실대로 함께 만날 수 있는 깨달음'(妙覺)이라는 명칭을 해석한 것이다. 여기에는 두 구절이 있으니, '곧바로 해석한 것'(正釋)과 '차이를 구별한 것'(簡別)이다.

"그리고 '모든 현상'(一切法)을 '[분별의 왜곡과 동요를] 그쳐 [사실 그대로] 이해한다'(寂照)."(而寂照一切法)라는 것은, 비록 '능력을 발휘하려는 것'(功用)이 없더라도 '두루두루 이해함'(遍照)이 있는 것이니, '[분별의 왜곡과 동요를] 그쳤다'(寂)는 것은 [묘각妙覺이라는 말 가운데] '묘妙'에 해당하는 뜻으로서 '[분별에 따라] 생겨났다 사라지면서 동요하는 혼란'(生滅起動之亂)에서 멀리 벗어났기 때문이며, '이해한다'(照)는 것은 [묘각妙覺이라는 말 가운데] '각覺'에 해당하는 뜻으로서 '근본무지에 가린 어두운 안목'(無明闇昧之眼)을 완전히 끊었기 때문이다. 이러한 두 가지 뜻 때문에 '[차이들을] 사실대로 함께 만날 수 있는 깨달음'(妙覺)이라 부른다.

[그] 아래는 '차이를 구별한 것'(簡別)이다. "부처 이하의 모든 보살은 '[사실 그대로] 이해하여 [분별의 왜곡과 동요를] 그친다'(照寂)."(自佛以下一切菩薩照寂)라고 말한 것은, [부처 이하의 모든 보살은] 단지 '본래 [분별의 왜곡과 동요가] 그친 것이라는 도리'(本來寂滅之理)를 이해하기 때문에 '[사실 그대로] 이해하여 [분별의 왜곡과 동요를] 그치는 것'(照寂)이라고 부르지만, 그 내면의 마음은 아직 '[근본무지와 분별에 의한] 생겨남과 사라짐'(生滅)을 벗어나지 못하여 그 '이해할 수 있는 지혜'(能照智)가 근본무지(無明)를 벗어나지 못하니, 이 때문에 아직 '[분별의 왜곡과 동요를] 그쳐 [사실 그대로] 이해하는 것'(寂照)은 할 수 없어서 '[차이들을] 사실대로 함께 만날 수 있는 깨달음을 성취한 사람'(妙覺者)이라 부르지 못하는 것이다.

세 번째인 '총괄적으로 맺는 것'(總結)에는 두 가지가 있으니, 먼저는 [예전에 제4선에서 설한] '자세한 설명'(廣說)을 말한 것이고, 나중은 [『본업경』에서의] '간략한 설명'(略說)을 끝맺은 것이다.

제5 「부처[지혜]의 어머니를 밝히는 단원」(佛母品)

『보살영락본업경菩薩瓔珞本業經』 하권 제5 「불모품佛母品」

爾時敬首菩薩白佛言, "佛及菩薩, 二初照智, 從何而生? 寂照寂照[372]之義, 復云何? 二諦法性爲一爲二? 爲有爲無? 第一義諦, 復當云何?" 佛言, "佛子, 所謂有諦無諦中道第一義諦, 是一切諸佛菩薩智母. 乃至一切法亦是諸佛菩薩智母. 所以者何? 諸佛菩薩從法生故. 佛子, 二諦者, 世諦有故不空, 無諦空故不有. 二諦常爾故不一, 聖照空故不二, 有佛無佛法界不變故不空, 第一無二故不有. 無佛有佛法界二相故不一, 諸法常清淨故不二. 諸佛還爲凡夫故不空, 無無故不有. 空實故不一, 本際不生故不二, 不壞假名諸法相故不空, 諸法即非諸法故不有, 法非法故不二, 非非法故不一."

[T24, 1018b18~c2]

이때 경수敬首보살이 부처님께 아뢰었다.

"부처와 보살, 두 분의 처음 '이해하는 지혜'(初照智)는 어디서부터 생겨납니까? '[분별의 왜곡과 동요를] 그쳐 [사실 그대로] 이해하는 것'(寂照)과 '[사실 그대로] 이해하여 [분별의 왜곡과 동요를] 그치는 것'(照寂)의

372 '寂照寂照'은 '寂照照寂'의 오기誤記로 보인다. 『대정장』도 그렇게 교감하고 있다.

뜻은 또 어떤 것입니까? ['있다는 관점'(有諦)과 '없다는 관점'(無諦), 이] 두 가지 관점'(二諦)의 본연(法性)은 같은 것입니까, 다른 것입니까? [현상이] 있다는 것입니까, 없다는 것입니까? '궁극적 관점'(第一義諦)은 또 어떤 것에 해당합니까?"

부처님께서 말씀하셨다.

"부처의 제자들이여, '있다는 관점'(有諦)과 '없다는 관점'(無諦) 그리고 '중도인 궁극적 관점'(中道第一義諦)은 모든 부처님과 보살들의 '지혜의 어머니'(智母)이다. 나아가 '모든 현상'(一切法)이 또한 모든 부처님과 보살들의 '지혜의 어머니'(智母)이다. 어째서인가? 모든 부처님과 보살들은 '현상'(法)으로부터 생겨나기 때문이다.

부처의 제자들이여, ['있다는 관점'(有諦)과 '없다는 관점'(無諦), 이] '두 가지 관점'(二諦)이라는 것은, '세간적 관점'(世諦)에서는 [현상이] '있는 것'(有)이기 때문에 '없지 않으며'(不空),[373] '없다는 관점'(無諦)에서는

---

373 원효는 '空'이라는 개념을 크게 두가지 의미로 사용한다. 하나는 '불변 · 독자의 본질/실체가 없음'이라는 의미이고, 다른 하나는 '無'와 같이 '없음'이라는 의미로 사용한다. 본 번역에서는 문장의 의미맥락에 따라 둘 중 하나를 선택하고 있다. '空'과 '無'를 같은 의미로 사용하는 사례의 하나는 아래에 나오는 '八不' 해석에서도 확인된다. "그 두 번째 쌍인 〈늘 있는 것도 아니고 [완전히] 없는 것도 아니다.〉(不常不斷)라는 것은, ['두 가지 관점'(二諦)을 해석하는] '네 가지 방식'(四門)이 '없는 것도 아니고 있는 것도 아님'(不空不有)을 통틀어 해석한 것이니, 있음(有)은 [불상부단不常不斷이라는 말 가운데] '늘 있는 것'(常)에 해당하고 없음(無)은 '[완전히] 없는 것'(斷)에 해당하는 것이다. 세 번째 [쌍인] 〈오는 것도 아니고 가는 것도 아니다.〉(不來亦不去)라는 것은, 첫 번째 쌍인 〈같은 것도 아니고 다른 것도 아니다.〉(不一不二)라는 것을 거듭 나타낸 것이니, 있음(有)과 없음(空)은 '같은 것이 아니기'(不一) 때문에 있음(有)은 없음(空)으로부터 온 것이 아니고, 없음(空)과 있음(有)은 '다른 것도 아니기'(不二) 때문에 없음(空)이 있음(有)을 버리는 것도 아니다."(H1, 509c12~17): "其第二雙〈不常不斷〉, 通釋四門不空不有, 有卽爲常, 無便斷

[현상이] '불변 · 독자의 본질/실체가 없기'(空) 때문에 '있지 않다'(不有)[는 것이다]. [또] '두 가지 관점'(二諦)[으로 본 모든 현상]은 항상 그러하기 때문에 '같은 것이 아니고'(不一), [부처와 보살 같은] 성스러운 이들은 [이제二諦로 본 모든 현상이] '불변 · 독자의 본질/실체가 없음'(空)을 이해(照)하므로 [모든 현상이] '다른 것도 아니며'(不二), 부처가 있거나 부처가 없거나 현상세계(法界)는 변하지 않기 때문에 [현상이] '없는 것이 아니고'(不空), '궁극적 관점'(第一[義諦])에는 '[본질/실체로서의] 둘로 나뉨이 없으므로'(無二) [현상이] '있는 것도 아니다'(不有). [그리고] 부처가 없거나 부처가 있거나 [이제二諦로 본 모든 현상은] 현상세계(法界)의 '두 가지 양상'(二相)이므로 '같은 것이 아니고'(不一), '모든 현상'(諸法)[의 '사실 그대로'(如實, 如如)]는 항상 온전(淸淨)하므로 [모든 현상이] '다른 것도 아니다'(不二). [또] 모든 부처님은 도리어 범부凡夫를 위하기 때문에 [범부라는 현상이] '없는 것이 아니고'(不空), [범부가] '없다는 것'(無)마저도 [인정함이] 없기(無) 때문에 [범부라는 현상이] 있는 것도 아니다. [그리고] '실체가 없는 것'(空)은 [현상의] 진실(實)이기 때문에 ['모든 현상'(諸法)이] '같은 것이 아니고'(不一), '['사실 그대로'의] 본래 지평'(本際)은 생겨나는 것이 아니기 때문에 ['모든 현상'(諸法)이] '다른 것도 아니며'(不二), '임시방편으로 세운 명칭인 모든 현상의 양상'(假名諸法相)을 파괴하지 않으므로 ['모든 현상'(諸法)이] '없는 것이 아니고'(不空), '모든 현상'(諸法)은 곧 [실체로서의] 모든 현상이 아니므로 '있는 것도 아니며'(不有), 현상(法)은 '[실체로서의] 현상이 아닌 것'(非法)이므로 ['모든 현상'(諸法)이] '다른 것이 아니고'(不二), [현상은] [나름의 차이/특징을 지닌] '현상이 아닌 것도 아니기'(非非法) 때문에 ['모든 현상'(諸法)이] '같은 것도 아니다'(不一).

故. 第三〈不來亦不去〉者, 重顯初雙〈不一不二〉, 有空不一故, 有不從空來, 空有不二故, 空不遣有去也.")

〈소〉

依廣開門顯經宗內, 科其四品爲二分中, 正明六入, 竟在於前. 此下一品, 顯六入境. 言"佛母"者, 母是生長之義. 三世諸佛一切種智, 皆依二諦中道而生, 此處顯是義故, 名「佛母品」. "爾時"以下, 在文有二, 一者正明佛母, 二者諸門分別. 初中亦二, 先問後答. 問中有二, 先擧智問, 後就境問. 初中言"二初照智"者, 謂佛初智, 菩薩初智, 爲問生義故, 擧初智. "寂照照寂之義, 復云何?"者, 寂照慧依何起,[374] 此是通問初後二智. 就境問中, 亦有二句, 先問二諦法性, 後問第一義諦. 答中次第答前二問, 前[375]問中, 正答重釋. 正答二句, 先明三諦爲母, 後顯諸門爲母. 言"乃至"者, 十六諦中, 先擧三諦, 後顯十三諦門, 乃至一切法門無有不爲智之母故.

[H1, 508b19~c11]

'자세하게 펼치는 방법'(廣開門)에 의거하여 경전(『본업경』)의 핵심(宗)을 나타내는 것 안에서, 그 '네 개 단원'(四品)으로 분류한 것을 두 부분으로 나누어 '[십주 · 십행 · 십회향 · 십지 · 등각 · 묘각의] 여섯 단계에 들어가는 것'(六入)을 곧바로 밝히는 것은 앞에서 마쳤다. 이 아래의 '한 단원'(一品)은 '여섯 단계의 경지'(六入境)를 나타낸 것이다.

"부처[지혜]의 어머니"(佛母)라고 말한 것은, '어머니'(母)가 '낳고 기른다'(生長)는 뜻[을 지녔기 때문]이다. '과거 · 현재 · 미래'(三世)의 모든 부처가 지닌 '모든 것을 사실 그대로 보는 지혜'(一切種智)는 모두 '두 가지 관점으로 밝히는 중도'(二諦中道)에 의거해 생기는 것이니, 여기서는 이

374 '照寂慧依何起'가 누락된 것으로 보인다. 한불전에도 '「起」下一有「照寂慧依何起」'로 교감하고 있다.

375 한불전 『본업경소』 교감에는 다른 판본에 "答前問中"으로 되어 있다고 했다. 번역상 큰 차이가 없으므로 그대로 둔다.

러한 뜻을 나타내기 때문에 「부처[지혜]의 어머니를 밝히는 단원」(佛母品)이라 하였다.

"이때"(爾時) 이하의 글에는 두 가지가 있으니, 첫 번째는 〈'부처[지혜]의 어머니'(佛母)를 곧바로 밝힌 것〉(正明佛母)이며, 두 번째는 '여러 가지 측면(門)으로 구분하는 것'(諸門分別)이다. 처음에도 두 가지가 있으니, 먼저는 질문이고 나중은 답변이다. 질문에는 두 가지가 있으니, 먼저는 지혜(智)에 대해 물은 것이고, 나중은 [지혜의] 대상(境)에 대해 물은 것이다.

처음에 말한 "두 분의 처음 '이해하는 지혜'"(二初照智)라는 것은, '부처의 처음 지혜'(佛初智)와 '보살의 처음 지혜'(菩薩初智)를 일컫는 것인데, 질문을 위해 뜻을 일으킨 것이기 때문에 '처음의 지혜'를 거론한 것이다.

"'[분별의 왜곡과 동요를] 그쳐 [사실 그대로] 이해하는 것'(寂照)과 '[사실 그대로] 이해하여 [분별의 왜곡과 동요를] 그치는 것'(照寂)의 뜻은 또 어떤 것입니까?"(寂照照寂之義, 復云何)라는 것은, '[분별의 왜곡과 동요를] 그쳐 [사실 그대로] 이해할 수 있는 지혜'(寂照慧)는 무엇에 의거해 일어나고 '[사실 그대로] 이해하여 [분별의 왜곡과 동요를] 그치게 하는 지혜'(照寂慧)는 무엇에 의거해 일어나는가 하는 것이니, 이것은 '처음 [지혜]와 나중 [지혜]의 두 가지 지혜'(初後二智)를 통틀어 물은 것이다.

[지혜의] 대상(境)에 대해 물은 것에도 두 구절이 있으니, 먼저는 '두 가지 관점'(二諦)의 본연(法性)에 대해 물은 것이고, 나중은 '궁극적 관점'(第一義諦)에 대해 물은 것이다. 답변에서는 앞의 두 질문에 대해 차례로 답을 했으니, 앞의 질문에 대해서는 '곧바로 답변한 것'(正答)과 '거듭 해석한 것'(重釋)이 있다.

곧바로 답변한 두 구절에서는, 먼저 '['있다는 관점'(有諦) · '없다는 관점'(無諦) · '중도인 궁극적 관점'(中道第一義諦), 이] 세 가지 관점'(三諦)을 어머니(母)로 삼음을 밝혔고, 나중에는 '모든 것들'(諸門)을 어머니(母)로 삼음을 나타내었다. "나아가"(乃至)라고 말한 것은, 먼저 '열여섯 가지 관점'(十六諦)[376] 중 ['있다는 관점'(有諦)·'없다는 관점'(無諦)·'중도인 궁극적 관점'(中道第一義諦), 이] 세 가지 관점'(三諦)을 거론하고 나중에는 '열세 가지 관점의 측면들'(十三諦門)을 나타내며 나아가 '모든 것들'(一切法門)이 지혜(智)의 어머니(母)가 되지 않음이 없다[는 것을 나타내기] 때문이다.

"二諦"以下, 是答後問, 在文有三, 謂牒釋結. 釋中有二, 別釋總明. 別釋二諦卽有四門, 一有無有門, 二二無二門, 三因緣門, 四假名門. 有無有門者, 謂分別性有理有事, 道理假有, 假有非空, 名爲有諦, 事法實無, 實無是空, 名爲無諦. 如經"世諦有故不空, 無諦空故不有"故. 如是二諦, 常非不爾故不一, 而實非然故不二, 如經"二諦常爾故不一, 聖照空故不二"故. 此中"二諦常爾"者, 假有不成假無, 實無不成實有故, 此是如量智所分別. "聖照空"者, 假有不成假有, 實無不成實無故, 此是如理智所通達. 所以假有不成假有者, 依名假立, 是爲假有, 所依名言不可得故, 能依假有不得成立. 所以實無不成實無者, 遣[377]所計有以立實無, 所遣實有不可得故, 能遣實無不得成立. 其如理智如是通達, 故言"聖照空故不二", 是爲初門二諦道理. 此中"不二", 正顯眞如, 卽是中道第一義諦也.

[H1, 508c11~509a10]

"['있다는 관점'(有諦)과 '없다는 관점'(無諦), 이] 두 가지 관점"(二諦) 이하

376 『본업경』, (T24. 1015a17~20)에 의하면 '열여섯 가지 관점'(十六諦)은 다음과 같다. "佛子! 五, 入法界智觀, 所謂十六諦, 有諦·無諦·中道第一議諦·苦諦·集諦·滅諦·道諦·相諦·差別諦·視成諦·說諦·事諦·生起諦·盡無生諦·入道諦·如來智諦."

377 한불전의 『본업경소』 교감주에는 '다른 판본에 遣은 違로 되어 있다'고 하는데, 내용으로 볼 때 '遣'으로 보는 것이 적절해 보인다. 여기서는 '遣'으로 해석한다.

는 [“현상이 있다는 것입니까, 없다는 것입니까?”라는] 뒤의 질문에 답한 것인데, 세 가지 문장이 있으니 ‘[설명을 위해] 끌어온 것’(牒)과 해석(釋)과 끝맺음(結)이 그것이다. 해석에는 두 가지가 있으니, ‘하나씩 해석한 것’(別釋)과 ‘총괄적으로 밝힌 것’(總明)이다. ‘[‘있다는 관점’(有諦)과 ‘없다는 관점’(無諦), 이] 두 가지 관점’(二諦)을 하나씩 해석한 것에는 네 가지 방식(門)이 있으니, 첫 번째는 ‘있음과 있지 않음으로 해석하는 방식’(有無有門)이고, 두 번째는 ‘다름과 다르지 않음으로 해석하는 방식’(二無二門)이며, 세 번째는 ‘[중생 구제의] 인연으로 해석하는 방식’(因緣門)이고, 네 번째는 ‘임시방편으로 세운 명칭으로 해석하는 방식’(假名門)이다.

‘있음과 있지 않음으로 해석하는 방식’(有無有門)이란 것은 ‘[근본무지의 망상에 의해] 분별된 면모’(分別性)에는 도리(理)[의 측면]도 있고 현상(事)[의 측면]도 있다는 것이니, 도리道理[의 측면]에서는 ‘불변·독자의 본질/실체가 없이 있는 것’(假有)이고 ‘불변·독자의 본질/실체가 없이 있는 것’(假有)은 ‘없는 것’(空)이 아니므로 ‘있다는 관점’(有諦)이라 하고, 현상(事法)[의 측면]에서는 ‘실체가 없는 것’(實無)이고 ‘실체가 없는 것’(實無)은 ‘없는 것’(空)이므로 ‘없다는 관점’(無諦)이라 한다. 경전(『본업경』)에서 “‘세간적 관점’(世諦)에서는 [현상이] ‘있는 것’(有)이기 때문에 ‘없지 않으며’(不空), ‘없다는 관점’(無諦)에서는 [현상이] ‘불변·독자의 본질/실체가 없기’(空) 때문에 ‘있지 않다’(不有)[는 것이다].”(世諦有故不空, 無諦空故不有)라고 한 것과 같다. 이와 같이 ‘[‘있다는 관점’(有諦)과 ‘없다는 관점’(無諦), 이] 두 가지 관점’(二諦)[으로 본 모든 현상]은 늘 ‘그러하지 않음이 아니기’(非不爾) 때문에 ‘같은 것이 아니지만’(不一) [모든 현상에 불변·독자의 본질/실체가 없기에 ‘같은 것이 아닌 것’도 아니어서] ‘실제로는 그러하지도 않기’(實非然) 때문에 ‘다른 것도 아니니’(不二), 경전(『본업경』)에서 “‘두 가지 관점’(二諦)[으로 본 모든 현상]은 항상 그러하기 때문에 ‘같은 것이 아니고’(不一), [부처와 보살 같은] 성스러운 이들은 [이제二諦로 본 모든 현상이] ‘불변·독자의 본질/실체가 없음’(空)을 이해(照)하므로 [모든 현상이] '다른 것도 아니다'(不二)."(二諦常爾故不一, 聖照空故不二)라고 한 것과 같다.

이 [『본업경』 구절] 가운데 "'두 가지 관점'(二諦)[으로 본 모든 현상]은 항상 그러하다."(二諦常爾)라는 것은, '불변 · 독자의 본질/실체가 없이 있는 것'(假有)은 '불변 · 독자의 본질/실체가 없이 없는 것'(假無)을 이루지 않고 '실제로 없는 것'(實無)은 '실체로 있는 것'(實有)을 이루지 않기 때문이니, 이것은 '['근원적인 지혜'(根本智)에 기반한] 현상의 차이에 관한 지혜'(如量智)[378]로 판단(分別)한 것이다. [또] "[부처와 보살 같은] 성스러운 이들은 [이제二諦로 본 모든 현상이] '불변 · 독자의 본질/실체가 없음'(空)을 이해(照)한다."(聖照空)라는 것은, [명칭에 의거해서] '불변 · 독자의 본질/실체가 없이 있는 것'(假有)은 [이] '불변 · 독자의 본질/실체가 없이 있는 것'(假有)을 [실체로서] 이루지 않고 '실제로 없는 것'(實無)은 '실제로 없는 것'(實無)을 [실체로서] 이루지 않기 때문이니, 이것은 '현상의 본연에 관한 지혜'(如理智)[379]로 꿰뚫어 본 것이다.

'불변 · 독자의 본질/실체가 없이 있는 것'(假有)이 [이] '불변 · 독자의 본질/실체가 없이 있는 것'(假有)을 [실체로서] 이루지 않는 까닭은, '이름에 의거해서 불변 · 독자의 본질/실체가 없이 세운 것'(依名假立)이 '불변 · 독자의 본질/실체가 없이 있는 것'(假有)인데 '의거한 명칭과 말'(所依名言)[에 해당하는 실체]를 얻을 수 없기 때문에 〈[명칭과 말이] 의거하는 '불변 · 독자의 본질/실체가 없이 있는 것'〉(能依假有)도 [실체로서] 성립할 수 없는 것이다. [또] '실제로 없는 것'(實無)이 '실제로 없는 것'(實無)을 [실체로서] 이루지 않는 까닭은, '있다고 헤아린 것'(所計有)을 버려 '실

---

378 여량지如量智: 후득지後得智를 지칭하는 것이다. 상세한 내용은 앞서의 '이지理智와 양지量智' 역주 참조.

379 여리지如理智: 근본지根本智를 지칭하는 것이다. 상세한 내용은 앞서의 '이지理智와 양지量智' 역주 참조.

제로 없는 것'(實無)을 세우는데 〈버려진 '실제로 있는 것'〉(所遣實有)을 [실체로서] 얻을 수가 없기 때문에 〈버리는 '실제로 없는 것'〉(能遣實無)도 성립할 수 없는 것이다. 그 '현상의 본연에 관한 지혜'(如理智)가 이와 같이 꿰뚫어 보기 때문에 "[부처와 보살 같은] 성스러운 이들은 [이제二諦로 본 모든 현상이] '불변 · 독자의 본질/실체가 없음'(空)을 이해(照)하므로 [모든 현상이] '다른 것도 아니다'(不二)."(聖照空故不二)라고 말했는데, 이것은 '첫 번째 방식'(初門)[인 '있음과 있지 않음으로 해석하는 방식'(有無有門)]에서의 '두 가지 관점'(二諦)의 이치(道理)이다. 이 [말] 가운데 "다른 것도 아니다."(不二)라는 것은 '참 그대로'(眞如)를 곧바로 나타낸 것이니 바로 '중도인 궁극적 관점'(中道第一義諦)이다.

第二'二與不二門'者, 前說一諦[380]有無差別, 常爾不變名爲世諦, 有無俱空平等一味, 是故名爲第一義諦. 如經"有佛無佛法界不變故不空, 第一無二故不有"故. 此中"法界"者, 假有實無分齊不亂故, 名法界. 佛出世時, 說是有無分界, 佛滅度後, 有無分界不變, 是故先言"有佛", 後[381]言"無佛"也. "第一無二"者, 是第一義無二相故. 如是世諦有無差別故, 與第一義諦不一, 有無不成故, 與第一義諦不二. 如經"無佛有佛法界二相故不一, 諸法常淸淨故不二"故. 佛不出世之時, 有無分齊不亂, 若佛出世之時, 有無如本無亂. 不由佛[382]出照無二, 故有無分界生其差別. 是故先言"無佛", 然後言"有佛"也. 言"諸法常淸淨"者, 謂隨言相皆不成就故, 與無相而不二也.

[H1, 509a10~b2]

---

380 '一諦'라는 말은 '二諦'여야 더 자연스럽고 적절하다. 오기誤記로 보고 '二諦'로 교감하여 번역한다.

381 한불전의 『본업경소』 교감주에는 다른 판본에는 '後' 앞에 '然'이 있다고 했다.

382 한불전의 『본업경소』 교감주에는 다른 판본에는 '佛' 아래 '佛'이 있다고 했다.

['두 가지 관점'(二諦)을 하나씩 해석하는 네 가지 방식 가운데] 두 번째인 '다름과 다르지 않음으로 해석하는 방식'(二與不二門, 二無二門)이라는 것은, 앞에서 말한 '두 가지 관점'(二諦)의 '있음과 없음'(有無)에 대한 차별이 항상 그대로 유지되어 변하지 않는 것을 '세간적 관점'(世諦)이라 하고, '있음과 없음'(有無)이 모두 '불변 · 독자의 본질/실체가 없어서'(空) '평등한 한 맛'(平等一味)이므로 '궁극적 관점'(第一義諦)이라 하는 것이다. 경전(『본업경』)에서 "부처가 있거나 부처가 없거나 현상세계(法界)는 변하지 않기 때문에 [현상이] '없는 것이 아니고'(不空), '궁극적 관점'(第一[義諦])에는 '[본질/실체로서의] 둘로 나뉨이 없으므로'(無二) [현상이] '있는 것도 아니다'(不有)."(有佛無佛法界不變故不空, 第一無二故不有)라고 한 것과 같다. 여기서 "현상세계"(法界)라는 것은, '불변 · 독자의 본질/실체가 없이 있는 것'(假有)과 '실제로 없는 것'(實無)의 차이(分齊)가 혼란스럽지 않기 때문에 [질서(法)가 있다는 의미를 지닌] '현상세계'(法界)라 하였다. 부처님이 세상으로 나왔을 때 이 있음(有)과 없음(無)의 차이(分界)를 설하였는데, 부처님이 열반한 후에도 있음과 없음의 차이는 변하지 않으니, 이 때문에 앞에서는 "부처가 있거나"(有佛)라고 말하였고 뒤에서는 "부처가 없거나"(無佛)라고 말하였다.

"'궁극적 관점'(第一[義諦])에는 '[본질/실체로서의] 둘로 나뉨이 없다'(無二)."(第一[義諦]無二)라는 것은, 이 '궁극적 관점'(第一義[諦])에는 '두 가지 [본질이 다른] 차이'(二相)가 없기 때문이다. 이와 같이 '세간적 관점'(世諦)[으로 본 모든 현상]은 있음(有)과 없음(無)이 [실체로서] 차별되기 때문에 '궁극적 관점'(第一義諦)[으로 본 모든 현상]과 같은 것이 아니며, 있음(有)과 없음(無)[이라는 현상]은 [실체로서] 성립되지 않기 때문에 ['세간적 관점'(世諦)으로 본 모든 현상이] 궁극적 관점과 다른 것도 아니다. 경전(『본업경』)에서 "부처가 없거나 부처가 있거나 [이제二諦로 본 모든 현상은] 현상세계(法界)의 '두 가지 양상'(二相)이므로 '같은 것이 아니고'(不一), '모든 현상'(諸法)[의 '사실 그대로'(如實, 如如)]는 항상 온전(淸淨)하므로 [모든 현상이] '다른 것도 아니다'(不二)."(無佛有佛法界二相故不一, 諸法常清淨故不二)라고 한 것과 같다. 부처님이 세상에 나오지 않을 때에도 있음(有)과 없음(無)의 차이(分齊)는 혼란스럽지 않고, 부처님이 세상에 나올 때라도 있음(有)과 없음(無)[의 차이]는 본래대로 혼란스럽지 않다. 〈부처님이 [세상에] 나와 '[있음과 없음이] 다르지 않음'(無二)을 이해하는 것〉에 의거하는 것이 아니니, 그러므로 [본래부터의] '있음과 없음의 나누어진 경계(有無分界)가 그 [있음(有)과 없음(無)의] 차이를 낳는 것이다. 이런 까닭에 먼저 "부처가 없거나"(無佛)라고 말하고 그런 후에 "부처가 있거나"(有佛)라고 말한 것이다. "'모든 현상'(諸法)[의 '사실 그대로'(如實, 如如)]는 항상 온전(淸淨)하다."(諸法常淸淨)라는 것은, '말에 해당하는 [실체로서의] 차이'(隨言相)는 모두 성취되지 않기 때문에 [모든 현상은] '실체 없는 차이'(無相)[인 다른 현상들]과 '다른 것이 아니다'(不二)는 것이다.

第三'因緣二諦門'者, 諸佛已出三界諸行, 而赴機緣還入六道, 如是感應因緣集會, 以知不無名爲有諦. 雖不是無, 而不得有, 不得有故, 且謂之無. 雖謂之無, 而不存無, 有無俱無, 名爲無諦. 如經"諸佛還爲凡夫故不空, 無無故不有"故. 如上文言"因緣集故謂之有, 非曰有是有, 因緣散故謂之無, 非曰有是無"者, 正謂此門之二諦也. 『人王經』言, "無無諦實無, 寂滅第一空, 諸法因緣有, 有無義如是"故, 此中無諦之空是眞實故, 不與有諦爲一, 有諦之法本不生故, 不與無諦爲二. 故言"空實故不一, 本際不生故不二", 此門二諦卽是中道第一義諦. 所以然者, 有不生故卽爲無諦, 無亦空故卽爲有諦, 所以二諦卽爲中道. 如上文言, "二諦一諦一合相"故.

[H1, 509b2~19]

['두 가지 관점'(二諦)을 하나씩 해석하는 네 가지 방식 가운데] 세 번째인 '[중생 구제의] 인연으로 두 가지 관점을 해석하는 방식'(因緣二諦門, 因緣門)

이라는 것은, 모든 부처가 이미 '[욕망세계 · 유형세계 · 무형세계, 이] 세 가지 세계'(三界)의 '[근본무지(無明)에 매인] 모든 것'(諸行)에서 벗어났지만 [중생과의] 인연(機緣)에 나아가 다시 '[업에 따라 윤회하는] 여섯 가지 세계'(六道)에 들어가니, 이와 같이 [가르침을 받을] '인연이 모인 것'(集會)에 감응하는 것으로써 [중생이라는 현상이] '없지 않음'(不無)을 아는 것을 '있다는 관점'(有諦)이라 부른다. 비록 [중생이라는 현상이] 없음(無)은 아니지만 있음(有)을 [실체로서] 얻을 수도 없으니, [중생이라는 현상이] 있음(有)을 [실체로서] 얻을 수 없기 때문에 또한 그 [중생이라는 현상]을 없음(無)이라고 말한다. [그리고] 비록 그 [중생이라는 현상]을 없음(無)이라 말한다 해도 없음(無)을 인정하는 것도 아니니, [이처럼] 있음(有)과 없음(無)이 모두 없는 것을 '없다는 관점'(無諦)이라 부른다. 경전(『본업경』)에서 "모든 부처님은 도리어 범부凡夫를 위하기 때문에 [범부라는 현상이] '없는 것이 아니고'(不空), [범부가] '없다는 것'(無)마저도 [인정함이] 없기(無) 때문에 [범부라는 현상이] 있는 것도 아니다."(諸佛還爲凡夫故不空, 無無故不有)라고 한 것과 같다. 윗글에서 "원인과 조건이 모였기 때문에 있음(有)이라 한 것이지 '있음(有)은 [실체로서] 있음(有)'이라고 말하는 것이 아니며, 원인과 조건이 흩어졌기 때문에 없음(無)이라 한 것이지 '있음(有)은 [전혀] 없음(無)'이라고 말하는 것이 아니다."[383]라고 한 것은, 바로 이러한 방식(門)으로 설명한 '두 가지 관점'(二諦)을 말하는 것이다.

『인왕경』에서 "'없다는 관점'(無諦)에서의 '실제로 없음'(實無)도 없고 '궁극적 관점에서의 실체 없음'(第一[義]空)도 없지만(寂滅) '모든 현상'(諸法)은 '원인과 조건'(因緣)으로 있는 것이니, 있음(有)과 없음(無)의 뜻은 이와 같다."[384]라고 하였으니, 여기서 '없다는 관점에서의 없음'(無諦之

---

383 윗글이란 제3품인 「현성학관품賢聖學觀品」을 말한다. 대정장 『본업경』 권1(T24, 1014b12~14). "佛子, 九能受佛法僧故. 所謂二諦空, 因緣集故謂之有, 非曰有是有. 因緣散故謂之無, 非曰有是無."

空)은 진실이기 때문에 '있다는 관점'(有諦)과 같은 것이 아니며, '있다는 관점에서의 현상'(有諦之法)은 본래 [실체로서] 생겨나는 것이 아니기 때문에 '없다는 관점'(無諦)과 다르지 않다. 그러므로 "'실체가 없는 것'(空)은 [현상의] 진실(實)이기 때문에 ['모든 현상'(諸法)이] '같은 것이 아니고'(不一), '['사실 그대로'의] 본래 지평'(本際)은 생겨나는 것이 아니기 때문에 ['모든 현상'(諸法)이] '다른 것도 아니다'(不二)."(空實故不一, 本際不生故不二)라고 말하였으니, 이러한 방식으로 설명하는 '두 가지 관점'(二諦)이 바로 '중도인 궁극적 관점'(中道第一義諦)이다. 왜 그런가 하면, 있음(有)은 [실체로서] 생겨나는 것이 아니기 때문에 곧 '없다는 관점'(無諦)이 되고, 없음(無) 또한 '실체가 없기'(空) 때문에 곧 '있다는 관점'(有諦)이 되니, 그러므로 '['있다는 관점'(有諦)과 '없다는 관점'(無諦), 이] 두 가지 관점'(二諦)이 곧 중도中道가 된다. 마치 앞의 글에서 "'두 가지 관점'과 '[궁극적인] 하나의 관점'은 '하나처럼 통하여 합해지는 양상'이다."(二諦一諦一合相)[385]라고 말한 것과 같다.

第四'假名二諦門'者, 三假集有名爲世諦, 實相名爲一義諦,[386] 如經"不壞假名諸法相故不空, 諸法卽非諸法故不有"故. 『人王經』言, "法性本無性, 第一義空如, 諸有本有法, 三假集假有", 正謂此門之二諦相. 言"三假"者, 所謂法假受假名假. 此中名假是分別性, 依名假立諸法相

---

384 대정장 『인왕경』 권1(T8, 829a10~17). "無相第一義, 無自無他作, 因緣本自有, 無自無他作. 法性本無性, 第一義空如, 諸有本有法, 三假集假有. 無無諦實無, 寂滅第一空, 諸法因緣有, 有無義如是. 有無本自二, 譬若牛二角, 照解見無二, 二諦常不卽.

385 대정장 『본업경』 권1(T24, 1012c27~1013a1). "佛子! 摩尼寶瓔珞菩薩字者, 等覺性中一人, 其名金剛慧幢菩薩. 住頂寂定, 以大願力住壽百劫, 修千三昧已入金剛三昧, 同一切法性, 二諦一諦一合相."

386 한불전 『본업경소』에는 '第'가 탈락된 것으로 의심된다고 했다. 여기서는 第를 넣어 '第一義諦'로 번역한다.

故. 受法二假是依他性, 似人似法皆非實故. 此三假法非是法, 故不與第一義諦爲二, 雖非是法, 非非法, 故不與第一義爲一. 故言"法非法故不二, 非非法故不一." 別明二諦, 竟在於前.

[H1, 509b19~c7]

['두 가지 관점'(二諦)을 하나씩 해석하는 네 가지 방식 가운데] 네 번째인 '임시방편으로 세운 명칭으로 두 가지 관점을 해석하는 방식'(假名二諦門, 假名門)이라는 것은, '불변·독자의 본질/실체가 없는 세 가지'(三假)[387]가 '모여 있는 것'(集有)을 '세간적 관점'(世諦)[에서의 현상]이라 하고 '사실 그대로의 면모'(實相)를 '궁극적 관점'([第]一義諦)[에서의 현상]이라 하니, 경전(『본업경』)에서 "'임시방편으로 세운 명칭인 모든 현상의 양상'(假名諸法相)을 파괴하지 않으므로 ['모든 현상'(諸法)이] '없는 것이 아니고'(不空), '모든 현상'(諸法)은 곧 [실체로서의] 모든 현상이 아니므로 '있는 것도 아니다'(不有)."(不壞假名諸法相故不空, 諸法卽非諸法故不有)라고 한 것과 같다. 『인왕경』에서는 "'현상의 본연'(法性)에는 본래 [실체인] 본연(性)이 없고 '궁극적 실체 없음'(第一義空)도 마찬가지이니, '모든 있는 것'(諸有)은 '본래 있는 현상'(本有法)이지만 '불변·독자의 본질/실체가 없는 세 가지'(三假)가 모인 '불변·독자의 본질/실체가 없이 있는 것'(假有)이다."[388]라고 하였으니, 바로 이 방식(門)으로 설명하는 '두 가지 관점'(二

---

387 삼가三假: 법가法假, 수가受假, 명가名假의 세 가지를 가리킨다. 법가法假는 〈불변·독자의 본질/실체가 없는 '신체 현상'(色陰法)〉, 수가受假는 〈불변·독자의 본질/실체가 없는 '느낌(受)·지각(想)·의도(行)·의식(識) 현상'〉, 명가名假는 〈불변·독자의 본질/실체가 없는 '신체(色)·느낌(受)·지각(想)·의도(行)·의식(識)에 대한 명칭'〉을 의미한다. 『인왕반야바라밀경仁王般若波羅蜜經』 권상卷上 서품序品에서는 삼종가관三種假觀을 제시하는데 천태종天台宗은 이를 더 발전시켜 해석하고 있다. 『불광대사전』, p.604.

388 대정장 『인왕경』 권1 제4 「이제품二諦品」(T8, 829a10~15). "無相第一義, 無自無他作, 因緣本自有, 無自無他作. 法性本無性, 第一義空如, 諸有本有法, 三假集假有. 無無

諦)의 면모(相)를 말한 것이다.

"불변 · 독자의 본질/실체가 없는 세 가지"(三假)라고 말한 것은, 이른바 〈불변 · 독자의 본질/실체가 없는 '신체 현상'(色陰法)〉(法假), 〈불변 · 독자의 본질/실체가 없는 '느낌(受) · 지각(想) · 의도(行) · 의식(識) 현상'〉(受假), 〈불변 · 독자의 본질/실체가 없는 '신체(色) · 느낌(受) · 지각(想) · 의도(行) · 의식(識)에 대한 명칭'〉(名假)을 말한다. 이 가운데 〈불변 · 독자의 본질/실체가 없는 '신체(色) · 느낌(受) · 지각(想) · 의도(行) · 의식(識)에 대한 명칭'〉(名假)은 '[근본무지의 망상에 의해] 분별된 면모'(分別性)이니, '불변 · 독자의 본질/실체가 없는 명칭'(名假)에 의거하여 '모든 현상의 특징/차이'(諸法相)를 세우기 때문이다. 〈불변 · 독자의 본질/실체가 없는 '느낌(受) · 지각(想) · 의도(行) · 의식(識) 현상'〉(受假)과 〈불변 · 독자의 본질/실체가 없는 '신체 현상'(色陰法)〉(法假) 이 두 가지는 '다른 것에 의존하여 생겨난 면모'(依他性)이니, '자아 같은 것'(似人)과 '현상 같은 것'(似法)은 모두 '[독자적] 실체'(實)가 아니기 때문이다. 이 '불변 · 독자의 본질/실체가 없는 세 가지 현상'(三假法)은 '[실체로서의] 현상'(是法)이 아니기 때문에 '궁극적 관점'(第一義諦)과 다른 것이 되지 않으며, 비록 '실체인 것'(是法)이 아니지만 '현상이 아닌 것'(非法)도 아니기 때문에 '[실체인 현상은 없다는] 궁극적 뜻'(第一義)과 같은 것이 되지도 않는다. 그러므로 [『본업경』에서] "현상(法)은 '[실체로서의] 현상이 아닌 것'(非法)이므로 ['모든 현상'(諸法)이] '다른 것이 아니고'(不二), [현상은] [나름의 차이/특징을 지닌] '현상이 아닌 것도 아니기'(非非法) 때문에 ['모든 현상'(諸法)이] '같은 것도 아니다'(不一)."(法非法故不二, 非非法故不一)라고 말한 것이다. '두 가지 관점을 하나씩 밝히는 것'(別明二諦)을 여기에서 마친다.

諦實無, 寂滅第一空, 諸法因緣有, 有無義如是."

『보살영락본업경菩薩瓔珞本業經』 하권 제5 「불모품佛母品」

佛子, 二諦義者, 不一亦不二, 不常亦不斷, 不來亦不去, 不生亦不滅, 而二相卽,[389] 聖智無二, 無二故, 是諸佛菩薩智母.

[T24, 1018c2~c5]

부처의 제자들이여, '['있다는 관점'(有諦)과 '없다는 관점'(無諦), 이] 두 가지 관점'(二諦)의 뜻은, [있음(有)과 없음(無)이] '같은 것도 아니고'(不一) '다른 것도 아니며'(不二) '늘 있는 것도 아니고'(不常) '[완전히] 없는 것도 아니며'(不斷) '오는 것도 아니고'(不來) '가는 것도 아니며'(不去) '생겨나는 것도 아니고'(不生) '사라지는 것도 아니[라는 것이]니'(不滅), [있음(有)과 없음(無), 이] 두 가지는 '서로 통하면서 맞닿아 있는 것'(相卽)이어서 성인의 지혜에서는 [서로] '다른 것이 아니니'(無二), [서로] 다른 것이 아니기 때문에 모든 부처와 보살의 '지혜의 어머니'(智母)이다.

〈소〉

此下, 第二總明八不. 釋此文意, 略有二門, 一者通門, 二者別門. 言通門者, 謂如前說二諦四門, 各有此中四雙八不. 是義云何? 此初一雙"不一不二", 總釋四門不一不二, 言之與義不異前故. 其第二雙"不常不斷", 通釋四門不空不有, 有卽爲常, 無便斷故. 第三"不來亦不去"者, 重顯初雙"不一不二", 有空不一故, 有不從空來, 空有不二故, 空不

389 대정장 『본업경』의 교감주에서는 '卽'이고, 어떤 판본에는 '卽+(是)'로 되어 있다고 한다.

遣[390]有去也. 第四"不生亦不滅"者, 重顯第二"不常不斷", 不生故不有, 不滅故不無. 無是斷義, 有卽是常邊故. 是故八不通於四門也.

[H1, 509c8~20]

이 아래는 두 번째로 '[불생不生 · 불멸不滅 · 부단不斷 · 불상不常 · 불일不一 · 불이不異 · 불래不來 · 불거不去의] 여덟 가지 부정'(八不)을 총괄적으로 밝힌 것이다. 이 글의 뜻을 해석하는 데 간략히 두 가지 방식(門)이 있으니, 첫 번째는 '[서로] 통하게 하는 방식'(通門)이고 두 번째는 '[서로] 구별하는 방식'(別門)이다.

'[서로] 통하게 하는 방식'(通門)이라고 말한 것은, 앞서 말한 '['있다는 관점'(有諦)과 '없다는 관점'(無諦), 이] 두 가지 관점'(二諦)에 대한 [개별적 해석인 '있음과 있지 않음으로 해석하는 방식'(有無有門) · '다름과 다르지 않음으로 해석하는 방식'(二無二門) · '중생 구제의 인연으로 해석하는 방식'(因緣門) · '임시방편으로 세운 명칭으로 해석하는 방식'(假名門), 이] '네 가지 방식'(四門)처럼, [있음(有)과 없음(無)] 각각에 이 '네 개의 짝으로 이루어진 여덟 가지 부정'(四雙八不)이 있다는 것을 일컫는다. 이 뜻은 무엇인가?

여기서 첫 번째 쌍인 "같은 것도 아니고 다른 것도 아니다."(不一不二)라는 것은, ['두 가지 관점'(二諦)을 해석하는] '네 가지 방식'(四門)이 '같은 것도 아니고 다른 것도 아님'(不一不二)을 총괄적으로 해석한 것이니, 말과 뜻이 앞서의 것과 다르지 않기 때문이다.

그 두 번째 쌍인 "늘 있는 것도 아니고 [완전히] 없는 것도 아니다."(不常不斷)라는 것은, ['두 가지 관점'(二諦)을 해석하는] '네 가지 방식'(四門)이 '없는 것도 아니고 있는 것도 아님'(不空不有)을 통틀어 해석한 것이니,

---

390 한불전의 『본업경소』 교감주에는 '다른 판본에 遣은 違로 되어 있다'고 하는데, 내용으로 볼 때 '遣'으로 보는 것이 적절하다.

있음(有)은 [불상부단不常不斷이라는 말 가운데] '늘 있는 것'(常)에 해당하고 없음(無)은 '[완전히] 없는 것'(斷)에 해당하는 것이다.

세 번째 [쌍인] "오는 것도 아니고 가는 것도 아니다."(不來亦不去)라는 것은, 첫 번째 쌍인 "같은 것도 아니고 다른 것도 아니다."(不一不二)라는 것을 거듭 나타낸 것이니, 있음(有)과 없음(空)은 '같은 것이 아니기'(不一) 때문에 있음(有)은 없음(空)으로부터 온 것이 아니고, 없음(空)과 있음(有)은 '다른 것도 아니기'(不二) 때문에 없음(空)이 있음(有)을 버리는 것도 아니다.

네 번째 [쌍인] "생겨나는 것도 아니고 사라지는 것도 아니다."(不生亦不滅)라는 것은, 두 번째 [쌍인] "늘 그러한 것도 아니고 [완전히] 없는 것도 아니다."(不常不斷)라는 것을 거듭 나타낸 것이니, '생겨나는 것이 아니기'(不生) 때문에 '있는 것이 아니고'(不有) '사라지는 것이 아니기'(不滅) 때문에 '없는 것이 아니다'(不無). 없음(無)은 '아무것도 없다[는 치우친 견해]'(斷[邊]義)이고, 있음(有)은 '항상 있다는 치우친 견해'(常邊[義])이기 때문이다. 그러므로 '여덟 가지 부정'(八不)은 ['두 가지 관점'(二諦)에 대한 개별적 해석의] '네 가지 방식'(四門)에 통하는 것이다.

若就別義, 釋此四雙, 次第示現彼前四門. 是義云何? 此中"不一亦不二"者, 顯彼初雙二諦離邊, 以有無常爾故不一, 聖智照空故不二故. 第二"不常亦不斷"者, 顯第二門二諦離邊, 以法界不變故不斷, 第一無二故不常故. 第三"不來亦不去"者, 顯第三門二諦中道, 以因緣和合而無從來, 因緣破散而無所去故. 第四"不生亦不滅"者, 顯第四門二諦中道, 以不壞假名而非有生, 用顯實相而非有滅故. 是謂別門八不義也. "而二相卽, 聖智無二"者, 前說四雙皆不相離故, 離諸邊而不隨中, 謂如不一卽是不二, 乃至不滅卽是不生. 如是相卽遠離諸邊, 如是二諦相卽不離, 所以二智隨境無二. 是故無二之二諦境, 能爲無二之二智母, 以之故言"無二", 故"是諸佛菩薩智母". 然智母之義, 略有三種. 一者一切衆生本覺之性，始覺所依故名智母，能與始覺而作本體．二者一切菩薩當來佛果，現智所依故名智母，未得之時，彼名佛性，已得之時，名薩婆若．如『人王經』言，"一切衆生性根本智母，卽爲薩婆若體．諸佛未來，[391] 以當佛爲智母，未得爲性，已得薩婆若．[392] 三乘般若，不生不滅，自性常住．一切衆生，以此爲覺性故．" 案云"三乘"以下，重顯第一本覺之性，故言"常住"亦名"覺性"也．三者二諦中道，非本非當，能生聖智，故名智母．今此文中顯第三義也．

[H1, 509c20~510b4]

만약 '[서로] 구별하는 방식'(別門)에 의거하여 이 '네 쌍'(四雙)을 해석한다면, 저 앞서의 ['두 가지 관점'(二諦)에 대한 개별적 해석의] '네 가지 방식'(四門)을 차례대로 나타내 보인다. 이 뜻이 무엇인가? 이 ['네 쌍'(四雙)] 가운데 "같은 것도 아니고 다른 것도 아니다."(不一亦不二)라는 것은, 저 ['네 가지 방식'(四門)의] 첫 번째 쌍[인 '있음과 있지 않음으로 해석하는 방식'(有無有門)]에서의 '두 가지 관점'(二諦)이 '치우친 견해'(邊[見])에서 벗어났음을 나타낸 것이니, 있음(有)과 없음(無)은 항상 그러한 것이므로 '같은 것이 아니고'(不一) 성인의 지혜는 '불변 · 독자의 본질/실체 없음'(空)을 비추기 때문에 [있음(有)과 없음(無)이] '다른 것도 아닌 것이다'(不二).

두 번째 [쌍인] "늘 있는 것도 아니고 [완전히] 없는 것도 아니다."(不常不斷)라는 것은, ['다름과 다르지 않음으로 해석하는 방식'(二無二門)인] '두 번째 방식'(第二門)에서의 '두 가지 관점'(二諦)이 '치우친 견해'(邊[見])에서 벗어났음을 나타낸 것이니, 현상세계(法界)는 변하지 않기 때문에 '[완

---

391 대정장 『인왕경』(T8, 829b16) 원문에는 '諸佛未成佛'로 되어 있다. 이에 따라 교감한다.

392 대정장 『인왕경』(T8, 829b17) 원문에는 '爲薩婆若'로 되어 있다. 이에 따라 교감한다.

전히] 없는 것이 아니고'(不斷) '궁극적 관점'(第一[義諦])[에서의 현상세계]는 [없는 것과도] '다르지 않기'(無二) 때문에 '늘 있는 것도 아닌 것이다'(不常).

세 번째 [쌍인] "오는 것도 아니고 가는 것도 아니다."(不來亦不去)라는 것은, ['중생 구제의 인연으로 해석하는 방식'(因緣門)인] '세 번째 방식'(第三門)에서의 '두 가지 관점'(二諦)이 중도中道임을 나타낸 것이니, '원인과 조건'(因緣)이 '결합해도'(和合) 그에 따라 [불변 · 독자의 실체가] 오는 것이 없고 '원인과 조건'(因緣)이 흩어져도 [불변 · 독자의 실체가] 가는 것이 없기 때문이다.

네 번째 [쌍인] "생겨나는 것도 아니고 사라지는 것도 아니다."(不生亦不滅)라는 것은, ['임시방편으로 세운 명칭으로 해석하는 방식'(假名門)인] '네 번째 방식'(第四門)에서의 '두 가지 관점'(二諦)이 중도中道임을 나타낸 것이니, '임시방편으로 세운 명칭'(假名)을 무너뜨리지 않지만 [불변 · 독자의 실체가] 생겨남이 있지 않으며, '사실 그대로의 면모'(實相)를 나타내지만 [있었던 '불변 · 독자의 실체'가] 사라짐이 있지도 않기 때문이다. 이것을 '[서로] 구별하는 방식으로 밝히는 여덟 가지 부정의 뜻'(別門八不義)이라고 부른다.

"[있음(有)과 없음(無), 이] 두 가지는 '서로 통하면서 맞닿아 있는 것'(相卽)이어서 성인의 지혜에서는 '서로 다른 것이 아니다'(無二)."(而二相卽, 聖智無二)라는 것은, 앞에서 설한 '네 쌍'(四雙)이 모두 서로 떠나지 않기 때문에 온갖 '치우친 견해'(邊[見])를 벗어나면서 중간(中)도 따르지 않는 것이니, '같은 것이 아닌 것'(不一)이 바로 '다른 것이 아닌 것'(不二)이며 나아가 '사라지는 것이 아닌 것'(不滅)이 바로 '생겨나는 것이 아닌 것'(不生)인 것과 같음을 일컫는 것이다.

이와 같이 ['네 개의 짝으로 이루어진 여덟 가지 부정'(四雙八不)이] '서로 통하면서 맞닿아 있어서'(相卽) 온갖 '치우친 견해'(邊[見])에서 벗어나고, 이와 같이 ['있다는 관점'(有諦)과 '없다는 관점'(無諦), 이] '두 가지 관점'(二

諦)이 '서로 통하면서 맞닿아 있어서'(相卽) [서로] 떠나지 않으니, 그런 까닭에 두 가지 [관점에 대한] 지혜로 대상(境)을 따르는 것이 '다른 것이 아니다'(無二). 그러므로 '다름이 없는 ['있다는 관점'(有諦)과 '없다는 관점'(無諦), 이] 두 가지 관점의 대상'(無二之二諦境)이 '다름이 없는 두 가지 [관점에 대한] 지혜의 어머니'(無二之二智母)가 될 수 있으니, 이 때문에 "다른 것이 아니다."(無二)라고 말하고 또 "이것이 모든 부처와 보살의 '지혜의 어머니'(智母)이다."(是諸佛菩薩智母)라고 하였다.

그런데 '지혜의 어머니'(智母)가 지닌 면모(義)에는 대략 세 가지가 있다. 첫 번째는 〈모든 중생이 지닌 '깨달음의 본연[인 '사실 그대로 앎']의 면모'〉(一切衆生本覺之性)이니, '['사실 그대로'를] 비로소 깨달아 감'(始覺)이 의지하는 것이기 때문에 '지혜의 어머니'(智母)라 부르는데 [이 면모(義)가] '['사실 그대로'를] 비로소 깨달아 감'(始覺)과 더불어 [깨달음 성취의] '근본 바탕'(本體)을 이룰 수 있다.

두 번째는 '모든 보살이 미래에 성취할 부처의 경지'(一切菩薩當來佛果)이니, '현재의 지혜'(現智)가 의지하는 것이기 때문에 '지혜의 어머니'(智母)라 부르는데 아직 얻지 못했을 때는 그것을 '부처의 면모'(佛性)라 부르고 이미 얻었을 때는 '모든 [것을 사실 그대로 만나게 하는] 지혜'(薩婆若)라 부른다.

[이것은] 『인왕경』에서 [다음과 같이] 말한 것과 같다. "모든 중생의 불성의 근본인 '지혜의 어머니'는 곧 '모든 [것을 사실 그대로 만나게 하는] 지혜'(薩婆若)의 바탕(體)이 된다. 모든 부처가 아직 부처를 성취하지 않았을 때에는 '성취하게 될 부처 경지'(當佛)로써 '지혜의 어머니'로 삼으니, 아직 얻지 못했으면 '부처의 면모'([佛]性)가 되고 이미 얻었으면 '모든 [것을 사실 그대로 만나게 하는] 지혜'(薩婆若)가 된다. '[성문 · 연각 · 보살, 이] 세 부류 수행자'(三乘)의 지혜(般若)는 생겨나는 것도 아니고 사라지는 것도 아니어서 [그] 본연(自性)이 '늘 제 자리에 있다'(常住). 모든 중생은 이것으로써 '깨달음의 본연'(覺性)으로 삼는 것이다."[393]

생각건대 [이 구절에서] “[성문 · 연각 · 보살, 이] 세 부류 수행자”(三乘) 이하는 [‘지혜의 어머니’가 지닌 세 가지 면모(義) 가운데] 첫 번째인 ‘깨달음의 본연[인 ‘사실 그대로 앎’]의 면모’(本覺之性)를 거듭 나타낸 것이니, 그러므로 “늘 제 자리에 있다.”(常住)라고 말했고 또한 “깨달음의 본연”(覺性)이라고도 불렀다.

세 번째는 〈‘[‘있다는 관점’(有諦)과 ‘없다는 관점’(無諦), 이] 두 가지 관점’(二諦)으로 밝히는 중도中道〉(二諦中道)이니, 근본(本)도 아니고 미래(當)도 아니지만 ‘성인의 지혜’(聖智)를 생겨나게 할 수 있기 때문에 ‘지혜의 어머니’(智母)라 부른다. 지금 [『본업경』의] 이 글에서는 [‘지혜의 어머니’(智母)가 지닌 세 가지 면모 가운데] 세 번째의 면모(義)를 나타낸 것이다.

『보살영락본업경菩薩瓔珞本業經』 하권 제5 「불모품佛母品」

佛子, 十方無極刹土諸佛, 皆亦如是說. 吾今爲是大衆, 略說明月『瓔珞經』中, 二諦要義.

[T24, 1018c5~c7]

부처의 제자들이여, ‘온 세계의 한계가 없이 많은 세상’(十方無極刹土)에 있는 모든 부처도 모두 이와 같이 설하였노라. 나는 지금 이 대중들을 위하여 ‘밝은 달과 같이 진리를 비추는 『영락경瓔珞經』에 있는 ‘[‘있다는 관점’(有諦)과 ‘없다는 관점’(無諦), 이] 두 가지 관점’(二諦)의 중요한 뜻을 간략히 설하였노라.”

393 대정장 『인왕경』 권1(T8, 829b15~19). “大王! 如如文字修諸佛智母, 一切衆生性根本智母, 即爲薩婆若體. 諸佛未成佛, 以當佛爲智母, 未得爲性, 已得爲薩婆若. 三乘般若, 不生不滅, 自性常住. 一切衆生, 以此爲覺性故.”

〈소〉

"十方"以下, 第三總結. 正明智母, 竟在於前.

[H1, 510b4~5]

"온 세계"(十方) 이하는 세 번째인 '총괄적으로 맺는 말'(總結)이다. '지혜의 어머니'(智母)를 곧바로 밝히는 것이 여기에서 끝난다.

『보살영락본업경菩薩瓔珞本業經』 하권 제5 「불모품佛母品」

爾時敬首菩薩白佛言, "諸佛菩薩大方便平等慧照諸法界, 爲頓等覺爲漸漸[394]? 云何無明藏與心爲一爲異? 劫量久近, 復當云何?" 佛言, "佛子, 汝於過去七佛法中, 一一已問, 非爲不知. 直爲此大衆十四億人, 於此法中, 便欲令[395]得決了故問. 佛子, 吾今爲[396]十四億大衆, 以金剛口說, 決定了義. 佛子, 我昔會有一億八千無垢大士, 即坐達法性原, 頓覺無二, 一切法一合相. 從法會出, 各各坐十方界, 說菩薩瓔珞大藏. 時坐大衆見一億八千世尊, 名頓覺如來. 各坐百寶獅子吼座, 時無量大衆亦坐一處, 聽等覺如來說瓔珞法藏."

[T24, 1018c8~19]

---

394 대정장 『본업경』 본문에는 漸漸으로 되어 있으나 교감 주에 따르면 "漸+(覺)【宋】【元】【明】"이라고 하였다. 문장 내용으로 보면 '漸等覺'으로 보는 것이 적절하다고 보아 여기서는 '漸等覺'으로 교감하여 번역한다.

395 대정장 『본업경』 교감주에서는 '令'을 衍字로 보고 있다.

396 대정장 『본업경』 교감주에서는 '爲+(是)'로 교감하고 있다.

그때 경수敬首보살이 부처님께 아뢰었다. "모든 부처와 보살은 '크나큰 수단과 방법'(大方便)인 '평등하게 보는 지혜'(平等慧)로써 모든 '현상 세계'(法界)를 비추니, 한꺼번에 '[차이들을] 평등하게 볼 수 있는 깨달음'(等覺)[의 경지]가 된 것입니까, 점차적으로 '[차이들을] 평등하게 볼 수 있는 깨달음'(等覺)[의 경지]가 된 것입니까? [또] 어떻게 '근본무지의 세계'(無明藏)와 마음(心)이 같은 것이기도 하고 다른 것이기도 합니까? [부처가 되기까지 수행하는] '오랜 시간'(劫量)이 멀기도 하고 가깝기도 한 것은 또한 어째서입니까?"

부처님께서 말씀하셨다. "부처의 제자들이여, 그대는 과거 '일곱 부처님'(七佛)의 가르침(法)을 들으면서 이미 하나하나 물었으니 모르는 것은 아닐 것이다. 다만 이 14억 대중을 위하여 [지금의] 이 가르침에서 [대중들로 하여금] 분명히 알게 해 주려고 [이와 같이] 물은 것이다. 부처의 제자들이여, 나는 이제 [이] 14억 대중을 위하여 '금강[석 같은 보배로운] 가르침'(金剛口說)으로 '완전한 뜻'(了義)을 분명히 해 주겠다.

부처의 제자들이여, 옛날 나의 법회에 1억 8천 명의 '번뇌에 더럽혀짐이 없는 위대한 공부인'(無垢大士)들이 있었는데, 앉은 자리에서 바로 '현상의 본연과 근원'(法性原)을 통달하여 [모든 현상의] '다르지 않은 지평'(無二)을 '한꺼번에 깨달으니'(頓覺), [그들에게는] '모든 현상'(一切法)이 '하나처럼 통하여 합해지는 양상'(一合相)이었다. [그들이] 법회로부터 나와서 각자 '모든 세상'(十方界)을 향해 앉아 〈보살의 '보배구슬과도 같은 위대한 가르침'〉(菩薩瓔珞大藏)을 설하였다. 그때 앉아 있던 대중들은 1억 8천 명의 '세상에서 가장 존귀한 분'(世尊)을 보았으니, [그 세존들을] '한꺼번에 깨달은 여래'(頓覺如來)라고 불렀다. [그 여래들은] 각자 〈백 가지 보배로 장식한 '진리를 설파하는 자리'〉(百寶獅子吼座)[397]에 앉았으니, 그때 수많은 대중도 한자리에 앉아서 '[차이들을] 평등하게 볼 수 있는 깨달음[경지]의 여래'(等覺如來)께서 설하는 '보배구슬과도 같은 진리의 가르침'(瓔珞法藏)을 들었다."

〈소〉

此下, 第二諸門分別. 於中有二, 先問後答. 初問之中, 卽發三問, 先問能覺之頓漸, 次問所斷之一異. 後問修時劫數久近. 答中有二, 一者讚問許說, 二者對問正答, 此中次第答前三問. 先答初問, 於中有二, 正答結答. 初中正明是頓非漸. 然此漸頓有二義, 一者依人漸頓, 二者對境漸頓. 依人漸頓者, 若依一人相續始終, 卽漸淨諸漏, 其智漸增, 若依諸人衆多相續, 卽頓淨諸漏, 頓成正覺. 如『楞伽經』言, "譬如奄摩羅菓, 漸次成就,[398] 非爲一時. 大慧, 衆生淸淨自心現流亦復如是, 漸次淸淨, 非爲一時." 又言, "大慧, 譬如阿梨耶識分別現境, 自身資生器世間等, 一時而知, 非是前後. 報佛如來亦復如是, 一時成就諸衆生界, 置竟[399]天淨妙宮殿修行淸淨之處." 乃至廣說故.

[H1, 510b6~23]

이 아래는 두 번째인 '여러 가지 측면(門)으로 구분하는 것'(諸門分別)[400]이다. 여기에는 두 가지가 있으니, 먼저는 질문이고 나중은 답변이다.

처음 질문에서는 세 가지 질문을 했으니, 먼저는 '깨닫는 것'(能覺)이 '한꺼번에 되는 것'(頓)인가 '점차적으로 되는 것'(漸)인가를 물었고, 다음은 '끊어지는 것'(所斷)은 ['근본무지의 세계'(無明藏)와 마음(心)이] '같은 것'(一)인가 '다른 것'(異)인가를 물었다. [그리고] 그 뒤에는 '수행할 때의

397 사자후獅子吼: 부처님의 설법을 사자가 으르렁거리는 것에 비유하는 말.

398 『입능가경』 권2(T16, 525a20~21) 원문에는 '菴摩羅果, 漸次成熟'으로 되어 있다. 이에 따라 교감한다.

399 『입능가경』 원문에는 '究竟'으로 되어 있다. 『입능가경』 권2(T16, 525b9~12). "大慧! 譬如阿梨耶識分別現境自身資生器世間等, 一時而知非是前後. 大慧! 報佛如來亦復如是, 一時成熟諸衆生界, 置究竟天淨妙宮殿修行淸淨之處."

400 앞에서 "爾時以下, 在文有二, 一者正明佛母, 二者諸門分別."이라 하였다.

오랜 시간'(修時劫數)이 먼 것과 가까운 것을 물었다.

답변에는 두 가지가 있으니, 첫 번째는 '질문을 칭찬하면서 가르침을 허락한 것'(讚問許說)이고, 두 번째는 '질문에 대해 곧바로 답한 것'(對問正答)이니 여기에서 차례로 앞의 세 가지 질문에 답을 했다. 처음 질문에 먼저 답하는 것에는 두 가지가 있으니, '곧바로 대답하는 것'(正答)과 '대답을 맺은 것'(結答)이다. 처음에는 [등각等覺이] '한꺼번에 되는 것'(頓)이지 '점차 되는 것'(漸)이 아니라는 것을 곧바로 밝혔다. 그러나 이 '점차 되는 것과 한꺼번에 되는 것'(漸頓)에는 두 가지 의미(義)가 있으니, 첫 번째는 '사람에 의해 점차 되는 것과 한꺼번에 되는 것'(依人漸頓)이고 두 번째는 '경지에 따라 점차 되는 것과 한꺼번에 되는 것'(對境漸頓)이다. '사람에 의해 점차 되는 것과 한꺼번에 되는 것'(依人漸頓)이란, 만약 '한 사람이 처음과 끝을 이어 가는 것'(一人相續始終)에 의거한다면 '온갖 번뇌'(諸漏)를 '점차 맑혀'(漸淨) 그 지혜가 점차 증가하는 것이고, 만약 '모든 사람이 다 함께 이어 가는 것'(諸人衆多相續)에 의거한다면 온갖 번뇌를 '한꺼번에 맑혀'(頓淨) '완전한 깨달음'(正覺)을 한꺼번에 이루는 것이다.

[이것은] 『능가경』에서 [다음과 같이] 말한 것과 같다. "비유하자면 '암마라 열매'(菴摩羅菓)[401]처럼 점차 익는 것이지 한 번에 되는 것이 아니다. 대혜大慧여, 중생이 자기 마음의 흐름을 맑히는 것도 이와 마찬가지니, 점차 맑히는 것이지 한 번에 되는 것이 아니다."[402] 또 말하길, "대

---

401 암마라奄摩羅: 암마라수菴摩羅樹, 암바라수菴婆羅樹라고도 하고, 일반적으로 망고나무를 가리킨다. 인도 각지에 분포하고, 꽃은 많지만 열매나 씨가 적은 것이 특징이다. 『불광대사전』, p.5257 참조.

402 『입능가경入楞伽經』 권2(T16, 525a20~22). "大慧! 譬如菴摩羅果, 漸次成熟非爲一時. 大慧! 衆生清淨自心現流, 亦復如是, 漸次清淨非爲一時." 〈산스크리트본의 해당 내용: LAS., p.55; tadyathā mahāmate āmraphalāni kramaśaḥ pacyante na yugapat, evam eva mahāmate svacittadṛśyadhārā sattvānāṃ kramaśo

혜여, 비유하자면 [제8]아리야식阿梨耶識이 분별해 낸 '나타난 대상세계'(現境)와도 같이, '자신이 의지해 살아가는 세계'(自身資生器世間) 등은 한번에 아는 것이지 전후로 아는 것이 아니다. 〈'[진리성취의] 결실인 부처 몸'(報佛, 報身)[403]으로서의 여래〉(報佛如來)도 이와 마찬가지여서, 모든 중생세계를 '가장 높은 하늘 세계의 청정하고 묘한 궁전의 청정하게 수행하는 곳'(究竟天淨妙宮殿修行淸淨之處)에 두는 것을 한 번에 이루노라. …"[404] 등으로 자세히 설하고 있다.

第二對境明漸頓者, 若對十重法界, 伏除十種鄣等, 卽須漸除, 其智漸增. 若對一法界門, 永斷生得無明, 直是頓覺亦爲頓斷, 以金剛以還, 唯是仰信未能見故. 如『仁王經』言, "從習忍至頂三昧, 皆名爲伏一切

---

viśudhyati na yugapat /; 곧 대혜여, 망고가 순차적으로 익지 일시에 [익지] 않듯이, 꼭 그와 같이 대혜여, 중생에게 자신의 마음이 드러나고 유지되는 것은 순차적으로 청정해지지 일시에 [청정해지지] 않는다.〉

403 보불報佛: 보신報身을 말한다. 보신報身은 인위因位의 무량원행無量願行으로 받는 만덕원만萬德圓滿의 과보신果報身으로서 구체적으로는 아미타불阿彌陀佛, 약사여래藥師如來 등을 가리킨다. 여래如來의 보신報身과 응화신應化身을 중생의 관점에서 구분하는 『대승기신론』 권1에 따르면 보신報身은 보살菩薩의 마음에서 보이는 부처 몸이자 8식 차원인 업식業識에 의거한 것으로서 무량수불無量壽佛인 아미타불阿彌陀佛 같은 것이라면, 응화신應化身은 범부凡夫와 이승二乘의 마음에서 보이는 부처 몸이자 6식 차원인 분별사식分別事識에 의거한 것으로서 제한된 수명과 모습을 갖는 석가모니釋迦牟尼 부처님 같은 것이다.

404 『입능가경入楞伽經』 권2(T16, 525b9~12). "大慧! 譬如阿梨耶識分別現境, 自身資生器世間等, 一時而知非是前後. 大慧! 報佛如來亦復如是, 一時成熟諸衆生界, 置究竟天淨妙宮殿修行淸淨之處." 〈산스크리트본의 해당 내용: LAS., p.56; tadyathā mahāmate ālayavijñānaṃ svacittadṛśyadehapratiṣṭhābhogaviṣayaṃ yugapad vibhāvayati, evam eva mahāmate niṣyandabuddho yugapat sattvagocaraṃ paripācyākaniṣṭhabhavanavimānālayayogaṃ yoginām arpayati /; 곧 대혜여, 알라야식이 자신의 마음이 드러난 신체와 기세간이라는 경험대상을 [순차적이 아니라] 일시에 변별하듯이, 꼭 그와 같이 대혜여, 보불은 일시에 중생의 영역을 성숙시키고, 수행자를 색구경천에 머물게 하는 방식으로 [색구경천에] 보낸다.〉

煩惱. 而無相信, 滅一切煩惱, 生解脫智, 照第一義諦, 不名爲見. 所謂見者, 是薩婆若. 是故我昔以來, 常說唯佛所知見覺. 頂三昧以下至於信忍,[405] 所不知不見不覺, 唯佛頓解, 不名爲信. 漸漸伏者, 慧雖滅,[406] 以能無生無滅, 此心若滅卽果無不滅, 無生無滅." 乃至廣說故. 今此文中, 通就二門, 以顯頓義. 初言"一億八千無垢大士, 卽坐達法性原"者, 是依諸人顯一時達一心原而成妙覺也. 次言"頓覺無二, 一切法一合相"者, 是對境界以明頓覺, 一合相者, 一法界故. 是前二句, 明自覺義, "從法會"下, 顯覺他義.

[H1, 510b23~510c17]

두 번째인 '경지에 따라 점차 되는 것과 한꺼번에 되는 것을 밝히는 것'(對境明漸頓)이란, 만약 '열 겹으로 얽힌 현상세계'(十重法界)에 따라 '열 가지 장애'(十種鄣) 등을 '억제해 없앤다면'(伏除) 반드시 [번뇌들은] 점차 없어지며 그 지혜도 점차 증가한다. 만약 '하나처럼 통하는 [차이들의] 현상세계 측면'(一法界門)에 따른다면 '선천적으로 갖추어진 근본무지'(生得無明)를 완전히 끊으니, 이것이 바로 '한꺼번에 깨닫는 것'(頓覺)이며 또 '한꺼번에 끊는 것'(頓斷)인데, [이 경지는] 금강金剛[삼매] 이전은 오직 우러러 믿는 것일 뿐 아직 볼 수는 없는 것이다.

[이것은] 『인왕경』에서 [다음과 같이] 말한 것과 같다. "'[번뇌를 억누르는 것을] 거듭 익히는 수행'(習忍)(십주十住 수행)[407]으로부터 '최고의 삼매'(頂

---

405 『인왕경』 본문에는 '信認'이 아니라 '習忍'이다. 교감하여 번역한다. 『인왕경』 권2(T8, 832b6~13). "善男子, 從習忍至頂三昧, 皆名爲伏一切煩惱. 而無相信, 滅一切煩惱, 生解脫智, 照第一義諦, 不名爲見. 所謂見者是薩婆若, 是故我從昔以來, 常說唯佛所知見覺. 頂三昧以下至於習忍, 所不知不見不覺, 唯佛頓解, 不名爲信. 漸漸伏者, 慧雖起滅, 以能無生無滅, 此心若滅則果無不滅, 無生無滅."

406 한불전 『본업경소』 교감 주에 따르면 '다른 본에는 滅 앞에 起가 있다'고 했다. 『인왕경』 본문에 따라 '起滅'로 번역한다.

407 습인習忍: 『인왕경』 권1에 따르면 "諸菩薩摩訶薩依五忍法以爲修行, 所謂伏忍信忍順忍無生忍, 一一皆上中下, 於寂滅忍而有上下"(T8, 836b14~16)라고 하여, 보살은 복인伏忍 · 신인信忍 · 순인順忍 · 무생인無生忍 · 적멸인寂滅忍의 오인법五忍法에 의거하여 수행하며 앞의 네 가지는 각각 상 · 중 · 하의 3단계로 다시 나뉘고 마지막의 적멸인은 상 · 하의 2단계로 나뉘어 모두 14가지의 단계가 있다고 한다. 여기서 습인習忍(습종성習種性)은 "初伏忍位, 起習種性, 修十住行"(T8, 836b17)이라고 하여 오인五忍 중의 첫 번째인 복인伏忍의 하품下品으로서 십주十住를 닦는 것을 말한다. 이하의 설명(T8, 836b17~836c23)을 참조하여 보살이 수행하는 오인법五忍法의 14가지 단계(菩薩本所修行五忍法中十四忍: T8-837a3~4)를 정리해 보면 다음과 같다.

오인법五忍法	오인법의 삼품三品과 이품二品	수행 계위	해당 경문
복인伏忍	하: 습종성習種性	십주十住	初伏忍位, 起習種性, 修十住行.
	중: 성종성性種性	십행十行	性種性菩薩修行十種波羅蜜多.
	상: 도종성道種性	십회향十迴向	道種性菩薩修十迴向, 起十忍心.
신인信忍	하	초지 환희지歡喜地	信忍菩薩, 謂歡喜地離垢地發光地.
	중	이지 이구지離垢地	
	상	삼지 발광지發光地	
순인順忍	하	사지 염혜지焰慧地	順忍菩薩, 謂焰慧地難勝地現前地.
	중	오지 난승지難勝地	
	상	육지 현전지現前地	
무생인無生忍	하	칠지 원행지遠行地	無生忍菩薩, 謂遠行地不動地善慧地.
	중	팔지 부동지不動地	
	상	구지 선혜지善慧地	
적멸인寂滅忍	하: 금강유정주하인 金剛喩定住下忍	십지 보살법운지 菩薩法雲地	寂滅忍者, 佛與菩薩同依此忍, 金剛喩定住下忍位名爲菩薩, 至於上忍名一切智. 觀勝義諦, 斷無明相, 是爲等覺; 一相無相平等無二, 爲第十一一切智地.
	상: 금강유정주상인 金剛喩定住上忍	십일지 등각일체지지 等覺一切智地	

이에 따라 '습인으로부터 금강삼매에 이르기까지'(從習忍至金剛三昧)라는 것은,

三昧, 金剛三昧)에 이르기까지 모두 '일체 번뇌를 억제한다'(伏一切煩惱)고 말한다. 그런데 '[불변·독자의 본질/실체로 차별된] 차이가 없다는 믿음'(無相信)으로 모든 번뇌를 없애고 '[번뇌에서] 풀려나는 지혜'(解脫智)를 내어서 '궁극적인 진리'(第一義諦)를 이해(照)하지만 '[있는 그대로] 봄'(見)[의 경지]라고 하지는 않는다. 이른바 '[있는 그대로] 봄'(見)[의 경지]라는 것은 [부처 경지에서] '모든 [것을 사실 그대로 만나게 하는] 지혜'(薩婆若, 薩般若)[408]이기 때문이다. 이런 까닭에 나는 옛날부터 항상 〈오직 '부처가 안 것'(佛所知)이라야 '깨달음을 본 것'(見覺)이다.〉라고 말하였다. '최고의 삼매'(頂三昧, 金剛三昧) 이하부터 '[번뇌를 억누르는 것을] 거듭 익히는 수행'(習忍)까지는 알지 못하고 보지 못하고 깨닫지 못하는 것을, 오직 부처만이 '한꺼번에 깨닫는 것'(頓解)은, 믿음(信)이라 부르지는 않는다. '점차 억제한다'(漸漸伏)는 것은, '[취사 선택하는] 마음 작용'(慧)[409]이 비록 일어

습종성(습인)인 십주에서 도종성道種性인 십회향까지의 지전보살地前菩薩로부터, 견도위見道位의 초지보살初地菩薩을 거쳐, 수도위修道位의 제10지인 보살법운지菩薩法雲地가 완성되어, 금강유정주상인金剛喩定住上忍이자 제11지인 등각일체지지等覺一切智地에 처음으로 입문했을 때까지를 가리키는 것으로 보인다.

408 살바야薩婆若: 살반야薩般若, 살운야薩云若라고도 한다. 앞서의 '살운야薩云若' 역주 참조.

409 혜慧: 혜수慧數를 말한다. 혜수慧數는 아비달마의 심소법心所法 체계에서 의식의 모든 순간에 나타나는 보편적 정신적 작용인 심대지법心大地法에 속한다. 심대지법心大地法은 10가지로서, 受·想·思·觸·欲·慧·念·作意·勝解·三摩地이다. 무착의 『현양성교론』 권1에서 "慧者, 謂即於所觀境簡擇爲體, 如理不如理非如理非不如理悟入所知爲業."(T31, 481b18~21)이라거나 『아비달마구사론』 권4에서 "慧謂於法能有簡擇."(T29, 19a20)이라고 하는 것에 따르면, 혜수慧數는 소관경所觀境, 즉 법法에 대해 '취사 선택'(簡擇)하는 작용을 말한다. 『기신론소』 권1에서 원효는 지상智相을 설명하면서 혜수慧數에 대해 "初言智相者, 是第七識麁中之始. 始有慧數分別我塵, 故名智相. 如『夫人經』言, 〈於此六識及心法智, 此七法刹那不住.〉 此言心法智者, 慧數之謂也. 若在善道, 分別可愛法, 計我我所, 在惡道時, 分別不愛法, 計我我所, 故言依於境界, 心起分別愛與不愛故也."(T44, 212c2~7)라고 하여, 선지善地와 악도惡道에서 경계境界에 의거하여 제7말나식의 마음이 애愛와 불애不愛를

났다가 사라지더라도 [번뇌가] 생겨남도 없고 사라짐도 없는 것이니, 이 [번뇌에 매인] 마음이 만약 사라지면 곧 '매여 있던 번뇌'(累)도 사라지지 않음이 없기에 [번뇌가] 생겨남도 없고 사라짐도 없는 것이다."[410] 등으로 자세히 말하고 있다.

지금 [『본업경』의] 이 글에서는 ['사람에 의해 점차 되는 것과 한꺼번에 되는 것'(依人漸頓)과 '경지에 따라 점차 되는 것과 한꺼번에 되는 것'(對境漸頓), 이] 두 가지 측면(門) 모두에 의거하여 [등각等覺이] '한꺼번에 되는 것이라는 뜻'(頓義)을 나타내었다. 처음에 말한 "1억 8천 명의 '번뇌에 더럽혀짐이 없는 위대한 공부인'(無垢大士)들이 앉은 자리에서 바로 '현상의 본연과 근원'(法性原)을 통달했다."(一億八十無垢大士, 卽坐達法性原)라는 것은, ['사람에 의해 점차 되는 것과 한꺼번에 되는 것'(依人漸頓)의 측면에서] 여러 사람에 의거하여 '하나처럼 통하는 마음'(一心)의 근원을 일시에 통달하여 '[차이들을] 사실대로 함께 만날 수 있는 깨달음'(妙覺)을 이루는 것을 나타낸 것이다. 다음에 말한 "[모든 현상의] '다르지 않은 지평'(無二)을 '한꺼번에 깨달으니'(頓覺), [그들에게는] '모든 현상'(一切法)이 '하나처럼 통하여 합해지는 양상'(一合相)이었다."(頓覺無二, 一切法一合相)라는 것은, ['경지에 따라 점차 되는 것과 한꺼번에 되는 것'(對境漸頓)의 측면에서] 경지(境界)에 따라 '한꺼번에 깨닫는 것'(頓覺)을 밝힌 것이니, '하나처럼 통하여 합해지는 양상'(一合相)이라는 것은 '하나처럼 통하는 [차이들의] 현상세계'(一法界)이기 때문이다.

앞의 이 두 구절은 '자신이 깨닫는 면모'(自覺義)를 밝힌 것이고, "법회로부터 [나와서]"(從法會) 이하는 '남을 깨닫게 해 주는 면모'(覺他義)를 나

분별하는 작용이라고 설명한다.

410 『인왕경』 권2(T8, 832b6~13). "善男子, 從習忍至頂三昧, 皆名爲伏一切煩惱. 而無相信, 滅一切煩惱, 生解脫智, 照第一義諦, 不名爲見. 所謂見者是薩婆若, 是故我從昔以來, 常說唯佛所知見覺. 頂三昧以下至於習忍, 所不知不見不覺, 唯佛頓解, 不名爲信. 漸漸伏者, 慧雖起滅, 以能無生無滅, 此心若滅則累無不滅, 無生無滅."

타낸 것이다.

『보살영락본업경菩薩瓔珞本業經』 하권 제5「불모품佛母品」

是故無漸覺世尊, 唯有頓覺如來, 三世諸佛所說無異, 今我亦然.

[T24, 1018c19~c21]

그러므로 '점차 깨달은 세존'(漸覺世尊)은 없고 오직 '한꺼번에 깨달은 여래'(頓覺如來)만 있나니, [이에 대해] '과거·현재·미래의 모든 부처'(三世諸佛)가 설하는 것에 차이가 없고 지금 나[의 가르침]도 그러하노라.

〈소〉

"是故"以下, 第二就答. 於中有二, 結頓結同. 先結頓中, 卽有二句, "無漸覺世尊"者, 是結衆一時達義, "唯有頓覺如來"者, 是結頓覺一合相義. "三世"以下, 結同說也.

[H1, 510c17~21]

"그러므로"(是故) 이하는 두 번째로 '대답을 마무리하는 것'(就答)이다. 여기에는 두 가지가 있으니, '한꺼번[에 깨닫는 것]이라고 맺는 것'(結頓)과 '[가르침들이] 같다고 맺는 것'(結同)이다. 먼저 '한꺼번[에 깨닫는 것]이라고 맺는 것'(結頓)에는 두 구절이 있으니, "'점차 깨달은 세존'은 없다."(無漸覺世尊)라는 것은 '많은 사람이 일시에 깨닫는 면모'(衆一時達義)를 맺는 것이고, "오직 '한꺼번에 깨달은 여래'만 있다."(唯有頓覺如來)라는 것은 '한꺼번에 깨달아 하나처럼 통하여 합해지는 양상의 면모'(頓覺一合相義)를 맺는 것이다. "과거 · 현재 · 미래의"(三世) 이하는 '같은 가르침'(同說)이라는 것을 맺는 것이다.

『보살영락본업경菩薩瓔珞本業經』 하권 제5 「불모품佛母品」

佛子, 汝先言無明心一者, 是事不然. 若解與無明諸見一相者, 應無縛解, 凡佛非二. 所以者何, 煩惱同一體相故, 何以故, 而共一心生滅一時, 不別不異故. 佛子, 若縛解一相者, 四大可爲一, 六味應不異. 而大異而[411]味異故, 縛解亦如是. 佛子, 一切菩薩爲凡夫時, 具足一切結, 而[412]斷時, 麁分先去, 細分後除. 若一心煩惱一者, 不應明闇有二. 佛子, 復以近況遠, 凡夫善心中尚無不善, 何況無相心中而有無明? 佛子, 而言善惡一心者, 是洴沙王國中外道安陀師偈, 〈明闇一相, 善惡一心.〉

[T24, 1018c22~1019a3]

부처의 제자들이여, 그대는 앞서 〈근본무지(無明)와 마음은 같은 것입니까?〉라고 말했는데, 그렇지가 않다. 만약 '깨달은 이해'(解)[413]와 '근본무지의 온갖 견해'(無明諸見)가 '같은 양상'(一相)이라면, 응당 [번뇌에] 얽매임(縛)이나 [번뇌로부터] 풀려남(解)이 없고 범부와 부처가 다르지 않아야 한다. 무엇 때문인가 하면 번뇌가 '[마음] 본연의 양

411 대정장 『본업경』 교감에 의하면 【宋】【元】【明】 본에는 '而'가 없다고 한다.
412 대정장 『본업경』 교감에 의하면 【宋】【元】【明】 본에는 '而' 앞에 '縛'이 있다고 한다. '縛'을 넣어 번역한다.
413 '무명을 조건으로 삼는 이해'인 '근본무지의 온갖 견해'(無明諸見)와 구별하기 위해 '解'를 '깨달은 이해'라고 번역하였다.

상'(體相)과 같기 때문이고, 또 무엇 때문인가 하면 [근본무지의 온갖 견해들이] '하나처럼 통하는 마음'(一心)과 함께 동시에 생멸生滅하는 것이어서 [근본무지의 온갖 견해들과 일심一心이] 구별되지도 않고 다르지도 않기 때문이다.

부처의 제자들이여, 만약 [번뇌에] 얽매임(縛)과 [번뇌로부터] 풀려남(解)이 '같은 양상'(一相)이라면 '[지地·수水·화火·풍風, 이] 네 가지의 물질적 속성'(四大)은 같은 것이고, '[쓴맛·신맛·단맛·매운맛·짠맛·싱거운 맛, 이] 여섯 가지의 맛'(六味)도 마땅히 다르지 않을 것이다. 그러나 [네 가지] 물질적 속성이 [서로] 다르고 [여섯 가지] 맛이 [서로] 다른 것이니, [번뇌에] 얽매임(縛)과 [번뇌로부터] 풀려남(解)도 이와 같은 것이다.

부처의 제자들이여, 모든 보살이 범부일 때는 온갖 번뇌를 갖추고 있지만, 번뇌가 끊어질 때는 거친 부분이 먼저 없어지고 미세한 부분이 뒤에 제거되는 것이다. 만약 [근본무지에 매이지 않은] '하나처럼 통하는 마음'(一心)과 '[근본무지에 매인] 번뇌'가 같은 것이라면 응당 밝음과 어두움이 다르지 않은 것이어야만 한다.

부처의 제자들이여, 다시 가까운 것으로써 먼 것을 견주어 본다면, 범부의 '이로운 마음'(善心) 가운데서도 오히려 '이롭지 않은 것'(不善)이 없는 것이거늘, 하물며 '[불변·독자의 본질/실체로 차별하는] 차이가 없는 마음'(無相心) 가운데 어찌 근본무지(無明)가 있겠느냐?

부처의 제자들이여, 그럼에도 불구하고 '이로운 것'(善)과 '해로운 것'(惡)이 '같은 마음'(一心)이라고 말하는 것은, 병사왕洴沙王의 나라에 있던 '[불교와는] 다른 것을 가르치는'(外道) 안타사安陀師[414]의 게송

414 안타사安陀師: 일인외도一因外道의 일파로서, 범천으로부터 출생한 안다安荼(란卵; anda)를 일월성신日月星晨과 천지중생天地衆生의 근본으로 삼는다. 보리류지가 번역한 『외도소승열반론外道小乘涅槃論』에 나온다. 이 책은 3세기 초기 인도

에서 〈밝음과 어둠은 같은 양상이며, 이로움과 해로움은 같은 마음이네.〉[라고 주장하는 것과 같은 것]이다.

〈소〉

此下, 第二答一異問. 於中有二, 先遮其義一, 後許其義[415]異. 初中有三, 一者總遮, 二者別釋一過, 三者擧人結過. 初中言"無明"者, 謂無明藏, 卽是無始無明住地. 所言"心"者, 謂自相心,[416] 神解爲性, 於中委悉, 後文當說. 自相心神, 終至佛地, 其無明者, 是所斷法, 是故不可以爲一也. 別顯過中, 卽顯四過, 一凡聖非二過, 二大味不異過, 三者擧正顯邪, 四者以近況遠. 初中有二, 正顯重釋. 正顯中言"解"者, 身相神解, 乃至證理慧解. 言"無明"者, 根本無明, 言"諸見"者, 七種見等. 若使神解與無明一, 卽其慧解與諸見一, 故無縛解, 凡聖爲一也. 釋中有二, 直釋轉釋. 中言"而共一心"者, 無明諸見共一解心故. "生滅一時"者, 非前後共是一刹那故. "不別"者, 結前一心, "不異"者, 結前一時. 大味不異過相可知. "一切菩薩"已下, 第三擧正顯邪, "復以"已下, 第四以近況遠. "無相心中有無明"者, 彼師執言, 〈凡一切法是非無定, 有所善者必有不善, 有所知者必有不知. 如一聖智望下爲知, 名爲智慧, 望上不知卽是無明〉, 作如是執故成大過. "而言"以下, 第三結過也.

[H1, 510c22~511a23]

의 제바 보살이 외도 소승론사小乘論師들이 주장하는 20종의 열반이 천근淺近하고 그릇됨을 논박하여 깨뜨리고, 인과因果의 바른 뜻으로써 참된 열반을 밝힌 것이다.

415 한불전 『본업경소』 교감주에 의하면 '義'가 다른 판본에는 없다고 했다. 따라서 '<u>先遮其一, 後許其異</u>'가 된다. 여기서는 교감주에 따라 번역한다.

416 한불전 『본업경소』 교감주에 의하면 '相心'이 다른 판본에는 '心想'으로 되어 있다고 했다. 여기서는 '自相心'으로 해석한다.

이 아래는 두 번째인 〈[근본무지와 마음이] '같은 것'(一)인가 '다른 것'(異)인가라는 질문〉(一異問)에 대답한 것이다. 여기에는 두 가지가 있으니, 먼저는 '같다는 것을 부정하는 것'(遮其一)이고, 나중은 '다르다는 것을 인정하는 것'(許其異)이다. 처음 것에 세 가지가 있으니, 첫 번째는 '총괄적 부정'(總遮)이고, 두 번째는 〈'같다는 [주장의] 잘못'(一過)을 하나씩 해석하는 것〉(別釋一過)이며, 세 번째는 [잘못된 주장을 하는] '사람을 거론하여 잘못을 결론지은 것'(擧人結過)이다.

먼저 "근본무지"(無明)라고 말한 것은 '근본무지의 세계'(無明藏)를 말하는데, 이것은 〈시작을 알 수 없는 '삼계의 근본무명'〉(無始無明住地)이다. "마음"(心)이라 말한 것은 '본래 면모로서의 마음'(自相心)을 일컫는 것이며 '[사실대로] 탁월하게 이해함'(神解)을 본연(性)으로 삼으니, 이에 대한 자세한 내용은 뒷글에서 설명할 것이다. '본래 면모로서의 마음이 지닌 [사실대로의] 탁월한 이해'(自相心神)가 마침내 '부처의 경지'(佛地)에 이르면 그 근본무지(無明)는 끊어지는 것이니, 그러므로 [근본무지와 마음이] 같은 것이라고 할 수 없다.

'잘못을 하나씩 나타낸 것'(別顯過)에서는 네 가지 잘못(過)을 나타냈으니, 첫 번째는 '범부와 성인이 다르지 않다고 주장하는 잘못'(凡聖非二過)이고, 두 번째는 '[네 가지] 물질적 속성이나 [여섯 가지] 맛이 [각기 서로] 다르지 않다고 주장하는 잘못'(大味不異過)이며, 세 번째는 '올바름을 거론하여 그릇됨을 나타내는 것'(擧正顯邪)이고, 네 번째는 '가까운 것으로써 먼 것을 견주는 것'(以近況遠)이다. 처음 것에 두 가지가 있으니, '곧바로 나타냄'(正顯)과 '거듭 해석함'(重釋)이다.

'곧바로 나타냄'(正顯)에서 '깨달은 이해'(解)라고 말한 것은, '몸의 특징에 대한 [사실대로의] 탁월한 이해'(身相神解)로부터 '증득한 이치에 대한 지혜로운 이해'(證理慧解)까지[의 이해]이다. "근본무지"(無明)라는 것은 '근원적인 무지'(根本無明)이고, "온갖 견해"(諸見)라는 것은 '일곱 가지 견해'(七種見)[417] 등이다. 만약 '[사실대로] 탁월하게 이해하는 것'(神解)

과 '근본무지'(無明)를 같은 것이라고 한다면 곧 '지혜로운 이해'(慧解)와 '[근본무지의] 온갖 견해'(諸見)가 같은 것이니, 따라서 '[번뇌의] 얽매임으로부터 풀려남'(縛解)이 없고 범부와 성인이 같은 것이 된다.

'[거듭] 해석함'([重]釋)에는 두 가지가 있으니, '곧장 해석한 것'(直釋)과 '우회적으로 해석한 것'(轉釋)이다. 이 가운데 "'하나처럼 통하는 마음'(一心)과 함께"(而共一心)라는 것은, '근본무지의 온갖 견해들'(無明諸見)이 '하나처럼 통하게 이해하는 마음'(一解心)과 함께 있다는 것이다. "동시에 생멸하는 것이다."(生滅一時)라는 것은, 전후로 있는 것이 아니라 모두가 한 찰나에 [같이] 있다는 것이다. "구별되지 않는다."(不別)라는 것은 앞의 '하나처럼 통하는 마음[과 함께]'([共]一心)[라는 말]을 맺은 것이고, "다르지 않다."(不異)라는 것은 앞의 '동시에'(一時)[라는 말]을 맺은 것이다. '[네 가지] 물질적 속성이나 [여섯 가지] 맛이 [각기 서로] 다르지 않다고 주장하는 잘못'(大味不異過)의 내용(相)은 [살펴보면] 알 수 있을 것이다.

"모든 보살"(一切菩薩) 이하는 ['잘못을 하나씩 나타낸 것'(別顯過)의] 세 번째인 '올바름을 거론하여 그릇됨을 나타낸 것'(擧正顯邪)이고, "다시"(復以) 이하는 네 번째인 '가까운 것으로써 먼 것을 견주는 것'(以近況遠)이다. "'[불변 · 독자의 본질/실체로 차별하는] 차이가 없는 마음'(無相心) 가운데 어찌 근본무지(無明)가 있겠느냐?"(無相心中有無明)라는 것은, 저 '[불교와 다른 가르침을 펼치는] 스승들이 집착하여 말하기를 〈무릇 '모든 것'(一切法)은 옳고 그름이 정해짐이 없으니, 이로운 것이 있는 자에게는 반드시 '이롭지 못한 것'(不善)이 있고, 아는 것이 있는 자에게는 반드시

417 '일곱 가지 견해'(七種見): 칠견七見이라고도 하는데, 사견邪見 · 아견我見 · 상견常見 · 단견斷見 · 계도견戒盜見 · 과도견果盜見 · 의견疑見의 일곱 가지 잘못된 견해이다. 여기서 '견見'은, 올바른 이치를 이해하지 못하여 잘못된 것을 옳다고 하고 삿된 것을 바른 것이라 하며 부정확한 추리에 굳게 집착하는 견해를 가리킨다. 『불광대사전』, p.98.

알지 못하는 것이 있다. 만약 어떤 '성스러운 지혜'(聖智)가 아래 [수준]을 보면 아는 것이 되어 지혜라 부르지만, 위 [수준]을 보면 알지 못하는 것이 되어 바로 근본무지(無明)이다.〉라고 하니, 이와 같은 집착을 짓기 때문에 '큰 잘못'(大過)을 이룬다는 것[을 말하는 것]이다.

"그럼에도 불구하고 ['이로운 것과 해로운 것'(善惡)이 '같은 마음'(一心)이라고] 말하는 것은"(而言) 이하는, ['같다는 것을 부정하는 것'(遮其一) 가운데] 세 번째인 '[[잘못된 주장을 하는] 사람을 거론하여] 잘못을 결론지은 것'([擧人]結過)이다.

『보살영락본업경菩薩瓔珞本業經』 하권 제5「불모품佛母品」

佛子, 我法正義, 而可得言善惡同一行者, 有縛有解有凡有佛, 相續百劫. 同一行者, 而不得善惡同一心. 古佛常說, 〈無相智火, 滅無明闇〉, 而善惡二別. 而言同一果者, 亦無是處.

[T24, 1019a4~7]

부처의 제자들이여, 내 가르침의 바른 뜻으로는 〈선과 악이 동일하다는 중생에게도 '[번뇌에] 얽매임이 있고'(有縛) '[번뇌로부터] 풀려남이 있으며'(有解) 범부가 있고 부처가 있어, 백겁을 이어 간다.〉라고 말할 수 있다. [또한] [선과 악이] 동일하다[고 주장하]는 중생이라도 '선과 악이 동일한 마음'을 얻을 수는 없다. 옛 부처님은 언제나 〈'[불변·독자의 본질/실체로 차별하는] 차이가 없는 지혜의 불'(無相智火)이 '근본무지의 암흑'(無明闇)을 없앤다.〉라고 설하셨으니, 선과 악은 다른 것이다. 그리고 〈동일한 과보를 가져온다.〉고 말하는 것 역시 옳지 않다.

〈소〉

"我法"以下, 第二許異. 於中有二, 一者略簡是非, 二者廣顯異相. 簡是非中, 卽有四句, 初句許其同一行者, 行者卽是假名衆生. 衆生之用, 總御諸法, 衆生之義, 處處受生, 縱卽逕於三世, 橫卽攬於五陰. 攬五陰故, 善惡皆屬一人, 逕三世故, 前後相續百劫. 是爲佛法之正義也. 第二句遮同一心義. 心是陰法, 法是差別, 善惡不同, 前後不一, 是故不得同一心也. 第三句者, 引佛證別, 第四句者, 擧果責一. 略簡是非, 竟在於前.

[H1, 511a24~511b10]

"내 가르침"(我法) 이하는 ['근본무지와 마음이 같은 것인가, 다른 것인가?'라는 질문에 대한 두 가지 대답 가운데] 두 번째인 '다르다는 것을 인정하는 것'(許異)이다. 여기에는 두 가지가 있으니, 첫 번째는 '옳고 그름을 간략히 가려내는 것'(略簡是非)이고, 두 번째는 '다른 내용을 자세히 나타내는 것'(廣顯異相)이다. '옳고 그름을 간략히 가려내는 것'에는 네 구절이 있는데, 첫 번째 구절은 '그 [선과 악이] 동일하다는 중생을 인정하는 것'(許其同一行者)이니, '행자行者'는 바로 중생을 '방편으로 부르는 말'(假名)이다. '중생[이라는 말]의 용법'(衆生之用)은 모든 현상을 총괄하는 것이고, '중생[이라는 말]의 의미'(衆生之義)는 '곳곳마다 삶을 받는다'(處處受生)는 것이니, 시간적으로는 '과거 · 현재 · 미래'(三世)에 걸치고 공간적으로는 '자아를 이루고 있는 요소들인 [색色 · 수受 · 상想 · 행行 · 식識의] 다섯 가지 더미'(五陰)를 장악한다. '자아를 이루고 있는 요소들인 [색色 · 수受 · 상想 · 행行 · 식識의] 다섯 가지 더미'(五陰)를 장악하기 때문에 이로움(善)과 해로움(惡)은 모두 한 사람에게 속하고, '과거 · 현재 · 미래'(三世)에 걸치기 때문에 앞뒤로 백겁을 이어 가는 것이다. 이것이 바로 부처님 가르침의 '올바른 뜻'(正義)이 된다.

두 번째 구절은 '[선과 악이] 동일한 마음이라는 뜻을 부정하는 것'(遮同一心義)이다. 마음은 '자아를 이루고 있는 다섯 가지 더미들의 현상'([五]陰法)이고, [이] 현상(法)은 [서로] 달라 '이로운 [마음]'(善[心])과 '해로운 [마음]'(惡[心])이 동일하지 않아서 전후로 같지 않으니, 이런 까닭에 '[선과 악이] 동일한 마음'(同一心)을 얻을 수 없는 것이다.

세 번째 구절은 부처[의 말]을 인용하여 '[선과 악이] 다르다는 것'을 증명하였고, 네 번째 구절은 과보(果)를 거론하여 '[선과 악이] 같다는 주장'을 비판한 것이다. '옳고 그름을 간략히 가려내는 것'(略簡是非)이 여기에서 끝난다.

『보살영락본업경菩薩瓔珞本業經』 하권 제5 「불모품佛母品」

一切善受佛果, 無明受有爲生滅之果. 是故善果從善因生, 是故惡果從惡因生.

[T24, 1019a7~9]

모든 '이로운 행위'(善)는 '부처라는 과보'(佛果)를 받고, 근본무지(無明)는 '[본질/실체관념에 의거한] 행위로 인한 [괴로움으로] 생멸하는 과보'(有爲生滅之果)를 받는다. 그러므로 '이로운 과보'(善果)는 '이로운 원인'(善因)에 따라 생겨나는 것이고, '해로운 과보'(惡果)는 '해로운 원인'(惡因)에 따라 생겨나는 것이다.

〈소〉

"是故[418]"以下, 廣顯異相. 於中有四, 一者簡別善惡因果, 二者重顯善因善果, 三者會通教理不違, 四者精釋果因無差. 初中言"一切善受佛果"者, 謂生得善及作得善, 皆爲正因, 受佛果故. "無明受有爲生滅之果"者, 生得無明作得無明, 皆爲正因, 受生滅果故. "是故"以下, 擧果結因, 順理因果, 通名爲善, 違理因果, 通名惡故也.

[H1, 511b11~19]

"모든"(一切) 이하는 [선과 악의] '다른 내용'(異相)을 자세히 나타낸 것이다. 여기에 네 가지가 있으니, 첫 번째는 '이로움과 해로움의 인과因果를 간략하게 구별한 것'(簡別善惡因果)이고, 두 번째는 '이로운 원인과 이로운 결과를 거듭 나타낸 것'(重顯善因善果)이며, 세 번째는 '[부처님의] 교리를 모아 통하게 하여 [서로] 어긋나지 않게 하는 것'(會通教理不違)이며, 네 번째는 '과보와 [그] 원인이 어긋나지 않음을 자세히 해석한 것'(精釋果因無差)이다.

처음에 "모든 이로운 행위는 부처라는 과보를 받는다."(一切善受佛果)라고 말한 것은, '선천적으로 갖추어진 이로운 것'(生得善)과 '후천적으로 만든 이로운 것'(作得善)이 모두 [좋은 과보로 이어지는] '직접 원인'(正因)이 된다는 것이니, '부처라는 과보'(佛果)를 받기 때문이다. "근본무지(無明)는 '[본질/실체관념에 의거한] 행위로 인한 [괴로움으로] 생멸하는 과보'(有爲生滅之果)를 받는다."(無明受有爲生滅之果)라는 것은, '선천적으로 갖추어진 근본무지'(生得無明)와 '후천적으로 만든 근본무지'(作得無明)가 모두 [나쁜 과보로 이어지는] '직접 원인'(正因)이 된다는 것이니, '[괴로움으로] 생멸하는 과보'(生滅果)를 받기 때문이다. "그러므로"(是故) 이하는 '과보에 의거하여 원인을 확정하는 것'(擧果結因)이니, '진리에 따르는 원인과 결과'(順理因果)는 통틀어 이로움(善)이라 하고, '진리를 거스르

418 한불전 『본업경소』에는 '是故以下'라고 되어 있으나, 대정장 『본업경』 원문은 '一切'로 시작되므로 '一切'로 교감하여 번역한다.

는 원인과 결과'(違理因果)는 통틀어 해로움(惡)이라 부르는 것이다.

『보살영락본업경菩薩瓔珞本業經』 하권 제5「불모품佛母品」

故名, 善不受生滅之果, 唯受常佛之果. 佛子, 若凡夫聖人一切善, 皆名無漏, 不受漏果.

[T24, 1019a9~11]

그러므로 말하노니, '이로운 행위'(善)는 '[괴로움으로] 생멸하는 과보'(生滅之果)를 받지 않고 오직 '온전한 부처가 되는 과보'(常佛之果)를 받는다. 부처의 제자들이여, 만약 범부와 성인의 모든 이로운 행위를 다 '번뇌가 스며듦이 없는 것'(無漏)이라고 부른다면 '번뇌가 스며드는 과보'(漏果)를 받지 않는다.

〈소〉

"故名"以下, 第二重顯善因善果. 於中二句, 初句直明, 後句重釋. 初中言"善不受生滅之果"者, 善非無明亦寂靜故. "唯受常佛之果"者, 善是隨順寂靜性故. 重釋中言"凡聖一切善, 皆名無漏"者, 是釋唯受常果之由, 由其隨順寂靜之性, 違逆諸漏, 故名無漏. 所以然者, 由因緣故. 言'由因'者, 謂生得善隨順本覺, 正從性淨本覺而來, 從是轉成諸作得善. 所以凡夫一切善法, 皆順本覺寂靜之性, 違返諸漏, 故名無漏. 是義分明出「受學覺品」[419]也. 言'由緣'者, 凡諸世間所有善根, 皆依諸佛

419 「受學覺品」은 『본업경』의 제7 「大衆受學品」을 가리키는 것으로 보인다. 따라서

無緣大悲平等福田而生長, 所以隨順如來福田, 違逆諸漏, 故名無漏. 由是二緣性是無漏故, 不得已還歸寂靜, 歸寂靜故, 受常住果. 如『大悲經』言, "佛言, 阿難! 若人樂著三有果報, 於佛福田, 若行布施諸餘善根, 願我世世莫入涅槃, 以此善根不入涅槃, 無有是處. 是人雖不樂求涅槃, 然於佛所種諸善根, 我說是人必入涅槃." 案云, 此中"入涅槃"者, 謂入如來大般涅槃. 由佛福田之所引故, 還同此經常佛之果, 而餘處說'有漏善'者, 望傍緣說, 故不相違也.

[H1, 511b19~c19]

"그러므로 말하노니"(故名) 이하는 두 번째인 '이로운 원인과 이로운 결과를 거듭 나타낸 것'(重顯善因善果)이다. 여기에 두 구절이 있으니, 처음 구절은 '곧바로 밝힌 것'(直明)이고 나중의 구절은 '거듭 해석한 것'(重釋)이다. 처음 구절에서 "'이로운 행위'(善)는 '[괴로움으로] 생멸하는 과보'(生滅之果)를 받지 않는다."(善不受生滅之果)라고 말한 것은, '이로운 행위'(善)는 근본무지가 아니며 또한 '[분별의 왜곡과 동요가] 그친 것'(寂靜)도 아니기 때문이다. "오직 '온전한 부처가 되는 과보'(常佛之果)를 받는다."(唯受常佛之果)라는 것은, '이로운 행위'(善)가 '[분별의 왜곡과 동요가] 그치는 특성'(寂靜性)을 따르기 때문이다.

'거듭 해석한 것'(重釋)에서 "[만약] 범부와 성인의 모든 이로운 행위를 다 '번뇌가 스며듦이 없는 것'(無漏)이라고 부른다면"([若]凡[夫]聖[人]一切善, 皆名無漏)이라고 말한 것은 〈오직 '온전한 [부처가 되는] 과보'(常[佛]果)를 받는 이유〉(唯受常果之由)를 해석한 것이니, 그 [중생과 성인의 모든 이로운 행위]는 '[분별의 왜곡과 동요가] 그치는 특성'(寂靜性)을 따라 모든 '번뇌가 스며듦'(漏)을 거스르기 때문에 '번뇌가 스며듦이 없는 것'(無漏)이

'覺'은 衍字이다. 한불전 『본업경소』 각주에는 다른 판본에는 '學'이 없다고 하는데, 그 판본에도 오류가 있는 것으로 보인다.

라 불렀다. 왜냐하면 [‘온전한 부처’(常佛)가 되는] ‘원인과 조건’(因緣)이기 때문이다.

‘원인이기 때문’(由因)이라고 말한 것은, ‘선천적으로 갖추어진 이로운 것’(生得善)은 ‘깨달음의 본연[인 ‘사실 그대로 앎’]’(本覺)을 따르는 것이어서 〈본래의 온전함인 ‘깨달음의 본연’〉(性淨本覺)을 곧바로 따르고 이에 따라 온갖 ‘후천적으로 만드는 이로운 것’(作得善)을 이룬다는 것이다. 그러므로 범부의 모든 ‘이로운 행위’(善法)는 다 〈‘깨달음의 본연[인 ‘사실 그대로 앎’]’의 ‘[분별의 왜곡과 동요가] 그치는 특성’〉(本覺寂靜之性)을 따르기에 모든 ‘번뇌가 스며듦’(漏)을 거스르니, 따라서 ‘번뇌가 스며듦이 없는 것’(無漏)이라 부른다. 이러한 뜻은 「[대중이] 가르침을 받는 단원」([大衆]受學品)에서 분명하게 드러난다.

‘조건이기 때문’(由緣)이라고 말한 것은, 무릇 모든 세간 사람들이 지닌 ‘이로운 능력’(善根)은 다 모든 부처의 ‘차별 없이 펼치는 크나큰 연민이 만든 평등한 복덕의 터전’(無緣大悲平等福田)에 의거하여 생겨나고 커지는 것이니, 그러므로 ‘여래가 만든 복덕의 터전’(如來福田)을 따라 모든 ‘번뇌가 스며듦’(漏)을 거스르기 때문에 ‘번뇌가 스며듦이 없는 것’(無漏)이라 부른다.

이 [인因과 연緣] ‘두 가지 조건의 특성’(二緣性)이 ‘번뇌가 스며듦이 없는 것’(無漏)이기 때문에 반드시 ‘[분별의 왜곡과 동요가] 그침’(寂靜)으로 돌아가며, ‘[분별의 왜곡과 동요가] 그침’(寂靜)으로 돌아가기 때문에 ‘온전함에 머무는 과보’(常住果)를 받는 것이다. [이것은] 『대비경大悲經』에서 [다음과 같이] 말한 것과 같다. “부처님께서 말씀하시길, 아난아! 어떤 사람이 ‘[욕망세계(欲界) · 유형세계(色界) · 무형세계(無色界), 이] 세 가지 세계’(三有)의 과보에 즐겨 집착할지라도 ‘부처가 마련해 준 복덕의 터전’(佛福田)에서 ‘널리 베풂’(布施) 등 갖가지 ‘이로운 능력’(善根)들을 행하면서 〈나는 세세생생 열반에 들지 않기를 바란다.〉라고 한다면, 이런 ‘이로운 능력’(善根)으로 열반에 들지 못한다는 것은 옳지가 않다. 이 사람이 비록 열반을 즐겨 구하지는 않지만 부처가 마련해 준 [복덕의] 터전에 갖가지 이로운 능력을 심었으므로, 나는 이 사람이 반드시 열반에 들 것이라고 말한다."[420]

생각건대, 여기서 [부처님이 말한] "[반드시] 열반에 들어간다."(入涅槃)는 것은 여래의 '완전한 열반'(大般涅槃)[421]에 들어가는 것이다. '부처가 마련해 준 복덕의 터전'(佛福田)이 이끌기 때문에 이 경전(『본업경』)에서 말하는 '온전한 부처가 되는 과보'(常佛果)와 같아지니, 다른 곳에서 [이 '부처가 마련해 준 복덕의 터전'에 심는 이로운 행위들을] '번뇌가 스며듦이 있는 이로운 행위'(有漏善)라고 말하는 것은 [이 이로운 행위들이 '온전한 부처가 되는 과보'(常佛果)의] '간접적인 조건'(傍緣)이라는 관점에서 말하는 것이기 때문에 [여기에서의 말과] 서로 어긋나지 않는다.

『보살영락본업경菩薩瓔珞本業經』 하권 제5 「불모품佛母品」

而言受漏果者, 佛化衆生, 行善背惡故, 緣因而發有爲[422]果報. 非爲無漏因者, 無明業受果故.

[T24, 1019a11~13]

420 원효는 다음과 같은 『대비경大悲經』 권3(T12, 960a7~12) 원문의 내용을 발췌하여 사용하고 있다. "佛言, '如是如是. 阿難! 若有衆生樂著生死, 三有愛果, 於佛福田種善根者作如是言. '以此善根願我莫般涅槃.' 阿難! 是人若不涅槃, 無有是處. 阿難! 是人雖不樂求涅槃, 然於佛所種諸善根, 我說是人必得涅槃, 盡涅槃際, 乃至佛所得一發心, 一生敬信種善根者, 一切皆當得般涅槃, 盡涅槃際."

421 대반열반大般涅槃: 【범】 Mahāparinirvāa 마하반열반나(摩訶般涅槃那)라 쓰며, 대입멸식(大入滅息) · 대멸도(大滅度) · 대원적입(大圓寂入)이라 번역한다. 열반과 같음.

422 대정장 『본업경』 교감주에서는 '爲=漏'로 교감하고 있다. 여기서도 '漏果報'로 교감하여 번역한다.

그런데 〈번뇌가 스며드는 과보를 받는다.〉(受漏果)라고 말하는 것은 부처가 중생을 교화하는 것이니, 선을 실천하고 악을 등지게 하려는 것이기 때문에 [중생 교화의] '조건이 되는 원인'(緣因)으로 '번뇌가 스며드는 과보'(有漏果報)를 발생시키는 것이다. [중생 교화를 위한 '번뇌가 스며드는 과보'(有漏果報)가] '번뇌가 스며들지 않게 되는 원인'(無漏因)이 되지 않는 것은 근본무지(無明)와 '[근본무지에 의한] 업[식]業[識]'이 과보를 받게 하기 때문이다.

〈소〉

"而言"以下, 第三會通. 於中先會權敎, 後通實理. 初中而言"受漏果"者, 謂經[423]說五戒十善受人天果. 如來爲化下劣衆生, 畏三途苦, 求人天樂, 背三業惡, 行諸善法故, 約緣因作如是說. 言"緣因"者, 謂十善等若望佛果卽爲正因, 望人天報但爲緣因, 報因直是增上緣故. 此是會敎, 次通道理. 言"非爲[424]漏因者, 無明業受果故"者, 前說諸善, 不受漏果, 世間所有生滅漏果, 正是無明業所受故, 所以不爲善業正果. 此中"無明業受果"者, 由無明力不覺心動, 心動之相名爲業識, 無明與業以爲正因, 遍生一切生死之果, 是謂如實因果道理也. 會通敎理, 竟在於前.

[H1, 511c19~512a11]

"그런데 … 말하는 것은"(而言) 이하는 ['[선과 악의] 다른 내용을 자세히 나

423 한불전 교감주에 따르면 다른 판본에는 '經' 앞에 '餘'가 있다고 한다. '餘經'으로 번역한다.

424 한불전 각주에 따르면 경전에 '爲'는 '無'로 되어 있다고 했으나, 대정장 『본업경』을 보면 '非爲無漏因者'로 되어 있다.

타내는 것'(廣顯異相)의 네 가지 가운데] 세 번째[425]인 '모아서 통하게 하는 것'(會通)이다. 이 가운데 앞의 것은 '방편적 가르침들을 모으는 것'(會權敎)이고 뒤의 것은 '실제의 도리들을 통하게 하는 것'(通實理)이다.

처음에 "번뇌가 스며드는 과보를 받는다."(受漏果)라고 말한 것은, 여러 경전에서 '다섯 가지 계율'(五戒)과 '열 가지 이로운 행위'(十善)는 '인간 세상이나 천상세계에 태어나는 과보'(人天果)를 받는다고 설한 것을 일컬은 것이다. 여래는 '근기가 낮은 중생'(下劣衆生)을 교화하기 위해, '[지옥·아귀·축생, 이] 세 가지 [나쁜] 세계에서의 고통'(三途苦)[426]을 두려워하게 하고 '인간 세상과 천상세계의 즐거움'(人天樂)을 구하게 하며, '[신체(身)·언어(口)·생각(意)으로 이루어지는] 세 가지 해로운 행위'(三業惡)를 등지게 하고 온갖 '이로운 행위'(善法)를 실천하게 하려고 하기 때문에 '조건이 되는 원인'(緣因)에 의거하여 이와 같이 설한 것이다.

"조건이 되는 원인"(緣因)이라고 말한 것은, '열 가지 이로운 행위'(十善) 등으로 만약 '부처가 되는 과보'(佛果)를 희망하면 곧 '직접 원인'(正因)이 되고, '인간 세상과 천상세계의 과보'(人天報)를 희망하면 단지 '조건이 되는 원인'(緣因)이 되니, [인간 세상과 천상세계의] '과보를 받는 원인'(報因)은 단지 [과보를] '증폭시키는 조건'(增上緣)이기 때문이다. 이것은 '교리를 모은 것'(會敎)이며, 다음에는 도리를 통하게 하는 것이다.

"[중생 교화를 위한 '번뇌가 스며드는 과보'(有漏果報)가] '번뇌가 스며들지 않게 되는 원인'(無漏因)이 되지 않는 것은 근본무지(無明)와 '[근본무지에

---

425 〈[선과 악의] '다른 내용'(異相)을 자세히 나타내는 네 가지〉(廣顯異相)는 '이로움과 해로움의 인과因果를 간략하게 구별한 것'(簡別善惡因果)·'이로운 원인과 이로운 결과를 거듭 나타낸 것'(重顯善因善果)·'[부처님의] 교리를 모아 통하게 하여 [서로] 어긋나지 않게 하는 것'(會通敎理不違)·'과보와 [그] 원인이 어긋나지 않음을 자세히 해석한 것'(精釋果因無差)이다.

426 삼도三途: 삼도三塗라고도 하는데 화도火途·도도刀途·혈도血途, 즉 지옥·아귀·축생의 세상을 말한다.

의한] 업[식]業[識]'이 과보를 받게 하기 때문이다."(非爲無漏因者, 無明業受果故)라는 것은, 앞에서 말한 '온갖 이로운 행위'(諸善)는 '번뇌가 스며드는 과보'(漏果)를 받게 하지 않지만, 세간에 있는 〈[괴로움으로] 생멸하는 '번뇌가 스며드는 과보'〉(生滅漏果)는 바로 '근본무지와 업식'(無明業)에 의해 받는 것이기 때문에 '이로운 행위의 직접 과보'(善業正果)가 되지 않는다는 것이다. 여기서 "근본무지(無明)와 '[근본무지에 의한] 업[식]業[識]'이 과보를 받게 한다."(無明業受果)라는 것은 [다음과 같은 내용을 말하는 것이다.] '근본무지의 힘'(無明力)으로 말미암아 '깨닫지 못하는 마음'(不覺心)이 동요하니, [이] '마음이 동요하는 양상'(心動之相)을 '[근본무지에 따라 처음] 움직이는 식'(業識)이라 하는데, 근본무지(無明)와 업[식]業[識]을 '직접 원인'(正因)으로 삼아 모든 [윤회하는] 생사의 과보를 두루 일으키니, 이것을 '사실 그대로의 인과 도리'(如實因果道理)라고 부른다. '교리를 모아 통하게 하는 것'(會通教理)이 여기서 끝난다.

『보살영락본업경菩薩瓔珞本業經』 하권 제5 「불모품佛母品」

是名三受三苦, 苦苦行苦壞苦, 苦受樂受捨受. 二受善緣因果, 苦受[427]惡因果, 一切皆苦, 無[428]明爲本.

[T24, 1019a13~15]

이 ['번뇌가 스며드는 과보'(漏果)]를 '세 가지 느낌'(三受)[429]과 '세 가지

427 대정장 『본업경』 경전의 원문에는 '苦受惡因果'로 되어 있는데, 교감주에 '受 = 苦【宋】【元】'라고 하였고 원효도 苦苦惡因果'라 하였기 때문에 '苦苦惡因果'로 보고 번역한다.

428 대정장 『본업경』 교감주에서는 '(以)+無'로 교감하고 있다. 이에 따른다.

429 삼수三受: '괴로운 느낌'(苦受) · '즐거운 느낌'(樂受) · '괴롭지도 즐겁지도 않은 느

괴로움'(三苦)[430]이라 부르니, [세 가지 괴로움은] '환경적 조건으로 인한 괴로움'(苦苦) · '[근본무지에 매인] 작용 자체의 괴로움'(行苦)[431] · '소멸로 인한 괴로움'(壞苦)이고, [세 가지 느낌은] '괴로운 느낌'(苦受) · '즐거운 느낌'(樂受) · '괴롭지도 즐겁지도 않은 느낌'(捨受)이다. ['즐거운 느낌'(樂受)과 '괴롭지도 즐겁지도 않은 느낌'(捨受), 이] '두 가지 느낌'(二受)은 '이로운 조건을 원인으로 하는 과보'(善緣因果)이고, '환경적 조건으로 인한 괴로움'(苦苦)은 '해로운 [조건]을 원인으로 하는 과보'(惡[緣]因果)이지만, [이] 모든 것은 다 괴로움(苦)이니 근본무지(無明)를 근본으로 삼기 때문이다.

〈소〉

此下, 第四精釋果因. 於中有二, 先果後因. 果中言"是名三受三苦"者, 謂無明業之所受果, 卽是三受亦名[432]三苦. 苦受在於惡趣, 二在於善道, 於中樂受三禪以下, 其捨受者四禪已上. 苦受說名苦苦, 樂受說名壞苦, 第三捨受名爲行苦, 通卽三受皆是行苦. 此是顯果差別. 下卽

낌'(不苦不樂受)의 세 가지 느낌을 말한다. 불고불락수不苦不樂受를 사수捨受라고도 한다.

430 삼고三苦: '환경적 조건으로 인한 괴로움'(苦苦, dukkha dukkhatā), '[근본무지에 매인] 작용 자체의 괴로움'(行苦, saṅkhāra dukkhatā), '소멸로 인한 괴로움'(壞苦, vipariṇāma dukkhatā)을 가리킨다. 상세한 것은 앞서의 역주 참조.

431 행고行苦: 행고行苦는 통상 '변화로 인해 생기는 괴로움'으로 설명되고 있지만, '행行'은 12연기에서 무명無明을 조건으로 발생하는 현상으로서 식識을 발생시키는 조건이다. 이 행行이 지시하는 의미에 접근하기 위해서는 충분한 철학적 성찰이 필요한데, 전통교학이나 현대 불교학에서의 이해로는 충분하지 않아 보인다. 12연기에서의 '행行'의 기본 의미를 '근본무지(無明)을 조건으로 삼는 의도'로 보고, 행고行苦를 '[근본무지에 매인] 작용 자체의 괴로움'으로 번역해 본다.

432 '名'은 연자衍字로 보인다.

對因分別二受. "善緣因果"者, 樂捨二受, 善業增上緣因之果. "苦苦惡因果"者, 三途苦苦, 惡業因緣所生之果. "一切皆苦, 無明爲本"者, 一切三受皆是行苦, 齊由無明爲本因故. 良惡有輕重三品故, 果有三途苦別. 善有粗精二別故, 果有樂捨不同. 粗善有散有定故, 樂通欲色二果, 精善愛心故, 捨貫色無色界. 如是善惡輕重, 三界精粗, 齊以無明業識爲本, 是故三途諸苦三界諸受等, 以刹那行苦爲體. 以其因中無明無厚薄, 業相無麤細, 是故其果行苦無輕重, 刹那無奢促. 故言"一切皆苦, 無明爲本." 當知因果道理, 毫釐無差違耶.

[H1, 512a11~b8]

다음은 ['[선과 악의] 다른 내용을 자세히 나타내는 것'(廣顯異相)의 네 가지 가운데] 네 번째인 '과보와 [그] 원인[이 어긋나지 않음]을 자세히 해석한 것'(精釋果因[無差])이다. 여기에 두 가지가 있으니, 먼저는 과보(果)[에 대한 설명]이고 나중은 원인(因)[에 대한 설명]이다.

과보(果)[에 대한 설명]에서 "이 ['번뇌가 스며드는 과보'(漏果)]를 '세 가지 느낌'과 '세 가지 괴로움'이라 부른다."(是名三受三苦)라고 말한 것은, '근본무지와 업식'(無明業)에 의해 받는 과보가 바로 '세 가지 느낌'(三受)이고 또한 '세 가지 괴로움'(三苦)이라는 것이다. '괴로운 느낌'(苦受)은 '나쁜 길'(惡趣, 惡道)에 있고 ['즐거운 느낌'(樂受)과 '괴롭지도 즐겁지도 않은 느낌'(捨受), 이] 두 가지는 '이로운 길'(善道)에 있는데, 이 [두 가지] 가운데 '즐거운 느낌'(樂受)은 ['네 가지 선정'(四禪)에서] '세 번째 선정'(三禪) 이하에 있고 그 '괴롭지도 즐겁지도 않은 느낌'(捨受)은 '네 번째 선정'(四禪) 이상에 있다.

'괴로운 느낌'(苦受)은 '환경적 조건으로 인한 괴로움'(苦苦)이라 부르고, '즐거운 느낌'(樂受)은 '소멸로 인한 괴로움'(壞苦)이라 부르며, 세 번째인 '괴롭지도 즐겁지도 않은 느낌'(捨受)은 '[근본무지에 매인] 작용 자체의 괴로움'(行苦)이라 부르는데, 통틀어서 말하면 '세 가지 느낌'(三受)이 모두 '[근본무지에 매인] 작용 자체의 괴로움'(行苦)이다. 이것은 과보(果)의 차이를 나타낸 것이다.

다음은 원인(因)에 대응시켜 두 가지 느낌을 구별한 것이다. "이로운 조건을 원인으로 하는 과보"(善緣因果)라는 것은, '즐거운 느낌'(樂受)과 '괴롭지도 즐겁지도 않은 느낌'(捨受)의 두 가지 느낌은 '이로운 행위를 증폭시키는 조건을 원인으로 한 과보(善業增上緣因之果)라는 것이다. "'환경적 조건으로 인한 괴로움'(苦苦)은 '해로운 [조건]을 원인으로 하는 과보'(惡[緣]因果)"(苦苦惡[緣]因果)라는 것은, '[지옥·아귀·축생, 이] 세 가지 [나쁜] 세계'(三途)의 '환경적 조건에서 발생하는 괴로움'(苦苦)은 '해로운 행위라는 원인을 조건으로 하여 생겨난 과보'(惡業因緣所生之果)라는 것이다.

"[이] 모든 것은 다 괴로움(苦)이니 근본무지(無明)를 근본으로 삼기 때문이다."(一切皆苦, 無明爲本)라는 것은, 모든 '세 가지 느낌'(三受)은 다 '[근본무지에 매인] 작용 자체의 괴로움'(行苦)이니, 다 같이 근본무지(無明)가 '근본 원인'(本因)이 되기 때문이다. 실로 '해로운 행위'(惡)에는 '가벼움과 무거움에 따른 세 가지 등급'(輕重三品)이 있기 때문에 [그] 과보(果)에 '[지옥·아귀·축생, 이] 세 가지 [나쁜] 세계의 괴로움'(三途苦)이라는 구별이 있게 된다. [또] '이로운 행위'(善)에는 '거친 것'(粗)과 '정밀한 것'(精)의 두 가지 구별이 있기 때문에 [그] 과보(果)에 '즐거운 느낌'(樂受)과 '괴롭지도 즐겁지도 않은 느낌'(捨受)이라는 차이가 있게 된다. '거친 이로운 행위'(粗善)에는 산만한 것도 있고 안정된 것도 있기 때문에 '즐거운 느낌'(樂受)은 욕망세계(欲界)와 유형세계(色界)의 과보에 [모두] 통하고, '정밀한 이로운 행위'(精善)는 마음(心)[의 경지]를 좋아하기 때문에 '괴롭지도 즐겁지도 않은 느낌'(捨受)은 유형세계(色界)와 무형세계(無色界)[의 과보]에 모두 통한다.

이와 같이 '이로운 행위와 해로운 행위의 가벼움과 무거움'(善惡輕重), '[욕망세계·유형세계·무형세계無色界, 이] 세 가지 세계의 정밀함과 거칢'

(三界精粗)은 하나같이 근본무지(無明)와 '[근본무지에 따라 처음] 움직이는 식'(業識)을 근본으로 삼으니, 이 때문에 '[지옥 · 아귀 · 축생, 이] 세 가지 [나쁜] 세계'(三途)에서의 모든 괴로움과 '[욕망세계 · 유형세계 · 무형세계無色界, 이] 세 가지 세계'(三界)에서의 모든 느낌(受) 등은 '찰나마다 발생하는 [근본무지에 매인] 작용 자체의 괴로움'(刹那行苦)을 바탕(體)으로 삼는 것이다. 그 원인(因)들 가운데서 근본무지(無明)에는 '두텁거나 얇음'(厚薄)이 없고 '[근본무지에 따라 처음] 움직이는 식의 양상'(業相)에는 '거칠거나 미세함'(麤細)이 없으니, 이 때문에 그 [무명無明과 업식業識의] 과보(果)인 '[근본무지에 매인] 작용 자체의 괴로움'(行苦)에도 '가볍거나 무거움'(輕重)이 없고 찰나에도 '느리거나 빠름'(奢促)이 없다. 따라서 "[이] 모든 것은 다 괴로움(苦)이니 근본무지(無明)를 근본으로 삼기 때문이다."(一切皆苦, 無明爲本)라고 말한 것이다.

[이처럼] 원인과 [그] 과보의 이치에는 털끝만 한 어긋남도 없다는 것을 알아야 한다.

『보살영락본업경菩薩瓔珞本業經』 하권 제5 「불모품佛母品」

佛子, 汝先言'一切菩薩行道劫數久近'者, 譬如一里二里乃至十里石方廣亦然. 以天衣重三銖, 人中日月歲, 數三年一拂, 此石乃盡, 名一小劫, 若一里二里乃至四十里, 亦名小劫. 又八十里石方廣亦然, 以梵天衣重三銖, 即梵天中百寶光明珠爲日月歲, 數三年一拂, 此石乃盡, 名爲[433]中劫. 又八百里石方廣亦然, 以淨居天衣重三銖, 即淨居天千寶光明鏡爲日月歲, 數三年一拂, 此石乃盡故, 名一大阿僧祇劫. 佛

433 대정장 『본업경』 각주에 의하면 '爲'는 【宋】【元】【明】본에는 '一'과 같다고 했다. 이를 반영하여 '一中劫'으로 보고 번역한다.

子, 劫數者, 所謂一里二里乃至十里石盡, 名一里劫二里劫, 五十里石盡, 名五十里劫, 百里石盡, 名百里劫, 千里石盡, 名爲千里劫, 萬里石盡, 名爲萬里劫. 佛子, 一切賢聖入是數量, 修一切法門, 時節久近得佛果, 其數百劫乃得等覺. 若一切衆生入是數者, 得佛不久, 若不入者, 不名菩薩. 佛子, 法門者, 所謂十信心, 是一切行本. 是故十信心中, 一信心有十品信心, 爲百法明門, 復從是百法明心中, 一心有百心故, 爲千法明門, 復從千[434]法明心中, 一心有千心,[435] 爲萬法明門, 如是增進至無量明, 轉[436]勝進上上法故, 爲明明法門. 百萬阿僧祇功德一切行, 盡入此明門.

[T24, 1019a16~b9]

부처의 제자들이여, 그대가 앞에서 말한 〈모든 보살의 [부처가 되기까지] '수행하는 오랜 시간'(行道劫數)이 멀기도 하고 가깝기도 한 것〉(一切菩薩行道劫數久近)이라는 것은, 비유하면 1리里, 2리 내지 10리 크기(方廣)의 돌[이 닳아 없어지는 시간] 또한 [멀기도 하고 가깝기도 한 것과] 같은 것이다. 무게가 [아주 가벼운] 3수銖[437] 정도 되는 '천신의 옷'(天衣)으로 '인간 세상의 해와 달로 헤아리는 세월'(人中日月歲)로 3년에 한 번씩 쓸어서 이 돌이 다 닳아 없어지[는 시간]을 1소겁小劫이라고 하는데, 1리, 2리 내지 40리[가 되는 돌이 다 없어지는 것] 역시 소겁이라 한다. 또 80리 크기의 돌[이 닳아 없어지는 시간] 또한 그러하니, 무게가 3수 정도 되는 '범천의 천신이 입는 옷'(梵天衣)으로 '범천

434 '千' 앞에 '是'가 빠진 것으로 보인다. 대정장『본업경』 각주에도 '(是)+千【宋】【元】【明】'이라 하였다.

435 '故'가 빠진 것으로 보인다. '一心有千心故'로 교감하여 번역한다.

436 대정장『본업경』 각주에 의하면 '轉+(轉)【宋】【元】【明】'이라 하였다. '輾轉'으로 교감하여 번역한다.

437 수銖: 무게의 단위로 1냥兩의 24분의 1이다. 아주 적은 양을 가리킨다.

의 백 개의 빛나는 보배구슬을 해와 달로 삼아 헤아리는 세월(梵天中百寶光明珠爲日月歲)로 3년에 한 번씩 쓸어서 이 돌이 다 없어지[는 시간]을 1중겁中劫이라 한다. 또 800리 크기의 돌[이 닳아 없어지는 시간] 또한 그러하니, 무게가 3수 정도 되는 '정거천淨居天에 사는 천신이 입는 옷'(淨居天衣)으로 '정거천의 천 개의 빛나는 보배거울을 해와 달로 삼아 헤아리는 세월(淨居天千寶光明鏡爲日月歲)로 3년에 한 번씩 쓸어서 이 돌이 다 없어지기 때문에 [그 시간을] 1대아승기겁大阿僧祇劫이라 한다.

부처의 제자들이여, '오랜 시간'(劫數)이라고 하는 것은, 이른바 1리, 2리 내지 10리 크기의 돌이 [닳아] 없어지는 것을 1리겁里劫, 2리겁里劫이라 하고, 50리 크기의 돌이 [닳아] 없어지는 것을 50리겁里劫이라 하며, 100리 크기의 돌이 [닳아] 없어지는 것을 100리겁里劫이라 하고, 1000리 크기의 돌이 [닳아] 없어지는 것을 1000리겁里劫이라 하며, 10000리 크기의 돌이 [닳아] 없어지는 것을 10000리겁里劫이라 한다.

부처의 제자들이여, 모든 현인과 성인은 이 수량[만큼의 수행 기간]에 들어가 모든 가르침(法門)을 닦아 [부처가 되는] 시절이 멀거나 가깝거나 하면서 '부처의 경지'(佛果)를 얻으니, 그 [수행 기간의] 수數가 백겁이 되면 '[차이들을] 평등하게 볼 수 있는 깨달음'(等覺)[의 경지]를 얻게 된다. 만약 이 수량[만큼의 수행 기간]에 들어가 [진리의 가르침을 수행하는] 중생이라면 모두 부처의 경지를 얻는 것이 멀지 않을 것이고, 만약 [이 수량만큼의 수행 기간에] 들어가지 않는 자라면 보살이라 부르지 않는다.

부처의 제자들이여, 가르침(法門)이란 이른바 '열 가지 믿는 마음'(十信心)이니, 이것이 모든 수행의 근본이다. 그러므로 열 가지 믿는 마음 가운데에는 '하나의 믿는 마음'(一信心)에 '열 가지 단계'(十品)의 믿는 마음이 있어 '백 가지 밝은 가르침'(百法明門)이 되며, 또 이 '백 가지 [밝은 가르침]'(百法[明門])을 따라 마음을 밝히는 가운데에는 하나의 마음에 [백 가지 가르침에 밝아진] 백 가지 마음이 있으므로 '천 가지 밝은 가르침'(千法明門)이 되고, 또 이 '천 가지 [밝은 가르침]'(千法[明門])을 따라 마음을 밝히는 가운데에는 하나의 마음에 [천 가지 가르침에 밝아진] 천 가지 마음이 있으므로 '만 가지 밝은 가르침'(萬法明門)이 되니, 이와 같이 늘어 가 '헤아릴 수 없이 많은 밝은 [가르침]'(無量[法]明[門])에 이르면서 거듭 '더 뛰어난 가르침'(上上法)으로 향상해 나아가므로 '환하게 밝은 가르침'(明明法門)이 되는 것이다. '헤아릴 수 없이 많은 이로운 능력을 지닌 모든 수행'(百萬阿僧祇功德一切行)은 다 이 '[환하게] 밝은 가르침'([明]明[法]門)에 들어간다."

〈소〉

此下, 第三答第三問. 於中有二, 牒問答問. 答問之中, 亦有其二, 先明劫數多少, 後顯行道久近. 初中亦二, 先判三品劫量, 後別[438]衆多劫名. 初中言"三銖"者, 六銖爲一分, 三銖卽分半也. "一切賢聖"以下, 次明行道久近. 於中有二, 先明行時久近, 後顯行法多少. 初中亦二, 正明別顯. 正明中言"一切賢聖入[439]數量"者, 謂三賢初始入量理,[440] 乃至等覺爲其後邊. 於其中間, 逕於百劫者, 謂如前說萬里之劫, 以爲一數, 至於百劫, 故名百萬阿僧祇劫. 次簡別言"若入是數,[441] 得佛不久"者, 雖逕百萬, 不以爲久故, 又初發心時, 便成正覺故, 已知百萬卽入一念

438 한불전에는 "'別'은 '列'인 듯하다."라고 교감하였다. 여기서는 원문대로 '別'로 번역한다.

439 '入數量'의 경전 본문은 '入是數量'이다.

440 '理'는 '里'의 오기誤記로 보인다.

441 경전 본문은 '若一切衆生入是數者'이다.

故. "若不入者, 不名菩薩"者, 未得不退, 非實菩薩故. "法門者"以下, 明行法多少. 於中有二, 先明轉增, 後結總攝.

[H1, 512b9~c1]

이 아래는 세 번째로 '세 번째 질문'에 대답한 것이다.[442] 여기에는 두 가지가 있으니, '질문을 제시한 것'(牒問)과 '질문에 대답한 것'(答問)이다. 질문에 대한 답변에도 두 가지가 있으니, 먼저는 '겁수劫數의 많고 적음'(劫數多少)을 밝힌 것이고, 나중은 '수행의 [부처가 되는 시절까지] 멀거나 가까움'(行道久近)을 나타내었다. 처음 것 가운데에도 두 가지가 있으니, 먼저는 '세 종류'(三品)의 '겁의 수량'(劫量)을 밝혔고, 나중은 수많은 '겁의 명칭'(劫名)을 구분하였다. ['겁수의 많고 적음'(劫數多少)을 밝히는] 처음에서 말한 "무게가 [아주 가벼운] 3수銖"(三銖)라는 것은, 6수銖가 1분分이 되므로 3수는 곧 1분分의 절반이다.

"모든 현인과 성인"(一切賢聖) 이하는 다음으로 '[부처가 되기까지] 수행 [시간]의 멀거나 가까움'(行道久近)을 밝힌 것이다. 여기에 두 가지가 있으니, 먼저 '[부처가 되기까지] 수행하는 시간의 멀거나 가까움'(行時久近)을 밝혔고, 나중에는 '수행하는 진리의 많고 적음'(行法多少)을 나타내었다. 먼저 밝힌 것 가운데에도 두 가지가 있으니, '곧바로 밝힌 것'(正明)

---

442 「불모품佛母品」에 대한 원효의 과문科文은 크게 두 부분으로 이루어진다. 첫 번째는 〈'부처[지혜]의 어머니'(佛母)를 곧바로 밝힌 것〉(正明佛母)이고, 두 번째는 '여러 가지 측면(門)으로 구분하는 것'(諸門分別)이다. 그리고 두 번째인 '여러 가지 측면(門)으로 구분하는 것'(諸門分別)은 질문과 대답으로 이루어지는데, 질문에 세 가지가 있다. 첫 번째는 〈'깨닫는 것'(能覺)이 '한꺼번에 되는 것'(頓)인가 '점차적으로 되는 것'(漸)인가의 문제〉(能覺之頓漸)에 대한 질문이고, 두 번째는 〈'끊어지는 것'(所斷)은 ['근본무지의 세계'(無明藏)와 마음(心)이] '같은 것'(一)인가 '다른 것'(異)인가의 문제〉(所斷之一異)에 대한 질문이며, 세 번째는 〈'수행할 때의 오랜 시간'(修時劫數)이 먼 것과 가까운 것의 문제〉(修時劫數久近)에 대한 질문이다. 여기서 말하는 '第三答第三問'은 세 번째 질문에 대한 대답이다.

과 '하나씩 드러낸 것'(別顯)이다.

'곧바로 밝힌 것'(正明) 중에서 말한 "모든 현인과 성인은 이 수량[만큼의 수행 기간]에 들어간다."(一切賢聖入[是]數量)라는 것은, '[십주十住 · 십행十行 · 십회향十廻向 단계에 속하는] 세 가지 보살'(三賢[菩薩])들이 처음 들어가는 이겁里劫[의 수량]에서부터 [시작하여] '[차이들을] 평등하게 볼 수 있는 깨달음'(等覺)[의 경지]에 이르러 그 [이겁里劫 수량의] 끝이 되는 것을 일컫는다. [등각等覺을 얻게 되기까지의] 〈중간에 백겁百劫을 경과한다.〉는 것은 앞에서 설명한 10000리겁里劫을 한 숫자로 삼아서 백겁에 이르는 것을 말한 것이니, 이 때문에 백만아승지겁百萬阿僧祇劫이라 부르는 것이다.

다음에 '하나씩 구분'(簡別)하면서 말한 "만약 이 수량[만큼의 수행 기간]에 들어가 [진리의 가르침을 수행하는 중생이라면 모두] 부처의 경지를 얻는 것이 멀지 않을 것이다."(若[一切衆生]入是數[者], 得佛不久)라는 것은, 비록 백만 겁을 지나더라도 오래 걸렸다고 여기지 않기 때문이고, 또 '처음 [깨달음을 구하려는] 마음을 일으킬 때'(初發心時) '곧바로 완전한 깨달음을 이루기'(便成正覺) 때문이며, 이미 〈백만 겁이 곧 한 생각으로 들어간다.〉(百萬卽入一念)는 것을 알기 때문이다. "만약 [이 수량만큼의 수행 기간에] 들어가지 않는 자라면 보살이라 부르지 않는다."(若不入者, 不名菩薩)라는 것은, 아직 '한번 도달한 곳에서 다시 퇴보하지 않는 경지'(不退[轉])를 얻지 못했으면 참다운 보살이 아니기 때문이다. "가르침이란"(法門者) 이하는 '수행하는 가르침'(行法)의 많고 적음을 밝힌 것이다. 여기에 두 가지가 있으니, 먼저는 '더욱더 늘어남'(轉增)을 밝혔고, 나중은 '총괄하여 포섭함'(總攝)으로 끝을 맺었다.

제6 「원인과 결과에 대한 단원」(因果品)

『보살영락본업경菩薩瓔珞本業經』 하권 제6 「인과품因果品」

敬首[443]菩薩白佛言, “賢[444]聖正法, 已說具足, 因果二相, 復當云何?” 佛言, “佛子, 三世諸佛所行之因, 所謂十般若波羅蜜, 是百萬阿僧祇功德本, 佛及菩薩亦攝在中. 是故十法爲金剛智慧海藏, 出一切光明功德之行. 佛子, 十般若波羅蜜者, 從行施有三緣, 一財, 二法, 三施衆生無畏. 戒有三緣, 一自性戒, 二受善法戒, 三利益衆生戒. 忍有三緣, 一忍苦行, 二忍外惡. 三第一義諦忍. 精進有三緣, 一起大誓之心, 二方便進趣, 三勤化衆生. 禪有三緣, 一定亂相[445]不起, 二定生一切功德, 三定利衆生. 慧有三緣, 一照有諦, 二無諦, 三中道第一義諦. 願有三緣, 一自行願, 二神通願, 三外化願. 方便有三緣, 一進趣向果, 二巧會有無, 三一切法不捨不受. 通力有三緣, 一報通, 二修定通, 三變化通. 無垢慧有三緣, 一無相智, 二一切種智, 三變化智.

[T24, 1019b11~27]

경수보살이 부처님께 아뢰었다.

443 대정장 『본업경』 교감주에는 ‘(爾時)+敬’ 【宋】【元】【明】이라고 하였다.

444 대정장 『본업경』 교감주에는 ‘(世尊)+賢’ 【宋】【元】【明】이라고 하였다.

445 대정장 『본업경』 원문 교감주에는 ‘相’은 ‘想’과 같다고 했다. ‘相 = 想 【宋】【元】【明】’.

"현인과 성인의 '올바른 진리'(正法)는 이미 충분히 설하여졌습니다만, '원인과 결과'(因果)의 '두 가지 양상'(二相)은 또 어떤 것입니까?"

부처님께서 말씀하셨다.

"부처의 제자들이여, 과거·현재·미래(三世)의 모든 부처가 행한 [깨달음 성취의] 원인은 이른바 '지혜를 밝히는 열 가지 보살 수행'(十般若波羅蜜)이니, 이것이 '헤아릴 수 없이 많은 이로운 능력'(百萬阿僧祇功德)의 근본이고 부처와 보살도 그 안에 포섭되어 있다. 그러므로 [10반야바라밀般若波羅蜜이라는] '열 가지 진리'(十法)는 '금강석 같은 지혜 바다의 창고'(金剛智慧海藏)가 되어 '모든 빛나는 이로운 능력'(一切光明功德)[을 성취하는] 수행을 드러낸다.

부처의 제자들이여, '지혜를 밝히는 열 가지 보살 수행'(十般若波羅蜜) [가운데 첫 번째인 '베풂과 나눔으로 지혜를 밝히는 [대승 보살의] 수행'(布施波羅蜜)]은 '베풀고 나눔을 실천하는 것'(行施)에 따라 '세 가지 경우'(三緣)가 있으니, 첫 번째는 재물(財)[을 베풀고 나눔]이고, 두 번째는 가르침(法)[을 베풀고 나눔]이며, 세 번째는 '중생의 두려움을 없애 주는 [베풀고 나눔]'(衆生無畏[施])이다.

[두 번째인 '계율 실천으로 지혜를 밝히는 [대승 보살의] 수행'(持戒波羅蜜)에서의] 계율(戒)에는 '세 가지 경우'(三緣)가 있으니, 첫 번째는 '본연을 지키는 것'(自性戒)이고, 두 번째는 '이로운 가르침을 받는 것을 지키는 것'(受善法戒)이며, 세 번째는 '중생을 이롭게 하는 것을 지키는 것'(利益衆生戒)이다.

[세 번째인 '참는 것으로 지혜를 밝히는 [대승 보살의] 수행'(忍辱波羅蜜)에서의] '참아 내는 것'(忍)에는 '세 가지 경우'(三緣)가 있으니, 첫 번째는 '힘든 수행을 참아 내는 것'(忍苦行)이고, 두 번째는 '외부의 해코지를 참아 내는 것'(忍外惡)이며, 세 번째는 '궁극적 진리[에 이를 때까지] 참아 내는 것'(第一義諦忍)이다.

[네 번째인 '노력으로 지혜를 밝히는 [대승 보살의] 수행'(精進波羅蜜)에서의] '향상을 위해 노력하는 것'(精進)에는 '세 가지 경우'(三緣)가 있으니, 첫 번째는 '크게 서원하는 마음을 일으키는 것'(起大誓之心)이고, 두 번째는 '[적절한] 수단과 방법으로 나아가려는 것'(方便進趣)이며, 세 번째는 '중생을 부지런히 교화하려는 것'(勤化衆生)이다.

[다섯 번째인 '선정으로 지혜를 밝히는 [대승 보살의] 수행'(禪定波羅蜜)에서의] '선 수행'(禪)에는 '세 가지 경우'(三緣)가 있으니, 첫 번째는 '어지러운 생각을 일으키지 않는 것'(亂相不起)을 '[마음 수준에서] 확고히 하는 것'(定)이고, 두 번째는 '모든 이로운 능력을 일으키는 것'(生一切功德)을 [마음 수준에서] 확고히 하는 것이며, 세 번째는 '중생을 이롭게 하는 것'(利衆生)을 [마음 수준에서] 확고히 하는 것이다.

[여섯 번째인 '이해로 지혜를 밝히는 [대승 보살의] 수행'(智慧波羅蜜)에서의] 이해(慧)에는 '세 가지 경우'(三緣)가 있으니, 첫 번째는 '있다는 관점'(有諦)을 '잘 이해하는 것'(照)이고, 두 번째는 '없다는 관점'(無諦)[을 잘 이해하는 것]이며, 세 번째는 '중도인 궁극적 관점'(中道第一義諦)[을 잘 이해하는 것]이다.

[일곱 번째인 '서원으로 지혜를 밝히는 [대승 보살의] 수행'(願波羅蜜)에서의] 서원(願)에는 '세 가지 경우'(三緣)가 있으니, 첫 번째는 '스스로 수행하려는 서원'(自行願)이고, 두 번째는 '특별한 능력을 성취하려는 서원'(神通願)이며, 세 번째는 '밖으로 교화하려는 서원'(外化願)이다.

[여덟 번째인 '수단과 방법을 갖추어 지혜를 밝히는 [대승 보살의] 수행'(方便波羅蜜)에서의] '수단과 방법'(方便)에는 '세 가지 경우'(三緣)가 있으니, 첫 번째는 '향상의 결과를 향해 나아감'(進趣向果)[을 위한 수단과 방법]이고, 두 번째는 '있음과 없음을 교묘하게 만나게 하여 소통시킴'(巧會有無)[을 위한 수단과 방법]이며, 세 번째는 '모든 것을 버리지도 않고 받지도 않음'(一切法不捨不受)[을 위한 수단과 방법]이다.

[아홉 번째인 '특별한 능력으로 지혜를 밝히는 [대승 보살의] 수행'(神通波

羅蜜)에서의] '특별한 능력'(通力)에는 '세 가지 경우'(三緣)가 있으니, 첫 번째는 '과보에 의해 갖추는 특별한 능력'(報通)이고, 두 번째는 '선정을 닦아 갖추는 특별한 능력'(修定通)이며, 세 번째는 '[중생구제를 위해 몸을] 변화시키는 특별한 능력'(變化通)이다.

[열 번째인 '번뇌에 더럽혀짐이 없는 이해로 지혜를 밝히는 [대승 보살의] 수행'(無垢慧波羅蜜)에서의] '번뇌에 더럽혀짐이 없는 이해'(無垢慧)에는 '세 가지 경우'(三緣)가 있으니, 첫 번째는 '[불변 · 독자의 본질/실체로서의] 차이/특징이 없음에 대한 지혜'(無相智)이고, 두 번째는 '모든 것을 사실 그대로 보는 지혜'(一切種智)이며, 세 번째는 '[중생구제를 위해] 변화시키는 지혜'(變化智)이다.

〈소〉

因果品者, 如來爲說有二分中, 初廣開門, 竟在於前, 此下第二, 就略攝門, 以辨經宗. 此中略立因果二門, 總攝六位行德, 四十二賢聖故. 所由爲因, 所起爲果, 由起相待, 通爲因果. 此中顯是義故, 名「因果品」也. 在文有二, 先問後答. 問中二句, 領前問後. 答中亦二, 別答結答. 別中亦二, 先因後果. 因中有二, 先明能生根本, 後顯所出德行. 初中亦二, 總明別釋. 總明之中, 有其三句. 一者擧人標行, 言"十般若"者, 十度皆以慧爲首故, 離慧不能忘三輪故. 二者釋本, 三者結本也. 別釋之中, 先牒後釋. 『華嚴經』說, "十度之中, 各有十種", 今此經中, 略立三三, 攝彼十十.[446] 於中前七, 文顯可知. 方便三中"巧會有無"者, 因緣合故謂之有, 非曰有是有, 因緣散故謂之無, 非曰有是無, 若如是,

446 속장경 『본업경소』의 교감주에는 '一無十字'라고 하여 '어떤 곳에는 十자가 없다.'고 했다. '여기서는 '十十'으로 보고 번역한다.

—[447]一切難問無不會通，故曰“巧會”．“不捨不受”者，謂於生死涅槃諸法，達如夢非有非無，[非無][448]故不捨，非有故不受，故於一切無所障礙也．通力中言“報通”者，依無分別智力，任運自在故．“修定通”者，依修邊際定力，作意自在故．“變化通”者，依通慧力十，四變化故，不同其前二力也．第十中言“無相智”者，以分別智，觀無相理故，第六慧度是無分別故．

[H1, 512c2~513a7]

「원인과 결과에 대한 단원」(因果品)은, [인과因果에 대해] 여래가 설한 것이 두 가지가 있는데 그 가운데 처음인 '넓게 펼쳐 놓은 부문'(廣開門)은 앞에서 이미 마쳤고, 이 아래는 두 번째로 '간략하게 정리하는 부문'(略攝門)으로 나아가 경전의 핵심(宗)을 밝혔다. 이 가운데 원인(因)과 결과(果) 두 측면(門)을 간략히 세워 '여섯 가지 지위'(六位)[449]의 '수행과 능력'(行德)을 모두 포괄하니, [통틀어] 42단계의 '현인과 성인'(賢聖)[450]이

---

447 속장경 『본업경소』의 교감주에 의하면 '一'은 잉자로 보인다고 했다. 이에 따라 번역한다.

448 속장경 『본업경소』의 교감주에 의하면 다른 본에는 '故不捨' 앞에 '非無'가 있다고 했다. 뒤의 문장과 대구가 되려면 '非無'가 있는 것이 합당하기에 '非無'를 넣어서 번역한다.

449 육위六位: 십주十住 · 십행十行 · 십회향十廻向 · 십지十地 · 등각等覺 · 묘각妙覺의 여섯 가지를 말한다.

450 42현성賢聖: 십주十住 · 십행十行 · 십회향十廻向 단계에 속하는 세 가지 보살의 경지를 현賢이라 말하고, 십지十地 이상의 보살을 성聖이라 한다. 대승 보살수행의 52계위 중 십지十地의 견도見道 초지初地에 들어가기 이전까지의 수행인 제11~제40위에 해당하고, 이 단계에 속하는 보살을 뭉뚱그려 지전보살地前菩薩이라고도 부른다. 대승보살의 수행단계를 52가지로 나눈 것을 52위(五十二位)라고 하는데, 십신十信 · 십주十住 · 십행十行 · 십회향十廻向 · 십지十地 · 등각等覺 · 묘각妙覺이 그것이다. 이 52위에서 십심十心(십신十信)을 제외한 나머지 42위를 42현성(四十二賢聖) · 본업영락本業瓔珞 · 영락본업瓔珞本業 또는 줄여서 본업本業이라 한다. 『본업경』에서는 보살의 본업本業인 십주十住 · 십행十行 · 십회향十廻

되는 것이다. '말미암은 것'(所由)은 원인(因)이 되고 '일어난 것'(所起)은 결과(果)가 되니, 말미암음(由)과 일어남(起)이 '서로 의지하여'(相待) 통틀어 '원인과 결과'(因果)가 된다. 여기서는 이러한 뜻을 드러내기 때문에 「원인과 결과에 대한 단원」이라 하였다.

글에는 두 가지가 있으니, 먼저는 질문이고 나중은 답변이다. 질문 가운데 두 구절은 앞서의 내용을 가지고 뒤의 내용을 질문한 것이다. 답변 중에도 두 가지가 있으니, '하나씩 답변한 것'(別答)과 '결론지어 답변한 것'(結答)이다. 하나씩 답변한 것에도 두 가지가 있으니, 먼저는 원인(因)[에 관한 것]이고 나중은 결과(果)[에 관한 것]이다. 원인(因)[을 밝힌 것] 가운데는 두 가지가 있으니, 먼저는 '[원인을] 일으키는 근본'(能生根本)을 밝힌 것이고, 나중은 '드러내는 능력과 수행'(所出德行)을 밝힌 것이다. 처음[인 '일으키는 근본'(能生根本)을 밝힌 것] 중에도 두 가지가 있으니, '총괄적으로 밝힌 것'(總明)과 '하나씩 해석한 것'(別釋)이다.

'총괄적으로 밝힌 것'에서는 세 구절이 있다. 첫 번째는 '사람을 거론하면서 수행(行)을 제시한 것'(擧人標行)이니, "지혜를 밝히는 열 가지 [보살 수행]"(十般若[波羅蜜])이라고 말한 것은 '대승 보살의 열 가지 수행'(十度)[451]은 모두 지혜를 으뜸으로 삼기 때문이고 지혜를 벗어나서는 '['몸으로 짓는 행위'(身業)·'말로 짓는 행위'(口業)·'생각으로 짓는 행위'(意業), 이] 세 가지 수레바퀴'(三輪)[에 의한 분별과 오염]을 끝낼 수 없기 때문이다. 두

向·십지十地·등각等覺·묘각妙覺 42현성의 수행과 그에 따라 증득되는 수행의 과보를 설하고 있다.

451 십도十度: 십바라밀十波羅蜜(십반야바라밀十般若波羅蜜)을 말하며 십도피안十到彼岸·십승행十勝行이라고도 한다. 육바라밀에 4종을 더한 것이다. 『본업경』에서 말하는 십바라밀은 ① 보시바라밀布施波羅蜜·② 지계바라밀持戒波羅蜜·③ 인욕바라밀忍辱波羅蜜·④ 정진바라밀精進波羅蜜·⑤ 선정바라밀禪定波羅蜜·⑥ 지혜바라밀智慧波羅蜜·⑦ 원마라밀願波羅蜜·⑧ 방편바라밀方便波羅蜜·⑨ 신통바라밀神通波羅蜜·⑩ 무구혜바라밀無垢慧波羅蜜이다.

번째는 '근본을 해석한 것'(釋本)이며, 세 번째는 '근본을 결론지은 것'(結本)이다.

'하나씩 해석한 것'(別釋) 가운데, 먼저는 [앞의 말을] '그대로 끌어온 것'(牒)이고 나중은 '해석한 것'(釋)이다. 『화엄경』에서는 "'대승 보살의 열 가지 수행'(十度) 가운데에는 각각 열 가지가 있다."(十度之中, 各有十種)라고 설했는데, 지금 이 경전(『본업경』)에서는 [각각의 바라밀마다] 간략히 세 가지씩 세워 저 [『화엄경』의] 열 가지씩 [세우는 설명]을 포괄하였다. 이 중에서 앞의 [보시布施 · 계戒 · 인忍 · 정진精進 · 선정禪定 · 지혜智慧 · 서원誓願] 일곱 가지는 글의 내용을 알 수 있을 것이다.

[여덟 번째인 '수단과 방법을 갖추어 지혜를 밝히는 [대승 보살의] 수행'(方便波羅蜜)에서의] '수단과 방법'(方便) '세 가지 [경우]'(三[緣]) 가운데 "있음과 없음을 교묘하게 만나게 하여 소통시킨다."(巧會有無)는 것은, 원인(因)과 조건(緣)이 합쳐졌기 때문에 그것을 있음(有)이라 말하는 것이지 [불변 · 독자의 실체로서] 있음(有)을 있음(有)이라 말하는 것이 아니며, [또] 원인(因)과 조건(緣)이 흩어졌기 때문에 그것을 없음(無)이라 말하는 것이지 [인연화합으로] 있음(有)을 없음(無)이라고 말하는 것이 아니니, 만약 이와 같이 [이해]한다면 [있음(有)과 없음(無)을 둘러싼] 모든 '어려운 질문'(難問)을 '만나게 하여 소통'(會通)시키지 아니함이 없기 때문에 "교묘하게 만나게 하여 소통시킨다."(巧會)고 말하였다.

"버리지도 않고 받지도 않는다."(不捨不受)라는 것은, 생사生死와 열반涅槃의 모든 현상에서 [그 현상들이] 꿈과도 같이 '있는 것도 아니고 없는 것도 아님'(非有非無)을 통달하는 것이니, '없는 것이 아니기'(非無) 때문에 '버리지 않고'(不捨) '있는 것이 아니기'(非有) 때문에 '받지도 않으므로'(不受) [생사와 열반의] 모든 [현상]에 막히거나 걸리는 것이 없다.

[아홉 번째인 '특별한 능력으로 지혜를 밝히는 [대승 보살의] 수행'(神通波羅蜜)에서의] '특별한 능력'(通力)[을 설명하는] 가운데에 "과보에 의해 갖추는 특별한 능력"(報通)이라고 말한 것은, [수행의 과보로 갖게 된] '분별이 없

는 지혜의 힘'(無分別智力)에 의거해 '수시로 일어나는 번뇌에서 자유로운'(任運自在) 것이다. [또] "선정을 닦아 갖추는 특별한 능력"(修定通)이라는 것은, '최고단계의 선정'(邊際定)[452]을 닦은 힘에 의해 '마음을 일으킴'(作意)이 자유로운 것이다. [그리고] "[중생구제를 위해 몸을] 변화시키는 특별한 능력"(變化通)이라는 것은, '특별한 지혜의 힘'(通慧力)에 의거하여 14가지 [몸으로] 변화하는 것인데 앞서의 [보통報通과 수정통修定通] 두 가지 힘과는 [그 종류가] 같지 않다. 열 번째[인 '번뇌에 더럽혀짐이 없는 이해로 지혜를 밝히는 [대승 보살의] 수행'(無垢慧波羅蜜)] 가운데에서 말한 "[불변 · 독자의 본질/실체로서의] 차이/특징이 없음에 대한 지혜"(無相智)라는 것은, '[차이를] 구분하는 지혜'(分別智)로써 '[불변 · 독자의 본질/실체로서의]

452 변제정邊際定: 『아비달마구사론阿毘達磨俱舍論』 권27에서 변제정의 명칭에 관해 "邊際名, 但依第四靜慮故, 此一切地遍所隨順故, 增至究竟故, 得邊際名"(T29, 142b28~29)이라고 하는 것에 따르면, 단지 색계色界의 제4정려第四靜慮에 의거한 것이고 모든 수행의 경지가 두루 따르는 것이며 수행이 증가하여 궁극적인 경지인 멸진정滅盡定에 이르기 때문에 변제邊際라는 명칭을 얻는다고 설명한다. 같은 책 권28(T29, 147c23~26)에서는 아래의 세 가지 정려靜慮와 변제정인 제4정려를 구별하여 "下三靜慮名有動者, 有災患故, 第四靜慮名不動者, 無災患故. 災患有八, 其八者何? 尋伺四受入息出息, 此八災患, 第四都無"라고 설명하는데, 이에 따르면 아래의 세 가지 정려에는 심尋 · 사伺 · 사수四受(고수苦受 · 낙수樂受 · 우수憂受 · 희수喜受) · 입식入息 · 출식出息의 여덟 가지 재환災患이 있어 '동요가 있는 것'(有動)이라 부르고 제4정려에는 이 여덟 가지 재환이 전혀 없기 때문에 '동요가 없는 것'(不動)이라고 부른다. 같은 책 권27(T29, 142b25~26)에서는 제4정려에서 얻는 공덕에 관해 "無諍願智四無礙解六種, 皆依邊際定得"이라고 하여 무쟁無諍 · 원지願智 · 사무애해四無礙解(법무애해法無礙解 · 의무애해義無礙解 · 사무애해詞無礙解 · 변무애해辯無礙解)의 여섯 가지를 밝히기도 한다. 『대승아비달마집론大乘阿毘達磨集論』 권5(T31, 683c12~13)에는 변제정이 색계 제4선정만을 가리키지 않는 용례가 나타나기도 하는데, "何等清淨故, 謂初靜慮中邊際定, 乃至非想非非想處邊際定, 是名清淨"이라고 하여 색계 초정려初靜慮로부터 무색계 제4선정第四禪定인 비상비비상처非想非非想處에 이르기까지 각 선정의 상품上品에 해당하는 경지를 모두 변제정이라고 부른다. 색계 사정려四靜慮 각각에 관한 자세한 설명은 앞서의 '사선四禪과 제4선(第四禪)' 역주 참조.

차이/특징이 없다는 도리'(無相理)를 이해하는 것인데, [십바라밀 가운데] 여섯 번째인 지혜바라밀(慧度)[에서의 지혜]가 '[실체관념에 의한] 분별이 없는 것'(無分別)이기 때문이다.[453]

『보살영락본업경菩薩瓔珞本業經』 하권 제6 「인과품因果品」

佛子, 從十智生一切功德行. 七財, 信·施·戒·聞·慧·慚·愧,[454] 資用成佛故說財. 四攝, 利益·濡[455]語·施法·同事. 法辯·義辯·語[456]辯·樂說辯, 於此四辯法中, 無障無礙, 故名無礙. 從無礙智生智名依, 故依了[457]經不依不了[458]經, 依法不須[459]人, 依義不須語, 依智不須識. 從智生十力·四無畏[460]·六通·三明, 百萬億阿僧

453 불교의 지혜는 두 범주로 구분된다. 하나는 '근본무지를 조건으로 하는 분별'을 그치는 능력인데, 근본지根本智 혹은 무분별지無分別智라고 부른다. 다른 하나는 '근본무지를 조건으로 하는 분별'에 의거하지 않고 '차이들을 사실대로 이해하여 적절하게 판단하고 평가하는 능력'인데, 후득지後得智 혹은 분별지分別智라 부른다. 십바라밀은 이러한 두 가지 지혜를 반영하는 구조로 이루어져 있다는 것이 원효의 관점이다. 제6 지혜바라밀에서의 지혜는 무분별지無分別智이고, 제10 무구혜바라밀無垢慧波羅蜜에서의 지혜는 그 무분별지에 입각한 분별지分別智라는 것이다.

454 대정장 『본업경』 교감에 따르면, 【宋】【元】【明】본에는 '戒聞慧慚愧=慚愧戒聞慧'로 되어 있다고 한다.

455 대정장 『본업경』 교감에 따르면, 【宋】【元】【明】본에는 '濡=軟'이라고 하였다.

456 대정장 『본업경』 교감에는 【宋】【元】【明】본에는 '語=辭'로 나온다.

457 대정장 『본업경』 교감주에 따르면, '了'와 '經' 사이에 '義'가 있다고 했다. '名依故依了=故名依了義 【宋】【元】【明】'. 이에 따른다.

458 위 각주와 마찬가지로 '了'와 '經' 사이에 '義'가 들어간다고 했다. '了+(義) 【宋】【元】【明】'. 이에 따른다.

459 대정장 『본업경』 교감주에 따르면, '須=依'라고 했다. 이에 따른다.

460 대정장 『본업경』 교감주에 따르면, '(所)+畏 【宋】【元】【明】'라고 했다.

祇功德.

[T24, 1019b27~c5]

부처의 제자들이여, '[십바라밀의] 열 가지 지혜'(十智)로부터 '이로운 능력을 닦는 모든 수행'(一切功德行)이 생겨난다.

'일곱 가지 재산'(七財)은 믿음(信)·베풂(施)·계율(戒)·들음(聞)·지혜(慧)·'자신에게 부끄러워함'(慚)·'남에게 부끄러워함'(愧)이니, [이것들을] 사용하여 부처가 되기 때문에 재산(財)이라 말한다.

'중생을 끌어안는 네 가지 방법'(四攝[法])[461]은 '[물질적 베풂으로] 이

461 사섭법四攝法: '중생을 끌어안는 네 가지 방법'을 가리킨다. 이 사섭법四攝法은 대승보살의 길을 가는 이가 중생들을 교화하는 대표적인 방법으로 알려져 있다. 여기서 '섭攝'에 해당하는 산스크리트어 원어는 'saṃgraha'인데, 우리말로 풀면 '함께/모조리(sam-) 움켜쥠(graha)'이라는 뜻이므로 '포섭/포괄/끌어안음' 등으로 표현할 수 있다. 사섭법四攝法의 내용은 보시布施, 애어愛語, 이행利行, 동사同事의 네 가지이다. 보시섭(布施攝, dāna-saṃgraha)은 '널리 베풂으로써 [중생들을] 끌어안음'을, 애어섭(愛語攝, priya-vādita-saṃgraha)은 '사랑을 담은 말로써 [중생들을] 끌어안음'을, 이행섭(利行攝, artha-caryā-saṃgraha)은 '이로운 행위로써 [중생들을] 끌어안음'을, 동사섭(同事攝, samānārthatā-saṃgraha)은 '이로움이 되는 일(arthatā)을 함께 나눔(samāna-)으로써 [중생들을] 끌어안음'을 각각 의미한다. 특히 동사섭은, 산스크리트어 원어에 따르면, '동일한 일을 하는 것'이 아니라 '이익을 함께 나누는 일'이라는 점에 주의할 필요가 있다. 동리同利, 동행同行, 등리等利, 등여等與 등의 용어로 한역되는 근거도 여기에 있다. 출전을 살펴보면, 반야경 계열의 경전에서 중요시되고 있음을 먼저 확인할 수 있다. 이를테면 『마하반야바라밀경摩訶般若波羅蜜經』 권18(T8, 353c29~354a3)에서의 "須菩提! 菩薩摩訶薩欲得阿耨多羅三藐三菩提, 淨佛國土, 成就衆生, 當學六波羅蜜, 三十七道法及四攝法攝取衆生. 何等四? 布施, 愛語, 利益, 同事." 및 『소품반야바라밀경小品般若波羅蜜經』 권8(T8, 571c5~7)에서의 "諸佛行六波羅蜜, 以四攝法, 攝取衆生. 所謂布施, 愛語, 利益, 同事, 得阿耨多羅三藐三菩提." 등의 서술에서 확인할 수 있다. 『법화경』이나 『화엄경』과 같은 대승의 주요경전에서도 지속적으로 중요시되는 것은 물론이다. 이 사섭법은 초기불교 경전에서도 나타나고 있다. 예컨대 '네 가지로 끌어안음이라는 토대'(四攝法, catūhi saṃgaha-vatthūhi)라는 용어가 『디가Dīgha-니까야』의 제30 「삼십이상경(三十二相經, Lakkhaṇa-suttanta)」(DN.Ⅲ,

롭게 함'(利益, 布施) · '우호적인 말'(濡語, 愛語) · '가르침으로 이롭게 함'(施法, 利行) · '함께함'(同事)이다.

['걸림이 없는 네 가지 언어능력'(四無碍辯)[462]은] '현상의 특징을 걸림 없이 알아 설하는 능력'(法辯, 法無礙辯) · '의미 파악에 걸림이 없이 설하는 능력'(義辯, 義無礙辯) · '표현에 걸림이 없이 설하는 능력'(語辯, 辭無礙辯) · '적절하게 설하는 데 걸림이 없는 능력'(樂說辯, 樂說無礙辯)이니, 이 '네 가지 언어능력'(四辯法)[의 발휘]에 '걸림이 없고 막힘이 없기'(無障無礙) 때문에 〈걸림이 없다.〉(無礙)라고 부른다.

['걸림이 없는 네 가지 언어능력'(四無碍辯)의] '걸림이 없는 지혜'(無礙智)로부터 지혜를 일으키는 것을 〈의지한다.〉(依)고 말하니, 그러므로 '완전한 뜻을 말하는 경전'(了義經)에 의지하지 '완전하지 않은 뜻을 말하는 경전'(不了義經)에 의지하지 않고, 진리(法)에 의지하지 사람(人)에 의지하지 않으며, 뜻(義)에 의지하지 말(語)에 의지하지 않으며, 지혜(智)에 의지하지 '분별로 헤아림'(識)에 의지하지 않는다.

---

p.152)과 제33「합송경(合誦經, Saṅgīti-suttanta)」(DN.Ⅲ,p.232)에서 '네 가지로 표현되는 가르침'의 항목 가운데 등장하고 있다.『장아함경長阿含經』권8의 제9「중집경衆集經」(T1, 518a8~9)에서도 "復有四法, 謂四攝法: 惠施, 愛語, 利人, 等利." 라는 내용을 확인할 수 있다.

462 사무애변四無礙辯: 불보살들이 막힘없이 가르침을 설하는 언어능력을 '변재辯才(辨才)'라 하는데, 법무애法無礙 · 의무애義無礙 · 사무애辭無礙 · 요설무애樂說無礙를 사무애변四無碍辯 혹은 사무애지四無碍智라고 한다.『화엄경』권26에서는 "是菩薩常隨四無礙智而不可壞. 何等爲四? 一法無礙, 二義無礙, 三辭無礙, 四樂說無礙"(T9, 568c16~18)라고 하여 보살이 항상 따르는 4무애지四無礙智로서 법무애法無礙 · 의무애義無礙 · 사무애辭無礙 · 요설무애樂說無礙를 제시한다. 그리고 "是菩薩以法無礙智, 知諸法自相, 以義無礙智, 知差別法, 以辭無礙智, 知說諸法不可壞, 以樂說無礙智, 知說諸法次第不斷"(T9, 568c18~21)이라고 하여, 법무애지法無礙智로써 제법諸法의 자상自相을 알고, 의무애지義無礙智로써 차별법差別法을 알며, 사무애지辭無礙智로써 제법諸法을 파괴하지 않고 설하는 것을 알고, 요설무애지樂說無礙智로써 제법諸法의 순서가 끊어지지 않게 설할 줄 아는 것이라 한다. 앞서의 '변재辨才와 사십변재四十辨才' 역주 참조.

[이러한 십바라밀의] 지혜(智)로부터 '열 가지 힘'(十力)[463] · '네 가지 두려움 없음'(四無畏)[464] · '여섯 가지 특별한 능력'(六通) · '세 가지의 밝아짐'(三明)[465] 등 '헤아릴 수 없이 많은 이로운 능력'(百萬億阿僧祇功

463 십력十力: 『대지도론』 권2에서는 일체지인一切智人인 부처님이 얻은 열 가지 지혜의 힘을 다음과 같이 나열한다. "實有一切智人, 何以故? 得十力故, ① 知處非處故, ② 知因緣業報故, ③ 知諸禪定解脫故, ④ 知衆生根善惡故, ⑤ 知種種欲解故, ⑥ 知種種世間無量性故, ⑦ 知一切至處道故, ⑧ 先世行處憶念知故, ⑨ 天眼分明得故, ⑩ 知一切漏盡故. … 如是種種因緣故, 佛爲一切智人."(T25, 75a20~29) 번호는 십력의 순서를 표시한다. 같은 책 권19에서는 "佛雖有無量力, 但說十力, 於度衆生事足"(T25, 198b7~8)이라고 하여 부처님이 가진 무량력無量力에서 십력만을 말해도 중생을 구제하는 일에 충분하다고 설명한다.

464 사무외四無畏: 사무소외四無所畏라고도 한다. 『대지도론』 권25에서는 부처님이 '두루 완전히 알아'(盡遍知) 네 가지 일에 두려움이 없는 것을 다음과 같이 나열한다. "略說是四無所畏體. ① 一者正知一切法, ② 二者盡一切漏及習, ③ 三者說一切障道法, ④ 四者說盡苦道. 是四法中, 若有如實言不能盡遍知, 佛不畏是事, 何以故? 正遍知了了故. 初二無畏爲自功德具足故, 後二無畏爲具足利益衆生故".(T25, 242a22~27). 번호는 사무외의 순서를 표시한다. 같은 곳에서는 부처님이 얻는 지혜인 십력十力과 사무외의 차이에 대해 "問曰, 十力皆名智, 四無所畏亦是智, 有何等異? 答曰, 廣說佛諸功德是力, 略說是無畏. 復次能有所作是力, 無所疑難是無畏. 智慧集故名力, 散諸無明故名無畏. 集諸善法故名力, 滅諸不善法故名無畏. 自有智慧故名力, 無能壞者故名無畏. 智慧猛利是力, 堪受問難是無畏. 集諸智慧是名力, 智慧外用是無畏"(T25, 242a29~b8)라고 하여, 십력의 자세함과 사무외의 간략함 이외에, 대체로 지혜智慧의 자체 내용을 밝힌 것이 십력이고 무명無明과의 관계를 밝힌 것이 사무외라고 설명한다. 부처님과 보살의 사무소외四無所畏를 각각 불사무소외佛四無所畏와 보살사무소외菩薩四無所畏로 구분하기도 한다. 원효는 『본업경』의 사무외四無畏 관련 구절에 관한 주석(H1, 517c10~c15)에서 사무외四無畏를 '모든 것을 사실 그대로 보는 지혜를 갖추어 두려움이 없는 것'(一切智無畏) · '번뇌를 다 없애어 두려움이 없는 것'(漏盡無畏) · '괴로움을 다 없애는 길을 설하는 데 두려움이 없는 것'(說盡苦道無畏) · '[번뇌가] 장애하는 길에 대해 설할 수 있음에 두려움이 없는 것'(能說障道無畏)으로 거론하고 있다.

465 삼명三明: 숙명통 · 천안통 · 누진통 셋을 별도로 묶어 '세 가지 밝은 능력'(三明)이라 부르는데, 부처가 되기 직전 숙명통 · 천안통 · 누진통의 삼명三明을 차례대로 성취하였다고 전해진다. 초기경전에서는 이때의 천안통을 '삶의 연속적 전개 사이에 인과적 연관이 있음을 확인할 수 있는 능력'으로 기술하고 있다. 상세한 내

德)이 생겨난다.

〈소〉

此下, 明其所出德行. 於中有三, 謂標釋結. 標中言“十智”者, 卽是前說十波羅蜜, 十皆名智, 如前釋故. 此擧能生根本總標所出德行. “七財”以下, 別釋所生. 於中有三, 一者正明所生德行, 二者示彼所照之境, 三者顯其所除之障. 初中有二, 別明總擧. 別明之內, 略顯八門. 第一明七聖財. 一切賢聖用此七德, 長養法身, 資益慧命, 用之成佛, 終無窮盡, 以是養故, 名爲聖財. 故言“賢[466]用成佛故說財.” 賢聖所用德行衆多, 所以取七爲聖財者, 良由信爲衆德之基, 施爲出信[467]之利, 戒能除劫財難,[468] 聞能採集諸珍, 慚崇善而增長, 愧拒惡而遠離, 慧能將導六財, 令其增進, 六入賢聖豊饒. 此七爲要, 是故說此名爲七財. 總說雖然, 於中分別者, 此中七財, 十度所生, 所以但取殊勝信等, 如是七中, 皆有十種, 如「十無盡藏品」廣說. 彼言“何等爲菩薩信藏? 此菩薩信一切法空無眞實, 信一切法無相, 信一切法無願, 信一切法無作者, 信一切法不實, 信一切法無堅固, 信一切法無量, 信一切法無上, 信一切法不可度, 信一切法不生.” 乃至廣說. 案云, 是明深信其[469]深法空. 一“信空無眞實”者, 諸佛如來眞實功德, 無所有故. 二“無相”者, 諸佛相好, 不可得故. 三“無願”者, 大願所度衆生, 空故. 四“無作者”者, 法性

용은 앞서의 ‘육통六通’ 역주 참조.

466 경문에는 “資用成佛故說財”로 되어 있다. ‘賢’은 ‘資’의 오기誤記로 보인다.

467 한불전 교감주에 따르면 “‘信’은 다른 본에는 ‘倍’로 되어 있다.”라고 했다. 이에 따른다.

468 ‘財難’은 ‘災難’의 오기로 보인다.

469 한불전 교감주에 따르면 “‘其’는 ‘甚’의 오자로 의심된다.”고 했다. 이에 따른다.

緣起, 無能作故. 五“不實”者, 虛空無爲, 不成實故. 六“無堅固”者, 涅槃常住, 無堅實故. 七“無量”者, 過去世空, 無可進[470]求思量法故. 八“無上”者, 未來世空, 無應當得增上法故. 九“不可度”者, 現在十方世界亦空, 不可圖度遠近等故. 十“不生”者, 三世劫空, 曾今當生不可得故. 能信十種皆不可得, 而不撥無一切諸法, 如彼下文言, “皆[471]諸佛法不可思議, 心不驚怖, 乃至皆[472]入一切劫不可思議, 心不驚怖”[473]故. 如說信財有十如是, 後六亦爾.

[H1, 513a8~b22]

이 아래는 그 [십바라밀 수행이] 산출한 '이로운 능력을 닦는 수행'([功]德行)을 밝힌 것이다. 여기에는 세 가지가 있으니, '총괄적 설명'(標)과 해석(釋)과 맺는말(結)이 그것이다. 총괄적 설명 중에서 "열 가지 지혜"(十智)라고 말한 것은 바로 앞에서 설명한 '지혜를 밝히는 열 가지 보살 수행'(十波羅蜜, 十般若波羅蜜)이니, '열 가지'(十) [보살 수행]을 모두 '지혜(智)'라고 말한 것은 [그 이유가] 앞에서 해석한 것과 같은 것이다. 이것은 '생겨나게 하는 근본'(能生根本)을 거론하여 [거기서] 산출되는 '이로운 능력을 닦는 수행'([功]德行)을 총괄적으로 설명한 것이다.

"일곱 가지 재산"(七財) 이하는 [십바라밀 수행에서] 산출된 것들을 하나씩 해석한 것이다. 여기에는 세 가지가 있으니, 첫 번째는 생겨난 '이로

---

470 한불전 교감주에 따르면 "'進'은 '追'의 오자로 의심된다."고 했다. 이에 따른다.

471 『화엄경』 권12(T9, 475a8) 원문은 '聞'이다. 교감하여 번역한다.

472 『화엄경』 권12(T9, 475a14) 원문은 '聞'이다. 교감하여 번역한다.

473 원효는 대정장 『화엄경』 권12(T9, 475a8~15)의 원문 내용을 발췌하여 사용하고 있다. "聞諸佛法不可思議, 心不驚怖, 聞一切佛不可思議, 心不驚怖, 聞衆生不可思議, 心不驚怖, 聞法界不可思議, 心不驚怖, 聞虛空界不可思議, 心不驚怖, 聞涅槃界不可思議, 心不驚怖, 聞過去世不可思議, 心不驚怖, 聞未來世不可思議, 心不驚怖, 聞現在世不可思議, 心不驚怖, 聞入一切劫不可思議, 心不驚怖. 何以故?"

운 능력을 닦는 수행'(德行)을 곧바로 밝혔고, 두 번째는 그 [십바라밀의 지혜가] 비추어 내는 대상을 보였으며, 세 번째는 그 [십바라밀 수행에 의해] 제거되는 장애를 나타내었다. [생겨난 '이로운 능력을 닦는 수행'(德行)을 곧바로 밝히는] 첫 번째에는 두 가지가 있으니, '하나씩 밝힌 것'(別明)과 '총괄적으로 거론한 것'(總擧)이다. '하나씩 밝힌 것'(別明)에서는 대략 '여덟 가지'(八門)를 나타내었다.

첫 번째로는 '일곱 가지 성스러운 재산'(七聖財, 七財)을 밝혔다. 모든 성현은 이 일곱 가지 [이로운] 능력을 사용하여 '진리의 몸'(法身)을 '오래도록 가꾸고'(長養) '지혜의 생명력'(慧命)을 북돋아서 그것으로 '부처를 이루어도'(成佛) 끝내 다 없어지지를 않으니, 이렇게 가꾸어 가기 때문에 '성스러운 재산'(聖財)이라 부르는 것이다. 그러므로 "[이것들을] 사용하여 부처가 되기 때문에 재산(財)이라 말한다."(資用成佛故說財)라고 하였다.

현인과 성인이 사용하는 '이로운 능력을 닦는 수행'(德行)은 많지만, [이] 일곱 가지를 취하여 '성스러운 재산'(聖財)으로 삼는 까닭은 [다음과 같다.] 진실로 믿음(信)은 온갖 능력의 기초가 되고, 베풂(施)은 곱절(倍)이나 되는 이로움을 내며, 계율(戒)은 '무수한 세월 동안의 재난'(劫災難)을 없앨 수 있고, '[부처의 가르침을] 들음'(聞)은 온갖 보배로운 것을 모을 수 있으며, '자신에게 부끄러워함'(慚)은 '이로운 것'(善)을 받들어 더 키우고(增長), '남에게 부끄러워함'(愧)은 '해로운 것'(惡)을 거부하여 멀리 벗어나고, 지혜(慧)는 [신信·시施·계戒·문聞·참慚·괴愧] '여섯 가지 재산'(六財)을 이끌고 그것들이 더 늘어나게 하여 '여섯 경지에 들어간 현인과 성인'(六入賢聖)[474]들을 풍요롭게 한다. 이 일곱 가지가 요긴함이 되니, 그러므로 이것을 '일곱 가지 재산'(七財)이라 불렀다.

474 육입현성六入賢聖: 육위六位인 십주十住·십행十行·십회향十廻向·십지十地·등각等覺·묘각妙覺의 여섯 경지에 들어간 현성賢聖을 말한다.

총괄적으로 설명하면 그러하지만, 그 안에서 하나씩 나누어 [설명하면 다음과 같다.] 여기에서의 '일곱 가지 재산'(七財)은 '대승 보살의 열 가지 수행'(十度)에 의해 생겨난 것인데, 다만 뛰어난 믿음(信) 등만을 선택한 까닭은 이와 같은 일곱 가지에는 [각각에] 모두 열 가지 [내용]이 있기 때문이니, [『화엄경』] 「십무진장품十無盡藏品」에서 [다음과 같이] 자세히 설한 것과 같다. 그곳에서는, "어떤 것들이 '보살이 믿는 세계'(菩薩信藏)인가? 이 보살은 '모든 현상에 불변·독자의 본질/실체가 없어 [불변·독자의] 참된 실재가 없음'(一切法空無眞實)을 믿고, '모든 현상에 [불변·독자의 본질/실체로서의] 차이/특징이 없음'(一切法無相)을 믿으며, '모든 현상에 [불변·독자의 본질/실체적인 것들을] 바랄 것이 없음'(一切法無願)을 믿고, '모든 현상에 [불변·독자의 실체인] 지어내는 자가 없음'(一切法無作者)을 믿으며, '모든 현상은 [불변·독자의] 실재를 이루지 않음'(一切法不實)을 믿고, '모든 현상에 [불변·독자의 본질/실체로서의] 견고함이 없음'(一切法無堅固)을 믿으며, '모든 현상에 [불변·독자의 본질/실체에 의한] 한계가 없음'(一切法無量)을 믿고, '모든 현상에 [추구할] 가장 높은 것이 [실체로서] 없음'(一切法無上)을 믿으며, '모든 현상은 구제할 수 있는 것이 아님'(一切法不可度)을 믿고, '모든 현상은 [불변·독자의 본질/실체로서] 생겨나지 않음'(一切法不生)을 믿는다."[475] 등으로 자세히 설하고 있다.

생각건대, 이것은 매우 심오한 '모든 현상에 불변·독자의 본질/실체가 없음'(法空)[의 도리]를 깊이 믿는 것을 밝힌 것이다. 첫 번째인 "[모든 현상에] '불변·독자의 본질/실체가 없어 [불변·독자의] 참된 실재가 없음'(空無眞實)을 믿는다."(信[一切法]空無眞實)라는 것은, 모든 부처와 여래

475 『대방광불화엄경』 권12(T9, 475a2~7). "何等爲菩薩信藏? 此菩薩信一切法空無眞實, 信一切法無相, 信一切法無願, 信一切法無作者, 信一切法不實, 信一切法無堅固, 信一切法無量, 信一切法無上, 信一切法不可度, 信一切法不生."

의 진실한 이로운 능력은 '[불변 · 독자의 본질/실체로서] 소유하는 것'(所有)이 없기 때문이다. 두 번째인 "[모든 현상에] '[불변 · 독자의 본질/실체로서의] 차이/특징이 없음'[을 믿는다.]"([信一切法]無相)라는 것은, 모든 부처의 '수승한 용모와 빼어난 특징'(相好)은 [불변 · 독자의 본질/실체로서] 얻을 수 없기 때문이다. 세 번째인 "[모든 현상에] '[불변 · 독자의 본질/실체적인 것들을] 바랄 것이 없음'[을 믿는다.]"([信一切法]無願)라는 것은, '크나큰 서원'(大願)으로 구제하려는 중생이 '불변 · 독자의 본질/실체가 없기'(空) 때문이다. 네 번째인 "[모든 현상에] '[불변 · 독자의 실체인] 지어내는 자가 없음'[을 믿는다.]"([信一切法]無作者)라는 것은, '현상 본연의 연기'(法性緣起)에는 '짓는 자'(能作)가 없기 때문이다. 다섯 번째인 "[모든 현상은] '[불변 · 독자의] 실재를 이루지 않음'[을 믿는다.]"([信一切法]不實)라는 것은, '불변 · 독자의 본질/실체가 비어 없고'(虛空) '[근본무지를 조건으로 하는] 형성이 없어서'(無爲) '[불변 · 독자의] 실재를 이루지 않기'(不成實) 때문이다. 여섯 번째인 "[모든 현상에] '[불변 · 독자의 본질/실체로서의] 견고함이 없음'[을 믿는다.]"([信一切法]無堅固)라는 것은, '열반의 늘 머무름'(涅槃常住)에는 [불변 · 독자의 본질/실체로서의] 견실함이 없기 때문이다. 일곱 번째인 "[모든 현상에] '[불변 · 독자의 본질/실체에 의한] 한계가 없음'[을 믿는다.]"([信一切法]無量)라는 것은, '과거의 세상'(過去世)은 '불변 · 독자의 본질/실체가 없는 것'(空)이어서 [과거에서] 추구할 수 있는 '생각으로 헤아릴 수 있는 것'(思量法)이 [실체로서는] 없기 때문이다. 여덟 번째인 "[모든 현상에] '[추구할] 가장 높은 것이 [실체로서] 없음'[을 믿는다.]"([信一切法]無上)라는 것은, '미래의 세상'(未來世)도 '불변 · 독자의 본질/실체가 없는 것'(空)이어서 반드시 성취해야 할 '더 위의 것'(增上法)이 [실체로서는] 없기 때문이다. 아홉 번째인 "[모든 현상은] '구제할 수 있는 것이 아님'[을 믿는다.]"([信一切法]不可度)라는 것은, '현재의 모든 세상'(現在十方世界)도 '불변 · 독자의 본질/실체가 없는 것'(空)이어서 멀리 있거나 가까이 있는 등[의 중생]을 [실체로서는] 구제하려고 도모할 수가 없기 때문이다. 열 번째인 "[모든 현상은] '[불변 · 독자의 본질/실체로서] 생겨나지 않음'[을 믿는다.]"([信一切法]不生)라는 것은, '과거 · 현재 · 미래의 오랜 시간'(三世劫)이 '불변 · 독자의 본질/실체가 없는 것'(空)이어서 '과거 · 현재 · 미래의 생겨남'(曾今當生)을 [불변 · 독자의 본질/실체로서] 얻을 수 없기 때문이다.

[이] 열 가지 모두가 [불변 · 독자의 본질/실체로서] 얻을 수 없는 것임을 믿으면서도 '모든 현상'(一切諸法)을 제거해 버리지는 않으니, [『화엄경』「십무진장품十無盡藏品」의] 아래 글에서 [다음과 같이] 말하는 것과 같다. "'모든 부처님 가르침은 생각으로 헤아리기 어려운 것'(諸佛法不可思議)임을 듣고도 마음이 놀라거나 두렵지 않고, … '모든 오랜 시간[의 세상]에 들어가는 것이 생각으로 헤아리기 어려운 것'(入一切劫不可思議)임을 듣고도 마음이 놀라거나 두렵지 않다."[476]

'믿음이라는 재산'(信財)에 '열 가지의 이와 같은 것'(十如是)이 있다고 설하는 것과 마찬가지로, 나머지 여섯 가지 [재산]도 그러하다.

第二明四攝者.『瑜伽論』「菩薩地」, "云何菩薩方便所攝身語意業? 謂四攝事. 復何因緣唯[477]四攝事說名方便? 謂諸菩薩由是四種,[478] 於諸衆生, 普能攝受, 調伏成熟, 除此無有若過若增. 何等名爲四種方便? 一隨順[479]方便, 二能攝方便, 三令入方便, 四隨轉方便. 何以故?[480] 先

---

476 『화엄경』 권12(T9, 475a2~15). "何等爲菩薩信藏? 此菩薩信一切法空無眞實, 信一切法無相, 信一切法無願, 信一切法無作者, 信一切法不實, 信一切法無堅固, 信一切法無量, 信一切法無上, 信一切法不可度, 信一切法不生. 若菩薩成就如是隨順淨信, 聞諸佛法不可思議, 心不驚怖, 聞一切佛不可思議, 心不驚怖, 聞衆生不可思議, 心不驚怖, 聞法界不可思議, 心不驚怖, 聞虛空界不可思議, 心不驚怖, 聞涅槃界不可思議, 心不驚怖, 聞過去世不可思議, 心不驚怖, 聞未來世不可思議, 心不驚怖, 聞現在世不可思議, 心不驚怖, 聞入一切劫不可思議, 心不驚怖. 何以故?"

477 대정장 『유가사지론』에는 '惟=唯【宋】【元】【明】【宮】【聖】'이라고 교감하였다.

478 『유가사지론』(T30, 504c20~21) 원문은 '謂諸菩薩略由如是攝事所攝四種方便'이다.

479 『유가사지론』(T30, 504c23) 원문은 '隨順'이 아니라 '隨攝'이다. '隨攝'으로 교감

以種種財物布施, 饒益有情, 爲欲令彼聽受所說奉教行故. 次行愛語,[481] 於彼彼處有愚癡者, 爲欲除彼所有愚癡令無餘故. 令其攝受瞻察正理, 如是名爲能攝方便.[482] 若諸菩薩如[483]彼有情受[484]瞻察正道理已, 次行利行, 拔彼有情出不善處, 於其善處, 勸導調伏, 安處建立, 如是利行, 名令入方便.[485] 若諸菩薩, 如是方便, 令諸有情得趣入已, 最後與其於正事業同共修行, 令彼隨轉. 由是因緣, 令所化者不作是念,[486] 〈汝自無有圓滿淨信, 尸羅施惠,[487] 何賴於善, 勸導於他, 諫悔呵擯與作憶念?〉 是故菩薩同事攝事,[488] 當知是名隨轉方便." 論說如是, 今此經言利益·濡語·施法·同事, 次第雖異, 行實應同也. 第三明'四辨'[489]者, 是四無礙, 義如上說.

[H1, 513b23~c22]

두 번째는 '중생을 끌어안는 네 가지 방법'(四攝[法])을 밝히는 것이다. 『유가사지론』「보살지품菩薩地品」에서는 [다음과 같이 말한다.]

"무엇이 '보살의 수단과 방법'(菩薩方便)에 포함되는 '몸으로 짓는 행

한다.

480 『유가사지론』(T30, 504c24~25) 원문은 "若諸菩薩先行布, 當知是名隨攝方便. 何以故?"이다. "若諸菩薩先行布, 當知是名隨攝方便"이 빠져 있다. 여기서는 빠진 구절을 넣어 번역한다.

481 『유가사지론』(T30, 504c27) 원문은 '若諸菩薩次行愛語'이다.

482 『유가사지론』(T30, 504c29~505a1) 원문은 '如是愛語, 當知名爲能攝方便'이다.

483 『유가사지론』(T30, 505a1) 원문은 '如'가 아니라 '知'이다. '知'로 교감한다.

484 『유가사지론』(T30, 505a1~2) 원문은 '受'가 아니라 '攝受'이다.

485 『유가사지론』(T30, 505a3~4) 원문은 '當知名爲令入方便'이다.

486 『유가사지론』(T30, 505a7) 원문은 '念'이 아니라 '說'이다. '說'로 교감한다.

487 『유가사지론』(T30, 505a7~8) 원문의 '圓滿尸羅, 圓滿惠捨, 圓滿智慧'를 '尸羅施惠'로 압축한 것이다.

488 『유가사지론』(T30, 505a9~10) 원문은 '是故菩薩所行第四同事攝事'이다.

489 대정장『본업경』경문에는 '辨'이 '辯'으로 되어 있다. '辯'으로 봄이 옳을 듯하다.

위'(身業), '말로 짓는 행위'(語業), '생각으로 짓는 행위'(意業)인가? '중생을 끌어안는 네 가지 일'(四攝事)이 그것이다. 또 어떤 이유(因緣)로 오직 '중생을 끌어안는 네 가지 일'(四攝事)만을 [보살의] '수단과 방법'(方便)이라 부르는가? 모든 보살[의 이타행]은 이 네 가지로 말미암아 모든 중생을 두루 포섭(攝受)해서 조복調伏하고 성숙시키니, 이것 외에 [이것보다] 높거나 [이것보다] 뛰어난 것이 없다.

무엇을 '네 가지 수단과 방법'(四種方便)이라 부르는가? 첫 번째는 '따라가며 끌어안는 수단과 방법'(隨攝方便)이고, 두 번째는 '받아들이게 해 주는 수단과 방법'(能攝方便)이며, 세 번째는 '들어가게 하는 수단과 방법'(令入方便)이고, 네 번째는 '따라가며 바뀌게 하는 수단과 방법'(隨轉方便)이다.

만약 보살들이 먼저 베풂(布[施])을 행한다면, 이것을 '따라가며 끌어안는 수단과 방법'(隨攝方便)이라 한다는 것을 알아야 한다.[490] 어째서인가? 먼저 갖가지 재물을 베풀어 중생들을 이롭게 하니, 저 [중생]들로 하여금 말해 준 것을 듣고 받아들여 가르침을 받들어 실천하도록 하려는 것이다. [이와 같은 베풂(布施)을 '받아들이게 해 주는 수단과 방법'(能攝方便)이라 부른다.] [또] 만약 보살들이[491] 다음으로 '우호적인 언어 행위'(愛語)를 실천한다면, 저들 혹은 저들이 있는 곳에 있는 어리석은 자에게 그들이 갖고 있는 어리석음을 없애서 남김이 없도록 하려는 것이다. [이것은] 그들로 하여금 '바른 이치'(正理)를 받아들여 살펴보게 하니, 이와 같은 ['우호적인 언어 행위'(愛語)를][492] '받아들이게 해 주는 수단과 방법'(能攝方便)이라 부른다.

490 『유가사지론』(T30, 504c24~25) 원문에 있는 '若諸菩薩先行布, 當知是名隨攝方便'을 추가하여 번역한 것이다.

491 『유가사지론』(T30, 504c27) 원문에 따라 '若諸菩薩'을 추가하였다

492 『유가사지론』(T30, 504c29~505a1) 원문은 '如是愛語, 當知名爲能攝方便'이다.

만약 보살들이, 그 중생들이 '바른 진리의 이치'(正道理)를 받아들여 살펴보았음을 알았다면, 다음으로 [그들을] '이롭게 하는 행위'(利行)를 하여 저 중생들을 '이롭지 못한 곳'(不善處)에서 끄집어내고 '이로운 곳'(善處)으로 권하여 이끌고 조복調伏시켜 '안락한 곳'(安處)에 자리 잡게 하니, 이와 같은 '이롭게 하는 행위'(利行)를 '들어가게 하는 수단과 방법'(令入方便)이라 부른다.[493]

만약 보살들이, 이와 같은 수단과 방법으로 중생들을 ['안락한 곳'(安處)에] 들어가게(趣入) 했다면, 마지막으로는 그들과 더불어 '올바른 일과 행동'(正事業)을 공동으로 행하여 그들로 하여금 '따라가며 바뀌게 한다'(隨轉). 이와 같은 [방편을] 원인과 조건으로 삼기 때문에 [보살은] 교화되는 사람으로 하여금 이렇게 말하지[494] 않게 한다. 〈당신 스스로 '완전하고 충분한 온전한 믿음'(圓滿淨信)과 '완전하고 충분한 계율'(圓滿尸羅)과 '완전하고 충분한 베풂'(圓滿惠捨, 圓滿布施)과 '완전하고 충분한 지혜'(圓滿智慧)[495]가 있지 않은데 어찌 '좋은 가르침'(善)에 기대어 타인에게 권하고 이끌어 비판諫言하고 경멸하며 꾸짖고 배척하면서 기억하게 하는가?〉라고. 그러므로 보살이 [행하는] '함께하면서 끌어안는 일'(同事攝事)[496]을 '따라가며 바뀌게 하는 수단과 방법'(隨轉方便)이라 한다는 것을 알아야 한다."[497]

---

493 『유가사지론』(T30, 505a4) 원문은 '當知名爲令入方便'이다.

494 『유가사지론』(T30, 505a7) 원문에 따라 '說'로 번역한다.

495 『유가사지론』(T30, 505a7~8) 원문에 따라 '圓滿尸羅, 圓滿惠捨, 圓滿智慧'로 번역하였다.

496 『유가사지론』(T30, 505a9~10) 원문은 '是故菩薩所行第四同事攝事'이다.

497 『유가사지론』 권38(T30, 504c17~505a10), "云何菩薩方便所攝身語意業? 當知略說菩薩所有四種攝事, 是名方便, 如世尊言. 菩薩成就四種攝事所攝方便, 方名菩薩. 復何因緣惟四攝事說名方便, 謂諸菩薩略由如是攝事所攝四種方便, 於諸有情, 普能攝受, 調伏成熟. 除此無有若過若增. 何等名爲四種方便?一隨攝方便, 二能攝方便, 三令入方便, 四隨轉方便. 若諸菩薩先行布施, 當知是名隨攝方便. 何以故? 先以種種財物布施, 饒益

『유가사지론』의 설명이 이와 같으니, 지금 이 경전(『본업경』)에서 말

有情, 爲欲令彼聽受所說奉教行故. 若諸菩薩次行愛語, 於彼彼處有愚癡者, 爲欲除彼所有愚癡令無餘故. 令其攝受瞻察正理, 如是愛語, 當知名爲能攝方便. 若諸菩薩知彼有情攝受瞻察正道理已, 次行利行, 拔彼有情出不善處, 於其善處, 勸導調伏, 安處建立, 如是利行, 當知名爲令入方便. 若諸菩薩如是方便, 令諸有情得趣入已, 最後與其於正事業同共修行, 令彼隨轉. 由是因緣, 令所化者不作是說. 汝自無有圓滿淨信, 圓滿尸羅, 圓滿惠捨, 圓滿智慧, 何賴於善, 勸導於他? 諫誨呵擯與作憶念. 是故菩薩所行第四同事攝事, 當知是名隨轉方便." 〈산스크리트본의 해당 내용: BoBh., pp.112~113; tatropāyasaṃgṛhītaṃ bodhisattvānāṃ kāyavāṅmanaskarma katamat. samāsato bodhisattvānām catvāri saṃgrahavastūny upāya ity ucyaṃte. yathoktaṃ Bhagavatā. catuḥsaṃgrahavastusaṃgṛhītenopāyena samanvāgato bodhisattvo bodhisattva ity ucyata iti. kena punaḥ kāraṇena catvāri saṃgrahavastūny upāya ity ucyante. samāsataś caturvidha upāyaḥ sattvānāṃ vinayāya saṃgrahāya. nāsty ata uttari nāsty ato bhūyaḥ. tadyathā 'nugrāhako grāhakaḥ avatāraś cānuvartakaś ca.

tatra dānaṃ bodhisattvasyānugrāhaka upāyaḥ. tathā hi citreṇ' āmiṣadānenānugrāhyamāṇāḥ sattvāḥ śrotavyaṃ kartavyaṃ vacanaṃ manyaṃte. tadanantaraṃ bodhisattvaḥ priyavāditayā tatratatra saṃmūḍhānāṃ tatsaṃmohāśeṣāpanayāya yuktiṃ grāhayati saṃdarśayati. evam asya priyavāditā grāhaka upāyo bhavati. tathā ca yuktyā grāhitāṃ saṃdarśitāṃ sattvāṃ akuśalāt sthānād vyutthāpya kuśale sthāne samādāpayati vinayati niveśayati pratiṣṭhāpayati. sā 'syārthacaryā bhavaty avatāraka upāyaḥ. evaṃ ca bodhisattvaḥ tān sattvān avatārya tatsabhāgavṛttasamācāreṇānuvartate yenāsya na bhavaṃti vineyā vaktāraḥ. tvaṃ na tāvad ātmanā na śraddhāsaṃpannaḥ śīlasaṃpannas tyāgasaṃpannaḥ prajñāsaṃpannaḥ kasmād bhavān parān atra samādāpayati. tena ca codayati smārayatīti. tasmāt samānārthatā bodhisattvasya caturtho 'nuvartakaḥ upāyo veditavyaḥ.; 안성두 역, 『보살지』(서울: 세창출판사, 2015, pp.154-155). 방편에 포섭된, 보살들의 신어의身語意의 업은 무엇인가? 요약하면 보살들의 4종의 섭사가 방편이라고 설해진다. 세존께서는 "사섭사에 포섭된 방편을 갖춘 보살이 보살이라고 불린다."고 설하셨다. 어떤 이유에 의해 사섭사가 방편이라고 설해지는가? 요약하면 4종 섭사는 중생들을 조복하고 포섭하기 위해서 이것보다 높은 것은 없고 이것보다 뛰어난 것은 없다. 즉 따라 포섭하고, 포섭하고, 이해시키고, 작용시키는 [방편]이다.

그중에서 보시는 보살에게 '따라 포섭하는 방편'이다. 왜냐하면 여러 물건의 보시에 의해 '따라 포섭되어야 할' 중생들이 [그가 한] 말을 들어야 하고 행해야 할

하는 '[물질적 베풂으로] 이롭게 함'(利益, 布施)·'우호적인 말'(濡語, 愛語)·'가르침으로 이롭게 함'(施法, 利行)·'함께함'(同事)은 차례가 비록 다르더라도 '실천의 내용'(行實)은 응당 같은 것이다.

세 번째로 밝힌 '걸림이 없는 네 가지 언어능력'(四辯, 四無礙辯)이라는 것은 '네 가지 걸림이 없는 능력'(四無礙)이니, 뜻은 앞에서 설한 것과 같다.

第四明'四依'者. 初捨世間衆生所依行, 次捨世間飾詞文句, 三捨佛教不了義經, 四捨了經聞慧分別, 如其次第漸趣入故. 如『顯揚論』云, "所依者, 謂四種依, 廣說如經. 一依法不依衆生, 謂若法是如來所說, 或弟子說. 十二分教隨學隨聽,[498] 不[499]衆生所行行學, 亦不隨轉. 二依義不依文, 謂若法非餘[500]詞者所造綺文字句, 唯能顯了獨法[501]淸淨鮮白梵行, 於此法中, 恭敬信解. 非於能顯顚倒梵行, 及不顯了梵行, 但飾詞者所造綺文字句. 三依了義經不依不了義經, 謂於如來所說相似,

것이라고 생각하기 때문이다. 그 직후에 보살은 애어愛語에 의해 각각의 경우에 미혹한 [중생]들에게 그들의 미혹을 남김없이 제거하기 위해 도리를 취해서 제시한다. 이와 같이 그 [보살]의 애어는 포섭하는 방편이다. 그러한 도리에 의해 파악되고 제시된 중생들을 불선한 상황으로부터 벗어나게 한 후에 선한 상황에 인도하고 조복시키며, 머물게 하고 안주케 한다. 그것이 그 [보살]의 이행利行이며, 이해하게 하는 방편이다. 보살이 이와 같이 그들 중생을 이해시킨 후에 그와 비슷한 사업을 진행함에 의해 같이 행한다. 그렇기에 조복된 사람들은 다음과 같이 말하지 않는다. "너는 나와 더불어 믿음을 갖추지 않았고, 생활방식을 같이하지 않았으며, 보시를 갖추지 않았고, 지혜를 갖추지 않았는데, 왜 타인들을 이곳으로 인도하고 힐난하며 기억하게 하는가?" 따라서 동사同事가 보살의 네 번째 작용시키는 방편이라고 알아야 한다.〉

498 『현양성교론』 권2(T31, 490c7) 본문은 '聽'이 아니라 '轉'이다. '轉'으로 교감한다.

499 『현양성교론』, 권2(T31, 490c7) 본문에는 '不' 다음에 '隨'가 있다. '不隨'로 교감한다.

500 『현양성교론』 권2(T31, 490c8) 본문은 '餘'가 아니라 '飾'이다. '飾'으로 교감한다.

501 『현양성교론』 권2(T31, 490c9) 본문은 '法'이 아니라 '滿'이다. '滿'으로 교감한다.

甚深空性相應, 隨順諸緣, 緣起法中, 不妄執著, 如言淺義亦不住自內見取心, 唯勸尋究顯了義經. 四依智不依識, 謂不唯聽聞而生知足, 便不進修法隨法行, 然爲盡諸漏, 勸求自內證眞諦智”故.

[H1, 514a1~18]

네 번째는 ‘네 가지에 의지함’(四依)을 밝히는 것이다. 첫째는 세간의 중생들이 의지하는 행위를 버리는 것이고, 둘째는 세간의 꾸미는 문장들을 버리는 것이며, 셋째는 불교의 ‘완전하지 않은 뜻을 말하는 경전’(不了義經)을 버리는 것이고, 넷째는 ‘완전한 뜻을 말하는 경전’(了義經)[의 뜻]을 ‘들어 얻은 지혜’(聞慧)로 분별하는 것을 버리는 것이니, 그 차례대로 점차 들어가기 때문이다.

[이것은] 『현양론顯揚論』에서 [다음과 같이] 말하는 것과 같다. “의지하는 것(所依)이란 ‘네 가지의 의지’(四種依)를 말하는데, 자세한 설명은 경전에서와 같다. 첫 번째는 ‘진리(法)에 의지하지 중생에게 의지하지 않는 것’이니, 진리(法)는 여래가 설한 것이거나 혹은 제자들이 설한 것이다. ‘12가지로 분류한 부처의 가르침’(十二分敎)[502]은 [그에] 따라서 배우고 [그에] 따라서 바뀌어 가고, 중생의 행위는 [그에] 따라서 행하고 배우지는 않으며 또한 [그에] 따라서 바뀌지도 않는 것이다.

두 번째는 ‘뜻(義)에 의지하지 글(文)에 의지하지 않는 것’이니 [그 뜻은 다음과 같다.] 만약 진리(法)라면 말을 꾸미는 자가 지은 ‘꾸며진 문장과 문구’(綺文字句)가 아니고 오직 충분하고 온전하며 선명한 ‘성스러운 행위’(梵行)를 완전하게 드러낼 수 있으니, 이 진리(法)에서 공경하고(恭敬) 믿고(信) 이해해야(解) 한다. [그러나] ‘뒤바뀐 성스러운 행위’(顚倒梵行)를 드러내는 [가르침]과 ‘성스러운 행위’(梵行)를 완전히 드러내지 못하는 [가르침]에서는 [공경하고 믿고 이해하지를] 않아야 하니, [이런 가르침은] 단지

---

502 12분교(十二分敎): 12부경(十二部經)을 말한다. 앞서의 12부경(十二部經) 역주 참조.

말을 꾸미는 자가 지은 '꾸며진 문장과 문구'(綺文字句)이다.

세 번째는 〈'완전한 뜻을 말하는 경전'(了義經)에 의지하고 '완전하지 않은 뜻을 말하는 경전'(不了義經)에는 의지하지 않는 것〉이니 [그 뜻은 다음과 같다.] 여래가 설한 가르침에 가까이하여 매우 심오한 '불변 · 독자의 본질/실체가 없는 본연'(空性)에 상응하면서 온갖 반연(緣)을 따르기에 '조건에 따라 생겨나는 현상들'(緣起法) 안에서 잘못 집착하지 않으며, 만일 [어떤 경전에서] 얕은 뜻을 말하더라도 [그 뜻에 대해] '자기 견해에 의거하여 취하는 마음'(自內見取心)에 머무르지 말고 오직 '완전한 뜻을 말하는 경전'(顯了義經)을 즐겨 찾아 탐구하는 것이다.

네 번째는 〈지혜에 의지하지 '분별로 헤아림'(識)에 의지하지 않는 것〉이니 [그 뜻은 다음과 같다.] ['완전한 뜻을 말하는 경전'(了義經)을] "오직 듣는 것만으로 '충분히 안다'(知足)는 생각을 일으켜 진리를 닦고 진리에 따라 실천하는 데로 나아가지 않는 것을 하지 않고, 그리하여 모든 번뇌(漏)를 다 없애기 위해 '자신이 직접 증득하는 궁극적 진리의 지혜'(自內證眞諦智)를 즐겨 구하는 것이다."[503]라고 말하는 것과 같다.

第五十力, 第六四無畏, 第七六通, 第八三明, 如是四門, 後文當說. 此是別明. 次言"百萬億阿僧祇功德"者, 第二總擧. 上來第一正明所生一切德行.

[H1, 514a19~23]

503 『현양성교론』 권2(T31, 490c5~17). "所依者, 謂四種依, 廣說如經. 一依法不依衆生, 謂若法是如來所說或弟子說十二分教隨學隨轉, 不隨衆生所行行學亦不隨轉. 二依義不依文, 謂若法非飾詞者, 所造綺文字句, 唯能顯了獨滿清淨鮮白梵行. 於此法中恭敬信解, 非於能顯顚倒梵行, 及不顯了梵行, 但飾詞者, 所造綺文字句. 三依了義經不依不了義經, 謂於如來所說相似甚深空性相應隨順諸緣緣起法中不妄執著, 如言淺義亦不住自內見取心, 唯勤尋究顯了義經. 四依智不依識, 謂不唯聽聞而生知足, 便不進修法隨法行, 然爲盡諸漏勤求自內證眞諦智."

다섯 번째인 '열 가지 힘'(十力), 여섯 번째인 '네 가지 두려움 없음'(四無畏), 일곱 번째인 '여섯 가지 특별한 능력'(六通), 여덟 번째인 '세 가지의 밝아짐'(三明) 등, 이와 같은 네 가지(四門)는 뒤에서 설할 것이다. 이것은 '하나씩 밝힌 것'(別明)이다.

다음으로 말한 '헤아릴 수 없이 많은 이로운 능력'(百萬億阿僧祇功德)이라는 것은 [십바라밀로 생겨난 '이로운 능력을 닦는 수행'(德行)을 곧바로 밝히는 두 가지 가운데 첫 번째인 '하나씩 밝힌 것'(別明)에 이어] 두 번째인 '총괄적으로 거론하는 것'(總擧)이다. 이상은 첫 번째로 [십바라밀 수행에서] 생겨난 '모든 이로운 능력을 닦는 수행'(一切[功]德行)을 곧바로 밝힌 것이다.[504]

---

504 원효는『본업경』의 해당 내용에 대한 과문科文을 앞서 다음과 같이 분석한 바 있다. "此下, 明其所出德行. 於中有三, 謂標釋結. 標中言〈十智〉者, 卽是前說十波羅蜜, 十皆名智, 如前釋故. 此擧能生根本總標所出德行. 〈七財〉以下, 別釋所生. 於中有三, 一者正明所生德行, 二者示彼所照之境, 三者顯其所除之障. 初中有二, 別明總擧. 別明之內, 略顯八門."(H1, 513a8~14) 번역하면 다음과 같다. "이 아래는 그 [십바라밀 수행이] 산출한 '이로운 능력을 닦는 수행'([功]德行)을 밝힌 것이다. 여기에는 세 가지가 있으니, '총괄적 설명'(標)과 해석(釋)과 맺는말(結)이 그것이다. 총괄적 설명 중에서 "열 가지 지혜"(十智)라고 말한 것은 바로 앞에서 설명한 '지혜를 밝히는 열 가지 보살 수행'(十波羅蜜, 十般若波羅蜜)이니, '열 가지'(十) [보살 수행]을 모두 '지혜(智)'라고 말한 것은 [그 이유가] 앞에서 해석한 것과 같은 것이다. 이것은 '생겨나게 하는 근본'(能生根本)을 거론하여 [거기서] 산출되는 '이로운 능력을 닦는 수행'([功]德行)을 총괄적으로 설명한 것이다. 〈일곱 가지 재산〉(七財) 이하는 [십바라밀 수행에서] 산출된 것들을 하나씩 해석한 것이다. 여기에는 세 가지가 있으니, 첫 번째는 생겨난 '이로운 능력을 닦는 수행'(德行)을 곧바로 밝혔고, 두 번째는 그 [십바라밀의 지혜가] 비추어 내는 대상을 보였으며, 세 번째는 그 [십바라밀 수행에 의해] 제거되는 장애를 나타내었다. [생겨난 '이로운 능력을 닦는 수행'(德行)을 곧바로 밝히는] 첫 번째에는 두 가지가 있으니, '하나씩 밝힌 것'(別明)과 '총괄적으로 거론한 것'(總擧)이다. '하나씩 밝힌 것'(別明)에서는 대략 '여덟 가지'(八門)를 나타내었다."

『보살영락본업경菩薩瓔珞本業經』 하권 제6 「인과품因果品」

次第生智, 能緣八世諦一切法, 四諦二諦十二緣.[505] '諸[506]法緣成假法, 無我有法', '相待一切相虛', '相續名一空不可得', '因[507]生集起, 即法非緣, 實實集有, 名生成法', '法假造法, 受名起用, 名聚法'. 是故八有爲法, 一切法本智所照處.

[T24, 1019c5~10]

뒤이어 생겨나는 지혜는 여덟 가지 '세간적 관점에서의 모든 현상'(世諦一切法)을 반연(緣)으로 하니, '[고苦 · 집集 · 멸滅 · 도道] 네 가지 진리'(四諦)[에서의 세간적 현상], '['세간적 진리'(俗諦)와 '궁극적 진리'(眞諦), 이] 두 가지 진리'(二諦)[에서의 세간적 현상], '12가지 조건들의 인과관계'(十二[因]緣)[에서의 세간적 현상]이 [그 반연이]다. [또] 〈모든 현상은 조건들에 의해 성립된 '불변 · 독자의 본질/실체가 없는 현상'으로서 [불변 · 독자의] 자아가 없이 존재하는 현상이다.〉(諸法緣成假法, 無我有法)[라는 도리가 적용되는 세간적 현상], 〈서로를 조건으로 삼는 모든 차이/특징에는 불변 · 독자의 본질/실체가 없다.〉(相待一切相虛)[라는 도리가 적용되는 세간적 현상], 〈서로 이어지는 것을 하나라고 부르지만 불변 · 독자의 본질/실체가 없어 얻을 수가 없다.〉(相續名一, 空不可得)[라는 도리가 적용되는 세간적 현상], 〈원인에 의해서 생겨나고 모여

505 대정장 『본업경』 각주에 따르면 '(因)+緣【宋】【元】【明】'이라고 했다. 이에 따른다.

506 대정장 『본업경』 교감주에 따르면, '(八諦者)+諸'라고 하였으나 어느 판본을 근거로 하였는지 알 수 없고, 내용상 연결이 되지 않아 여기서는 이것을 따르지 않는다.

507 대정장 『본업경』 각주에 따르면 '因=同【宋】【元】【明】'이라고 했으나, 여기서는 '因'으로 번역한다.

서 일어나니, 현상이 바로 조건(緣)은 아니지만 [조건이 되는] 사실과 사실이 모여서 있게 되는 것을 '현상의 생성'이라고 말한다.〉(因生集起, 即法非緣, 實實集有, 名生成法)[라는 도리가 적용되는 세간적 현상], 〈'불변·독자의 본질/실체가 없는 현상'(法假)들이 [모여] 현상을 만든 것이므로 느낌은 '일어나는 작용'(起用)이라고도 하고 '모인 현상'(聚法)이라고도 한다.〉(法假造法, 受名起用, 名聚法)[라는 도리가 적용되는 세간적 현상]이 [그 반연이]다. 그러므로 '[근본무지를 조건으로 삼아] 형성된 여덟 가지 현상'(八有爲法)은, 그 모든 현상이 '근본 지혜'(本智)가 비추어 내는 것들이다.

〈소〉

此下, 第二示所緣境. 於中有三, 謂標釋結. 初言"次第生智, 能緣八世諦一切法"者, 擧能照智, 標所緣境. 第一義諦無相易照故, 今但顯世諦差別. 第二別顯八世諦法. 一者四諦, 染淨二法各有果因故. 二者二諦, 初門二諦, 皆是世諦故. 三者十二緣, 義如前說故. 四者緣成假, 如陰緣成一假人, 又四塵緣成一假柱等, 如經"緣成假法, 無我有法"故. 五者相待假, 相待有三. 一相集[508]相待, 如長短等, 二相避相待, 如靑黃等, 三相對相待, 如有無. 如經"相待一切相虛"故. 六者相續假, 依前後念以成一假, 從前至後不斷絶故. 如經"相續名一, 空不可得"故. 七者法假, 一剎那頃, 心心所法及諸四塵極微等法, 從因而生, 相集而起, 離緣非法, 卽法非緣, 名因生假, 亦名法假. 如經"因生集起, 卽法非緣, 實實集有, 名生成法"故. "實實集有"者, 如一極微是緣成假之實, 又剎那[509]是相續假之實, 如是諸實相聚故, 言"實實集有." 卽諸極微名爲法

---

508 한불전 교감주에 따르면 '集'은 다른 본에 '奪'로 되어 있다고 했다.

假. 八者受假, 如極微觸以成麤觸, 受本觸名, 起觸對用, 如說觸塵同類相成. 餘色香味當亦爾. 不同前說緣成假法, 攬異類緣名緣成假, 如經"法假造法, 受名起用, 名聚法"故. 同法相集故, 名"聚法", 以微成麤故, 言"造法". 三假門內第三名假, 已顯於故[510]不重說, 諸前第二二諦之有, 中諦正是名假義故. "是故"以下, 第三總結. 如是八門, 皆有有爲, 故言"八有爲法". 然四諦之中滅諦, 二諦之內無諦, 相待假中無爲, 此三雖非有爲, 從多通名有爲. 言"本智"者, 謂入觀時雙照之智, 對出觀智名爲本智. 雙照之內, 量智遍照, 是八皆名世諦法故. 其出觀智亦照此八, 但爲乘顯能治障故, 說其本智, 以出觀智不斷障故.

[H1, 514a23~c12]

이 아래는 두 번째로 [십바라밀 지혜의] '반연이 되는 대상'(所緣境)을 나타낸 것이다.[511] 여기에 세 가지가 있으니, '[항목의] 제시'(標)와 해석(釋)과 결론(結)이 그것이다.

처음에 말한 "뒤이어 생겨나는 지혜는 여덟 가지 '세간적 관점에서의 모든 현상'(世諦一切法)을 반연(緣)으로 한다."(次第生智, 能緣八世諦一切法)라는 것은, '비추어 [이해하는] 지혜'(能照智)를 거론하여 '[비추어지는] 반연 대상'(所緣境)을 제시한 것이다. '궁극적 관점'(第一義諦)에서는 서로 비추는 것이 없기 때문에, 지금은 단지 '세간적 관점'(世諦)에서의 차이들을 나타내었다.

두 번째는 '세간적 관점에서의 여덟 가지 현상'(八世諦法)들을 하나씩 나타낸 것이다. 첫째는 '[고苦 · 집集 · 멸滅 · 도道] 네 가지 진리'(四諦)[에서

509 한불전 교감주에 따르면, '刹那' 앞에 '一'이 있어서 '一刹那'인 판본도 있다고 한다. '一刹那'로 번역한다.

510 한불전 교감주에 따르면, '故' 앞에 '前'이 탈락된 것으로 의심된다고 했다. 여기서는 '前故'로 해석한다.

511 원효의 과문科文에 대한 앞의 역주 참조.

의 세간적 현상]이니, '오염되거나 청정한 두 가지 현상들'(染淨二法)에는 각기 결과와 원인이 있기 때문이다. 둘째는 '[세간적 진리'(俗諦)와 '궁극적 진리'(眞諦), 이] 두 가지 진리'(二諦)[에서의 세간적 현상]이니, '첫 번째 단계에서의 두 가지 관점'(初門二諦)[512][의 대상이 되는 있음(有)과 없음(無)]은 모두 '세간적 관점'(世諦)[에서의 현상]이기 때문이다.

세 번째는 '12가지 조건들의 인과관계'(十二[因]緣)[에서의 세간적 현상]이니, 그 뜻은 앞서 설한 것과 같다.

네 번째는 〈조건들에 의해 성립된 '불변·독자의 본질/실체가 없는 것'〉(緣成假)[으로서의 세간적 현상]이니, '다섯 가지 더미라는 조건들'(陰緣)이 성립시킨 '불변·독자의 본질/실체가 없는 한 사람'(一假人)이나 '[지地·수水·화火·풍風, 이] 네 가지 물질적 속성이라는 조건들'(四塵緣)이 성립시킨 '불변·독자의 본질/실체가 없는 한 나무줄기'(一假柱) 등과 같은 것인데, 경전(『본업경』)에서 "조건들에 의해 성립된 '불변·독자의 본질/실체가 없는 현상'으로서 [불변·독자의] 자아가 없이 존재하는 현상이다."(緣成假法, 無我有法)라고 말한 것과 같은 것이다.

다섯 번째는 '서로를 조건으로 삼아 불변·독자의 본질/실체가 없이 존재하는 것'(相待假)[으로서의 세간적 현상]이니, '서로를 조건으로 삼음'(相待)에는 세 가지가 있다. 첫째는 '서로 모여서 서로를 조건으로 삼는 것'(相集相待)이니 '긴 것과 짧은 것'(長短) 등과 같은 것이고, 둘째는 '서로 피하면서 서로를 조건으로 삼는 것'(相避相待)이니 '청색과 황색'(青

512 초문이제初門二諦: 앞서 '이제二諦'에 관한 역주에서 밝혔듯이, 통상 이제二諦는 진제眞諦와 속제俗諦를 지칭하는데, '궁극적 진리'인 진제眞諦를 '세속적으로 통용되는 진리'인 속제俗諦에 대비시켜 궁극적 진리를 드러낸다. 그런데 『보살영락본업경』에서는 '유제有諦·무제無諦의 이제二諦'와 '중도제일의제中道第一義諦'를 대비시켜 말하기도 한다.(T24, 1018b21~22. 有諦無諦中道第一義諦, 是一切諸佛菩薩智母.) 여기서 말하는 초문이제初門二諦는 '유제有諦와 무제無諦의 이제二諦'를 가리키는 것으로 보인다.

黃) 등과 같은 것이며, 셋째는 '서로 짝이 되면서 서로를 조건으로 삼는 것'(相對相待)이니 '있음과 없음'(有無) 같은 것이다. 경전(『본업경』)에서 "서로를 조건으로 삼는 모든 차이/특징에는 불변·독자의 본질/실체가 없다."(相待一切相虛)라고 한 것과 같다.

여섯 번째는 '서로 이어지면서 불변·독자의 본질/실체가 없이 존재하는 것'(相續假)[으로서의 세간적 현상]이니, '앞의 생각과 뒤의 생각'(前後念)에 의거해 '불변·독자의 본질/실체가 없이 존재하는 하나'(一假)를 이루어 앞에서부터 뒤에 이르기까지 단절하지 않는 것이다. 경전(『본업경』)에서 "서로 이어지는 것을 하나라고 부르지만 불변·독자의 본질/실체가 없어 얻을 수가 없다."(相續名一, 空不可得)라고 한 것과 같다.

일곱 번째는 '불변·독자의 본질/실체가 없는 현상'(法假)[으로서의 세간적 현상]으로, 한 찰나刹那 사이에 마음(心)과 '마음의 현상'(心所法) 및 모든 '[지地·수水·화火·풍風] 네 가지 물질적 속성의 가장 미세한 것'(四塵極微)[513] 등의 현상들이 원인(因)으로부터 생겨나고 서로 모여서 일어나니, 〈[이런] 조건(緣)에서 벗어나면 현상(法)이 아니지만 현상(法)이 바로 조건(緣)은 아닌 것〉(離緣非法, 卽法非緣)을 '원인에서 생겨난 불변·독자의 본질/실체가 없는 것'(因生假)이라 부르고 또한 '불변·독자의 본질/실체가 없는 현상'(法假)이라고도 부른다. 경전(『본업경』)에서 "원인에 의해서 생겨나고 모여서 일어나니, 현상이 바로 조건(緣)은 아니지만 [조건이 되는] 사실과 사실이 모여서 있게 되는 것을 '현상의 생성'이라고 말한다."(因生集起, 卽法非緣, 實實集有, 名生成法)라고 한 것과 같다. "[조건이 되는] 사실과 사실이 모여서 있게 된다."(實實集有)라는 것

513 극미極微: '최소단위의 입자들'로서 극미진極微塵·극세진極細塵이라고도 하며, 구역舊譯은 인허鄰虛이다. '유형적 현상'(色法)인 물질을 나누고 쪼개어 더 이상 나눌 수 없는 단위를 극미極微라고 부른다. 하나의 극미를 중심으로 하여 상하上下와 사방四方 등의 여섯 방위에 다른 극미가 모여 붙어서 총 일곱 개의 극미가 합해진 것을 하나의 미微 또는 미진微塵이라고도 부른다.

은, 예컨대 '하나의 가장 미세한 것'(一極微)이 〈조건에 의해 성립된 '불변 · 독자의 본질/실체가 없는 사실'〉(緣成假之實)이고 또한 '한 찰나'(一刹那)[의 현상]이 〈서로 이어지면서 '불변 · 독자의 본질/실체가 없는 사실'〉(相續假之實)이니, 이와 같은 '갖가지 사실'(諸實)들이 '서로 모인 것'(相聚)이기 때문에 "[조건이 되는] 사실과 사실이 모여서 있게 된다."(實實集有)라고 말하였다. 곧 모든 '가장 미세한 것'(極微)들을 '불변 · 독자의 본질/실체가 없는 현상'(法假)이라 부르는 것이다.

여덟 번째는 '불변 · 독자의 본질/실체가 없는 느낌'(受假)[으로서의 세간적 현상]이니, '가장 미세한 접촉'(極微觸)들로써 '뚜렷한 접촉'(麤觸)을 이루어 '본격적 접촉'(本觸)이라는 이름을 얻고 접촉을 일으켜 '접촉에 대응하는 작용'(觸對用)[인 느낌]을 일으키는 것과 같고, '대상에 접촉하는 것'(觸塵)은 같은 종류끼리 서로 이루어진다고 말하는 것과 같다. 나머지 '모양이나 색깔 있는 것'(色), 냄새(香), 맛(味)[과의 접촉에서 생겨나는 느낌들]도 응당 마찬가지다. [이것은] 앞에서 설한 〈조건들에 의해 성립된 '불변 · 독자의 본질/실체가 없는 현상'〉(緣成假法)이 '서로 다른 종류의 조건'(異類緣)들을 취하는 것을 〈조건들에 의해 성립된 '불변 · 독자의 본질/실체가 없는 것'〉(緣成假)이라 한다는 것과는 같지 않으니, 경전(『본업경』)에서 "'불변 · 독자의 본질/실체가 없는 현상'(法假)들이 [모여] 현상을 만든 것이므로 느낌은 '일어나는 작용'(起用)이라고도 하고 '모인 현상'(聚法)이라고도 한다."(法假造法, 受名起用, 名聚法)라고 한 것과 같다. [불변 · 독자의 본질/실체가 없는 것으로서의] '같은 현상'(同法)들이 서로 모인 것이기 때문에 "모인 현상"(聚法)이라 한 것이고, '미세한 것'(微)으로써 '뚜렷한 것'(麤)을 이루었기 때문에 "현상을 만든다."(造法)고 말한 것이다.

'불변 · 독자의 본질/실체가 없는 세 가지'(三假門)[514] 가운데 세 번째인 '불변 · 독자의 본질/실체가 없는 명칭'(名假)은 이미 앞에서 나타났기 때문에 거듭 설하지 않았으니, 앞서의 두 번째[인 '불변 · 독자의 본질/

실체가 없는 느낌'(受假)]의 '['세간적 관점'(俗諦)과 '궁극적 관점'(眞諦), 이] 두 가지 관점'(二諦)에서의 모든 '있음'(有)에 대한 '중도적 관점'(中諦)이 바로 '불변 · 독자의 본질/실체가 없는 명칭'(名假)의 뜻이기 때문이다.

"그러므로"(是故) 이하는 세 번째인 '총괄적인 결론'(總結)이다. 이와 같은 '여덟 가지'(八門)에는 모두 '[근본무지를 조건으로 삼은] 형성'(有爲)이 있으니, 그러므로 "[근본무지를 조건으로 삼아] 형성된 여덟 가지 현상"(八有爲法)이라 말하였다. 그러나 '네 가지 진리'(四諦) 가운데 '괴로움의 소멸에 관한 진리'(滅諦)와, '두 가지 관점'(二諦) 가운데 '[불변 · 독자의 본질/실체가] 없다는 [궁극적] 관점'(無諦)과, '서로를 조건으로 삼아 불변 · 독자의 본질/실체가 없이 존재하는 것'(相待假) 가운데 '[근본무지를 조건으로 하는] 형성이 없음'(無爲), 이 세 가지는 비록 '[근본무지를 조건으로 삼은] 형성'(有爲)이 아니지만 많은 쪽을 따라서 통틀어 '[근본무지를 조건으로 삼은] 형성'(有爲)이라 칭하였다.

"근본 지혜"(本智)라고 말한 것은, '이해 수행'(觀)에 들어가 있을 때의 '[진리와 현상을] 함께 비추는 지혜'(雙照之智)를 말하는데, '이해 수행에서 나왔을 때의 지혜'(出觀智)에 대비시켜 '근본 지혜'(本智)라 한 것이다. '[진리와 현상을] 함께 비추는 [지혜]'(雙照[之智]) 가운데 '['근원적인 지혜'(根本智)에 기반한] 현상의 차이에 관한 지혜'(量智, 如量智 · 後得智)는 ['현상의 차이'라는] '한 측면만을 비추니'(邊照), 이 여덟 가지는 모두 '세간적 관점에서의 현상'(世諦法)이라 부르기 때문이다. 그 '이해 수행에서 나왔을 때의 지혜'(出觀智)도 이 여덟 가지를 비추지만, 다만 '[번뇌의] 장애를 다스릴 수 있는 것'(能治障)을 더불어 나타내고자 하기 때문에 그 '근본 지혜'(本智)를 말한 것이니, '이해 수행에서 나왔을 때의 지혜'(出觀智)로는 장애를 끊지 못하기 때문이다.

---

514 삼가三假: 수가受假 · 법가法假 · 명가名假 혹은 인성가因成假 · 상속가相續假 · 상대가相待假를 말하는데, 여기서는 수가受假 · 법가法假 · 명가名假를 지칭한다.

『보살영락본업경菩薩瓔珞本業經』 하권 제6 「인과품因果品」

復從是智能除, 五蓋, 貪·瞋·睡·掉·疑, 四食, 觸·識·思·段食, 四生, 卵生·胎生·濕生·化生, 十惡, 五逆, 八倒, 三障, 八難, 十三煩惱, 六道, 三界, 六十二見, 四流, 四縛, 四取, 九煩惱,[515] 七識住, 四結. 一切所除, 皆名不善.

[T24, 1019c11~15]

다시 이 지혜(智)를 따라 [다음과 같은 것을] 제거할 수 있으니, '다섯 가지 장애'(五蓋)인 탐욕(貪)·분노(瞋)·혼침(睡)·들뜸(掉)·의심(疑), [중생을 기르는] '네 가지 양식'(四食)인 '접촉으로 마련하는 양식'(觸食)·'의식으로 마련하는 양식'(識食)·'의도로 마련하는 양식'(思食)·'형체 있는 양식'(段食)[에 대한 집착], '생명을 일으키는 네 가지 방식'(四生)인 '알을 통해 생명을 일으키는 방식'(卵生)·'모태를 통해 생명을 일으키는 방식'(胎生)·'습기를 통해 생명을 일으키는 방식'(濕生)·'물질적 조건에 의지하지 않고 생명을 일으키는 방식'(化生)[에 매이는 것], '열 가지 해로운 행위'(十惡),[516] '[해탈을] 거스르는 다섯 가지'(五逆), '여덟 가지 뒤바뀐 견해'(八倒), '세 가지 장애'(三障),[517] '여

515 대정장 『본업경』 교감주에는 '(煩)+惱'라고 하였다. '괴로움'의 의미로 해석하는 원효의 주석을 반영하여 여기서는 '惱'로 교감하여 번역한다.

516 십악十惡: 살생殺生, 투도偸盜, 사음邪淫, 망어妄語, 양설兩舌, 악구惡口, 기어綺語, 탐욕貪欲, 진에瞋恚, 사견邪見을 가리킨다. 상세한 내용은 앞서의 '십선법十善法' 역주 참조.

517 삼장三障: 산스크리트어 trīṇy āvaranāni의 역어. 삼중장三重障이라고도 하며 번뇌장煩惱障·업장業障·이숙장異熟障을 가리킨다. ① 번뇌장煩惱障(kleśāvaraṇa) — 탐貪·진瞋·치癡 세 가지 번뇌, ② 업장業障(karmāvaraṇa) — 오무간업五無間業 및 신身·구口·의意가 지은 불선업不善業. ③ 이숙장異熟障(vipākāvaraṇa) — 보장報障·과보장果報障이라고도 하며 번뇌와 업業이 원인이 되어 초래된 삼악취三惡

덟 가지 난관'(八難), '13가지 번뇌'(十三煩惱),[518] '[업에 따라 윤회하는] 여섯 가지 세계'(六道), '[욕망세계欲界 · 유형세계色界 · 무형세계無色界, 이] 세 가지 세계'(三界), '62가지 잘못된 견해들'(六十二見),[519] '네 가지 번뇌의 흐름'(四流),[520] '네 가지 묶임'(四縛),[521] '네 가지 집착'(四取),[522] '아

趣 등의 과보果報. 『불광대사전』, p.667.

518 13가지 번뇌(十三煩惱): 「현성학관품賢聖學觀品」([T24, 1016b26~c3])에서 거론되고 있다. "佛子, 無明者, 名不了一切法, 迷法界而起三界業果. 是故我言, 從無明藏起十三煩惱, 所謂邪見 · 我見 · 常見 · 斷見 · 戒盜見 · 果盜見 · 疑見, 七見, 見一切處求故說見. 從見復起六著心, 貪 · 愛 · 瞋 · 癡 · 欲 · 慢, 於法界中一切時起. 佛子, 一切煩惱, 以十三爲本, 無明與十三作本."

519 육십이견六十二見: 석가모니 부처님 당시 인도에서 성행하고 있었던 62종의 다양한 주장들을 가리키며 불교의 입장에서는 외도外道의 주장들을 총칭하는 말이다.

520 사류四流: '네 가지 번뇌'(四漏)를 폭류에 비유하는 말이다. '네 가지 번뇌'(四漏)는 욕루欲漏 · 유루有漏 · 무명루無明漏 · 견루見漏를 가리킨다. ① 욕루欲漏 — 욕계의 번뇌로서 모두 41종이 있다. ② 유루有漏 — 색계色界와 무색계無色界의 번뇌로서 총 51종이 있다. ③ 무명루無明漏 — 삼계의 무명을 말한다. ④ 견루見漏 — 삼계의 견혹見惑을 말한다. 『불광대사전』, p.1791.

521 사박四縛: 집취박執取縛 · 영수박領受縛 · 요별박了別縛 · 집착박執著縛을 말한다. 이 사박四縛의 출전은 『유가사지론』 권14의 다음과 같은 내용에 해당한다. "復有差別, 謂四種縛. ① 〈一執取縛, 二領受縛, 三了別縛, 四執著縛.〉 ② 〈當知心於身, 由執取縛所縛. 於受, 由內領受縛所縛, 於色等境界相, 由了別縛所縛, 即於所說身等, 由貪瞋等大小煩惱執著縛所縛, 對治如是四種縛故, 立四念住.〉"(T30, 350a23~28.) 내용 분석을 위해 번호를 붙이고 구분하였다. 원효는 『중변분별론소』에서 집취박執取縛을 집수박執受縛으로 표현하고 있다.

522 사취四取: '취(取, upādāna)'는 번뇌의 별명으로 대상(境界)에 집착하는 행위를 의미한다. 여기에는 네 가지가 있는데, 첫 번째는 '감각적 욕망에 대한 집착'(欲取)이고, 두 번째는 '견해에 대한 집착'(見取)이며, 세 번째는 '[무조건] 지키거나 [무조건] 금해야 한다는 것에 대한 집착'(戒禁取)이고, 네 번째는 '불변 · 독자의 실체인 자아가 있다는 집착'(我取)을 가리킨다. 이에 대한 기술은 『상윳따 니까야』(제12 인연상응)에서 찾아볼 수 있다. 니까야 원문과 이에 대응하는 『잡아함경』의 원문을 제시하면 다음과 같다. "Katamañ ca bhikkhave upādānaṃ. Cattarimānī bhikkhave upādānāni. kāmupādānaṃ diṭṭhupādānaṃ sīlavabbatupādānaṃ. attavādupādānaṃ. Idam vuccati bhikkhave upādānaṃ."(SN. II, p.3); 『잡아함

홉 가지 괴로움'(九惱),[523] '식識이 머무는 일곱 가지 세계'(七識住),[524] '네 가지 결박'(四結)[525]이 그것이다. 제거되는 모든 것은 다 '이롭지 않은 것'(不善)이라 부른다.

〈소〉

此下, 第三顯所除障. 於中有三, 謂標釋結. 初言"復從是智能除"者, 謂前本智除障故. "五蓋"以下, 別顯諸障因果諸患通爲所除, 此中略擧十八種法. 言"八倒"者, 有爲四倒無爲四倒故, "九惱"者, 謂九惱處. 九惱處者, 三三爲九. 一愛我怨家, 二憎我親愛, 三正來惱我, 此通三世, 故成九惱. 其餘諸門, 如常所說. 言"四結"者, 卽是四繫, 如對法說惱. 結中言"皆名不善"者, 皆違涅槃眞實善故.

[H1, 514c13~22]

경雜阿含經』 권12(T2, 85b8~10). "緣愛取者, 云何爲取? 四取; 欲取, 見取, 戒取, 我取." 한편 『아비달마구사론阿毘達磨俱舍論』 등의 아비달마 논서에서는 네 번째 취取를 '아어취我語取'로 규정하고 있다. 『아비달마구사론阿毘達磨俱舍論』 권20(T29, 107b24~25). "取謂四取. 一欲取, 二見取, 三戒禁取, 四我語取."

523 구뇌九惱: 불구뇌佛九惱 · 구액九厄 · 구횡九橫 · 구난九難 · 구죄보九罪報라고도 한다. 부처가 과거생의 업장業障 때문에 성도成道 후에 그 과보로 받는 아홉 가지 재난을 말한다.

524 칠식주七識住: 산스크리트어 saptavijnāna-sthitayaḥ의 역어로 칠식처七識處 · 칠식지처七識止處 · 칠신식지처七神識止處라고도 한다. 유정有情 중생이 과보에 의해 삼계에 태어날 때 그 식識이 좋아하여 머무르는 일곱 가지 처소를 말한다. 욕계의 인간세계 · 천상세계, 색계의 초선천初禪天 · 제2선천第二禪天 · 제3선천第三禪天, 무색계의 공무변처천空無邊處天 · 식무변처천識無邊處天 · 무소유처천無所有處天이 그것이다.

525 사결四結: '네 가지 번뇌'(四種煩惱)를 말하는데 두 가지 설명이 있다. 하나는 욕결欲結 · 진결瞋結 · 치결癡結 · 이양결利養結이라 설명하는 것이고, 다른 하나는 탐진신결貪嫉身結 · 진애신결瞋恚身結 · 계취신결戒取身結 · 견취신결見取身結이라 설명하는 것이다. 『불광대사전』, p.1779.

이 아래는 세 번째로 [십바라밀 지혜로] '제거되는 장애'(所除障)들을 나타낸 것이다.[526] 여기에 세 가지가 있으니, '총괄적 설명'(標)과 해석(釋)과 맺음말(結)이 그것이다.

처음에 말한 "다시 이 지혜(智)를 따라 [다음과 같은 것을] 제거할 수 있다."(復從是智能除)라는 것은, 앞에서 말한 '근본 지혜'(本智)가 장애를 제거한다는 것이다. "다섯 가지 장애"(五蓋) 이하는 온갖 장애의 '원인과 결과' 및 온갖 우환들이 모두 제거의 대상이 됨을 하나씩 밝힌 것인데, 여기서는 18가지를 간략히 거론하고 있다.

"여덟 가지 뒤바뀐 견해"(八倒)라고 말한 것은 '세간 현상에 대한 네 가지 뒤바뀐 견해'(有爲四倒)[527]와 '진리 현상에 대한 네 가지 뒤바뀐 견해'(無爲四倒)[528]이며, "아홉 가지 괴로움"(九惱)이라는 것은 '아홉 가지 괴로운 것'(九惱處)을 말한다. '아홉 가지 괴로운 것'(九惱處)이라는 것은, 세 가지가 셋이어서 아홉 가지가 된다. 첫 번째는 내 원수의 집안을 사랑하는 것이고, 두 번째는 나의 친애하는 사람을 미워하는 것이며, 세 번째는 바로 와서 나를 괴롭히는 것이니, 이 세 가지가 과거 · 현재 · 미래(三世)에서 모두 일어나기 때문에 '아홉 가지 괴로움'(九惱)이 된다.

그 밖의 다른 것들은 통상적으로 설명되는 것과 같다. "네 가지 결박"(四結)이라고 말한 것은 바로 '네 가지 얽매임'(四繫)이니, 현상에 대응시켜 말한다면 번뇌(惱)이다. 맺음말(結)에서 "다 '이롭지 않은 것'(不

---

526 원효의 과문科文에 대한 앞서의 역주 참조.

527 유위사도有爲四倒; '변화하는 것을 변하지 않는 것이라고 보는 뒤바뀐 견해'(常顚倒), '괴로움을 즐거움이라고 보는 뒤바뀐 견해'(樂顚倒), '자아가 아닌 것을 자아라고 보는 뒤바뀐 견해'(我顚倒), '청정하지 않은 것을 청정하다고 보는 뒤바뀐 견해'(淨顚倒)의 네 가지를 말한다.

528 무위사도無爲四倒: '진여의 진리 현상을 변하지 않는 것이라고 보는 뒤바뀐 견해'(常顚倒), '진여의 진리 현상을 즐거운 것이라고 보는 뒤바뀐 견해'(樂顚倒), '진여의 진리 현상을 자아라고 보는 뒤바뀐 견해'(我顚倒), '진여의 진리 현상을 청정한 것이라고 보는 뒤바뀐 견해'(淨顚倒)의 네 가지를 말한다.

善)이라 부른다."(皆名不善)라고 말한 것은, 모두가 '열반의 진실한 이로움'(涅槃眞實善)을 위배하기 때문이다.

『보살영락본업경菩薩瓔珞本業經』 하권 제6 「인과품因果品」

佛子, 十[529]智境所除一切功德, 皆名佛因, 汝應受應[530]行.

[T24, 1019c15~16]

부처의 제자들이여, 이 '[십바라밀의] 열 가지 지혜의 대상'(十智境)[인 '여덟 가지 세간적 현상'(八世諦法)]에서 ['18가지 이롭지 않은 것'(不善) 등이] 제거된 '모든 이로운 능력'(一切功德)을 모두 '부처가 되는 원인'(佛因)이라고 부르니, 그대들은 받아들여 실천해야 한다.

〈소〉

上來三分, 合爲第二別明所生. "十智"以下, 第三結勸. 言"十智境所除"者, 謂十智之境, 八世諦法, 十智所除, 十八不善, 是擧非因. 此餘所有一切功德, 皆名佛因故, 應受行. 八世諦法不名因者, 彼境界門, 非因義故.

[H1, 514c22~515a6]

위에서의 ['총괄적 설명'(標)과 해석(釋)과 맺음말(結)] 세 가지 구분에서

529 대정장 『본업경』 교감주에는 '(是)+十'이라 하였다. 여기서는 '是十'으로 번역한다.

530 대정장 『본업경』 교감주에는 '應'이 없는 판본도 있다고 한다.

[이상의 내용은] 두 번째인 '[지혜로써] 생겨나는 것들을 하나씩 밝힌 것'(別明所生)에 해당한다. "[십바라밀의] 열 가지 지혜"(十智) 이하는 세 번째인 '권하면서 맺는 말'(結勸)이다.

"'[십바라밀의] 열 가지 지혜의 대상'(十智境)[인 '여덟 가지 세간적 현상'(八世諦法)]에서 ['18가지 이롭지 않은 것'(不善) 등이] 제거된"(十智境所除)이라고 말한 것은 [다음과 같은 의미이다.] '[십바라밀의] 열 가지 지혜의 대상'(十智之境)은 '여덟 가지 세간적 현상'(八世諦法)이며, 열 가지 지혜가 제거한 것은 '18가지 이롭지 않은 것'(不善)이니, 이것은 '[부처가 되는] 원인이 아닌 것'(非因)을 거론한 것이다. 이것들을 없애어 지니게 된 '모든 이로운 능력'(功德)을 모두 '부처가 되는 원인'(佛因)이라 부르기 때문에 받아들여 실천해야 한다. '여덟 가지 세간적 현상'(八世諦法)을 '[부처가 되는] 원인'(因)이라 부르지 않는 것은 그 ['여덟 가지 세간적 현상'(八世諦法)이라는] '대상의 맥락'(境界門)이 '[부처가 되는] 원인'(因)의 뜻이 아니기 때문이다.

『보살영락본업경菩薩瓔珞本業經』 하권 제6 「인과품因果品」

佛子, 汝先言果者, 是五賢菩薩修諸道法, 證一大果, 爲法性體. 其體者, 非有非無, 非大非小, 非身[531]非心. 非相非三世, 非天非人, 非名字非常樂我淨, 非六道非六識入, 非數量法過一切法相. 非福田非鬼神,[532] 非動靜,[533] 非生滅非第一, 非五色非六大非土田, 非法界非三界, 非縛解, 非明闇. 非得法, 寂然無爲.

[T24, 1019c16~23]

531 대정장 『본업경』 교감주에는 '身=色'이라 하였다.
532 대정장 『본업경』 교감주에는 '鬼+(非)'라 하여 '非鬼非神'으로 보았다.
533 '非動靜'은 '非動非靜'이어야 자연스럽다. 원효도 그렇게 주석하고 있다.

부처의 제자들이여, 그대가 앞에서 말한 '['올바른 가르침'(正法)의] 과보'(果)라는 것은, '[십주十住 · 십행十行 · 십회향十迴向 · 십지十地 · 등각等覺 이] 다섯 단계의 보살'(五賢菩薩)들이 모든 '진리의 가르침'(道法)을 수행하여 '하나처럼 통하는 크나큰 결과'(一大果)를 증득하고 [그것을] '본연으로서의 바탕'(法性體)으로 삼는 것이다. 그 [본연으로서의] 바탕(體)은 '있는 것도 아니고 없는 것도 아니며'(非有非無), '큰 것도 아니고 작은 것도 아니며'(非大非小), '몸도 아니고 마음도 아니다.'(非身非心) [또] '현재의 모습[에 속하는 것]도 아니고, 과거 · 현재 · 미래[에 속하는 것]도 아니며'(非相非三世), '천상세계[에 속하는 것]도 아니고 인간세계[에 속하는 것]도 아니며'(非天非人), '명칭[에 속하는 것]도 아니고, 변하지 않는 것 · 즐거운 것 · 자아 · 청정한 것[에 속하는 것]도 아니며'(非名字非常樂我淨), '[업에 따라 윤회하는] 여섯 가지 세계[에 속하는 것]도 아니고, 여섯 가지 식識으로써 들어가는 것도 아니며'(非六道非六識入), '숫자로 헤아려 낼 수 있는 현상[에 속하는 것]도 아니고 모든 현상의 모습도 넘어선다'(非數量法過一切法相). [또 '본연으로서의 바탕'(法性體)은] '길한 것도 아니고 흉한 것도 아니며'(非福田非鬼神), '움직이는 것도 아니고 고요한 것도 아니며'(非動非靜), '생멸하는 것도 아니고 궁극인 것도 아니며'(非生滅非第一), '다섯 가지 색깔[534][에 속하는 것]도 아니며 여섯 가지 요소[535][에 속하는 것]도 아니고 땅이나 밭도 아니며(非五色非六大非土田), '진리세계도 아니고 [욕망세계 · 유형세계 · 무형세계, 이] 세 가지 세계도 아니며'(非法界非三界), '묶인 것도 아니고 풀려난 것도 아니며'(非縛解), '밝은 것도 아니고 어두운 것도 아니다'(非明暗). ['본연으로서의 바탕'(法性體)은] '[특정한] 현상을 얻는 것이

534 오색五色: 청색 · 적색 · 황색 · 백색 · 흑색을 말한다.

535 육대六大: 모든 현상을 구성하고 있는 여섯 가지 요소로서 지대地大 · 수대水大 · 화대火大 · 풍대風大 · 공대空大 · 식대識大를 말한다.

아니어서, [특정한 현상에 치우치지 않아] 고요하면서도 [치우치지 않는 중간에] 자리 잡음도 없다'(非得法, 寂然無爲).

〈소〉

"汝先"以下, 第二顯果. 在文有三, 牒問釋結. 第二釋中, 亦有三分, 初顯體果, 次釋義果, 三者重明體義二果. 初中有二, 先明一體之相, 後顯二身之門. 初中亦二, 一者擧因標果, 二者正明果體. 初中言"爲性[536]體"者, 是一法界故. "其體"者以下, 正顯無二相. 於中亦二, 別顯總明. 初別顯中, 有二七對. "非有非無"者, 非有一果體, 非無一果體故. "非大非小"者, 入一極微而無遺, 包十方界而餘[537]故. "非身[538]非心"者, 離長短等形質, 離有無等緣慮故. "非相非三世"者, 離此彼處相, 離前後時謝故. "非天非人"者, 不在高空, 不在下地故. "非名字非常樂我淨"者, 非芳名之可讃, 非妙德之可歸故. "非六道非六識入"者, 非善惡之所生, 非名色之可取故. "非數量法過一切法相"者, 總結前七對也. "非福田非鬼神"者, 無福無罪故. "非動非靜"者, 無散無定故. "非生滅非第一"者, 非俗非眞故. "非五色非六大非土田"者, 非別非總故. "非法界非三界"者, 非本非末故, "非縛解"者, 不染不淨故, "非明闇"者, 不智不愚故. "非得法, 寂然無爲"者, 總結前七對也. 言"寂然"者, 遠離七對二邊相故, 言"無爲"者, 雖離二邊, 不爲中故. 由是道理, 故"非得法"也.

[H1, 515a7~b9]

---

536 한불전 교감에 따르면, "어떤 본에는 爲 아래에 法이 있다."고 했다. 이에 따라 '法性體'로 교감하다. 『본업경』 원문도 '法性體'이다.

537 한불전 교감주에 따르면, "'而' 아래에 '無'가 탈락된 것으로 의심된다."라고 했다. 그러나 내용으로 볼 때 '無'가 없어야 적절하다. 여기서는 원문대로 번역한다.

538 한불전 교감주에 따르면, "'身'은 경전에 '色'으로 되어 있다."라고 했으나, 대정장 경문에 따르면 교감주에 '身=色'이라고만 하였다.

"그대가 앞에서"(汝先) 이하는 두 번째로 [십바라밀 지혜로써 생겨난] 결과(果)를 나타낸 것이다. 글에는 세 가지가 있으니, '질문을 끌어온 것'(牒問)과 해석(釋)과 맺음말(結)이다. 두 번째인 해석에도 세 가지 구분이 있으니, 처음에는 '[본연인] 바탕으로서의 결과'(體果)를 드러내었고, 다음에는 '[부처] 면모로서의 결과'([佛]義果)를 해석하였으며, 세 번째에는 '바탕 및 면모로서의 두 가지 결과'(體義二果)를 거듭 밝혔다. 처음 가운데는 두 가지가 있으니, 먼저는 '하나처럼 통하는 [본연으로서의] 바탕의 특징'(一體之相)을 밝혔고, 나중은 '두 가지 [진리] 몸의 종류'(二身之門)를 나타내었다. 처음의 것에도 두 가지가 있으니, 첫째는 '원인을 거론하면서 결과를 드러낸 것'(擧因標果)이고, 둘째는 '결과의 [본연으로서의] 바탕을 곧바로 밝힌 것'(正明果體)이다.

처음에 "'본연으로서의 바탕'(法性體)으로 삼는다."(爲法性體)라고 말한 것은, 이것이 '하나처럼 통하는 [차이들의] 현상세계'(一法界)이기 때문이다. "그 [본연으로서의] 바탕은"(其體) 이하에서는 ['본연으로서의 바탕'(法性體)에] '두 가지 [치우친] 양상'(二[邊]相)이 없음을 곧바로 드러내었다. 여기에 두 가지가 있으니, '하나씩 나타냄'(別顯)과 '총괄적으로 밝힘'(總明)이다. 처음인 '하나씩 나타냄'(別顯) 가운데에는 '두 가지 짝으로 이루어진 일곱 가지 대비'(二七對)가 있다.

"있는 것도 아니고 없는 것도 아니다."(非有非無)라는 것은, '하나처럼 통하는 [본연으로서의] 과보의 바탕'(一果體)이 있는 것도 아니고 '하나로 통하는 [본연으로서의] 과보의 바탕'(一果體)이 없는 것도 아니기 때문이다. "큰 것도 아니고 작은 것도 아니다."(非大非小)라는 것은, ['본연으로서의 바탕'(法性體)이] '가장 미세한 것'(極微) 하나에 들어가도 남는 곳이 없[을 정도로 작]고 '온 세계'(十方界)를 다 넣어도 남는 곳이 있[을 정도로 크]기 때문이다. "몸도 아니고 마음도 아니다."(非身非心)라는 것은, ['본연으로서의 바탕'(法性體)이] '길거나 짧은' 등의 [몸의] '형태적 특징'(形質)에서도 벗어나 있고 '있거나 없는' 등의 '대상을 생각하는 [마음]'(緣慮[心])에서도 벗어나 있기 때문이다. "현재의 모습[에 속하는 것]도 아니고 과거 · 현재 · 미래[에 속하는 것]도 아니다."(非相非三世)라는 것은, ['본연으로서의 바탕'(法性體)이] [현재] 이곳에서의 모습에서도 벗어나 있고 이전(前)과 이후(後)의 시간으로 물러난 [모습]에서도 벗어나 있기 때문이다.

"천상세계[에 속하는 것]도 아니고 인간세계[에 속하는 것]도 아니다."(非天非人)라는 것은, ['본연으로서의 바탕'(法性體)이] 높은 허공에 있지도 않고 낮은 땅에 있지도 않기 때문이다. "명칭[에 속하는 것]도 아니고, 변하지 않는 것 · 즐거운 것 · 자아 · 청정한 것[에 속하는 것]도 아니다."(非名字非常樂我淨)라는 것은, ['본연으로서의 바탕'(法性體)이] 아름다운 이름으로써 찬탄할 수 있는 것도 아니고 '오묘한 능력'(妙德)으로써 돌아갈 수 있는 것도 아니기 때문이다. "[업에 따라 윤회하는] 여섯 가지 세계[에 속하는 것]도 아니고, 여섯 가지 식識으로써 들어가는 것도 아니다."(非六道非六識入)라는 것은, ['본연으로서의 바탕'(法性體)이] 선행과 악행으로 생겨나는 것도 아니고 '정신과 대상'(名色)[의 상호작용]으로 취할 수 있는 것도 아니기 때문이다. "숫자로 헤아려 낼 수 있는 현상[에 속하는 것]도 아니고 모든 현상의 모습도 넘어선다."(非數量法過一切法相)라는 것은, 앞의 '일곱 가지 대비'(七對)를 총괄적으로 매듭지은 것이다.

"길한 것도 아니고 흉한 것도 아니다."(非福田非鬼神)라는 것은, ['본연으로서의 바탕'(法性體)에는] 복도 없고 죄도 없기 때문이다. "움직이는 것도 아니고 고요한 것도 아니다."(非動非靜)라는 것은, ['본연으로서의 바탕'(法性體)에는] '움직여 흩어짐'(散)도 없고 '정지하여 고정됨'(定)도 없기 때문이다. "생멸하는 것도 아니고 궁극인 것도 아니다."(非生滅非第一)라는 것은, ['본연으로서의 바탕'(法性體)은] 세속(俗)도 아니고 진리(眞)도 아니기 때문이다.

"다섯 가지 색깔[에 속하는 것]도 아니며 여섯 가지 요소[에 속하는 것]도 아니고 땅이나 밭도 아니다."(非五色非六大非土田)라는 것은, ['본연으로서의 바탕'(法性體)은] 개별적인 것도 아니고 총괄적인 것도 아니기 때문이다. “진리세계도 아니고 [욕망세계 · 유형세계 · 무형세계, 이] 세 가지 세계도 아니다.”(非法界非三界)라는 것은 [‘본연으로서의 바탕’(法性體)이] 근본도 아니고 지말枝末도 아니기 때문이고, “묶인 것도 아니고 풀려난 것도 아니다.”(非縛解)라는 것은 [‘본연으로서의 바탕’(法性體)이] 오염된 것도 아니고 청정한 것도 아니기 때문이며, “밝은 것도 아니고 어두운 것도 아니다.”(非明闇)라는 것은 [‘본연으로서의 바탕’(法性體)이] 지혜로운 것도 아니고 어리석은 것도 아니기 때문이다.

“[특정한] 현상을 얻는 것이 아니어서, [특정한 현상에 치우치지 않아] 고요하면서도 [치우치지 않는 중간에] 자리 잡음도 없다.”(非得法, 寂然無爲)라는 것은, 앞의 ‘일곱 가지 대비’(七對)를 총괄적으로 결론지은 것이다. “고요하다.”(寂然)라고 말한 것은 [‘본연으로서의 바탕’(法性體)이] 일곱 가지로 대비시킨 ‘두 가지 치우친 양상’(二邊相)에서 멀리 벗어났기 때문이며, “[치우치지 않는 중간에] 자리 잡음도 없다.”(無爲)라고 말한 것은 [‘본연으로서의 바탕’(法性體)이] 비록 ‘두 가지 치우침’(二邊)에서 벗어나지만 [그] 가운데가 되는 것도 아니기 때문이다. 이러한 도리 때문에 “[특정한] 현상을 얻는 것이 아니다.”(非得法)라고 하였다.

『보살영락본업경菩薩瓔珞本業經』 하권 제6 「인과품因果品」

一切法外, 心[539]行處滅, 其處難量. 就有諦中, 修劫量行, 而有果報.
[T24, 1019c23~24]

[‘본연으로서의 바탕’(法性體)은] 모든 현상을 떠나 ‘언어적 규정이 끊

539 대정장 『본업경』 교감주에 따르면 ‘(言語道斷)+心’이라 하였다. 이것을 반영하여 번역한다.

어졌고'(言語道斷) [모든 '두 가지 치우친 양상'(二邊相)으로 가는] 마음작용(心行處)이 소멸되어 그 지평(處)은 [생각으로] 헤아리기가 어렵다. '있다는 관점'(有諦)에서는 '무수한 시간의 수행'(劫量行)을 닦아야 과보果報가 있는 것이다.

〈소〉

"一切"以下, 第二總明. 於中有二, 正明遣疑. 初中言"一切法外"者, 出離如前二重七對一切法故. "心行處滅"者, 出離諸法, 亦離其離, 無所據故. "其處難量"者, 雖非有得, 而非無得故. 次遣疑者, 有衆疑云, 〈若果如是心言絶者, 何故如來記菩薩言, "於爾許, 劫行種種行, 於某世界, 當得作佛." 如是如是, 示當果耶?〉 爲遣是疑故, 言"就有諦中, 修劫量行, 而有果報." 果報者, 淨土色身, 相好果報. 此等皆就有諦中說, 今此中說二諦之外, 由是道理, 不相違也.

[H1, 515b9~20]

"모든"(一切) 이하는 [〈['본연으로서의 바탕'(法性體)에] '두 가지 [치우친] 양상'(二[邊]相)이 없음을 곧바로 드러냄〉(正顯無二[邊]相)의 두 가지인 '하나씩 나타냄'(別顯)과 '총괄적으로 밝힘'(總明) 가운데] 두 번째인 '총괄적으로 밝힘'(總明)이다. 여기에 두 가지가 있으니, '곧바로 밝힘'(正明)과 '의심을 없앰'(遣疑)이다.

처음[인 '곧바로 밝힘'(正明)] 가운데 "모든 현상을 떠나"(一切法外)라고 말한 것은, 앞에서 [말한 것과] 같은 '두 가지 짝으로 이루어진 일곱 가지 대비'(二重七對)의 모든 현상에서 벗어났기 때문이다. "마음작용이 소멸되었다."(心行處滅)라는 것은, 모든 현상에서 벗어나고 그 벗어남에서도 또 벗어나 [마음이] 기댈 곳이 없기 때문이다. "그 지평(處)은 [생각으로]

헤아리기가 어렵다."(其處難量)라는 것은, 비록 얻는 것이 있는 것은 아니지만 얻는 것이 없는 것도 아니기 때문이다.

다음으로 '의심을 없앰'(遣疑)이란 것은 [다음과 같다.] 의심하는 사람들은 이렇게 묻는다. 〈만약 ['올바른 가르침'(正法)의] 과보(果)가 이처럼 마음과 언어가 끊어진 것이라면 어찌하여 여래는 보살에게 '부처가 되리라는 보증'([授]記)을 하면서 "너에게 허락하노니, 갖가지 수행을 '무수한 세월'(劫)에 걸쳐 닦으면 그 어느 세계에선가 부처를 이룰 것이다."라고 말하면서 이처럼 '미래의 결과'(當果)를 보인 것인가?〉

이러한 의심을 없애려 하기 때문에 "'있다는 관점'(有諦)에서는 '무수한 시간의 수행'(劫量行)을 닦아야 과보果報가 있는 것이다."(就有諦中, 修劫量行, 而有果報)라고 말하였다. "과보果報"란 것은, '온전한 세상'(淨土)에서의 몸(色身)이나 '수승한 용모와 빼어난 특징'(相好)이라는 과보이다. 이런 것들은 모두 '있다는 관점'(有諦)에서 설한 것이고, 지금 여기서는 ['있다는 관점'(有諦)과 '없다는 관점'(無諦), 이] 두 가지 관점'(二諦)에서 벗어난 경지를 설한 것이니, 이와 같은 도리로 말미암아 [『본업경』의 말과 그것을 의심하는 질문은] 서로 모순되지 않는다.

『보살영락본업경菩薩瓔珞本業經』 하권 제6 「인과품因果品」

佛子, 有二法身, 一果極法身, 二應化法身. 其應化法身, 如影隨形, 以果身常故, 應身亦常. 佛子, 古昔諸佛, 二身道同. 佛子, 一切菩薩, 二身俱是無常身. 佛子, 一切凡夫, 亦有二身, 一報身, 二方便身. 報身不共有, 方便身共一切衆生有. 佛子, 一切菩薩一切衆生, 皆有二身. 一切諸如來, 常作如是說, 故名決定了義.

[T24, 1019c24~1020a3]

부처의 제자들이여, 두 가지의 '진리 몸'(法身)이 있으니, 첫 번째는 〈과보의 궁극인 '진리 몸'〉(果極法身)이고 두 번째는 '[중생의 바람에] 응하여 나타내는 진리 몸'(應化法身)이다. 그 '[중생의 바람에] 응하여 나타내는 진리 몸'(應化法身)은 그림자가 형상을 따르는 것과 같으니, '과보의 [궁극인 진리] 몸'(果[極法]身)이 '늘 본연에 머물기'(常) 때문에 '[중생의 바람에] 응하여 나타내는 몸'(應身)도 '늘 본연에 머문다'(常). 부처의 제자들이여, 옛날의 모든 부처에게는 '두 가지 [진리] 몸[을 펼치는] 길'(二身道)이 같은 것이었다.

부처의 제자들이여, 모든 보살에게는 두 가지 몸이 모두 '늘 본연에 머물지는 못하는 몸'(無常身)이다. 부처의 제자들이여, 모든 범부에게도 두 가지 몸이 있으니, 첫 번째는 '과보의 몸'(報身)이고 두 번째는 '수단으로 쓰이는 몸'(方便身)이다. '과보의 몸'(報身)은 공통적으로 있는 것이 아니고, '수단으로 쓰이는 몸'(方便身)은 모든 중생에게 공통적으로 있다.

부처의 제자들이여, 모든 보살과 모든 중생에게는 모두 [이와 같은] 두 가지 몸이 있다. 모든 여래는 언제나 이와 같이 설하니, 그러므로 '완전한 뜻[을 지닌 가르침]'(決定了義)이라고 한다.

〈소〉

此下, 第二明二身門. 於中有二, 一者正明如來二身, 二者乘顯下地二身. 初中四句. 一者總,[540] 二者別顯, 三明二身常住, 四結諸佛道同. 第三中言"如影隨形"者, 是明果身常住, 離生滅故. 應身亦常離生滅, 不同菩薩二身無常也. 次明下地皆有二身. 於中有二, 正明總結. 初中

540 '明'이 탈락된 것으로 보인다. '總明'으로 교감하여 번역한다.

亦二, 先明菩薩二身無常, 後顯凡夫二身不同. "佛子"以下, 第二總結.
[H1, 515b21~c5]

이 아래는 두 번째로 '두 가지 [진리] 몸'(二[法]身)의 종류(門)를 밝혔다.[541] 여기에 두 가지가 있으니, 첫째는 '여래의 두 가지 몸을 곧바로 밝힌 것'(正明如來二身)이고, 둘째는 '[여래] 아래 경지의 두 가지 몸을 더불어 나타낸 것'(乘顯下地二身)이다.

첫째에는 네 구절이 있다. 첫 번째는 '총괄적으로 밝힌 것'(總明)이고, 두 번째는 '하나씩 드러낸 것'(別顯)이며, 세 번째는 '[여래의] 두 가지 [진리의] 몸이 늘 본연에 머무는 것을 밝힌 것'(明二身常住)이고, 네 번째는 모든 '부처의 길'(佛道)[에서의 두 가지 몸]은 같다는 것으로써 말을 맺은 것이다.

셋째 중에서 "그림자가 형상을 따르는 것과 같다."(如影隨形)라고 말한 것은, '과보의 [궁극인 진리] 몸'(果[極法]身)이 늘 '본연에 머무는 것'(常住)을 밝힌 것이니, '[근본무지와 분별에 의한] 생겨남과 사라짐'(生滅)에서 벗어났기 때문이다. '[중생의 바람에] 응하여 나타내는 몸'(應身) 역시 '[근본무지와 분별에 의한] 생겨남과 사라짐'(生滅)에서 늘 벗어나 있

541 앞에서 행한 과문科文에서 "〈汝先〉以下, 第二顯果. 在文有三, 牒問釋結. 第二釋中, 亦有三分, 初顯體果, 次釋義果, 三者重明體義二果. 初中有二, 先明一體之相, 後顯二身之門."(H1, 515a7~10)이라고 하였다. 번역하면 다음과 같다. "〈그대가 앞에서〉(汝先) 이하는 두 번째로 [십바라밀 지혜로써 생겨난] 결과(果)를 나타낸 것이다. 글에는 세 가지가 있으니, '질문을 끌어온 것'(牒問)과 해석(釋)과 맺음말(結)이다. 두 번째인 해석에도 세 가지 구분이 있으니, 처음에는 '[본연인] 바탕으로서의 결과'(體果)를 드러내었고, 다음에는 '[부처] 면모로서의 결과'([佛]義果)를 해석하였으며, 세 번째에는 '바탕 및 면모로서의 두 가지 결과'(體義二果)를 거듭 밝혔다. 처음 가운데는 두 가지가 있으니, 먼저는 '하나처럼 통하는 [본연으로서의] 바탕의 특징'(一體之相)을 밝혔고, 나중은 '두 가지 [진리] 몸의 종류'(二身之門)를 나타내었다."

기에, 보살의 두 가지 몸이 '늘 본연에 머물지는 못하는 것'(無常)과는 같지 않다.

다음으로는 [여래의] 아래 경지에도 모두 두 가지 몸이 있음을 밝혔다. 여기에 두 가지가 있으니, '곧바로 밝힘'(正明)과 '총괄적으로 맺는 말'(總結)이다. 처음[인 '곧바로 밝힘'(正明)]에도 두 가지가 있으니, 먼저 보살의 두 가지 몸이 '늘 본연에 머물지는 못하는 것'(無常)을 밝혔고, 나중에는 범부의 두 가지 몸이 같지 않음을 나타내었다. "부처의 제자들이여"(佛子) 이하는 두 번째인 '총괄적으로 맺는 말'(總結)이다.

『보살영락본업경菩薩瓔珞本業經』 하권 제6「인과품因果品」

佛子, 佛義功德身者, 諸佛道同, 果法不異.

[T24, 1020a3~4]

부처의 제자들이여, '부처 면모가 지닌 이로운 능력의 몸'(佛義功德身)은 모든 부처의 길에서는 같은 것이어서 '결과로 나타나는 현상'(果法)도 다르지 않다.

〈소〉

"佛子"以下, 次明義果. 於中有三, 總標別釋, 第三總結. 初中言"義功德"者, 體果妙絶離相性, 無爲無作, 但無所爲故, 無所不爲. 爲諸衆生作諸義利, 故於一體, 出無量義無量功德. 德義積聚故名爲身, 卽是應化法身之身. 如下文言, "住是妙覺地中, 唯現作[542]可名, 有無量義, 有無量名, 其出一體, 所謂妙果常住清淨. 至若虛空, 不可思議, 不可說, 不可名數, 不可名, 入界分可得”故. “諸佛道同, 果法不異”者, 十號等德, 諸佛同故.

[H1, 515c6~16]

“부처의 제자들이여”(佛子) 이하는 다음으로 ‘[부처] 면모로서의 결과’(義果)[543]를 밝혔다.[544] 여기에 세 가지가 있으니, [첫 번째는] ‘총괄적 제시’(總標), [두 번째는] ‘하나씩 해석함’(別釋), 세 번째는 ‘총괄적으로 맺는 말’(總結)이다.

처음[인 ‘총괄적 제시’(總標)] 가운데서 “[부처] 면모가 지닌 이로운 능력”([佛]義功德)이라고 말한 것은, ‘[본연인] 바탕으로서의 결과’(體果)가 지닌 ‘[불변·독자의 본질/실체로서의] 차이/특징에서 절묘하게 벗어나는 면모’(妙絶離相性)에는 ‘[근본무지를 조건으로 하는] 형성도 없고 조작도 없는 것’(無爲無作)이니, 다만 ‘[근본무지를 조건으로 삼아] 하는 것’(所爲)이 없기 때문에 ‘[이로운 행위를] 하지 않는 것도 없다’(無所不爲). 모든 중생을 위해서 ‘갖가지 면모의 이로움’(諸義利)을 지으니, 그러므로 ‘하나처럼 통

---

542 대정장 『본업경』에는 ‘作’이 ‘化’로 되어 있다. ‘化’로 교감하여 번역한다.

543 『본업경』에서는 부처가 행하는 원인(因)으로부터 실현되는 결과(果)를 ‘[본연인] 바탕으로서의 결과’(體果)와 ‘[부처] 면모로서의 결과’([佛]義果)로 구분하여 설명하고 있다.

544 앞에서 행한 과문科文에서 “〈汝先〉以下, 第二顯果. 在文有三, 牒問釋結. 第二釋中, 亦有三分, 初顯體果, 次釋義果, 三者重明體義二果. 初中有二, 先明一體之相, 後顯二身之門.”(H1, 515a7~10)이라고 하였다. “〈그대가 앞에서〉(汝先) 이하는 두 번째로 [십바라밀 지혜로써 생겨난] 결과(果)를 나타낸 것이다. 글에는 세 가지가 있으니, ‘질문을 끌어온 것’(牒問)과 해석(釋)과 맺음말(結)이다. 두 번째인 해석에도 세 가지 구분이 있으니, 처음에는 ‘[본연인] 바탕으로서의 결과’(體果)를 드러내었고, 다음에는 ‘[부처] 면모로서의 결과’([佛]義果)를 해석하였으며, 세 번째에는 ‘바탕 및 면모로서의 두 가지 결과’(體義二果)를 거듭 밝혔다. 처음 가운데는 두 가지가 있으니, 먼저는 ‘하나처럼 통하는 [본연으로서의] 바탕의 특징’(一體之相)을 밝혔고, 나중은 ‘두 가지 [진리] 몸의 종류’(二身之門)를 나타내었다.”

하는 [본연으로서의] 바탕'(一體)에서 '무한한 면모의 무한한 이로운 능력'(無量義無量功德)이 나온다. '능력의 면모'(德義)가 쌓이고 모였기 때문에 몸(身)이라고 부르니, 이것이 바로 '[중생의 바람에] 응하여 나타내는 진리 몸'(應身法身)의 몸(身)이다. [이것은] 아랫글에서 [다음과 같이] 말한 것과 같다. "이 '[차이들을] 사실대로 함께 만날 수 있는 깨달음의 경지'(妙覺地)에 머물면서 오직 이름으로나 지칭할 수 있는 것들을 나타내니(化現), '이루 헤아릴 수 없이 많은 면모'(無量義)가 있고 '이루 헤아릴 수 없이 많은 명칭'(無量名)이 있다. 그것들은 '하나처럼 통하는 [본연으로서의] 바탕'(一體)에서 나오니, 이른바 〈'오묘한 과보'(妙果)는 '늘 온전함에 머문다.'(常住淸淨)에 머문다.〉는 것이다. [그 '오묘한 결과'(妙果)의] 지극한 경지는 허공과도 같아서 '생각으로 헤아리기 어렵고'(不可思議) '말로 규정할 수 없으며'(不可說) '숫자로 헤아릴 수 없고'(不可名數) '이름 붙일 수도 없지만'(不可名), 세계(界)에 들어가서는 구분(分)[되는 고유의 내용]을 얻을 수 있다."[545]

"모든 부처의 길에서는 같은 것이어서 '결과로 나타나는 현상'(果法)도 다르지 않다."(諸佛道同, 果法不異)라는 것은, '열 가지 호칭'(十號)[546]

545 『보살영락본업경』 권7「대중수학품大衆受學品」(T24, 1022a12~15). "佛子! 住是妙覺地中, 唯現化可名, 有無量義, 有無量名, 其出一體, 所謂妙果, 常住淸淨. 至若虛空, 不可思議, 不可說, 不可名數, 不可名, 入界分可得."

546 십호十號: 부처에 대한 열 가지 호칭이다. 『번역명의집翻譯名義集』 권1에서는 "此十號義, 若總略釋, 無虛妄名如來, 良福田名應供, 知法界名正遍知, 具三明名明行足, 不還來名善逝, 知衆生國土名世間解, 無與等名無上士, 調他心名調御丈夫, 爲衆生眼名天人師, 知三聚名佛, 具玆十德, 名世間尊."(T54, p.1057b13~17)이라고 하여 ① 여래如來, ② 응공應供, ③ 정변지正遍知, ④ 명행족明行足, ⑤ 선서善逝, ⑥ 세간해世間解, ⑦ 무상사無上士, ⑧ 조어장부調御丈夫, ⑨ 천인사天人師, ⑩ 불佛, ⑪ 세간존世間尊이라는 11가지 호칭의 뜻을 나열하고 약석略釋한다. 그리고 『열반경』 권1에서는 "佛號虛空等如來應供正遍知明行足善逝世間解無上士調御丈夫天人師佛世尊"(T12, p.610a 8~ 10)이라고 하여 '열 가지 호칭'(十號)을 열거한다. 또한 "今日如來應供正遍知, 憐愍衆生覆護衆生, …"(T12, p.605a11~12)이라고 하는 것처럼 처음 세 가지

등으로 부르는 능력이 모든 부처가 같기 때문이다.

『보살영락본업경菩薩瓔珞本業經』 하권 제6 「인과품因果品」

所謂十號, 一如來, 二應供, 三正遍知, 四明行足, 五善逝, 六世間解, 七無上士, 八調御丈夫, 九天人師, 十佛陀. 具向十德故, 爲一切衆生[547]所供養.

[T24, 1020a4~7]

이른바 [부처의] '열 가지 호칭'(十號)은 첫 번째는 '진리와 같게 오신 분'(如來), 두 번째는 '공양받아야 할 분'(應供), 세 번째는 '온전하게 두루 아시는 분'(正遍知), 네 번째는 '밝아짐과 행함을 모두 갖춘 분'(明行足), 다섯 번째는 '잘 가신 분'(善逝), 여섯 번째는 '세상을 진리대로 이해하는 분'(世間解), 일곱 번째는 '견줄 것이 없는 분'(無上士), 여덟 번째는 '잘 다스리는 분'(調御丈夫), 아홉 번째는 '신들과 인간들의 스승'(天人師), 열 번째는 '깨달은 분'(佛陀)이다. [이 열 가지 명칭은] 모두 '열 가지 능력'(十德)으로 향하기 때문에 모든 중생이 공양하는 대상이 된다.

〈소〉

"所謂"以下, 第二別明, 於中略顯八十八德. 先明十號, 然此十號, 經

인 여래如來 · 응공應供 · 정변지正遍知만으로 십호十號를 대신하는 사례들도 보인다. 통상 열 가지 호칭을 거론한다.

547 대정장 『본업경』에 의하면, '生+之'라 하였다.

論不同. 或有處說佛爲第十, 或有處說佛爲第九. 今此經中依前門說. 一"如來"者, 『十號經』言, "我卽他曰如 他卽我曰來", 『涅槃經』言, "諸佛世尊, 從六波羅蜜 · 三十七品 · 十一空來, 至大涅槃, 如來亦爾. 是故號佛爲如來也", 『瑜伽論』云, "言無虛妄, 故名如來", 『佛性論』云, "從自性住來至至得, 故名如來也." 二"應供"者, 『瑜伽論』云, "已得一切所應得義, 應作世間無上福田, 應爲一切恭敬法養, 是故名應.[548]" 三"正遍知"者, 『論』云, "如其勝義覺諸供[549]故, 名正等覺." 四"明行足"者, 『論』云, "明謂三明, 行如經說. 止觀二品極善圓滿, 是故說名明行圓滿." 五"善逝"者, 『論』云, "上升最極, 永不退還, 故名善逝." 六"世間解"者, 『論』云, "善知世界及有情界一切品[550]染淨相故, 名世間解." 七"無上士"者, 『涅槃經』言, "上士者, 名之爲斷, 無所斷者, 名無上士. 諸佛世尊, 無有煩惱, 故無所斷. 是故號佛爲無上士. 又上士者, 名爲諍訟, 無上士者, 無有諍訟. 如來無諍, 是故號佛爲無上士", 乃至廣說.

[H1, 515c16~516a18]

"이른바"(所謂) 이하는 두 번째인 '하나씩 밝힘'(別明)인데, 여기서는 대략 88가지 능력을 나타냈다. 먼저 '열 가지 호칭'(十號)을 밝혔는데, 이 열 가지 호칭은 경전이나 논서에서 통일되어 있지는 않다. 어떤 곳에서는 '깨달은 분'(佛)이 열 번째가 된다고 설하고 있고, 어떤 곳에서는 '깨달은 분'(佛)이 아홉 번째가 된다고 설하고 있다. 지금 이 경전(『본업경』)에서는 앞에 방식(門)에 의거해 설하고 있다.

첫 번째 [명칭]인 "진리와 같게 오신 분"(如來)이라는 것에 대해, 『[불설

548 '供'자가 생략되어 있다. '應供'으로 번역한다.

549 대정장 『유가사지론』 권38(T30, 499b23~24) 원문에는 '供'이 '法'으로 되어 있다. '法'으로 교감하여 번역한다.

550 『유가사지론』 권38(T30, 499b26~27)의 본문 "善知世界及有情界一切品類染淨相故, 名世間解."에는 '品類'로 나온다. '品類'로 교감하여 번역한다.

佛說]십호경十號經』에서는 "내(我)가 곧 타인(他)인 것을 '같다(如)'라고 하고, 타인(他)이 곧 나(我)인 것을 '온다(來)'라고 한다."[551]라고 말하고, 『열반경』에서는 "'세상에서 가장 존귀한 모든 부처님'(諸佛世尊)은 '[보시布施·지계持戒·인욕忍辱·정진精進·선정禪定·지혜智慧, 이] 여섯 가지 보살수행'(六波羅蜜)·'37가지 수행법'(三十七品)[552]·〈11가지의 '불변·독자의 본질/실체 없음'〉(十一空)[553]에 따라 '완전한 열반'(大涅槃)에 이르는데, 여래도 그러하다. 그래서 부처를 여래라고 부른다."[554]라고 말하며, 『유가사지론』에서는 "허망하지 않게 말씀하시기 때문에 여래라 한다."[555]라고 말하고, 『불성론』에서는 "본연(自性)에 머무르면서 궁극적

---

551 『[불설佛說]십호경十號經』에서 이 문장이 검색되지 않는다. 원효가 『십호경』의 내용을 요약한 문장으로 보인다.

552 37품(三十七品): '깨달음에 이르는 37가지의 수행법'을 말하는데, 초기불교의 수행법을 망라하는 용어이다. 37도품道品·37조도품助道品이라고도 한다. 4념처(四念處, 四念住)·4정단(四正斷, 四正勤)·4신족(四神足, 四如意足)·5근(五根)·5력(五力)·7각지(七覺支, 七覺分)·8정도(八正道)를 합한 것이다. 37도품(三十七道品)을 유식학의 수행단계에 배당하면 다음과 같다.

37도품三十七道品	수행 단계
4념주(四念住)·4정단(四正斷)·4신족(四神足)	자량위資糧位: 순해탈분順解脫分
5근(五根)·5력(五力)	가행위加行位: 순결택분順決擇分(4선근四善根)
7각지(七覺支)	통달위通達位: 견도見道
8정도(八正道)	수습위修習位: 수도修道

553 11공(十一空): 『열반경』 권15(T12, p.703c13~15)에서 "世尊, 云何名空? 善男子, 空者所謂內空外空內外空有爲空無爲空無始空性空無所有空第一義空空空大空"이라고 하는 것에 따르면, 십일공이란 ① 내공內空, ② 외공外空, ③ 내외공內外空, ④ 유위공有爲空, ⑤ 무위공無爲空, ⑥ 무시공無始空, ⑦ 성공性空, ⑧ 무소유공無所有空, ⑨ 제일의공第一義空, ⑩ 공공空空, ⑪ 대공大空을 말한다. 인용문 이하의 글(T12, p.703c13~704b1)에서는 십일공十一空 각각에 대한 자세한 설명이 이어진다.

554 『대반열반경』(T12, 468a29). "諸佛世尊從六波羅蜜, 三十七品, 十一空來至大涅槃, 如來亦爾. 是故號佛爲如來也."

인 증득에 이르기 때문에 여래라 한다."[556]라고 했다.

두 번째인 "공양받아야 할 분"(應供)이라는 것에 대해, 『유가사지론』에서는 "이미 모든 응당 증득해야 대상을 얻었기에, 응당 '세상에서 가장 이로운 복전'(世間無上福田)이 되었기에, 응당 모두가 공경하는 '진리의 자양분'(法養)이 되었기에, 그러므로 '공양받아야 할 분'(應[供])이라 한다."[557]라고 하였다.

세 번째인 "온전하게 두루 아시는 분"(正遍知)이라는 것에 대해, 『유가사지론』에서는 "궁극적 뜻에 맞게 모든 것을 깨닫기 때문에 '온전하게 깨달은 분'(正等覺)이라 부른다."[558]라고 말한다.

네 번째인 "밝아짐과 행함을 모두 갖춘 분"(明行足)이라는 것에 대해, 『유가사지론』에서는 "밝아짐(明)은 '세 가지의 밝아짐'(三明)을 말하며, 행함(行)은 경전에서 설명한 것과 같다. 그침(止)과 이해(觀)의 두 수행이 지극히 잘 완전해졌으니, 그러므로 '[숙명통宿命通 · 천안통天眼通 · 누

---

555 『유가사지론』 권38(T30, 499b18~21). "何等爲十? 謂薄伽梵號爲如來, 應正等覺, 明行圓滿, 善逝, 世間解, 無上丈夫, 調御士, 天人師, 佛, 薄伽梵. <u>言無虛妄, 故名如來</u>." 〈산스크리트본의 해당 내용: BoBh., p.91; tatrāvitathavacanāt tathāgataḥ; 안성두, 『보살지』(서울: 세창출판사, 2015, p.134 일부 수정). 그중에서 허망하지 않게 말씀하시기 때문에 여래이다.〉

556 『화엄경탐현기』(T35, 405a07). "佛性論如來藏品云, 從自性住來至來至得果故名如來."

557 『유가사지론』 권38(T30, 499b18~23). "何等爲十? 謂薄伽梵號爲如來, 應正等覺, 明行圓滿, 善逝, 世間解, 無上丈夫, 調御士, 天人師, 佛, 薄伽梵, 言無虛妄故名如來. <u>已得一切所應得義, 應作世間無上福田, 應爲一切恭敬供養, 是故名應</u>." 〈산스크리트본의 해당 내용: BoBh., p.91; sarvaprāpyārthaprāptatvāt anuttarapuṇyakṣetratvāt pūjā'rhattvāc cārhan; 안성두, 『보살지』(서울: 세창출판사, 2015, p.134 일부 수정). 모든 획득해야 할 목적을 달성했기 때문에, 위 없는 복전이기 때문에, 또 공양을 받을 만하기 때문에 아라한이다.〉

558 『유가사지론』 권38(T30, 499b23~24). "如其勝義覺諸法故, 名正等覺." 〈산스크리트본의 해당 내용: BoBh., p.91; yathāvat paramārthena sarvadharmāvabodhāt samyak-saṃbuddhaḥ; 안성두, 『보살지』(서울: 세창출판사, 2015, p.134). 여실하게 궁극적인 의미에 의해 모든 법을 깨달았기 때문에 정등각이다.〉

진통漏盡通의 삼명三明'과 '몸(身) · 입(口) · 뜻(意)으로써 행함'인] 밝아짐과 행함이 완전하다'(明行圓滿)[559]고 부른다."[560]라고 말한다.

다섯 번째인 "잘 가신 분"(善逝)이라는 것에 대해, 『유가사지론』에서는 "최고의 경지에 올라가 영원히 물러나지 않으니, 그러므로 '잘 가신 분'(善逝)이라고 부른다."[561]라고 말한다.

여섯 번째인 "세상을 진리대로 이해하는 분"(世間解)이라는 것에 대해, 『유가사지론』에서는 "세계 및 '중생 세계'(有情界) 모든 종류의 '오염되거나 온전한 양상'(染淨相)을 잘 알기 때문에 '세상을 진리대로 이해하는 분'(世間解)이라고 하는 것이다."[562]라고 말한다.

일곱 번째인 "견줄 것이 없는 분"(無上士)이라는 것에 대해, 『열반경』에서는 "'높은 분'(上士)을 '끊는 사람'(斷)이라 부르는데, 끊을 것도 없는 사람은 '견줄 것이 없는 분'(無上士)이라고 부른다. '세상에서 가장 존귀한 모든 부처님'(諸佛世尊)에게는 번뇌가 없으므로 끊을 것이 없다.

559 『대지도론』 권2(T25, 71c14~15). "云何名明行具足? 宿命, 天眼, 漏盡, 名爲三明. … 行名身口業, 唯佛身, 口業具足; 餘皆有失, 是名明行具足."

560 『유가사지론』 권38(T30, 499b24~25). "明謂三明, 行如經說. 止觀二品極善圓滿, 是故說名明行圓滿." 〈산스크리트본의 해당 내용: BoBh., p.91; tisṛbhir vidyābhiḥ yathāsūtroktena ca caraṇena vipaśyanāśamathapakṣyobhayasusaṃpannatvād vidyācaraṇasaṃpannaḥ; 안성두, 『보살지』(서울: 세창출판사, 2015, p.134). 세 가지 지식에 의해 또 경전에서 설해진 바와 같이 행에 의해 지와 관에 속하는 것 및 양자에 속하는 것을 잘 완성했기 때문에 명행원만이다.〉

561 『유가사지론』 권38(T30, 499b25~26). "上昇最極永不退還 °故名善逝." 〈산스크리트본의 해당 내용: BoBh., p.91; paramotkarṣagamanād apunaḥpratyāgamanāc ca su-gataḥ; 안성두, 『보살지』(서울: 세창출판사, 2015, p.134 일부 수정). 최상의 탁월함으로 가기 때문에, 또 다시 되돌아오지 않기 때문에 선서이다.〉

562 『유가사지론』 권38(T30, 499b26~27). "善知世界及有情界一切品類染淨相故, 名世間解." 〈산스크리트본의 해당 내용: BoBh., p.91; sattvadhātulokadhātoḥ sarv'ākārasaṃkleśavyavadānajñānāl lokavit; 안성두, 『보살지』(서울: 세창출판사, 2015, p.134). 중생의 영역과 세계의 영역 양자의 모든 종류의 잡염과 청정을 알기 때문에 세간해이다.〉

그러므로 부처를 '견줄 것이 없는 분'(無上士)이라 부른다. 또 '높은 분'(上士)을 '[잘] 다투는 사람'(諍訟)이라 부르는데, '견줄 것이 없는 분'(無上士)에게는 다툼(諍訟)이 없다. 여래에게는 다툼(諍)이 없으니, 그러므로 부처를 '견줄 것이 없는 분'(無上士)이라 부른다."[563] 등으로 자세히 설한다.

八"調御丈夫"者,『涅槃經』言, "自旣丈夫, 復調丈夫. 復[564]善男子, 言如來者, 實非丈夫, 非不丈夫, 因調丈夫, 故[565]如來爲丈夫也. 善男子, 一切男女, 若具四法, 卽名丈夫. 何等爲四? 一善知識, 二能聽法, 三思惟義, 四如說修行. 若男若女, 具足四法, 卽名丈夫. 若有男子, 無此四法, 卽不得名爲丈夫也. 何以故? 身雖丈夫, 行同畜生. 如來調伏若男若女, 是故號佛調御丈夫." 乃至廣說.『瑜伽論』中, 合此二號, 以爲一言, "一切世間唯一丈夫, 善知最勝調心方便故,[566] 名[567]無上丈夫調御士."

[H1, 516a19~b6]

여덟 번째인 "잘 다스리는 분"(調御丈夫)이라는 것에 대해,『열반경』에서는 "스스로 이미 장부이면서 또한 '잘 다스리는 장부'(調[御]丈夫)이다. 훌륭한 이여! '여래'라고 부르는 것은 실제로 장부가 아니지만 장부가 아닌 것도 아니니, '잘 다스리는 장부'이기 때문에 여래를 장부라

563 『대반열반경』 권18(T12, 469a12~14). "云何無上士? 上士者名之爲斷, 無所斷者, 名無上士, 諸佛世尊無有煩惱, 故無所斷, 是故號佛爲無上士. 又上士者名爲諍訟, 無上士者無有諍訟, 如來無諍, 是故號佛爲無上士."

564 '復'은『열반경』본문에는 없는 글자이다.

565 『열반경』본문은 '故名'이다.

566 대정장『유가사지론』원문에는 '故'가 없다.

567 대정장『유가사지론』원문에는 '是故說名'으로 되어 있다.

하는 것이다. 훌륭한 이여! 모든 남녀가 만약 네 가지를 갖춘다면 바로 장부라 부른다. 무엇이 네 가지인가? 첫 번째는 '이로운 스승'(善知識)이고, 두 번째는 '가르침을 들을 수 있음'(能聽法)이며, 세 번째는 '의미를 성찰함'(思惟義)이고, 네 번째는 '가르침대로 수행함'(如說修行)이다. 남자든 여자든 [이] 네 가지를 모두 갖춘다면 장부丈夫라고 부른다. 만약 어떤 남자에게 이 네 가지가 없다면 장부라고 부를 수 없다. 왜 그런가? 몸은 비록 장부지만 행실은 짐승과 똑같기 때문이다. 여래는 남자든 여자든 잘 다스리니, 이 때문에 부처를 '잘 다스리는 분'(調御丈夫)이라 부른다."[568] 등으로 자세히 말하고 있다.

『유가사지론』에서는 ['견줄 것이 없는 분'(無上士)과 '잘 다스리는 분'(調御丈夫)] 이 두 가지 호칭을 합하여 하나로 만들어 [다음과 같이] 말하고 있다. "모든 세상에서 유일한 장부이며 가장 탁월하게 마음을 다스리는 방법과 수단을 잘 아니, 이런 까닭에 '견줄 것이 없는 장부이자 잘 다스리는 분'(無上丈夫調御士)이라고 부른다."[569]

九"天人師"者,『論』云,"爲實眼故, 爲實智故, 爲實義故, 爲實法故,

568 『열반경』 권18(T12, 469a22~b1). "云何調御丈夫? 自既丈夫, 復調丈夫. 善男子! 言如來者, 實非丈夫, 非不丈夫, 因調丈夫, 故名如來爲丈夫也. 善男子! 一切男女, 若具四法, 則名丈夫. 何等爲四? 一善知識, 二能聽法, 三思惟義, 四如說修行. 善男子! 若男若女具是四法, 則名丈夫. 善男子! 若有男子, 無此四法, 則不得名爲丈夫也, 何以故? 身雖丈夫, 行同畜生. 如來調伏若男若女, 是故號佛調御丈夫."

569 『유가사지론』 권38(T30, 499b26~29). "… 善知世界及有情界一切品類染淨相故. 名世間解, 一切世間唯一丈夫, 善知最勝調心方便, 是故說名無上丈夫調御士. …" 〈산스크리트본의 해당 내용: BoBh., p.91; paramacittadamopāyajñatayā ekasyaiva loke puruṣabhūtasya ca prādurbhāvāt anuttaraḥ puruṣadamyasārathiḥ; 안성두, 『보살지』(서울: 세창출판사, 2015, p.134). 최고로 마음을 제어하는 방법을 알기 때문에, 또 세계에서 오직 유일한 장부로서 출현하기 때문에 무상장부조어사이다.〉

與顯了義爲開導故, 與一切義爲所依故, 與不了義爲能了故, 與所生疑爲能斷故, 與甚深處爲能顯故, 令明淨故, 與一切法爲根本故, 爲開導故, 爲所依故, 能正教誡教授天人, 令其出離一切衆苦, 是故說佛名天人師." 案云'爲實眼'者, 有證道慧現見義故, '爲實智'者, 有教道智能決斷故, '爲實義'者, 開示諸法離言義故, '爲實法'者, 安立無倒言教法故. 下之六句, 反之可知. 具此十法, 名之爲師.

[H1, 516b6~18]

아홉 번째인 "신들과 인간들의 스승"(天人師)이라는 것에 대해, 『유가사지론』에서는 "'진실한 안목'(實眼)이 되기 때문이며, '진실한 지혜'(實智)가 되기 때문이며, '진실한 뜻'(實義)이 되기 때문이며, '진실한 가르침'(實法)이 되기 때문이며, '완전한 가르침'(顯了義)으로써 이끌어 주기 때문이며, '모든 뜻'(一切義)으로써 의지처가 되기 때문이며, '불완전한 가르침'(不了義)을 이해할 수 있게 하기 때문이며, '생겨난 의심'(所生疑)을 끊을 수 있기 때문이며, '깊고 깊은 경지'(甚深處)를 드러낼 수 있기 때문이고 밝혀 온전하게 하기 때문이며, 모든 가르침의 근본이 되기 때문이고 [그 가르침들로] '이끌어 주기'(開導) 때문이며, 의지처가 되기 때문에, 신들과 인간들을 올바른 가르침으로 훈계하고 가르쳐 그들로 하여금 모든 고통에서 벗어나게 할 수 있으니, 이런 까닭에 부처를 "신들과 인간들의 스승"(天人師)이라 부른다."[570]라고 말하고 있다.

---

570 『유가사지론』 권38(T30, 499b29~c6). "爲實眼故爲實智故, 爲實義故爲實法故. 與顯了義爲開導故, 與一切義爲所依故, 與不了義爲能了故, 與所生疑爲能斷故, 與甚深處爲能顯故, 令明淨故, 與一切法爲根本故, 爲開導故爲所依故, 能正教誡教授天人, 令其出離一切衆苦, 是故說佛名天人師." 〈산스크리트본의 해당 내용: BoBh., p.91; cakṣur bhūtvā jñānārthadharmabhūtatvād vyaktasyārthasya nirṇetṛtvāt sarvārthapratisaraṇatvād avyutpannasyārthasya vyutpādakatvād utpannasya saṃśayasyocchedakatvād gaṃbhīrāṇāṃ sthānānāṃ vivaraṇāt paryavadāpakatvāt tanmūlatvāt sarvadharmāṇāṃ

생각건대, 〈진실한 안목이 된다.〉(爲實眼)는 것은 '진리를 증득하는 지혜'(證道慧)로 뜻(義)을 나타내 보이는 것이 있기 때문이며, 〈진실한 지혜가 된다.〉(爲實智)는 것은 '진리를 가르치는 지혜'(教道智)로 [무지를] 결단하는 것이 있기 때문이며, 〈진실한 뜻이 된다.〉(爲實義)는 것은 '모든 현상이 언어적 규정에서 벗어나 있다는 뜻'(諸法離言義)을 열어 보이기 때문이며, 〈진실한 가르침이 된다.〉(實法)는 것은 '무너지지 않는 언어적 가르침'(無倒言教法)을 굳건히 수립하기 때문이다. [그] 아래에 나오는 여섯 구절은 반대[되는 뜻을 상정]하여 생각해 보면 알 수 있을 것이다. 이 열 가지를 갖추고 있는 사람을 스승(師)이라 부른다.

十"佛陀"者, 『論』云, "於能引攝義利法聚, 於能引攝非義利法聚, 於能引攝非義利非非義利法聚, 遍一切種現前等覺, 故名爲佛." 案云, 是顯具一切智, 以是三聚一一通於善惡無記, 於中委悉, 唯佛覺故. 下總結言, "具向十德故, 爲一切衆生所供養"者, 此是總名爲世尊義. 若以此名爲第十者, 如『瑜伽』說, "能破諸魔大力軍衆, 具足功德,[571] 名薄伽梵."

[H1, 516b18~c3]

---

tannetṛkatvāt pratisaraṇatvāt. sarvaduḥkhasya niḥsaraṇaṃ śāsti vyapadiśati samyag devamanuṣyāṇāṃ. tasmāc chāstā devamanuṣyāṇām ity ucyate; 안성두, 『보살지』(서울: 세창출판사, 2015, p.134). 눈이 진실하기 때문에, 지와 대상, 법이 진실하기 때문에, 명확한 의미를 이끌어 내기 때문에, 모든 의미의 귀의처이기 때문에, 잘 설명되지 않은 의미를 명료하게 하기 때문에, 의심을 제거하기 때문에, 심원한 점들을 설명하고 분명하게 하기 때문에, 모든 법이 그것을 근본으로 하고 모든 법을 그곳으로 인도하기 때문에, 귀의처이기 때문에, 신과 인간들에게 모든 고통으로부터 올바로 출리를 가르치고 설한다. 따라서 신과 인간들의 스승이라고 설해진다.〉

571 『유가사지론』 본문은 '具多功德'이다.

열 번째인 "깨달은 분"(佛陀)이라는 것에 대해, 『유가사지론』에서는 "'뜻이 이로운 현상의 무더기'(義利法聚)를 끌어 포섭하는 것에서나, '뜻이 이롭지 않은 현상의 무더기'(非義利法聚)를 끌어 포섭하는 것에서나, '뜻이 이로운 것도 아니고 이롭지 않은 것도 아닌 현상의 무더기'(非義利非非義利法聚)를 끌어 포섭하는 것에서나, 모든 종류에서 하나같이 '[차이들을] 평등하게 볼 수 있는 깨달음'(等覺)을 드러내니, 그러므로 부처라고 부른다."[572]라고 말한다.

생각건대, 이것은 [부처가] '모든 것을 사실 그대로 보는 지혜'(一切智)를 갖추었음을 나타내니, 이 '세 가지 현상의 무더기'(三聚)는 각각 이로움(善)과 해로움(惡) 및 '이롭지도 않고 해롭지도 않음'(無記)에 통하는데 그들에 대한 자세한 것은 오직 부처만이 깨달았기 때문이다.

아래에서 총괄적으로 말을 맺으면서 "[이 열 가지 명칭은] 모두 '열 가지 능력'(十德)으로 향하기 때문에 모든 중생이 공양하는 대상이 된다."(具向十德故, 爲一切衆生所供養)라고 한 것은, 이것이 총괄적으로 '세상에서 가장 존귀하신 분'(世尊)이라고 부르는 뜻이라는 것이다.

이 ['세상에서 가장 존귀하신 분'(世尊)이라는] 명칭을 열 번째로 삼은 경우라면, 『유가사지론』에서 "'온갖 방해물들의 큰 힘'(諸魔大力)과 [그] 군중軍衆을 능히 타파하여 수많은 이로운 능력을 갖춘 사람을 '세상에서 가장 존귀한 분'(薄伽梵, 世尊)[573]이라 부른다."[574]라고 한 것과 같다.

---

572 『유가사지론』 권38(T30, 499c7~9). "於能引攝義利法聚, 於能引攝非義利法聚, 於能引攝非義利非非義利法聚, 遍一切種現前等覺, 故名爲佛." 〈산스크리트본의 해당 내용: BoBh., p.92; arthopasaṃhitasya dharmarāśer anarthopasaṃhitasya dharmarāśer naivārthopasaṃhitasya nānarthopasaṃhitasya ca dharmarāśeḥ sakalasarv'ākārābhisaṃbodhād buddha ity ucyate; 안성두, 『보살지』(서울: 세창출판사, 2015, pp.134~135). 이익을 초래하는 법의 더미나 또는 이익을 초래하지 않는 법의 더미 또는 이익을 초래하지도 않고 이익을 초래하지 않는 것도 아닌 법의 더미를 전적으로 모든 측면에서 깨달았기 때문에 불이라고 설해진다.〉

573 박가범薄伽梵: 산스크리트어 bhagavat의 음역이다. 세존世尊 · 유덕有德 · 존귀尊

『보살영락본업경菩薩瓔珞本業經』 하권 제6 「인과품因果品」

復次十八不共法, 所謂身無失, 念無失, 口[575]無失, 無異想, 無不定心, 無不知已捨, 心念無滅, 欲無滅, 精進無滅, 智慧無滅, 解脫無滅, 解脫知見無滅, 身業隨智慧行, 口業隨智慧行, 意業隨智慧行, 智[576]知過去未來現在無礙無障.

[T24, 1020a7~12]

또 ['부처 면모가 지닌 이로운 능력의 몸'(佛義功德身)은] '부처에게만 있는 18가지 이로운 능력'(十八不共法)[577]이니, 이른바 '몸에 허물이 없

貴 등으로 의역된다. 『불광대사전』, p.6510 참조.

574 『유가론』 권38(T30, 499c8~10). "遍一切種現前等覺, 故名爲佛. 能破諸魔大力軍衆, 具多功德, 名薄伽梵." 〈산스크리트본의 해당 내용: BoBh., p.92; mārabalamahāsaṃgrāmāvabhaṃgād bhagavān; 안성두, 『보살지』(서울: 세창출판사, 2015, p.135). 악마의 힘과 군대를 부수기 때문에 세존이다.〉

575 대정장 『본업경』에 교감주에 의하면, '無失念無失口=無失口無失念'이라고 하였다.

576 대정장 『본업경』에 교감주에 의하면, '智+(慧)'라고 하였다. 이를 반영하여 번역한다.

577 18불공법(十八不共法): 부처에게만 있는 18가지 이로운 능력을 말한다. 『본업경』에서는 ① '몸에 허물이 없음'(身無失), ② '[분별망상에 빠져들지 않는] 알아차림의 간직에 허물이 없음'(念無失), ③ '말에 허물이 없음'(口無失), ④ '다르다는 생각이 없음'(無異想), ⑤ '선정禪定에 들지 않은 마음이 없음'(無不定心), ⑥ '판단하지 않음으로써 [중생을] 버리는 마음이 없음'(無不知已捨), ⑦ '[분별망상에 빠져들지 않는] 알아차림을 마음으로 간직함이 줄어듦이 없음'(心念無滅), ⑧ '[중생을 구제하려는] 의욕이 줄어듦이 없음'(欲無滅), ⑨ '노력이 줄어듦이 없음'(精進無滅), ⑩ '지혜가 줄어듦이 없음'(智慧無滅), ⑪ '해탈이 줄어듦이 없음'(解脫無滅), ⑫ '해탈한 앎과 견해가 줄어듦이 없음'(解脫知見無滅), ⑬ '몸으로 짓는 행위가 지혜에 따라 펼쳐짐'(身業隨智慧行), ⑭ '말로 짓는 행위가 지혜에 따라 펼쳐짐'(口業隨智慧行), ⑮ '생각으로 짓는 행위가 지혜에 따라 펼쳐짐'(意業隨智慧行), ⑯ '지혜로 과거를 앎에 장애가 없음'(智慧知過去無礙無障), ⑰ '지혜로 미래를 앎에 장애가 없음'(智慧知未來無礙無障), ⑱ '지혜로 현재를 앎에 장애가 없음'(智慧知現在無礙無

음'(身無失), '[분별망상에 빠져들지 않는] 알아차림의 간직에 허물이 없음'(念無失), '말에 허물이 없음'(口無失), '다르다는 생각이 없음'(無異想), '선정禪定에 들지 않은 마음이 없음'(無不定心), '판단하지 않음으로써 [중생을] 버리는 마음이 없음'(無不知已捨), '[분별망상에 빠져들지 않는] 알아차림을 마음으로 간직함이 줄어듦이 없음'(心念無減), '[중생을 구제하려는] 의욕이 줄어듦이 없음'(欲無減), '노력이 줄어듦이 없음'(精進無減), '지혜가 줄어듦이 없음'(智慧無減), '해탈이 줄어듦이 없음'(解脫無減), '해탈한 앎과 견해가 줄어듦이 없음'(解脫知見無減), '몸으로 짓는 행위가 지혜에 따라 펼쳐짐'(身業隨智慧行), '말로 짓는 행위가 지혜에 따라 펼쳐짐'(口業隨智慧行), '생각으로 짓는 행위가 지혜에 따라 펼쳐짐'(意業隨智慧行), 〈'지혜로 과거 · 미래 · 현재를 앎'(智慧知過去未來現在)에 '걸림이 없고'(無礙) '장애가 없음'(無障)〉이다.

〈소〉

次明十八不共法者. 此三六法, 不與阿羅漢人共同, 故名不共. 初六無失不共同者, 謂阿羅漢諸漏永盡, 方入聚落, 遊行乞食, 或於一時, 與諸惡象及惡狗等, 共路而行, 或阿練若棄, 捨正路, 行邪惡徑, 如是等類, 羅漢誤失, 如來於此, 一向永無, 是故言"身無失"也. 又阿羅漢, 或於一時, 由忘念故, 於所作事而有喪失, 如是忘念, 如來永無, 是故言"念無失"也. 又阿羅漢, 或於一切[578]時, 阿練若,[579] 迷失道路, 或入空

障)의 18가지를 제시한다. 마지막 세 가지 불공법不共法에 해당하는 '智慧知過去未來現在無礙無障'의 압축된 표현을, 18불공법十八不共法에 관해 같은 내용을 제시하는 『마하반야바라밀경』 권5에서는 "十六, 智慧知見過去世無閡無障, 十七, 智慧知見未來世無閡無障, 十八, 智慧知見現在世無閡無障."(T8, p.256a2~5)이라고 하여 더 친절하게 표현한다.

揚聲, 大叫呼噪遠聞, 或因習氣, 無染汙心, 騫脣露齒逌爾而咲, 如是等類所有暴音, 如來於此, 永無所有, 是故言"口無失"也. "無異想"者, 如阿羅漢, 於有餘依生死界中, 一向發起猒背之心, 於無餘依涅槃界中, 一向發起寂靜之想, 如來於彼, 無差別想, 安住第一平等捨故. "無不定心"者, 如阿羅漢, 若入等至卽名爲定, 若出等至卽不名定, 如來遍於一切位中, 無不定心故. "無不知已捨心"者, 如阿羅漢, 不善思擇, 而便棄捨利衆生事, 如來於此, 永無所有故.

[H1, 516c4~517a3]

다음으로는 '부처에게만 있는 18가지 이로운 능력'(十八不共法)'을 밝혔다. 이 '18가지 이로운 능력'은 아라한이나 일반인[의 것]과는 같지 않으니, 그러므로 '공통되지 않음'(不共)이라 부른다. 처음의 여섯 가지에서 [말하는] '공통되지 않는 허물 없음'(無失不共同)이라는 것은 [다음과 같은 것이다.] 아라한은 모든 번뇌(漏)를 완전히 없앴지만 마을로 들어가 떠돌아다니며 걸식하면서 혹 어떤 때에는 온갖 사나운 코끼리와 사나운 개들과 함께 같은 길을 가기도 하고, 혹은 수행처(阿蘭若)[580]를 떠날 때 바른길을 버리고 험준한 길로 가기도 하니, 이런 종류의 일들은 아라한이 범하는 과오와 허물이지만 여래는 이런 일들에서 한결같이 [허물이] 전혀 없으므로 "몸에 허물이 없음"(身無失)이라고 말한다.

또 아라한은 혹 어떤 때에는 '[분별망상에 빠져들지 않는] 알아차림의 간직'(念)[581]을 잊어버리기 때문에 행하는 일에서 [염念을] 상실해 버리는

578 '切'는 잉자剩字로 보인다. 한불전 『본업경소』 교감주도 그렇게 보고 있다.

579 한불전 『본업경소』 교감주에 의하면, 어떤 판본에는 '遊'가 있어서 '遊阿練若'라고 했다. 여기서는 이를 반영하여 해석한다.

580 아란야阿蘭若: 산스크리트어 araṇya(팔리어 arañña)의 음역으로 난야蘭若라고도 하는데, 한적한 수행처를 말한다. 공한처空閑處·원리처遠離處라고 의역된다.

581 염念의 번역: 팔정도 정념수행의 '염念'을 '[분별망상에 빠져들지 않는] 알아차림의

일이 있는데, 이와 같은 '[분별망상에 빠져들지 않는] 알아차림의 간직을 잊어버림'(忘念)이 여래에게는 전혀 없으므로 "[분별망상에 빠져들지 않는] 알아차림의 간직에 허물이 없음"(念無失)이라고 말한다.

또 아라한은 혹 어떤 때에는 수행처(阿練若) 주위를 거닐다가 길을 잃어 허공에다가 소리를 질러 [그] 크게 외치는 떠들썩함이 멀리까지 들리게 하고, 혹은 '누적된 경향성'(習氣)으로 인하여 [비록] '[번뇌에] 오염된 마음'(染汙心)은 없지만 입술을 삐죽이고 이를 드러내며 만족한 듯 웃기도 하는데, 이와 같은 일들이 지닌 '갑작스런 소리'(暴音)가 여래에겐 전혀 없으므로 "말에 허물이 없음"(口無失)이라고 말한다.

"다르다는 생각이 없음"(無異想)이라는 것은, 아라한의 경우에는 '의지할 것이 남아있는 [번뇌에 매인] 삶과 죽음의 세계'(有餘依生死界)에서는 한결같이 [그 세계를] '싫어하여 등지려는 마음'(猒背之心)을 일으키고 '의지할 것이 남아 있지 않는 [번뇌가 없는] 열반의 세계'(無餘依涅槃界)에서는 한결같이 '그쳐 고요하다는 생각'(寂靜之想)을 일으키지만 여래는 그것들에 대해 차별하는 생각이 없으니, [여래는] '궁극에서는 평등하다고 보는 평온'(第一平等捨)에 확고히 자리 잡았기 때문이다.

"선정에 들지 않은 마음이 없음"(無不定心)이라는 것은, 아라한의 경우에는 삼매(等至)[582]에 들어가면 선정이라 하고 삼매에서 나오면 선정

간직'이라고 번역하였다. 정념 수행에 관한 붓다의 설명을 관통하는 핵심은 '분별망상의 계열에 빠져들지 않는 마음국면을 열어 주는 알아차림'에 있다고 보아 이렇게 번역해 보았다. '분별망상의 계열에 빠져들지 않는 마음국면을 열어 주는 알아차림'이라는 말의 불교철학적 근거와 내용에 대해서는 『원효의 통섭철학』(박태원, 세창출판사, 2021)에서의 관련 논의를 참조할 수 있다. 정념의 핵심 의미는 전통 교학이나 현대 불교학의 통념적 이해만으로는 불충분하며 지속적인 열린 탐구가 필요한 대목이다.

582 등지等至: 팔리어/산스크리트어인 '사마디(samādhi)'는 그 발음을 옮기면 삼매三昧이고, 뜻을 옮기면 '한결같은 상태를 지속시킴'(等持)이 된다. 그런데 북전 아비달마 논서의 경우, '사마디(samādhi)'는 등지等持로 의역意譯하는 반면, 팔리어

이라 하지 않지만, 여래는 두루 모든 경우에 '선정에 들지 않은 마음'(不定心)이 없기 때문이다.

"판단하지 않음으로써 [중생을] 버리는 마음이 없음"(無不知已捨心)이라는 것은, 아라한의 경우에는 이롭게 판단하는 행위를 하지 않아 곧 중생을 이롭게 하는 일을 버리지만, 여래에게는 이런 일이 전혀 없기 때문이다.

次六無減者. 如阿羅漢, 依所知障, 淨由未得退,[583] 退失念欲乃至知見, 如是退法, 如來永無, 故言"念[584]無減"等. 此中前四, 取所知鄣[585]能對治道, 後二無減, 彼所得果. 如來於此, 因滿果圓, 故"無減"也.

[H1, 517a4~8]

'사마빠띠(samāpatti)'는 '한결같은 상태로써 도달함'(等至)으로 옮기고 있는 점에 유의할 필요가 있다. 따라서 위에서 원효가 거론한 '등지等至'는 아비달마의 전통적 해석에 따르면 '사마디'가 아니라 '삼마빠띠'의 번역어로 보아야겠지만, 이 두 개념은 니까야/아비달마의 문헌에서 엄밀하게 구분되지 않는다는 데 문제가 있다. 기존의 팔리어 사전에서 제시하고 있듯이 '사마빠띠(samāpatti)'는 동사어근 'pad(가다)' 앞에 접두사인 'sam(함께) + ā(-를 향하여)'가 덧붙어져 파생된 여성명사로 파악하고 있다.(Pali English Dictionary, Rhys.Davids, PTS., p.686 참조). 이에 따르면 '도달, 달성, 획득'의 의미가 되는데, 냐냐틸로카가 편찬한 불교용어사전(Buddhist Dictionary, p.292)에 제시되어 있듯이 남방불교의 전통에서도 사마빠띠를 '획득, 달성'(attainment)으로 해석하는 전통이 정립된 것으로 보인다. 일본에서 출간된 팔리어 사전에서는 북전 아비달마의 전통에 따라 '사마디(samādhi)'를 등지等持로, '사마빠띠(samāpatti)'를 등지等至로 하여 번역어를 구분하고 있다. 그러나 모두가 '정定'으로 한역漢譯된다는 점도 분명히 하고 있기 때문에 사실상 삼매와 동일시하고 있다고 볼 수 있다. 이와 같은 사정을 고려하여 여기서는 등지等至를 삼매三昧로 옮겼다.

583 '退'는 '不退'여야 뜻이 통한다. '不'이 誤記로 빠진 것으로 보인다. '不退'로 교감하여 번역한다.

584 '念'은 『본업경』에서 '心念'이다. '心念'으로 교감하여 번역한다.

585 '鄣'은 '障'으로 통일한다.

그다음 여섯 가지[에서 말하는] '줄어듦이 없음'(無減)이라는 것은 [다음과 같은 것이다.] 아라한의 경우라면 [아직 '모든 현상에 불변 · 독자의 본질/실체가 없음'(法空)을 모르는] '대상에 대한 이해를 가로막는 장애'(所知障)에 의거하므로 [그의] 청정함(淨)은 아직 '물러나지 않음'(不退)을 얻지는 못하여 '[분별망상에 빠져들지 않는] 알아차림의 간직'(念)이나 '[중생을 구제하려는] 의욕'(欲) 내지 '[해탈한] 앎과 견해'([解脫]知見)에서 물러나 [그것들을] 잃어버리는데, 이와 같은 '물러나는 일'(退法)이 여래에게는 전혀 없으므로 "[분별망상에 빠져들지 않는] 알아차림을 마음으로 간직함이 줄어듦이 없음"(心念無減) 등으로 말하였다.

이 [여섯 가지 '줄어듦이 없음'(無減)] 가운데 앞의 네 가지[인 심념무감心念無減 · 욕무감欲無減 · 정진무감精進無減 · 지혜무감智慧無減에서의 '줄어듦이 없음'(無減)]은 '대상에 대한 이해를 가로막는 장애'(所知障)를 '치유할 수 있는 방법'(能對治道)을 취한 것이며, 나중의 두 가지[인 해탈무감解脫無減 · 해탈지견무감解脫知見無減]에서의 '줄어듦이 없음'(無減)은 그에 의해 증득한 결과이다. 여래는 이런 일에서 원인(因)도 완전하고 결과(果)도 완전하므로 "줄어듦이 없음"(無減)이라고 하였다.

〈소〉

後六法者, 如阿羅漢, 或於一時, 善身業轉, 或無記轉, 語業意業, 當知亦爾, 如來三業, 智前行故, 智隨轉, 故無無記也. 又阿羅漢遍於三世所知事中, 不能率爾作意便解, 是故知見說名有著, 不能一切無餘正解, 故名有礙. 如來遍於三世境界, 率爾作意便能正解一切所知境事差別. 今此經言"身業隨智慧行"等者, 隨前行智慧, 及俱行智慧故. 知三世中言"有礙"[586]者, 離彼不能無餘正解之礙故, "無障"者, 離彼不能率爾便解之著. 此等具如『瑜伽論』說. 彼云, "此中初四, 是無忘失法及拔習氣所攝, 次一, 是大悲所攝, 所餘, 當知是一切種妙智所攝."

[H1, 517a9~22]

[그] 뒤의 여섯 가지는 [다음과 같은 것이다.] 아라한의 경우라면 혹 어떤 때에는 '이로운 신체 행위'(善身業)를 펼치기도 하고 혹은 '이롭지도 해롭지도 않은 행위'(無記)를 펼치기도 하며 '말로 짓는 행위'(語業)와 '생각으로 짓는 행위'(意業)도 마찬가지라고 알아야 하지만, 여래의 '[신체(身)·말(口)·생각(意)으로 짓는] 세 가지 행위'(三業)는 지혜 앞에서 행한 것이기 때문에 지혜가 [행위에] 따라 펼쳐지며, 그러므로 '이롭지도 해롭지도 않은 행위'(無記)는 없다. 또 아라한은 '과거·현재·미래'(三世)에서 알게 되는 모든 일에서, '일으킨 생각'(作意)을 그대로 따라가면서 곧바로 이해하지 못하기 때문에 [아라한의] '앎과 견해'(智見)를 '집착이 있음'(有著)이라 부르고, 모든 것을 남김없이 제대로 이해하지 못하기 때문에 [아라한의 '앎과 견해'(智見)를] '장애가 있음'(有礙)이라 부른다. [그러나] 여래는 '과거·현재·미래'(三世)의 모든 대상에서, '일으킨 생각'(作意)을 그대로 따라가면서 '알게 된 모든 일의 차이'(所知境事差別)를 곧바로 제대로 이해할 수 있다.

지금 이 경전(『본업경』)에서 말한 "몸으로 짓는 행위가 지혜에 따라 펼쳐짐"(身業隨智慧行) 등은, ['신체로 짓는 행위'(身業)·'말로 짓는 행위'(口業)·'생각으로 짓는 행위'(意業)가] 앞에서 작용하는 지혜를 따르고 또 지혜와 함께 행하기 때문이다. '과거·현재·미래'(三世)[의 일]을 아는 데에서 "걸림이 없음"(無礙)이라고 말한 것은 저 '남김없이 제대로 이해하지 못하는 장애'(不能無餘正解之礙)에서 벗어났기 때문이고, "장애가 없음"(無障)이라는 것은, 저 '['일으킨 생각'(作意)을] 그대로 따라가면서 곧바

586 '有礙'는 『본업경』 원문에서 '無礙'이다. '無礙'로 교감하여 번역한다.

로 이해하지 못하는 집착'(不能率爾便解之著)에서 벗어난 것이다. 이런 것들은 『유가사지론』에서 설한 것에 자세히 갖추어져 있다. 그 [『유가사지론』]은 [다음과 같이] 말한다. "이 ['부처에게만 있는 18가지 이로운 능력'(十八不共法)] 가운데 처음의 네 가지는 '잊거나 잃어버리는 것이 없음'(無忘失法)과 '누적된 경향성에 속한 것을 뽑아 버림'(拔習氣所攝)이고, 다음의 한 가지는 '크나큰 연민에 속한 것'(大悲所攝)이며, 나머지는 '모든 종류의 오묘한 지혜에 속한 것'(一切種妙智所攝)임을 알아야 한다."[587]

『보살영락본업경菩薩瓔珞本業經』 하권 제6 「인과품因果品」

復有十力, 是處非處力, 業力, 定力, 根力, 欲力, 性力, 果力, 天眼力, 宿命力, 結盡力.

[T24, 1020a12~14]

또 '[부처에게는] 열 가지 능력'(十力)이 있으니, '[인과에 대한 주장들의] 옳음과 그름에 통달하는 능력'(是處非處力) · '행위의 법칙을 아는 능력'(業力) · '선정에서 발휘되는 능력'(定力) · '[중생의] 능력을 알아보는 능력'(根力) · '욕망을 판별하는 능력'(欲力) · '[중생의] 특성을 알아보는 능력'(性力) · '결과를 아는 능력'(果力) · '[중생의 생사生死에 대한] 미래의 인과를 아는 능력'(天眼力) · '전생의 일을 아는 능력'(宿命力) · '번뇌가 완전히 없어졌음을 스스로 아는 능력'(結盡力)이다.

---

587 『유가사지론』 79권(T.30, p.738b18) "又阿羅漢遍於三世所知事中, 不能率爾作意便解, 是故智見說名有著, 不能一切無餘正解, 是故智見說名有礙. 如來遍於三世境界, 率爾作意便能正解一切所知境事差別, 是故說此十八種名不共佛法. 此中初四, 是無忘失法及拔除習氣所攝, 次一, 是大悲所攝, 所餘, 當知是一切種妙智所攝."

〈소〉

次明十力. 依此十智有十種事, 能伏邪說, 故名爲力. "是處非處力"者, 如理[588]通達一切因果是處非處. 若沙門婆羅門說無因果及不平等因果之法, 卽能制伏令墮負處, 此事, 因彼初力得成也. "業力"者, 如來知見'自業自受, 無有自作他受果者'. 若沙門婆羅門邪說邪教, 度業度受, 便能制伏令隨負處, 此事, 因業智力得成也. "定力"者, 如來教化顯三種輪. 一神通輪, 二記心輪, 三示教輪, 訓導弟子, 以作聖衆. 若沙門婆羅門有勝負心, 說違逆法, 對治正典, 便能制伏令墮負處, 此事, 因定智力得成也. "根力"者, 如來了達上中下根. 如來爲說令其下種成熟解脫, 此事, 因根智力得成也. "欲力"者, 如來知見三品衆生. 邪正欲樂如實見已, 拔斷惡欲增長善欲, 此事, 因欲智力得成也. "性力"者, 如來觀知衆生種性有麤中妙. 令此三人如理得入種種法門, 此事, 因性智力得成也. "果力"者, 餘處名至處道力, 如來明見'出離道法得解脫果, 障礙道法得生死果'. 令滅障道, 修出離道, 此是果力所成事也. "天眼力"者, 餘處亦名生死智力, 如來明見一切衆生死此生彼, 如理授記. 若執斷見沙門婆羅門, 便能制伏令墮負處, 此是天眼智力所成也. "宿命力"者, 如來明了見宿命事, 說過去事, 爲令衆生起猒畏心. 若執常見沙門婆羅門, 便能制伏令墮負處, 此是宿命智力所成也. "結盡力"者, 如來自知解脫通達無礙. 若增上慢沙門婆羅門, 未得羅漢謂言已得, 卽能制伏令墮負處, 此是漏盡力所成事也. 具如『無上依經』說也.

[H1, 517a23~c8]

다음으로 '[부처의] 열 가지 능력'(十力)을 밝혔다. 이 〈'[십력十力을 일으

588 '如理'는 '如來'이어야 아래 문장들의 구성과 일치한다. '理'는 '來'의 오기誤記로 보인다. '如來'로 교감하여 번역한다.

키는] 열 가지 지혜'(十智)에 있는 열 가지 현상〉(十智有十種事)에 의거하여 '잘못된 주장'(邪說)을 제압할 수 있기 때문에 '능력(力)'이라고 부른 것이다.

"[인과에 대한 주장들의] 옳음과 그름에 통달하는 능력"(是處非處力)이라는 것은, 여래가 모든 '원인과 결과'(因果)[에 대한 주장]의 '옳고 그름'(是處非處)에 통달通達하는 것이다. 만약 사문과 바라문이 '원인과 결과'(因果)가 없다[고 설하]거나 불평등한 '원인과 결과의 도리'(因果之法)를 설한다면 곧 제압하여 [그들을] 패자의 지위에 떨어지게 할 수 있으니, 이런 일은 저 [십력十力의] '첫 번째 능력'(初力)[인 시처비처력是處非處力] 때문에 이루어지는 것이다.

"행위의 법칙을 아는 능력"(業力)이라는 것은, 여래가 〈'자기가 지은 행위의 과보는 자기가 받고'(自業自受) '자기가 짓고 다른 사람이 과보를 받는 일은 없다'(無有自作他受果)〉는 것을 '알고 보는 것'(知見)이다. 만약 사문과 바라문이 그릇되게 주장하고 그릇되게 가르치면서 행위(業)와 [그 과보의] 수용(受)을 헤아리게 한다면 곧 제압하여 [그들을] 패자의 지위에 떨어지게 할 수 있으니, 이런 일은 '행위의 법칙을 아는 지혜의 능력'(業智力) 때문에 이루어지는 것이다.

"선정에서 발휘되는 능력"(定力)이라는 것은, 여래가 [중생을] 교화하면서 '세 가지 수레바퀴'(三種輪)[를 굴리는 선정의 능력]을 나타내는 것이다. 첫 번째는 '특별한 능력의 수레바퀴'(神通輪)이고 두 번째는 '중생의 마음을 아는 수레바퀴'(記心輪)이며 세 번째는 '가르침을 펼치는 수레바퀴'(示教輪)인데, [이것으로써] 제자들을 가르치고 이끌어 '성인의 무리'(聖衆)로 만든다. 만약 사문과 바라문이 이기려는 마음으로 '[진리에] 어긋나고 반대되는 가르침'(違逆法)을 설하여 [그 가르침으로] '올바른 가르침을 담은 성전'(正典)[의 자리]를 차지하려 한다면 곧 제압하여 [그들을] 패자의 지위에 떨어지게 할 수 있으니, 이런 일은 '선정에서 발휘되는 지혜의 능력'(定智力) 때문에 이루어지는 것이다.

“[중생의] 능력을 알아보는 능력”(根力)이라는 것은, 여래가 [중생의] 상上·중中·하下의 능력(根)을 훤히 알고 있는 것이다. 여래는 그 ‘낮은 종류’(下種)[의 능력] 이 성숙하여 해탈할 수 있게 [가르침을] 설하니, 이런 일은 ‘[중생의] 능력을 알아보는 지혜의 능력’(根智力) 때문에 이루어지는 것이다.

“욕망을 판별하는 능력”(欲力)이라는 것은, 여래가 ‘세 종류의 중생’(三品衆生)[589][의 욕망]을 [사실 그대로] ‘알고 보는 것’(知見)이다. 〈그릇되거나 올바른 ‘즐거움에 대한 욕망’〉(邪正欲樂)을 사실 그대로 보고 나서 [중생으로 하여금] ‘해로운 욕망’(惡欲)은 뿌리 뽑아 끊어 내고 ‘이로운 욕망’(善欲)은 더 키우게 하니, 이런 일은 ‘욕망을 판별하는 지혜의 능력’(欲智力) 때문에 이루어지는 것이다.

“[중생의] 특성을 알아보는 능력”(性力)이라는 것은, 여래가 중생의 특성(種性)에 ‘거친 것’(麤)과 ‘중간 정도의 것’(中)과 ‘오묘한 것’(妙)[의 차이]가 있음을 ‘관찰해서 아는 것’(觀知)이다. [여래는] 이 세 가지 [특성을 지닌] 사람을 순리대로(如理) 갖가지 ‘진리의 가르침’(法門)에 들어가게 하니, 이런 일은 ‘[중생의] 특성을 알아보는 지혜능력’(性智力) 때문에 이루어지는 것이다.

“결과를 아는 능력”(果力)이라는 것은, 다른 곳에서는 ‘도달하는 곳을 아는 능력’(至處道力)이라 부르는데, 여래가 〈‘[번뇌에서] 벗어나는 길’(出離道法)로는 ‘해탈이라는 과보’(解脫果)를 얻고 ‘[번뇌에] 방해받는 길’(障礙道法)로는 ‘[번뇌에 매여] 나고 죽는 과보’(生死果)를 얻는다.〉는 것을 ‘환하게 보는 것’(明見)이다. [여래는] ‘장애가 되는 길’(障道)을 없애 버리고 ‘[번뇌에서] 벗어나는 길’(出離道)을 닦게 하니, 이것은 ‘결과를 아는 능력’

---

589 삼품중생三品衆生: 여기서 ‘삼품三品’은 ‘욕망의 상·중·하 세 종류’로 볼 수도 있고 ‘욕계에 대한 욕망’ ‘색계에 대한 욕망’ ‘무색계에 대한 욕망’의 세 종류로 볼 수도 있다.

(果力)이 이루는 일이다.

"[중생의 생사生死에 대한] 미래의 인과를 아는 능력"(天眼力)이라는 것은, 다른 곳에서는 '태어나고 죽는 일을 아는 지혜의 능력'(生死智力)이라고도 부르는데, 여래가 모든 중생이 여기서 죽고 저기서 태어나는 것을 '환하게 보아'(明見) [인과因果의] 이치대로(如理) '미래에 대해 예언하는 것'(授記)이다. 만약 '[죽은 뒤에는] 아무것도 없다는 견해'(斷見)에 집착하는 사문이나 바라문이 있다면 곧 제압하여 [그들을] 패자의 지위에 떨어지게 할 수 있으니, 이것은 '[중생의 생사生死에 대한] 미래의 인과를 아는 지혜의 능력'(天眼智力)이 이룬 것이다.

"전생의 일을 아는 능력"(宿命力)이라는 것은 여래가 '전생의 일'(宿命事)을 환하게 보아 과거의 일을 설명하는 것이니, 중생들로 하여금 [번뇌에 매인 삶을] 싫어하고 두려워하는 마음을 일으키게 하려는 것이다. 만약 '항상 있다는 견해'(常見)에 집착하는 사문과 바라문이 있다면 곧 제압하여 [그들을] 패자의 지위에 떨어지게 할 수 있으니, 이것은 '전생의 일을 아는 지혜의 능력'(宿命智力)이 이룬 것이다.

"번뇌가 완전히 없어졌음을 스스로 아는 능력"(結盡力)이라는 것은, 여래가 '해탈하여 [번뇌에] 걸림이 없음을 통달함'(解脫通達無礙)을 스스로 아는 것이다. 만약 '남보다 우월하다는 교만'(增上慢)을 지닌 사문이나 바라문이 아직 '성인의 경지'([阿]羅漢)를 얻지 못했는데도 이미 얻었다고 말한다면 곧 제압하여 [그들을] 패자의 지위에 떨어지게 할 수 있으니, 이것은 '번뇌가 완전히 없어졌음을 스스로 아는 능력'(漏盡力)이 이루는 일이다. 자세한 내용은 『무상의경無上依經』에서 설한 것과 같다.[590]

---

590 『무상의경無上依經』 권2(T16, 476a1~b2). "阿難! 如來事有十八, 如來無比最妙最上無有及者, 令諸衆生起奇特心恭敬供養, 此第一事. 因三十二相, 八十種好而得成就, 如來如理通達因果. 若沙門婆羅門說無因果, 說不平等因果之法, 我即制伏令墮負處, 此第二事. 因是處非處智力得成, 如來知見自業自受, 無有自作他受果者. 若沙門婆羅門邪說邪教度業度受, 便能制伏令墮負處, 此第三事. 因業類智力得成, 如來教化顯三種輪, 一

『보살영락본업경菩薩瓔珞本業經』 하권 제6 「인과품因果品」

慈悲喜捨, 我是一切智人, 我漏已盡, 無漏出煩惱道煩惱障道, 天身 · 天眼 · 天耳 · 漏盡 · 宿命 · 他心. 五眼, 五分法身, 無罪三業, 佛寶法僧, 滅諦, 解脫, 靈智, 一乘, 金剛寶藏法身藏, 自性淸[591]妙藏. 三達, 三無爲, 三明, 一諦一道, 獨法, 大樂無爲. 佛子, 一切聖果無量功德藏中, 不可說不可說果, 是果一道.

[T24, 1020a14~20]

[나에게는] [제한 없는] '자애[의 마음]'(慈[心]) · '연민[의 마음]'(悲[心]) · '더불어 기뻐함[의 마음]'(喜[心]) · '평온[의 마음]'(捨[心])이 있으며, 나는 '모든 것을 사실 그대로 보는 지혜를 갖춘 사람'(一切智人)이며, 나는 번뇌를 다 없앴으며, 번뇌가 없어져 '번뇌의 길'(煩惱道)과 '번뇌가 장애하는 길'(煩惱障道)에서 벗어나 ['네 가지 두려움 없음'(四無畏)을 갖추었고], [나에게는] '자유자재하게 몸을 움직이는 능력'(天身, 神足通)[592] ·

者神通輪, 二者記心輪, 三者示教輪, 訓導弟子以成聖衆. 若沙門婆羅門, 有勝負心說違逆法對治正典, 便能制伏令墮負處, 此第四事. 因禪定智力得成, 如來了達上中下根如理爲說, 令其下種成熟解脫, 此第五事. 因根種智力得成, 如來知見三品衆生邪正欲樂, 如實見已拔斷惡欲增長善欲, 此第六事. 因欲樂智力得成, 如來觀知衆生三種, 一者麁, 二者中, 三者妙, 令此三人如理得入種種法門, 此第七事. 因性界智力得成, 如來明見出離道法得解脫果, 障閡道法得生死果, 令滅障閡道修出離道, 此第八事. 因至一切處智力得成, 如來明了見宿命事說過去事, 爲令衆生起厭畏心. 若執常見沙門婆羅門, 便能制伏令墮負處, 此第九事. 因宿生智力得成, 如來明見一切衆生死此生彼如理受記. 若執斷見沙門婆羅門, 便能制伏令墮負處, 此第十事. 因生死智力得成, 如來自知解脫通達無閡. 若增上慢沙門婆羅門, 未得羅漢謂言已得, 即能制伏令墮負處, 此第十一事. 因漏盡智力得成."

591 대정장『본업경』교감주에는 '淸+(淨)'이라 하였다. 교감에 따른다.

592 천신天身: 육신통인 신족통神足通 · 천안통天眼通 · 천이통天耳通 · 타심통他心通 · 숙명통宿命通 · 누진통漏盡通 가운데 천신天身은 신족통을 말한다. 『보살영락본

'[중생의 생사生死에 대한] 미래의 인과因果를 아는 능력'(天眼) · '모든 소리를 들을 수 있는 능력'(天耳) · '모든 번뇌를 끊어 없애는 능력'(漏盡) · '전생의 일을 아는 능력'(宿命) · '타인의 마음을 아는 능력'(他心)[의 '여섯 가지 특별한 능력'(六神通)]이 있다.

[또 나에게는] '다섯 가지 눈'(五眼)[593] · '[계戒 · 정定 · 혜慧 · 해탈解脫 · 해탈지견解脫知見, 이] 다섯 가지 진리 몸'(五分法身) · 〈허물이 없는 '[신체(身) · 언어(口) · 생각(意)으로 짓는] 세 가지 행위'〉(無罪三業) · 〈'부처라는 보배'(佛寶)의 가르침(法)과 수행공동체(僧)〉(佛寶法僧) · '괴로움의 소멸에 관한 진리'(滅諦) · 해탈解脫 · '신묘한 지혜'(靈智) · '같은 곳으로 실어 가는 수레'(一乘) · '금강석같이 고귀한 보배가 간직된 창고'(金剛寶藏) · '진리 몸의 [공덕] 창고'(法身藏) · '본연이 청정하고 오묘한 창고'(自性淸妙藏)가 있다.

[또 나에게는] '[과거 · 현재 · 미래] 세 가지 세계에 대한 통달'(三

업경』「현성학관품」에서 "천은 신묘한 마음이라 부르니 이로써 천신통이 있게 된다."라고 했다. 『본업경』 제3「현성학관품賢聖學觀品」(T24, 1014a19~23). "佛子! 二深第一義智, 所謂五神通, 是慧性差別用故. 天名神心, 是以天身通. 天眼見三世中一切法, 見微細色等. 天耳得聞十方聲等, 天他心智知一切人心故. 天宿命智知三世六道命分故, 以無生智見一切法故."

593 오안五眼: 대승의 길을 수행하는 사람에게 갖추어지는 다섯 가지 눈을 가리킨다. 곧 육신에 갖추어진 실제의 눈인 육안肉眼(māṃsa-cakṣus), 현상의 인과관계를 볼 수 있는 능력인 천안天眼(divya-cakṣus), '모든 현상에는 불변 · 독자의 본질/실체가 없다'(一切空相)는 이해를 갖추고 있는 혜안慧眼(prajñā-cakṣus), 모든 중생을 깨달음의 길로 안내하는 '모든 종류의 가르침'(一切法門)을 포괄하여 볼 줄 아는 법안法眼(dharma-cakṣus), 모든 것을 사실 그대로 보게 되는 부처의 경지에서 갖추어지는 눈인 불안佛眼(buddha-cakṣus)이다. 오안五眼이라는 개념은 니까야/아함경에서도 나타나지만, 지시하는 내용은 전혀 다르다. 본문과 같은 오안五眼의 개념은 『대반야바라밀다경』을 필두로 『소품반야경』, 『광찬반야경』, 『금강경』 등의 반야계열 경전에서 중시되고 있다. 본 번역에 반영한 천안天眼의 의미는 니까야/아함경에서 확인되는 천안통天眼通의 내용을 반영하였다. 천안天眼에 대한 후대의 통념적 이해는 비非불교적이기 때문이다.

達)[594] · '[과거 · 현재 · 미래] 세 가지 세계에서 [근본무지를 조건으로 하는] 형성이 없음'(三無爲) · '세 가지의 밝아짐'(三明) · 〈'하나처럼 통하는 진리'와 '하나처럼 통하는 길'〉(一諦一道) · '독보적인 것'(獨法) · 〈크나큰 안락인 '[근본무지를 조건으로 하는] 형성이 없음'〉(大樂無爲)이 있다.

부처의 제자들이여, [부처가 성취하는] 모든 성스러운 결과에 있는 '헤아릴 수 없이 많은 이로운 능력의 창고'(無量功德藏)에는 '이루 말할 수 없이 많은 결실'(不可說不可說果)이 있으니, 이 결실(果)은 '하나처럼 통하는 길'(一道)[에서 성취한 것]이다.

〈소〉

次明四無量, 謂慈悲喜捨. 義如上說也.

[H1, 517c9]

---

594 삼달三達: 삼명三明(tri-vidya)이라고도 한다. 세 가지 일에 대해 막힘없는 지혜를 통달한 것인데. 세 가지 밝은 지혜는 다음과 같다. ① 숙명지증명宿命智證明은 과거의 삶을 아는 지혜가 밝아진 것이고, ② 생사지증명生死智證明은 미래 삶의 인과적 전개 양상을 아는 지혜가 밝아진 것이며, ③ 누진지증명漏盡智證明은 현재의 번뇌를 남김없이 제거하는 지혜가 밝아진 것이다. 『잡아함경雜阿含經』 권卷31에서는 다음과 같이 설명한다. "觀察知宿命, 見天惡趣生, 生死諸漏盡, 是則牟尼明, 知心得解脫, 一切諸貪愛, 三處悉通達, 故說爲三明."(T02, 223c8~11) 또한 『대비바사론大毘婆沙論』 권102에서도 다음과 같이 말했다. "契經所說當云何通? 如說有三明. 一宿住隨念智證明, 二死生智證明, 三漏盡智證明."(T27, 529c25~26) 또한 삼명三明을 ① 상견常見을 끊을 수 있는 숙명명宿命明, ② 단견斷見을 끊을 수 있는 천안명天眼明, ③ 이변二邊에서 벗어나 중도에 편안히 머무르는 누진명漏盡明으로 나누기도 한다. 그리고 북본北本 『대반열반경大般涅槃經』에서는 ① 보살명菩薩明(般若波羅蜜), ② 제불명諸佛明(佛眼), ③ 무명명無明明(畢竟空)으로 나누기도 한다. "明者, 名爲三明. 一菩薩明, 二諸佛明, 三無明明. 菩薩明者, 即是般若波羅蜜, 諸佛明者, 即是佛眼, 無明明者, 即畢竟空."(T12, 468c7~10) 『불광대사전』, p.569 참고.

다음으로 '한계가 없는 네 가지 마음'(四無量[心])를 밝혔으니, [한계가 없는] '자애[의 마음]'(慈[心]) · '연민[의 마음]'(悲[心]) · '더불어 기뻐함[의 마음]'(喜[心]) · '평온[의 마음]'(捨[心])이 그것이다. 뜻은 앞에서 설명한 것과 같다.

次四無畏. 言"我是一切智人"者, 是一切智無畏. "我漏已盡"者, 是漏盡無畏. "無漏出煩惱道"者, 是說盡苦道無畏. "煩惱障道"者, 是能說障道無畏. 此中前二, 自具智斷, 後二, 令他智斷具足. 如論說言, "師及弟子智斷具足", 此之謂也.

[H1, 517c10~15]

다음으로는 '네 가지 두려움 없음'(四無畏)[을 밝혔다.] "나는 '모든 것을 사실 그대로 보는 지혜를 갖춘 사람'(一切智人)이다."(我是一切智人)라고 말한 것은, '모든 것을 사실 그대로 보는 지혜를 갖추어 두려움이 없는 것'(一切智無畏)이다. "나는 번뇌를 다 없앴다."(我漏已盡)라는 것은, '번뇌를 다 없애어 두려움이 없는 것'(漏盡無畏)이다. "번뇌가 없어져 '번뇌의 길'(煩惱道)에서 벗어났다."(無漏出煩惱道)라는 것은, '괴로움을 다 없애는 길을 설하는 데 두려움이 없는 것'(說盡苦道無畏)이다. "번뇌가 장애하는 길[에서 벗어났다]"([出]煩惱障道)는 것은, '[번뇌가] 장애하는 길에 대해 설할 수 있음에 두려움이 없는 것'(能說障道無畏)이다.

이 중에서 앞의 두 가지는 '자신이 지혜로 [두려움을] 끊음을 갖춘 것'(自具智斷)이고, 뒤의 두 가지는 '다른 사람으로 하여금 지혜로 [두려움을] 끊음을 갖추게 하는 것'(令他智斷具足)이다. 예컨대 논(『성실론成實論』)에서 "스승과 제자가 지혜로 [두려움을] 끊는 것을 모두 갖추었다."[595]라고

595 『성실론』 제3「사무외품」(T32, 241c15~17). "問曰. 佛於諸法悉無所畏, 何故但說四無畏耶? 答曰. 說四則爲總說一切無畏. 所以者何? 前二無畏自說智斷, 後二無畏爲他說

말한 것은 이것을 일컬은 것이다.

次明六通, 亦如前說. 次明五眼五分法身, 義如常說.

[H1, 517c16~17]

다음에는 ‘여섯 가지 특별한 능력’(六[神]通)을 밝혔는데, [그 내용은] 역시 앞서 설명한 것과 같다. 그다음에는 ‘다섯 가지 눈’(五眼)과 ‘[계戒 · 정定 · 혜慧 · 해탈解脫 · 해탈지견解脫知見, 이] 다섯 가지 진리 몸’(五分法身)을 밝혔는데, [그] 뜻은 통상의 설명과 같다.

次明“無罪三業”者, 所謂如來三種淸淨故言‘無罪’. 如『華嚴經』言, “如來正覺成菩提時, 住佛方便, 得一切衆生等身, 得一切法等身, 得一切刹等身, 得一切三世等身, 得一切如來等身, 得一切諸佛等身, 一[596] 切語言等身, 得一切法界等身, 得虛空界等身, 得無閡法界等身, 得出生無量[597]等身, 得一切行界等身, 得寂靜[598]涅槃界等身. 佛子, 隨如來所得身, 當知音聲及無礙心亦復如是, 如來具足如是等三種淸淨無量.” 案云, 此中十三等身, 卽是無罪身業, 十三等音, 卽是無罪口業, 十三等心, 卽是無罪意業. 以無罪故, 無障礙, 無障礙故, 無邊際也.

[H1, 517c18~518a9]

다음으로 밝힌 “허물이 없는 ‘[신체(身) · 언어(口) · 생각(意)으로 짓는] 세 가지 행위’”(無罪三業)라는 것은, 이른바 여래는 세 가지 [행위]가 온전하

障道法說盡苦道亦名智斷. 師及弟子智斷具足故, 名總說一切無畏.”

596 ‘一’ 앞에 ‘得’자가 빠져 있다. 『화엄경』 원문에는 ‘得’이 있다.

597 『화엄경』 원문에는 ‘量’ 다음에 ‘界’가 있다.

598 화엄경』 원문은 ‘靜’이 아니라 ‘滅’이다.

기 때문에 〈허물이 없다.〉(無罪)고 말한 것이다. [이것은] 『화엄경』에서 [다음과 같이] 말한 것과 같다. "여래인 '완전한 깨달음을 성취한 분'(正覺)이 깨달음을 이룰 때 '부처 경지에 머무르면서 사용하는 수단과 방법'(住佛方便)으로 모든 중생과 '같아지는 몸'(等身)을 얻고, '모든 현상'(一切法)과 같아지는 몸을 얻으며, 모든 국토(刹)[599]와 같아지는 몸을 얻고, 모든 '과거·현재·미래'(三世)[의 세계]와 같아지는 몸을 얻으며, 모든 여래와 같아지는 몸을 얻고, 모든 갖가지 부처와 같아지는 몸을 얻으며, 모든 언어와 같아지는 몸을 얻고, 모든 진리세계(法界)와 같아지는 몸을 얻고, '허공의 모든 세계'(虛空界)와 같아지는 몸을 얻으며, '막히지 않은 세계'(無閡法界)와 같아지는 몸을 얻고, '헤아릴 수 없이 많은 세계'(無量界)에 태어나는 것과 같아지는 몸을 얻으며, 모든 '수행 세계'(行界)와 같아지는 몸을 얻고, '[번뇌가 그쳐] 고요한 열반의 세계'(寂靜涅槃界)와 같아지는 몸을 얻는다. 부처의 제자들이여, 여래가 얻는 [이와 같은] 몸에 따라 [여래의] 음성 및 '걸림 없는 마음'(無礙心)도 이와 같다는 것을 알아야 하니, 여래는 이와 같은 세 종류의 온전함(淸淨)을 헤아릴 수 없이 많이 갖추고 있다."[600]

생각건대, 이 가운데의 13가지 '같아지는 몸'(等身)은 바로 '허물이 없는 신체의 행위'(無罪身業)이고, 13가지 '같아지는 음성'(等音)은 바로 '허물이 없는 말의 행위'(無罪口業)이며, 13가지 '같아지는 마음'(等心)은 바

---

599 찰刹: 산스크리트어 kṣetra의 약역略譯이며 토전土田·토土·국國·처處라고 의역意譯된다. 국토國土를 가리킨다. 『불광대사전』, p.3731.

600 『화엄경』 35권(T9, p.626c19). "佛子! 一切諸佛菩提, 一切文字所不能記, 一切語言所不能說, 不可爲譬, 但隨所應如來爲之分別演說. 佛子! 如來, 應供, 等正覺成菩提時, 住佛方便, 得一切衆生等身, 得一切法等身, 得一切刹等身, 得一切三世等身, 得一切如來等身, 得一切諸佛等身, 得一切語言等身, 得一切法界等身, 得虛空界等身, 得無礙法界等身, 得出生無量界等身, 得一切行界等身, 得寂滅涅槃界等身. 佛子! 隨如來所得身, 當知音聲及無礙心亦復如是. 如來具足如是等三種清淨無量."

로 '허물이 없는 생각의 행위'(無罪意業)이다. 허물(罪)이 없기 때문에 '방해와 막힘'(障礙)이 없고, '방해와 막힘'(障礙)이 없기 때문에 한계(邊際)가 없다.

次明三寶, 隨所示現, 無不玄則故, 遍涉六道, 恒與和合故. 如前菩薩三寶義同, 但彼未圓滿, 亦非常住. 今是圓極常住三寶. 『方廣經』言, "於一佛寶, 卽有法僧", 此之謂也.

[H1, 518a10~14]

다음으로는 '[부처(佛)ㆍ가르침(法)ㆍ수행공동체(僧), 이] 세 가지 보배'(三寶)를 밝혔으니, [부처가] 나타내 보이는 것마다 '현묘한 모범'(玄則)[인 법보法寶] 아님이 없기 때문이고, [부처는] '[업에 따라 윤회하는] 여섯 가지 세계'(六道)를 두루 다니면서 항상 [중생과] 더불어 화합[하는 승보僧寶]이기 때문이다. [이 부처가 지니는 '세 가지 보배'(三寶)는] 앞서 말한 '보살이 지니는 세 가지 보배'(菩薩三寶)와 뜻이 같은데, 다만 그 ['보살이 지니는 세 가지 보배'(菩薩三寶)]는 아직 완전하지 못하고 또한 '늘 제자리를 지키는 것'(常住)이 아니다. 지금의 이 [부처가 지니는 '세 가지 보배'(三寶)]는 완전하고(圓) 궁극적이며(極) '늘 제자리를 지키는'(常住) '세 가지 보배'(三寶)이다. 『방광경放光經』에서 "하나의 '부처라는 보배'(佛寶)에는 곧 가르침(法)과 수행공동체(僧)가 있다."[601]라고 말한 것은 이것을 일컫는 것이다.

次"滅諦"者, 無仰[602]四諦門中滅諦, 無明住地斷滅所顯, 卽是大淨波

601 『대통방광경大通方廣經』 권중卷中(T85, p.1345a36). "是故大聖如來, 哀從定起, 愍彼長迷, 開演三寶, 爲眞依處. 初爲始末學二乘之人, 說於梯橙別體三寶, 後爲久修梵行大士, 說於究竟一體三寶, 於一佛寶, 即有法僧."

羅蜜也.

[H1, 518a15~16]

다음으로 [밝힌] "괴로움의 소멸에 관한 진리"(滅諦)라는 것은 '[생사와 열반을 나누어] 짓는 바가 없는 네 가지 고귀한 진리의 측면'(無作四諦門)에서의 '괴로움의 소멸에 관한 진리'(滅諦)인데, '삼계의 근본무명'(無明住地)이 끊어지고 소멸하여 나타난 것으로 바로 '크게 온전해진 ['고통의 세계'(此岸)에서 '열반의 세계'(彼岸)로] 건너감'(大淨波羅蜜)이다.

次"解脫"者, 無礙解脫. 此有十種, 如『大經』言, "一切諸佛有十種無閡解脫, 何等爲十? 一於一微塵中, 悉能普現不可說不可說諸佛出世. 二於一微塵中, 悉能普現不可說不可說諸佛轉淨法輪. 三於一微塵中, 教化調伏不可說不可說衆生. 四於一微塵中, 普現不可說不可說佛刹. 五於一微塵中, 授不可說不可說化菩薩記. 六於一微塵中, 普現三世諸佛出世. 七於一微塵中, 普現三世一切佛刹. 八於一微塵中, 普現三世諸佛自在神力. 九於一微塵中, 普現三世一切衆生. 十於一微塵中, 普現三世一切諸佛佛事. 是爲一切諸佛十種無閡解脫也."

[H1, 518a17~b7]

다음으로 [밝힌] "해탈解脫"이라는 것은 '걸림 없는 해탈'(無礙解脫)이다. 여기에 열 가지가 있으니, [이것은] 대경大經(『화엄경』)에서 [다음과 같이] 말한 것과 같다.

"(부처의 제자들이여!) 모든 부처에게는 열 가지 '막힘없는 해탈'(無閡解脫)이 있으니, 어떤 것들이 열 가지인가? 첫 번째는 '이루 말할 수 없이

602 '仰'은 '作'의 오기誤記로 보인다. 한불전 『본업경소』 교감주에도 "'仰'은 '作'으로 의심된다."고 하였다.

많은 온갖 부처'(不可說不可說諸佛)가 세상에 나오는 것을 '작은 티끌 하나'(一微塵)에서 다 두루 나타낼 수 있는 것이다. 두 번째는 '이루 말할 수 없이 많은 온갖 부처'가 '온전한 진리의 수레바퀴를 굴리는 것'(轉淨法輪)을 작은 티끌 하나에서 다 두루 나타낼 수 있는 것이다. 세 번째는 '이루 말할 수 없이 많은 중생'(不可說不可說衆生)을 교화하여 조복시키는 것을 작은 티끌 하나에서 [다 두루 나타낼 수 있는 것]이다. 네 번째는 〈이루 말할 수 없이 많은 '부처님 계시는 세상'(佛刹)〉(不可說不可說佛刹)을 작은 티끌 하나에서 다 두루 나타내는 것이다. 다섯 번째는 〈이루 말할 수 없이 많은 '[중생구제를 위해] 모습을 변화시켜 나타나는 보살'(化菩薩)〉(不可說不可說化菩薩)에게 '부처가 될 것이라 보증하는 것'(授記)을 작은 티끌 하나에서 [다 두루 나타낼 수 있는 것]이다. 여섯 번째는 과거 · 현재 · 미래의 모든 부처가 세상에 나오는 것을 작은 티끌 하나에서 다 두루 나타내는 것이다. 일곱 번째는 과거 · 현재 · 미래의 모든 '부처님 계시는 세상'(佛刹)을 작은 티끌 하나에서 다 두루 나타내는 것이다. 여덟 번째는 과거 · 현재 · 미래의 모든 부처가 지닌 '자유자재한 수승한 능력(自在神力)을 작은 티끌 하나에서 다 두루 나타내는 것이다. 아홉 번째는 과거 · 현재 · 미래의 모든 중생을 작은 티끌 하나에서 다 두루 나타내는 것이다. 열 번째는 과거 · 현재 · 미래 모든 부처의 '중생 구제의 일'(佛事)을 작은 티끌 하나에서 다 두루 나타내는 것이다. (부처의 제자들이여!) 이것이 모든 부처의 열 가지 '막힘없는 해탈'(無閡解脫)이다."[603]

603 『대방광불화엄경』 권31(T9, 600c29~601a14). "佛子! 一切諸佛有十種無礙解脫, 何等爲十? 一切諸佛, 於一微塵中, 悉能普現不可說不可說諸佛出世, 一切諸佛, 於一微塵中, 悉能普現不可說不可說諸佛轉淨法輪, 一切諸佛, 於一微塵中, 教化調伏不可說不可說衆生, 一切諸佛, 於一微塵中, 普現不可說不可說佛刹, 一切諸佛, 於一微塵中, 授不可說不可說菩薩記, 一切諸佛, 於一微塵中, 普現三世諸佛出世, 一切諸佛, 於一微塵中, 普現三世一切佛刹, 一切諸佛, 於一微塵中, 普現三世諸佛自在神力, 一切諸佛, 於一微塵

次"靈智"者, 深玄難測是靈智義, 出生無窮是靈智義. 此有十種, 如『大經』言, "一[604]一切說法[605]無所趣向, 而能出生淸淨願智. 二一切法[606]無身, 而能出生法身智慧. 三一切諸佛[607]悉無有二, 而生正覺悟一切法. 四一切諸法悉無有我無有衆生, 而能出生化衆生智. 五一切諸法悉無有相, 而能出生種種相智. 六一切世界悉無成敗, 而能出生世成敗智. 七一切諸法無有造者, 而能出生業報智慧. 八一切諸法無可言說, 而能出生說法界智. 九一切諸法無有垢淨, 而能出生垢淨智慧. 十一切諸法無有生滅, 而能出生緣起智慧. 是爲十種出生智慧也.[608]"

[H1, 518b8~23]

다음으로 [밝힌] "신묘한 지혜"(靈智)라는 것은, 심오하고 현묘해서 헤아리기 어렵다는 것이 '신묘한 지혜'(靈智)의 뜻이고 [또] 일으킴이 끝이 없다는 것이 '신묘한 지혜'(靈智)의 뜻이다. 여기에 열 가지가 있으니, [이것은] 대경大經(『화엄경』)에서 [다음과 같이] 말한 것과 같다.

"(부처의 제자들이여! 모든 부처에게는 '일으켜 굳건하게 하는 열 가지 지혜'(十種出生住持智慧)가 있으니, 어떤 것들이 열 가지인가?) 첫 번째, 모든 현상에는 [불변·독자의 본질/실체로서] '추구할 것'(所趣向)이 없지만 [부처는] '중생을 구제하려는 청정한 지혜'(淸淨願智)를 일으킬 수 있다. 두 번째,

---

中, 普現三世一切衆生, 一切諸佛, 於一微塵中, 普現三世一切諸佛佛事. 佛子! 是爲一切諸佛十種無礙解脫."

604 대정장 『화엄경』(T9, 591b3~13)에는 '一~十'까지의 번호가 없다. 원효가 임의로 넣은 것이다.

605 대정장 『화엄경』에는 '說法'이 '諸法'으로 되어 있다. '諸法'으로 고쳐 번역한다.

606 대정장 『화엄경』에는 '法'이 '諸法'으로 되어 있다. '諸法'으로 고쳐 번역한다.

607 대정장 『화엄경』에는 '諸佛'이 '諸法'으로 되어 있다. '諸法'으로 고쳐 번역한다.

608 대정장 『화엄경』에는 "是爲十種出生智慧也."가 "佛子, 是爲一切諸佛十種出生住持智慧."로 되어 있다. "是爲一切諸佛十種出生住持智慧."로 고쳐 번역한다.

모든 현상에는 [불변 · 독자의 본질/실체인] 몸(身)이 없지만 [부처는] '진리 몸의 지혜'(法身智慧)를 일으킬 수 있다. 세 번째, 모든 현상에는 [불변 · 독자의 본질/실체로서] '둘로 나뉘는 것'(有二)이 없지만 [부처는] 〈'완전한 깨달음'(正覺)으로 모든 현상을 깨닫는 것〉을 일으킨다. 네 번째, 모든 현상에는 [불변 · 독자의 본질/실체인] 나(我)도 없고 [불변 · 독자의 본질/실체인] 중생도 없지만 [부처는] '중생을 교화하는 지혜'(化衆生智)를 일으킬 수 있다. 다섯 번째, 모든 현상에는 '[불변 · 독자의 본질/실체로서의] 차이/특징'(相)이 없지만 [부처는] '갖가지 특징의 지혜'(種種相智)를 일으킬 수 있다. 여섯 번째, 모든 세계에는 [불변 · 독자의 본질/실체로서의] '성공과 실패'(成敗)가 없지만 [부처는] '세상에서의 성공과 실패에 관한 지혜'(世成敗智)를 일으킬 수 있다. 일곱 번째, 모든 현상에는 [불변 · 독자의 본질/실체인] '만드는 자'(造者)가 없지만 [부처는] '행위와 [그] 과보에 대한 지혜'(業報智慧)를 일으킬 수 있다. 여덟 번째, 모든 현상에는 [불변 · 독자의 본질/실체로서] 언어로 확정할 수 있는 것이 없지만 [부처는] '진리세계를 설하는 지혜'(說法界智)를 일으킬 수 있다. 아홉 번째, 모든 현상에는 [불변 · 독자의 본질/실체로서의] '더러움과 청정함'(垢淨)이 없지만 [부처는] '더러움과 청정함에 대한 지혜'(垢淨智慧)를 일으킬 수 있다. 열 번째, 모든 현상에는 [불변 · 독자의 본질/실체로서] '생겨나고 사라짐'(生滅)이 없지만 [부처는] '조건에 따라 생겨남에 대한 지혜'(緣起智慧)를 일으킬 수 있다. (부처의 제자들이여!) 이것이 모든 부처의 '일으켜 굳건하게 하는 열 가지 지혜'(十種出生住持智慧)이다."[609]

---

609 『대방광불화엄경』 권31(T9, 591b3~13). "佛子, 一切諸佛有十種出生住持智慧, 何等爲十? 一切諸法無所趣向, 而能出生淸淨願智. 一切諸法無身, 而能出生法身智慧. 一切諸法悉無有二, 而生正覺悟一切法. 一切諸法悉無有我無有衆生, 而能出生化衆生智. 一切諸法悉無有相, 而能出生種種相智. 一切世界悉無成敗, 而能出生世成敗智. 一切諸法無有造者, 而能出生業報智慧. 一切諸法無可言說, 而能出生說法界智. 一切諸法無有垢淨, 而能出生垢淨智慧. 一切諸法無有生滅, 而能出生緣起智慧. 佛子, 是爲一切諸佛十

次"一乘"者，謂於佛所種善根者，皆無異趣，莫不同到大涅槃果，故說佛德名爲一乘．爲顯是義而說三喩，如『大經』言，"譬如丈夫食少金剛，終竟不消，要從身過，至金剛輪，[610] 然後乃住．所以者何？以彼金剛不可消故．如是佛子，於如來所少殖善根，能壞一切有爲煩惱，乃至究竟如來涅槃智慧，然後乃住．所以者何？於如來所種[611]諸善根，不可盡故．佛子，譬如須彌山等大乾草聚，若有人持如芥子火，悉能燒盡．何以故？火性悉能燒故．於如來所種少善根，亦復如是，悉能燒滅一切煩惱，無有遺餘，究竟涅槃．何以故？於如來所種諸善根，性究竟故．佛子，譬如雪山有大藥王，名曰善現．若有見者，眼得淸淨，若有聞者，耳得淸淨，若聞香者，鼻得淸淨，若嘗味者，舌得淸淨，若有觸者，身得淸淨，若取彼地土，悉能除滅無量衆病，安隱快樂．如來正覺[612]無上藥王，亦復如是，常以一切諸方便行，饒益衆生．若有得見如來色身，眼得淸淨，若有得聞如來名號，耳得淸淨，若有得聞如來戒香，鼻得淸淨，若有得味如來法味，舌得淸淨，得金剛廣長淸淨舌根，悉能演說一切言音，若有得觸如來光者，彼人卽得淸淨色身，究竟逮得無上法身，若有念如來者，得念佛三昧，正念不亂，若有得經卷地如來塔廟，禮拜供養，彼衆生等具足善根，滅煩惱患，得賢聖果．佛子，乃至不信邪見衆生，見聞佛者，於見聞中[613]所種善根果報不虛，乃至究竟涅槃，斷一切惡，[614] 具足善根．" 乃至廣說．是名如來一乘功德也．

[H1, 518b24~519a10]

種出生住持智慧."

610 대정장『화엄경』권36, (T9, 629b17)에는 '金剛輪際'이다.

611 대정장『화엄경』권36, (T9, 629b22)에는 '種'이 '植'으로 되어 있다.

612 대정장『화엄경』권36, (T9, 629c3)에는 '如來應供等正覺'으로 되어 있다.

613 대정장『화엄경』권36, (T9, 629c14)에는 '彼諸衆生於見聞中'으로 되어 있다.

614 대정장『화엄경』권36, (T9, 629c15)에는 '斷一切惡諸不善根'으로 되어 있다.

다음으로 [밝힌] “같은 곳으로 실어 가는 수레”(一乘)라는 것은, 부처[의 가르침]에서 ‘이로운 능력’(善根)의 씨를 뿌린 자는 모두 다른 데로 가는 바가 없이 ‘완전한 열반이라는 결실’(大涅槃果)에 똑같이 도달하기 때문에 ‘부처의 능력’(佛德)을 ‘같은 곳으로 실어 가는 수레’(一乘)라고 하는 것이다. 이 뜻을 나타내기 위해 세 가지 비유를 설했으니, 대경大經(『화엄경』)에서 [다음과 같이] 말한 것과 같다.

“(부처의 제자들이여!) 비유하자면 장부丈夫가 약간의 금강金剛을 먹어도 끝내 소화되지 않고 [그 금강金剛은] 반드시 [장부丈夫의] 몸을 통과하여 ‘금강으로 이루어진 [세상을 떠받치는] 토대’(金剛輪際)에 이른 후에 머무는 것과도 같다. 왜 그런가? 저 금강金剛[과도 같이 단단한 것]은 녹일 수가 없기 때문이다. 이와 같이 부처의 제자들이여, 여래[의 가르침]에서 조금이라도 심은 ‘이로운 능력’(善根)은 모든 ‘[근본무지를 조건으로] 형성하는 번뇌’(有爲煩惱)를 깨뜨릴 수 있으며 더 나아가 궁극적인 ‘여래의 열반에 관한 지혜’(如來涅槃智慧)에 이른 후에야 머무는 것이다. 어째서 그러한가? 여래[의 가르침]에서 심은 모든 ‘이로운 능력’(善根)은 없앨 수 없기 때문이다.

부처의 제자들이여, 비유하자면 수미산須彌山만큼의 큰 건초더미라도 만일 어떤 사람이 겨자씨만 한 불을 가지고 있다면 다 태워 버릴 수 있는 것과 같다. 왜 그런가? ‘불의 성질’(火性)이 다 태울 수 있기 때문이다. 여래[의 가르침]에서 씨 뿌린 조그마한 ‘이로운 능력’(善根)도 마찬가지라서, 모든 번뇌를 다 태워 없애어 남은 것이 없게 하여 궁극적으로 열반하게 한다. 어째서 그러한가? 여래[의 가르침]에서 씨 뿌린 모든 ‘이로운 능력’(善根)은 [그] 본연(性)이 완전하기(究竟) 때문이다.

부처의 제자들이여, 비유하자면 [다음과 같은 것이다.] 설산雪山에 ‘위대한 의약의 왕’(大藥王)이 있는데 이름은 ‘[온전히] 잘 드러나게 함’(善現)이다. 만약 [그를] 보는 자는 눈이 온전하게(淸淨) 되고, 만약 [그의 음성을] 듣는 자는 귀가 온전하게 되고, 만약 [그의] 냄새를 맡는 자는 코가 온전하게 되고, 만약 [약을] 맛을 본 자는 혀가 온전하게 되고, 만약 [그를] 만진 자는 몸이 온전하게 되고, 만약 [그가 있는] 땅의 흙을 쥐면 헤아릴 수 없이 많은 병을 다 없애어 편안하고 쾌락해질 수 있다. '[진리와] 같아져서 오신 분'(如來)이시며 ['공양받아야 할 분'(應供)이고] '완전한 깨달음과 같아진 분'([等]正覺)이신 '가장 높은 약의 왕'(無上藥王)도 마찬가지라서, 항상 갖가지 '수단과 방법을 갖춘 실천'(方便行)으로 중생을 널리 이롭게 한다. 만약 여래의 몸(色身)을 보면 눈이 온전하게 되고, 만약 여래의 이름(名號)을 들으면 귀가 온전하게 되며, 만약 여래의 '계율의 향기'(戒香)를 맡으면 코가 온전하게 되고, 만약 여래의 '가르침의 맛'(法味)을 보면 혀가 온전하게 되어 금강석처럼 [강하고] 넓고 길며 온전한 '말하는 능력'(舌根)을 얻어서 모든 말(言音)을 다 펼칠 수 있으며, 만약 여래의 광명에 접촉하는 사람이라면 그 사람은 곧바로 '온전한 몸'(淸淨色身)을 얻어 궁극적으로는 '가장 높은 진리의 몸'(無上法身)을 얻을 것이며, 만약 여래를 생각하는 사람이라면 '부처를 오롯이 생각하여 생긴 삼매'(念佛三昧)를 얻어서 '[분별망상에 빠져들지 않는] 알아차림의 올바른 간직'(正念)이 어지럽지 않을 것이고, 만약 경전(經卷)을 얻어 여래의 탑묘塔廟에 깔고 예배하며 공양한다면 그 중생은 '이로운 능력'(善根)을 가지런히 갖추어 번뇌로 인한 근심을 없애고 현인賢人이나 성인聖人이 되는 결실(果)을 얻을 것이다.

부처의 제자들이여, 나아가 '[부처의 가르침을] 믿지 않고 그릇된 견해를 지닌 중생'(不信邪見衆生)이지만 부처를 보고 [부처의 가르침을] 듣는 사람이라면 [그 중생은] 보고 듣는 가운데 씨 뿌린 '이로운 능력'(善根)의 과보가 헛되지 않아 '궁극적 열반'(究竟涅槃)에까지 이르러 모든 해로움(惡)[과 모든 '해로운 능력'(不善根)을] 끊고 '이로운 능력'(善根)을 갖출 것이다."615 등으로 자세히 설하였다. 이것을 〈여래가 지닌 '같은 곳으로 실어 가는 수레의 능력'(一乘功德)〉(如來一乘功德)이라고 한다.

次"金剛寶藏"者, 佛有十種堅固法寶, 積集名藏. 如『大經』言 "一切諸佛有十種堅固士法, 何等爲十? 一[616]諸願[617]堅固不可沮壞, 如說修行, 言行相應. 二盡未來[618]劫修菩薩行, 功德莊嚴, 未曾恐怖. 三爲化[619]一切衆生故, 悉詣不可說不可說世界, 教化衆生[620]無有留難. 四於信[621]不信衆生, 大悲等觀而無有異. 五從[622]初發心乃至正覺, 於其中間未曾退失菩提之心. 六修[623]諸功德, 皆悉迴向一切種智, 不求世行. 七於諸佛[624]隨順修學身口意業, 永離聲聞獨覺[625]之心.[626] 八平等[627]普照

---

615 『화엄경』 권36(T9, 629b17~c16). "佛子! 譬如丈夫食少金剛, 終竟不消, 要從身過, 至金剛輪際, 然後乃住. 所以者何? 以彼金剛不可消故. 如是佛子, 於如來所少植善根, 能壞一切有爲煩惱, 乃至究竟如來涅槃智慧, 然後乃住. 所以者何? 於如來所植諸善根, 不可盡故. 佛子! 譬如須彌山等大乾草聚, 若有人持如芥子火, 悉能燒盡. 何以故? 火性悉能燒故. 佛子! 於如來所種少善根, 亦復如是, 悉能燒滅一切煩惱, 無有遺餘, 究竟涅槃. 何以故? 於如來所種諸善根, 性究竟故. 佛子! 譬如雪山有大藥王, 名曰善現. 若有見者, 眼得清淨, 若有聞者, 耳得清淨, 若聞香者, 鼻得清淨, 若嘗味者, 舌得清淨, 若有觸者, 身得清淨, 若取彼地土, 悉能除滅無量衆病, 安隱快樂. 如來應供等正覺無上藥王, 亦復如是, 常以一切諸方便行, 饒益衆生. 若有得見如來色身, 眼得清淨, 若有得聞如來名號, 耳得清淨, 若有得聞如來戒香, 鼻得清淨, 若有得味如來法味, 舌得清淨, 得金剛廣長清淨舌根, 悉能演說一切言音, 若有得觸如來光者, 彼人即得清淨色身, 究竟逮得無上法身, 若有念如來者, 得念佛三昧, 正念不亂, 若有得經卷地如來塔廟, 禮拜供養, 彼衆生等具足善根, 滅煩惱患, 得賢聖樂. 佛子! 乃至不信邪見衆生, 見聞佛者, 彼諸衆生於見聞中所種善根果報不虛, 乃至究竟涅槃, 斷一切惡, 諸不善根, 具足善根."

616 '一~十'까지의 숫자는 대정장 『화엄경』에는 없는 것이다. 원효가 임의로 넣은 것으로 보인다.

617 대정장 『화엄경』에는 "一切諸佛諸願"으로 되어 있다.

618 대정장 『화엄경』에는 "一切諸佛盡未來際"로 되어 있다.

619 대정장 『화엄경』에는 "一切諸佛爲化"로 되어 있다.

620 대정장 『화엄경』에는 "而於一切世界教化衆生"으로 되어 있다.

621 대정장 『화엄경』에는 "一切諸佛於信"으로 되어 있다.

622 대정장 『화엄경』에는 "一切諸佛從"으로 되어 있다.

623 대정장 『화엄경』에는 "一切諸佛修"으로 되어 있다.

624 대정장 『화엄경』에는 "一切諸佛於諸佛所"로 되어 있다.

625 대정장 『화엄경』에는 "緣覺"으로 되어 있다.

無量無邊諸佛正法, 淨得菩薩心[628]究竟具足一切種智. 九悉[629]能捨離一切世間,[630] 令諸衆生悉滅諸苦,[631] 逮得寂滅平等快樂. 十爲諸衆生,[632] 受無量苦, 皆欲建立諸佛種姓,[633] 超出生[634]死, 得十力地.” 是爲一切諸佛十種堅固士法, 如是名爲金剛寶藏也.

[H1, 519a11~b4]

다음으로 [밝힌] “금강석같이 고귀한 보배가 간직된 창고”(金剛寶藏)라는 것은, 부처에게는 ‘열 가지의 견고한 도리의 보배’(十種堅固法寶)가 있는데 [그 보배를] 모아 놓았기에 창고(藏)라고 부른다. [이것은] 대경大經(『화엄경』)에서 [다음과 같이] 말한 것과 같다.

“모든 부처에게는 〈열 가지 견고한 ‘훌륭한 사람의 도리’〉(十種堅固士法)가 있으니, 어떤 것들이 열 가지인가? 첫째, [모든 부처의] 모든 서원(願)은 견고해서 방해하거나 파괴할 수 없으니, 말한 대로 수행하여 말과 행동이 상응한다. 둘째, [모든 부처는] 미래의 무수한 시간이 다하도록 ‘보살의 수행’(菩薩行)을 닦아 ‘이로운 능력’(功德)을 향상시키는 것을 일찍이 두려워한 적이 없다. 셋째, [모든 부처는] 모든 중생을 교화하려 하기에 ‘이루 말할 수 없이 많은 세계’(不可說不可說世界)에 모두 가는데,

626 『화엄경』 원문(T9, 592c21~23)에 있는 “一向專求無上菩提, 所修功德皆悉迴向一切種智, 求無上道成等正覺”이라는 뒷 구절이 삭제되어 있다.

627 대정장 『화엄경』에는 “一切諸佛平等普”로 되어 있다.

628 대정장 『화엄경』에는 “淨得菩薩心”이 “淨菩薩心”으로 되어 있다.

629 대정장 『화엄경』에는 “一切諸佛悉”로 되어 있다.

630 대정장 『화엄경』에는 “世間”이 “世樂”으로 되어 있다.

631 대정장 『화엄경』에는 “不樂世間所可願樂, 不著世間, 令一切衆生悉滅諸苦”로 되어 있다.

632 대정장 『화엄경』에는 “一切諸佛爲一切衆生故”로 되어 있다.

633 ‘姓’은 ‘性’의 오자로 보인다. 『화엄경』에도 ‘性’으로 되어 있다.

634 대정장 『화엄경』에는 “悉令衆生樂求菩提, 超出生”으로 되어 있다.

[그 모든 세계에서] 중생을 교화하면서도 어렵다는 생각을 남기지 않는다. 넷째, [모든 부처는] 믿는 중생과 믿지 않는 중생을 '크나큰 연민'(大悲)으로 평등하게 보아 차이를 두지 않는다. 다섯째, [모든 부처는] '[깨달음을 구하려고] 처음 일으킨 마음'(初發心)으로부터 '완전한 깨달음'(正覺)에 이르기까지 그 중간에 '깨달음을 구하는 마음'(菩提心)에서 물러나거나 [그 마음을] 잃어버린 적이 없다. 여섯째, [모든 부처는] 온갖 '이로운 능력'(功德)을 닦아 [그것을] 다 '모든 것을 사실 그대로 보는 지혜'(一切種智)[의 성취]로 돌릴 뿐 '세속의 일'(世行)을 구하지 않는다. 일곱째, [모든 부처는] 모든 부처님이 계신 곳에서 [부처님들을] 따라 '몸과 말과 생각으로 짓는 행위'(身口意業)를 '닦고 배워'(修學) '가르침을 들어서 혼자 깨달으려는 수행자'(聲聞)와 '연기를 이해하여 혼자 깨달으려는 수행자'(獨覺, 緣覺)들의 마음에서 완전히 벗어난다.[635] 여덟째, [모든 부처는] 헤아릴 수 없고 끝이 없는 '모든 부처의 올바른 가르침'(諸佛正法)을 '골고루 널리 이해하여'(平等普照) '온전한 보살의 마음'(淨菩薩心)으로 궁극적으로는 '모든 것을 사실 그대로 보는 지혜'(一切種智)를 갖춘다. 아홉째, [모든 부처는] 일체의 세속적 쾌락에서 다 벗어나서 [세속사람들이 원할 수 있는 즐거움을 즐기지 않고 세속에 집착하지 않으며][636] 모든 중생으로 하여금 온갖 고통을 다 없애어 '[번뇌로 인한 왜곡과 동요가] 그친 평온한 즐거움'(寂滅平等快樂)을 얻게 한다. 열째, [모든 부처는] 모든 중생을 위하기 때문에 헤아릴 수 없는 고통을 받으면서도 [모든 중생에게] '온갖 부처 면모'(諸佛

635 『화엄경』 원문(T9, 592c21~23)에는 "一向專求無上菩提, 所修功德皆悉迴向一切種智, 求無上道成等正覺"이라는 구절이 추가되어 있다. 이를 추가하여 번역하면 "… 완전히 벗어나 오로지 최고의 깨달음을 구하고, 닦은 이로운 능력을 다 '모든 것을 사실 그대로 보는 지혜'(一切種智)[의 성취]로 돌려 최고의 진리를 구하여 완전한 깨달음을 성취한다."가 된다.

636 『화엄경』 원문(T9, 592c25~26)에 있는 "不樂世間所可願樂, 不著世間"을 번역한 것이다.

種性)를 확립시켜 [중생들이 모두 깨달음을 즐겨 구하게 하여][637] '[근본무지에 매여] 태어나고 죽는 삶'(生死)에서 벗어나 '열 가지 [부처의] 힘을 지닌 경지'(十力地)를 얻게 하고자 한다."[638]

이것이 모든 부처에게 있는 〈열 가지 견고한 '훌륭한 사람의 도리'〉(十種堅固士法)이니, 이와 같은 것을 '금강석같이 고귀한 보배가 간직된 창고'(金剛寶藏)라 부른다.

次"法身藏"者, 應化法身衆德積集名法身藏. 一云, 次"法身藏"者, 五相五德積集名藏, 如『無上依經』言, "第一身者, 與五種相五種功德相應. 何者五種相? 一者無爲, 二者不相離, 三者離二邊, 四者脫一切障, 五者自性淸淨. 何者五種功德? 一者不可量, 二者不可數, 三者難思, 四者不共, 五者究竟淸淨." 如是十法相應不離, 故名法身藏也.

[H1, 519b5~13]

다음으로 [밝힌] "진리 몸의 [공덕] 창고"(法身藏)라는 것은, '[중생의 바람에] 응하여 나타내는 진리 몸'(應化法身)이 많은 이로움(德)을 쌓아 놓은 것을 '진리 몸의 [공덕] 창고'(法身藏)라고 부른 것이다. 또 다른 관점에서

637 『화엄경』 원문(T9, 592c29)에 있는 "悉令衆生樂求菩提"를 번역한 것이다.

638 『화엄경』 권30(T9, 592c10~593a1). "佛子! 一切諸佛有十種堅固士法, 何等爲十? 一切諸佛諸願堅固不可沮壞, 如說修行, 言行相應. 一切諸佛盡未來際劫修菩薩行, 功德莊嚴未曾恐怖. 一切諸佛爲化一切衆生故, 悉詣不可說不可說世界, 而於一切世界教化衆生無有留難. 一切諸佛於信不信衆生, 大悲等觀而無有異. 一切諸佛從初發心乃至正覺, 於其中間未曾退失菩提之心. 一切諸佛修諸功德, 皆悉迴向一切種智, 不求世行. 一切諸佛於諸佛所, 隨順修學身・口・意業, 永離聲聞, 緣覺之心, 一向專求無上菩提, 所修功德皆悉迴向一切種智, 求無上道成等正覺. 一切諸佛平等普照無量無邊諸佛正法, 淨菩薩心究竟具足一切種智. 一切諸佛悉能捨離一切世樂, 不樂世間所可願樂, 不著世間, 令一切衆生悉滅諸苦, 逮得寂滅平等快樂. 一切諸佛爲一切衆生故, 受無量苦, 皆欲建立諸佛種性, 悉令衆生樂求菩提, 超出生死, 得十力地."

말해 보면, 다음으로 [밝힌] "진리 몸의 [공덕] 창고"(法身藏)라는 것은 '다섯 가지 면모'(五相)와 '다섯 가지 특징'(五德)을 쌓아 놓은 것을 창고(藏)라고 하니, 『무상의경無上依經』에서 [다음과 같이] 설한 것과 같다.

"'궁극의 몸'(第一身)이라는 것은 '다섯 가지 특징'(五種相) 및 '다섯 가지 능력'(五種功德)과 서로 응하는 것이다. 무엇이 '다섯 가지 특징'(五種相)인가? 첫 번째는 '[근본무지를 조건으로 하는] 형성이 없음'(無爲)이고, 두 번째는 '서로 분리되지 않음'(不相離)이며, 세 번째는 '두 가지 치우침에서 벗어남'(離二邊)이고, 네 번째는 '모든 장애를 벗어 버림'(脫一切障)이며, 다섯 번째는 '본연이 온전함'(自性淸淨)이다. 무엇이 '다섯 가지 능력'(五種功德)인가? 첫 번째는 '측량할 수 없음'(不可量)이고, 두 번째는 '셀 수 없음'(不可數)이며, 세 번째는 '생각으로 헤아리기 어려움'(難思)이고, 네 번째는 '[중생의 몸과는] 공통되지 않음'(不共)이며, 다섯 번째는 '궁극적인 온전함'(究竟淸淨)이다."[639] 이와 같은 열 가지가 서로 응하면서 분리되지 않으니, 그러므로 '진리 몸의 [공덕] 창고'(法身藏)라 부른다.

次"自性淸淨[640]妙藏"者, 謂諸如來無邊功德, 無所不通, 通於染淨, 在於惑地不染曰淸, 在於淨地不淨曰妙, 故名自性淸妙之藏. 如『無上依經』言, "云何如來爲功德不可思議? 一切如來恒河沙劫無邊功德, 在於惑地及於淨地, 相攝相應, 未曾相離, 無垢無淨, 不可思議."故.

[H1, 519b14~20]

다음으로 [밝힌] "본연이 청정하고 오묘한 창고"(自性淸妙藏)라는 것은,

639 『불설무상의경』 상권(T16, 473a2~6). "阿難! 第一身者, 與五種相, 五種功德相應. 何者五種相? 一者無爲, 二者不相離, 三者離二邊, 四者脫一切障, 五者自性淸淨. 何者五種功德? 一者不可量, 二者不可數, 三者難思, 四者不共, 五者究竟淸淨."

640 『보살영락본업경』 본문에는 '淨'이 없다.

모든 여래의 '끝이 없는 이로운 능력'(無邊功德)은 통하지 않는 것이 없어서 '오염된 것'(染)과 '청정한 것'(淨)에 [모두] 통하니, 〈'미혹한 곳'(惑地)에 있어도 '오염되지 않음'(不染)〉(在於惑地不染)을 청정함(淸)이라 하고, 〈'청정한 곳'(淨地)에 있어도 '청정하지 않음'(不淨)〉(在於淨地不淨)을 오묘함(妙)이라 하니, 그러므로 '본연이 청정하고 오묘한 창고'(自性淸妙之藏)라 부른다. [이것은] 『무상의경無上依經』에서 [다음과 같이] 설한 것과 같다.

"여래가 '이로운 능력'(功德)을 행하는 것은 생각으로 가늠할 수 없다는 것은 무엇인가? 모든 여래가 [펼치는] '갠지스강 모래알처럼 수많은 오랜 시간'(恒河沙劫) 동안의 '끝이 없는 이로운 능력'(無邊功德)은 '미혹한 곳'(惑地)에서나 '청정한 곳'(淨地)에서나 [더러움과 깨끗함을] '서로 포섭하고'(相攝) '서로에게 응하여'(相應) 일찍이 서로 분리시킨 적이 없으니, [여래의 '이로운 능력'(功德)은] '더러움도 없고 청정함도 없어'(無垢無淨) '생각으로 가늠할 수가 없다'(不可思議)."[641]

次"三達"者, 謂無始過去通達無餘, 無邊未來通達無餘, 現在無邊十方法界究竟通達, 故名三達. 又復通達一一念法無不具有三種三世, 故名三達. 如大經中, 九世中說也.

[H1, 519b21~c1]

다음으로 [밝힌] "[과거 · 현재 · 미래] 세 가지 세계에 대한 통달"(三達)이라는 것은, '시작을 알 수 없는 무수한 과거'(無始過去)[의 세계]를 남김없이 통달하고 '끝없이 많은 미래'(無邊未來)[의 세계]를 남김없이 통달하며 현재의 '끝없는 모든 세계'(無邊十方法界)를 끝까지 통달하는 것이니, 그

641 『불설무상의경』 상권(T16, 475c25~28) "阿難! 云何如來爲功德不可思議? 一切如來恒河沙劫無邊功德, 在於惑地及於淨地, 相攝相應未曾相離, 無垢無淨不可思議."

러므로 '[과거 · 현재 · 미래] 세 가지 세계에 대한 통달'(三達)이라 부른다. 또 '한 생각 한 생각의 현상'(一一念法)마다 '과거 · 현재 · 미래'(三世)의 세 가지 세계가 갖추어지지 않음이 없다는 것을 통달하니, 그러므로 '[과거 · 현재 · 미래] 세 가지 세계에 대한 통달'(三達)이라 부른다. [이것은] 대경大經(『화엄경』)에 나오는 '아홉 가지 세계'(九世)[642]에 대한 설명과 같다.[643]

次"三無爲"者, 『仁王經』言, "於第一義諦而不二, 爲法性無爲, 緣理而滅一切相故, 爲智緣滅無相無爲. 住初忍時, 未來無量生死, 不由智緣而滅故, 非智緣滅無相無爲.[644]" 案云, 彼經約初地說, 卽是少分三無爲德, 今此經中, 說於佛德, 卽是圓滿三無爲也.

[H1, 519c2~8]

다음으로 [밝힌] "[과거 · 현재 · 미래] 세 가지 세계에서 [근본무지를 조건으로 하는] 형성이 없음"(三無爲)이라는 것은, 『인왕경』에서 [다음과 같이] 말한 것과 같다. "'궁극적 관점'(第一義諦)에서는 '[불변 · 독자의 본질/실체

642 구세九世: 과거 · 현재 · 미래의 삼세三世 각각에 다시 삼세를 배정하여 구세九世라고 한다. 이 구세를 다시 일세一世로 삼으면 '십세十世'가 된다.

643 '九世'와 관련하여 『화엄경소』에서는 다음과 같이 설명한다. 원효의 말은 『화엄경』 자체의 구절보다 『화엄경소』의 설명을 지시하는 것으로 보인다. 『화엄경소』 권51(T35, 891b28~c12). "第六說三世者, 前劫此世長短有異通皆時分, 並是十世隔法異成, 十中前九別, 後一總. 別中三世各三故成九世, 未來是續起法故, 未來未來名爲無盡, 過去已起故. 過去過去不名無盡, 現在現在卽事可見. 現在現在卽事可見, 例過未之現在故云平等, 過未之現在非可見故, 但對前後立現在名, 然此三世何以成九. 古人釋云. 義說爲九實唯有五. 意云. 如五日相望, 前三爲過去三世, 從後取三爲未來三世, 處中取三爲現在三世. 若依此釋, 進無九世之體, 退過三世之數. 云何一念得具九耶? 今謂若不令九緣起相由但以三世緣起相由, 卽九世成矣."

644 『불설인왕반야바라밀경』 본문에는 "非智緣滅無相無爲"가 "非智緣滅無相無爲無自他相"으로 되어 있다.

인] 별개의 것으로 나누어지지 않아'(不二) '본연인 [근본무지를 조건으로 하는] 형성이 없음'(法性無爲)이 되고, 진리(理)에 의거하여 모든 '[불변·독자의 본질/실체로서의] 차이/특징'(相)을 없애니, 그러므로 〈지혜에 의거한 소멸인 '[불변·독자의 본질/실체로서의] 차이/특징이 없음'(無相)과 '[근본무지를 조건으로 하는] 형성이 없음'(無爲)〉(智緣滅無相無爲)이 된다. 〈[성종성聖種性인 십지위十地位의] '첫 번째 경지'(初地)에 대한 인증〉(初忍)[645]에 머물 때는 미래의 무수한 '[근본무지에 매여] 태어나고 죽는 일'(生死)이 지혜에 의거하여 소멸하지는 않기 때문에 〈지혜에 의거한 소멸인 '[불변·독자의 본질/실체로서의] 차이/특징이 없음'(無相)과 '[근본무지를 조건으로 하는] 형성이 없음'(無爲)〉(智緣滅無相無爲)이 아니다."[646]

생각건대, 저 경전(『인왕경』)은 [십지十地의] '첫 번째 경지'(初地, 歡喜地)에 의거하여 말한 것이어서 '[과거·현재·미래] 세 가지 세계에서 [근본무지를 조건으로 하는] 형성이 없는 능력'(三無爲德)의 일부(少分)[를 말한 것]이고, 지금 이 경전(『본업경』)에서는 부처의 능력에 대해 말한 것이어서 '[과거·현재·미래] 세 가지 세계에서 [근본무지를 조건으로 하는] 형성이 없음'(三無爲)의 완전함(圓滿)[을 말한 것]이다.

---

645 초인初忍: '여섯 단계의 수행내용'(六種性)을 여섯 가지의 인증(忍)으로 설명하는 것이 육인六忍이며, 인忍은 성취한 것을 명료하게 이해하고 확인하는 것이다. 신인信忍·법인法忍·수인修忍·정인正忍·무구인無垢忍·일체지인一切智忍의 육인六忍은 각각 습종성習種性(십주위十住位)·성종성性種性(십행위十行位)·도종성道種性(십회향위十迴向位)·성종성聖種性(십지위十地位)·등각성等覺性(등각위等覺位)·묘각성妙覺性(묘각위妙覺位)의 성취를 인증하는 것이다. 인용한 『인왕경』 구절에서 말하는 '초인初忍'은 성종성聖種性(십지위十地位)의 '첫 번째 경지'(初地)에 대한 인증이다.

646 『불설인왕반야바라밀경』 하권(T8, 831b28~c3). "於第一義諦而不二, 爲法性無爲, 緣理而滅一切相故, 爲智緣滅無相無爲. 住初忍時, 未來無量生死, 不由智緣而滅故, 非智緣滅無相無爲無自他相."

次“三明”者, 如『涅槃經』言, “菩薩明者, 諸般若波羅蜜,[647] 諸佛明者, 所謂佛眼,[648] 無明明者, 謂畢竟空.[649]” 案云, 若論位別, 初明在因地, 第二在果地, 第三明者通於因果, 就其通門, 皆在佛地. 何者? 大圓鏡智照一法界佛性之門, 名爲佛眼, 是諸佛明, 妙觀察智照遍滿等, 是菩薩明, 所達空理無明無闇, 是無明明. 如是名爲如來三明也.

[H1, 519c9~17]

다음으로 [밝힌] “세 가지의 밝아짐”(三明)이라는 것은 『열반경』에서 [다음과 같이] 말한 것과 같다. “‘보살의 밝아짐’(菩薩明)은 바로 ‘이해로 지혜를 밝히는 [대승 보살의] 수행’(般若波羅蜜)[이 밝아짐’]이고, ‘모든 부처의 밝아짐’(諸佛明)은 바로 ‘부처의 눈’(佛眼)[650][이 밝아짐]이며, ‘근본무지가 밝아짐’(無明明)은 바로 ‘불변 · 독자의 본질/실체 없음의 궁극경지’(畢竟空)[가 밝아짐]이다.”[651]

생각건대, 만약 ‘경지의 차이’(位別)를 논한다면, 첫 번째는 ‘[부처가 되는] 원인이 되는 단계’(因地)에 있음을 밝혔고, 두 번째는 ‘[원인으로 얻은] 과보의 단계’(果地)에 있음[을 밝혔으며], 세 번째로 밝힌 것은 ‘원인과 결과’(因果)에 [모두] 통하는 것이니, 그 ‘통하는 측면’(通門)에 의거한다면 [세 가지가] 모두 ‘부처의 경지’(佛地)에 있다. 왜 그런가? [아뢰야식을 치유하여 성취하는] ‘거울로 비추는 것처럼 [현상세계를] 온전하게 드러내는 지혜’(大圓鏡智)[652]로 ‘하나처럼 통하는 [차이들의] 현상세계’(一法界)인 ‘부처

647 『대반열반경』 권18에는 “諸般若波羅蜜”이 “即是般若波羅蜜”로 되어 있다.
648 『대반열반경』 권18에는 “所謂佛眼”이 “即是佛眼”으로 되어 있다.
649 『대반열반경』 권18에는 “謂畢竟空”이 “即畢竟空”으로 되어 있다.
650 불안佛眼: 오안五眼의 하나. 앞서의 ‘오안五眼’ 역주 참조.
651 『대반열반경』 18권(T12, p.468b27), “又復明者名爲三明, 一菩薩明, 二諸佛明, 三無明明. 菩薩明者即是般若波羅蜜, 諸佛明者即是佛眼, 無明明者即畢竟空.”

면모의 측면'(佛性之門)을 비추어 내는 것을 '부처의 눈'(佛眼)이라 하니 이것이 '모든 부처의 밝아짐'(諸佛明)이고, '사실 그대로 이해하는 지혜'(妙觀察智)로 [세계에] '두루 가득한 것들'(遍滿等)을 비추어 내니 이것이 '보살의 밝아짐'(菩薩明)이며, 통달한 '불변·독자의 본질/실체가 없다는 도리'(空理)에는 밝음(明)도 없고 어두움(闇)도 없으니 이것이 '근본무지가 밝아짐'(無明明)이다. 이와 같은 것을 '여래가 지닌 세 가지 밝아짐'(如來三明)이라 부른다.

次"一諦一道"者, 無作四諦門中, 道諦金剛心時, 與苦集俱, 故有三諦. 今至佛地, 離二唯一, 一謂一道. 如是一諦, 通泰無閡, 諸佛道同, 故名一道. 如經頌言, "文殊法常爾, 法王唯一法, 一切無礙人, 一道出

---

652 사지四智: 유식학에서는 '부처 경지'(佛果)에서 성취하는 '네 가지 지혜'(四智)를 말하는데, '번뇌가 스며듦이 있는'(有漏) 제8식, 제7식, 제6식과 전前5식이 각각 '번뇌가 스며듦이 없는 지혜'(無漏智)인 대원경지大圓鏡智, 평등성지平等性智, 묘관찰지妙觀察智, 성소작지成所作智로 바뀐다고 한다. 이것을 '식識을 바꾸어 지혜를 얻음'(轉識得智)이라 한다. 『성유식론成唯識論』 권10에서 "云何四智相應心品"(T31, p.56a12)이라고 하는 것 이하에서는 대원경지大圓鏡智, 평등성지平等性智, 묘관찰지妙觀察智, 성소작지成所作智의 4지四智를 밝히면서 "此轉有漏八七六五識相應品, 如次而得. 智雖非識而依識轉識爲主故說轉識得."(T31, p.56b2~4)이라고 하여, 4지四智는 유루有漏의 여덟 가지 의식현상에 의거하면서도 그것들을 무루無漏의 지혜현상으로 바꾸어 얻는 것이라고 설명한다. 이 사지四智 개념은 『해심밀경解深密經』이나 『섭대승론攝大乘論』 등에서는 나타나지 않고, 『대승장엄경론大乘莊嚴經論』 권3(T31, 606c23~607a2)에서 사지四智의 설명이 나오는데, 이 네 가지 지혜를 제8식에서 전5식에 이르기까지 각각을 대응시켜 전식득지轉識得智를 설하는 이론적 체계는 『성유식론成唯識論』 권8(T31, 56a12~26)과 『불지경론佛地經論』 권3(T26, 302c1~11) 등에서 자세한 설명을 찾아볼 수 있다. 원효전서 번역에서는 네 가지 지혜를 '거울로 비추는 것처럼 [현상세계를] 온전하게 드러내는 지혜'(大圓鏡智)·'[불변·독자의 본질/실체라는 생각으로 비교하지 않아] 평등하게 보는 지혜'(平等性智)·'사실 그대로 이해하는 지혜'(妙觀察智)·'[중생들이 열반에 이르도록 성숙시키는] 일을 이루어 가는 지혜'(成所作智)라고 번역하고 있다.

生死也.”

[H1, 519c18~23]

다음으로 [밝힌] “‘하나처럼 통하는 진리’와 ‘하나처럼 통하는 길’”(一諦一道)이라는 것은 [다음과 같은 뜻이다.] 〈[생사와 열반을 나누어] 짓는 바가 없는 ‘네 가지 고귀한 진리’의 측면〉(無作四諦門)에서는 ‘괴로움의 소멸로 나아가는 길에 관한 진리’(道諦)[수행]에서의 ‘금강[석과 같은 선정의] 마음’(金剛心)[653][경지]일 때 ‘[근본무지에 따라 일어나는] 모든 것은 괴로움이라는 진리’(苦諦)와 ‘괴로움의 원인에 관한 진리’(集諦)를 함께 갖추기 때문에 ‘[고제苦諦 · 집제集諦 · 도제道諦의] 세 가지 진리’(三諦)가 있다. 지금 ‘부처의 경지’(佛地)에 이르러서는 ‘[세 가지 진리를] 다른 것[으로 보는 것]에서 벗어나 오직 하나[로 볼]’(離二唯一) 뿐이니, [이] 하나[로 보는 것]을 ‘하나처럼 통하는 길’(一道)이라 부른다. 이와 같은 ‘하나처럼 통하는 진리’(一諦)에서는 [모든 것이] 크게 통하여 막힘이 없고, 모든 ‘부처가 되는 길’(佛道)이 같[은 곳에서 만나]게 되니, 그러므로 ‘하나처럼 통하는 길’(一道)이라 부른다. [이것은] 경전(『화엄경』)의 게송에서 [다음과 같이]

---

653 금강심金剛心: 금강정金剛定, 금강삼매金剛三昧, 금강유정金剛喩定이라고도 한다. 성문승에서 금강유정은 번뇌를 끊는 수행 중 마지막 단계인 무간도無間道에서 발생하는 선정으로서, 금강유정으로 인해 발생하는 지혜가 ‘진지盡智’이며 이 진지로 인해 무학의 아라한과가 이루어진다. 『아비달마구사론』 권24(T29, 126c23~26). “金剛喩定是斷惑中最後無間道所生. 盡智是斷惑中最後解脫道. 由此解脫道與諸漏盡得最初俱生故名盡智. 如是盡智至已生時便成無學阿羅漢果.” 삼승의 수행에서는 최후의 선정으로서 일반적으로 52위 중 묘각위妙覺位 이전의 등각위等覺位에 해당하는데, 이 선정으로 인해 가장 미세한 번뇌가 끊어져 가장 높은 지위인 불과佛果를 얻는다. 『성유식론』 권10(T31, 54c13~15). “由三大劫阿僧企耶修習無邊難行勝行, 金剛喩定現在前時永斷本來一切麤重, 頓證佛果, 圓滿轉依.” 『금강삼매경론』 권2(T34, 979b10~14)에서는 다음과 같은 설명이 있다. “若對生得無明住地, 即金剛心爲無間道, 妙覺初心爲解脫道. 無間道時與無明俱, 解脫道起方能正斷. 若對諸識戲論種子, 則其前心爲無間道, 與彼種子俱起俱滅, 最後一念金剛喩定是解脫道, 正斷種子.”

말한 것과 같다. "문수[지혜]의 가르침은 언제나 그와 같아서, 가르침의 왕은 오직 '하나처럼 통하는 가르침'(一法)[을 설할] 뿐이니, 모든 것에 걸림 없는 사람은 '하나처럼 통하는 길'(一道)에서 생사[의 속박]으로부터 벗어난다네."[654]

次"獨法"者, 是大我德, 無與二故, 言大淨德. 但從義類, 前說淨德, 滅諦淨類義相近故, 今從一道, 方說獨法, 一之與獨義相類故. 滅除四障, 顯此四德, 如『無上依經』言, "一切阿羅漢, 辟支佛, 大地菩薩, 爲四種障, 不得如來法身四德.[655] 何者爲四? 一者生緣惑, 二者生因惑, 三者有有, 四者無有. 何者生緣惑? 卽是無明住地,[656] 生一切行, 如無明生業. 何者生因惑?[657] 是無明住地所生諸行, 譬如無明所生諸業. 何者有有? 緣無明住地, 因無明住地所起無漏, 行三種意生身. 譬如四取爲緣, 三有漏業爲因, 起三種有. 何者無有? 緣三種意生身, 不可覺知微細隨眠,[658] 譬如緣三有中, 生念念老死. 無明住地, 一切煩惱是其依處, 未斷除故, 諸阿羅漢, 及辟支佛, 自在菩薩, 不得至見大淨波羅蜜.[659] 因無明住地, 起輕相惑, 有虛妄行未滅除故, 不得至見大我波羅蜜.[660] 緣無明住地, 因微細虛妄, 起無漏業, 意生諸陰未除盡故, 不得

---

654 이 내용은 60화엄과 80화엄에서 모두 등장한다. 『대방광불화엄경大方廣佛華嚴經』 제6「보살명난품菩薩明難品」(T9, 429b18~19). "文殊法常爾, 法王唯一法, 一切無礙人, 一道出生死."; 『대방광불화엄경大方廣佛華嚴經』 제10「보살문명품菩薩問明品」(T10, 68c12~13). "文殊法常爾, 法王唯一法, 一切無礙人, 一道出生死."

655 대정장 『불설무상의경』 상권(T16, 472a25)에는 '四德波羅蜜'로 되어 있다.

656 대정장 『불설무상의경』(T16, 472a27)에는 '地'가 없다.

657 대정장 『불설무상의경』(T16, 472a28)에는 '何者是生因惑'으로 되어 있다.

658 한불전 교감주에 따르면 다른 판본에는 '眠'자가 없다고 했고, 대정장 『불설무상의경』(T16, 472b4)에는 '眠'자 대신 '滅'로 되어 있다. '滅'로 번역한다.

659 대정장 『불설무상의경』(T16, 472b6~7)에는 '不得至見<u>煩惱垢濁習氣臭穢究竟滅盡</u>大淨波羅蜜'로 되어 있다.

至見大樂波羅蜜.[661] 若未能得一切煩惱諸業生, 難永盡無餘, 是諸如來爲甘露界, 卽變易死斷流滅無量, 不得不至見[662]極無變異大常波羅蜜.” 乃至廣說故. 且止乘論, 還釋本文. 釋義果內有三分中, 第二別釋, 竟在於前.

[H1, 520a1~b3]

다음으로 [밝힌] “독보적인 것”(獨法)이라는 것은 ‘크나큰 자기의 능력’(大我德)이니, ‘다른 것과 함께함이 없기’(無與二) 때문에 ‘크나큰 온전한 능력’(大淨德)이라 부른다. 다만 ‘뜻의 유형’(義類)에 따라 앞에서 ‘온전한 능력’(淨德)이라 말한 것은 〈‘[4제諦 중] 괴로움의 소멸에 관한 진리’(滅諦)[인 열반]의 온전함을 나타내는 유형의 뜻〉(滅諦淨類義)과 서로 가깝기 때문이고, 지금 ‘하나처럼 통하는 길’(一道)[이라는 뜻]에 따라 ‘독보적인 것’(獨法)이라고 말한 것은 하나임(一)과 독보적임(獨)의 뜻이 서로 유사하기 때문이다. ‘네 가지 장애’(四障)를 없애어 이 [‘네 가지 장애’(四障)를 없애는] ‘네 가지 능력’(四德)을 나타내니, 『무상의경無上依經』에서 [다음과 같이] 말한 것과 같다.

“모든 ‘[소승의] 성자’(阿羅漢)와 ‘연기를 이해하여 혼자 깨달으려는 수행자’(辟支佛)와 ‘위대한 경지에 있는 보살’(大地菩薩)은 네 가지 장애 때문에 ‘여래의 진리 몸’(如來法身)[으로 나아가는] ‘네 가지 능력’(四德)을 얻을 수 없다. 무엇이 네 가지인가? 첫 번째는 ‘조건을 일으키는 미혹’(生緣惑)이고, 두 번째는 ‘원인을 일으키는 미혹’(生因惑)이며, 세 번째는 ‘존재함이 있음’(有有)이고, 네 번째는 ‘없어짐이 있음’(無有)이다. 무엇이

---

660 대정장 『불설무상의경』(T16, 472b9)에는 ‘不得至見無作無行極寂大我波羅蜜’로 되어 있다.

661 대정장 『불설무상의경』(T16, 472b11)에는 ‘不得至見極滅遠離大樂波羅蜜’로 되어 있다.

662 대정장 『불설무상의경』(T16, 472b14)에는 ‘不得至見’으로 되어 있다.

'조건을 일으키는 미혹'(生緣惑)인가? 바로 '삼계의 근본무명'(無明住地)이니, '[근본무지를 조건으로 삼는] 모든 의도적 행위'(一切行)를 생겨나게 하는 것이 마치 근본무지(無明)가 행위(業)를 생겨나게 하는 것과 같다. 무엇이 '원인을 일으키는 미혹'(生因惑)인가? 바로 '삼계의 근본무명'(無明住地)에서 생겨난 '모든 의도적 행위'(諸行)이니, 비유하면 근본무지(無明)에서 생겨난 '모든 행위'(諸業)와 같은 것이다. 무엇이 '존재함이 있음'(有有)인가? '삼계의 근본무명'(無明住地)을 조건(緣)으로 삼고 〈삼계의 근본무명에서 일어난 '번뇌가 스며듦이 없는 상태'〉(無明住地所起無漏)를 원인(因)으로 삼아 '뜻으로 태어나는 세 가지 몸'(三種意生身)을 행하는 것이다. 비유하면 [중생들이 지닌] '네 가지 번뇌'(四取)[663]를 조건(緣)으로 삼고 '[신체(身)·언어(口)·생각(意)으로 짓는] 번뇌가 스며듦이 있는 세 가지 행위'(三有漏業)를 원인(因)으로 삼아 '[욕망세계(欲界)·유형세계(色界)·무형세계(無色界), 이] 세 가지 세계에서의 존재'(三種有)를 일으키는 것과 같다. 무엇이 '없어짐이 있음'(無有)인가? '뜻으로 태어나는 세 가지 몸'(三種意生身)을 조건(緣)으로 삼기에 [그 몸이] 미세하게 [뜻에] 따라서 소멸하는 것을 인지할 수 없으니, 비유하면 '[욕망세계(欲界)·유형세계(色界)·무형세계(無色界), 이] 세 가지 세계에서의 존재로 있음'(三有中)을 조건(緣)으로 삼기에 생각 생각마다 '늙음과 죽음'(老死)이 생겨나는 것과 같다.

'삼계의 근본무명'(無明住地)은, 모든 번뇌가 그 의지하는 곳인데, 아직 끊어 없애지 못했기 때문에 모든 '[소승의] 성자'(阿羅漢)와 '연기를 이해하여 혼자 깨달으려는 수행자'(辟支佛)와 '자유자재한 경지의 보살'(自

663 사취四取: '감각적 욕망에 대한 집착'(欲取)·'견해에 대한 집착'(見取)·'[무조건] 지키거나 [무조건] 금해야 한다는 것에 대한 집착'(戒禁取)·'불변·독자의 실체인 자아가 있다는 집착'(我取)을 가리킨다. 상세한 내용은 앞서의 '사취四取' 역주 참조.

在菩薩)이 '[번뇌의 탁한 누적된 경향성의 더러움을 궁극적으로 없애는][664] 크나큰 온전한 능력을 성취하는 보살 수행'([煩惱垢濁習氣臭穢究竟滅盡]大淨波羅蜜)을 아는 데에는 이르지 못한다. [또] '삼계의 근본무명'(無明住地)을 원인(因)으로 삼아 '가벼운 양상의 번뇌'(輕相惑)를 일으켜 '잘못 알아 일으키는 의도적 행위'(虛妄行)를 아직 없애지 못하기 때문에, '[잘못 아는 의도적 행위를 짓지도 않고 행하지도 않아 궁극적으로 분별의 왜곡과 동요가 없는][665] 크나큰 자기가 되는 보살 수행'([無作無行極寂]大我波羅蜜)을 아는 데에는 이르지 못한다. [그리고] '삼계의 근본무명'(無明住地)을 조건(緣)으로 삼고 '미세하게 잘못 아는 것'(微細虛妄)을 원인(因)으로 삼아 '번뇌가 스며듦이 없는 행위'(無漏業)를 일으켜 〈뜻으로 생겨난 '자아를 이루고 있는 요소들'〉(意生諸陰)을 아직 다 없애지 못하기 때문에, '[고통을 궁극적으로 없애고 멀리 떠난][666] 크나큰 안락을 성취하는 보살 수행'([極滅遠離]大樂波羅蜜)을 아는 데에는 이르지 못한다.

만약 〈모든 번뇌에 따르는 '행위로 인하여 생겨난 갖가지 삶'〉(一切煩惱諸業生)을 얻지 않을 수 있지만 아직 [그것을] 남김없이 완전히 없애기는 어려우면서도 〈이 [경지]를 모든 여래가 '열반의 세계'(甘露界)로 삼았다.〉라고 한다면, '[모습과 수명에 제한이 없는] 변하는 [삶과] 죽음'(變易[生]死)에 대한 '흐름을 끊어 없애는 일'(斷流滅)이 끝이 없어서 '궁극적으로 변하여 달라짐이 없는 크나큰 늘 그러함을 성취하는 보살 수행'(極無變異大常波羅蜜)을 아는 데에는 이르지 못한다."[667] 등으로 자세히 설하고

664 생략된 경전 구절을 번역한 것이다.

665 생략된 경전 구절을 번역한 것이다.

666 생략된 경전 구절을 번역한 것이다.

667 『불설무상의경』 상권(T16, 472a24~b14). "阿難! 一切阿羅漢, 辟支佛, 大地菩薩, 爲四種障, 不得如來法身四德波羅蜜. 何者爲四? 一者生緣惑, 二者生因惑, 三者有有, 四者無有. 何者生緣惑? 即是無明住生一切行, 如無明生業. 何者是生因惑? 是無明住地所生諸行, 譬如無明所生諸業. 何者有有? 緣無明住地, 因無明住地所起無漏, 行三種意生

있다.

'부차적 논의'(乘論)는 그치고[668] 다시 본문을 해석하겠다. '[부처] 면모로서의 결과'(義果)를 해석하는 내용에 있는 세 부분 가운데 두 번째인 '하나씩 해석함'(別釋)[669]이 여기서 끝난다.

"一切"以下, 第三總結. 於中二句, 先擧義果, 後結道同. 別釋果內有三分中, 初釋體果, 次釋義果, 如是二分竟在於前.

[H1, 520b4~7]

"모든"(一切) 이하는 세 번째인 '총괄적으로 맺는 말'(總結)[670]이다. 그 가운데 두 구절이 있으니, 먼저 '[부처] 면모로서의 결과'(義果)를 거론하였고 나중에는 '[성취하는] 길이 같다'(道同)는 것으로 끝맺었다. '[부처가 성취하는] 결과'(果)를 '하나씩 해석하는 것'(別釋)에 있는 세 부분 가운데, 처음은 '[본연인] 바탕으로서의 결과'(體果)를 해석하였고 다음은 '[부처]

身. 譬如四取爲緣, 三有漏業爲因, 起三種有. 何者無有? 緣三種意生身, 不可覺知微細墮滅, 譬如緣三有中, 生念念老死. 無明住地, 一切煩惱是其依處未斷除故, 諸阿羅漢, 及辟支佛, 自在菩薩, 不得至見煩惱垢濁習氣臭穢究竟滅盡大淨波羅蜜. 因無明住地, 起輕相惑, 有虛妄行未滅除故, 不得至見無作無行極寂大我波羅蜜. 緣無明住地, 因微細虛妄, 起無漏業, 意生諸陰未除盡故, 不得至見極滅遠離大樂波羅蜜. 若未能得一切煩惱諸業生, 難永盡無餘, 是諸如來爲甘露界, 則變易死斷流滅無量, 不得至見極無變異大常波羅蜜."

668 『본업경』에는 '獨法' 다음에 '大樂無爲'가 나오는데, 원효의 주석에서는 '大樂無爲'에 대한 설명이 빠져 있다. 원래 안 한 것인지 필사 과정에서 누락된 것인지 판단하기 어렵다.

669 앞에서 행한 과문科文에서 "〈佛子〉以下, 次明義果. 於中有三, 總標別釋, 第三總結."(H1, 515c6~7)이라고 하였다. 번역하면, "〈부처의 제자들이여〉(佛子) 이하는 다음으로 '[부처] 면모로서의 결과'(義果)를 밝혔다. 여기에 세 가지가 있으니, [첫 번째는] '총괄적 제시'(總標), [두 번째는] '하나씩 해석함'(別釋), 세 번째는 '총괄적으로 맺는 말'(總結)이다."

670 앞의 과문科文 참조.

면모로서의 결과'(義果)를 해석하였으니, 이와 같은 두 가지가 여기서 끝난다.[671]

『보살영락본업경菩薩瓔珞本業經』 하권 제6 「인과품因果品」

佛子, 果體圓滿, 無德不備, 理無不周, 居中道第一義諦淸淨國土, 無極無名無相, 非一切法可得, 非有體非無體.

[T24, 1020a20~23]

부처의 제자들이여, 〈'결과로서의 바탕[인 본연]'(果體)은 완전(圓滿)하여, '갖추지 못하는 능력이 없고'(無德不備) '이치는 두루 통하지 못하는 바가 없으며'(理無不周)〉(果體圓滿, 無德不備, 理無不周), 〈'중도인 궁극적 관점'(中道第一義諦)[이 펼치는] '온전한 세상'(淸淨國土)에 머무르며〉(居中道第一義諦淸淨國土), 〈'한계가 없고'(無極) '[내용을 확정 짓는] 이름이 없으며'(無名) '[불변 · 독자의 본질/실체로서의] 차이/특징이 없고'(無相)〉(無極無名無相), 〈'[불변 · 독자의 본질/실체로서] 얻을 수 있는 어떤 것'이 아니며〉(非一切法可得), 〈'[불변 · 독자의 본질/실체인] 바탕이

671 앞서의 과문科文에서 "〈汝先〉以下, 第二顯果. 在文有三, 牒問釋結. 第二釋中, 亦有三分, 初顯體果, 次釋義果, 三者重明體義二果. 初中有二, 先明一體之相, 後顯二身之門."(H1, 515a7~10)이라고 하였다. "〈그대가 앞에서〉(汝先) 이하는 두 번째로 [십바라밀 지혜로써 생겨난] 결과(果)를 나타낸 것이다. 글에는 세 가지가 있으니, '질문을 끌어온 것'(牒問)과 해석(釋)과 맺음말(結)이다. 두 번째인 해석에도 세 가지 구분이 있으니, 처음에는 '[본연인] 바탕으로서의 결과'(體果)를 드러내었고, 다음에는 '[부처] 면모로서의 결과'([佛]義果)를 해석하였으며, 세 번째에는 '바탕 및 면모로서의 두 가지 결과'(體義二果)를 거듭 밝혔다. 처음 가운데는 두 가지가 있으니, 먼저는 '하나처럼 통하는 [본연으로서의] 바탕의 특징'(一體之相)을 밝혔고, 나중은 '두 가지 [진리] 몸의 종류'(二身之門)를 나타내었다."

있는 것도 아니고'(非有體) '바탕이 [완전히] 없는 것도 아니다.'(非無體)〉(非有體非無體)

〈소〉

"果體"以下, 第三重顯體義二果, 於中有二, 別顯總結. 初別顯中, 先明體果. 此中十句, 先五正明, 後五結成. 初中言"果體圓滿, 無德不修, 理無不周"者, 是擧果極法身之門. 第二句言"居中道第一義諦淸淨國土"者, 是居自受用之門. 第三句言"無極, 無名, 無相"者, 法身淨土. 唯一法界, 互相融通, 無有邊際, 故言"無極", 言語路絶, 故言"無名", 心行處滅, 故言"無相". 第四句言"非一切法可得"者, 一切功德無所不備, 而諸功德皆不可得故. 第五句言"非有體, 非無體"者, 雖非有一果體, 而非無一果體故, 其法界[672]離有無性, 一切功德皆相稱故. 如『無上義經』言, "一切佛土更無所礙,[673] 一切如來隨順平等, 過作竟境[674]無分別相, 有如虛空[675]無有分別, 與法界相稱故."

[H1, 520b7~24]

"결과로서의 바탕[인 본연]"(果體) 이하는 세 번째로 '바탕(體) 및 면모(義)로서의 두 가지 결과'(體義二果)를 거듭 나타낸 것인데,[676] 그 안에 두

672 한불전『본업경소』교감주에 따르면, 다른 판본에는 '一法界'로 되어 있다고 했다.

673 대정장『불설무상의경』에는 '更無所礙'가 '處無所閡'로 되어 있다. 교감하여 번역한다.

674 대정장『불설무상의경에는 '過作竟境'이 '過於意境'으로 되어 있다. 교감하여 번역한다.

675 대정장『불설무상의경』에는 '有如虛空'이 '猶如虛空'으로 되어 있다. 교감하여 번역한다.

676 앞서의 과문科文에서 "〈汝先〉以下, 第二顯果. 在文有三, 牒問釋結. 第二釋中, 亦有

가지가 있으니 '하나씩 나타냄'(別顯)과 '총괄적으로 맺는 말'(總結)이다. 처음의 '하나씩 나타냄'(別顯)에서는 먼저 '[본연인] 바탕으로서의 결과'(體果)를 밝혔다. 여기에는 열 가지 구절이 있으니, 앞부분의 다섯 구절은 '곧바로 밝힘'(正明)이고 뒷부분의 다섯 구절은 '결론을 지음'(結成)이다.

첫 번째 구절에서 말한 "'결과로서의 바탕[인 본연]'(果體)은 완전하여 갖추지 못하는 능력이 없으며 이치는 두루 통하지 못하는 바가 없다."(果體圓滿, 無德不修, 理無不周)라는 것은, 〈과보의 궁극인 '진리 몸의 측면'〉(果極法身之門)을 거론한 것이다.

두 번째 구절에서 말한 "'중도인 궁극적 관점'(中道第一義諦)[이 펼치는] '온전한 세상'(淸淨國土)에 머무른다."(居中道第一義諦淸淨國土)라는 것은, '[진리성취의 결과를] 자신이 그대로 누리는 측면'(自受用之門)[677]에 머무는

三分, 初顯體果, 次釋義果, <u>三者重明體義二果.</u> 初中有二, 先明一體之相, 後顯二身之門."(H1, 515a7~10)이라고 하였다. "〈그대가 앞에서〉(汝先) 이하는 두 번째로 [십바라밀 지혜로써 생겨난] 결과(果)를 나타낸 것이다. 글에는 세 가지가 있으니, '질문을 끌어온 것'(牒問)과 해석(釋)과 맺음말(結)이다. 두 번째인 해석에도 세 가지 구분이 있으니, 처음에는 '[본연인] 바탕으로서의 결과'(體果)를 드러내었고, 다음에는 '[부처] 면모로서의 결과'([佛]義果)를 해석하였으며, <u>세 번째에는 '바탕 및 면모로서의 두 가지 결과'(體義二果)를 거듭 밝혔다.</u> 처음 가운데는 두 가지가 있으니, 먼저는 '하나처럼 통하는 [본연으로서의] 바탕의 특징'(一體之相)을 밝혔고, 나중은 '두 가지 [진리] 몸의 종류'(二身之門)를 나타내었다."

677 자수용自受用과 수용신受用身: 일반적으로 수용신受用身은 자수용신自受用身과 타수용신他受用身의 두 가지로 구분된다. 이 자수용신自受用身과 타수용신他受用身이 있는 세상을 자수용토自受用土와 타수용토他受用土라고 한다. 『성유식론』 권10에서는 "三身雖皆具足無邊功德, 而各有異, 謂自性身唯有眞實常樂我淨, 離諸雜染衆善所依, 無爲功德, 無色心等差別相用. 自受用身具無量種妙色心等眞實功德. 若他受用及變化身, 唯具無邊似色心等利樂他用化相功德."(T31, 58b16~21)이라고 하여, 자성신自性身·수용신受用身·변화신變化身의 삼신三身에서 수용신受用身이 자수용신自受用身과 타수용신他受用身으로 나뉘어 사신四身으로 확장되는 정황을 볼 수 있다. 특히 타수용신他受用身은 형식적으로는 자수용신自受用身과 함께 크

것이다.

세 번째 구절에서 말한 "'한계가 없고'(無極) '[내용을 확정 짓는] 이름이 없으며'(無名) '[불변·독자의 본질/실체로서의] 차이/특징이 없다'(無相)." (無極無名無相)라는 것은 '진리 몸의 온전한 세상'(法身淨土)[을 말하는 것]이다. 오직 '하나처럼 통하는 [차이들의] 현상세계'(一法界)라서 상호 간에 '융합하고 소통'(融通)하는 데 한계(邊際)가 없기 때문에 "한계가 없다." (無極)라고 하였고, '언어의 길'(言語路)이 끊어졌기 때문에 "[내용을 확정 짓는] 이름이 없다."(無名)고 하였으며, '[불변·독자의 본질/실체로 보아 분별하는] 마음의 작용범주'(心行處)가 소멸했기 때문에 "[불변·독자의 본질/실체로서의] 차이/특징이 없다."(無相)라고 하였다.

네 번째 구절에서 말한 "'[불변·독자의 본질/실체로서] 얻을 수 있는 어떤 것'이 아니다."(非一切法可得)라는 것은, 모든 이로운 능력을 갖추지 않은 것이 없지만 [그] 모든 이로운 능력은 다 [불변·독자의 본질/실체로서] 얻을 수가 없기 때문이다.

다섯 번째 구절에서 말한 "[불변·독자의 본질/실체인] 바탕이 있는 것도 아니고 바탕이 [완전히] 없는 것도 아니다."(非有體非無體)라는 것은, 비록 '결과로서의 바탕[인 본연]'(果體)이 하나라도 [불변·독자의 본질/실체로서] 있는 것은 아니지만 '결과로서의 바탕[인 본연]'(果體)이 전혀 없는 것도 아니기 때문이며, [과체果體인] 그 진리세계(法界)는 [불변·독자의 본질/실체로서] '있거나 없는 속성'(有無性)에서 떠난 것이어서 모든 이로운 능력이 다 [진리세계(法界)와] 서로 들어맞기 때문이다. [이것은] 『무상의경』에서 [다음과 같이] 말한 것과 같다. "모든 '부처의 세상'(佛土)에는 막

게 수용신受用身의 범주에 속하지만, 내용적으로는 변화신變化身과 함께 묶여 색심色心의 있음을 통해 남을 이롭게 하고 중생을 교화하는 능력으로 설명된다. 자성신自性身에는 이 '[진리성취의 결과를] 자신이 그대로 누리는 몸'(自受用身)과 '스스로 누리는 청정한 세계'(自受用淨土)인 수용신受用身이 반드시 동반되므로, 자성신自性身인 법신法身에는 색色이 있다고 말할 수 있다.

히는 곳이 없고, 모든 여래는 '평등을 따르며'(隨順平等), '분별하는 의식의 범주'(意境)를 넘어 '분별하는 양상'(分別相)이 없는 것이 마치 허공에 분별이 없는 것과 같으니, 진리세계(法界)와 서로 들어맞기 때문이다."[678]

『보살영락본업경菩薩瓔珞本業經』 하권 제6 「인과품因果品」

其一照相, 一合相, 一體相, 一覺相, 淨明無二.

[T24, 1020a23~24]

그 ['결과로서의 바탕[인 본연]'(果體)]은 '하나처럼 통합을 드러내는 양상'(一照相)이고 '하나처럼 통하여 합해지는 양상'(一合相)이며 '하나처럼 통하는 바탕으로서의 양상'(一體相)이고 '하나처럼 통합을 깨닫는 양상'(一覺相)이며 '온전함과 밝음이 [불변 · 독자의 본질/실체로서 다른] 둘이 아니다'(淨明無二).

〈소〉

"其一"以下, 第三[679]結前. 於中五句, 作三分結, 初二順結前之二句,

678 『불설무상의경』 하권(T16, 476b19~24). "阿難! 云何如來爲事不可思議? 阿難! 諸如來事無數無量, 世間衆生不能覺知, 雖依語言不能顯現, 不可示人令他悟解, 一切佛土處無所閡, 一切如來隨順平等, 過於意境無分別相, 猶如虛空無有分別, 與法界相稱故."

679 앞서 원효가 제시한 과문科文("〈果體〉以下, 第三重顯體義二果, 於中有二, 別顯總結. 初別顯中, 先明體果. 此中十句, 先五正明, 後五結成."(H1, 520b7~10)으로 볼 때 '第三'이 아니라 '第二'여야 한다. 현재 단락의 『보살영락본업경』 경문인 "其一照相, 一合相, 一體相, 一覺相, 淨明無二."의 다섯 구절은 과문 상에서 '앞부분의 다섯 구

次二逆結後之二句, 第三一句結中間句. "一照相"者, 是結"無德不備, 理無不周"之句, 以一功德無不一照, 理與智冥, 亦爲一照故. "一合相"者, 結"居中道第一諦淸淨國土"之句, 佛與淨土相會無二, 乃名爲居中道國土故. "一體相"者, 結第五句. 以非有體不墮無體, 其非無體不當有體, 所以直是一體相故. "一覺相"者, 結第四句, 覺一切法同無所得, 是一覺相故. "淨明無二"者, 是結中間"無極無名無相"之句, 淨土佛明同一無極, 又離名相爲無二故.

[H1, 520b24~c13]

"그 ['결과로서의 바탕[인 본연]'(果體)]은 '하나처럼 통함[을 드러내는 양상]'(一[照相])이고"(其一[照相]) 이하는 두 번째로 앞[의 다섯 구절]을 결론지은 것이다. 그 가운데 다섯 구절을 두어 세 가지로 결론지었으니, 처음 두 구절은 [앞에 나온 다섯 구절 가운데] 앞의 두 구절을 순서대로 결론지은 것이고, 다음 두 구절은 [앞에 나온 다섯 구절 가운데] 뒤의 두 구절을 순서를 바꾸어 결론지은 것이며, 세 번째 한 구절은 [앞에 나온 다섯 구절 가운데] 중간 구절을 결론지은 것이다.

"하나처럼 통함을 드러내는 양상"(一照相)이라는 것은 "갖추지 못하는 능력이 없으며, 이치는 두루 통하지 못하는 바가 없다."(無德不備, 理無不周)라는 구절을 결론지은 것이니, '하나처럼 통하게 하는 능력'(一功德)으로 '하나처럼 통함을 드러내지 않음이 없고'(無不一照), 이치(理)와 지혜(智)는 '[나누지 않는] 그윽함'(冥)이어서 또한 '하나처럼 통함을 드러냄'(一照)이 되기 때문이다.

"하나처럼 통하여 합해지는 양상"(一合相)이라는 것은 "'중도인 궁극적 관점'(中道第一義諦)[이 펼치는] '온전한 세상'(淸淨國土)에 머무른다."(居

절을 결론짓는 것'(結前)에 해당하므로 '第三結前'에서의 '三'은 '二'이어야 한다. 필사자의 오기誤記로 보인다.

中道第一[義]諦淸淨國土)라는 구절을 결론지은 것이니, 부처와 '온전한 세상'(淨土)이 '서로 만나'(相會) 둘이 아니기에 〈중도의 세상에 머문다.〉(居中道國土)고 말하는 것이다.

"하나처럼 통하는 바탕으로서의 양상"(一體相)이라는 것은 [앞에 나온 다섯 구절 가운데] 다섯 번째 구절[인 "[불변 · 독자의 본질/실체인] 바탕이 있는 것도 아니고 바탕이 [완전히] 없는 것도 아니다."(非有體非無體)라는 것]을 결론지은 것이다. '바탕이 없음'(無體)에 속하지 않는 '바탕이 있음'(有體)도 아니고, '바탕이 있음'(有體)에 해당하지 않는 '바탕이 없음'(無體)도 아니기 때문이니, 그러므로 단지 '하나처럼 통하는 바탕으로서의 양상'(一體相)일 뿐인 것이다.

"하나처럼 통함을 깨닫는 양상"(一覺相)이라는 것은 [앞에 나온 다섯 구절 가운데] 네 번째 구절[인 "'[불변 · 독자의 본질/실체로서] 얻을 수 있는 어떤 것'이 아니다."(非一切法可得)라는 것]을 결론지은 것이니, 〈'모든 현상'(一切法)에는 다 같이 '[불변 · 독자의 본질/실체로서] 얻을 것이 없음'(無所得)을 깨닫는 것〉(覺一切法同無所得)이 '하나처럼 통함을 깨닫는 양상'(一覺相)인 것이다.

"온전함과 밝음이 [불변 · 독자의 본질/실체로서 다른] 둘이 아니다."(淨明無二)라는 것은, [앞에 나온 다섯 구절 가운데] 중간[인 세 번째 구절]에서 말한 "'한계가 없고'(無極) '[내용을 확정 짓는] 이름이 없으며'(無名) '[불변 · 독자의 본질/실체로서의] 차이/특징이 없다'(無相)."(無極無名無相)라는 구절을 결론지은 것이니, '온전한 세계'(淨土)와 '부처[지혜]의 밝음'(佛明)은 똑같이 한계가 없으며, 또 '[내용을 확정 짓는] 명칭'(名)과 '[불변 · 독자의 본질/실체로서의] 차이/특징'(相)에서 벗어나서 [불변 · 독자의 본질/실체로서 다른] 둘이 아니기 때문이다.

『보살영락본업경菩薩瓔珞本業經』 하권 제6 「인과품因果品」

佛子, 是果獨法圓滿[680]常住. 一果體相有無量義, 義有無量德, 德有無量名. 義果者, 所謂滅諦 · 常樂我淨 · 十八不共, 一切功德皆名義果, 故名果果. 佛子, 義德名是三, 皆教化故有如是三句之義. 若賢人[681]一切衆生, 有解是三句者, 是人已爲三世諸佛受佛職位.

[T24, 1020a24~29]

부처의 제자들이여, 이 [부처가 성취한] 결과(果)는 '독보적인 것'(獨法)이고 '[근본무지가 사라져] 완전하게 밝으며'(圓明) '늘 [본연에] 머문다'(常住). '하나처럼 통하는 결과로서의 바탕[인 본연]'(一果體)의 양상(相)에는 헤아릴 수 없이 많은 면모(義)가 있고, [그] 면모에는 헤아릴 수 없이 많은 '이로운 능력'(德)이 있으며, [그] 이로운 능력에는 헤아릴 수 없이 많은 이름이 있다. '면모로서의 결과'(義果)라는 것은 이른바 '괴로움을 소멸시키는 진리'(滅諦)와 '늘 [사실 그대로] 한결같음'(常) · '[사실 그대로의] 즐거움'(樂) · '[사실 그대로인] 참된 자기'(我) · '[사실 그대로의] 청정함(淨)'과 '부처에게만 있는 18가지 이로운 능력'(十八不共法)이니, [이러한] 일체의 '이로운 능력'(功德)을 모두 '면모로서의 결과'(義果)라고 하기 때문에 '결과의 결과'(果果)라 한다.

부처의 제자들이여, [부처가 성취한] 면모(義)와 [그 면모에 있는] 능력(德)과 [그 이로운 능력들의] 이름(名) 이 세 가지는 모두가 [중생을] 교화하기 때문에 이와 같은 세 구절(句)의 뜻이 있다. [십주十住 · 십행十行 · 십회향十廻向 단계에 속하는 세 가지 보살인] 현인賢人이거나 모든 중

680 대정장 『본업경』 교감주에 의하면, '滿=明'이라 하였다. 원효의 주석에서도 '圓明'이다. '圓明'으로 교감하여 번역한다.

681 대정장 『본업경』 교감주에 의하면, '人+(若)'이라 하였다.

생이거나 이 세 구절을 이해하는 사람이 있다면, 이 사람은 이미 과거 · 현재 · 미래(三世)의 모든 부처에게서 [미래에] '부처의 자리'(佛職位)[에 이를 것이라는 보장]을 받은 것이 된다.

〈소〉

"是果"以下, 次顯義果. 於中有四, 一擧體果以標義果, 二就義果顯其差別, 三明建立義果之意, 四示能解義果之利. 初中言"是果獨法圓明常住"者, 重擧體果也. "一果體相有無量義"者, 依體立義也. "義有無量德, 德有無量名"者, 一一義中有無量德, 德中亦有無量名也. "義果者"以下, 第二顯差別. "滅諦"者, 是擧淨德, "樂"者大樂, "常"者無爲, "我"法者前獨法, 是擧八十八中, 最後十八不共. "一切功德", 通擧前說八十四門. 言"果果"者, 以從體果出義果故. "義德名"以下, 第三建立意. "皆敎化故有"者, 皆約應化法身之義敎化衆生門, 以立如是義德名也. "若賢人"下,[682] 第四示勝利. "賢人"者諸三賢也, "一切衆生"者, 住前凡夫也. 若能解是三句之意, 敎化門說, 非如言有者, 已得成佛之初萌兆故, 爲三世諸佛所記也. 重顯二果有二分中, 第一別顯, 竟在於前.
[H1, 520c14~521a10]

"이 [부처가 성취한] 결과는"(是果) 이하는 다음으로 '면모로서의 결과'(義果)를 밝혔다. 여기에는 네 가지가 있으니, 첫 번째는 '[본연인] 바탕으로서의 결과'(體果)에 의거하여 '면모로서의 결과'(義果)를 드러내었고, 두 번째는 '면모로서의 결과'(義果)에 의거하여 그 [면모의 여러] 차이들을 나타내었으며, 세 번째는 '면모로서의 결과'(義果)가 지니는 의미를 세

682 '以'가 생략된 것으로 보인다. '以下'로 교감한다.

우는 것을 밝혔고, 네 번째는 '면모로서의 결과'(義果)를 이해할 수 있는 [사람들이 갖게 되는] 이로움을 제시하였다.

처음에 말한 "이 [부처가 성취한] 결과는 독보적인 현상이고, [근본무지가 사라져] 완전하게 밝으며, 늘 [본연에] 머문다."(是果獨法圓明常住)라는 것은 '[본연인] 바탕으로서의 결과'(體果)를 거듭 거론한 것이다. "'하나처럼 통하는 결과로서의 바탕[인 본연]'(一果體)의 양상에는 헤아릴 수 없이 많은 면모가 있다."(一果體相有無量義)라는 것은 [본연인] 바탕(體)에 의거해 [결과의] 면모(義)를 세운 것이다. "[그] 면모에는 헤아릴 수 없이 많은 이로운 능력이 있으며, [그] 이로운 능력에는 헤아릴 수 없이 많은 이름이 있다."(義有無量德, 德有無量名)라는 것은, 하나하나의 면모에는 헤아릴 수 없이 많은 능력이 있고, 능력에도 헤아릴 수 없이 많은 이름이 있다는 것이다.

"'면모로서의 결과'라는 것은"(義果者) 이하는 두 번째인 ['면모로서의 결과'(義果)에 의거하여 그 면모의 여러] 차이들을 나타낸 것이다. "괴로움을 소멸시키는 진리"(滅諦)라는 것은 '온전하게 하는 능력'(淨德)을 거론한 것이고, "[사실 그대로의] 즐거움"(樂)이라는 것은 '크나큰 즐거움'(大樂)이며, "늘 [사실 그대로] 한결같음"(常)이라는 것은 '[근본무지를 조건으로 하는] 형성이 없음'(無爲)이고, "[사실 그대로인] 참된 자기"(我)라는 것은 앞에서 [말한] '독보적인 것'(獨法)이니 이는 [부처에게 있는] 88가지 [이로운 것] 가운데 마지막인 '부처에게만 있는 18가지 이로운 능력'(十八不共法)이다. "일체의 '이로운 능력'"(一切功德)이라는 것은 앞서 설한 84가지(八十四門)를 통틀어 거론한 것이다. "결과의 결과"(果果)라는 것은, '[본연인] 바탕으로서의 결과'(體果)로부터 '면모로서의 결과'(義果)가 나오기 때문이다.

"[부처가 성취한] 면모와 [그 면모에 있는] 능력과 [그 이로운 능력들의] 이름"(義德名) 이하는 세 번째인 ['면모로서의 결과'(義果)가 지닌] 의미(意)를 세우는 것이다. "모두가 [중생을] 교화하기 때문에 [이와 같은 세 구절(句)

의 뜻이] 있다."(皆教化故有[如是三句之義])라는 것은, [의義 · 덕德 · 명名, 이 세 가지] 모두 〈'[중생의 바람에] 응하여 나타내는 진리 몸'의 면모에 의거하여 중생을 교화하는 측면〉(約應化法身之義教化衆生門)[의 것]이며 이로써 이러한 '[부처가 성취한] 면모'(義) · '[그 면모에 있는] 능력'(德) · '[그 이로운 능력들의] 이름'(名)을 세우기 때문이다.

"현인이거나"(若賢人) 이하는, 네 번째인 ['면모로서의 결과'(義果)를 이해할 수 있는 사람들이 갖게 되는] '탁월한 이로움'(勝利)을 제시한 것이다. "현인賢人"이라는 것은 모든 '[십주十住 · 십행十行 · 십회향十廻向 단계에 속하는] 세 가지 보살'(三賢)이고, "모든 중생"(一切衆生)이라는 것은 〈'십주十住 · 십행十行 · 십회향十廻向 단계'(住) 이전의 범부〉(住前凡夫)이다. 만약 이 세 구절의 뜻을 이해할 수 있으면, [중생을] '교화하는 가르침'(教化門說)이 [비록] 말한 대로 [중생 교화를] 있게 하는 것은 아니라도 이미 '부처 경지를 성취할 수 있는 첫 싹의 조짐'(成佛之初萌兆)을 얻었기 때문에 과거 · 현재 · 미래(三世)의 모든 부처에게서 '장차 부처가 되리라는 보증'(受記)을 받은 것이 된다.

'['[본연인] 바탕으로서의 결과'(體果)와 '면모로서의 결과'(義果), 이] 두 가지 결과를 거듭 밝힌 것'(重顯二果)에 있는 ['하나씩 나타냄'(別顯)과 '총괄적으로 맺는 말'(總結), 이] 두 가지 구분 가운데 첫 번째인 '하나씩 밝힘'(別顯)이 여기서 끝난다.

『보살영락본업경菩薩瓔珞本業經』 하권 제6 「인과품因果品」

佛子, 其果不可說不可知, 而就名相法中, 說名相法. 是故一果名體, 義名果果, 是義果者, 出圓果[683]故, 名果果.

[T24, 1020b1~3]

부처의 제자들이여, 그 [부처가 성취한] 결과(果)는 '언어로 확정할 수도 없고 [말에 따르기만 하는 지혜로] 알 수도 없지만'(不可說不可知), '언어에 담은 차이 현상'(名相法)에 나아가 '언어에 담은 차이 현상'(名相法)을 설한다. 그러므로 '하나처럼 통하는 결과'(一果)를 '[본연인] 바탕'(體)이라 부르고 [그 바탕이 지니는] 면모(義)를 '결과의 결과'(果果)라 부르니, 이 '면모로서의 결과'(義果)가 [본연으로서의 바탕(體)인] '완전한 결과'(圓果)에서 나오기 때문에 '결과의 결과'(果果)라 부른다.

〈소〉

"其果"以下, 第二總結. "其果不可說不可知"者, 體果義果, 皆絶名言故不可說, 隨言之智亦不能知. 但隨衆生名相之法, 寄言假說體義之相, 故言"而就名相法中, 說名相法". 下顯假說二果差別. 佛答之內有二分, 第一別答因果義竟.

[H1, 521a10~15]

"그 [부처가 성취한] 결과는"(其果) 이하는 ['두 가지 결과를 거듭 밝힌 것'(重顯二果)에 있는 두 가지 구분 가운데] 두 번째인 '총괄적으로 맺는 말'(總結)이다.

"그 [부처가 성취한] 결과는 언어로 확정할 수도 없고 [말에 따르기만 하는 지혜로] 알 수도 없다."(其果不可說不可知)라는 것은, '[본연인] 바탕으로서의 결과'(體果)와 '면모로서의 결과'(義果)는 모두 명칭(名)과 말(言)[에 의한 확정]을 끊어 버리는 것이기 때문에 '언어로 확정할 수 없고'(不可說) '말을 따르는 지혜'(隨言之智)로도 알 수가 없다는 것이다. 다만 중생의 '언어에 담은 차이 현상'(名相之法)에 따르면서 언어에 의지하여 '바탕과

683 대정장 『본업경』 교감주에 의하면, '故+(故)'라고 하였다.

면모의 특징'(體義之相)을 방편으로 설하였으니, 그러므로 "'언어에 담은 차이 현상'(名相法)에 나아가 '언어에 담은 차이 현상'(名相法)을 설한다."(而就名相法中, 說名相法)라고 말하였다. 그 아래에서는 '[언어에 의거하여] 방편으로 설한'(假說) '두 가지 결과의 차이'(二果差別)를 밝혔다.

부처의 대답 가운데 있는 두 가지 구분에서 첫 번째인 〈'원인과 결과의 면모'(因果義)에 대해 '하나씩 답변한 것'(別答)〉이 여기서 끝난다.[684]

『보살영락본업경菩薩瓔珞本業經』 하권 제6 「인과품因果品」

佛子, 吾[685]說此因果, 百千[686]劫說不可盡, 汝諸大衆, 善自受持.

[T24, 1020b3~4]

부처의 제자들이여, 내가 [지금] 설하는 이러한 '원인과 결과'(因果)는 백천[만] 겁 동안 설할지라도 다할 수 없나니, 너희 모든 대중은 스스로 잘 받아 지니도록 하라."

684 『인과품』 전체에 대한 과문科文에서 "因果品者, 如來爲說有二分中, 初廣開門, 竟在於前, 此下第二, 就略攝門, 以辨經宗. 此中略立因果二門, 總攝六位行德, 四十二賢聖故. 所由爲因, 所起爲果, 由起相待, 通爲因果. 此中顯是義故, 名「因果品」也. 在文有二, 先問後答. 問中二句, 領前問後. 答中亦二, 別答結答."(H1, 512c2~9)이라고 하였다.

685 대정장 『본업경』 교감주에 의하면, '吾+(今)'이라고 하였다.

686 대정장 『본업경』 교감주에 의하면, '千+(萬)'이라고 하였다.

〈소〉

"吾說"以下, 第二結答.

[H1, 521a16]

"내가 [지금] 설하는"(吾[今]說) 이하는 두 번째인 '결론지어 답변한 것'(結答)이다.

제7 「대중이 [지켜야 할] 계戒를 받고 [가르침을] 배우는 단원」(大衆受學品)

『보살영락본업경菩薩瓔珞本業經』 하권 제7 「대중수학품大衆受學品」

爾時敬首菩薩, 敬禮於諸佛, 奉承大衆敎, 略問於要義七會之所說, 信順三寶藏, 爲法法不絶, 不爲世名利, 願令法久住, 白佛言, "世尊, 佛上已說若因若果若賢若聖一切功德藏. 今此大衆有十四[687]那由他人, 誰能不起此坐受學修道, 從始至終一一具行, 次第入菩薩位者?" 時釋迦牟尼佛, 頂髻放一切佛光一切菩薩光, 復集十方各百億佛土其中佛及菩薩. 一切皆集已, 卽於是衆中, 告文殊師利菩薩·普賢菩薩·法慧菩薩·功德林菩薩·金剛幢菩薩·金剛藏菩薩·善才[688]童子菩薩言. "汝見是大衆中敬首菩薩, 能問三觀·法界諸佛自性淸淨道·一切菩薩所修明觀法門? 汝等七菩薩, 各領百萬大衆, 應受觀學如是法門." 佛子, 我今更[689]重說如是明觀法.[690] 所謂六入次第道, 諦聽善思, 修諸智慧, 戒勅於衆, 受用伏行.

[T.24, 1020b6~21]

687 대정장『본업경』교감주에는 "四+(億)【宋】【元】【明】"이라고 하였다. 이에 따른다.
688 대정장『본업경』교감주에는 "才=財"와 같다고 하였다.
689 대정장『본업경』교감주에는 "更=便"과 같다고 하였다.
690 대정장『본업경』교감주에는 "法+(門)【宋】*【元】*【明】"이라고 하였다. 이에 따른다.

이때 경수敬首보살은 모든 부처님께 공경하여 예배하고 대중에게 하신 가르침을 받들어 지닌 후, '중요한 뜻을 밝히는 일곱 장소에서의 법회'(要義七會)에서 말씀하신 바에 대하여, '[부처(佛)·가르침(法)·수행공동체(僧), 이] 세 가지 보배의 세계'(三寶藏)를 믿어 따르며 가르침과 가르침이 [이어져] 끊어짐이 없게 하고 '세상의 명예와 이익'(世名利)을 위하지 않으며 가르침이 오래도록 머물게 하려고, [다음과 같이] 부처님께 간략히 물어 아뢰었다.

"세상에서 가장 존귀한 분이시여, 부처님께서는 위에서 이미 원인(因)·결과(果)·현인(賢)·성인(聖)과 같은 '모든 이로운 능력이 가득한 세계'(一切功德藏)에 대해 설하셨습니다. 지금 이 대중에는 14억의 '헤아릴 수 없이 많은'(那由他) 사람들이 있는데, 누가 이 자리에서 일어나지 않고 '[지켜야 할] 계율을 받고'(受) '[가르침을] 배워'(學) '수행하되'(修道) 처음부터 끝까지 하나하나 모두 행하여 순차적으로 '보살의 단계'(菩薩位)에 들어가는 자이겠습니까?"

그때 석가모니 부처님께서는 '정수리의 상투'(頂髻)에서 '모든 부처의 모습을 담은 빛'(一切佛光)과 '모든 보살의 모습을 담은 빛'(一切菩薩光)을 방출하고, 다시 시방세계 각각의 백억의 '부처님이 계신 세상'(佛土)에 있는 부처와 보살들을 모으셨다. 모두 다 모이고 나자 곧 이 대중 가운데 문수사리보살文殊師利菩薩·보현보살普賢菩薩·법혜보살法慧菩薩·공덕림보살功德林菩薩·금강당보살金剛幢菩薩·금강장보살金剛藏菩薩·선재동자보살善才童子菩薩에게 말씀하셨다.

"너희들은 이 대중 가운데의 경수보살이 '세 가지에 대한 이해'(三觀)[691]와 〈'온 세계의 모든 부처'(法界諸佛)가 설하는 '본연의 온전함을

---

691 삼관三觀: 『본업경』「현성학관품」에서 설하는 '세 가지 관법'(三觀)으로 이제관二諦觀(從假名入空)·평등관平等觀(從空入假名)·중도제일의제관中道第一義諦觀이 그것이다. 상세한 내용은 앞서의 '삼관三觀' 역주 참조. 그런데 원효의 주석에 따

성취하는 길'(自性淸淨道)〉과 〈모든 보살이 수행하는 '이해를 밝히는 가르침'(明觀法門)〉에 대해 질문하는 것을 보았느냐? 너희들 일곱 보살은 각각 백만의 대중을 인도하여 응당 '[지켜야 할] 계율을 받게'(受)하고 '이와 같은 가르침(法門)을 이해하고(觀) 배우게(學)' 해야 한다."

부처의 제자들이여, 나는 이제 거듭 이와 같은 '이해를 밝히는 가르침'(明觀法門)을 설하노라. '[십주·십행·십회향·십지·등각·묘각의] 여섯 단계에 들어가는 순차적 수행'(六入次第道)이 그것이니, [이에 대한] '가르침을 듣고'(諦聽) '잘 생각하여'(善思) '모든 지혜를 익히고'(修諸智慧) '대중을 훈계하고 가르쳐'(戒勅於衆) '받아들이게 하고'(受用) '[번뇌를] 제압하며 실천하게'(伏行) 하여라.

〈소〉

正說分內有二分中, 第一如來爲說分竟, 此下, 第二大衆受學. 受者受戒, 學者學行. 不起一坐而受十戒, 仍學六入, 從始至終, 此中顯是義, 故言"受學品". 在文有二, 先問後答. 問中亦二, 先序儀意, 次正發問. 發問之中, 領前問. 後答中有四. 一者放光集衆, 爲欲證明一坐受學故. 二者歎問勸學, 此中告七菩薩者, 華嚴會中七會主故. "能問三觀"者, 是示問中言"受學修道", 修道之言顯三觀修故. 次言"法界諸佛自性淸淨道"者, 是示問中"從始至終一一具行"之句, 次言"一切菩薩所修明觀法門"者, 是示問[692]"次第入菩薩位者"之句. 又此三句, 初總後

르면, 여기서 말하는 '삼관三觀'의 '三'은 '[지켜야 할] 계율을 받음'(受)·'[가르침을] 배움'(學)·'수행함'(修道)을 지칭한다. 따라서 「현성학관품」에서 설하는 삼관三觀은 '세 가지 이해'로, 여기서 말하는 삼관三觀은 '세 가지에 대한 이해'로 번역한다.

692 '問' 다음에 '中'이 빠져 있다. 오기誤記로 보인다. '中'을 추가한다.

別. 言初總者, 所謂三觀, 總學受學修道之言. 言後別者, 第二句別顯道言, 三句別顯修言. "汝等"以下, 勸學可知, "佛子, 我今更重說"以下, 第三許說.

[H1, 521a18~b11]

'[경의 내용을] 본격적으로 설한 부분'(正說分)에 있는 두 가지 구분 가운데 첫 번째인 '여래가 설하는 부분'(如來爲說分)은 끝났고, 이 아래는 두 번째인 '대중이 [지켜야 할] 계를 받고 [가르침을] 배우는 단원'(大衆修學[品])이다. '받음'(受)이란 것은 '계를 받음'(受戒)이고, '배움'(學)이란 것은 '배워서 행함'(學行)이다. 한 자리에서 일어나지 않고 '열 가지 계율'(十戒)을 받고, 이어서 '[십주 · 십행 · 십회향 · 십지 · 등각 · 묘각의] 여섯 단계에 들어가는 [순차적 수행]'(六入[次第道])을 배워 처음부터 끝까지 이르니, 여기서는 이러한 뜻을 드러내기 때문에 "[지켜야 할] 계를 받고 [가르침을] 배우는 단원"(受學品)이라 하였다.

문장에는 두 가지가 있는데, 먼저는 물음이고 나중은 답변이다. 물음에도 두 가지가 있으니, 먼저는 '예법과 [질문의] 의도'(儀意)로 시작한 것이고, 다음은 '본격적으로 질문한 것'(正發問)이다. 질문에서는 앞서[의 설법]을 잘 이해하여 물었다. 뒤의 [부처님] 대답에는 네 가지가 있다.

첫 번째는 '광명을 놓아 대중을 모았으니'(放光集衆), '한 자리에서 [지켜야 할] 계를 받고 [가르침을] 배우는 것'(一坐受學)을 보여 주려고 하였기 때문이다. 두 번째는 '[경수보살의] 질문을 찬탄하여 배움을 권한 것'(歎問勸學)이니, 여기서 일곱 보살에게 말씀하신 것은 [그들이] '화엄의 가르침을 설하는 법회'(華嚴會) 가운데 '일곱 장소에서의 법회'(七會)[693]의 주역

693 칠회七會: 『화엄경』에서 화엄의 가르침을 설한 모임을 칠처구회七處九會라고 하는데, 일곱 군데 장소에서 아홉 번의 모임이 있었다는 뜻이다. 칠처설七處說 혹은

(主)이기 때문이다.

"'세 가지에 대한 이해'(三觀)를 묻는다."(能問三觀)라는 것은, [경수보살의] 질문 가운데서 말한 "'[지켜야 할] 계율을 받고'(受) '[가르침을] 배워'(學) '수행한다.'(修道)"(受學修道)를 지칭한 것이니, 〈수행한다〉(修道)는 말은 '['[지켜야 할] 계율을 받음'(受) · '[가르침을] 배움'(學) · '수행함"(修道), 이] 세 가지에 대한 이해를 닦는 것'(三觀修)을 나타내기 때문이다. 다음에 말한 "'온 세계의 모든 부처'(法界諸佛)가 설하는 '본연의 온전함을 성취하는 길'(自性淸淨道)"(法界諸佛自性淸淨道)이라는 것은 [경수보살의] 질문 가운데 "처음부터 끝까지 하나하나 모두 행한다."(從始至終一一具行)라는 구절을 지칭한 것이고, 그다음에 말한 "모든 보살이 수행하는 '이해를 밝히는 가르침'(明觀法門)"(一切菩薩所修明觀法門)이라는 것은 [경수보살의] 질문 가운데 "순차적으로 '보살의 단계'(菩薩位)에 들어가는 자"(次第入菩薩位者)라는 구절을 지칭한 것이다. 또 이 세 구절에서 처음의 것은 '총괄적으로 말한 것'(總)이고 나중의 것은 '개별적으로 말한 것'(別)이다.

'처음은 총괄적으로 말한 것'(初總)이라 한 것은 이른바 '세 가지에 대한 이해'(三觀)를 일컬은 것이니, "'[지켜야 할] 계율을 받고'(受) '[가르침을] 배워'(學) '수행한다.'(修道)"(受學修道)는 말을 총괄적으로 거론한 것이다. '나중의 것은 개별적으로 말한 것'(後別)이라 한 것은, 두 번째 구절은 '길(道)을 개별적으로 나타내는 말'(別顯道言)이고 세 번째 구절은 '수행(修)을 개별적으로 나타내는 말'(別顯修言)이라는 것이다.

"너희들"(汝等) 이하는 배움을 권하는 것임을 알 수 있고, "부처의 제자들이여, 나는 이제 거듭 설하노라."(佛子, 我今更重說) 이하는 세 번째로 '설법을 허락하는 것'(許說)이다.

화엄칠처설華嚴七處說이라 한다. 칠회七會는 칠처구회七處九會를 줄여 '일곱 군데 장소에서의 모임'(七會)이라 표현한 것으로 보인다.

『보살영락본업경菩薩瓔珞本業經』 하권 제7 「대중수학품大衆受學品」

佛子, 若一切衆生, 初入三寶海, 以信爲本, 住在佛家, 以戒爲本. 佛子, 始行菩薩, 若信男若信女中, 諸根不具 · 黃門 · 婬男 · 婬女 · 奴婢 · 變化人, 受得戒, 皆有心向故. 初發心出家欲紹菩薩位者, 當先受正法戒. 戒者是一切行功德藏根本, 正向佛果道[694]一切行本. 是戒能除一切大惡, 所謂七見六著, 正法明鏡. 佛子, 今[695]爲諸菩薩, 結一切戒根本, 所謂三受門. 攝善法戒, 所謂八萬四千法門, 攝衆生戒, 所謂慈悲喜捨化及一切衆生皆得安樂, 攝律儀戒, 所謂十波羅夷.

[T24, 1020b22~c3]

부처의 제자들이여, 만약 모든 중생이 처음으로 '[부처(佛) · 가르침(法) · 수행공동체(僧), 이] 세 가지 보배의 바다'(三寶海)에 들어갈 적에는 믿음(信)을 근본으로 삼고, '부처님 가문'(佛家)에 머물러 살 적에는 계율(戒)을 근본으로 삼는다.

부처의 제자들이여, '처음 수행하는 보살'(始行菩薩)로서 '신심이 있는 남자'(信男)나 '신심이 있는 여자'(信女) 가운데 '감관이 제대로 갖추어지지 않은 사람'(諸根不具) · '생식능력이 없는 사람'(黃門) · '음탕한 남자'(婬男) · '음탕한 여자'(婬女) · 노비奴婢 · '성 정체성이 바뀐 사람'(變化人)이라도 계율을 받아 지니면 모두 '마음이 [깨달음으로] 향함'(心向)이 있기 때문이다. '처음 [깨달음을 구하는] 마음을 일으켜 출가하여 보살의 지위를 잇고자 하는 이'(初發心出家欲紹菩薩位者)는, 먼저 '올바른 진리의 계율'(正法戒)을 받아야만 한다. 계율이란 것은 '행

694 대정장 『본업경』 교감주에 의하면, '果道 = 道果'라고 하였다. 이에 따른다.
695 대정장 『본업경』 교감주에 의하면, '(吾)+今'이라고 하였다. 이에 따른다.

위의 모든 이로운 능력들'(一切行功德藏)의 근본이며, '부처의 길과 경지'(佛道果)로 곧바로 나아가는 '모든 행위'(一切行)의 근본이다. 이 계율은 능히 모든 '크나큰 해로움'(大惡)을 제거할 수 있으니 이른바 〈'일곱 가지 [잘못된] 견해'(七見)와 '여섯 가지 집착'(六著)〉[696][을 없애 주고] '올바른 가르침'(正法)을 밝히는 거울이다.

부처의 제자들이여, 나는 이제 모든 보살을 위하여 모든 계율의 근본을 총결해 주나니, 이른바 '지녀야 할 세 가지 [계율]'(三受門)이니라. '이로운 것들을 끌어안는 계율'(攝善法戒)은 이른바 8만 4천 가지 가르침[을 지니는 것]이고, '중생을 끌어안는 계율'(攝衆生戒)은 자애(慈)·연민(悲)·기쁨(喜)·평안(捨)[의 마음]으로 교화하여 모든 중생이 다 '평안과 행복'(安樂)을 얻게 하는 것이며, '규범을 끌어안는 계율'(攝律儀戒)은 이른바 '열 가지 무거운 계율'(十波羅夷)[697][을 지키는 것]

696 칠견七見과 육착六著: 사견邪見·아견我見·상견常見·단견斷見·계도견戒盜見(계금취견戒禁取見)·과도견果盜見·의견疑見의 '일곱 가지 잘못된 견해'(七見)와 탐貪·애愛·진瞋·치癡·욕欲·만慢의 '여섯 가지 집착'(六著)을 합하여 '13가지 번뇌'(十三煩惱)라 한다. 「현성학관품賢聖學觀品」([T24, 1016b26~c3])에서 거론되고 있다. "佛子, 無明者, 名不了一切法, 迷法界而起三界業果. 是故我言, 從無明藏起十三煩惱, 所謂邪見·我見·常見·斷見·戒盜見·果盜見·疑見, 七見, 見一切處求故說見. 從見復起六著心, 貪·愛·瞋·癡·欲·慢, 於法界中一切時起. 佛子, 一切煩惱, 以十三爲本, 無明與十三作本."

697 십바라이十波羅夷: 바라이波羅夷는 산스크리트어 pārājika의 음역音譯으로서 타승他勝·극악極惡·중금重禁 등으로 의역意譯된다. 비구와 비구니가 받는 구족계 중에서 가장 무거운 죄이다. 만약 범한 경우에는 ① 승려의 자격을 잃게 되고, ② 승단에서 쫓겨나 다른 승려들과 함께 거주할 수 없으며, ③ 죽어서 반드시 지옥에 떨어지게 되는 무거운 죄를 범하는 것이 된다. 『마하승기율摩訶僧祇律』, 『사분율四分律』에서는 비구의 경우에 살殺·도盜·음淫·망妄의 네 가지를 들어 사바라이四波羅夷를 말하고, 비구니의 경우에는 사바라이四波羅夷에 다시 네 가지를 더하여 팔바라이八波羅夷를 말하고 있다. 『불광대사전』, p.4214. 여기서 말하는 십바라이十波羅夷는 대승보살계인 『다라계본多羅戒本』에 의거한 십바라이十波羅夷, 즉 십중계十重戒를 가리킨다. 『다라계본』은 후진後秦의 구마라집鳩摩

이니라.

〈소〉

"若一切衆生"以下, 第四正答. 此中有二, 別答總答. 初中亦二, 先受後學. 受中有三, 謂標釋結. 標者擧信標戒, 要先起信方受戒故. "始行"以下, 第二廣釋, 於中有四. 一者受戒法用.

[H1, 521b11~16]

"만약 모든 중생이"(若一切衆生) 이하는 네 번째로 '곧바로 대답한 것'(正答)이다. 여기에는 두 가지가 있으니, '하나씩 대답한 것'(別答)과 '총괄적으로 대답한 것'(總答)이다. [하나씩 대답한] 처음 것에 역시 두 가지가 있으니, 먼저는 '[지켜야 할] 계율을 받는 것'(受)[을 설한 것]이고 나중은 '[가르침을] 배우는 것'(學)[을 설한 것]이다. '[지켜야 할] 계율을 받는 것'(受)[을 설한 것]에는 세 가지가 있으니, 제시(標)와 해석(釋)과 맺음말(結)이다. 제시(標)라는 것은 믿음(信)에 의거하여 계율(戒)을 제시하는 것이니, 반드시 먼저 믿음을 일으켜야 비로소 계율(戒)을 받기 때문이다. "처음 수행하는"(始行) 이하는 두 번째인 '자세한 해석'(廣釋)이니, 여기

羅什(344~413)이 번역한 『범망경梵網經』의 하권 중 「범망경노사나불설보살심지계품梵網經盧舍那佛說菩薩心地戒品」인데, 여기에서는 10종의 중계重戒와 48종의 경계輕戒에 대해 설한다. 『범망경梵網經』에서는 범하면 교단에서 추방되는 '열 가지 무거운 계율'로 〈① '살생하지 말 것'(不殺戒), ② '훔치지 말 것'(不盜戒), ③ '음행하지 말 것'(不婬戒), ④ '거짓말하지 말 것'(不妄語戒), ⑤ '술을 마시거나 팔지 말 것'(不酤酒戒), ⑥ '재가·출가의 보살 및 비구·비구니의 죄과를 말하지 말 것'(不說過罪戒), ⑦ '자기는 찬탄하고 타인은 헐뜯는 짓을 하지 말 것'(不自讚毁他戒), ⑧ '인색하지 말 것'(不慳戒), ⑨ '화내지 말 것'(不瞋戒), ⑩ '삼보를 비방하지 말 것'(不謗三寶戒)〉을 설하고 있다.

에는 네 가지가 있다. 첫 번째는 '계율을 받는 것의 효과'(受戒法用)이다.

『보살영락본업경菩薩瓔珞本業經』 하권 제7 「대중수학품大衆受學品」[698]

佛子, 受十無盡戒已, 其受者過度四魔, 越三界苦, 從生至生不失此

---

698 이 구절 앞에 다음과 같은 『본업경』 내용(T24, 1020c4~1021a29)이 있는데, 이에 대해 아래에서 원효는 간략히 과문科文하고 있다. "二者〈佛告〉以下, 受戒方便. 此中有三, 先三禮三寶, 次敬受四依, 後卽悔過. 若准小乘受戒羯磨, 此中敬受四歸, 應是正爲授戒. 但尋此中經文之勢, 此敬受文, 非正授戒, 以先受後悔, 不應理故. 故判此文爲方便也. 〈如是〉以下, 第三明正授戒. 於中有三, 一者牒前悔過標正與受, 二者正授十戒, 三者結歎戒德. 此三合爲第三明正授戒文意."(H1, 521b16~c1.) 주석의 분량에 비해 경문은 장문의 내용이므로 해당 경문을 생략하고 원효의 주석만 아래에서 번역한다. 생략된 경전 내용은 다음과 같다. "佛子, 受戒有三種受. 一者諸佛菩薩現在前受, 得眞實上品戒. 二者諸佛菩薩滅度後, 千里內有先受戒菩薩者, 請爲法師教授我戒, 我先禮足應如是語. 請大尊者, 爲師授與我戒, 其弟子得正法戒, 是中品戒. 三佛滅度後千里內無法師之時, 應在諸佛菩薩形像前, 胡跪合掌自誓受戒, 應如是言. 我某甲白十方佛及大地菩薩等, 我學一切菩薩戒者, 是下品戒. 第二第三亦如是說. 佛子, 是三攝受三種受戒, 過去佛已說, 未來佛當說, 現在佛今說. 過去諸菩薩已學, 未來諸菩薩當學, 現在諸菩薩今學, 是諸佛正法戒. 若一切佛一切菩薩不入此法戒門, 得無上道果虛空平等地者, 無有是處. 佛告諸佛子. 今正說正戒. 善男子善女人當受戒時, 先禮過去世盡過去際一切佛, 禮未來世盡未來際一切佛, 禮現在世盡現在際一切佛. 如是三禮已, 法僧亦然. 佛子, 復敬受四不壞信, 依止四依法, 從今時盡未來際身, 歸依佛, 歸依法, 歸依賢聖僧, 歸依法戒, 如是三說已. 佛子, 次當教悔過三世罪. 若現在身口意十惡罪, 願畢竟不起盡未來際, 若未來身口意十惡罪, 願畢竟不起盡未來際, 若過去身口意十惡罪, 願畢竟不起盡未來際. 如是悔過已三業淸淨如淨琉璃內外明照, 卽與授十無盡戒, 汝等善聽. 佛告佛子. 從今身至佛身盡未來際, 於其中間不得故殺生. 若有犯非菩薩行, 失四十二賢聖法, 不得犯, 能持不? 其受者答言能. 佛子, 從今身至佛身盡未來際, 於其中間不得故妄語. 若有犯非菩薩行, 失四十二賢聖法, 不得犯, 能持不? 其受者答言能. 佛子, 從今身至佛身盡未來際, 於其中間不得故婬. 若有犯非菩薩行, 失四十二賢聖法, 不得犯, 能持不? 其受者答言能. 佛子, 從今身至佛身盡未來際, 於其中間不得故盜. 若有犯非菩薩行, 失四十二賢聖法, 不得犯, 能持不? 其受者答言能. 佛子, 從今身至佛身盡未來際, 於其中間不得沽酒. 若有犯非菩薩行, 失四十二賢聖法, 不得犯, 能持不? 其受者答言能. 佛子, 從今身至

戒, 常隨行人乃至成佛. 佛子, 若過去未來現在一切衆生, 不受是菩薩戒者, 不名有情識者, 畜生無異, 不名爲人. 常離三寶海, 非菩薩非男非女非鬼非人, 名爲畜生, 名爲邪見, 名爲外道, 不近人情. 故知菩薩戒有受法而無捨法, 有犯不失盡未來際. 若有人欲來受者, 菩薩法師先爲解說讀誦, 使其人心開意解生樂著心, 然後爲受.

[T24, 1021b1~10]

부처의 제자들이여, '끝없이 지켜야 할 열 가지 계율'(十無盡戒)을 받고 나면 그 계율을 받은 사람은 '[번뇌마煩惱魔 · 음마陰魔 · 천마天魔 · 사마死魔, 이] 네 가지 [수행의] 방해물'(四魔)을 다 이겨 내고, '[욕망세계 · 유형세계 · 무형세계, 이] 세 가지 세계에서의 고통'(三界苦)을 넘어서며, '생애를 이어 가면서'(從生至生) 이 계율을 잃지 않고, 항상 수행하는 사람을 따라가며 마침내 부처 경지를 이루게 되노라.

부처의 제자들이여, 만약 과거 · 미래 · 현재의 모든 중생 가운데 이 보살계를 받지 않는 사람은 '인지능력을 지닌 자'(有情識者)라고 부르지 않으며 축생과 다를 바가 없어 사람이라 부르지 않는다. [그는] 항상 '[부처(佛) · 가르침(法) · 수행공동체(僧), 이] 세 가지 보배의 바다'(三寶海)에서 벗어나니, 보살이 아니고 남자도 아니며 여자도 아니고 귀신도 아니고 사람도 아니어서, 축생이라 부르고 '잘못된 견해를

佛身盡未來際, 於其中間不得故說在家出家菩薩罪過. 若有犯非菩薩行, 失四十二賢聖法, 不得犯, 能持不? 其受者答言能. 佛子, 從今身至佛身盡未來際, 於其中間不得故慳. 若有犯非菩薩行, 失四十二賢聖法, 不得犯, 能持不? 其受者答言能. 佛子, 從今身至佛身盡未來際, 於其中間不得故瞋. 若有犯非菩薩行, 失四十二賢聖法, 不得犯, 能持不? 其受者答言能. 佛子, 從今身至佛身盡未來際, 於其中間不得故自讚毁他. 若有犯非菩薩行, 失四十二賢聖法, 不得犯, 能持不? 其受者答言能. 佛子, 從今身至佛身盡未來際, 於其中間不得故謗三寶藏. 若有犯非菩薩行, 失四十二賢聖法, 不得犯, 能持不? 其受者答言能."

가진 자'(邪見)라 부르며 '[불교와는] 다른 가르침을 배운 자'(外道[人])라 부르니, '인간다운 능력'(人情)에 가깝지 않기 때문이다. 그러므로 보살계에는 '가르침을 받음'(受法)은 있으나 '가르침을 버림'(捨法)은 없고, 범하는 일이 있더라도 미래가 끝날 때까지 잃어버리지 않는다는 것을 알아야 한다.

만약 어떤 사람이 와서 [보살계를] 받고자 원한다면 보살법사菩薩法師는 먼저 그를 위하여 해설하고 독송하여 그 사람의 마음으로 하여금 [보살계에 대해] 이해를 열고 즐거워하는 마음을 내게 한 후에 [보살계를] 받도록 한다.

〈소〉

二者"佛告"以下, 受戒方便. 此中有三, 先三禮三寶, 次敬受四依, 後卽悔過. 若准小乘受戒羯磨, 此中敬受四歸, 應是正爲授[699]戒. 但尋此中經文之勢, 此敬受文, 非正授戒, 以先受後悔, 不應理故. 故判此文爲方便也. "如是"以下, 第三明正授戒. 於中有三, 一者牒前悔過標正與受, 二者正授十戒, 三者結歎戒德. 此三合爲第三明正授戒文意.[700]

[H1, 521b16~c1]

['자세한 해석'(廣釋)의] 두 번째인 "부처님께서 [제자들에게] 말씀하셨다."(佛告[諸佛子])[701] 이하는 '계율을 받는 수단과 방법'(受戒方便)이다. 여

699 '授'는 '受'로 교감한다.

700 한불전 『본업경소』 교감주에 의하면, '意'는 다른 본에는 '竟'으로 되어 있다고 하였다.

701 앞의 역주에서 소개한 생략된 『본업경』 내용(T24, 1020c4~1021a9) 가운데 밑줄 친 부분(佛告諸佛子. 今正說正戒. …)에서의 '佛告'를 말한다.

기에 세 가지가 있으니, 먼저는 '[부처(佛) · 가르침(法) · 수행공동체(僧), 이] 세 가지 보배'(三寶)에 세 번 예禮를 올리는 것이고, 다음으로는 '귀의해야 할 네 가지'(四依)[702]를 공경하며 받아들이는 것이며, 마지막은 '잘못을 뉘우치는 것'(悔過)이다. 만약 소승의 '계율을 받는 의식'(受戒羯磨)에 의거한다면, 이 중에서 '[귀의불歸依佛 · 귀의법歸依法 · 귀의현성승歸依賢聖僧 · 귀의법계歸依法戒, 이] 귀의해야 할 네 가지'(四歸, 四依)[703]를 공경하며 받아들이는 것이 제대로 '계율을 받음'(受戒)이 될 것이다. 다만 여기에서의 경전 구절 흐름을 살펴보면, 이 '공경하며 받아들임'(敬受)에 관한 글[의 내용]은 제대로 '계율을 받은 것'(授戒)이 아니니, 먼저 [계율을] 받고 나중에 참회한다는 것은 이치에 맞지 않기 때문이다. 그러므로 이 문장을 [계율을 받는] '수단과 방법'(方便)으로 판정하였다.

"이와 같이"(如是)[704] 이하는 ['자세한 해석'(廣釋)의] 세 번째인 '제대로 계율을 주는 것을 밝힌 것'(明正授戒)이다. 여기에 세 가지가 있으니, 첫째는 앞서의 '잘못에 대한 참회'(悔過)를 이어서(牒) '올바로 된 것'(正)과 '받아들여야 할 것'(受)을 '세운 것'(標)이고, 둘째는 '열 가지 계율'(十戒)을 제대로 준 것이며, 셋째는 '계율이 지닌 능력'(戒德)을 찬탄하며 맺었다. 이 세 가지가 합쳐져서 ['자세한 해석'(廣釋)의] 세 번째인 '제대로 계율을 주는 것을 밝힌 것'(明正授戒)에 관한 문장의 뜻이 된다.

〈소〉

"若過去未來"以下, 第四諸門分別. 言"有受法而無捨法, 有犯不失盡

702 사의四依: 귀의해야 할 네 가지로서 『본업경』에서는 "歸依佛, 歸依法, 歸依賢聖僧, 歸依法戒"라 하여 불佛 · 법法 · 현성승賢聖僧 · 법계法戒의 네 가지를 말한다.

703 사귀四歸: 사의四依를 말한다.

704 앞의 역주에서 소개한 생략한 『본업경』 내용(T24, 1020c4~1021a9) 가운데 밑줄 친 부분(如是悔過已三業清淨如淨琉璃內外明照 …)에서의 '如是'를 말한다.

未來際”者，如菩薩地決擇中言，“若有不捨如是律儀，當知餘生亦得隨轉非彼捨者．又捨因緣略有四種．一者，決定發起受心，不同分心．二者，若於有識別大丈夫前，故意發起棄捨語言．三者，總別毁犯四種他所勝法．四者，若以增上品纏總別毁犯，隨順四種他所勝法．由此因緣，當知棄捨菩薩律儀，若有還得淸淨受心，後應還受．”如是論文與此經違，如何和會？解云，彼論述於三乘教意故，有捨法，犯戒有失，依三乘教發心菩薩，心不全故，不堅固故．今此經者是一乘敎故，無捨法，犯而不失，依是發心，與前返持．且止乘論，還釋本文．

[H1, 521c1~16]

“만약 과거 · 미래[· 현재]의”(若過去未來[現在]) 이하는 [‘자세한 해석’(廣釋)의] 네 번째인 [보살계를] ‘여러 가지 측면으로 구분하는 것’(諸門分別)이다. “‘가르침을 받음’(受法)은 있으나 ‘가르침을 버림’(捨法)은 없고, 범하는 일이 있더라도 미래가 끝날 때까지 잃어버리지 않는다.”(有受法而無捨法，有犯不失盡未來際)라고 말한 것은, 『유가사지론』 「보살지결택분菩薩地決擇分」에서 [다음과 같이] 말하는 것과 같다. “만약 이와 같은 계율(律儀)을 버리지 않는다면, 남아 있는 [윤회하는] 삶(生)에서도 [계율을] 따르며 바뀌어 가면서 그 [계율을] 버리는 것이 아니라는 것을 알아야 한다. 또 [계율을] 버리게 되는 ‘원인과 조건’(因緣)에는 대략 네 가지가 있다. 첫 번째는, [계율을] 받으려는 마음을 결정하여 일으켰지만 [그] 마음을 한결같게 유지하지 못하는 것이다. 두 번째는, 똑똑한 사람 앞에 있을 때 일부러 [계율을] 버리는 말을 일으키는 것이다. 세 번째는, ‘다른 사람이 [자기보다] 뛰어난 네 가지’(四種他所勝法)를 전체로나 하나씩 훼손하고 범하는 것이다. 네 번째는, [내심으로는] ‘남보다 우월하다는 교만에 속하는 번뇌’(增上品纏)로써 전체로나 하나씩 훼손하고 범하면서도 [밖으로는] ‘다른 사람이 [자기보다] 뛰어난 네 가지’(四種他所勝法)에 따르는 것이다. 이러한 ‘원인과 조건’(因緣)으로 말미암아 보살의 계율을 버리게 된다는 것을 알아야 하니, 만약 '[계율을] 온전하게 받으려는 마음'(淸淨受心)을 다시 지닌다면 나중에는 반드시 [계율을] 다시 받게 될 것이다."[705]

이와 같은 논서(『유가사지론』)의 문장과 이 경전은 [뜻이] 어긋나니, 어떻게 '소통시켜 만나게'(和會) 할 것인가? 대답해 보자면 [다음과 같다.] 저 논서(『유가사지론』)는 '[성문 · 연각 · 보살, 이] 세 부류 수행자가 따르는 가르침'(三乘敎)의 뜻에 대해 기술했기 때문에 '가르침을 버림'(捨法)이 있고 '계율을 범하면'(犯戒) [그 계율을] 잃어버림(失)이 있으니, '[성문 · 연각 · 보살, 이] 세 부류 수행자가 따르는 가르침'(三乘敎)에 의거해 [깨달음을 향한] 마음을 일으킨 보살은 [그] 마음이 완전하지 않기 때문이며 견고하지 않기 때문이다. 지금 이 경전(『본업경』)은 [대승의] '하나처럼 통하는 가르침'(一乘敎)이기 때문에 '가르침을 버림'(捨法)이 없고 [계율을] 범하여도 [계율을] 잃어버리지 않으니, 이러한 발심發心에 의거하여 앞에서 말한 것들[706]을 다시 지니게 된다. 이제 '부차적 논의'(乘論)는 그치고 다시 본문을 해석하겠다.

---

705 『유가사지론』 권75(T30, 711c8~15). "復次若有不捨如是律儀, 當知餘生亦得隨轉非彼捨者. 又捨因緣略有四種. 一者, 決定發起受心不同分心. 二者, 若於有所識別大丈夫前, 故意發起棄捨語言. 三者, 總別毁犯四種他所勝法. 四者, 若以增上品纏總別毁犯隨順四種他所勝法, 由此因緣, 當知棄捨菩薩律儀, 若有還得淸淨受心, 復應還受."

706 "'가르침을 받음'은 있으나 '가르침을 버림'은 없고, 범하는 일이 있더라도 미래가 끝날 때까지 잃어버리지 않는다."(有受法而無捨法, 有犯不失盡未來際)는 것을 말한다.

『보살영락본업경菩薩瓔珞本業經』 하권 제7 「대중수학품大衆受學品」[707]

爾時衆中有百億人, 即從坐起受持佛戒. 其名梵陀首王, 共無數天子修十戒滿足, 入初住位.

“佛子, 復從是住, 修行百法觀門, 所謂十信·十進·十發趣·十乘·十金剛·十隨喜·十戒·十願·十護·十迴向. 以是百法觀, 達三界空, 假名皆空, 一切法無我無人[708]·無受·無因, 皆無定性. 即滅十三縛, 所謂七見六著. 如實相, 入初行位.

佛子, 復從是行, 觀修千法明門, 所謂十信乃至十向. 轉轉入法, 法無我·法集·法起·法道·法滅, 皆無人受法. 法如虛空·如幻·如城[709]·如焰,[710] 一切法無相, 百千生滅, 皆不可得, 入初迴向位.

(T.24, 1021b27~c9)

그때 대중 가운데 백억 사람이 있었는데, 곧 자리에서 일어나 부

707 이 구절 앞에 다음과 같은 『본업경』 내용(T24, p.1021b10~b27)이 있는데 원효의 주석 대상이 아니기에 생략하였다. 생략한 내용은 다음과 같다. “又復法師能於一切國土中, 教化一人出家受菩薩戒者, 是法師其福勝造八萬四千塔. 況復二人三人乃至百千? 福果不可稱量. 其師者, 夫婦六親得互爲師授, 其受戒者, 入諸佛界菩薩數中, 超過三劫生死之苦. 是故應受, 有而犯者勝無不犯, 有犯名菩薩, 無犯名外道. 以是故, 有受一分戒名一分菩薩, 乃至二分三分四分十分名具足受戒. 是故菩薩十重八萬威儀戒. 十重有犯無悔, 得使重受戒. 八萬威儀戒盡名輕, 有犯得使悔過對首悔滅. 一切菩薩凡聖戒, 盡心爲體. 是故心亦盡戒亦盡, 心無盡故戒亦無盡, 六道衆生受得戒, 但解語得戒不失. 佛子, 三世劫中一切佛, 常作是說. 我今在此樹下, 爲十四億人說住前信想菩薩初受戒法. 佛子, 是信想菩薩, 於十千劫, 行十戒法, 當入十住心. 佛子, 當先爲諸大衆受菩薩戒, 然後爲說瓔珞經同見同行.”

708 대정장 『본업경』 교감주에서는 ‘無人’이 잉자剩字라고 하였다. 그러나 이때의 ‘人’은 ‘我’에 대비되는 것으로서 ‘타인’이나 ‘중생’을 의미하므로 본문대로 번역한다.

709 대정장 『본업경』 교감주에 따르면 ‘(乾)+城’이라고 하였다. 이에 따른다.

710 대정장 『본업경』 교감주에 따르면 ‘(陽)+焰’이라고 하였다. 이에 따른다.

처님 계율을 받아 지녔다. 그 이름이 범타수왕梵陀首王인 자는 무수한 천자天子들과 함께 '열 가지 계율'(十戒)을 수행하여 완전하게 하고는 '십주十住의 첫 번째 단계'(初住位)에 들어갔다.

"부처의 제자들이여, 다시 이 [십주十住의] '[첫 번째] 단계'([初]住[位])로부터 '이해를 밝혀 가는 백 가지 방법'(百法觀門)을 수행하나니, 이른바 '열 가지 믿음'(十信)·'열 가지 노력'(十進)·'열 가지 생각을 일으켜 나아감'(十發趣)·'열 가지에 올라탐'(十乘)·'금강석처럼 굳건한 열 가지 선정禪定'(十金剛)·'[다른 사람의 이로움을] 따라서 기뻐하는 열 가지'(十隨喜)·'열 가지 계율'(十戒)·'열 가지 서원'(十願)·'열 가지 보호'(十護)·'[수행으로 성취한 모든 것을 중생들에게] 돌리는 행위의 열 가지 단계'(十廻向)가 그것이다. 이 '이해를 밝히는 백 가지 방법'(百法觀[門])으로써, '[욕망세계(欲界)·유형세계(色界)·무형세계(無色界), 이] 세 가지 세계'(三界)는 '불변·독자의 본질/실체가 없는 것'(空)이어서 '임시방편으로 세운 명칭'(假名)일 뿐 모두 실체가 없고 모든 현상에는 '[불변·독자의] 자아가 없으며'(無我) '[불변·독자의] 사람들도 없고'(無人) '받는 과보도 없으며'(無受) '원인도 없어'(無因) 모두 '정해진 본질'(定性)이 없다는 것을 통달한다. [그래서] 곧 '13가지 번뇌'(十三縛, 十三煩惱)를 사라지게 하니, 이른바 '일곱 가지 잘못된 견해'(七見)와 '여섯 가지 집착'(六著)이 그것이다. [그리하여] '사실 그대로의 면모'(實相)와 만나면서(如) '십행十行의 첫 번째 단계'(初行位)에 들어간다.

부처의 제자들이여, 다시 이 '['이타적 실천의 열 가지 단계'(十行)의] 첫 번째 단계'([初]行[位])로부터 '천 가지 밝은 가르침'(千法明門)을 이해하고 닦아 가니, 이른바 '믿음을 세우는 열 가지 단계'(十信)에서부터 '[수행으로 성취한 모든 것을 중생들에게] 돌리는 행위의 열 가지 단계'(十[廻]向)가 그것이다. [그리하여] '계속 바뀌어 가면서 가르침에 들어가니'(轉轉入法), '모든 현상에 불변의 독자적 자아가 없음'(法無我)·'[고통의] 원인에 관한 가르침'(法集)·'[고통의] 일어남에 관한 가르침'(法

起)·'[고통을] 소멸하는 길에 관한 가르침'(法道)·'[고통이] 소멸한 경지에 관한 가르침'(法滅)[에 들어가면서도] 그 모든 가르침을 받는 사람이 [불변·독자의 실체로서] 없다. 현상은 허공과 같고 허깨비(幻)와 같으며 신기루(乾城)[711]와 같고 아지랑이와도 같아, 모든 현상에 '[불변·독자의 본질/실체로서의] 차이/특징이 없고'(無相) '백 가지 천 가지로 생겨났다 사라지는 것'(百千生滅)을 다 [불변·독자의 본질/실체로서] 얻을 수가 없으니, [그리하여] '십회향十廻向의 첫 번째 단계'(初廻向位)에 들어간다.

〈소〉

"爾時衆中"以下, 第三總結受戒. "即從坐起受持佛戒"者, 此[712]一坐, 始起受戒, 不起此坐, 入六入故. "其名"以下, 第二明學. 於中有二, 別明總明. 別明之中, 卽明六入. 六入文中, 皆有二句, 先明入位, 後顯學行. 初中言"修十戒滿足, 入初住位"者, 是明入位, "復從"以下, 次顯修行.

[H1, 521c16~522a2]

"그때 대중 가운데"(爾時衆中) 이하는 세 번째인 '계율을 받는 것'(受戒)을 총괄적으로 맺은 것이다.[713] "곧 자리에서 일어나 부처님 계율을

711 건성乾城: 건달바성乾闥婆城(gandharva-nagara)을 말한다. 건달바 신이 허공에 나타낸 성곽으로서, 실체가 없이 허공에 나타난 누각이나 산천 및 임야 등을 가리키는 말이다. 『불광대사전』, p.4372.

712 한불전에는 '此' 앞에 '謂即於'가 있다고 교감하였다.

713 앞서의 과문科文에서 "〈若一切衆生〉以下, 第四正答. 此中有二, 別答總答. 初中亦二, 先受後學. 受中有三, 謂標釋結."(H1, 521b11~14)이라 하였다. 번역하면, "〈만약 모든 중생이〉(若一切衆生) 이하는 네 번째로 '곧바로 대답한 것'(正答)이다. 여기에

받아 지녔다."(即從坐起受持佛戒)라는 것은, 이 한 자리에서 '계율 받음'(受戒)을 처음 시작하고 이 자리에서 일어나지 않고서 '[십주·십행·십회향·십지·등각·묘각의] 여섯 가지 단계에 들어감'(六入)을 이루기 때문이다.

"그 이름이"(其名) 이하는 두 번째로 '[가르침을] 배우는 것'(學)을 밝힌 것이다.[714] 여기에 두 가지가 있으니, '하나씩 밝힌 것'(別明)과 '총괄적으로 밝힌 것'(總明)이다. '하나씩 밝힌 것'(別明)에서는 바로 '[십주·십행·십회향·십지·등각·묘각의] 여섯 가지 단계에 들어가는 것'(六入)을 밝혔다. '[십주·십행·십회향·십지·등각·묘각의] 여섯 가지 단계에 들어가는 것'(六入)을 밝힌 글에는 모두 두 구절이 있으니, 먼저는 '들어가는 단계'(入位)를 밝혔고 뒤에는 '배우고 수행하는 것'(學行)을 나타내었다. 처음에 "'열 가지 계율'(十戒)을 수행하여 완전하게 하고는 '십주十住의 첫 번째 단계'(初住位)에 들어갔다."(修十戒滿足, 入初住位)라고 말한 것은 '들어가는 단계'(入位)를 밝힌 것이고, "다시 …로부터"(復從) 이하는 다음으로 '수행修行'을 나타낸 것이다.

〈소〉

言"十信"者, 如大經言, "菩薩有十種不壞信, 何等爲十? 所謂於一切佛不壞信, 於一切佛法不壞信, 於一切聖僧不壞信, 於一切菩薩不壞

는 두 가지가 있으니, '하나씩 대답한 것'(別答)과 '총괄적으로 대답한 것'(總答)이다. [하나씩 대답한] 처음 것에 역시 두 가지가 있으니, 먼저는 '[지켜야 할] 계율을 받는 것'(受)[을 설한 것]이고 나중은 '[가르침을] 배우는 것'(學)[을 설한 것]이다. '[지켜야 할] 계율을 받는 것'(受)[을 설한 것]에는 세 가지가 있으니, 제시(標)와 해석(釋)과 맺음말(結)이다."

714 앞의 역주 과문科文 참조.

信, 於一切善知識不壞信, 於一切衆生不壞信, 於一切菩薩大願不壞信, 於一切菩薩行不壞信, 於恭敬供養一切諸佛不壞信, 於教化一切衆生成就菩薩巧妙方便不壞信." 是爲十種.

[H1, 522a2~10]

"열 가지 믿음"(十信)이라 말한 것은 대경大經(『화엄경』)에서 [다음과 같이] 말한 것과 같다. "보살에게는 열 가지 '무너지지 않는 믿음'(不壞信)이 있으니, 무엇이 열 가지인가? 이른바 '모든 부처님에 대한 무너지지 않는 믿음'(於一切佛不壞信)·'모든 부처님 가르침에 대한 무너지지 않는 믿음'(於一切佛法不壞信)·'모든 성스러운 수행자 집단에 대한 무너지지 않는 믿음'(於一切聖僧不壞信)·'모든 보살에 대한 무너지지 않는 믿음'(於一切菩薩不壞信)·'모든 일깨워 주는 사람에 대한 무너지지 않는 믿음'(於一切善知識不壞信)·'모든 중생에 대한 무너지지 않는 믿음'(於一切衆生不壞信)·'모든 보살의 크나큰 서원에 대한 무너지지 않는 믿음'(於一切菩薩大願不壞信)·'모든 보살의 실천수행에 대한 무너지지 않는 믿음'(於一切菩薩行不壞信)·'모든 부처님을 공경하고 공양하는 것에 대한 무너지지 않는 믿음'(於恭敬供養一切諸佛不壞信)·'모든 중생을 교화하는 것을 성취하는 보살의 교묘한 수단과 방법에 대한 무너지지 않는 믿음'(於教化一切衆生成就菩薩巧妙方便不壞信)이 그것이다."[715] 이것을 열 가지 [믿음]이라 한다.

---

715 『대방광불화엄경』 권39(T9, 646b26~c6). "佛子! 菩薩摩訶薩有十種不壞信. 何等爲十? 所謂於一切佛不壞信, 於一切佛法不壞信, 於一切聖僧不壞信, 於一切菩薩不壞信, 於一切善知識不壞信, 於一切衆生不壞信, 於一切菩薩大願不壞信, 於一切菩薩行不壞信, 恭敬供養一切諸佛不壞信, 教化一切衆生成就菩薩巧妙方便不壞信. 佛子! 是爲菩薩摩訶薩十種不壞信, 若菩薩摩訶薩安住此法, 則得一切諸佛無上智慧不可壞信."

〈소〉

言"十進"者, 菩薩有十種精進. 所謂淨身業精進, 恭敬供養諸佛不退轉故. 口業精進, 隨所聞法廣爲人說, 無疲倦故. 意業精進, 巧方便入慈·悲·喜·捨·禪定·解脫三昧, 相續無退轉故. 直心精進, 遠離諂曲, 正直一切方便, 究竟無退轉故. 深心精進, 常趣勝趣, 積集無上智慧白法故. 行不虛妄精進, 攝取施戒忍多聞等, 及不放逸, 乃至道場, 不中息故. 除伏一切魔怨精進, 悉能除滅三毒煩惱邪見諸纏障蓋故. 滿足慧光精進, 有所施作, 悉善思惟, 心不中悔, 究竟衆事故. 無所染著精進, 離心境界, 身口意相, 非相甚深法門故. 具足成就法明精進, 次第進入一切諸地, 乃至現捨天壽, 降神世間, 出家成道, 轉法輪入涅槃故. 是爲十種.

[H1, 522a10~b3]

"열 가지 노력"(十進)이라는 것은 [다음과 같은 것이다.] 보살에게는 열 가지 노력(精進)이 있다. [첫 번째는] '몸의 행위를 청정하게 하는 노력'(淨身業精進)이니, 모든 부처님을 공경하고 공양하면서 물러나지 않는 것이다. [두 번째는] '말로 하는 행위에 대한 노력'(口業精進)이니, 들은 가르침에 따라 널리 남을 위해 설하면서도 피로나 권태가 없는 것이다. [세 번째는] '생각으로 하는 행위에 대한 노력'(意業精進)이니, 정교한 수단과 방법으로 자애(慈)·연민(悲)·기쁨(喜)·평온(捨)·선정禪定·해탈삼매解脫三昧에 들어가 [이들을] 서로 이어 가게 하면서 물러남이 없는 것이다. [네 번째는] '마음을 올바로 쓰는 노력'(直心精進)이니, 아첨과 왜곡에서 벗어나 모든 수단과 방법을 올곧게 하면서 끝까지 물러남이 없는 것이다. [다섯 번째는] '마음[수준]을 심화시키는 노력'(深心精進)이니, 늘 더 나은 경지로 나아가면서 '최고의 지혜'(無上智慧)와 '바른 가르침'(白法)을 쌓고 모으는 것이다. [여섯 번째는] '수행이 허망해지지 않게 하는 노력'(行不虛妄精進)이니, 베풂(布施) · '계율 지키기'(持戒) · 참아냄(忍辱) · '많이 들음'(多聞) 등을 포괄하여 취하고 또 '게을리하지 않으면서'(不放逸) '진리가 펼쳐지는 자리'(道場)에 이르기까지 중도에 멈추지 않는 것이다. [일곱 번째는] '모든 방해물과 원수를 제거하고 제압하는 노력'(除伏一切魔怨精進)이니, '[탐貪 · 진瞋 · 치痴] 세 가지 독에서 생긴 번뇌'(三毒煩惱)와 '삿된 견해로 인한 온갖 속박과 장애'(邪見諸纏障蓋)를 다 제거하고 없애려는 것이다. [여덟 번째는] '지혜의 빛을 만족시키려는 노력'(滿足慧光精進)이니, 베풀고 행하는 것들에 대해 모두 잘 생각하여 마음에 중단하거나 후회함이 없이 온갖 일을 끝까지 마치는 것이다. [아홉 번째는] '오염되거나 집착함이 없으려는 노력'(無所染著精進)이니, 마음의 대상에서 [집착하지 않고] 벗어나 '몸(身) · 말(口) · 생각(意)의 차이/특징'(身口意相)들을 '[불변 · 독자의 본질/실체로서의] 차이/특징이 없는'(無相) '깊고 깊은 경지의 현상들'(甚深法門)로 [만드는] 것이다. [열 번째는] '진리에 밝아지는 과정을 모두 갖추어 성취하려는 노력'(具足成就法明精進)이니, 모든 수행단계(地)에 차례대로 들어가서 〈'천상의 수명'(天壽)을 버리고 세간에 내려와 출가하여 진리(道)를 이루고 '진리의 가르침을 펼치고는'(轉法輪) 열반에 드는 것〉을 보이는 데까지 이르는 것이다. 이것이 열 가지 [노력]이다.

〈소〉

"十發趣"者, 所謂十念, 念佛法等, 進趣彼故. 言"十乘"者, 所謂十慧, 除障運出慧爲勝故. "十金剛"者, 所謂十禪, 守境寂定, 不有壞故. "十隨喜"者, 所謂十施, 隨喜受者得利益故. 言"十護"者, 所謂十種捨離魔業, 以離魔業爲護佛法故.

[H1, 522b3~9]

"열 가지 생각을 일으켜 나아감"(十發趣)이라는 것은 이른바 '잊지 않는 열 가지'(十念)이니, 부처님(佛)과 가르침(法) 등을 생각하면서 잊지 않고 그쪽으로 나아가는 것이다. "열 가지에 올라탐"(十乘)이라는 것은 이른바 '열 가지 지혜'(十慧)이니, 장애를 없애고 지혜를 운행함이 탁월한 것이다. "금강석처럼 굳건한 열 가지 선정"(十金剛)이라는 것은 이른바 '열 가지 선정'(十禪)이니, 대상[으로부터 마음]을 지켜 '고요히 안정되는 것'(寂定)이 무너지지 않는 것이다. "[다른 사람의 이로움을] 따라서 기뻐하는 열 가지"(十隨喜)라는 것은 이른바 '열 가지 베풂'(十施)이니, 받는 사람이 이로움을 얻는 것을 '따라서 기뻐하는 것'(隨喜)이다. "열 가지 보호"(十護)라고 말한 것은 이른바 열 가지의 '수행을 방해하는 것들의 행위에서 벗어나는 것'(捨離魔業)이니, '수행을 방해하는 것들의 행위'(魔業)에서 벗어남으로써 부처님 가르침을 보호하는 것이다.

『보살영락본업경菩薩瓔珞本業經』 하권 제7 「대중수학품大衆受學品」[716]

佛子, 復從是地, 正觀一照智中, 入百萬阿僧祇功德門,[717] 於一相觀中一時行, 乃至第十地, 心心寂滅, 自然流入無垢地. 佛子, 復從是地,

716 이 구절 앞에 다음과 같은 『본업경』 내용(T24, 1021c10~23)이 있는데 원효의 주석 대상이 아니기에 생략하였다. 생략한 내용은 다음과 같다. "佛子, 復從是向明明轉照, 照智學相似平等觀. 觀名無得, 無得假得. 喩如然燈有炷, 非初焰者, 非初焰有時中有燒, 非離初焰者, 非初焰無時中有燒, 後亦如之, 直以有爲諸法, 二諦皆迭遷, 假號故燒. 故知始焰非今, 今燋非始. 今燋非始故, 於今方有. 始焰非今故, 於今無燒. 無燒於今, 今燒假燒. 得平等觀, 亦復如是, 非初心有中有得, 亦非初心無中有得, 後心亦然. 是故始心非今心, 今起非始起. 今起非始起故, 於今方有, 始心非今心故, 於今無得. 無得於今, 今得假得. 中道第一義諦心, 念念寂滅, 入萬法明門. 從十信乃至十向, 自然流入平等道, 無得一相, 眞實觀一照相, 入初地道."

717 대정장 『본업경』 교감주에 따르면, (法)+門이라 하였다.

以一照智，了一切業因業果，法界無不一觀．以智知一切衆生識，始起一相[718]住於緣．順第一義諦起名善，背第一義諦起名惑，以此二爲住地故，名生得善生得惑，因此二善惑爲本，起後一切善惑．從一切法緣，生善惑名，作以得善，作以得惑，而心非善惑．從二得名故，善惑[719]二心．起欲界惑，名欲界住地，起色界惑，名色界住地，起心惑故，名無色界住地．以此四住地，起一切煩惱故，爲始起四住地，其四住地前，更無法起故，故名無始無明住地．金剛智知此始起一相有終，而不知其始前有法無法，云何而得知生得一住地作得三住地[720]？唯佛知始知終．是無垢菩薩，一切智齊知自地，常住第一義諦中，自然流入妙覺海地．佛子，住是妙覺地中，唯現化可名，有無量義，有無量名．其出一體，所謂妙果常住清淨．至若虛空，不可思議，不可說，不可名數，不可名，入界分可得．

[T24, 1021c24~1022a15]

부처의 제자들이여, 다시 이 단계(地)로부터 '하나처럼 통함을 드러내는 지혜'(一照智)를 '제대로 이해'(正觀)하면서 '헤아릴 수 없이 많은 이로움을 주는 문'(百萬阿僧祇功德門)으로 들어가, '하나처럼 통하는 양상으로 이해함'(一相觀)[의 경지]에서 [모든 것에 대해] 동시에 ['하나처럼 통하는 양상으로 이해함'(一相觀)을] 행하여 [십지十地의] '열 번째 단계'(第十地)에까지 이르면, 마음마다 '[분별의 왜곡과 동요가] 그쳐'(寂滅) 자연히 '번뇌가 없어진 경지'(無垢地, 等覺地)에 흘러 들어가게 된다.

부처의 제자들이여, 다시 이 단계(地)로부터 '하나처럼 통함을 드

718 대정장『본업경』교감주에 따르면, 相=想이라 하였다. 그러나 원문대로 '相'으로 보는 것이 더 적절할 수 있기에 '相'으로 번역한다.

719 대정장『본업경』교감주에 따르면, 惑=或이라 하였다. 그러나 경 본문에는 모두 '惑'으로 되어 있으므로 굳이 교감할 필요가 없다.

720 대정장『본업경』교감주에 따르면, 地+(三住地)라 하였다.

러내는 지혜'(一照智)로써 모든 '행위의 원인과 행위의 결과'(業因業果)를 명료히 이해하되 현상세계(法界)를 '하나처럼 통하는 것으로 보지 않음이 없다'(無不一觀). [그리고] ['하나처럼 통함을 드러내는'(一照)] 지혜(智)로써 〈모든 중생의 식識이 '[근본무지(無明)의] 첫 양상'(一相)을 처음 일으키고는 [관련된] 조건(緣)에 머무는 것〉을 안다. '궁극적 관점'(第一義諦)에 따라서 생겨나는 것을 이로움(善)이라 부르고 '궁극적 관점'(第一義諦)을 등지고 생겨나는 것을 번뇌(惑)라고 부르는데, 이러한 두 가지로써 '토대가 되는 번뇌'(住地)가 되기 때문에 '선천적으로 갖추어진 이로움'(生得善)과 '선천적으로 갖추어진 번뇌'(生得惑)라고 부르고, 이러한 이로움(善)과 '[선천적으로 갖추어진] 번뇌(惑)' 두 가지를 근본으로 삼기 때문에 이후의 모든 '이로움(善)과 번뇌(惑)'를 일으킨다. [이러한] 모든 현상조건(法緣)에 따라 이로움(善)이나 번뇌(惑)라는 이름이 생겨나니, 지어서 '이로움'을 얻고 지어서 '번뇌'를 얻지만 마음은 이로움도 아니고 번뇌도 아니다. [이로움(善)과 번뇌(惑)] 이 두 가지를 따라 이름을 얻기 때문에 '이로운 마음'(善心)이나 '번뇌의 마음'(惑心)이라 하는 것이다.

'욕망세계의 번뇌'(欲界惑)를 일으키는 것을 〈욕망세계(欲界)에서 오욕五欲에 집착하는 번뇌〉(欲界住地)라 부르고, '유형세계의 번뇌'(色界惑)를 일으키는 것을 〈유형세계(色界)에서 자기 색신色身에 탐착하는 번뇌〉(色界住地)라고 부르며, '마음의 번뇌'(心惑)를 일으키기 때문에 〈무형세계(無色界)에서 자기에 애착하는 번뇌〉(無色界住地)라고 부른다. [생득주지生得住地 · 욕계주지欲界住地 · 색계주지色界住地 · 무색계주지無色界住地] 이 〈네 가지 '토대가 되는 번뇌'〉(四住地)[721]로써 모

721 사주지四住地: 견일처주지見一處住地(生得住地) · 욕애주지欲愛住地(欲界住地) · 색애주지色愛住地(色界住地) · 유애주지有愛住地(無色界住地). 상세한 내용은 앞서의 '오주五住' 및 '작득주지作得住地' 역주 참조.

든 번뇌를 일으키기 때문에 〈처음 일어난 네 가지 '토대가 되는 번뇌'〉(始起四住地)라 하고, 그 〈네 가지 '토대가 되는 번뇌'〉(四住地) 이전에는 다시 어떤 [무지의] 현상도 일어남이 없기 때문에 〈시작을 알 수 없는 '삼계의 근본무명'〉(無始無明住地)이라고 부른다. '금강석과도 같은 지혜'(金剛智)[722]는 이 처음 일어난 '[근본무지(無明)의] 첫 양상'(一相)에 끝이 있다는 것을 알지만 그 ['[근본무지(無明)의] 첫 양상'(一相)] 시작 이전에는 어떤 현상이 있는지 없는지 알지 못하니, 어떻게 〈선천적으로 갖추어진 하나의 '토대가 되는 번뇌'〉(生得一住地)와 〈후천적으로 만들어진 세 가지 '토대가 되는 번뇌'〉(作得三住地)를 알 수 있겠는가? 오직 부처님만이 [그] 시작을 알고 [그] 끝을 알 수 있다.

이 '번뇌가 없어진 보살'(無垢菩薩)은 '모든 것을 사실 그대로 보는 지혜'(一切智)로써 '자신의 경지'(自地)를 남김없이 알고 늘 '궁극적 관점'(第一義諦) 안에 머물면서 자연스럽게 〈바다와도 같은 '[차이들을] 사실대로 함께 만날 수 있는 깨달음'의 경지〉(妙覺海地)로 흘러 들어간다.

부처의 제자들이여, 이 '[차이들을] 사실대로 함께 만날 수 있는 깨달음의 경지'(妙覺地)에 머물면서 오직 이름으로나 지칭할 수 있는 것들을 나타내니(化現), '이루 헤아릴 수 없이 많은 면모'(無量義)가 있

722 금강지金剛智: 원효는 『금강삼매경론金剛三昧經論』에서 '금강지의 지위'(金剛智地)에 대해 "金剛智地者, 謂等覺位."(H1, p.632c20~21)라고 하여 계위상 불지佛地인 묘각지妙覺地 직전의 등각지等覺地라고 말한다. 같은 곳에서는 이어서 "若對生得無明住地, 即金剛心爲無間道, 妙覺初心爲解脫道, 無間道時與無明俱, 解脫道起方能正斷."(H1, pp.632c24~633a2)이라고 금강유정金剛喩定(금강심金剛心)에 대해 부연하는데, 가장 미세한 번뇌인 생득무명주지生得無明住地에 대해서는 금강유정金剛喩定이 해탈도解脫道 직전의 무간도無間道이어서 무명無明과 함께 있기 때문에 아직 생득무명주지生得無明住地를 끊어야 하는 수행의 과정에 해당하고, 해탈도解脫道인 묘각지妙覺地에 이르러서야 생득무명주지生得無明住地를 완전히 끊는다고 설명한다.

고 '이루 헤아릴 수 없이 많은 명칭'(無量名)이 있다. 그것들은 '하나처럼 통하는 [본연으로서의] 바탕'(一體)에서 나오니, 이른바 〈'오묘한 과보'(妙果)는 '늘 온전함에 머문다.'(常住淸淨)〉는 것이다. [그 '오묘한 결과'(妙果)의] 지극한 경지는 허공과도 같아서 '생각으로 헤아리기 어렵고'(不可思議) '말로 규정할 수 없으며'(不可說) '숫자로 헤아릴 수 없고'(不可名數) '이름 붙일 수도 없지만'(不可名), 세계(界)에 들어가서는 구분(分)[되는 고유의 내용]을 얻을 수 있다.

〈소〉

此十十中, 十念十願出「十地品」, 餘八門出「離世間品」, 欲具行者, 於彼尋之, 如是次第入行入向入地可知. 無垢地中言"一切衆生識, 始起一相住於緣"者, 麤相而言, 識有三品, 最麤末者, 所謂六識, 其中品者, 名爲末那, 細品識者, 是[723]本識, 爲諸識元故, 名始起. 始識內有三細相, 所謂業相轉相現相. 是三種相出『起信論』. 今言"始起一相"者, 正是業相, 以性淸淨心, 因無明風動, 是初業相, 故言"一相". 一相旣動, 必依因緣, 爲[724]之故言"住於緣"也. 此一相[725]卽有二用, 一淸解之用, 二昏迷之用. 如大海水起波之時, 不失淸性. 是順本淸, 識中解用, 當知亦爾. 動時不失本覺之性, 卽是隨染本覺之義. 如經"順第一義諦起名善"故. 又水動時, 有渾濁用, 識中迷用, 當知亦爾. 如經"背第一義諦起名惑"故. 此二爲本故名生得, 其所起者, 皆作得依生得. 或起三有

---

723 한불전 『본업경소』 교감주에 따르면, 어떤 판본에는 '爲本識'이라 하였다.

724 한불전 『본업경소』 교감주에 따르면, 어떤 판본에는 '爲'가 '以'로 되어 있다고 했다. '以'로 교감하여 번역한다.

725 한불전 『본업경소』 교감주에 따르면, 어떤 판본에는 '相' 아래에 '中'이 있어 '相中'이라 했다. 여기서는 '相'으로 보고 번역한다.

心於生得上, 更有迷用, 不了所起三有心空. 此三迷用, 猶在本識, 故說此爲作得住地. 彼生得一, 此作得三, 是四爲本, 起諸煩惱. 如經"以此四住地, 起一切煩惱故, 爲始起四住地". 此四住地, 不了爲用, 而無麤細行相差別, 總名無始無明住地. 如經"其四住[726]前, 使[727]無法起故, 名無始無明住地"故. 此四住地, 一心爲本, 二種生死以爲其末, 金剛心時, 知其末終, 未達其本一心道理. 故言"知此始起一相有終, 而不知其始前有法無法. 乃至唯佛知始終"故. 此餘諸文, 准之可得.

[H1, 522b9~c16]

[십신十信 · 십진十進 · 십발취十發趣 · 십승十乘 · 십금강十金剛 · 십수희十隨喜 · 십계十戒 · 십원十願 · 십호十護 · 십회향十迴向] 이 '열 가지로 이루어진 열 가지 [수행방법]'(十十) 가운데 '잊지 않는 열 가지'(十念)[인 '열 가지 생각을 일으켜 나아감'(十發趣)]과 '열 가지 서원'(十願)은 [『화엄경』] 「열 가지 단계에 대한 단원(十地品)」에서 나왔고, 나머지 [십신十信 · 십진十進 · 십승十乘 · 십금강十金剛 · 십수희十隨喜 · 십계十戒 · 십호十護 · 십회향十迴向] '여덟 가지 방법'(八門)은 [『화엄경』] 「세간에서 벗어나는 단원(離世間品)」에서 나왔으니, 모두 갖추어 수행(行)하고자 하는 사람은 그 [단원(品)들]에서 찾아보면 이와 같은 차례로 '이타적 실천의 열 가지 단계'(十行) · '[수행으로 성취한 모든 것을 중생들에게] 돌리는 행위의 열 가지 단계'(十迴向) · '[보살수행의] 열 가지 [본격적인] 단계'(十地)로 들어가는 것을 알 수 있을 것이다.

'번뇌가 없어진 경지'(無垢地)[에 대한 설명]에서 "모든 중생의 식識이 '[근본무지(無明)의] 첫 양상'(一相)을 처음 일으키고는 [관련된] 조건(緣)에 머문다."(一切衆生識, 始起一相住於緣)라고 말한 것은, '거친 양상'(麤相)에

---

726 『본업경』에 따라 '其四住地前'으로 교감한다.

727 『본업경』에 따라 '更'으로 교감한다.

서 말하자면 식識에는 '세 가지 층위'(三品)가 있는데, '가장 거칠고 지말인 것'(最麤末)은 이른바 '[눈 · 귀 · 코 · 혀 · 몸 · 마음의 여섯 감관능력에서 발생하는] 여섯 가지 의식'(六識)이고, 그 '중간 층위'(中品)는 '[제7]말나식'(末那)이라 부르며, '미세한 층위'(細品)의 식識은 '근본이 되는 식[인 제8아뢰야식]'(本識)으로 모든 의식작용의 근원이 되기 때문에 '처음으로 일어남'(始起)이라 부른다. [이] '처음 일어나는 식識'(始識)[인 아뢰야식] 안에 '세 가지 미세한 양상'(三細相)이 있으니, 이른바 '[근본무지에 의해 처음] 움직이는 양상'(業相)과 '[불변 · 독자의 실체로 간주되는 주관으로] 바뀌어 가는 양상'(轉相)과 '[불변 · 독자의 실체로 간주되는 대상을] 나타내는 양상'(現相)이 그것이다. 이 '세 가지 양상'(三種相)은 『기신론』에 나온다.

지금 "'[근본무지(無明)의] 첫 양상'을 처음 일으킨다."(始起一相)라고 말한 것은 바로 '[근본무지에 의해 처음] 움직이는 양상'(業相)이니, '본연이 온전한 마음'(性淸淨心)이 '근본무지의 바람'(無明風) 때문에 움직이고 이 처음의 상태가 '[근본무지에 의해 처음] 움직이는 양상'(業相)이므로 '[근본무지(無明)의] 첫 양상'(一相)이라 말하는 것이다. '[근본무지(無明)의] 첫 양상'(一相)이 이미 움직이면 반드시 '원인과 조건'(因緣)에 의지하게 되니, 따라서 "[관련된] 조건에 머문다."(住於緣)고 말하였다.

이 '[근본무지(無明)의] 첫 양상'(一相)에는 곧 두 가지 작용(用)이 있으니, 첫 번째는 '온전히 이해하는 작용'(淸解之用)이고 두 번째는 '혼미한 작용'(昏迷之用)이다. 마치 큰 바닷물이 파도를 일으킬 때라도 [물 본연의] 맑은 특성을 잃지 않는 것과 같다. 이는 [바닷물] 본래의 맑은 특성을 따르는 것이니, 식識 가운데의 '[온전히] 이해하는 작용'([淸]解用)도 이와 마찬가지라는 것을 알아야 한다. ['근본무지의 바람'(無明風)에 의해] 움직일 때에도 '깨달음의 본연[인 '사실 그대로 앎']의 면모'(本覺之性)를 잃지 않으니, 이것이 바로 '[분별에] 오염된 것에 응하여 [작용하는] 깨달음의 본연'(隨染本覺)의 면모(義)다. 경전(『본업경』)에서 "'궁극적 관점'(第一義諦)에 따라서 생겨나는 것을 이로움(善)이라 부른다."(順第一義諦起名善)라고

한 것과 같은 것이다. 또 물이 움직일 때는 흐리고 탁한 작용이 있으니, 식識 가운데의 혼미한 작용도 마찬가지라는 것을 알아야 한다. 경전(『본업경』)에서 "'궁극적 관점'(第一義諦)을 등지고 생겨나는 것을 번뇌(惑)라고 부른다."(背第一義諦起名惑)라고 한 것과 같은 것이다.

['[근본무지(無明)의] 첫 양상'(一相)에 있는 '온전히 이해하는 작용'(淸解之用)과 '혼미한 작용'(昏迷之用)] 이 두 가지가 근본이 되기 때문에 '선천적으로 갖추어진 것'(生得)이라 부르는데, 그 일어난 것은 모두 '선천적으로 갖추어진 것'(生得)에 의지해 '후천적으로 만들어 낸 것'(作得)이다. 만약 '선천적으로 갖추어진 것'(生得) 위에서 '욕망세계·유형세계·무형세계에 대한 [애착의] 마음'(三有心)을 일으키면 다시 '미혹한 작용'(迷用)이 있게 되어, 〈일어난 '욕망세계·유형세계·무형세계에 대한 [애착의] 마음'(三有心)에 '불변·독자의 본질/실체가 없음'(空)〉을 이해하지 못한다. [일으킨 '욕망세계·유형세계·무형세계에 대한 [애착의] 마음'(三有心)에서 발생하는] 이 세 가지 '미혹한 작용'(迷用)은 오히려 '근본이 되는 식[인 제8아뢰야식]'(本識)에 존재하는 것이기 때문에 이를 〈후천적으로 만들어진 '토대가 되는 번뇌'〉(作得住地)라고 말한다. 저 '선천적으로 갖추어진 하나'(生得一)와 이 '후천적으로 만들어 낸 셋'(作得三) 이 네 가지가 근본이 되어 온갖 번뇌를 일으킨다. 경전(『본업경』)에서 "[생득주지生得住地·욕계주지欲界住地·색계주지色界住地·무색계주지無色界住地] 이 〈네 가지 '토대가 되는 번뇌'〉(四住地)로써 모든 번뇌를 일으키기 때문에 〈처음 일어난 네 가지 '토대가 되는 번뇌'〉(始起四住地)라 한다."(以此四住地, 起一切煩惱故, 爲始起四住地)라고 한 것과 같은 것이다.

이 〈네 가지 '토대가 되는 번뇌'〉(四住地)는 작용하는 것을 알지 못하여 '거칠거나 미세한 작용 양상'(麤細行相)의 차이가 없으니, 총괄하여 〈시작을 알 수 없는 '삼계의 근본무명'〉(無始無明住地)이라고 부른다. 경전(『본업경』)에서 "그 〈네 가지 '토대가 되는 번뇌'〉(四住地) 이전에는 다시 어떤 [무지의] 현상도 일어남이 없기 때문에 〈시작을 알 수 없는 '삼계의 근본무명'〉(無始無明住地)이라고 부른다."(其四住地前, 更無法起故, 故名無始無明住地)라고 한 것과 같은 것이다.

이 〈네 가지 '토대가 되는 번뇌'〉(四住地)는 '하나처럼 통하는 마음'(一心)을 근본(本)으로 삼고 '두 가지 종류의 삶과 죽음'(二種生死)[728]을 지말(末)로 삼는데, '금강[석과 같은 선정의] 마음'(金剛心)일 때는 그 ['두 가지 종류의 삶과 죽음'(二種生死)의] 끝은 알지만 그 ['두 가지 종류의 삶과 죽음'(二種生死)의] 근본인 〈'하나처럼 통하는 마음'의 도리〉(一心道理)는 아직 통달하지 못한다. 그러므로 [『본업경』에서는] "이 처음 일어난 '[근본무지(無明)의] 첫 양상'(一相)에 끝이 있다는 것을 알지만 그 ['[근본무지(無明)의] 첫 양상'(一相)] 시작 이전에는 어떤 현상이 있는지 없는지 알지 못하니 … 오직 부처님만이 [그] 시작을 알고 [그] 끝을 알 수 있다."(知此始起一相有終, 而不知其始前有法無法. 乃至唯佛知始終)고 말하였다. 이 나머지 글들은 여기에 견주어 보면 알 수 있을 것이다.

『보살영락본업경菩薩瓔珞本業經』 하권 제7「대중수학품大衆受學品」

佛子, 我說菩薩次第六入法門, 無量功德. 如是六入法門, 一切菩薩無不入者, 我今此座有十四億人, 不離本座, 入此六入法門. 佛子, 我本初得道時, 在此樹間, 說十世界海法門, 有九十億人, 亦入此六入明門. 復至普光[729]堂說十佛國土, 有百萬億人, 入此六入明門. 復至帝釋堂說十住, 有五百萬人, 入此六入明門. 復至焰寶堂說十行, 有千萬人, 入此六入明門. 復至第四天法光堂說十迴向, 有十河[730]沙人, 入此

728 이종생사二種生死: 변역생사變易生死와 분단생사分段生死를 말한다. 상세한 내용은 앞서의 '이종생사二種生死' 역주 참조.
729 대정장 『본업경』 교감주에 따르면, '光+(法)'이라 하였다.

六入明門. 復至第六摩尼堂說十地, 有百萬河沙人, 入此六入明門. 復至祇洹林說入法界品, 有十二河沙人, 入此六入明門. 今復至此第八會座, 爲十方無極大衆敬首菩薩一切衆說六入明門, 一切大衆受持, 若一無[731]二無別."

[T24, 1022a16~b1]

부처의 제자들이여, 나는 보살수행의 차례인 '[십주·십행·십회향·십지·등각·묘각의] 여섯 가지 단계에 들어가는 가르침'(六入法門)과 [그] '무량한 이로움'(無量功德)을 설하였다. 이와 같은 '[십주·십행·십회향·십지·등각·묘각의] 여섯 가지 단계에 들어가는 가르침'(六入法門)에는 모든 보살이 들어가지 않는 이가 없으니, 내가 지금 이 자리에 14억의 사람이 있음을 보지만 [모두] 본래 있던 자리에서 떠나지 않고 이 '[십주·십행·십회향·십지·등각·묘각의] 여섯 가지 단계에 들어가는 가르침'(六入法門)에 들어간다.

부처의 제자들이여, 내가 본래 처음 '깨달음을 얻었을'(得道) 때에 이 나무 사이에서 '바다와 같은 열 가지 세계'(十世界海)[732]에 관한 가르침(法門)을 설하자 90억의 사람들도 이 '[십주·십행·십회향·십지·등각·묘각의] 여섯 가지 단계에 들어가는 밝은 문'(六入明門)에 들어갔다. 다시 '빛으로 가득한 법당'(普光堂)[733]에 이르러 '열 가지 부처님

730 대정장 『본업경』 교감주에 따르면, '(恒)+河'라고 하였다.

731 대정장 『본업경』 교감주에 따르면, '無=若'이라 하였다. 그러나 그대로 '無'로 보고 번역한다.

732 십세계해十世界海: 『화엄경』이 설하는 화장세계해華藏世界海 가운데 시방무량제세계종十方無量諸世界種에 포함되는 세계를 말한다. 『불광대사전』, p.407.

733 보광당普光堂: 고대 인도의 마가다국에 있었던 부처님의 설법 도량으로 보광법당普光法堂·보광명전普光明殿이라고도 한다. 부처님은 이곳에서 80『화엄경』이 말하는 '아홉 차례 법회'(九會) 가운데 제2, 제7, 제8 법회를 개최했다고 한다. 만약 60『화엄경』이 말하는 '여덟 차례 법회'(八會)에 의거한다면 제2, 제7 두 번의 법회

세상'(十佛國土)에 대해 설하자, 100만억의 사람이 이 '[십주 · 십행 · 십회향 · 십지 · 등각 · 묘각의] 여섯 가지 단계에 들어가는 밝은 문'(六入明門)에 들어갔다. 다시 '천신들이 있는 법당'(帝釋堂)에 이르러 '[믿음이 이해로] 안착하는 열 가지 단계'(十住)에 대해 설하자 500만의 사람이 이 '[십주 · 십행 · 십회향 · 십지 · 등각 · 묘각의] 여섯 가지 단계에 들어가는 밝은 문'(六入明門)에 들어갔다. 다시 '불꽃처럼 빛나는 보배들이 있는 법당'(焰寶堂)에 이르러 '이타적 실천의 열 가지 단계'(十行)를 설하자 1000만의 사람이 이 '[십주 · 십행 · 십회향 · 십지 · 등각 · 묘각의] 여섯 가지 단계에 들어가는 밝은 문'(六入明門)에 들어갔다. 다시 '진리 빛으로 가득한 네 번째 천상세계의 법당'(第四天法光堂)에 이르러 '[수행으로 성취한 모든 것을 중생들에게] 돌리는 행위의 열 가지 단계'(十廻向)를 설하자 열 개 갠지스강의 모래알만큼의 사람이 이 '[십주 · 십행 · 십회향 · 십지 · 등각 · 묘각의] 여섯 가지 단계에 들어가는 밝은 문'(六入明門)에 들어갔다. 다시 '보배구슬로 가득한 여섯 번째 천상세계의 법당'(第六摩尼堂)에 이르러 '[보살수행의] 열 가지 [본격적인] 단계'(十地)를 설하자 100만 개 갠지스강의 모래알만큼의 사람이 이 '[십주 · 십행 · 십회향 · 십지 · 등각 · 묘각의] 여섯 가지 단계에 들어가는 밝은 문'(六入明門)에 들어갔다. 다시 '기원정사가 있는 숲'(祇洹林)에 이르러 '진리의 세계에 들어가는 설법 내용'(入法界品)을 설하자 12개 갠지스강의 모래알만큼의 사람이 이 '[십주 · 십행 · 십회향 · 십지 · 등각 · 묘각의] 여섯 가지 단계에 들어가는 밝은 문'(六入明門)에 들어갔다. 이제 다시 이 '여덟 번째 법회 자리'(八會座)에 이르러서 시방十方의 끝없는 대중과 경수보살의 모든 대중을 위하여 '[십주 · 십행 · 십회향 · 십지 · 등각 · 묘각의] 여섯 가지 단계에 들어가는 밝은 문'(六入明

가 된다. 『불광대사전』, p.4983.

門)에 대해 설하니, 모든 대중이 받아 지니는 것이 마치 하나처럼 '다름이 없었다'(無二無別)."

〈소〉

"佛子, 我說"以下, 第二總結六入. 於中有四. 一者總結六入無不入者, 二者別結不起此坐入者. "我本"以下, 第三總結華嚴七處入者, "今復"以下, 第四還結此會入者. 一部之經, 有三分內, 第二正說, 竟在於前.

[H1, 522c17~c22]

"부처의 제자들이여, 나는 … 설하였다."(佛子, 我說) 이하는 두 번째인 '[십주 · 십행 · 십회향 · 십지 · 등각 · 묘각의] 여섯 가지 단계에 들어가는 것'(六入)을 '총괄적으로 맺은 것'(總結)이다.[734] 여기에는 네 가지가 있다. 첫째는 〈'[십주 · 십행 · 십회향 · 십지 · 등각 · 묘각의] 여섯 가지 단계'(六入)에 들어가지 않은 사람이 없는 것〉(六入無不入者)을 '총괄적으로 맺은 것'(總結)이고, 둘째는 〈이 자리에서 일어나지 않고 들어가는 것〉(不起此坐入者)을 '하나씩 맺은 것'(別結)이다. "내가 본래"(我本) 이하는 셋째로 〈'화엄의 가르침을 설하는 일곱 장소에서의 법회'(華嚴七處)에서

734 앞서의 과문科文에서 "〈其名〉以下, 第二明學. 於中有二, 別明總明. 別明之中, 卽明六入. 六入文中, 皆有二句, 先明入位, 後顯學行."(H1, p.521c20~22.) 번역하면, "〈그 이름이〉(其名) 이하는 두 번째로 '[가르침을] 배우는 것'(學)을 밝힌 것이다. 여기에 두 가지가 있으니, '하나씩 밝힌 것'(別明)과 '총괄적으로 밝힌 것'(總明)이다. '하나씩 밝힌 것'(別明)에서는 바로 '[십주 · 십행 · 십회향 · 십지 · 등각 · 묘각의] 여섯 가지 단계에 들어가는 것'(六入)을 밝혔다. '[십주 · 십행 · 십회향 · 십지 · 등각 · 묘각의] 여섯 가지 단계에 들어가는 것'(六入)을 밝힌 글에는 모두 두 구절이 있으니, 먼저는 '들어가는 단계'(入位)를 밝혔고 뒤에는 '배우고 수행하는 것'(學行)을 나타내었다."

['[십주 · 십행 · 십회향 · 십지 · 등각 · 묘각의] 여섯 가지 단계에 들어가는 밝은 문'(六入明門)으로] 들어가는 것〉을 '총괄적으로 맺은 것'(總結)이고, "이제 다시"(今復) 이하는 넷째로 〈이 법회에서 들어가는 것〉을 '다시 맺은 것'(還結)이다. [『본업경』] '한 부'(一部)를 '세 부분'(三分)으로 나눈 것의 두 번째인 본론(正說[分])[735]이 여기에서 끝난다.

---

735 『본업경』의 구성: 『본업경』은 상하권 총 팔품八品 · 삼분三分으로 구성된다. 상권은 「집중품集衆品」 · 「현성명자품賢聖名字品」 · 「현성학관품賢聖學觀品」(1~8)의 삼품三品, 하권은 「현성학관품賢聖學觀品」(9~10) · 「석의품釋義品」 · 「불모품佛母品」 · 「인과품因果品」 · 「대중수학품大衆受學品」 · 「집산품集散品」의 오품五品으로 이루어진다. 또 제1「집중품集衆品」은 삼분三分 가운데 서분序分에 해당하고, 제2「현성명자품賢聖名字品」부터 제7「대중수학품大衆受學品」까지는 정설분正說分에 해당하며, 마지막 제8「집산품集散品」은 유통분流通分에 해당한다. 여기서 말하는 '정설正說'은 서분序分 · 정설분正說分 · 유통분流通分의 삼분三分 가운데 본론에 해당하는 정설분正說分을 말한다.

제8 「모임이 흩어지는 단원」(集散品)

『보살영락본업경菩薩瓔珞本業經』 하권 제8 「집산품集散品」

佛[736]告敬首菩薩及此會十四億那由他人大衆. "汝聞上四十二賢聖因果明觀法門. 一切大衆皆應發三菩提心." 如是三告佛子. "應受應持應發心." 時諸大衆中有百千天子, 聞是法門, 發初住心, 捨凡夫法, 修行伏忍, 得入十[737]住明觀法. 復有十千信男信女, 入清淨十[738]行法門. 復有八萬大梵天王, 得初[739]地明觀法. 復有八部阿須輪王, 各捨本形, 入十信心, 行[740]十善行. 復有八萬第十地人, 現成正覺.

佛子,[741] 爾時十方無極佛刹一切大衆, 聞佛說瓔珞中六入法門, 所謂十住 · 十行 · 十向 · 十地 · 無垢地 · 妙覺地. 各各發無上[742]菩提心, 還歸本國. 復有色界無[743]色界, 各各還修神通, 歸本所住處, 轉宣菩薩瓔珞法門, 化授天人. 復有六欲天人, 還歸本天, 廣爲諸天人說[744]

---

736 대정장 『본업경』 교감주에 따르면, (爾時)+佛이라 하였다. 이에 따른다.

737 대정장 『본업경』 교감주에 따르면, '十=初'라 하였다.

738 대정장 『본업경』 교감주에 따르면, '(十)-'이라 하였다.

739 대정장 『본업경』 교감주에 따르면, '(入)+初'라 하였다.

740 대정장 『본업경』 교감주에 따르면, '行=修'라 하였다.

741 여기서 '佛子'는 불필요한 말이다. 이어지는 내용은 부처님의 말씀이 아니기 때문이다. 오기誤記로 삽입된 것으로 보고 번역에서는 생략한다.

742 대정장 『본업경』 교감주에 따르면, '上=量'이라 하였다.

743 대정장 『본업경』 교감주에 따르면, '色界無=無色界'라 하였다.

本行無量. 時諸大衆各各受持讀誦, 解其義味, 還[745]本土, 說菩薩之本行, 諸佛之本業, 受持已竟.

爾時佛告文殊師利 · 慧海 · 金剛藏 · 道華等八千菩薩, 皆爲十方諸佛國中第一弟子. "汝應爲十方無明衆生, 受持讀誦解其義味, 爲過去未來現在一切衆生, 開空慧道入法明門."

爾時有五十萬大菩薩, 皆一生補處. 從座而起, 受持佛語, 經劫不滅. 復有萬梵天王, 亦卽從座起, 受持佛語. 復有無量天女, 從座而起, 受持佛語. 爾時他方無極刹菩薩此國菩薩, 已[746]變化神通入如幻三昧, 踊在虛空, 歡喜無量, 得聞受持瓔珞功德經, 心心受行成佛, 不捨衆賢聖門.

時佛復現百萬變化神通, 無量光[747]無量清淨身, 重囑此『金剛藏海瓔珞經』. "汝諸大衆, 受持受此經法. 是經是過去無量百千佛心中所行法, 汝等受持供養."

是時一切大衆, 一時從座放千光明, 照三千大千世界, 歡喜受持『菩薩不可思議瓔珞經』, 頂受供養, 禮佛而退. 復有六欲天子十千國王, 聞佛法座離散, 一時號泣, 涕出流, 慟聲滿三千, 無不悲泣從座而去. 復有八十億大菩薩, 皆以四無量心 · 有無一等 · 無爲 · 無相, 受持佛語, 各入無盡法化三昧, 歡喜而退. 復有十千始行賢者, 入九觀定, 四禪 · 四空定 · 盡滅定,[748] 七淨, 十戒 · 心入定 · 見道 · 度疑 · 正道 · 行知見 · 行斷知見, 得入法故, 禮佛而退.

爾時座中有八千菩薩, 各從座起, 一金剛華菩薩白佛言, "世尊, 未

---

744 대정장『본업경』교감주에 따르면, '(復)+說'이라 하였다.
745 대정장『본업경』교감주에 따르면, '還+(歸)'라 하였다.
746 대정장『본업경』교감주에 따르면, '已=以'라 하였다. 이에 따른다.
747 대정장『본업경』교감주에 따르면, '光+(明)'이라 하였다.
748 대정장『본업경』교감주에 따르면, '盡滅定=滅盡定'이라 하였다.

來世中說經菩薩法輪下, 其聽法者, 受化奉行, 法用復當云何?" 佛言. "佛子, 快發斯問. 佛子, 先當爲聽法者, 與授[749]菩薩法戒, 然後爲說菩薩之本行六入法門. 佛子, 次第爲授[750]四歸法, 歸佛 · 歸法 · 歸僧 · 歸戒, 得四不壞信心故, 然後爲授十戒. 不殺 · 不盜 · 不妄語 · 不婬[751] · 不沽酒 · 不說在家出家菩薩罪過 · 不慳 · 不瞋 · 不自讚毀他 · 不謗三寶, 是十波羅夷, 不可悔法. 佛子, 受十[752]戒已, 復爲聽者教供養法師, 常以天上無量華香 · 百千燈明 · 百千天衣瓔珞 · 百千妓樂 · 百味飲食 · 屋宅經書 · 一切所須之物, 皆悉給與. 弘通法師, 當如敬佛, 如事父母, 如事火婆羅門法, 佛子如事帝釋父母[753]師僧, 日日三時禮敬, 爲法捨身沒命. 乃是佛子, 如是求法之人, 乃可爲說菩薩之本行, 百千萬佛轉授瓔珞法門."

時十[754]億大衆歎言, "未來世中, 無法無三寶無賢人時, 劫從惡世起故, 其說法者, 其聽法者, 甚難甚難." 復從坐起, 各各悲泣, 號聲大慟, 地轉海波, 三千倒覆, 二十八宿日月不現. 是時大衆還攝神力, 僉[755]然而敬, '受持讀誦, 解說義句, 十[756]劫不滅, 無窮無盡', 各各歡喜奉行, 作禮而退.[757]

[T24, 1022b3~1023a9]

---

749 대정장『본업경』교감주에 따르면, '授菩薩=受菩薩正'이라고 하였다.
750 대정장『본업경』교감주에 따르면, '授=受'라고 하였다.
751 대정장『본업경』교감주에 따르면, '不妄語不婬+不婬不妄語'라고 하였다.
752 대정장『본업경』교감주에 따르면, '十+(無盡)'이라고 하였다.
753 대정장『본업경』교감주에 따르면, '佛子如事帝釋父母=如事帝釋'이라고 하였다. 이에 따른다.
754 대정장『본업경』교감주에 따르면, '十+(四)'라고 하였다.
755 대정장『본업경』교감주에 따르면, '僉=儼'이라고 하였다.
756 대정장『본업경』교감주에 따르면, '十=千'이라고 하였다.
757 대정장『본업경』교감주에 따르면, '退=去'라고 하였다.

그때 부처님께서 경수보살과 이 모임의 14억 '헤아릴 수 없이 많은'(那由他) 대중들에게 말씀하셨다. "그대는 위에서 '[십주十住 · 십행十行 · 십회향十廻向 · 십지十地 · 등각等覺 · 묘각妙覺, 이] 42가지 현인과 성인의 부류가 되는 원인과 결과'(四十二賢聖因果)[758]에 대한 '이해를 밝히는 가르침'(明觀法門)을 들었다. 모든 대중은 다 '깨달음을 구하는 세 가지 마음'(三菩提心)을 일으켜야 한다." [그리고] 이와 같이 세 번 '부처의 제자들'(佛子)에게 말씀하셨다. "[이 가르침을] 받고(受) 지녀서(持) '[깨달음을 향해] 마음을 일으켜야'(發心) 한다."

그때 모든 대중 가운데 10만의 '천신의 자식들'(天子)이 있었으니, 이 가르침을 듣고 '십주十住의 첫 번째 단계에 들어가는 마음'(初住心)을 일으켜 범부의 가르침을 버리고 복인伏忍[759][단계에 해당하는 가르침]을 수행하여 '십주十住의 첫 번째 단계를 밝게 이해하는 가르침'(初住明觀法)에 들어갔다. 또 [대중 가운데] 만 명의 '믿음이 있는 남자와 여자'(信男信女)가 있었으니, ['이타적 실천의 열 가지 단계'(十行) 가운데] '청정한 이타적 실천의 첫 번째 단계에 대한 가르침'(淸淨初行法門)에 들어갔다. 또 [대중 가운데] 팔만 '대범천의 왕'(大梵天王)이 있었으니, '십지十地의 첫 번째 단계를 밝게 이해하는 가르침'(初地明觀法)에 들

---

758 42현성賢聖: 십주十住 · 십행十行 · 십회향十廻向 단계에 속하는 세 가지 보살의 경지를 현賢이라 말하고, 십지十地 이상의 보살을 성聖이라 한다. 상세한 것은 앞서의 '42현성賢聖' 역주 참조.

759 복인伏忍: 복인伏忍 · 신인信忍 · 순인順忍 · 무생인無生忍 · 적멸인寂滅忍의 5인忍 가운데 하나이다. 지의智顗, 『인왕호국반야경소仁王護國般若經疏』 권3에서는 "地前三賢未得無漏未能證, 但能伏不能斷, 故爲伏忍智也. 以有智故能伏煩惱, 初地二地三地得無漏信名信忍, 四五六地趣向無生名順忍, 七八九地諸念不生名無生忍, 十一二地得菩提果名寂滅忍."(T33, p.269b11~16)이라 하여, 지전삼현地前三賢은 복인伏忍, 초지 · 2지 · 3지는 신인信忍, 4지 · 5지 · 6지는 순인順忍, 7지 · 8지 · 9지는 무생인無生忍, 10지 · 등각지等覺地 · 묘각지妙覺地는 적멸인寂滅忍이라고 말한다. 인忍은 성취한 것을 명료하게 이해하고 확인하는 것이다.

어갔다. 또 '여덟 부류'(八部) 아수륜왕(阿須輪王)들이 있었으니, 각각 본래의 모습을 버리고 '열 가지 믿는 마음'(十信心)에 들어가 '열 가지 이로운 행위'(十善行)를 닦았다. 또 [대중 가운데] 팔만의 '십지十地의 열 번째 단계에 속하는 사람들'(第十地人)이 있었으니, [모두] '완전한 깨달음의 성취'(成正覺)를 나타내었다.

그때 '온 세계의 한계가 없이 많은 부처님이 계신 세상'(十方無極佛刹)에 있는 모든 대중은 부처가 설하는 보배구슬(瓔珞)[과도 같은 가르침] 가운데의 '[십주 · 십행 · 십회향 · 십지 · 등각 · 묘각의] 여섯 가지 단계에 들어가는 가르침'(六入法門)을 들었으니, 이른바 '[믿음이 이해로] 안착하는 열 가지 단계'(十住) · '이타적 실천의 열 가지 단계'(十行) · '[수행으로 성취한 모든 것을 중생들에게] 돌리는 행위의 열 가지 단계'(十向, 十迴向) · '[보살수행의] 열 가지 [본격적인] 단계'(十地) · '번뇌가 없어진 경지'(無垢地, 等覺地) · '[차이들을] 사실대로 함께 만날 수 있는 깨달음의 경지'(妙覺地)가 그것이다. [그리고는] 각각 '가장 높은 깨달음을 구하는 마음'(無上菩提心)을 일으키고 '본래 [살던] 나라'(本國)로 다시 돌아갔다. 또한 유형세계(色界)와 무형세계(無色界)의 사람이 있었으니, 각각 '특별한 능력'(神通)을 다시 닦아 본래 머무는 곳으로 돌아가 〈보살의 '보배구슬과도 같은 가르침'〉(菩薩瓔珞法門)을 굴리고 펼쳐 '하늘 사람들'(天人)을 교화해 주었다. 또한 '욕망세계의 여섯 천상세계에 사는 천신들'(六欲天人)이 있었으니, 본래의 천상세계로 돌아가 널리 모든 천상의 사람을 위하여 '근본이 되는 수행'(本行)을 헤아릴 수 없이 설하였다. 그때 모든 대중도 각기 '['[십주 · 십행 · 십회향 · 십지 · 등각 · 묘각의] 여섯 가지 단계에 들어가는 가르침'(六入法門)을] 받아(受) 지니고(持) 읽고(讀) 외워(誦) 그 의미를 이해하고 본래 살던 곳으로 되돌아가 보살의 '근본이 되는 수행'(本行)을 설하고 모든 부처의 '근본이 되는 행위'(本業)를 받아 지니기를 다 마쳤다.

그때 부처님께서는 문수사리文殊師利 · 혜해慧海 · 금강장金剛藏 ·

도화道華 등 팔천 보살에게 말씀하셨으니, [그들은] 모두 '온 세계의 모든 부처님 계신 나라'(十方諸佛國)에서 으뜸가는 제자였다. "너희들은 마땅히 온 세계의 '근본무지에 매인 중생'(無明衆生)을 위하여 ['[십주 · 십행 · 십회향 · 십지 · 등각 · 묘각의] 여섯 가지 단계에 들어가는 가르침'(六入法門)을] 받아(受) 지니고(持) '읽고 외워'(讀誦) 그 의미를 이해하고 과거 · 미래 · 현재의 모든 중생을 위하여 '불변 · 독자의 본질/실체가 없음을 밝히는 지혜의 길'(空慧道)인 '[육입六入의] 가르침에 들어가는 밝은 문'(入法明門)을 열도록 하여라."

그때 오십만 명의 '위대한 보살'(大菩薩)이 있었는데, 모두 '한 생애만 더 지나면 부처의 자리를 대신할 수 있는 보살'(一生補處)이었다. [그들은] 자리에서 일어나 부처님의 말씀을 받아 지니고 무수한 세월이 지나도 [받아 지닌 부처님 말씀이] 소멸되지 않게 하였다. 또 만 명의 '범천의 왕'(梵天王)이 있었는데 [그들도] 자리에서 일어나 부처님의 말씀을 받아 지녔다. 또 헤아릴 수 없이 많은 '천상의 여인'(天女)이 있었는데 [그들도] 자리에서 일어나 부처님의 말씀을 받아 지녔다. 그때 '다른 곳에 있는 한계가 없이 많은 세상의 보살들'(他方無極刹菩薩)과 '이 나라에 있는 보살들'(此國菩薩)이 '몸을 변화시키는 특별한 능력'(變化神通)으로 '짐짓 모습을 나타내는 삼매'(如幻三昧)에 들어 허공에 뛰어올라 끝없이 기뻐하면서 '보배구슬같이 이로운 능력이 있는 가르침'(瓔珞功德經)을 듣고(聞) 받아(受) 지니고(持) 마음마다 '부처 이룸'(成佛)을 받아 행하며 모든 '현인과 성인이 되는 수행'(賢聖門)을 버리지 않았다.

그때 부처님께서 다시 백만 가지의 '몸을 변화시키는 특별한 능력'(變化神通)으로 헤아릴 수 없이 많은 광명과 헤아릴 수 없이 많은 '청정한 몸'(淸淨身)을 나타내시며 거듭 이 『금강보배를 간직한 바다와도 같은 영락경』(金剛藏海瓔珞經)을 맡기셨다. "너희 모든 대중은 받아(受) 지녀(持) 이 경經의 가르침을 수용하라. 이 경은 과거 헤아릴 수 없이 많은 백천 부처님들의 마음에서 행해진 가르침이니, 너희들은 받아 지니고 공양하도록 하여라."

그때 모든 대중이 일시에 자리에서 천 가지 밝은 빛을 내어 '삼천대천의 모든 세계'(三千大千世界)[760]를 비추며, 보살이 생각으로 가늠하기 어려운 『영락경瓔珞經』을 환희하며 받아 지니고, [『영락경』을] 정수리에 얹어 공경하며 부처님께 예를 올리고 물러갔다. 또한 '욕망세계의 여섯 천상세계에 사는 천신의 자식들'(六欲天子)과 '무수한 세계의 국왕'(十千國王)이 있었으니, 부처님의 가르침을 듣고 난 후 자리에서 떠나 흩어지면서 동시에 목 놓아 울고 눈물 흘리며 서럽게 우는 소리를 삼천대천 세계에 가득 채웠으며, 모두 슬피 울며 자리

---

760 삼천대천세계三千大天世界: 고대 인도의 우주관에 따르면, 우주의 중심에는 '수미須彌'라는 거대한 산이 있다고 한다. 이 수미산의 주위에는 4대륙과 바다가 있는데 모두 구산팔해九山八海를 이루며 겹겹이 둘러싸고 있다. 이 수미산을 가장 아래에서 떠받치고 있는 풍륜風輪으로부터 시작하여 해, 달, 수미산須彌山, 사천왕四天王, 삼십삼천三十三天, 야마천夜摩天, 도솔천兜率天, 낙변화천樂變化天, 타화자재천他化自在天, 범세천梵世天 등을 아울러 1소세계一小世界라 부른다고 한다(『불광대사전』, p.523 참조). 이 소세계 1천 개가 모인 것을 1소천세계小千世界라 하고, 1소천세계가 1천 개 모인 것을 1중천세계中千世界, 1중천세계가 1천 개 모인 것을 1대천세계大千世界라고 한다. 따라서 '삼천三千'이라는 말은 3000개를 가리키는 말이 아니라, 1000을 세 번에 걸쳐 곱한다는 뜻이 된다. 또한 이 결과로 전개되는 10억 개의 소세계가 매우 광대하므로 이를 '대천大天'이라고 부른다. 이와 같이 수미산을 중심으로 하는 하나의 소세계에서 천 배씩 곱해 가면서 각각 소천, 중천, 대천으로 구분하는 방식은 이미 『아함경』에서 살펴볼 수 있다. 『장아함경』 권제18(T1, 114c5~7). "如一小千世界, 爾所小千千世界, 是爲中千世界. 如一中千世界, 爾所中千千世界, 是爲三千大千世界. 한편 『아비달마구사론』의 「분별세품」④에서도 1000배씩 세 번을 곱하여 이 삼천대천세계를 설명하는 방식을 찾아볼 수 있는 것은 물론이고, 「분별세품」④의 거의 전체에 걸쳐 이 세계에 대한 가장 자세한 설명을 살펴볼 수 있다. 『아비달마구사론阿毘達磨俱舍論』 권제11(T29, 61a5~11). "四大洲日月, 蘇迷盧欲天, 梵世各一千, 名一小千界. 此小千千倍, 說名一中千, 此千倍大千, 皆同一成壞. 論曰, 千四大洲乃至梵世, 如是總說爲一小千. 千倍小千名一中千界, 千中千界總名一大千."

에서 물러났다. 또 80억의 '위대한 보살'(大菩薩)이 있었으니, 모두 '한계가 없는 네 가지 마음'(四無量心) '있음과 없음을 동등하게 봄'(有無一等) · '[근본무지를 조건으로 하는] 형성이 없음'(無爲) · '[불변 · 독자의 본질/실체로서의] 차이/특징이 없음'(無相)[에 대한 이해]로써 부처님의 말씀을 받들어 지니면서 각기 '무한한 가르침을 드러내는 삼매'(無盡法化三昧)에 들어가 환희하며 물러났다. 또 '수행을 시작하는 무수한 현명한 자들'(十千始行賢者)이 있었으니, '아홉 가지 선정에 대한 이해'(九觀定)인 '네 가지 선정'(四禪) · '무형세계無色界와 관련된 네 단계의 선정'(四空定, 四無色定) · '모든 지각과 느낌이 사라진 선정'(滅盡定)[에 대한 이해]와, '일곱 가지 청정함'(七淨)인 '열 가지 계율'(十戒) · '마음이 선정에 듦'(心入定) · '길을 봄'(見道) · '의심에서 벗어남'(度疑) · '올바른 길'(正道) · '행해야 할 것에 대한 견해'(行知見) · '행함을 끊어야 할 것에 대한 견해'(行斷知見)[의 청정함(淨)]에 들어가 [육입六入의] 가르침에 들어갔기 때문에 부처님께 예배하고 물러났다.

그때 [그] 자리에 팔천의 보살이 있어 각각 자리에서 일어났는데, 한 금강화金剛華 보살이 부처님께 아뢰었다. "'세상에서 가장 존귀한 분'(世尊)이시여, 미래 세상에 경전을 설하는 보살의 설법(法輪)에서 그 가르침(法)을 듣는 이가 [경전의 가르침을] 받아 교화하고 받들어 행할 때 '가르침의 운용'(法用)을 어떻게 해야 합니까?"

부처님께서 말씀하셨다. "부처의 제자들이여, 잘 물었도다. 부처의 제자들이여, 먼저 가르침을 듣는 자를 위하여 '보살의 가르침에 맞는 계율'(菩薩法戒)을 주고 그런 후에 '보살의 근본수행'(本行)인 '[십주 · 십행 · 십회향 · 십지 · 등각 · 묘각의] 여섯 가지 단계에 들어가는 가르침'(六入法門)을 설해야 한다.

부처의 제자들이여, 그다음에는 [그들을 위하여] '귀의해야 할 네 가지'(四歸[依]法)를 [가르쳐] 주어야 하니, '부처님께 귀의하고'(歸佛) '가르침에 귀의하며'(歸法) '수행공동체에 귀의하고'(歸僧) '계율에 귀의하면'(歸戒) '무너지지 않는 네 가지 믿는 마음'(四不壞信心)을 얻기 때문이며, 그런 후에 [그들을 위하여] '열 가지 계율'(十戒)을 주어야 한다. '살생하지 않기'(不殺) · '도둑질하지 않기'(不盜) · '거짓말하지 않기'(不妄語) · '음행하지 않기'(不婬) · '술 팔지 않기'(不沽酒) · '재가와 출가 보살의 허물을 말하지 않기'(不說在家出家菩薩罪過) · '인색하지 않기'(不慳) · '화내지 않기'(不瞋) · '자신은 찬탄하고 남은 헐뜯는 짓을 하지 않기'(不自讚毀他) · '[부처(佛) · 가르침(法) · 수행공동체(僧), 이] 세 가지 보배를 비방하지 않기'(不謗三寶)는 '열 가지 무거운 계율'(十波羅夷)로서 '뉘우친다고 없어질 수 없는 것'(不可悔法)이다.

부처의 제자들이여, '열 가지 계율'(十戒)을 [가르쳐] 주고 나서는 다시 [가르침을] 듣는 자를 위하여 '부처님 가르침을 설하는 스승'(法師)에게 공양하는 것을 가르쳐야 하니, 항상 '헤아릴 수 없이 많은 천상天上의 [것처럼 아름다운] 꽃과 향' · '백천 가지 등불' · '백천 가지 하늘 옷과 보배구슬' · '백천 가지 춤과 음악' · '온갖 맛의 음식' · '집안 가득한 경서經書' · '모든 필수품'을 다 제공하게 한다. [또] '[부처님의 가르침을] 널리 유통하는 스승'(弘通法師)에게는 부처님을 공경하듯 하고, 부모를 모시듯 하며, '불을 섬기는 바라문'(事火婆羅門)[이 불을 섬기는 것]처럼 하고, 불자佛子들이 [불교를 수호하는] 제석천帝釋天과 스승 스님을 섬기듯 하면서, 날마다 세 번 예배하여 공경하고, 가르침(法)을 위해서는 몸을 버리고 목숨까지 바쳐야 한다. 부처의 제자들이여, 이와 같이 가르침(法)을 구하는 사람이라면 곧 [그들을 위하여] '보살의 근본수행'(菩薩本行)인 백천만 부처님께서 전수하신 '보배구슬 같은 가르침'(瓔珞法門)을 설해 줄 수 있노라."

그때 10억 대중이 탄식하면서 말하였다. "미래의 세상에서 '부처님 가르침'(法)이 없고 '[부처(佛) · 가르침(法) · 수행공동체(僧), 이] 세 가지 보배'(三寶)가 없으며 '지혜로운 사람'(賢人)이 없을 때에는 '오랜 시간'(劫)[의 세상]이 '[다섯 가지로] 오염된 세상'(惡世, 五濁惡世)[761]을 따르면서 일어나므로, [부처님] 가르침을 설하는 것이나 [부처님] 가르침을 듣는 것이 매우 어렵고 어려울 것이다."

[그리고는] 다시 자리에서 일어나 각기 슬피 울면서 큰 소리로 통곡하니, 땅이 바다와 파도로 변하였고 '삼천대천 세계'(三千)가 뒤집혔으며 [1달인] 28일[762] 동안 해와 달이 나타나지 않았다. 이때 대중은

---

761 오탁五濁과 악세惡世: 오탁五濁과 악세惡世를 합하여 흔히 오탁악세五濁惡世라고 하는데, 말법 시대가 되면 나타나는 '다섯 가지 오염된 상태'가 발생하는 경우를 가리킨다. 『법원주림法苑珠林』(T53, p.1005a24~c27 참조)에 따르면, '다섯 가지 오염된 상태'는 ① 겁탁劫濁: 굶주림, 질병, 전쟁 등으로 세상이 오염되는 것. ② 견탁見濁: 갖가지 삿된 견해와 사상이 난무하는 것. ③ 번뇌탁煩惱濁: 중생들의 마음이 온갖 번뇌에 의해 오염되는 것. ④ 중생탁衆生濁: 해로운 행위를 일삼는 악한 인간들이 넘쳐 세상이 오염되는 것. ⑤ 명탁命濁: 본래 8만 년인 인간들의 수명이 점차 줄어드는 것이라고 한다. 그런데 이 오탁五濁의 개념은 『잡아함경雜阿含經』에서 말법시대에 대해 설명하는 가운데 제시되고 있어서 흥미롭다. 곧 권32 제906「법손괴경法損壞經」에서 "佛言:「如是, 迦葉! 命濁, 煩惱濁, 劫濁, 衆生濁, 見濁, 衆生善法退減故, 大師爲諸聲聞多制禁戒, 少樂習學. 迦葉! 譬如劫欲壞時, 眞寶未滅, 有諸相似僞寶出於世間; 僞寶出已, 眞寶則沒. 如是, 迦葉! 如來正法欲滅之時, 有相似像法生; 相似像法出世間已, 正法則滅."(T2, 226c1~8)이라는 서술을 통해 오탁五濁으로써 말법末法을 묘사하고 있음을 알 수 있다. 이 내용은 『별역잡아함경別譯雜阿含經』 제121경(T2, p.419b20~24; "佛告迦葉:「如是, 如是. 衆生命濁, 結使濁, 衆生濁, 劫濁, 見濁, 衆生轉惡, 正法亦末, 是故如來爲諸弟子多制禁戒, 少有比丘, 能順佛語, 受持禁戒, 諸衆生等, 漸漸退沒.")에서도 나타나고 있어 오탁五濁의 연원을 가늠해 볼 수 있다. 대승경전에서는 『묘법연화경妙法蓮華經』(T9, 7b23~27; "舍利弗! 諸佛出於五濁惡世, 所謂劫濁, 煩惱濁, 衆生濁, 見濁, 命濁. 如是, 舍利弗! 劫濁亂時, 衆生垢重, 慳貪嫉妬, 成就諸不善根故, 諸佛以方便力, 於一佛乘分別說三.") 등에서 명시되고 있으므로 주목할 필요가 있다.

762 28수宿: 산스크리트어 aṣṭāviṃśati nakṣatrāṇi. 달이 1개월 동안 운행하는 궤도에 있는 28가지 별자리(성수星宿)로서 인도에서는 28일 중 각 날에 해당하는 별자리의 성격에 따라 운명을 점치는 점성법占星法이 성행하기도 하였다. 동서남북의 사방에 각각 7가지의 별자리가 있는데, 동쪽에는 묘昴·필畢·자觜·참參·정井·귀鬼·유柳, 서쪽에는 방房·심心·미尾·기箕·두斗·우牛·여女, 남쪽에는 성星·장張·익翼·진軫·각角·항亢·저氐, 북쪽에는 허虛·위危·실室·벽壁·규奎·누婁·위胃라고 불린다. 『불광대사전』, p.173, 6228 참조. 『인왕반야

신통력을 다시 거두고 엄숙하게 공경하면서 〈[부처님의 가르침을] 받아(受) 지니고(持) 읽고(讀) 외우며(誦) '문구의 뜻'(義句)을 해설하여 '오랜 시간 동안'(十劫) [부처님의 가르침이] 소멸하지 않고 끝이 없고 다함이 없게 하리라.〉고 하고는, 각자 환희심으로 떠받들고 나서 예를 올리고 물러났다.

〈소〉

此下, 第三流通分. 在文有二, 先明勸持流通, 後示流通方法. 初中亦二, 一者勸持受敎流通, 二者現光重勸流通. 第二中言"始行賢者, 入九觀定"者, 從第三果及無學來, 始入大故. 言"七淨"者, 『瑜伽論』云, "云何名爲七種淸淨? 一戒淸淨, 二心, 三見, 四度疑, 五道非道知見, 六行知見, 七行斷知見." 此中"道非道"者, 正見前行之道, 邪見前行非道. 如實了知行及行斷者, 四種行跡如實了知. 何等爲四? 一苦遲通行, 二若[763]速通行, 三樂遲通行, 四樂速通行. 於此了知最初中跡, 一切應斷超越義故, 非由煩惱離繫義故, 如實了知. 第二第三一分應斷, 如是了知. 初全及二一分, 應當斷已, 依樂速通, 正勤修集, 從此無間

바라밀경仁王般若波羅蜜經』 권2(T8, 830a9~12)에서는 "國土亂時, 先鬼神亂, 鬼神亂故萬民亂, 賊來劫國, 百姓亡喪. 臣君太子王子百官共生是非, 天地怪異, 二十八宿, 星道日月失時失度, 多有賊起."라고 하여 지금 본문의 용례와 유사하게 천지가 괴이해지는 양상의 하나로서 28수(二十八宿)라는 용어가 사용되기도 하고, 『대반열반경大般涅槃經』 권24(T12, 508a28~b2)에서는 "世有衆生事八十神. 何等八十? 十二日, 十二大天, 五大星, 北斗, 馬天, 行道天, 婆羅墮跋闍天, 功德天, 二十八宿. …"라고 하여 세상에서 중생들이 섬기는 80가지 천신天神들 중 하나로 꼽히기도 한다. 달이 1개월 동안 운행하는 궤도에 있는 28가지 별자리이므로 여기서는 '1달 동안'을 의미하는 것으로 보인다.

763 '若'은 '苦'의 오기誤記이다. '苦'로 교감한다.

永盡諸漏故. 今此文言“十戒”者, 是第一淨也, “心入定”者, 第二淨也, “見道”者, 第三淨也, “度疑”者, 第四淨也, “正道”者, 第五淨也, “行知見”者, 第六淨也, “行斷知見”者, 第七淨也. 以此七淨入大乘, 故言“得入法”也. “爾時”以下, 第二流通方法. 於中有四, 一問, 二答, 三者歎悲, 四者奉行. 文相可知.

[H1, 523a2~b1]

이 아래는 세 번째인 '[세상에] 널리 퍼뜨리게 하는 부분'(流通分)이다. 글에는 두 가지가 있으니, 먼저는 [가르침을] 〈지니고(持) '널리 퍼뜨리기'(流通)를 권하는 것〉(勸持流通)을 밝혔으며, 나중은 '널리 퍼뜨리는 방법'(流通方法)을 제시하였다. 처음에도 두 가지가 있으니, 첫 번째는 [가르침을] 〈지니고(持) 수용하며(受) 가르쳐(教) '널리 퍼뜨리기'(流通))를 권하는 것〉(勸持受教流通)이고, 두 번째는 '광명을 나타내 널리 퍼뜨리기를 거듭 권한 것'(現光重勸流通)이다.

두 번째[인 '광명을 나타내 널리 퍼뜨리기를 거듭 권한 것'(現光重勸流通)] 가운데 말한 "수행을 시작하는 현명한 자들이 '아홉 가지 선정에 대한 이해'(九觀定)에 들어간다."(始行賢者, 入九觀定)라는 것은, 세 번째 결실(果)[인 '[욕계에] 다시는 태어나지 않고 열반할 수 있는 경지'(不還果)]로부터 '[더 이상] 배울 것이 없는 경지[인 아라한]'(無學)에 와서 비로소 '대승의 경지'(大[乘])에 들어가기 때문이다.

"일곱 가지 청정함"(七淨)이라고 말한 것은, [그에 대해] 『유가사지론』에서 [다음과 같이] 말한다. "무엇을 일곱 가지 청정함이라 부르는가? 첫 번째는 '계율의 청정함'(戒清淨), 두 번째는 '마음[의 청정함]'(心[清淨]), 세 번째는 '견해[의 청정함]'(見[清淨]), 네 번째는 '의심에서 벗어남[의 청정함]'(度疑[清淨]), 다섯 번째는 '길과 길 아닌 것에 대한 견해[의 청정함]'(道非道知見[清淨]), 여섯 번째는 '행해야 할 것에 대한 견해[의 청정함]'(行知見[清淨])이고, 일곱 번째는 '행함을 끊어야 할 것에 대한 견해[의 청정함]'(行

斷知見[淸淨])이 그것이다."[764] 이 중에서 "길과 길 아닌 것"(道非道)이라는 것은, '올바른 견해'(正見)는 이미 행한 길(道)이고 '삿된 견해'(邪見)는 이미 행한 '길 아닌 것'(非道)이다.

〈'행해야 할 것'(行)과 '행함을 끊어야 할 것'(行斷)을 사실대로 분명히 아는 것〉(如實了知行及行斷)은, 네 가지 행적行迹을 사실대로 분명히 아는 것이다. 무엇이 네 가지인가? 첫 번째는 '[수행에] 어려움이 많고 자질도 떨어져 느리게 나아가는 것'(苦遲通行)이고, 두 번째는 '[수행에] 어려움이 많지만 자질이 뛰어나 빠르게 나아가는 것'(苦速通行)이며, 세 번째는 '[수행에] 즐거움이 많지만 자질이 떨어져 느리게 나아가는 것'(樂遲通行)이고, 네 번째는 '[수행에] 즐거움이 많고 자질도 뛰어나 빠르게 나아가는 것'(樂速通行)이다. 여기서 맨 처음의 행적을 [사실대로] 분명하게 안다는 것은, '모든 [어려움이나 자질이 떨어지는] 것을 응당 끊고 넘어서야 한다는 뜻'(一切應斷超越義)이지 '번뇌 때문에 [그] 속박에서 벗어나야 한다는 뜻'(由煩惱離繫義)이 아니기 때문에 〈사실대로 분명히 안다.〉(如實了知)는 것이다. [또] 두 번째와 세 번째[의 행적]에서는 '일부분을 끊어야 하는 것'(一分應斷)이 이와 같은 '[사실대로] 분명히 아는 것'([如實]了知)이다. [그러므로] 첫 번째 [행적] 전부와 두 가지 [행적의] 일부분을 다 끊어야 '[수행에] 즐거움이 많고 자질도 뛰어나 빠르게 나아가는 것'(樂速通[行])에 의지하여 '바른 정진'(正勤)을 닦고 쌓아 이로부터 틈이 없이 모든 번뇌를 완전히 없애는 것이다.

지금 이 글에서 말하는 "열 가지 계율"(十戒)이라는 것은 [『유가사지론』에서 말하는 '일곱 가지 청정함'(七淨) 가운데] 첫 번째[인 계율의] 청정함이고, "마음이 선정에 듦"(心入定)이라는 것은 두 번째[인 마음의] 청정함이며, "길을 봄"(見道)이라는 것은 세 번째[인 견해의] 청정함이고, "의심에

---

764 『유가사지론』 권94(T30, 838a25~28) "云何名爲七種淸淨? 一戒淸淨, 二心淸淨, 三見淸淨, 四度疑淸淨, 五道非道智見淸淨, 六行智見淸淨, 七行斷智見淸淨."

서 벗어남"(度疑)이라는 것은 네 번째[인 '의심에서 벗어남'의] 청정함이며, "올바른 길"(正道)이라는 것은 다섯 번째[인 '길과 길 아닌 것에 대한 견해'의] 청정함이고, "행해야 할 것에 대한 견해"(行知見)라는 것은 여섯 번째[인 '행해야 할 것에 대한 견해'의] 청정함이며, "행함을 끊어야 할 것에 대한 견해"(行斷知見)라는 것은 일곱 번째[인 '행함을 끊어야 할 것에 대한 견해'의] 청정함이다. 이 '일곱 가지 청정함'(七淨)으로 대승大乘에 들어가니, 그러므로 "[육입六入의] 가르침에 들어간다."(得入法)라고 말하였다.

"그때"(爾時) 이하는 두 번째인 '널리 퍼뜨리는 방법'(流通方法)이다. 여기에 네 가지가 있으니, 첫째는 질문(問)이고, 둘째는 답변(答)이며, 셋째는 '탄식하고 슬퍼함'(歎悲)이고, 넷째는 '받들어 행함'(奉行)이다. '글의 뜻'(文相)은 살펴보면 알 수 있을 것이다.

번역어 색인

ㄱ

ㄴ

ㄷ

ㄹ

ㅁ

ㅅ

ㅇ

ㅈ

ㅊ

ㅌ

ㅍ

ㅎ

本業經疏